U1016444

全国法律硕士专业学位教育综合改革试点规划教材

刑法学——制度·学说·案例

CRIMINAL LAW: SYSTEMS, THEORIES AND CASES

康均心 主编

WUHAN UNIVERSITY PRESS
武汉大学出版社

总 序

我国专业学位制度始于1991年的学位制度改革，最先设置的专业学位是工商管理硕士。离我国1980年开始实施学术性学位制度（学士、硕士、博士）仅有10年之隔。换言之，中国的学位制度，不论是学术性学位，还是专业学位，都历时不长，可以说正处于改革和探索之中。

法律硕士专业学位于1995年由国务院学位委员会批准设立，并于1996年起批准了首批8所高校开始试办法律硕士专业学位教育。在15年的发展过程中，法律硕士教育进行了多次调整和改革，主要包括：1998年组建了第一届全国法律硕士专业学位教育指导委员会；1998年启动了在职攻读法律硕士专业学位工作，其性质属于学位教育而不是学历教育，俗称单证法律硕士；1999年全国法律硕士专业学位教育指导委员会组织制定了《法律硕士专业学位研究生指导性培养方案》；从2000年开始，法律硕士招生考试实行全国联考，统一命题，统一阅卷；自2000年起，法律硕士教育只招收本科非法律专业的毕业生，不再招收法律专业的本科毕业生；2006年，第二届全国法律硕士专业学位教育指导委员会再次修订了《法律硕士专业学位研究生指导性培养方案》并专门制定了《法律硕士专业学位论文规范》；2009年，在国家大力调整硕士研究生教育结构、扩大专业学位种类和规模的背景下，法律硕士招生解除了对法律专业本科毕业生的限制，法律硕士专业学位一分为二，即法律硕士（非法学）和法律硕士（法学），招生规模也随之扩大；2010年，教育部批准64所院校开展专业学位研究生教育综合改革试点工作，其中，参与法律硕士专业学位教育综合改革试点的有17所，法律硕士教育进入了一个新的历史阶段。截至2011年，先后有8批高校经国务院学位委员会批准开展法律硕士专业学位教育，高校总数已达116所；全国法律硕士招生规模也由1996年的425人扩展至2011年的10600多人。

武汉大学作为首批试办法律硕士专业学位教育的8所试点单位之一，在过去的十几年里与其他兄弟高校一起，共同经历了我国法律硕士教育探索、改革和发展的历程，并于2010年再次获批成为全国法律硕士专业学位教育综合改革试点工作的单位之一，开始对这一专业学位教育的未来发展之路进行了新的探索。

回顾过去，我们欣慰地看到，法律硕士教育从无到有，从诞生到成长，不仅为我国民主法制建设培养了大批高层次法律专业人才，同时对法学教育自身的改革和发展做出了积极贡献，其所取得的成绩是有目共睹的。随着依法治国、建设社会主义法治国家作为宪法确认的基本治国方略，法学教育，尤其是法律硕士教育，在国家法治进程及法律职业的专业化建设方面将发挥更加重要的作用。但我们必须清醒地看到，当下的法律硕士教育离其设立时的初衷还有相当的差距，离经济、社会、法治的发展对高层次法律职业人才的实际需求还有不小的距离。找出这些差距的症结，探索消除差距的思路和措施，正是实施综合改革试点工作要着重解决的问题。

近年来，武汉大学法律硕士教育立足职业教育定位，以强化法律硕士教育与法律职业的有效对接为基本改革理念，突出革新办学体制和优化培养模式两个重点，对外致力于强化与法律实务部门、法学教育及科研部门的合作，整合校内外多种资源，加大协同办学力度，探索办学体制创新；对内努力增加教育基础设施建设和教学资源的投入，切实按照培养高层次、复合型、应用型法律专门人才的要求，大力加强法律硕士课程建设，着力打造一支跨学科、跨校园、跨行业的法律硕士导师队伍，注重加强制度化建设，强调规范管理和科学管理，着力提高管理队伍整体素质。实施综合改革试点工作一年多来，在观念认识、改革思路、创新举措和执行落实等方面已经取得了可喜的进展。

借全国范围内积极推进专业学位研究生教育综合改革试点工作之机，我们组织了武汉大学法学院长期站在法律硕士教学第一线的教师撰写本系列教材，在武汉大学出版社公开出版，其目的主要有三：一是希望认真反思十几年来我们在法律硕士教育教学中的经验和不足，着力提高今后法律硕士教育教学的职业针对性，提高人才培养的社会适应性；二是希望将限于武汉大学法学课堂上的学生才能接触到的专业知识和理论方法，向更广范围的学习者公开，接受更多学习者的评价和检验；三是希望以本系列教材的出版为契机，就法律硕士课程教学问题，加强武汉大学与法律实务界的专家学者、法律教育界的同仁专家之间的交流切磋，以期相互砥砺、共同促进。

是为序。

武汉大学法学院院长

肖永平

目　录

第一章 刑法概说

【知识结构图】

- 刑法概说
  - 刑法的渊源
    - 单行刑法
    - 附属刑法
  - 刑法的分类
    - 广义刑法与狭义刑法
    - 形式刑法与实质刑法
    - 普通刑法与特别刑法
    - 司法刑法与行政刑法
  - 刑法的根据和任务
    - 刑法的根据
    - 刑法的任务
  - 刑法的体系
    - 总则
    - 分则
    - 附则
  - 刑法的解释
    - 立法解释、司法解释和学理解释
    - 文理解释和论理解释
  - 刑法的基本原则
    - 罪刑法定原则
    - 刑法适用平等原则
    - 罪责刑相适应原则
  - 刑法的效力范围
    - 刑法的空间效力
    - 刑法的时间效力

一、知识点精析

（一）刑法的概念和性质

1. 刑法的概念

刑法即是规定什么行为构成犯罪，以及对构成犯罪的行为应给予何种刑罚处罚的法律。

2. 刑法的性质

（1）刑法是规定国家对犯罪予以刑罚制裁的法律，体现国家与犯罪人之间权力服从的强制关系，属于公法。

（2）刑法是规定什么是犯罪以及对犯罪应处以什么刑罚的法律，是确定人们权利义务关系的法律，属于实体法。

（3）刑法所规定的事项，在适用过程中无论个人意思如何均应强制适用而不能选择适用，属于强行法。所有的法律都由国家强制力保障实施，而其中刑法的强制性最为严厉。这种最为严厉的强制性通过对犯罪分子适用刑罚体现出来，不仅可以剥夺犯罪分子的财产，限制或剥夺犯罪分子的人身自由和政治权利，在最严重的情况下甚至可以剥夺犯罪分子的生命。

（4）刑法是规定我国有刑事管辖权的犯罪及刑罚的法律，属于国内法。

（5）刑法保护的法益范围虽然十分广泛，但作为法益保护的最后手段，并非所有的法益都受到刑法的保护。只有部分严重侵害法益的行为，刑法才将其规定为犯罪。因此，刑法具有谦抑性，作为法益的最后保障手段，属于保障法。

（二）刑法的渊源

刑法的渊源，即刑法的存在和表现方式。刑法是关于犯罪及其刑事责任的法律规范的总和，其渊源即表现形式主要包括：

1. 刑法典

我国的现行《刑法典》即1997年3月14日第八届全国人民代表大会第五次会议修订并施行至今的《中华人民共和国刑法》。对刑法典条文进行补充修改或废除的刑法修正案是刑法典的有机组成部分。现行刑法施行以来，全国人民代表大会常务委员会共颁布了八部刑法修正案。

2. 单行刑法

单行刑法是国家最高权力机关以决定、规定、补充规定以及条例等名称颁布的、规定某种（或某类）犯罪及其后果或者刑罚的某一事项的法律。现行有效的单行刑法主要是1998年12月29日全国人大常委会颁布的《关于惩治骗购外汇、逃汇和非法买卖外汇犯罪的决定》。

3. 附属刑法

附属刑法即指国家最高权力机关在制定的经济、行政等非刑事法律中附加制定的对特定社会关系加以特别调整的罪刑规范。只有当非刑事法律中设置了真正的罪刑规范时，“附属刑法”才是刑法的渊源。如《中华人民共和国公司法》(以下简称《公司法》) 中，规定犯罪和刑事责任的条款即为附属刑法。

此外，民族自治地方的省级人民代表大会根据当地民族的政治、经济、文化的特点和刑法典的基本原则制定的变通或补充规定，也可谓刑法的渊源。但这种规定只在特定地域适用，没有普遍效力。

(三) 刑法的分类

1. 广义刑法与狭义刑法

以刑法的内涵为标准可分为广义刑法与狭义刑法。

(1) 广义刑法是指一切规定犯罪、刑事责任和刑罚的法律规范的总和，包括刑法典、单行刑法（如《关于惩治骗购外汇、逃汇和非法买卖外汇犯罪的决定》）和附属刑法（如《中华人民共和国公司法》(以下简称《公司法》)中规定犯罪和刑事责任的条款)。

(2) 狭义刑法是指系统规定犯罪、刑事责任和刑罚的刑法典。我国刑法典即为狭义的刑法。

2. 形式刑法与实质刑法

以刑法的外形表现为标准可分为形式刑法与实质刑法。

(1) 形式刑法是指从外形上或名称上一看便知其为刑法的法律，刑法典和单行刑法均属之；如《中华人民共和国刑法修正案》(以下简称《刑法修正案》)，从名称上即可知其为刑法，所以是形式刑法。形式刑法，由于均以规定犯罪、刑事责任、刑罚为内容，又称为单一刑法。

(2) 实质刑法是指从外形上或名称上看不是刑法，但其内容却规定了犯罪及其刑事责任、刑罚处罚的法律条款。例如，《中华人民共和国药品管理法》、《中华人民共和国税收征收管理法》中规定犯罪和刑事责任的条款，都是实质刑法。实质刑法，由于将犯罪、刑事责任或刑罚规定附于某一法律中，又称为附属刑法。

3. 普通刑法与特别刑法

以刑法适用的情况为标准可分为普通刑法与特别刑法。

(1) 普通刑法是指具有普遍适用性质的刑法。实际上即指刑法典。详言之，普通刑法适用的范围很广，原则上不论对什么人、什么事（犯罪），在什么时间、什么地域均可能适用。

(2) 特别刑法是指仅适用于特别人、特别事（犯罪）或仅在特别时间、特别地域适用的刑法。现行的单行刑法和附属刑法，均属特别刑法。

4. 司法刑法与行政刑法

以规定犯罪的情况为标准可分为司法刑法与行政刑法。

（1）司法刑法（犯罪刑法或固有刑法）是指规定以反社会伦理道德为前提的犯罪的刑法。刑法典中规定杀人、放火、抢劫、强奸等犯罪的法条，都是司法刑法。

（2）行政刑法是规定某些违反行政法的行为构成犯罪并使之负刑事责任、受刑罚处罚的法律。如《中华人民共和国公务员法》第104条规定："公务员主管部门的工作人员，违反本法规定，滥用职权、玩忽职守、徇私舞弊，构成犯罪的，依法追究刑事责任；尚不构成犯罪的，给予处分。"本法条就属于行政刑法。

（四）刑法的根据和任务

1. 刑法的根据

我国《刑法》第1条规定："为了惩罚犯罪，保护人民，根据宪法，结合我国同犯罪作斗争的具体经验及实际情况，制定本法。"上述法条表明，我国刑法的制定和修改依据包括法律依据和实践依据。

宪法作为国家的根本大法，是所有法律制定的依据，刑法也不例外。《宪法》第28条规定："国家维护社会秩序，镇压叛国和其他危害国家安全的犯罪活动，制裁危害社会治安、破坏社会主义经济和其他犯罪的活动，惩办和改造犯罪分子。"此法条是刑法的直接根据。此外，刑法的制定必须遵循宪法的宗旨和基本原则，不得与之相违背。概言之，宪法是国家的根本大法，是刑法制定和修改的法律依据。

我国同犯罪做斗争的具体经验及实际情况，是刑法制定和修改的实践根据。我国的刑事立法是从我国国情出发，综观世界各国的现有立法，结合我国司法实践的具体经验而制定的。

2. 刑法的任务

我国《刑法》第2条规定："中华人民共和国刑法的任务，是用刑罚同一切犯罪行为作斗争，以保卫国家安全，保卫人民民主专政的政权和社会主义制度，保护国有财产和劳动群众集体所有的财产，保护公民私人所有的财产，保护公民的人身权利、民主权利和其他权利，维护社会秩序、经济秩序，保障社会主义建设事业的顺利进行。"从本法条可见，我国刑法的任务包括惩罚和保护两个方面，其中惩罚犯罪是实现刑法任务的手段，保护人民是刑法任务之目的。而其中的保护任务，又分为保卫国家安全、人民民主专政的政权和社会主义制度，保护社会主义的经济基础，保护公民的人身权利、民主权利和其他权利以及维护社会秩序四个方面。

（五）刑法的体系

刑法的体系就是指刑法的组成和结构。我国修订后的刑法由两编组成：第一编为总则，第二编为分则，另有一条附则。第一编总则内容是一般规定，分设五章，即刑法的任务、基本原则和适用范围；犯罪；刑罚；刑罚的具体运用；其他规定。第二编分则内容为具体规定，分设十章，即危害国家安全罪；危害公共安全罪；破坏社会主义市场经济秩序罪；侵犯公民人身权利、民主权利罪；侵犯财产罪；妨害社会管理秩序罪；危害国防利益罪；贪污贿赂罪；渎职罪；军人违反职责罪。总则规定的是犯罪、刑事责任和刑罚的原则和原理性规定，其内容不仅适用于分则，而且适用于其他有刑罚规定的法律（但其他法律有特别规定的除外）。在编之下，再根据法律规范的性质和内容有次序地划分为章、节、条、款、项等层次。

刑法条文在同一条款里，可能表达一个意思，也可能表达两个或两个以上的意思。如《刑法》第 29 条第 1 款规定："教唆他人犯罪的，应当按照他在共同犯罪中所起的作用处罚。教唆不满十八周岁的人犯罪的，应当从重处罚。"本条款即表达了两个不同的意思，中间用句号隔开。

当同一条款的后段对前段表示相反、例外、限制或补充的意思时经常使用"但是"一词，"但是"开始的这段文字称为"但书"。"但书"在不同的法条之中出现可能表示不同的含义。如《刑法》第 13 条："……都是犯罪，但是情节显著轻微危害不大的，不认为是犯罪。"《刑法》第 13 条规定的是犯罪的含义，前段法条规定对犯罪行为的特征进行了详细的阐述。这里的"但书"是从反面阐述何种行为不作为犯罪处理，与前段表示相反的意思，与前段是相反关系。而《刑法》第 8 条之中的"但书"则有所不同，表示对前段例外关系："……可以使用本法，但是按照犯罪地的法律不受处罚的除外。"有的"但书"对前段表示限制关系，如《刑法》第 73 条第 1、2 款："拘役的缓刑考验期限为原判刑期以上 1 年以下，但是不能少于 2 个月。有期缓刑的缓刑考验期限为原判刑期以上 5 年以下，但是不能少于一年。"此外，"但书"也可能对前段表示补充关系，如《刑法》第 37 条："对于犯罪情节轻微不需要判处刑罚的，可以免予刑事处罚，但是可以根据案件的不同情况，予以训诫或者责令具结悔过、赔礼道歉、赔偿损失，或者由主管部门予以行政处罚或者行政处分。"由此可见，"但书"在不同的法条之中所起的作用和表达的含义有所不同，正确理解但书的含义对于准确理解立法意图起着重要作用，在司法实践中要对“但书”予以重视。

（六）刑法的解释

刑法的解释是指为保证刑法的正确适用而对刑法规范含义的阐明。刑法解释按照不同的标准可以分为不同的种类。

1. 立法解释、司法解释和学理解释

以解释的效力为标准划分，可以分为立法解释、司法解释和学理解释。

（1）立法解释，是指在需要进一步明确刑法规范具体含义或者因出现新情况需要明确刑法适用依据时，由全国人大常委会根据法定程序对刑法作出的专门性解释。这类由最高立法机关对刑法的含义所作的解释具有法律效力，对司法实践具有指导作用，但是其内容主要是对刑事立法之中尚未明确或有待解释的内容进行阐明，起到的是刑事立法的补充作用，与刑法修正案在性质上有所不同。2000 年以来，全国人大常委会制定了一系列的立法解释。通常认为立法解释包括三种情况：一是在刑法立法中所作的解释性规定，如 2000 年 4 月 29 日关于《刑法》第 93 条第 2 款的解释；二是在法律的起草说明中所作的解释；三是在刑法施行的过程中，立法机关对发生歧义的规定所作的解释，如 2002 年 12 月 28 日关于《刑法》第九章渎职罪主体适用问题的解释。

（2）司法解释，是指司法机关对刑法规范含义进行的阐明。在我国，有权进行司法解释的是最高人民法院和最高人民检察院。司法解释在司法实践之中具有法律效力。1981 年 6 月 10 日第五届全国人大常委会第十九次会议通过的《关于加强法律解释工作的决议》规定：“凡属于法律审判工作中具体应用法律、法令的问题，由最高人民法院进行解释。凡属于检察院检察工作中具体应用法律、法令的问题，由最高人民检察院进行解释。最高人民法院和最高人民检察院的解释如果有原则性的分歧，报请全国人民代表大会常务委员会解释或决定。”1997 年刑法修订之后，最高人民检察院和最高人民法院就刑事审判和检察工作之中所出现的问题单独和联合作出了不少司法解释。这些司法解释对于指导司法实践工作意义重大。如 2000 年 9 月 26 日最高人民法院《关于审理走私刑事案件具体应用法律若干问题的解释》就是最高人民法院单独作出的司法解释。2004 年 12 月 8 日最高人民法院、最高人民检察院《关于办理侵犯知识产权刑事案件具体应用法律若干问题的解释》就是最高人民法院和最高人民检察院所联合作出的司法解释。

（3）学理解释，是指由国家宣传机构、社会组织、教学科研单位或者专家学者从学术理论角度对刑法规范含义进行的阐明。学理解释的内容是理论界学术讨论的结果，不具有法律效力。

2. 以解释的方法为标准划分，可以分为文理解释和论理解释

（1）文理解释，指对刑法条文中文字字义的解释。解释的根据主要是字面语词的含义、标题、语法与标点。如全国人大常委会 2004 年 12 月 29 日关于《刑法》有关信用卡规定的解释之中对刑法规定的“信用卡”一词所作的解释即属于文理解释。

（2）论理解释，指考虑立法精神，结合刑法制定的理由、沿革、当时的背景、刑法原理，阐明刑法真实含义的解释方法。论理解释又可分为以下几种：

①扩张解释，即根据刑法的立法精神，将刑法规定中所使用的词语的含义扩大到较字面含义为广，以阐明刑法规定真实含义的解释方法。如将《刑法》第 106 条之中的“境外个人”解释为包括居住在中国境内不具有中国国籍的人就是一种对象扩张。最高人民法院《关于对变造、倒卖变造邮票行为如何适用法律问题的解释》将《刑法》第 227 条之中伪造邮票的行为解释为包括伪造和变造两种行为方式，就属于对该犯罪行为方式的一种扩张。

②缩小解释（限制解释），即根据刑法的立法精神，将刑法规定中所使用的词语的含义缩小到较字面含义为窄，以阐明刑法规定真实含义的解释方法。如最高人民法院 2001 年 1 月 17 日《关于审理为境外窃取、刺探、收买、非法提供国家秘密、情报案件具体应用法律若干问题的解释》第 1 条将《刑法》第 111 条之中规定的“情报”解释为“关系国家安全和利益、尚未公开或者依照有关规定不应公开的事项”即属于缩小解释。

③当然解释，指刑法虽未明文规定某一事项，但依形式逻辑推理或事物本身属性的当然道理，作出将该事项包括在该规定适用范围之内的解释方法。如 2011 年 4 月 10 日最高人民法院《关于情节严重的传销或者变相传销行为如何定性问题的批复》将从事传销或者变相传销活动的行为，扰乱市场秩序，情节严重的，以非法经营罪定罪处罚。而之后的刑法修正案（七）第 4 条规定了组织、领导传销活动的行为构成组织、领导传销活动罪。此时，将上述司法解释之中规定的情形解释为从事组织、领导之外的其他传销或者变相传销活动的才构成非法经营罪，此即为当然解释。

④反对解释，即根据刑法规定正面表述的意思，推导其反面含义的解释方法。如我国《刑法》第 65 条规定：“被判处有期徒刑以上刑罚的犯罪分子，在刑罚执行完毕或者赦免以后，在 5 年以内再犯应当判处有期徒刑以上刑罚之罪的，是累犯。”据此，刑罚执行完毕或者赦免之后超过 5 年再犯应判处有期

徒刑以上刑罚之犯罪的行为人就不构成累犯，此即为反对解释。值得注意的是，反对解释只有在法条所确定的条件为构成该法律后果的全部和必要条件时才能适用。

⑤补正解释，即由于立法者的疏漏，使刑法文字发生错误时，通观刑法全文而加以补正，以阐明刑法规范真实含义的解释方法。如《刑法》第99条规定，刑法之中的“以下”包括本数在内。结合《刑法》第63条减轻处罚的规定来看，二者就会产生冲突。因为《刑法》第63条规定减轻处罚是在法定刑以下判处刑罚，如果这里的以下包括本数在内就会发生适用处罚时实际并没有减轻处罚的情形。据此，宜将《刑法》第63条的“以下”解释为不包括本数在内，此即为补正解释。

⑥体系解释，即根据刑法条文在整个刑法中的地位，联系相关法条的含义来阐明其规范意旨的解释方法。如对《刑法》第20条第2款之中的“正当防卫”就不能与第1款之中正当防卫的作相同解释，否则会导致正当防卫和防卫过当无法区分，产生歧义。

⑦历史解释（沿革解释），指根据刑法制定或修订的时代背景与同类规定历史因袭演变的沿革，阐明刑法规定真实含义的解释方法。如我国刑法之中的私自开拆、隐藏、毁弃邮件、电报罪已由1979年《刑法》的渎职罪调整到1997年《刑法》的侵犯公民人身权利、民主权利罪之中。这种历史沿革反映了我国刑事立法之中对该罪的定性和侵害的法益进行了重新的界定，司法实践之中要有所把握。

⑧比较解释，即通过比较分析中外刑事立法及其背景资料或者判例等来阐明刑法规范含义的解释方法。如日本刑法之中曾规定杀害尊亲属罪，并予以了加重处罚。我国刑法之中的故意杀人罪并没有因杀害对象加以区分，而是统一规定为故意杀人罪。但是在司法实践之中，杀害尊亲属的，我们也可以将日本刑法之中相关规定作为参考，也作为犯罪的酌定情节予以考量。

⑨目的解释，即根据刑法规范的目的，阐明刑法条文真实含义的解释方法。如侵犯著作权罪就将以营利为目的规定为该犯罪的目的要求，作为其犯罪客观方面的表现。这主要是出于我国刑法保护国家的商标管理制度和他人商标专用权的目的之考量。

【难点辨析】

学理解释和文理解释

（1）解释的角度不同。学理解释是从学理上对刑法规定的含义所作的解释；而文理解释依据刑法条文中文句的意义所作的解释。解释的根据主要是语词的含义、语法与标点。

(2) 解释主体不同。学理解释的主体是国家宣传机构、社会组织、教学科研单位或者专家学者；而文理解释则不限于此。

(3) 解释的效果不尽相同。学理解释不可能具有司法上的效力；而文理解释若为立法机关或最高司法机关的解释则具有司法效力。

(七) 刑法的基本原则

刑法的基本原则，是指贯穿全部刑法规范、具有指导和制约全部刑事立法和刑事司法的意义，并体现我国刑事法制的基本精神的准则。它是刑法指导思想和制定根据的具体化。

1. 罪刑法定原则

罪刑法定原则最早可以追溯到1215年英国大宪章第39条之规定："凡是自由民除经贵族依法判决或遵照国内法律之规定外，不得加以扣留、监禁、没收其财产、剥夺其法律保护权，或加以放逐、伤害、搜索或逮捕。"1789年8月26日，法国《人权宣言》第8条规定："除非根据在犯罪前制定公布且依法施行的法律，不得处罚任何人。"这一规定涵盖了禁止溯及既往和法律主义的这些罪刑法定的基本内容。如今，罪刑法定主义已逐渐发展成为一项国际法原则。1948年12月10日联合国大会通过的《世界人权宣言》第11条第2款对罪刑法定作了明确规定："任何人实行时根据国内法或者国际法不构成犯罪的作为、不作为，不认为犯罪，不得科处比该犯罪实行时应适用的刑罚重的刑罚。"罪刑法定原则，是指犯罪行为的法律要件及其法律效果，均应由法律明确加以规定。"法无明文规定不为罪"、"法无明文规定不处罚"是罪刑法定原则的经典表述。《刑法》第3条规定："法律明文规定为犯罪行为的，依照法律定罪处刑；法律没有明文规定为犯罪行为的，不得定罪处刑。"这正是罪刑法定原则在我国刑法中的表述。概言之，罪刑法定就是指犯罪及其法律后果必须由法律事先明确加以规定，某种行为如果没有法律明确的定罪和处罚规定就不构成犯罪，不受刑罚处罚。

(1) 罪刑法定原则的派生原则

①排斥习惯法

在罪刑法定原则之下，习惯法不能成为刑法的渊源，刑法的渊源只能是由立法机关通过的成文法，刑法规范排除一切习惯法的适用。至于习惯法作为刑法规范适用时的解释依据，对刑法法规起补充作用，此时是允许的。

②禁止溯及既往

罪刑法定主义要求刑法只能对其施行以后的犯罪适用，不能对其施行以前的犯罪适用。即对行为人之行为性质的评价和处分，应当以行为时的法律规定为准。根据本原则，行为实施时属合法行为，则不能因为行为后法律认为是违法行为而加以处罚。后来西方学者根据“有利被告”的原则，对刑法无溯及力的观点有所改变，即不再主张刑法绝对无溯及力，而是主张新法重于旧法时，无溯及力；新法轻于旧法时，则有溯及力。

③禁止类推解释

类推解释，是指对于法无明文规定的事项，比附援引与行为性质最相类似的条文而予以处罚。类推解释近似于自由擅断，可能导致法官随意适用法律，侵害公民的自由权利，与罪刑法定主义相背离。因此，禁止类推被认为是罪刑法定原则的一个派生原则。但作为例外规定，罪刑法定不禁止有利于行为人的类推解释。

【难点辨析】

类推解释与扩大解释

类推解释与扩大解释在司法实践之中有着本质的区别。扩大解释作为文理解释的一种，其解释方法着眼于刑法规范本身的规定，所得出的结论也在刑法用语可能具有的含义范围之内。而类推解释则是超越刑法规范本身的规定之外，对与刑法规定的犯罪行为具有同等危害性的行为援引类似的规定，所得出的结论已超出了刑法用语本身的含义，为公民所事先无法预测。类推解释对于危害性的擅断违背了罪刑法定，不利于行为人合法权益的保障，因此为刑法本身所禁止。但是，有利于被告人的类推解释在司法实践之中还是被允许的。

④禁止绝对的不定期刑

罪刑法定原则要求对犯罪处以什么样的刑罚由法律明文规定，禁止绝对的、不确定的刑罚，以防止法官的专横擅断。现代的相对罪刑法定原则允许相对确定的法定刑，以使法官根据案件的不同情节，在刑法确定的法定刑相对明确的范围内予以斟酌，决定所要判处的刑罚。相对确定的法定刑，即是指条文对某种犯罪不仅规定了适用的具体刑种与刑度，而且规定了适用的最高刑与最低刑。法官在规定的法定刑的范围内根据案件的具体情况适当把握。我国刑法分则条文多数采用的是相对确定的法定刑。

⑤实体的适当原则

又称刑罚法规的适当，即刑法规定的犯罪和刑罚都应是适当的原则。包括如下两方面的内容：一是犯罪规定的适当，禁止处罚不当罚的行为，即在刑法中将该行为规定为犯罪有合理的根据，亦即根据行为侵犯犯罪客体的重要性和行为对社会危害的严重程度，应当将该行为在刑法中作为犯罪加以规定；二是刑罚规定的适当，即罪刑的均衡。包括残酷刑罚的禁止和罪刑的相当。

⑥明确性原则：要求立法者立法时用语必须明确易懂，避免含糊笼统。明确性原则源自于英美法系之中的正当法律程序原则。由于英美法系国家不以成文法作为唯一的法律渊源，在司法实践之中为了防止任意性，所以特别强调正当法律程序，其以形式刑罚权的合理程序与方式作为主要的着眼点，要求刑事立法、司法规定或行政规范的定义必须符合明确性原则，否则将因规范定义之模糊不清而无效，此即“含混无效原则”或“不明确无效之理论”。① 发展至今，世界各国对该原则都予以认可。我国刑法理论之中的明确性原则即包括构成要件的明确和法定刑的明确。要求刑事立法对于何种行为具体构成何种犯罪和应判处何种刑罚，量刑幅度如何都应尽可能的明确，以便于法官在司法实践之中准确而公正的定罪量刑。

（2）罪刑法定原则的司法适用

①定罪：在侦查、起诉和审判时，对行为人的行为确定罪名，必须完全根据刑法的规定，而不允许为了加重或减轻处罚而随意更改罪名。对于选择性罪名，其适用可以选择其中一项，包含其中多项行为的罪名也可以包含多项。不允许有超越刑法明文规定罪名的存在。最高司法机关在进行司法解释的时候不能超越其本身既有的权限，不能以司法解释取代刑事立法。

②量刑：法院在已确定犯罪后量刑时，必须严格根据刑法对犯罪规定的法定刑幅度，按照量刑原则，考虑从宽从严的情节和对社会的危害程度，确定适当的刑罚，而不允许脱离刑法的规定随意量刑。对于有自首、立功、如实供述等法定和酌定量刑情节的，应严格依照法律的规定进行裁量。法官的自由裁量应限定在法律授权的范围之内，严格依照法定刑和法定量刑情节进行裁量。

③行刑：刑法规定了各个刑种和刑罚制度如减刑、缓刑、假释等，执行刑罚时必须严格遵守这些规定。不根据法定条件和法定程序，任何人都不能进行减刑、缓刑和假释。

2. 刑法适用平等原则

该原则是指“任何人犯罪，不分性别、种族、民族、语言、出身、财产状况、职务地位、宗教信仰等的不同，都应依据刑法的规定同等定罪，同等追

① 参见苏俊雄主编：《刑法总论》，台湾大地印刷厂有限公司1998年版，第182页。

究刑事责任，同等行刑，绝不允许任何人有超越法律的特权。简言之，对任何犯罪人在刑法上的评价和适用的标准是同一的”。① 概括之，本原则的内容就是指：任何人犯罪都应平等地适应刑法，根据刑法有关犯罪的规定平等地定罪量刑行刑。法律面前人人平等，不允许任何人有超越法律的特权。《刑法》第4条规定：“对任何人犯罪，在适用法律上一律平等。不允许任何人有超越法律的特权。”这正是刑法适用平等原则在我国刑法中的体现。

刑法适用平等原则的适用包括以下几个方面：

（1）定罪平等：行为符合刑法规定的某一犯罪，不论行为人的出身、地位、财产状况如何，都应依照法律条文的规定平等地定罪。简言之，是否定罪只能考虑是否具备刑法规定的犯罪构成要件，而不能考虑其他因素。刑法不允许随意出入人罪，尤其不允许任何人有超越法律制裁的特权。

（2）量刑平等：对任何犯有相同罪行的人，都应当依据刑法规定的量刑标准处以刑罚，不得在法律之外因行为人的出身、地位、财产状况等的不同而任意减轻或加重。但是这里的平等不意味着一味的要求刑罚的平均化，根据不同的犯罪情节和情形处以相应的刑罚，在相同犯罪情形之下保证量刑的公正不受其他因素的影响，才是刑法适用平等原则的内涵之所在。

（3）行刑平等：被判处刑罚的人，应当依法受到相同的处遇，不得在法律之外因出身、地位、财产状况等社会地位的差别而在刑罚执行上受到优待或苛待。

3. 罪责刑相适应原则

罪责刑相适应原则又称罪刑相当原则或罪刑均衡原则，指刑罚的轻重与犯罪行为的社会危害性程度和犯罪分子应承担的刑事责任的大小相适应。《刑法》第5条明确规定了这一原则：“刑罚的轻重，应当与犯罪分子所犯罪行和承担的刑事责任相适应。”

理解我国刑法中的罪责刑相适应原则应该把握以下两点：

（1）刑罚的轻重应当与犯罪分子所犯罪行相适应。这里的所犯罪行，仅指在适用刑罚时犯罪分子已经实施的，符合刑法所规定的某一犯罪具体构成要件的犯罪行为。具体而言，刑罚的轻重应与犯罪行为的轻重、具体情形所体现的社会危害性相适应。社会危害性越大的犯罪，对其适用的刑罚应当越为严厉。但是，刑事处罚还是应在罪刑法定的前提之下予以裁定。

（2）刑罚的轻重应当与犯罪分子的人身危险性相适应。理论和司法实践

① 李希慧主编：《刑法总论》，武汉大学出版社2008年版，第55页。

普遍认为，多次犯罪的犯罪人的人身危险性要比初犯、偶犯的人身危险性大。在我国刑法之中，明文规定了对累犯要加重处罚。这正是出于犯罪人的人身危险性的考量而作出的。对于多次犯罪的犯罪人，对其后罪的刑罚较之初犯予以加重，一方面可以弥补前次犯罪所处刑罚在量上的不足，一方面也能更好地起到特殊预防的作用。这也是罪责刑相适应原则在司法实践之中的具体适用。

我国刑法明文规定的罪责刑相适应原则贯穿于刑法内容之中，其具体表现是：

（1）确立了科学严密的刑罚体系。这一体系由不同的刑罚方法构成。从性质上区分，包括生命刑、自由刑、财产刑、资格刑；从程度上划定，有重刑也有轻刑；从种类上分，有主刑和附加刑。各种刑罚方法相互区别又相互衔接，能够根据犯罪的各种情况灵活地运用，从而为刑事司法实现罪责刑相适应奠定了基础。

（2）规定了区别对待的处罚原则。我国刑法总则根据各种行为的社会危害性程度和人身危险性的大小，规定了轻重有别的处罚原则。例如对于预备犯，可以比照既遂犯从轻、减轻处罚或者免除处罚。此外，刑法总则还侧重于刑罚个别化的要求，规定了一系列刑罚裁量与执行制度，例如累犯制度、自首制度、立功制度、缓刑制度、减刑制度、假释制度等。其中，累犯因其人身危险性较大而应从重处罚；自首、立功因其人身危险性较小而可以从宽处罚；对短期自由刑适用缓刑的前提是根据犯罪分子的犯罪情节和悔罪表现认为适用缓刑确实不致再危害社会的；减刑和假释是因为罪犯在刑罚执行期间确有悔改或立功表现。2011 年 2 月 25 日第十一届全国人民代表大会常务委员会第十九次会议通过的《刑法修正案（八）》第 1 条规定，在刑法第 17 条后增加一条，作为第 17 条之一："已满 75 周岁的人故意犯罪的，可以从轻或者减轻处罚；过失犯罪的，应当从轻或者减轻处罚。"正是考虑到了已满 75 周岁的人的人身危险性相对较小，从罪责刑相适应原则出发所作的修改。

（3）设置了轻重不同的法定刑幅度。我国刑法分则不仅根据犯罪的性质和危害程度，建立了一个犯罪体系，而且还为各种具体犯罪规定了可以分割、能够伸缩、幅度较大的法定刑。这就使得司法机关可以根据犯罪的性质、罪行的轻重、犯罪人主观恶性的大小，依法判处适当的刑罚。①

---

① 参见高铭暄、马克昌主编：《刑法学》（第 5 版），北京大学出版社、高等教育出版社 2011 年版，第 29～30 页。

（八）刑法的效力范围

刑法的效力范围是指刑法在空间和时间上的保护力和约束力，包括刑法在什么地方、对什么人和在什么时间内具有效力。

1. 刑法的空间效力

刑法的空间效力，也称刑法的地域适用范围，是指刑法可以在什么地方、对什么人适用。

(1) 刑法的空间效力的一般原则

属地管辖原则（或称领土原则）。从维护国家主权原则出发，凡是在本国领域内犯罪，无论犯罪人和被害人的国籍如何，都适用本国刑法。反之，在本国领域外犯罪的，都不适用本国刑法。

属地管辖原则是以国家主权的域内效力为基础确立的刑事管辖原则，其出发点是维护国家的主权。

属人管辖原则（或称国籍管辖原则）。从国家忠诚的理念出发，只要是本国公民犯了罪，无论犯罪行为是在本国领域内还是在本国领域外，无论被害人是本国人还是外国人，都适用本国刑法。

保护管辖原则。从保护本国利益出发，不管犯罪人的国籍和处所，只要是侵犯了本国国家和国民利益的犯罪，都适用本国刑法。

普遍管辖原则。从保护国际社会的共同利益出发，凡发生国际条约所规定的侵害国际社会共同利益的犯罪，不论犯罪人是本国人还是外国人，也不论犯罪地在本国领域内还是在本国领域外，都适用本国刑法。

综合原则。兼采以上诸说之长，以领土原则为基础，以国籍原则、自卫原则、普遍管辖原则为补充。即凡在本国领域内犯罪的，不论本国人或外国人都适用本国刑法；本国人在外国犯罪的和外国人在本国领域外对本国国家或公民犯罪的，在一定条件下适用本国刑法；对国际犯罪的，也可以适用本国刑法。

我国刑法关于刑法适用范围的规定，采用的综合原则，这既维护了我国的主权，保护了国家和公民的利益，又便于履行我国在参加或批准的国际条约中所承担的义务。

(2) 我国刑法的空间效力

①我国刑法的属地管辖

《刑法》第6条第1款规定："凡在中华人民共和国领域内犯罪的，除法律有特别规定的以外，都适用本法。"这是我国刑法关于空间效力的基本规定，表明我国刑法在空间效力方面以属地管辖为主。

所谓中华人民共和国领域，是指我国国境以内的全部区域，具体包括领陆、领水、领空和浮动领土（拟制领土）。《刑法》第6条第2款规定："凡在中华人民共和国船舶或者航空器内犯罪的，也适用本法。"这是关于法律上拟制领土的刑事管辖规定。这里的船舶和航空器既可以是军用的，也可以是民用的。挂有我国国旗、国徽或者军徽标志的船舶、航空器，即使航行或者停泊在本国领域以外，也是我国的拟制领土。这里的拟制领土概念仅限于刑法意义上的拟制领土，与国际法意义上的拟制领土概念是有区别的。

"法律有特别规定"而不适用"本法"，事实上包括三类情况。

第一类是不适用中国刑法的情况。《刑法》第11条规定："享有外交特权和豁免权的外国人的刑事责任，通过外交途径解决。"第六届全国人大常委会第十七次会议于1986年9月5日制定的《中华人民共和国外交特权与豁免条例》之中就规定了享有外交特权和豁免权的外国人不受我国刑事管辖。对于此类人在我国领域内犯罪的，只能通过外交途径去解决。例如，可以由政府宣布其为不受欢迎的人，限期出境。

第二类是不适用《中华人民共和国刑法》及其他具有普遍效力的刑事法律的情况。即我国香港、澳门、台湾地区适用其本地刑法，而不适用《中华人民共和国刑法》及其他具有普遍效力的刑事法律。此外，刑法典颁布实施后，国家立法机关制定的其他刑事法律有特别规定的，根据特别法优于普通法的原则，适用刑事特别法，不适用刑法。

第三类是不适用刑法典（即《中华人民共和国刑法》）部分条文的情况。《刑法》第90条规定，"民族自治地方不能全部适用本法规定的，可以由自治区或者省的人民代表大会根据当地民族的政治、经济、文化的特点和本法规定的基本原则，制定变通或者补充的规定，报请全国人民代表大会常务委员会批准施行。"因此，刑法典总体上对于少数民族自治地区还是适用的，只是其可以根据本地区的政治、经济、文化特点制定相应与刑法典基本原则相符合的变通和补充规定。这些变通和补充规定生效后，刑法典与之相关的部分条文即不再适用于该地区。

此外，犯罪地的确定也涉及本条款的适用。我国《刑法》第6条第3款规定："犯罪的行为或者结果有一项发生在中华人民共和国境内的，就认为是在中华人民共和国领域内犯罪。"根据我国刑法，下列三种情形都认为是在中华人民共和国领域内犯罪，适用中华人民共和国刑法：犯罪的行为地和结果地都在我国境内；实施犯罪的行为地在我国境外，但犯罪结果发生在我国境内；实施犯罪的行为地在我国境外，而犯罪结果却在我国境外发生。

②我国刑法的属人管辖

我国刑法的属人管辖分为以下两种情况：

第一，对一般公民在国外犯罪如何适用刑法的规定。我国《刑法》第7条第1款规定："中华人民共和国公民在中华人民共和国领域外犯本法规定之罪的，适用本法，但是按本法规定的最高刑为3年以下有期徒刑的，可以不予追究。"这一条款的规定，表明我国刑法采取的是有限制的属人管辖原则。法定最高刑为3年以下有期徒刑在我国刑法之中属于轻罪的范畴，体现了行为人的人身危险性并没有达到特别严重的程度。我国刑法规定"可以不予追究"，保留了追究的可能性，体现了原则性和灵活性的结合。

第二，对国家工作人员和军人在国外犯罪如何适用刑法的规定。我国《刑法》第7条第2款规定："中华人民共和国国家工作人员和军人在中华人民共和国领域外犯本法规定之罪的，适用本法。"这一规定体现了我国刑法对国家工作人员和军人从严要求的精神。

我国刑法的保护管辖。我国采取有限制的保护管辖原则，目的在于保护本国利益与本国公民的合法权益。《刑法》第8条规定："外国人在中华人民共和国领域外对中华人民共和国国家或者公民犯罪，而按本法规定的最低刑为3年以上有期徒刑的，可以适用本法，但是按照犯罪地的法律不受处罚的除外。"

我国刑法的普遍管辖。我国《刑法》第9条规定："对于中华人民共和国缔结或者参加的国际条约所规定的罪行，中华人民共和国在所承担条约义务的范围内行使刑事管辖权的，适用本法。"根据普遍管辖原则所审理的犯罪，其实体法的适用根据是国内刑法，而非国际条约，因为国际条约没有对罪行规定法定刑，而是要求缔约国或参加国将国际条约所列的罪行规定为国内刑法上的犯罪。

③我国刑法对于空间效力冲突的协调

我国《刑法》第10条规定："凡在中华人民共和国领域外犯罪，依照本法应当负刑事责任的，虽然经过外国审判，仍然可以依照本法追究，但是在外国已经受过刑罚处罚的，可以免除或者减轻处罚。"这一规定体现我国刑法对于外国法院的判决采取的是消极承认的态度。我国刑事立法从国家主权原则出发，结合司法实践之中的经验，采取了对外国法院判决和处刑消极承认的态度，保留对罪犯行使刑罚权的可能性，体现了原则性与灵活性的结合，体现了实事求是和刑罚人道主义的精神。

2. 刑法的时间效力

刑法的时间效力是指刑法在时间上的保护力和约束力，包括刑法的生效时间、失效时间以及其是否具有溯及既往的效力。

(1) 刑法的生效时间

刑法的生效时间即刑事法律规范开始生效的时间，也是刑法对行为主体开始产生保护力和约束力的时间。根据已有立法例，我国刑法的生效时间，有两种情况：

自公布之日生效，如全国人大常委会 1990 年 12 月 28 日通过的《关于禁毒的决定》第 16 条规定："本决定自公布之日起施行。"

在公布后经过一定时间的特定日期生效。如我国现行刑法 1997 年 3 月 14 日修订通过并公布之后，从 1997 年 10 月 1 日起施行。

(2) 刑法的失效时间

刑法的失效时间即刑事法律规范的效力终止的时间。刑法规范的失效包括明示失效和默示失效两种。

刑法的明示失效。第一种情况是，立法机关明令失效。这是国家上通用的办法，也是被认为最没有争议的、快捷、易行的办法。第二种情况是，司法机关对于失效问题进行解释。从本质上讲，对刑法条文失效问题的解释属于立法活动，这种解释权应当由立法机关行使。司法机关对刑法的失效问题解释只能在特定情况下作出。

刑法的默示失效。第一种情况是，新的刑事法律生效，按照"新法优于旧法"的原则，旧法中相关内容便自然失效。如 1980 年 1 月 1 日《中华人民共和国刑法》生效施行之后，立法机关先后颁布并生效施行的 23 个单行刑法均是对基本刑法的修改和补充。此时单行刑法的规定自动取代了旧法的规定。基本刑法之中相关内容就自然失效了。第二种情况是，由于原有的某种立法条件已经消失，使原有刑事法律实际上已无法适用而失去效力。这种失效也可称为自然失效。①

(3) 刑法的溯及力

所谓刑法的溯及力，是刑法生效后对其生效以前未经审判或者判决尚未确定的行为是否适用的问题。简言之，就是指刑罚法规发生变更后，对其变更以前的行为是否适用的问题。

对此，刑法理论上有五种不同的主张：

从新原则：主张刑法具有溯及力，当行为后法律有变更时，审理案件适用审判时法（新法）。

---

① 参见李希慧主编：《刑法总论》，武汉大学出版社 2008 年版，第 77 ~ 79 页。

从旧原则：主张刑法没有溯及力，当行为后法律有变更时，审理案件仍适用行为时法（旧法）。

从轻原则：不论新法或旧法，哪个刑法处罚轻，就适用哪个刑法。亦即新刑法轻，就有溯及力；否则，就没有溯及力。

从新兼从轻原则：即新刑法原则上有溯及力，但旧刑法处罚较轻的，适用旧刑法审理。

从旧兼从轻原则：即原则上适用旧刑法审理，新刑法原则上没有溯及力，但新刑法处罚较轻时，适用新刑法，即在这种情况下新刑法有溯及力。

我国刑法在溯及力问题上采取从旧兼从轻原则。新法原则上不溯及既往，但新法不认为是犯罪或者处刑较轻的，按照新法处理。具体而言，有以下几种情形的处理方式：

行为人行为当时的法律不认为是犯罪，修订后新的刑法认为是犯罪的，适用当时的法律，新刑法不溯及既往。

行为人行为当时的法律认为是犯罪，而修订后的新刑法认为不是犯罪的，适用新刑法。

行为人行为当时和修订后的新刑法都认为是犯罪，并且按照新刑法之规定应当追诉的，原则上按行为当时的法律追究刑事责任，但如果新刑法的处刑较轻的，适用新刑法。关于如何认定"处刑较轻"的问题，最高人民法院《关于适用刑法第十二条几个问题的解释》规定："刑法第十二条规定的'处刑较轻'，是指刑法对某种犯罪规定的刑罚即法定刑比修订前刑法轻。法定刑较轻是指法定最高刑较轻；如果法定最高刑相同，则指法定最低刑较轻。""如果刑法规定的某一犯罪只有一个法定刑幅度，法定最高刑或者最低刑是指该法定刑幅度的最高刑或者最低刑；如果刑法规定的某一犯罪有两个以上的法定刑幅度，法定最高刑或者最低刑是指具体犯罪行为应当适用的法定刑幅度的最高刑或者最低刑。"

依照行为当时法律已作出了生效判决的，原生效判决继续有效。

二、案例分析

1987年2月，被告人马某经人介绍与郭某相识。同年8月，马某与郭某自上海市来到广州市。次日上午，郭某去深圳办事，将密码手提箱1只交给马某保管，马某在郭某去深圳后，撬开手提箱，窃取郭某在上海市的银行存款折2个，合计存款3.9万元，现金270元以及私人图章等财物。随后，马某携带手提箱回到上海，先后3次从银行支取郭某的存款1.9万元，再次前往广州挥霍。9月下旬，马某返回上海后，又先后5次将郭某的存款余额及利息合计2.0274万元全部从银行支取，继续挥霍。郭某返回广州后，发现马某去向不明，即赶赴上海，经查银行存款，已被马某取走，即向公安机关报案。同年10月，公安机关找到马某。追回赃款1.25万元。

该市人民法院审理认为，被告人马某利用为他人保管财物之机，以非法占有为目的，侵吞巨款，已构成犯罪，依法应追究刑事责任。但是，鉴于1979年《刑法》对该犯罪行为没有明文规定，故依照1979年《刑法》第79条关于类推的规定，比照刑法第152条的规定，类推马某犯非法侵占他人财产罪。

（案例来源：刘树德：《刑事指导案例汇览》，中国法制出版社2010年版，第448～452页。）

【问题聚焦】

罪刑法定主义是否允许类推解释的存在？

【法律剖析】

本案例发生在1997年刑法颁布之前，司法机关在定罪量刑过程中直接运用了类推解释的方法。立法者在1997年刑法修订过程中废除了1979年刑法的类推制度，规定了罪刑法定原则，即《刑法》第3条的规定："法律明文规定为犯罪行为的，依照法律定罪处刑；法律没有明文规定为犯罪行为的，不得定罪处刑。"

在司法实践中认定罪刑法定，关键在于准确运用法律解释方法。扩大解释和类推解释在司法实践之中的区别和运用是罪刑法定主义的界限之所在。扩大解释，是指某个法律条文所使用的文字、词句的文义过于狭窄，将本应适用该条的案件排除在它的适用范围之外，于是扩张其文义，将符合立法本意的案件纳入其适用犯罪的法律解释方法。类推解释，是指对于法无明文规定的事项，比附援引与行为性质最相类似的条文而予以处罚。类推解释近似于自由擅断，可能导致法官随意适用法律，侵害公民的自由权利，与罪刑法定主义相背离。首先，罪刑法定主义禁止不利于被告人的类推解释，因为类推解释"超出解释才可查明的刑法规范规定的内容"，是"为制定新法律规范目的而类推"。①如果可以类推解释，则意味着立法者通过文字表述立法原意将落空，国民无法

① ［德］耶塞克·魏根特：《德国刑法教科书》，徐久生译，中国法制出版社2001年版，第166页。

根据刑法用语来预测自己的行为性质后果。罪刑法定主义，是从保障人权的角度出发，避免罪刑擅断的原则之所在。区分类推解释与扩大解释的关键，就在于解释是否超出被解释的刑法规范用语的“可能具有的含义”。扩大解释着眼于刑法规范本身，是扩张性地划定刑法的某个概念，使应受处罚的概念包含其中，没有超出公民预测可能性的范围；而类推解释则是认识到某个行为不是刑法处罚的对象，而以该行为与刑法规定的相似行为具有同等的社会危害性为由，将其作为刑法处罚对象，超出了公民预测可能性的范围。可以说，现代刑法原则之一的罪刑法定主义是在司法实践之中区分扩大解释与类推解释的最高标准。

上述案例之中采用了类推解释的解释方法，有违罪刑法定。但由于判决是在 1997 年刑法出台之前作出，所以原判刑罚继续有效。

【法条链接】

《中华人民共和国刑法》

第 3 条　法律明文规定为犯罪行为的，依照法律定罪处刑；法律没有明文规定为犯罪行为的，不得定罪处刑。

三、深度拓展

（一）外国刑事判决的效力

当本国公民或外国人在本国领域外犯罪，经过外国审判，还能否适用本国刑法呢？这涉及外国刑事判决的效力问题。对此有两种主张、两种立法例：

（1）承认外国刑事判决的效力。此说强调国际协调原则，根据法律上“一事不再理”的原则，主张经外国法院审理判决的犯罪，本国法院不再对其提起追诉。

（2）不承认外国刑事判决的效力。此说强调国家主权原则，主张否认外国刑事判决的效力，认为同一犯罪虽经外国审理判决，本国仍然可以依法追究，但考虑到在外国已经受过刑罚处罚，可以减轻或者免除处罚。我国刑法采用此说，主张外国法院的判决和处刑不对本国刑罚权的行使产生必然的效力，本国法院保留追究该罪犯刑事责任的可能性，但该罪犯已受过外国法院判决和处刑的事实应当成为本国在司法之中应予考虑的事实问题，体现了原则性与灵活性的结合。

（二）刑法任务的国外学说

德、日刑法学界关于刑法的任务，理论上历来存在法益保护说和社会伦理秩序维持说两种不同的观点。

1. 法益保护说

法益保护说认为，“刑法的任务、目的在于保护人们在社会中的共同生活，具体而言，即保护个人的生命、身体、自由、名誉、财产等法益。”① 此说主张，犯罪是侵害法益的行为。

所谓法益，是指“个人、国家、社会认为有必要原样保持并应通过法律加以保护的一定的利益。”② 根据其主体的不同，法益通常又可以分为个人法益、社会法益和国家法益三类。法益保护说认为刑法的任务在于保护法益，它“以个人主义、自由主义的国家观为基础，认为国家应发挥调整个人与个人之间的利害冲突，原则上仅处罚侵害他人权利、自由的行为的作用”。③

2. 社会伦理秩序维持说

社会伦理秩序维持说认为，国家本身具有实现某种伦理价值的目的，因此刑法的任务在于增强社会道德，通过处罚违反道德的行为来实现和促进社会伦理秩序。社会伦理秩序维持说将国家视为国民道德的保护者，即以家长主义的国家观作为基础。④ 德国学者韦尔策尔，日本学者小野清一郎等学者都赞同本说。

法益保护说与社会伦理秩序维持说的分歧在于如何理解刑法与道德的关系。法益保护说认为，“立法者是为了保护一定的利益而制定法律，维持社会伦理只是附带的效果。”⑤ 而持社会伦理秩序维持说的学者一般并不否认刑法对法益的保护，但认为刑法的任务在于维持社会伦理秩序，保护法益只是派生的效果，即只要有必要，就可以仅以行为的不道德性为理由而将其规定为犯罪并进行处罚，从而肯定刑法的道德形成机能。⑥

目前在德、日刑法学界处于通说地位的是法益保护说。根据此说，不能运

---

① ［日］高桥则夫：《刑法总论讲义案》，成文堂 2006 年版，第 5 页。

② ［日］井田良：《讲义刑法学·总论》，有斐阁 2008 年版，第 15 页。

③ ［日］山中敬一：《刑法总论》（第 2 版），成文堂 2008 年版，第 48 页。

④ 参见陈家林：《外国刑法通论》，中国人民公安大学出版社 2009 年版，第 7 页。

⑤ ［日］高桥则夫：《刑法总论讲义案》，成文堂 2006 年版，第 6 页。

⑥ 转引自［日］曾根威彦：《刑法总论》（第 4 版），有斐阁 2008 年版，第 7 页。

用刑罚来处罚单纯违反伦理道德等价值观的行为。其理由在于：第一，现代的法治社会是一个价值多元化的社会，只要不给他人带来困扰（即只要不侵害法益），就应当容忍行为人实施大部分普通民众并不喜好的行为，第二，伦理道德因人因地而异，从历史上看也是一个不断变化的范畴，并不适于成为通过刑罚加以保护的对象。第三，伦理道德应当是由各个个人基于自己的良心自发地遵守，而不应由国家来加以强制。①

（三）刑法理论流派

1. 刑事古典学派

刑事古典学派亦即刑法旧派，又分为前期旧派和后期旧派。前期旧派产生于18世纪末至19世纪上半叶。代表人物为卢梭、康德、黑格尔、费尔巴哈等。后期旧派产生于19世纪下半叶至20世纪初，代表人物为宾丁、毕克迈耶、贝林、麦兹格等。旧派主张犯罪原因无定论、一元的犯罪论体系、道义责任、报应刑。犯罪原因无定论主张人是理性动物，生而具有意志自由，认为人们对自己行为的选择完全属于自己意志的结果而并不受社会环境或内在生物学原因等决定。一元的犯罪论体系即是以行为为中心的犯罪论体系，体现在犯罪构成理论之中，即是以行为为中心的犯罪构成理论，把具备犯罪构成要件和违法性、有责性视为彼此并列、分别影响犯罪成立的独立要素。道义责任论建立在犯罪原因无定论的基础之上，认为具有意志自由的人，不去实施适法行为而竟然实施了违法行为，理应受到伦理或道义的非难。报应刑论又分为绝对报应刑论和相对报应刑论。绝对报应刑论认为作为犯罪行为之报应的刑罚自身不具有其他任何意义。相对报应刑论则认为，刑罚的机能是报应与预防。

2. 刑事近代学派

刑事近代学派亦即刑法新派，产生于20世纪初。代表人物为龙勃罗梭、菲利、加罗法洛、李斯特等。新派主张犯罪原因决定论，二元的犯罪论体系，社会责任，目的刑。犯罪原因决定论主张因果法则对人们行为的普遍支配，认为人们对自己的行动并不具有选择的自由，而是由自然科学、生物学、心理学的法则所决定。二元的犯罪论体系在考虑行为的基础上重视犯罪人人格，以二者为中心构建犯罪论体系。社会责任论建立在犯罪原因决定论基础之上，认为对犯罪人适用刑罚必须考虑导致犯罪人实施犯罪的社会诸条件，从社会环境中寻找犯罪的根源，社会有责任以相应的刑事政策并用相应的处遇，改造教育犯

---

① 参见［日］井田良：《讲义刑法学·总论》，有斐阁2008年版，第21页。

罪人，履行对犯罪人实施拯救的义务。① 目的刑论认为，犯罪是对社会的共同侵害，刑罚的科处是为了预防将来之犯罪；刑罚的存在，是为了保障社会共同生活的安全，是防卫社会的必要手段。②

① 参见张明楷：《刑法的基础观念》，中国检察出版社 1995 年版，第 137 页。

② 参见李希慧主编：《刑法总论》，武汉大学出版社 2008 年版，第 31～47 页。

第二章 犯罪概说

【知识结构图】

- 犯罪概说
  - 犯罪的概念
    - 形式概念
    - 实质概念
    - 混合概念
  - 犯罪的特征
    - 严重的社会危害性
    - 刑事违法性
    - 应受刑罚处罚性
  - 犯罪的分类
    - 理论分类
    - 法定分类

一、知识点精析

（一）犯罪的概念

所谓犯罪的概念，即解决“什么是犯罪”的问题。

1. 犯罪的形式概念

犯罪的形式概念，仅从犯罪的法律特征上给犯罪下定义，而不揭示法律何以将该行为规定为犯罪。在德、日等大陆法系国家普遍认为，犯罪一般而言是指符合构成要件的违法的有责的行为。① 而英美法系国家的学者则一般认为，犯罪是受到刑罚处罚的有过错的行为。②

2. 犯罪的实质概念

犯罪的实质概念注重揭示犯罪的本质，即某种行为之所以被法律规定为犯

---

① 参见［日］林干人：《刑法总论》(第2版)，东京大学出版会2008年版，第74页。

② See Ceil Turmer JW, *Kenny's Outlines of Criminal Law*, 19th Edition, Cambridge University Press, 1966.

罪的原因。例如，刑事古典学派的代表人物贝卡利亚指出："衡量犯罪的真正标尺，即犯罪对社会的危害。"① 刑事实证学派的代表人物加罗法洛也说过："犯罪一直是一种有害行为，但它同时又是一种伤害某种被某个聚居体共同承认的道德情感的行为。"②

3. 犯罪的混合概念

犯罪的混合概念，既揭示犯罪的本质特征，又揭示犯罪的法律特征。最早确立这种混合概念的是前苏联。目前我国刑事立法体现的正是犯罪的混合概念。我国《刑法》第13条规定："一切危害国家主权、领土完整和安全，分裂国家、颠覆人民民主专政的政权和推翻社会主义制度，破坏社会秩序和经济秩序，侵犯国有财产或者劳动群众集体所有的财产，侵犯公民私人所有的财产，侵犯公民人身权利、民主权利和其他权利，以及其他危害社会的行为，依照法律应当受刑罚处罚的，都是犯罪，但是情节显著轻微危害不大的，不认为是犯罪。"这一定义既揭示了犯罪的实质内容即侵害了刑法所保护的社会关系，也揭示了犯罪的法律特征，即依照法律应受刑罚处罚。

（二）犯罪的特征

《刑法》第13条对犯罪特征的概括，刑法理论界主要存在三特征说和二特征说。三特征说认为，犯罪具有严重的社会危害性、刑事违法性和应受刑罚处罚性三个特征。③ 这种学说目前处于通说地位。至于二特征说，理论界存在诸多说法：有学者认为，从文理上看，犯罪的基本特征是社会危害性与依照法律应受刑罚处罚性；而从伦理上，犯罪则必须具有法益侵犯性与非难可能性。④ 这里不赘述。以下主要介绍犯罪的三个特征：

1. 严重的社会危害性

作为犯罪最首要和本质的特征，行为的严重社会危害性揭示了犯罪的社会内容。在社会生活中，危害社会的行为有很多，但是由于其危害性轻微，并不被认为是犯罪。《刑法》第13条但书规定："情节显著轻微危害不大的，不认

---

① ［意］贝卡利亚：《论犯罪与刑罚》，黄风译，中国大百科全书出版社1993年版，第25页。

② ［意］加罗法洛：《犯罪学》，耿伟、王新译，中国大百科全书出版社1996年版，第21～22页。

③ 参见中国社会科学院语言研究所词典编辑室：《现代汉语词典》，商务印书馆2001年版，第1235页。

④ 参见张明楷：《刑法学》（第4版），法律出版社2011年版，第89～92页。

为是犯罪。"这就明确了行为的社会危害性必须达到严重的程度才能被认为是犯罪，这里行为的严重程度，必须遵循罪刑法定原则，由刑法明文加以规定才能予以刑罚处罚。严重的社会危害性，必须是达到了应受刑罚处罚程度的社会危害性。

2. 刑事违法性

即行为的严重社会危害性在法律上的表现，指行为违反刑法条文中所包含的刑法规范。正所谓法无明文规定不为罪，法无明文规定不处罚。从法律上说，只有某种行为被法律认定具有严重的社会危害性并明文规定为犯罪，该行为才能作为犯罪予以处罚。司法机关对于某行为是否具有严重的社会危害性不能肆意判断。只有刑法明文规定为犯罪的行为，才能作为犯罪处理。

3. 应受刑罚处罚性

是指行为违反刑法的后果，是对具有严重社会危害性和刑事违法性的行为的评价。刑法对某种行为的社会危害性作出了衡量之后，确定其达到了严重程度的，就将其认定为违法刑事法律的行为，规定了相应的法律后果即刑罚。所谓"没有刑罚就没有犯罪"、"没有法定刑罚就没有犯罪"，正是对犯罪此特征的经典描述。

犯罪的三特征是相互联系不可分割的。行为的严重社会危害性是犯罪的本质特征，是刑事违法性和应受刑罚处罚性的前提和基础，后二者由前者派生出来，又反过来说明了行为的社会危害性达到了严重程度。犯罪的三个特征相互联系、密切结合，构成了一个完整的犯罪概念。

（三）犯罪的分类

1. 理论分类

犯罪的理论分类，是指在刑法理论上根据犯罪的不同特点对犯罪类型所进行的划分。

（1）重罪与轻罪

《刑法》第 67 条第 1 款规定："犯罪以后自动投案，如实供述自己的罪行的，是自首。对于自首的犯罪分子，可以从轻或者减轻处罚。其中，犯罪较轻的，可以免除处罚。"上述规定暗示了可以从理论上将犯罪划分为重罪与轻罪。从刑法的许多规定来看，可以考虑将法定最低刑为 3 年以上有期徒刑的犯罪称为重罪，其他犯罪则为轻罪。①

① 参见张明楷：《刑法学》（第 4 版），法律出版社 2011 年版，第 94 页。

(2) 自然犯与法定犯

这种分类是以违反人类的自然属性还是违反制定法的规定为标准对犯罪所划分的类型。

自然犯是指违反人类的善良风俗和自然伦理规范的犯罪。如杀人、强奸、抢劫等都是自然犯。法定犯是指并不违反社会伦理，而是由于行政取缔目的而被刑法所禁止的犯罪。法定犯取决于法律的规定，因而同一行为，可能因时因地的不同，行为是否构成犯罪也不同。以我国刑法为例，我国刑法之中的扰乱市场秩序罪、侵犯知识产权罪等都是出于保护社会主义市场经济秩序的目的所作的规定，即上述的法定犯。

(3) 隔离犯与非隔离犯

以犯罪行为实施的地点或时间与犯罪结果发生的地点或时间是否有间隔为标准可将犯罪划分为隔离犯与非隔离犯。

隔离犯，是指犯罪行为实施的地点或时间与犯罪结果发生的地点或时间存在间隔的犯罪。根据这一定义，隔离犯又可分为隔地犯与隔时犯。隔地犯是指行为人实施的犯罪行为与作为犯罪构成要件的结果发生于不同地点的犯罪。隔地犯的行为和结果，只要其中一项发生在我国领域内，都适用我国刑法。行为和结果都发生在我国境内，发生案件管辖问题时，依照《中华人民共和国刑事诉讼法》第25条的规定解决。隔时犯，是指行为人实施的行为与作为犯罪构成要件的结果发生于不同时间的犯罪。此时如何确定犯罪时间的问题，我国刑法没有明确规定。刑法理论的通说认为，一般应以犯罪行为实施的时间为犯罪时间。①

非隔离犯，是指行为实施的地点或时间与犯罪结果发生的地点或时间相同的犯罪。

2. 法定分类

(1) 国事犯罪与普通犯罪

国事犯罪，是指危害国家主权、领土完整以及国家政权、社会制度的犯罪。国事犯罪以外的犯罪即为普通犯罪。大多数普通犯罪的危害程度要小于国事犯罪的危害程度，但也有的普通犯罪社会危害性极为严重，可以适应最为严厉的刑罚即死刑。

(2) 身份犯与非身份犯

这一分类是根据犯罪的成立是否需要主体具备特定的身份这一标准所作的

---

① 参见李希慧主编：《刑法总论》，武汉大学出版社2008年版，第106页。

划分。

身份犯要求行为人的行为构成犯罪，必须在行为时具备某种法定的特定身份，如国家工作人员、公司或企业管理人员等。以受贿罪为例，受贿罪的主体仅限于国家工作人员，因而是身份犯。非身份犯未对犯罪主体的身份作限制，即只要达到刑事责任年龄具有刑事责任能力的人均可实施的犯罪。

（3）亲告罪与非亲告罪

这一分类是根据告诉权的主体不同为标准所作的划分。

亲告罪，是指刑法明确规定只有被害人或者其他依法具有告诉权的个人向司法机关告诉才予以追诉的犯罪。我国刑法规定的亲告罪包括侮辱罪、诽谤罪、暴力干涉婚姻自由罪、没有致被害人重伤、死亡的虐待罪以及侵占罪五种。同时《刑法》第98条针对亲告罪的特殊情况也作了规定："如果被害人因受强制、威胁无法告诉的，人民检察院和被害人的近亲属也可以告诉。"根据这一规定，在特定的情况下被害人近亲属的告诉也可视为亲告，但人民检察院的告诉不能视为亲告。在人民检察院告诉的情况下，犯罪由原来的亲告罪转化为非亲告罪。① 刑法将上述几类犯罪规定为亲告罪主要是因为这几类犯罪的被害人与犯罪人之间通常具有某种关系，将对这些犯罪的犯罪是否予以追诉由被害人决定有利于社会和谐。

非亲告罪，是指司法机关应当主动追诉的犯罪。除以上几类犯罪外，其他犯罪都属于非亲告罪。

（4）基本犯、加重犯与减轻犯

这一分类是以法定刑为标准所作的分类。

基本犯是指刑法分则条文规定的不具有法定加重或者减轻情节的犯罪。加重犯是指刑法分则条文以基本犯为基准规定了加重情节与较重法定刑的犯罪，其中又可以分为结果加重犯与其他情节加重犯。如《刑法》第128条第1款规定："违反枪支管理规定，非法持有、私藏枪支、弹药的，处3年以下有期徒刑、拘役或者管制；情节严重的，处3年以上7年以下有期徒刑。"这里对于情节严重者的规定就属于加重犯。

减轻犯是指刑法分则条文以基本犯为基准规定了减轻情节与较轻法定刑的犯罪。如《刑法》第290条第1款规定："聚众扰乱社会秩序，情节严重，致使工作、生产、营业和教学、科研无法进行，造成严重损失的，对首要分子，处3年以上7年以下有期徒刑；对其他积极参加的，处3年以下有期徒刑、拘

① 参见李希慧主编：《刑法总论》，武汉大学出版社2008年版，第107~108页。

役、管制或者剥夺政治权利。”此条文后半段就是关于聚众扰乱社会秩序罪的减轻犯的规定。

二、案例分析

某日，被告人颜某、廖某、韩某与何某（另案处理），在某地发现周某有盗窃自行车的嫌疑，遂尾随周某致某码头，廖某与何某用拳头打周某，颜某、何某分别手持石块、扳手击打周某的头部等，致使周某头皮裂创流血。周某挣脱后，颜某、廖某、韩某分头继续追赶周某。周某从停在该码头的 A 货船逃到 B 货船，廖某随颜某紧跟周某追到 B 货船，两人将周某围堵在 B 货船船尾，周某被迫跳入河中。韩某听到廖某喊“小偷跳河了”，随即也赶到 B 货船上。颜某、廖某、韩某在船上看着周某向前游了数米后又往回游，但因体力不支而逐渐沉入水中，颜某、廖某、韩某均未对周某实施任何救助行为，看着周某在河中挣扎后沉下水去，直到看不见周某的身影，三被告才下船离开。后接警的公安人员将周某打捞上来时，周某已溺水死亡。

（案例来源：《刑事审判参考》（第 60 集），法律出版社 2008 年版，第 34～40 页。）

【问题聚焦】

行为人因怀疑被害人偷窃自行车而殴打追赶被害人，被害人自己跳入河中溺水死亡，行为人未采取救助措施即“见死不救”，是否构成不作为犯罪？

【法律剖析】

对于该案的定性，审理过程之中存在两种不同意见：一种意见认为，被告人颜某等人发现周某盗窃自行车而殴打、追赶周某的行为属于“见义勇为”行为，值得提倡。周某系自己跳入水中，颜某等人对周某溺水死亡并无过错，既没有实施加害行为，也没有必须对周某实施救助的义务，其行为不构成犯罪，其“见死不救”属于道德谴责范畴。另一种意见认为，虽然周某盗窃自行车有过错，但颜某等人对周某的殴打、追赶行为不属正当、合法行为，由此行为而致周某处于危险境地，负有法律上的救助义务。颜某等人目睹周某挣扎，并沉入水中，却不实施任何救助行为，其对周某的死亡具有放任故意，构成不作为的故意杀人罪。

我们支持第二种观点。本案例涉及犯罪与一般违反道德行为的界限问题。“见死不救”作为典型的道德问题范畴，在司法实践之中有值得研究的价值。本案例之中的“见死不救”行为之所以构成不作为犯罪，关键在于确定被告人颜某等人对跳水而面临死亡危险的周某是否具有法律上的救助义务。一般认为，不作为犯罪的义务来源包括：法律明文规定的义务；职务或业务要求的义务；法律行为引起的义务；先行行为引起的义务。先行行为引起的义务是指由于行为人先前实施的行为致使法律所保护的某种权利处于危险状态而产生的防止危害结果发生的义务。基于颜某等被告人先前殴打、追赶周某的行为，应当属于产生救助义务的先行行为。

上述案例之中，被告人的先行行为使得被害人处于危险地位，同时排除了其他人对被害人的救助可能。客观上被告人的不作为与周某的死亡结果之间具有刑法上的因果关系，主观上对其死亡结果持放任态度，完全符合故意杀人罪的构成要件，因此对于被告人颜某等人的“见死不救”行为，应当评价为故意杀人罪，而非单纯属于道德范畴的违反道德行为。

【法条链接】

《中华人民共和国刑法》

第232条　故意杀人的，处死刑、无期徒刑或者10年以上有期徒刑；情节较轻的，处3年以上10年以下有期徒刑。

三、深度拓展

关于犯罪的本质，即法律为什么将某种行为规定为犯罪，国外刑法学界有着诸多争议，主要有以下几种观点：

1. 权利侵害说

权利侵害说是19世纪初德国刑法学家费尔巴哈在启蒙主义的人权思想基础之上所提出的，将犯罪的本质解释为对权利的侵害。费尔巴哈认为，国家和个人都享有权利，犯罪是对权利的侵害。与权利相对应，犯罪可以分为国家犯罪与私的犯罪。私的犯罪是通过直接侮辱个人而间接侮辱国家。因此，犯罪的不法从结论上说是对国家的侵害。①“这种权利侵害说当然也把握了犯罪的一方面，但是，在犯罪中也包含着很多难以明确说是权利侵害的部分。”②由于无法用权利的观念来解释实体法上的所有犯罪，此说之后被法益侵害说所代替。

---

① 参见［日］生田胜义：《行为原理与刑事违法论》，信山社2002年版，第58页。

② 参见［日］大塚仁：《犯罪论的基本问题》，冯军译，中国政法大学出版社1993年版，第4页。

2. 法益侵害说

法益侵害说在19世纪初由德国的刑法学者毕尔巴模所提出，认为犯罪的本质在于对法益的侵害或侵害的危险。其后宾丁、李斯特等对此说进行了发展。李斯特认为：“法益是指法所保护的利益。所有的法益都是生活利益，个人或共同社会的利益。产生这种利益的不是法秩序，而是生活。但法的保护使生活利益提升为法益。”此说对现在的刑法理论仍有重要影响，有学者认为，法益侵害说已成为今日的通说。①

3. 义务违反说

义务违反说由纳粹德国时期的夏夫斯泰因等所提倡，认为犯罪是对国家、社会共同体的危害，所以，即使没有侵害各个法益，但违反了对社会共同体所负有的义务的行为，就是犯罪。

4. 规范违反说

规范违反说认为，犯罪的本质在于违反法规（刑法）背后的规范。学者们一般将这种规范理解为社会伦理规范。如日本刑法学者小野清一郎指出：“刑法只是将严重侵犯个人之间的伦理规范，而国家又不能放任的重大反道义行为作为犯罪予以处罚。”②

5. 综合说

综合说又包含了以下两种情况：

(1) 法益侵害说与义务违反说相综合的综合说。此说认为，犯罪的本质基本上是对法益的侵害或侵害的危险，例外的情况下，犯罪也有作为义务违反来理解的侧面，但这始终是例外。日本的团藤重光、大塚仁等人均支持这种观点。

(2) 法益侵害说与社会伦理规范违反说相综合的综合说。此说认为，犯罪的本质是违反社会伦理规范的侵犯、威胁法益的行为。③ 日本刑法学者大谷实持此种观点。

6. 折中说

折中说认为，犯罪的本质可以分为广义的犯罪本质和狭义的犯罪本质。狭义的犯罪本质指的是法益侵害。广义的犯罪本质指犯罪是符合构成要件的违法

① ［日］大塚仁：《刑法概说（总论）》(第4版)，有斐阁2008年版，第91页。

② ［日］中山研一：《刑法的基本思想》，姜伟、毕英达译，国际文化出版公司1988年版，第47页。

③ 参见陈家林：《外国刑法通论》，中国人民公安大学出版社2009年版，第108页。

的（侵害法益的）、有责（伴随行为人非难可能的心理状态）的行为。①

在我国刑法学界，法益侵害说目前得到了越来越多的关注。

① 参见［日］浅田和茂：《刑法总论》（补正版），成文堂2007年版，第87页。

第三章　犯罪构成

【知识结构图】

- 犯罪构成
  - 犯罪构成概述
    - 犯罪构成的分类
    - 犯罪构成的要件
  - 犯罪客体
    - 犯罪客体的分类
    - 犯罪对象
  - 犯罪客观方面
    - 危害行为
      - 作为
      - 不作为
    - 刑法上的因果关系
    - 行为的时间、地点与方法
  - 犯罪主体
    - 自然人
      - 刑事责任能力、年龄
      - 特殊条件
    - 单位——范围、处罚原则
  - 犯罪主观方面
    - 犯罪故意
      - 直接故意
      - 间接故意
    - 犯罪过失
      - 疏忽大意过失
      - 过于自信过失
    - 无罪过事件
      - 意外事件
      - 不可抗力
    - 严格责任问题
    - 刑法上的认识错误
      - 法律认识错误
      - 事实认识错误

一、知识点精析

（一）犯罪构成

我国现在居于通说地位的犯罪构成理论是在 20 世纪 50 年代初期从苏联引

进的。我国刑法中的犯罪构成，就是依照我国刑法的规定，决定某一具行为的社会危害性及其程度而为该行为构成犯罪所必需的一切客观和主观要件的有机统一。①

1. 犯罪构成的分类

(1) 按犯罪构成的形态可以区分为基本的犯罪构成和修正的犯罪构成。

①所谓基本的犯罪构成，是指刑法分则条文就某一犯罪的既遂状态所规定的犯罪构成。基本的犯罪构成一般是刑法分则或单行刑法所规定的既遂犯和单独犯的犯罪构成，但也有少数条款规定两个或两个以上行为人犯罪的犯罪构成。

②所谓修正的犯罪构成或称扩张的犯罪构成，是指以基本的犯罪构成为基础，适应故意犯罪过程中的犯罪形态或共同犯罪的形式而分别加以修改变更的犯罪构成。

(2) 按犯罪构成中行为的社会危害性程度可以区分为普通的犯罪构成和派生的犯罪构成。

所谓普通的犯罪构成（亦称为原始的犯罪构成），是指刑法条文对具有通常社会危害程度的行为所规定的犯罪构成，它是犯罪构成的基本形式。如《刑法》第234条第1款规定的故意伤害罪，就是故意伤害罪的标准犯罪构成。

所谓派生的犯罪构成，是指以普通的犯罪构成为前提和基础，由于具有严重或较轻社会危害程度的情节而从普通的犯罪分化出来的犯罪构成。它包括严重的犯罪构成和减轻的犯罪构成：严重的犯罪构成指由于犯罪主体、犯罪情节或危害结果不同，行为的社会危害性因而增大，相应地规定加重刑罚或从重处罚的犯罪构成；减轻的犯罪构成指由于犯罪情节较轻、行为的社会危害程度较小，相应地规定减轻刑罚的犯罪构成。

(3) 按法律条文对犯罪构成要件的表述可以区分为封闭的犯罪构成和开放的犯罪构成。

所谓封闭的犯罪构成（又称完结的犯罪构成），是指由于刑法条文完整地规定了犯罪构成要件，不需要法官予以补充的犯罪构成。

所谓开放的犯罪构成（又称待补充的犯罪构成），指由于刑法条文仅规定了部分构成要件，适用时需要法官予以补充的犯罪构成。

① 参见高铭暄、马克昌主编：《刑法学》（第5版），北京大学出版社、高等教育出版社2011年版，第49页。

(4) 按犯罪构成内部的结构状况可以区分为简单的犯罪构成与复杂的犯罪构成。

简单的犯罪构成（又称单纯的犯罪构成），是指刑法条文规定的犯罪构成的诸要件均属单一的犯罪构成。

复杂的犯罪构成（又称混合的犯罪构成），是指刑法条文规定的犯罪构成的诸要件并非均属单一的犯罪构成。其又可细分为如下几种：选择的犯罪构成，指刑法条文规定有两种以上供选择的要件的犯罪构成，比如间谍罪规定有以下两种行为的就构成间谍罪：一是参加间谍组织或者接受间谍组织及其代理人的任务，二是为敌人指示轰击目标的，这里只要符合一种行为的，就成立犯罪；另一种是包括两个客体的犯罪构成，即刑法条文规定的一个具体的犯罪构成中包括两个互不相同的客体，包括多个行为的犯罪构成，即刑法条文规定的犯罪构成包含的不是一个行为，而是两个或更多的行为；包括两个罪过形式的犯罪构成，即刑法条文规定的具体的犯罪构成包含的不是一个罪过形式，而是两个罪过形式，具备该两个罪过形式，才能构成该种犯罪，而不是构成两个犯罪。如非法剥夺人身自由的行为只构成非法拘禁，如果具有剥夺人身自由的行为，还具有勒索财物的要求，那么就构成绑架罪。

2. 犯罪构成的要件

犯罪构成要件是指组成犯罪构成内容的成分。

任何一个犯罪构成都是包括许多要件的，这些要件有的表明犯罪所侵犯的客体，有的要件表明犯罪主体或主观方面，它们有机统一在一起就形成某种罪的犯罪构成。犯罪构成的要件根据不同的标准可分为以下几类：

(1) 客观的构成要件与主观的构成要件

客观的构成要件，是指形成犯罪构成内容的、表现于外界的、离开行为人的意识而独立在外部存在的要件。例如，犯罪客体、犯罪对象、犯罪行为、犯罪结果等。

主观的构成要件，是指形成犯罪构成内容的、说明实施犯罪的行为人的和存在于行为人的内部的心理的要件。例如，成为犯罪主体所要求的刑事责任年龄、刑事责任能力、特定身份、犯罪故意、犯罪过失、犯罪目的等。

(2) 记述的构成要件与规范的构成要件

记述的构成要件，是指该犯罪构成的要件是否存在，仅仅根据对事实的认识就能确定的要件。对于记述的构成要件要素，不会因为解释者或司法工作者的价值观而影响对其的理解与适用，如《刑法》第 241 条的收买被拐卖的妇女、儿童罪中的“妇女”、“儿童”等只需要基本常识和一般人的认识即可。

规范的构成要件，是指该犯罪构成要件是否存在，需要由法官根据特定的社会文化和法律进行评价后才能确定的要件。如《刑法》第363条制作、复制、出版、贩卖、传播淫秽物品牟利罪中的“淫秽物品”往往因不同的解释而形成不同的结论。一般来说，罪刑法定原则要求刑法规范在形式上具有明确性、内容上具备合理性，因此记述的构成要件要素应该比较多而尽量减少规范的构成要件要素，但是，受立法技术、语言表达局限等原因，规范的构成要件要素是不可能避免的。

（3）共同的构成要件与选择的构成要件

共同的构成要件，指每一犯罪构成都必须具有而不可缺少的要件。这类要件有犯罪客体、犯罪行为、刑事责任年龄、刑事责任能力、犯罪的故意或过失等。它们是每一犯罪构成所必需具备的，缺少其中之一，就不存在犯罪构成。

选择的构成要件，指不是每一犯罪构成必须具有的，而只是一部分犯罪构成具有的要件。这类要件有犯罪对象，危害结果，行为的时间、地点、方法，特定身份，犯罪目的等。

（4）具体的构成要件与一般的构成要件

具体的构成要件，指某一具体的犯罪构成所必须具备的要件。

一般的构成要件，指在一些犯罪构成中共同存在的要件。根据我国刑法理论，任何一种犯罪的成立都必须具备四个方面的构成要件，即犯罪客体、犯罪客观方面、犯罪主体、犯罪主观方面的构成要件。

（二）犯罪客体

1. 犯罪客体的概念

通说认为，犯罪客体是我国刑法所保护的、为犯罪行为所侵害的社会关系。需要指出的是，在我国社会主义制度下所有重要的社会关系都受到我国刑法的保护，但并不能因此称这些社会关系就是犯罪客体，这些社会关系只有在受到危害行为的侵害时，才能称之为犯罪客体。①

2. 犯罪客体的分类

犯罪客体可以从不同的角度，用不同的标准作不同的分类。研究犯罪客体的分类具有重要意义，可以正确揭示各类犯罪客体的属性，正确认识犯罪客体在刑事司法中的作用。按照受到犯罪行为所侵犯的社会关系的层次，可以将犯

① 参见高铭暄、马克昌主编：《刑法学》(第5版)，北京大学出版社、高等教育出版社2011年版，第52页。

罪客体分为以下几种：

(1) 犯罪的一般客体，指一切犯罪行为所共同侵犯的客体，也就是我国刑法所保护的社会关系的整体。

(2) 犯罪的同类客体，指某一类犯罪所共同侵犯的客体，也就是刑法所保护的社会关系的某一部分，该一部分之内的具体社会关系的性质相同或相近。我国刑法分则体系就是依据犯罪的同类客体建立的。

(3) 犯罪的直接客体，指某一具体犯罪行为所直接侵犯的客体，也就是某一具体犯罪行为所直接侵犯的某种具体的社会关系。

犯罪的直接客体是确定犯罪性质的最重要因素，为了研究和应用，理论上又将其分为以下几种：

按犯罪行为直接侵犯的具体的社会关系的单复可以区分为简单客体与复杂客体。所谓简单客体，是指该种犯罪行为仅仅侵犯某一种具体的社会关系，即只有一个直接客体，如故意杀人罪。所谓复杂客体，是指该种犯罪行为同时侵犯两种或两种以上的具体的社会关系，即有两个或两个以上的直接客体。在我国的刑法学中，大量的经济犯罪被认为是复杂客体的犯罪，如生产、销售不符合安全标准的食品罪，其侵犯的客体就是国家对食品安全的监督管理秩序和不特定多数人的身体健康权利。

按具体犯罪侵害的社会关系是否为物质性为标准可以将犯罪客体区分为物质性犯罪客体和非物质性犯罪客体。前者产生物质性的损害或威胁，如故意损坏财物罪等，后者如诽谤罪等。

3. 犯罪对象

犯罪对象是指刑法分则条文规定的犯罪行为所作用的客观存在的具体人或物。大多数具体的犯罪行为，都会直接作用于一定标的，使其发生损毁或归属、位置、状态等改变，或处于某种现实的危险，使得受刑法保护的社会关系受到危害。

(1) 犯罪对象具有以下特征：一是犯罪对象是具体的人或物；二是犯罪对象是犯罪行为直接作用的人或物，在人或物未受犯罪行为侵害时，仅是可能的犯罪对象，只有直接作用于人或物时，具体的人或物才成为现实的犯罪对象；三是犯罪对象是刑法规定的人或物，如果某犯罪行为直接作用的对象在刑法分则某条的规定之外，同样不能把该行为认定为该罪。

(2) 犯罪对象的分类通常分为两类：一类是普遍的犯罪对象，它对犯罪对象无特殊的限制，仅是泛指的人或物，如过失致人死亡罪中的“人”，盗窃罪中的“财物”；另一类则对犯罪对象作了具体的规定，如走私武器弹药罪的对象只能是武器、枪支、弹药等。

【难点辨析】

犯罪对象与犯罪客体

犯罪客体是一定的社会关系，作为犯罪对象的人，是社会关系的承担者；作为犯罪对象的物，则是社会关系的表现形式。犯罪客体通常是通过一定的犯罪对象表现它的存在。但二者存在明显的区别：

(1) 犯罪客体决定犯罪性质，犯罪对象则未必。分析某一案件，单从犯罪对象去看，是分不清犯罪性质的，只有通过犯罪对象所体现的社会关系即犯罪客体，才能确定某种行为构成什么罪。

(2) 犯罪客体是任何犯罪构成的必要要件，犯罪对象则不是任何犯罪都不可缺少的，它仅仅是某些犯罪的必要要件。

(3) 任何犯罪都会使犯罪客体受到危害，而犯罪对象则不一定受到损害。如盗窃犯将他人的汽车盗走，侵犯了主人的财产权利，但作为犯罪对象的汽车本身则未必受到损害。一般情况下，盗窃犯总是把窃来的东西好好保护，以供自用或卖得高价。

(4) 犯罪客体是犯罪分类的基础，犯罪对象则不是。由于犯罪客体是每一犯罪的必要要件，它的性质和范围是确定的，所以它可以成为犯罪分类的基础。我国刑法分则规定的十类犯罪，主要以犯罪同类客体为标准进行划分。如果按犯罪对象则无法进行分类。

(5) 犯罪对象是具体的人或物，因此可以凭借人的感觉器官来感知；犯罪客体则是生命权、财产权、公共安全等凭借人的思维才能认识的观念上的东西，二者具有具体与抽象的差别。

(三) 犯罪客观方面

1. 犯罪客观方面的概念

犯罪客观方面，是指刑法所规定的、说明行为对刑法所保护的社会关系造成损害的客观外在事实特征。① 犯罪客观方面是犯罪活动的客观的外在表现，是犯罪主观方面的外化，是犯罪主体与犯罪客体联系的中介，是犯罪构成诸要件中的一个重要方面。即刑法规定的、构成犯罪在客观上需要具备的诸种要件

① 参见高铭暄、马克昌主编：《刑法学》(第5版)，北京大学出版社、高等教育出版社2011年版，第60页。

的总称。

2. 犯罪客观方面的要件

犯罪客观方面的要件，也可以称为犯罪客观方面的内容或犯罪的客观要件，是犯罪在成立再犯罪客观方面所必需具备的条件。按是否每一犯罪构成都必须具备为标准，可以分为必备要件和选择要件。所谓必备要件，是指任何犯罪构成在客观上都必须具备的要件。危害行为就是这种要件。所谓选择要件，是指只是某些犯罪构成在客观上必须具备的要件，行为的时间、地点和方法就是这种要件。

(1) 危害行为

危害行为是刑法学上一个非常重要的概念，但目前我国理论界尚未达成一致的意见。通说认为，刑法中的危害行为是指由行为人的心理态度支配的危害社会的身体动静。

危害行为的特征，即危害行为在客观上是行为人的身体动静、危害行为是由行为人的心理态度支配的身体动静和危害行为是对社会有危害性的身体动静三个方面。

危害行为的表现形式多种多样，但刑法理论将其归纳为两种基本表现形式，即作为与不作为。

作为，是指行为人以积极的身体动作违反禁止性规范。其本身的特点是：作为表现为积极的身体动作；作为通常由人的一系列积极举动组成，而不是仅指个别动作或活动环节；作为是实施刑法规范所禁止的行为。

不作为是与作为相对应的危害行为的另一种表现形式，它是指行为人负有实施某种行为的特定义务，且具有履行该积极义务的能力，而行为人没有履行该积极义务、没有实施某种积极的行为，从而导致某种危害结果的发生。同时，不作为与某种危害结果之间还存在刑法意义上的因果关系，正是由于存在这样的因果关系，不作为与作为在犯罪成立上具有等价性。

特定义务的根据或者来源，通常认为有以下几种：一是法律明文规定的义务。如家庭成员之间具有互相扶养、赡养的义务，当事人有履行生效的法院裁判的义务。典型的不作为犯罪有遗弃罪，拒不执行判决、裁定罪等。二是职务上或业务上要求履行的义务。如消防队员有消除火灾的义务、医生有救助病人的义务等，该积极作为义务是职务上、职责上的要求。三是由先行行为引起的义务。先行行为导致刑法所保护的某种法益处于危险状态，行为人负有采取有效措施排除危险或防止危害结果发生的特定义务，如果不积极履行该项义务，导致危害结果发生，就要承担相应的刑事责任，如交通肇事被撞伤的人有生命危险，行为人就有将伤者送医院救治的义务。第四，法律行为（合同行为、自愿承担行为）引起的义务。

在我国刑法中，由不作为的行为形式实现的犯罪有两种类型：一种是真正不作为犯或纯正不作为犯，这是指刑法规范规定不作为为犯罪构成要件的犯罪，行为人以不作为的形式实施这种犯罪的情况，如遗弃罪，由于法条已经将遵守“作为义务”作明文规定，因此其成立要件并无疑义；另一种是不真正不作为犯或不纯正不作为犯，这是指刑法规范规定的通常由作为实施的犯罪，行为人以不作为的形式实施的情况。如故意杀人罪的构成要件，不纯正不作为犯的“不作为”必须与纯正作为犯的“作为”具备同等价值。例如，母亲以棉被闷死婴儿（作为），或以不喂食而饿死婴儿之方式（不作为）而使婴儿死亡之情形，不仅从社会生活一般人的角度看，该母亲不喂食的不作为与作为具有相同程度的犯罪行为，于“刑法”规范上，亦皆属于杀人罪之杀人行为，而具有等价性。①

（2）危害结果

①危害结果的概念和特征

刑法中的危害结果理论上存在不同的看法，通说认为，狭义上的危害结果是指危害行为对具体犯罪的犯罪对象、犯罪直接客体造成的法定的实际损害或现实危险。一般认为，危害结果的特点有：

因果性。危害结果是由危害行为造成的，危害行为是因，危害结果是原因引起的后果。

侵害性。危害结果是表明刑法所保护的社会关系遭受侵害的事实特征。要特别指出的是，社会危害性与危害结果并不是等同的概念。

现实性。危害结果是危害行为已经实际造成的侵害事实。

多样性。危害结果没有一定类型，而是多种多样、形形色色的，不同的危害结果在定罪量刑中所起的作用是不完全相同的。

②危害结果的种类

按照不同标准，危害结果可以区分为以下几类：

构成结果与非构成结果。这是以危害结果是否犯罪构成要件为标准而进行的区分。所谓构成结果，是指属于犯罪构成要件的危害结果。所谓非构成结果，是指不属于构成要件的危害结果。

物质性结果与非物质性结果。所谓物质性结果，是指以物质性变化为存在

① 参见陈子平：《刑法总论》，中国人民大学出版社 2009 年版，第 112 页。

形态的危害结果；所谓非物质性结果，是指以非物质形态表现出来的危害结果。

直接结果与间接结果。所谓直接结果，是指由危害性行为直接造成的侵害事实；所谓间接结果，是指由危害行为间接造成的侵害事实。

(3) 因果关系

刑法上的因果关系是人的危害行为与危害结果之间的引起与被引起的关系。

刑法上因果关系的认定要求：

首先，作为某种原因的行为必须具有危害结果发生的实在可能性，这是该行为与危害结果之间具有因果关系的必要前提；所谓某种行为具有危害结果发生的实在可能性，是指该行为中存在着使危害结果发生的客观根据，如果该行为不具有危害结果发生的客观根据，那它就不是结果发生的原因，只能是结果发生的条件。

其次，具有上述实在可能性还不能说明具有因果关系，只有当具有结果发生的实在可能性的某一现象已经合乎规律地引起某一结果的发生时，才能确定某一现象与所发生的结果之间具有因果关系。如果某一现象虽然有发生结果的实在可能性，但在某发展过程中，偶然地与另一因果性的锁链联系在一起，以致由另一现象合乎规律地产生这一结果时，那么，前一现象和所发生的结果之间就没有因果关系。

再次，因果关系只能是在一定条件下的因果关系。因此，在确定某种行为与某种结果之间是否具有因果关系时，不能脱离该行为实施时的具体条件进行判断。

因果关系的地位涉及两个方面的问题：一是因果关系在犯罪构成中的地位，即因果关系是不是犯罪构成要件？二是因果关系在追究刑事责任方面的地位。

一是因果关系在犯罪构成中的地位。通说认为，因果关系不是构成要件，而是客观方面的两个要素，即行为和结果之间的联系。经典的刑法理论崇尚“结果无价值”，认为犯罪的本质在于行为产生的结果有害（侵害法益），如死亡、伤害、财产损失等。因此，结果和因果关系均具有犯罪构成一般要件地位。相反，行为无价说认为，把犯罪的本质仅仅归结为结果是片面的，也要考虑行为本身的危害。因此，犯罪类型不仅仅是结果犯、实害犯，还要有行为犯、形式犯。行为本身有害、行为方式的差异，也是评价犯罪的重要依据。结果在犯罪构成中地位的下降，也导致因果关系不再具备犯罪构成一般要件的地位。

二是因果关系在追究刑事责任方面的地位。对于追究刑事责任而言，因果关系仅仅具有“客观”基础地位。最终判断行为人是否要承担刑事责任，除了要具备客观性的基础外，还要具备主观上的罪过。如果行为人没有主观上的罪过，则即便行为与危害结果有因果关系，也不能以此追究行为人的刑事责任。

（四）犯罪主体

1. 犯罪主体的概念

我国刑法中的犯罪主体，是指实施了危害社会的行为并依法应负刑事责任的自然人和单位。①

2. 自然人

自然人犯罪主体，是指达到了刑事责任年龄，具备了刑事责任能力，实施了危害行为并依法应负刑事责任的自然人。

（1）刑事责任能力

自然人犯罪主体一般条件的内容是自然人的刑事责任能力。

刑事责任能力，是指行为人构成犯罪和承担刑事责任所必需的、辨认和控制自己行为的能力（即对自己的行为在刑法意义上的性质、后果的分辨认识能力）。主要体现在行为人的辨认能力和控制能力两方面（决定自己是否实施某种行为的能力）。所谓辨认能力，是指行为人在实施危害行为时具备的对其行为的社会意义的分辨和认识能力。所谓控制能力，是指行为人实施危害行为时具备的对其行为是否实施的决定和推动能力。

刑事责任能力中的辨认能力和控制能力两者之间，是互相有机联系的，一方面，辨认能力是控制能力的基础；另一方面，控制能力是刑事责任能力的关键。总之，刑事责任能力要求辨认能力和控制能力必需都具备，缺一则不能成立。

一般根据人的年龄、精神状况等因素影响刑事责任能力有无和大小的实际情况而对刑事责任能力进行分类，通常采取三分法：完全无刑事责任能力、限制刑事责任能力和完全刑事责任能力。完全无刑事责任能力和完全责任能力都比较容易理解，关键是注意部分刑事责任能力者，主要包括：（1）已满14周

① 参见高铭暄、马克昌主编：《刑法学》（第5版），北京大学出版社、高等教育出版社2011年版，第82页。

岁不满18周岁的人犯罪的，应当减轻或从轻处罚，并且不适用死刑；（2）尚未完全丧失辨认或控制自己行为能力的精神病人犯罪的，可以从轻或减轻处罚；（3）又聋又哑的人或盲人犯罪的，可以从轻、减轻或免除处罚。

自然人的刑事责任能力主要受到两个基本因素的制约：是否达到一定年龄和精神状况。前者是自然人主体的刑事责任年龄问题，后者是自然人主体是否有精神病问题。

刑事责任年龄，是指刑法规定，自然人对自己实施的违法行为承担刑事责任的年龄范围。

我国刑法对刑事责任年龄做了具有我国特色的四分法规定：

第一种为完全负刑事责任年龄阶段。根据我国《刑法》第17条第1款的规定，已满16周岁的人犯罪，应当负刑事责任，即16周岁以上的人处于完全刑事责任年龄阶段。

第二种为相对负刑事责任年龄阶段。根据我国《刑法》第17条第2款的规定，已满14周岁不满16周岁的人，犯故意杀人、故意伤害致人重伤或者死亡、强奸、抢劫、贩卖毒品、放火、爆炸、投毒罪的，应当负刑事责任。处于这个年龄阶段的人只对刑法明文规定的犯罪负刑事责任，因此称为相对负刑事责任年龄阶段。

第三种为完全不负刑事责任年龄阶段。根据我国《刑法》第17条的规定，不满14周岁的人，不对任何犯罪负刑事责任。这一年龄段属于完全不负刑事责任年龄的阶段。

第四种为限制刑事责任年龄阶段。根据《刑法》第17条第3款的规定，对于实施了危害行为要负刑事责任的已满14周岁不满18周岁的人，应当从轻或者减轻处罚。《刑法修正案（八）》规定，已满75周岁的人犯罪的，也属于法定从宽情节。其从宽处罚具体表现在三个方面：一是老年人犯罪从宽处罚的程度是“从轻或减轻”，对故意犯罪的，是“可以”从轻或减轻处罚，而对过失犯罪的，是“应当”从轻或减轻处罚；二是对老年人犯罪原则上禁止适用死刑，但以特别残忍手段致人死亡的除外。另外要特别指出，这里的“已满75周岁”是指审判时被告人已满75周岁的；三是被判处3年以下有期徒刑的老年人，应当适用缓刑。

刑法上的精神障碍问题。

达到一定年龄而精神健全的自然人，其刑事责任能力就开始具备。但是，如果该自然人存在精神障碍，就可能因精神病症而不具备辨认和控制的能力，使其责任能力减弱甚至不具备犯罪主体的资格。这称为刑法上的精神障碍问题。

《刑法》第18条第1款规定，精神病人在不能辨认或者不能控制自己行为的时候造成危害结果，经法定程序鉴定确认的，不负刑事责任，但是应当责令他的家属或者监护人严加看管和医疗；在必要的时候，由政府强制医疗。我国《刑法》第18条的规定把精神病人作为不负刑事责任的根据。根据同一条款，间歇性的精神病人在精神正常的时候犯罪，应当负刑事责任。对于间歇性精神病人在精神正常的时候犯罪，应当视行为人在实施行为时的具体年龄来认定其属于哪一个刑事责任年龄阶段，以要求其承担相应的刑事责任；《刑法》第18条第3款还规定，尚未完全丧失辨认或者控制自己行为能力的精神病人犯罪的，应当负刑事责任，但是可以从轻或者减轻处罚。

生理缺陷。

根据我国《刑法》第19条的规定，又聋又哑的人或者盲人犯罪，可以从轻、减轻或者免除处罚。要注意，刑法条文规定的是“又聋又哑”的人，而只聋不哑或者只哑不聋的人仅仅属于酌定的从宽处罚因素。

（2）自然人犯罪主体的特殊身份

刑法规定的以某种特殊身份作为主体要件或者刑罚加减根据的犯罪，称为身份犯。其中，以特殊身份作为构成要件的犯罪，称为真正的身份犯；以特殊身份作为量刑因素的犯罪，称为不真正的身份犯。

刑法理论上，从不同角度可以有不同的分类：

特定公职人员：国家工作人员、国家机关工作人员、司法工作人员、邮政工作人员、国有公司、企业负责人和军人等；

从事特定职业人员：枪支合法制造企业、销售企业的直接责任人员、金融工作人员和承担资产评估、验资、会计、审计、法律服务等职责的中介组织的人员等；

具有其他特定身份的人员：男人、证人、鉴定人、记录人、翻译人以及与被害人在一个家庭内共同生活负有扶养、赡养义务的人等。

法律之所以确认特殊主体条件影响行为人刑事责任的有无和大小，是因为对某些犯罪来说，特定身份从主客观统一上来讲，足以影响社会危害性的大小，并在某种程度上反映了行为人主观恶性的大小。

3. 单位

（1）单位犯罪的概念和特征

根据《刑法》第30条的规定，单位犯罪是指公司、企业、事业单位、机关、团体实施的依法应当承担刑事责任的危害社会的行为。单位犯罪有以下几个特征：

单位特征。单位本身应具有合格性和广泛性。所谓合格性，是指单位犯罪的主体是不是合法的、合格的；所谓广泛性，是指单位犯罪的主体非常宽泛，公司、企业、事业单位、机关、团体都能成为单位犯罪的主体，而不能将单位犯罪理解为法人犯罪，法人仅仅是单位的一部分。除了独资、私营企业外，即便不具有法人资格，只要是一个合法、合格的单位，都能成为单位犯罪的主体。

主观特征。单位犯罪必须是在单位主体的意志支配下实施的；单位主体的犯罪意志表现在，单位犯罪必须经过单位集体研究决定或由其负责人员决定实施。

法律特征。单位犯罪必须由刑法分则或分则性条文明确规定。

(2) 单位犯罪主体的认定

私营企业能否成为单位犯罪的主体：最高人民法院明确作出司法解释：《刑法》第30条规定的"公司、企业、事业单位"既包括国有、集体所有的公司、企业、事业单位，也包括依法设立的合资经营、合作经营和具有法人资格的独资、私营等公司、企业、事业单位。

合法组织犯罪是否只能是单位犯罪：单位犯罪的主体必须是根据法定的条件和程序设立的社会组织。这并不意味着合法组织实施的犯罪都是单位犯罪。最高人民法院的司法解释指出：个人为进行违法犯罪活动而设立的公司、企业、事业单位实施犯罪的，或者公司、企业、事业单位设立后，以实施犯罪为主要活动的，不以单位犯罪论处。

盗用单位名义犯罪是否单位犯罪：盗用单位名义实施犯罪，违法所得由实施犯罪的个人私分的，依照刑法有关自然人犯罪的规定定罪处罚。

(3) 单位犯罪的处罚

从各国刑事立法和刑法理论来看，对单位犯罪的处罚有双罚制与单罚制两种办法。双罚制，即对单位和单位直接责任人员均处以刑罚；如虚报注册资本罪、欺诈发行股票、债券罪、非法经营罪、单位受贿罪等都是双罚制，既处罚单位也处罚直接责任人。单罚制，即只处罚单位或只处罚直接责任人员，如私分罚没财物罪、工程重大安全事故罪等。我国刑法对单位犯罪的处罚，以双罚制为主，以单罚制为辅。

（五）犯罪主观方面

1. 犯罪主观方面的概念和特征

犯罪主观方面，是指犯罪主体对自己的行为及其危害社会的结果所抱的心理态度。①

（1）犯罪主观方面是犯罪主体实施危害行为时对其行为及其结果的心理状态，由认识因素与意志因素构成。认识因素具体是指行为人对自己的危害行为及其危害结果的认知状态及程度；意志因素则指行为人对自己的危害行为及其危害结果的态度或意向。

（2）犯罪主观方面说明了犯罪主体实施危害行为时所具有的主观恶性，体现了犯罪的社会危害性。

（3）犯罪主观方面是任何犯罪成立必备的条件之一。根据《刑法》第16条，无论是何种犯罪，均需要有故意或者过失的行为。如果是不具有罪过的行为造成的客观损害，如自然灾害、意外事件等，即便造成了损害结果，也不成立犯罪。

（4）犯罪主观方面是由刑法明文规定的。刑法总则明文规定了故意与过失两种心理态度，而分则对具体犯罪的主观方面予以了规定，如某些条文明确规定某种犯罪只能由故意或者过失构成。

2. 犯罪故意

（1）犯罪故意的概念

犯罪故意，是指行为人明知自己的行为会发生危害社会的结果，并且希望或者放任这种结果发生的心理状态。犯罪故意与故意犯罪密切联系，没有前者就没有后者，但两者并不是等同的概念。

（2）犯罪故意的基本分类

我国刑法根据故意的认识因素与意志因素，将犯罪故意区分为直接故意与间接故意。

直接故意，是指行为人明知自己的行为会发生危害社会的结果，并且希望这种结果发生的心理状态，直接故意是认识因素与意志因素两者的统一。

间接故意，是指行为人明知自己的行为可能发生危害社会的结果，并且放任这种结果发生的心理状态。

（3）犯罪故意的其他分类

许多国家的刑罚没有规定故意的定义和种类，因此刑法理论根据不同标准对故意作了多种不同分类。

---

① 参见高铭暄、马克昌主编：《刑法学》(第5版)，北京大学出版社、高等教育出版社2011年版，第101页。

根据故意形成的时间可以分为预谋故意与突发故意。所谓预谋故意，是指行为人在实施犯罪行为之前的一段时间就已经形成犯罪故意心理的情况；所谓突发故意，是指行为人产生犯罪故意后立即实施犯罪行为的情况。

根据故意的认识内容的确定程度可以将故意分为确定故意与不确定故意。所谓确定故意，是指行为人对自己行为会发生某种具体危害结果具有明确的认识，并希望或者放任这种结果发生的心理态度；不确定故意，是指行为人虽然明知自己的行为会发生危害结果，却不明确会发生何种具体结果，并希望或者放任危害结果发生的心理态度。

3. 犯罪过失

(1) 犯罪过失的概念

《刑法》第15条规定："应当预见自己的行为可能发生危害社会的结果，因为疏忽大意而没有预见，或者已经预见而轻信能够避免，以致发生这种结果的，是过失犯罪。"上述规定阐明了过失犯罪的概念，即过失犯罪是行为人在过失心理支配下实施的犯罪。

(2) 犯罪过失的基本分类

我国刑法根据行为人是否已经预见到危害结果的发生，将过失区分为疏忽大意的过失和过于自信的过失。

疏忽大意的过失，是指行为人应当预见自己的行为可能发生危害社会的结果，但是因为疏忽大意而没有预见，以致发生这种结果的心理态度。

认定疏忽大意的过失的关键在于能否确定应当预见的前提和应当预见的内容。

应当预见的前提，是指行为人在实施行为时能够预见。这里的应当预见可以理解为是一种预见义务，而预见义务又是以预见可能为前提的。对于判断行为人能否预见危害结果的标准，理论界有主观说、客观说与折中说之争。通说认为，应当根据主客观相一致的原则来解决判断基础、判断方法和判断标准问题。

应当预见的内容，是指行为人在实施行为时所应当预见的内容是法定的危害结果。值得注意的是，这里"危害社会的结果"不宜扩大，只能在法律规定的范围内理解，否则实际上就扩大了过失的处罚范围。

过于自信的过失，即行为人已经预见到自己的行为可能发生危害社会的结果，但轻信能避免，以致发生这种结果的心理状态。轻信能够避免主要表现为以下几种情况：

一是过高估计了自己的主观能力，如行为人在路面情况复杂的地段驾驶汽车，过高估计自己的技术水平而造成重大交通事故；

二是不当地估计了现实存在的客观条件对避免危害结果的作用；

三是误以为结果发生的可能性很小，以为可以避免结果发生，如工厂负责人决定将易燃物堆放在厂房附近，虽然其已经预见到可能发生雷击引起火灾的危险，但却认为可能性很小而无须在意，结果因雷电起火而发生了火灾。

(3) 犯罪过失的其他分类

①根据行为人违反的是否业务上注意的义务，将过失区分为普通过失和业务过失。所谓普通过失，是指行为人在日常生活中违反了一般注意义务而造成危害结果的过失心态；所谓业务过失，是指行为人在业务活动中违反了应尽的注意义务而造成危害结果的过失心态。

②根据行为人过失的程度，将过失区分为重过失与轻过失。所谓重过失，是指行为人稍加注意即可预见和避免危害结果发生的过失；所谓轻过失，是指行为人较难以预见与避免结果发生的过失。

(4) 过于自信的过失和间接故意

过于自信的过失与间接故意有相似之处，如二者均认识到危害结果发生的可能性，都不希望危害结果发生，但二者的区别也是明显的，主要如下：

①间接故意是放任危害结果的发生，结果的发生符合行为人的意志；过于自信的过失是希望危害结果不发生，结果的发生违背行为人的意志。

②间接故意的行为人是为了实现其他意图而实施行为，主观上根本不考虑是否可以避免危害结果的发生，客观上也没有采取避免危害结果的措施；过于自信过失的行为人之所以实施其行为，是因为考虑到可以避免危害结果的发生。

③间接故意是“明知”危害结果发生的可能性；过于自信的过失是“预见”危害结果发生的可能性。这说明间接故意的行为人认识到结果发生的可能性较大。

直接故意的意志因素是希望发生结果，与它对应的是“希望不发生结果”(过失犯即是如此)，而非“不希望发生结果”。而所谓的放任，应当讲就是在“希望发生”和“希望不发生”之间的这样一种罪过形态。

4. 无罪过事件

有些行为在客观上虽然造成了一定的损害结果，但不是出于行为人的故意或过失，而是由于不能抗拒或不能预见的原因引起的，因此在刑法上不认为是犯罪。主要包括：

(1) 意外事件

意外事件是指行为虽然在客观上造成了损害结果，但并非出于故意或者过失，而是由于不能预见的原因引起的，不是犯罪。意外事件有三个特征：①行为在客观上造成了损害结果。即行为人的行为与损害结果之间具有因果关系，如果出现了损害结果但是是由于野生动物、自然现象造成的，不能称为意外事件。②行为人在主观上既没有故意也没有过失。③损害结果是由于不能预见的原因引起的。也就是说，行为人的行为并不是引起损害结果的唯一原因。根据行为人的认识能力和客观情况，行为人不可能也不应当预见。如某地一农民拿钢叉在自家草堆叉草时，无意中叉伤了躲在草堆中睡觉的小孩。在当时情况下，农民是不可能预见到有人在自家草堆中睡着了的，因而是意外事件。

(2) 不可抗力

不可抗力是指行为人虽然预见到了危害结果发生的可能，客观上也造成了损害结果，但不可能避免这种危害结果的发生，或者虽然采取了措施但危害结果仍不可避免，这种情况不认为是犯罪。

需要指出的是，行为人在危害结果发生时不可能避免结果的发生，并不意味着此前的行为同样不能认定为过失。如行为人酒后驾车，由于天气极度恶劣而导致汽车失控，进而撞死了路边的行人。就汽车失控而言，行为人确实不能避免危害结果的发生，但是行为人酒后驾车本身就具有极大的危险性，因此行为人仍应承担交通肇事罪的刑事责任。

5. 刑法上的认识错误

刑法上的认识错误，是指行为人在主观上对自己行为的法律性质或有关事实情况发生错误的理解。

(1) 法律认识错误

法律认识错误，是指行为人对自己行为的法律性质有错误的认识，包括行为人对自己的行为在法律上是否构成犯罪、构成何种犯罪，或者应当受到什么样的刑事处罚的不正确理解。主要表现为：

行为人将自己有罪的行为误认为是无罪行为。如行为人误以为自己在内陆港口帮助转运走私数额较大的普通货物不属于走私普通货物罪，只应受行政处罚，而实际上根据刑法规定是犯罪行为，其错误认识不影响走私普通货物罪的成立。

行为人将自己无罪的行为误认为是有罪行为。这种即所谓的幻觉犯，如行为人误以为自己下载了几部淫秽书刊是犯罪行为，在实施下载行为后，为得到从宽处理而投案自首。这个错误显然不能认定为犯罪。

行为人对行为的定性及处罚轻重的错误认识。如行为人认为自己应在3年以上10年以下有期徒刑幅度内处罚，而实际上依法应处10年以上有期徒刑的，此类错误不影响依法处罚。

（2）事实认识错误

事实认识错误。这是指行为人对自己行为的有关事实情况有错误的认识。事实认识错误主要有以下五种情形：

客体的认识错误。这是指行为人对其行为所侵害的社会关系的认识与客观实际不相符合。典型的客体认识错误如假想防卫、假想避险等。如行为人将正在执行公务的便衣警察当做劫匪而进行攻击。

对象认识错误。这是指行为人的行为所指向的具体对象实际上并不存在，行为人误认为存在而对其实施行为的情况。如行为人A欲杀害B，在晚上伏击时误将C当做B而开枪射杀，此行为仍构成故意杀人罪既遂。

手段、工具认识错误。这是指行为人误以为自己选用的工具或方法可以产生其行为的预定效果，但实际上不可能实现的情况。手段错误实际上是行为错误。如行为人误以为自己的手枪中有子弹而欲射杀被害人，但实际上手枪中根本就没有子弹。

因果关系的认识错误。这是指行为人对其行为与危害结果之间的因果关系发生了认识错误。这种事实认识错误实际上是结果错误。通常情况下，犯罪故意的成立并不要求行为人对因果关系的发展有明确认识，只要其认识到自己的行为会发生危害社会的结果就足够了。因果关系认识错误原则上既不影响定罪，也不影响量刑。如A持枪追杀B，B在逃跑过程中从高处摔下而死，此时A仍构成故意杀人既遂。

打击错误也称行为偏差，是指由于行为本身的误差，导致行为人所侵害的对象与实际受害者不一致的错误。如行为人A举起木棍准备砸向B，但是由于用力不当砸坏了桌上珍贵的国家文物。

对于上述几种事实认识错误的处理，刑法上历来有具体符合说、法定符合说和抽象符合说等不同看法，我国通说基本认同法定符合说，即行为人所认识的事实与实际发生的事实，只要在犯罪构成内是一致的，就不影响对其行为性质的判断和刑事责任的承担。

二、案例分析

【案例一】

被告人杨某因与被害人张某谈恋爱而产生矛盾，杨某即购买两瓶硫酸倒入喝水的杯中，随身携带至其就读的某市第一中学。10月23日，杨某在操场上又遇到张某，两人再次发生激烈争执，杨某手拿装有硫酸的水杯对张某说："真想泼到你脸上！"并欲拧开水杯但未能打开。张某以为杯中系清水，为稳定自己情绪接过水杯，打开杯盖，将水杯中的硫酸倒在自己头上，致使其头、面、颈、躯干等部位被烧伤，经法医鉴定其伤情为重伤，伤残程度为一级。对于本案存在两种不同看法：一种观点认为，被害人从被告人手中拿过装有硫酸的杯子往自己身上倾倒属于自残行为，被告人没有实施危害行为，其行为不构成犯罪；另一种意见认为，被告人为报复被害人，携带硫酸至案发现场，当被害人将硫酸当做清水倾倒在本人身上时，被告人既不告诉被害人实情，也不采取措施予以阻止，而是放任被害人向自己倾倒硫酸，对被害人伤害的后果持放任态度，系间接故意伤害，未履行其先行行为而产生的避免或排除危害结果发生的特定义务，其行为属不作为犯，构成故意伤害罪。

（案例来源：《刑事审判参考》（第55集），法律出版社2007年版，第6～12页。）

【问题聚焦】

认定不作为犯罪中的故意。

【法律剖析】

一般认为，不作为犯罪的构成要件需要满足以下几个方面：一是不作为犯罪必须以行为人负有某种特定的义务为前提，如法律行为引起的义务、先行行为等；二是不作为犯罪必须是行为人有能力履行的特定义务而未履行；三是被告人的不作为与危害结果之间存在因果关系。结合本案来看，被告人杨某购买硫酸带至学校，持装有硫酸的杯子与被害人争执，试图打开杯盖、被害人将杯子拿去等一系列行为使得被害人的人身安全处于一种危险状态，此时杨某因其先行行为而产生了告知被害人真相、防止特定危险发生的义务。杨某虽然没有直接实施伤害行为，但是在被害人误将硫酸认为是清水、准备泼在自己头上时，被告人完全有时间也有能力履行告知义务，阻止被害人伤害自己，却采取放任的态度任由被害人严重灼伤的危害结果发生，符合不作为犯罪的构成要件。

综上，被告人杨某主观上具有间接伤害他人的故意，客观上不履行采取有效措施防止危害结果发生的义务，并给被害人造成了严重的伤害后果，其行为已经构成故意伤害罪。

【法条链接】

《中华人民共和国刑法》

第234条　故意伤害他人身体的，处3年以下有期徒刑、拘役或管制。

犯前款罪，致人重伤的，处3年以上10年以下有期徒刑；致人死亡或者以特别残忍手段致人重伤造成严重残疾的，处10年以上有期徒刑、无期徒刑或死刑。本法另有规定的，依照规定。

【案例二】

被告人朱某为了获得更多的拆迁费，从市场上买来旧砖头、旧钢筋、旧楼板交给没有建筑资质的于某建两层楼房，并吩咐于某为其节省资金。5月中旬，于某带领王一、王二、王三等人进行施工，在施工过程中，未采取安全防范措施。5月28日下午二时许，被告人朱某经于某同意，将两桶泥浆吊到二楼廊檐顶部不久，在楼板自重和施工操作等负荷作用下，挑梁突然断落，致使王一被砸后当场死亡；王二被砸伤后抢救无效死亡，王三等两人被砸伤。经鉴定，该房建造标准很低，泥浆强度为0，主要承重构件构造连接和整体性很差，挑梁不符合现行建筑结构设计规范的有关要求。对于本案存在两种不同的观点：一种观点认为，被告人朱某虽然购买的是旧建材，但对于房屋垮塌的结果并不负有责任，两死两伤的事故应属于意外事件。另一种观点认为，被告人朱某建设两层楼房，购买的全部是旧建材，由于其疏忽大意而忽视了结果发生的可能，最终导致楼房坍塌，致两死两伤的后果，其行为符合过失致人死亡的法律特征，应构成过失致人死亡罪。

（案例来源：《刑事审判参考》（第44集），法律出版社2005年版，第49页。）

【问题聚焦】

疏忽大意的过失和意外事件的区分。

【法律剖析】

意外事件与疏忽大意的过失有相似之处，都表现为行为人未能预见其行为所造成的结果，客观上也都发生了危害结果。但是两者的区别在于：在意外事件中，由于人的认识能力以及特定的时间、环境等客观条件的限制，行为人是不能预见也不应该预见危害结果的发生的。而疏忽大意过失的行为人能够遇见、应当预见，但是由于疏忽大意才没能预见。二者区分的关键是判断行为人是否应当预见和能够预见。而预见能力因人而异，应充分考虑行为人的智力水平、行为本身的危险性和客观环境，同样的行为和结果对不同年龄、不同知识水平的人其预见可能性是不同的。本案中，被告人朱某建设两层楼房，明知购买旧材料、使用不达标的水泥以及雇佣没有建筑资质的于某进行修建是存在重大安全隐患的，但是由于其疏忽大意没有预见到后果发生的可能性，最终导致两死两伤的后果，主观上具有疏忽大意的过失，客观上其行为与两死两伤的后果有因果关系，其行为已经构成了过失致人死亡罪。

【法条链接】

《中华人民共和国刑法》

第233条　过失致人死亡的，处3年以上7年以下有期徒刑；情节较轻的，处3年以下有期徒刑。本法另有规定的，依照规定。

【案例三】

初中学生王某（男，生于1991年2月，身高1.60米）和其同学柯某、张某、王某等下河游泳时，碰到在河中游泳的犯罪嫌疑人刘某（王某的同班同学），王某下水后，刘某出于“整治”王某、呛王某几口水的目的，就将王某按住呛水，其中一同学对刘某说王某不会水，这样刘某就没有按王某呛水了，而后将王某从浅水区拽至深水区（水深1.40米），王某因不识水性感到恐慌遂死死抱住刘某，二人在水中两沉两浮，刘某在王某抱住下沉后也呛了水而感到恐慌，这样刘某为了脱险挣脱了王某游上岸，游上岸后刘某脸色发青，体力不支。随后刘某和几个同学在河边找了王某，在没有找到王某后，他们意识到王某可能已经溺水死亡，刘某就对其他同学说不要对别人说，把衣服藏起来，尸体如找到了就烧掉。王某的尸体于次日在河边被警方找到。

对刘某的行为如何定罪，有两种观点。一种观点认为，刘某的行为构成间接故意杀人罪，理由是：刘某明知被害人王某不识水性，出于呛王某水整一下他的目的，而强行将王某由浅水区拽至深水区，刘某明知这样做可能会发生他人溺水死亡的严重后果，而出于一种放任的态度仍将王某拽至深水区，后造成了王某死亡，故应定刘某的行为构成间接故意杀人。

另一种观点认为，刘某的行为构成了过失致人死亡罪，理由是：虽然刘某主观上是要呛王某的水、整一下他，但刘某对此处水况较熟悉，预见到王某如到深水区后可能造成王某溺水死亡的结果发生，而考虑自己识水性，过于自信能避免，当刘某将王某拉至深水区后，因王某恐慌抱住刘某致两人都沉下去呛水了，并在水中两沉两浮，这是刘某未能预见的，这时刘某为了脱离危险而挣脱王某逃上岸，但造成了王某的死亡。王某的溺水死亡与刘某的行为有直接因果关系，故此案应定过于自信的过失致人死亡罪。

（案例来源：中国博客网，载 http：//blog. ce. cn/html/23/331123-245055. html）

【问题聚焦】

如何理解间接故意？

【法律剖析】

间接故意通常应包括两个方面的内容：一是行为人明知自己的行为会发生危害社会的结果，亦称认识方面的因素；二是行为人希望或者放任这种危害结果的发生，亦称意志方面的因素。只有二者的有机统一，才能认定行为人具有犯罪的故意。结合本案，从认识因素来讲，刘某只是预见自己的行为可能导致王某死亡的结果发生，而不是明知自己的行为必然导致王某死亡的结果的发生，是不符合间接故意的认识特征的。再从意志因素来说，刘某虽然已经预见自己的行为会发生危害结果并相信能够避免，但是当王某死死抱住自己时已无法改变自己行为的性质、方式、方向以避免这种结果的发生，也无法运用自己的意志控制、改变决定行为性质的各种条件，最终导致了危害结果发生。本案中，刘某与王某在水中同起同落水时，王某抱住刘某，此时刘某无法运用自己的意志控制、决定行为性质的各种条件以避免这种结果的发生了，但刘某离开王某后曾和同学一起寻找过王某，这表明，刘某对这种结果的发生并不是听之任之的，而是运用自己的意志控制设法改变王某死亡结果的出现。综上所述，刘某的认识因素与故意杀人罪的认识因素不同，意志因素确也存在差异。故刘某的行为不构成间接故意杀人罪。

【法条链接】

《中华人民共和国刑法》

第 233 条　过失致人死亡的，处 3 年以上 7 年以下有期徒刑；情节较轻的，处 3 年以下有期徒刑。本法另有规定的，依照规定。

三、深度拓展

（一）德日刑法中的“三阶层说”

西方国家的刑事学认为，实质意义上的犯罪，是侵害社会生活共同秩序的人的行为，不问这种行为是由幼童实施的还是由成人实施的，也不问是由精神病人实施的还是由精神正常的人实施的。但刑法上所说的犯罪，则只是其中应科处刑罚的行为。

首先，犯罪概念必须来源于刑法的规定，至少与刑法规定相符合。当今各国刑法中的犯罪概念都以行为而不是以行为人的个性为基础，而且分则条文明确规定了各种犯罪的行为类型（构成要件），所以，犯罪概念的第一个要素是行为符合构成要件。

其次，犯罪概念还必须与刑法的目的、手段相符合。合法的行为不可能受到刑法处罚，因此，违法性是犯罪概念的一般特征。所以，犯罪概念的另一特征是构成要件符合性。

德国和日本刑法理论通常由此分析得出结论，认为犯罪由三个要素构成：

(1) 构成要件的符合性（该当性）。即犯罪首先是符合刑法典各条及其他刑罚法规规定的某种犯罪构成要件的行为。这是罪刑法定主义的要求。

(2) 违法性。即犯罪应当具备违法性。由于构成要件是反社会的侵害行为的类型化，故在通常情况下，符合构成要件的行为就具有违法性。但是，正当防卫杀人、紧急避险等行为，虽然也符合构成要件，实质上却并不违反法秩序，即存在违法性阻却事由，因而不成立犯罪。

(3) 有责性。犯罪的成立除了要求具备构成要件符合性与违法性之外，还要求行为人具有责任能力，即能够将对行为的非难加于行为人，或者说，能够就符合构成要件的违法行为对行为人加以非难。“三阶层犯罪论体系”是发展变化的。

必须注意的是：今日的德日刑法学者，对于“三阶层体系”的理解也不完全相同。比如，有的采用的是构成要件符合性、违法性、有责性的三阶层体系（比如团藤重光、木村龟二）；有的采用的是行为、不法及责任的三阶层体系（比如西原春夫等）。“三阶层”犯罪构成体系在德、日刑法理论上仍然是个颇有争议的问题。

（二）有关行为理论的学说

1. 因果行为论

因果行为论是“二战”前德国刑法理论的通说，也称“自然行为论”、“有意行为论”，包括自然行为论和有意行为论两种学说。其主要特色在于，把行为理解为一种因果事实，即行为是基于意识所引起外界变动的因果的物理过程，其中人的身体动静或举止是原因，外界的变动是结果。

2. 目的行为论

目的行为论是20世纪30年代由德国刑法学者威尔哲尔首创的。该理论认为，人的行为不单纯是由意志支配的因果过程，而是有目的的活动。人的行为是受到目的支配的身体运动，即实现一定目的的一种活动。这种目的性体现在，人以因果关系的认识为基础，在一定范围内预见自己的活动可能产生一定的结果，于是行为人设立目的，选择达到目的的手段，并操纵手段，最终朝着目的有计划地进行活动。

3. 社会行为论

社会行为论是20世纪30年代由德国学者巴哈德·修密特提出的。该理论将刑法上的行为理解为具有社会意义的人的有意识的身体动静，而这种社会意义主要体现在行为对刑法所保护法益的侵害。认为刑法上的行为概念必须具备两个要件：一是意识支配可能性，社会性的行为必须以行为主体的意识支配因果法则、支配行为；二是外在举止，从行为具有社会上事实存在的立场出发，行为必须属于具有某种可以成为刑法评价对象的社会意义的人之外在举止。

4. 人格行为论

人格行为论是近几十年发展起来的，由日本刑法学者团藤重光首先提出。该理论认为，行为是在人格与环境的相互作用中依据行为主体的人格态度形成并把人格主体现实化。行为是行为者人格的主体的实现，或者说是行为者人格的表现。人的身体动静，只有与其主体的人格态度相结合，并能认为是其人格的主体的现实化时，才能认为是行为。①

5. 消极行为论

消极行为论由德国学者 Kahrs 和 Jakobs 等人所倡导。该理论认为，刑法中行为的本质是社会危害性，如果一个行为人能够避免某种结果的发生，法律也要求他避免这种结果的发生，那么，只要他没有避免这种结果的发生，就应当将该结果归责于该行为人。②

（三）因果关系的学说

1. 条件说

条件说至今仍是德国刑法理论上的有力学说。该说认为，只要在行为与结果之间存在"如无前者即无后者"这种条件关系，不考虑每个条件对结果发

① 参见李希慧主编：《刑法总论》，武汉大学出版社2008年版，第141～147页。

② 参见张明楷：《外国刑法纲要》(第2版)，清华大学出版社2007年版，第66页。

生之原因力大小，即认为存在因果关系。

2. 原因说

原因说出于限制条件说的意图，主张运用一定的标准对必要条件进行选择，从中选出对于结果发生起了重要作用的条件作为刑法上的原因，而排斥其他条件。

3. 相当因果关系说

相当因果关系说认为，在实行行为与结果之间，根据社会生活经验判断，在通常情况下，某种行为产生某种结果被一般人认为具有相当性的场合，该行为与该结果之间就具有因果关系。按照该说，具有因果关系需要具备两个条件：一是条件关系的存在，若无该行为就无该结果的发生；二是相当性的存在，条件关系最终能否被确定为因果关系还必须参照社会生活经验法则来判断相当性是否存在。

4. 重要性说

重要性说由德国刑法学家麦兹格、布莱等人提出，以条件说的因果关系与行为人刑事责任的区别为出发点，将因果关系与客观归责的判断予以区分：因果关系的判断采用条件理论，归责性的判断采用构成要件重要性理论。该说认为刑法之所以处罚行为，是因为该行为所造成的具体危害结果在刑法上具有重要性，因而造成这种结果的行为也应当同样具有刑法上的重要性。

5. 客观归责说

以条件说为基础，客观归责说主张在因果关系问题上采条件说的立场，认为行为人违反规范要求的行为就是可能引起结果的行为；在归责问题上，则认为行为所重视的是在客观上有归责可能性的结果，当行为人的行为在其因果条件历程中，已造成法律上禁止的危险，而这种危险本身足以实现构成要件的结果时，即具有客观归责性。

6. 必然说与偶然说

必然说认为刑法中的因果关系，是指危害行为与危害结果之间内在的、合乎客观规律的、必然的引起与被引起的关系。偶然说认为危害行为本身并不必然导致危害结果的发生，但偶然介入其他因素，由介入因素合乎规律地引起了危害结果，介入因素与危害结果之间是必然的因果关系，而危害行为与危害结果之间是偶然的因果关系，二者都属于刑法上的因果关系。①

① 参见李希慧主编：《刑法总论》，武汉大学出版社 2008 年版，第 169 ~ 176 页。

（四）期待可能性理论

所谓期待可能性，是指根据行为时的具体情况，有能够期待行为人不实施违法行为而实施其他合法行为的可能性。期待可能性的理论认为，如果不能期待行为人实施其他合法行为，就不能对行为人的行为进行非难，也就不能追究刑法上的责任。①

关于期待可能性的判断标准问题，理论上主要存在以下几种观点：

（1）行为人标准说。此说认为，应当以行为人本人能力为标准，根据行为时的具体情况来决定其有无实施其他合法行为的可能性。

（2）平均人标准说。此说主张将平均人（通常人、一般人）置于行为当时行为人的地位，以他们有无实施合法行为的可能性为标准来判断有无期待可能性。

（3）国家标准说。此说主张以国家或者国家的法秩序的具体要求为标准，来判断是否具有期待可能性。

（五）被允许的危险及信赖原则

被允许的危险理论认为，为了求得社会更大更快的进步和发展，就必须在一定程度上允许危险的存在。某一危险行为要被允许，必须在一个允许的限度内，一般应符合以下条件：（1）行为的危险性不是太大；（2）该行为能为国家和社会带来重大利益或者为社会生活所必不可少；（3）必须是法律所允许的；（4）不能超过允许的范围。

信赖原则将预见可能与注意义务相分离，认为在某种条件下，行为人虽具有预见危害结果的可能性，但不一定就有预见的义务。该原则免除了行为人预见他人可能实施不正常的非法行为的义务，具有缩小过失责任的功能。目前在德、日等国，信赖原则已经比较广泛地适用到处理交通运输、医疗等行业发生的业务事故之中。但信赖原则并非在任何情形下都适用，一般来说，在下列情况下不能适用信赖原则免除行为人预见他人实施不法行为的义务：一是行为人自己违反注意义务时；二是行为人已经发现对方有反常行为，盲目地相信对方会履行自己的注意义务时；三是因某种客观条件的限制，他人违反注意义务的可能性较大时；四是发现对方是幼儿、老人、盲人或其他残疾人而且无保护人

① 参见［日］林干人：《刑法总论》（第2版），东京大学出版会2008年版，第334页。

陪同时；五是对方的违反注意义务行为即将造成危害结果，行为人有时间也有能力避免危害结果时，等等。①

① 参见李希慧主编：《刑法总论》，武汉大学出版社2008年版，第244～246页。

第四章　排除犯罪的事由

【知识结构图】

排除犯罪的事由：
- 排除犯罪事由概说
- 正当防卫
- 紧急避险
- 其他事由

一、知识点精析

（一）排除犯罪事由概说

1. 排除犯罪事由的概念与本质

排除犯罪的事由，是指行为人的行为虽然在客观上造成了或者即将造成一定的损害结果，在形式上符合某一犯罪的客观构成要件，但实质上不具有社会危害性和刑事违法性，从而不成立犯罪的情形。刑法理论也称之为“阻却违法的行为”、“正当行为”等。

对于排除犯罪事由的本质，理论界存在多种有代表性的学说。目前多数学者赞同法益衡量说，该说认为：如果侵害法益的行为是为了救济更高或者同等价值的法益，则该行为不具有违法性。这种观点认为违法性的本质是对法益的侵害与威胁，因此，判断行为是否具有违法性时，应将行为所侵害的法益与保护的法益进行比较，如果后者的价值更高或者二者相等，就不具有违法性，不成立犯罪。

2. 排除犯罪事由的种类

我国学者一般将排除犯罪事由划分为客观上排除犯罪性的事由和主观上排除犯罪性的事由。客观上排除犯罪性的事由包括正当防卫和紧急避险、执行命令的行为、法令行为、正当业务行为和履行职务的行为、经权利人承诺的行为、自救行为和自损行为等。主观排除犯罪性的事由包括意外事件和不可抗力。

我国刑法明文规定的排除犯罪的事由有正当防卫和紧急避险两种。大陆法系国家如日本、法国等国家除正当防卫和紧急避险外，还将依照法令的行为、正当业务行为、自救行为等规定为排除犯罪的事由。美国刑法中，合法辩护事由包括未成年、错误、精神病、醉态、被迫行为、紧急避险、正当防卫、被害人同意、警察圈套、安乐死等。①

（二）正当防卫

1. 正当防卫的概念

正当防卫，是指为了使国家、公共利益、本人或者他人的人身、财产和其他权利免受正在进行的不法侵害，而对不法侵害人造成或者可能造成损害的方法，制止不法侵害的行为。正当防卫分为两种：一般正当防卫(《刑法》第20条第1款）与特殊正当防卫(《刑法》第20条第3款)。

《刑法》第20条第1款规定："为了使国家、公共利益、本人或者他人的人身、财产和其他权利免受正在进行的不法侵害，而采取的制止不法侵害的行为，对不法侵害人造成损害的，属于正当防卫，不负刑事责任。"此即我国刑法关于一般正当防卫的规定。

《刑法》第20条第3款规定："对正在进行行凶、杀人、抢劫、强奸、绑架以及其他严重危及人身安全的暴力犯罪，采取防卫行为，造成不法侵害人伤亡的，不属于防卫过当，不负刑事责任。"此即我国刑法关于特殊正当防卫的规定。

2. 正当防卫的条件

正当防卫的本质是制止正在进行的不法侵害、保护法益。我国刑法理论通说认为，正当防卫的条件是主观意图与客观行为的统一。具体而言，成立正当防卫必须具备以下条件：

(1) 防卫起因

必须存在现实的不法侵害是实施正当防卫所必须具备的前提条件，即防卫的起因条件。防卫的起因条件具备以下特征：

不法性。不法侵害包括犯罪行为与其他一般违法行为，但又不是泛指一切违法犯罪行为。不法侵害具有攻击性、破坏性、紧迫性，在正当防卫可以减轻

---

① 参见储槐植：《美国刑法》，北京大学出版社1996年版，第64页。

或者避免危害结果的情形下才宜采取。对轻微的不法侵害，和处于被保护、被监护地位的人的一般不法侵害，不宜实行正当防卫。对不具备刑事责任能力的人实施的不法侵害，可以允许实行正当防卫，但应当尽量限制在必要的场合。

现实性。不法侵害必须客观存在，并且直接对法益产生侵害或者威胁时，才能对之进行正当防卫。对合法行为不能进行正当防卫。而在假想防卫的场合，即客观上不存在不法侵害，但行为人误以为存在不法侵害，或者虽然不法侵害存在，行为人却将第三人误以为是不法侵害人而对之进行防卫的行为，假想防卫人有过失的，按照刑法规定的过失犯罪处理；无过失的，按照意外事件处理。

侵害性。不法侵害不限于故意不法侵害，对于过失不法侵害，符合其他条件具有侵害性的，也可以进行正当防卫。此外，不法侵害也不限于作为的不法侵害。对于不作为的不法侵害，对合法权益造成现实、紧迫的侵害的，也可以进行正当防卫。例如，对进入自己的住宅、要求其退出而拒不退出的人，各国基本上认为宅主可以实行正当防卫。

(2) 防卫意图

正当防卫的防卫人必须对正在进行的不法侵害存在明确认识，并希望通过实行防卫行为来制止不法侵害以保护国家、集体、本人或他人的合法权益。在防卫认识上，行为人必须明确认识到不法侵害正在进行。在防卫目的上，行为人必须是出于制止不法侵害、保护合法权益的目的。以下情形不具有防卫意图，不属于正当防卫：

①偶然防卫。行为人出于侵害某种法益的目的实施了一定的侵害行为，但由于其侵害对象正处于侵害其他法益的进程之中，行为人的行为意外地制止了其侵害行为。此种情形从结果无价值的立场上看阻止了侵害行为的发生，构成正当防卫，但从行为无价值的立场上看属于侵害行为，只是偶然阻止了不法侵害的发生，不构成正当防卫。我国刑法理论从重视正当防卫的防卫意图的立场上分析，此种情形之下行为人不具备防卫意图，所以不构成正当防卫。

②防卫挑拨。此即行为人出于侵害目的，以故意挑衅、引诱的方式使得对方对自己实施不法侵害，其后以正当防卫为借口而加害对方的情形。从形式上看，行为人的行为构成正当防卫。从实质上看，行为人的行为意图不在于保护合法权益而在于实施侵害行为，防卫意图在此种情形之中是不存在的。行为人主观上存在侵害他人的故意和目的，不具备防卫动机的正当性，不属于正当防卫，而是故意的违法犯罪行为。对于防卫挑拨的情形，不能以正当防卫论处，而应依法严惩。在故意挑衅、引诱行为构成不法侵害的情形下，可认定对方的

行为构成正当防卫。

③相互的非法侵害行为。此种情形之下，行为人双方都出于侵害对方的目的而互相伤害，如相互斗殴行为。在相互侵害的过程之中，行为人双方都出于侵害对方的目的，希望发生侵害结果，因而没有防卫意图，此种情形之下不成立正当防卫。但值得注意的是，当一方明显已经放弃侵害，如宣布不再斗殴或者逃跑等情形之下，另一方继续施以严重身体侵害行为的，或者一方在暴力和伤害程度较低的斗殴中突然使用明显升级的暴力手段且对另一方的身体健康构成严重威胁甚至危及生命的，应允许对此实施正当防卫。

（3）防卫对象

正当防卫理论上应针对不法侵害者本人实施。对于无刑事责任能力的未成年人和精神病人实施的侵害行为能否进行正当防卫，理论界存在争议。否定论者认为，不法侵害者必须同时具备主观上罪过、刑事责任能力和客观上实施的客观行为三个条件。未成年人和精神病人实施的侵害行为不具备主观上的罪过和刑事责任能力，不能对其实施正当防卫。而肯定论者则认为，未成年人和精神病人所实施的侵害行为对刑法所保护的法益具有现实危害性，应属于不法侵害的范畴，可以对其进行正当防卫。我们认为，从司法实践的角度来看，肯定论的观点值得赞同。无责任能力人实施的行为具有客观上的侵害性，应当认定为广义上的侵害行为，允许对其实行正当防卫。但是对无责任能力人实施的侵害行为的正当防卫必须限定在一定程度之内。在认识到侵害行为是无责任能力人所作出时，有条件用躲避的方式避免侵害应尽可能的使用，不实行正当防卫。在不得已对无责任能力人实行正当防卫时，也应尽可能选择对其伤害最小的方式。

此外，对动物防卫的认定也属于防卫对象之中值得讨论的问题。司法实践之中，动物对人的侵害时有发生，可分为以下几种情形进行讨论：饲主唆使其饲养的动物对他人进行不法侵害的，行为人对动物的反击行为属于正当防卫；饲主没有唆使的情形之下，按照客观的违法性论，也可以认定为正当防卫。对野生动物的侵害进行反击的属于紧急避险，而非属正当防卫之范畴。

（4）防卫时间

正当防卫的时间必须是在不法侵害正在进行之时。不法侵害的开始时间，一般可以理解为侵害人已经着手实行不法侵害行为即为不法侵害的开始。但某些情形下，虽然不法侵害者尚未着手实行侵害行为，但行为人的合法权益已直接面临侵害的危险，此时不法侵害者的行为已经对合法权益形成了现实的紧迫性危害，应当允许行为人实施正当防卫。而不法侵害的结束时间，即当法益不再处于紧迫、现实的侵害、威胁之中，或者说不法侵害已经不可能（继续）侵害或者威胁法益，或者虽然不法侵害所导致的危险状态尚处于继续之中，但是正当防卫已无法排除此种危险状态，此时实施正当防卫已失去了适时性。但在财产性违法犯罪情况下，行为虽然已经既遂，但在现场还来得及挽回损失的，应当认为不法侵害尚未结束，可以实行正当防卫。

刑法理论将不符合正当防卫时间条件的防卫行为称为防卫不适时。主要包括事前防卫和事后防卫两种情形。

事前防卫，是指不法侵害尚未处于对合法权益造成现实威胁的状态之时，就对其采取某种损害权益的行为。在事前防卫的情形之中，不法侵害尚处于预备或者犯意表示阶段，尚未着手实行，不法侵害并没有现实存在，此时对其进行防卫不符合正当防卫的时机条件，不构成正当防卫，属于一种非法侵害行为。在事前防卫达到犯罪程度时，应当依法追究其刑事责任。

事后防卫，即在不法侵害已经结束的情况下，对侵害人采取某种损害其权益的行为。在事后防卫的情形下，不法侵害已经不存在，侵害行为所导致的危险状态已无法通过适用正当防卫来予以排除，此时进行正当防卫已不适时。

(5) 防卫限度

正当防卫的限度条件，是指正当防卫不能明显超过必要限度且对不法侵害人造成重大损害。对于正当防卫之中限度条件的判断应结合双方的手段、打击强度、打击部位、人员对比、现场环境等进行综合判断。

防卫过当，是指正当防卫明显超过必要限度造成重大损失的行为。不适用于针对“严重危及人身安全的暴力犯罪”的不法侵害进行的防卫。在司法实践之中，防卫过当造成不法侵害人重伤、死亡的，存在几种情形。防卫人在具有防卫意识前提下的防卫过当，行为人的主观心理一般是过失。故防卫过当致人死亡或者重伤的，一般应分别成立过失致人死亡罪与过失致人重伤罪。行为人具有防卫意识，但同时对过当事实具有认识并持希望或者放任的态度时，成立故意的防卫过当。虽然防卫意识与犯罪的故意是两种相反的态度，但是，二者在特定情形下是可能并存的。例如，面对他人实施盗窃行为时，防卫人明知只要将对方造成轻伤即可制止不法侵害、保护财产法益，却故意以造成重伤的防卫行为保护财产法益。对此，应认定为故意的防卫过当。

对防卫过当行为人，在量刑时应当适当减轻处罚。我国《刑法》第 20 条第 2 款规定：“正当防卫明显超过必要限度造成重大损害的，应当负刑事责任，但是应当减轻或者免除处罚。”

3. 特殊正当防卫

我国《刑法》第 20 条第 3 款规定了特殊正当防卫，又称无限制防卫、无限度防卫、无过当防卫等。它必须服从正当防卫的基本条件，这就是防卫起因、防卫时机、防卫动机、防卫对象，缺少的只是防卫限度，故只能说它是无限度条件，而不是整个正当防卫权利的无限制。特殊防卫的无限度，也是在有限的范围之内的，具体地说，只有针对行凶、杀人、抢劫、强奸、绑架以及其他严重危及人身安全的暴力犯罪，才能适用无限度的特殊防卫。其中，杀人、抢劫、强奸和绑架都是刑法分则中的具体罪名，但必须是实施了暴力或以暴力相威胁而严重危及人身安全的行为，才能认定为特殊防卫。

（三）紧急避险

1. 紧急避险的概念

紧急避险是指为了使国家、公共利益、本人或者他人的人身、财产和其他权利免受正在发生的危险，不得已实施的损害另一个较小的合法利益的行为。

我国《刑法》第 21 条规定：“为了使国家、公共利益、本人或者他人的人身、财产和其他权利免受正在发生的危险，不得已采取的紧急避险行为，造成损害的，不负刑事责任。紧急避险超过必要限度造成不应有的损害的，应当负刑事责任，但是应当减轻或者免除处罚。第一款中关于避免本人危险的规定，不适用于职务上、业务上负有特定责任的人。”此即为我国刑法关于紧急避险的规定。

2. 紧急避险的成立条件

成立紧急避险必须具备以下条件：

（1）避险起因

合法权益正在遭受损害或者即将发生损害的危险，发生了现实危险并对国家、公共利益、本人或者他人的人身和其他权利形成了严重的威胁，即紧急避险的起因条件。危险的来源有以下几种：①自然力，如地震、山洪暴发、海啸等；②动物袭击；③人的生理、病理过程，如救助急重病人等；④非法侵害行为，包括有责任能力者的违法犯罪行为，以及无责任能力者的危害行为。危险必须是现实存在的，如果行为人基于事实认识错误，本来没有危险存在还误以为危险存在，实施了紧急避险行为，即刑法理论之中的假想避险行为。对假想避险行为的处理可以比照刑法理论之中对于事实认识错误的处理原则进行处理，构成犯罪的应予追究刑事责任。

（2）避险意图

避险意图即行为人认识到有危险发生，并希望通过避险手段的实施来保护合法权益的主观态度。在避险认识方面，行为人必须认识到正在发生的危险，认识到通过牺牲另一较小利益可以保护正在遭受侵害的合法权益。此外，行为人对自己所采取的避险行为所可能产生的后果也应有基本的认识。在避险目的方面，行为人只能是为了避免国家、公共利益、本人或者他人的人身、财产或者其他权利免受正在发生的危险的正当目的采取的避险行为，不能为了保护非法利益的目的而实施相关行为。

避险时机要求危险正在发生。所谓危险正在发生，是指危险已经出现尚未结束的状态。危险已经出现，是指危险已经对特定的合法利益形成了紧迫的威胁，如果不加以排除，合法利益势必损失。歹徒追杀、饿狗咬人、车船行将倾覆等，都是合法利益受到了紧迫的威胁。危险尚未结束，是指危险继续威胁着一定的合法利益或者可能给合法利益造成更大损害的状态。如果合法利益不再受到现实威胁或者受到进一步损害，就说明危险已经结束。

（3）避险对象

紧急避险的对象是第三者的合法权益。紧急避险的本质特征就在于紧急避险在面临危险将风险转嫁给了另一个对象，以牺牲一个较小合法权益的方式来换取较大合法权益的保全。因而紧急避险所指向的是第三人的合法权益而非危险来源本身。这也是紧急避险与正当防卫的区别之所在。

（4）避险时间

紧急避险的时间条件，限定在危险正在发生、已对合法权益形成了紧迫而直接的威胁之时。从危险状态开始到危险全部实现的整个过程之中，行为人都可以实施紧急避险行为。但是对于尚未开始的危险和已经结束的危险不能实施紧急避险。在此种情形下的避险行为不适时，行为人对合法权益造成损害的，应当承担刑事责任。

（5）避险限度

紧急避险不能超过必要的限定，造成不必要的损害，此即为紧急避险的限度条件。理论界对于紧急避险的限定标准有一致的观点，即紧急避险所造成的损害必须小于所避免的损害，紧急避险所保护的合法权益必须大于所损害的合法权益。一般而言，衡量合法权益大小的基本标准是：人身权利大于财产权利；人身权利中的生命权为最高权利；财产权利的大小可以用财产的价值大小来衡量。一般不允许通过损害他人生命、健康权利的方式去保护其他法益。毕竟，生命法益是无法用价值标准予以衡量的。但是这一法则在实际中并不绝对。如为保护个人生命致使近百人身受重伤便很难认为还在紧急避险的必要限度之内。①

(6) 避险限制

根据刑法，即使面对紧急的危险，也只能在“不得已”的情况下才能实施紧急避险，此即紧急避险的限制条件。所谓“不得已”，就是除了以牺牲一种合法利益为代价来保护另一种合法利益的办法之外，别无他法。如果还有其他办法保护一种合法利益，就不能采取牺牲另一种合法利益的办法。在考虑行为人是否迫不得已时，要根据危险发生时的客观情况，结合行为人自身的生理和心理状况进行综合分析判断。

(7) 避险禁止

我国《刑法》第21条第3款规定，紧急避险之中“关于避免本人危险的规定，不适用于职务上、业务上负有特定责任的人”。这就是紧急避险的禁止条件。避险禁止的主体限定为职务、业务上有特定责任的人，一般指警察、消防人员等。但是，法律对这一类人笼统的规定不允许紧急避险是有失妥当的。负有特定职责的人并非一概不能避险，在排险过程之中，其为了避免本人的危险也是可以采取适当的避险措施的，只是避险行为造成的损害必须小于所避免的损害。

【难点辨析】

1. 紧急避险与义务冲突

义务冲突是指存在两个以上互不相容的法律义务，为履行其中一个而不得不放弃履行另一个，因而造成损害的情形。如律师有为当事人保密的义务，通常情况下，律师如果掌握了当事人未被司法机关掌握的犯罪情节，出于职业操守，律师有为当事人保密的义务。但是，当该犯罪行为是有可能危害国家安全等重大犯罪的情形时，为了维护更大的利益，此时律师的行为就会产生义务冲突。义务冲突与紧急避险之间既有相同点又有不同点。

二者的相同点在于：

第一，都存在利益冲突：紧急避险是为了保护国家、公共利益、本人或者他人的人身和其他权利，而与另一较小合法利益之间产生的利益冲突；义务冲突是几个同时需要责任人履行职责的利益之间的冲突。

---

① 参见高铭暄、马克昌主编《刑法学》(第5版)，北京大学出版社、高等教育出版社2011年版，第139页。

第二，都处于不得已而为之的状态：紧急避险是由于面对正在发生的危险，除了损害另一较小的合法权益而别无他法，于是不得已而为之；义务冲突是存在互不相容的法律义务，履行一个就不得不放弃另一个。

二者的不同点在于：

第一，紧急避险中不转嫁危险不违法，而义务冲突没有这个可能性，处于别无选择的境地；

第二，紧急避险中损害行为通常是作为，而义务冲突中损害行为通常为不作为；

第三，紧急避险中的“利益”并不完全等于义务冲突中的“义务”；

第四，紧急避险中保护的法益必须大于牺牲的合法权益，但在义务冲突的情形之下二者还可以相等同。

2. 正当防卫和紧急避险

两种行为都是为了保护国家、公共利益、本人或者他人的人身、财产和其他权利，而给他人的权利造成一定损害的正当行为。二者区别在于：

(1) 危险的来源不同。正当防卫的危险来源是他人的不法侵害，且只限定于人的不法侵害，而紧急避险的危险来源多种多样，包括自然灾害等非人为的损害。

(2) 损害程度的限度不同。正当防卫所造成的损害可以大于或等于所要保护的利益，而紧急避险所造成的损害只能小于所要保护的利益。

(3) 限制条件不同。紧急避险要求必须是在无其他方法可以避免危险发生的情形下不得已而为之的，正当防卫则无此要求。

(4) 行为针对的对象不同。正当防卫要求打击的对象只能针对不法侵害者本人，而紧急避险则可以是无辜的第三者，二者损害的对象有所区别。

(四) 其他事由

1. 法令行为

即依照法律行使权利或者履行义务的行为。这里的法律是广义的法律，包括法律、法令、决议、命令、条约等法律规范。共包括四类行为：一是法律基于政策理由排除犯罪性的行为，即某类行为本来具有犯罪性，但法律基于政策上的考虑，将其中的某种行为规定为合法行为。如发行彩票本来属于赌博行为，但基于财政政策等理由，有关法律允许特定机构以特定形式发行彩票，这种行为便不成立犯罪。二是法律有意明示了合法性条件的行为，即某类行为本来具有犯罪性，但法律特别规定，符合一定条件时属合法行为。三是职权

（职务）行为，即公务人员根据法律行使职务或者履行职责的行为。既包括基于法律的直接规定实施的行为，也包括基于上级的职务命令实施的行为。如司法工作人员对犯罪嫌疑人实行逮捕。四是权利（义务）行为，即在法律规定上作为公民的权利（义务）的行为，如一般人扭送现行犯。

2. 正当业务的行为

指社会生活中所一般公认的从事合法的行业、职业、职务等活动实施的行为。如医疗行为、新闻报道、律师辩护、体育竞技等，但排除公务行为。只有正当业务行为之中的正当行为才是违法阻却事由，超出正当范围的行为依然可能成立犯罪。

3. 被害人承诺

被害人的承诺在符合一定条件的情形下，可以排除损害被害人法益的行为的违法性。罗马法之中就有“得承诺的行为不违法”的著名格言。德、日通说认为，被害人承诺原则上阻却违法性。一般认为，承诺以符合有效调节为前提，只要被害人在承诺时预见到了结果，无条件地肯定法益侵害的结果，那么承诺对象就包括具体的危险行为和结果。

刑法学界普遍认为，经被害人承诺的行为必须符合下列条件，才阻却行为的违法性：第一，被害人对被侵害的法益有承诺能力和处分权限。没有辨认控制能力的精神病人就缺乏承诺能力。第二，被害人承诺是出于真实意志自由表达，被害人在作出承诺时不仅对行为有认识，对行为将引发的结果也有明确而清楚的认识。第三，被害人的承诺必须在行为之前作出。第四，经被害人承诺所实施的行为本身不得超出承诺的范围。第五，被害人所承诺的行为本身不得违反法律的规定，否则可能成立其他犯罪。不能依据权利人的承诺伤害或杀死权利人。权利人对于重大的生命法益没有处分权限，即使作出了承诺，他人得承诺而杀害权利人的行为仍然构成犯罪，只是考虑到权利人承诺的情节在量刑时可予以适度的减轻。

4. 推定的承诺

此种情形即现实并没有被害人的承诺，但如果被害人知道事实真相后必然会作出承诺，在这种情形之下，推定被害人的意志所实施的行为。如在发生火灾之际，冲入着火的房屋搬出屋主的贵重物品，此即典型的推定的承诺。

推定的承诺必须基于以下前提方能成立：（1）被害人没有现实的承诺；（2）可以推定被害人在面临当时的现实情形之下必然作出承诺。此时推定应以社会一般人的意志为标准，而不是以被害人的实际意志为标准。（3）为了被害人的一部分法益牺牲其另一部分法益①，但所牺牲的法益不得大于所保护的法益。（4）必须针对被害人有处分权限的个人法益实施。

5. 自救行为

自救行为，是指法益受到侵害的人，在通过法律程序、依靠国家机关不可能或者明显难以恢复的情况下，依靠自己的力量救济法益的行为。成立自救行为必须符合以下条件：（1）侵害结束至行为的间隔一般不长。（2）正当程序难以恢复合法权益。（3）目的是为了恢复合法权益。（4）既可用强制性夺取手段，也可以秘密性取回手段。（5）自救行为与结果不能超出合法权益的需要。

6. 自损行为

自损行为，是指自己损害自己法益的行为，如自伤、自己毁损自己所有的财物等，这种情形阻却违法。但当自损行为同时危害国家、社会或者他人法益时，则可能成立犯罪。如军人战时自伤以逃避战争义务的，成立犯罪。

二、案例分析

某日，被告人朱某与其妹朱某某拎水回家，正遇被害人李某与朱某的母亲刘某厮打。李某看见朱某某后，上前一脚将其踹倒，并手持水果刀声称：你不跟我谈恋爱，我就挑断你的脚筋。刘某见状，手持手电筒打李某头部，并叫朱某某快跑。朱某某趁机跑出室外。此时，李某转身用水果刀将刘某左前臂划了3刀。朱某见状上前制止，李某冲向朱某，将其右手扎破。此时，刘某用手电筒将李某手中的水果刀打掉，朱某抢先将刀拿到手，刺中李某胸部、腹部数刀。经法医鉴定：李某系右肺、肝脏受锐器刺创，造成血气胸急性失血性休克死亡。案发后，朱某投案自首。该区人民法院经审理查明：被害人李某要与朱某某谈恋爱，多次对朱某某进行纠缠和拦截，遭拒绝后竟进行威胁恐吓，并伺机报复。案发当日，李某持刀强行进入朱某某家，与朱某某的母亲刘某发生口角厮打起来。李某扬言：找你算账来了，我今天就挑朱某某的脚筋。另查明：被害人李某曾因流氓、调戏妇女被拘留，因打架斗殴被劳动教养，因盗窃被判

① 有学者认为，为了行为人或者第三人的利益而实施的行为，例如，邻居家的水管破裂浸泡了自己或者第三人的家具时，砸坏邻居家的门进入邻居家中修复水管的行为，也属于基于推定承诺的行为；再如，朋友不在场时，从朋友的香烟盒里拿出一支香烟吸，属于基于推定承诺的行为（参见［日］山口厚：《刑法总论》，有斐阁 2007 年版，第 168 页）。

有期徒刑；被害前因盗窃正被公安机关通缉。

其后该区人民法院判决，被告人朱某无罪。

（案例来源：刘树德：《刑事指导案例汇览》，中国法制出版社 2010 年版，第 307 ~ 312 页。）

【问题聚焦】

防卫过当的刑事责任问题。

【法律剖析】

《刑法》第 20 条规定："为了使国家、公共利益、本人或者他人的人身、财产和其他权利免受正在进行的不法侵害，而采取的制止不法侵害的行为，对不法侵害人造成损害的，属于正当防卫，不负刑事责任。正当防卫明显超过必要限度造成重大损害的，应当负刑事责任，但是应当减轻或者免除处罚。对正在进行行凶、杀人、抢劫、强奸、绑架以及其他严重危及人身安全的暴力犯罪，采取防卫行为，造成不法侵害人伤亡的，不属于防卫过当，不负刑事责任。"

本条款是我国刑法典对于正当防卫及其处罚、特殊防卫及其处罚的规定。对于"行凶"的概念之界定属于本案例定罪量刑一关键点。"行凶"并非专业法律术语，其被规定在《刑法》第 20 条第 3 款之中，在刑法学界受到了广泛的批评和指责。对于"行凶"这一词语的含义问题，不同的学者作出了不同的解释。有人认为，行凶是指使用凶器暴力行凶；① 有人认为，行凶是指严重的行凶，即可能造成防卫人重伤或者死亡的行为。② 有人认为，行凶，是指对他人施以致命暴力的、严重危及他人生命、健康权益的行为。③ 通说认为，对于"行凶"应理解为对暴力犯罪方式的举例，即对以行凶方式实施的杀人、抢劫、强奸、绑架等暴力犯罪，严重危及人身安全时，适用特殊正当防卫的规定。

上述案例之中，被告人朱某面对不法侵害人李某持刀严重侵害自己及其母

① 参见陈兴良：《刑法适用总论》（上卷），法律出版社 1999 年版，第 377 页。

② 参见高铭暄、马克昌主编：《刑法学》（上编），中国法制出版社 1999 年版，第 242 页。

③ 参见单长宗等主编：《新刑法研究与适用》，人民法院出版社 2000 年版，第 127 页。

亲的生命安全的不法行为，持刀刺伤李某，致其死亡，符合《刑法》第20条关于特殊防卫的规定，属于特殊防卫，不应负刑事责任。

【法条链接】

《中华人民共和国刑法》

第20条　为了使国家、公共利益、本人或者他人的人身、财产和其他权利免受正在进行的不法侵害，而采取的制止不法侵害的行为，对不法侵害人造成损害的，属于正当防卫，不负刑事责任。

正当防卫明显超过必要限度造成重大损害的，应当负刑事责任，但是应当减轻或者免除处罚。

对正在进行行凶、杀人、抢劫、强奸、绑架以及其他严重危及人身安全的暴力犯罪，采取防卫行为，造成不法侵害人伤亡的，不属于防卫过当，不负刑事责任。

三、深度拓展

对不作为犯罪能否实行正当防卫?①

目前刑法理论界存在两种不同观点：第一种观点认为，对不作为犯罪不能实行正当防卫，因为不作为犯罪不具备危害的紧迫性，而且正当防卫也不能制止不作为犯罪；第二种观点则认为，对不作为犯罪也可以实行正当防卫，因为有些不作为犯罪也可以形成侵害紧迫性。

上述两种观点截然相反，从不作为犯罪发生的实际情况来看，第一种观点的理由显然值得怀疑。如扳道工在列车到来之前故意不扳道岔，意图使列车发生倾覆的严重事故，其他人发现后，可以通过对该扳道工的身体造成伤害的方法迫使其履行作为义务。在该案例中，不作为犯罪行为具有给合法权益造成损害的紧迫性，防卫人也可以采用一定暴力施加于犯罪人，从而可能迫使其履行作为义务避免危害结果的发生。

第二种观点虽然一般来说并没有什么不妥，但仔细推敲起来还有一些问题值得研究。在犯罪人不履行作为义务从而形成给合法权益造成损害的紧迫性的情况下：（1）如果防卫人自己就可以直接实施某种行为避免危害结果的发生时，防卫人却通过加害犯罪人的身体的方式迫使其履行作为义务，在避免了危害结果发生的情况下成立正当防卫没有问题，但是犯罪人并没有履行作为义

① 参见赵秉志：《刑法总则问题专论》，法律出版社2004年版，第511～513页。

务，或者犯罪人答应履行但尚未来得及履行，因而危害结果仍然发生了；或者犯罪人正在履行甚至已经履行了作为义务但危害结果仍然发生了。在这些情况下，防卫人的行为是否还能成立正当防卫？由于该行为并没有保全合法权益，似乎与通常认定的正当防卫存在差距。我们认为，如果仅强调防卫的意图而不考虑防卫的效果，则容易助长滥用防卫权的弊端。因此将这种情况认定为正当防卫有所不妥。但如果不认定为正当防卫，则防卫人势必要负刑事责任，由于防卫人行为的实施具有目的的正当性，要其负担刑事责任也有所不妥。上述两难境况的出现当然是立法规定的不明确造成的。在目前没有明确的司法解释可以遵循的情况下，可以从刑法的谦抑性上考虑，对防卫人以不追究刑事责任为宜。但权衡利弊，在正当防卫中，还是应当在一定程度上强调防卫的效果，以避免防卫权的滥用，防止国家权力不当地为个人所行使。因此，立法上应及早对此作出明确规定。(2) 如果防卫人自己不可能采用某种积极的行为去直接避免危害结果的发生，而只能通过采用一定的暴力损害犯罪人的身体以迫使其履行作为义务，意图避免危害结果发生的情况下，有以下情形值得研究：其一，在防卫人使用暴力前，如果犯罪人明确表示即使死也不会履行作为义务，防卫人仍然以暴力加害犯罪人造成其身体伤害，而犯罪人最终也未履行作为义务的，将防卫人的行为认定为正当防卫恐怕不够妥当。这也是防卫效果的考虑问题。其二，防卫人的暴力行为发挥了作用，犯罪人在逼迫下履行了作为义务，从而避免了危害结果的发生，这时成立正当防卫没有问题，但是在防卫人伤害了犯罪人的身体之后，犯罪人答应履行但尚未来得及履行，或者正在履行或者已经履行了作为义务时，危害结果仍然发生了，在这种情况下，防卫人的行为是否还能成立正当防卫？如果不认定为正当防卫，则防卫人势必要负刑事责任，但由于防卫人行为的实施具有目的的正当性，要其负担刑事责任显然不合理。我们认为，在这种情况下，无论如何存在着避免危害结果发生的极大可能性，防卫人尽其可能避免危害结果发生的精神值得称道，虽然最终危害结果没有避免，但也不能归责于防卫人，因此应当认定其行为属于正当防卫。

总之，对于不作为犯罪，在具有给合法权益造成损害的紧迫性的情况下，可以实行正当防卫。但是，应当注意避免防卫权的滥用，而且，是否要求防卫行为具有效果不可一概论之，要结合刑法设立正当防卫制度的宗旨及社会的通常观念来考虑。

第五章　故意犯罪的停止形态

【知识结构图】

- 故意犯罪的停止形态
  - 未完成形态
    - 犯罪预备
    - 犯罪未遂
    - 犯罪中止
  - 完成形态——犯罪既遂

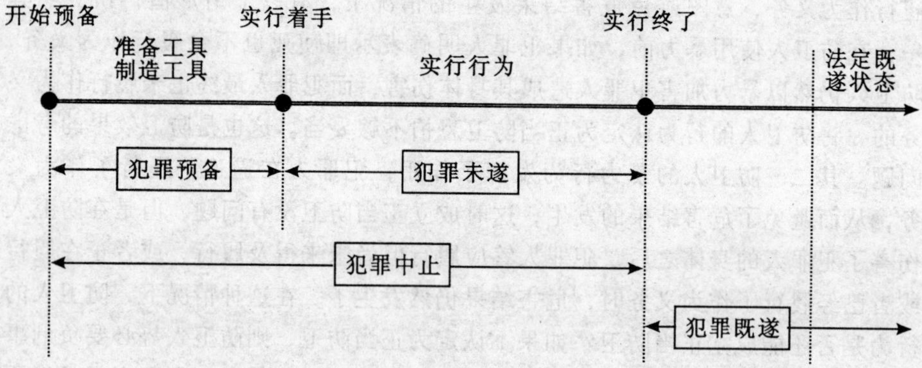

一、知识点精析

（一）故意犯罪停止形态

1. 故意犯罪停止形态的概念

我国刑事立法中，刑法分则对具体犯罪的规定，都是以犯罪达到既遂的状态为标准的，也就是说，犯罪的成立条件和对应刑罚的设置都是以行为人的行为完全符合该具体犯罪的全部条件为基准的。但事实上，犯罪行为是一种反社会的行为过程，一般不会一蹴而就，往往需要一个过程才能最终完成。不同性质、特点的犯罪所经历的犯罪过程并不相同，如有的犯罪过程需要较长时间的预备活动，有的犯罪过程则延伸到危害结果的现实发生。在这个过程中，无论因为客观原因的阻挠，还是主观原因的限制，犯罪行为都有可能停止在犯罪过程或犯罪阶段中的任何一点而出现一种停顿的状态。实际犯罪中各种不同的停顿状态就成了故意犯罪停止形态的研究对象。

故意犯罪停止形态，是指故意犯罪在其发展过程中，由于某种原因而停止下来所呈现的状态。按照犯罪是否已经达到既遂为标准，可以将故意犯罪停止形态分为两种基本形态，即犯罪的完成形态和犯罪的未完成形态。犯罪的完成形态就是指犯罪既遂，即故意犯罪顺利进行到了终点，行为人完成了犯罪的情形。犯罪的未完成形态，是指故意犯罪在其发展过程中中途停止，犯罪没有进行完毕的情形。根据主客观条件的不同，可以进一步将犯罪的未完成形态分为犯罪预备、犯罪未遂和犯罪中止三种停止形态。

2. 故意犯罪停止形态的特点

(1) 故意犯罪停止形态的时间局限性

从时间范围来看，故意犯罪的停止形态只能存在于犯罪发展的过程中，在犯罪发展过程以外的某种状态，不是故意犯罪的停止形态。如行为人产生犯意后又打消犯意的行为，盗窃他人财物后又主动返还的行为，这些行为都不是在犯罪的发展过程中实施的，因此不能认定为故意犯罪的停止形态。

(2) 故意犯罪停止形态的行为终局性

故意犯罪的停止形态是犯罪行为由于受到各种主客观因素的影响而停止下来的状态。这种停止形态表明某种故意犯罪的性质和社会危害性，具有定罪的意义，它不是暂时性的停顿，而是带有不可逆转的终局性。因此，各种犯罪停止形态是故意犯罪过程中固定下来不再发展的不同结局，它们之间彼此独立，也不能相互转化。针对一个犯罪行为，如果出现了一个犯罪形态后，就不可能再出现另一种犯罪形态。①

(3) 故意犯罪停止形态的范围限定性

我国刑法理论通说认为，故意犯罪停止形态只能存在于直接故意犯罪过程中，间接故意犯罪和过失犯罪过程中不存在未完成形态意义上的犯罪停止形态。对于过失犯罪，由于行为人主观上是疏忽大意或过于自信的心理而实施的犯罪，我国刑法又限定过失犯罪只有发生实害结果才构成犯罪，没有发生实害结果的，就不构成犯罪。所以，过失犯罪不可能有犯罪预备、未遂与中止形态。对于间接故意犯罪，行为人主观上对自己行为造成的危害后果持放任的态

---

① 参见李希慧主编：《刑法总论》，武汉大学出版社 2008 年版，第 292 页。

度，没有对达成特定危害结果的预期和追求，在此情况下实施某种行为，无论结果发生与否都在行为人的容忍范围之内，都没有违背行为人本来的意志。因此也就谈不上犯罪目的的未实现，就不能说是由于意志以外的原因而未得逞的犯罪未遂，也不能说是自动终止犯罪的犯罪中止。①

（二）犯罪预备

1. 犯罪预备的概念

我国《刑法》第22条第1款规定："为了犯罪，准备工具、制造条件的，是犯罪预备。"根据刑法条文的规定，所谓犯罪预备，是指直接故意犯罪的行为人为实施犯罪而开始创造条件，由于行为人意志以外的原因而未能着手实行的犯罪停止形态。

2. 犯罪预备的特征

按照犯罪预备这一犯罪停止形态产生的逻辑顺序，可以归纳出犯罪预备具有以下特征：

（1）行为人主观目的是为了实行犯罪。刑法条文规定了"为了犯罪"这一主观目的，应当正确理解为"为了实行犯罪"。"为了实行犯罪"，表明行为人具有犯罪的故意，能够认识到预备行为是为实行犯罪创造便利，能够对危害结果的发生起到积极的推动作用，并且行为人希望这种结果发生。

（2）行为人客观上实施了犯罪预备行为。已经实施了预备行为是犯罪预备的客观特征。根据《刑法》第22条第1款的规定，犯罪预备行为就是指行为人为了实施犯罪而"准备工具、制造条件"的行为。

（3）有行为人意志以外的原因。行为人意志以外的原因，是指足以阻止行为人的犯罪意志，迫使其不得不停止预备行为而不再继续实行犯罪的各种主客观因素。正是这些并不符合行为人主观意愿的各种主客观因素，阻碍了行为人着手实施犯罪的行为。也就是说，行为人之所以未能完成犯罪，是客观不能而并非主观不愿，没有着手实施犯罪的实行行为是违背行为人意志的。司法实践中，意志以外的原因介入主要有：①行为人由于作案条件不成熟而没有继续着手实行犯罪；②由于被害人不在现场、闻讯逃避或防范措施严密难以下手而未着手实行；③由于司法机关的及时行动或被他人发现而未能着手实行。②

（4）行为人未能着手实行犯罪。未能着手实行犯罪，是指行为人未能实

① 参见马克昌主编：《刑法》（第2版），高等教育出版社2010年版，第129页。

② 参见李希慧主编：《刑法总论》，武汉大学出版社2008年版，第304页。

施刑法分则规定的犯罪构成要件所包含的实行行为。① 行为人的预备行为只有在预备阶段终止，未能继续着手实行犯罪，才能构成犯罪预备。如果行为人实施了犯罪预备行为并且着手实施犯罪的实行行为，那么，行为人的先前预备行为就会被后来的实行行为所吸收，就不能作为独立的犯罪停止形态来评价。未能着手实行犯罪主要包括两种情况：一是行为人的预备行为因为某种原因未能实行完毕而致使不可能着手实行；二是预备行为已经实施终了，但由于某种原因未能着手实行。

3. 犯罪预备的刑事责任

我国《刑法》第22条第2款规定："对于预备犯，可以比照既遂犯从轻、减轻处罚或者免除处罚。"这一规定表明，预备犯应当负刑事责任。由于预备犯还没有着手实行犯罪，也没有造成危害结果，其社会危害性一般小于既遂犯。因此对于预备犯，可以比照既遂犯从轻、减轻或者免除处罚。

按照以上原则对预备犯进行处罚时，应当注意：刑法条文规定处罚预备犯"可以"比照既遂犯从轻、减轻处罚或者免除处罚。对于"可以"一词，应当从两个方面权衡把握。一方面"可以"有授权之意，同时也表明了立法者的倾向，即一般情况下，对预备犯应当比照既遂犯从轻、减轻或者免除处罚；另一方面，既然规定"可以"，而不是用"应当"一词，也说明了在特殊情况下，对预备犯的处罚可以不予从轻、减轻处罚或者免除处罚。另外，"可以比照既遂犯"中的既遂犯，应当是与该预备犯向前发展可能形成的既遂犯相同或相似的既遂犯，而不应是随意想象的既遂犯。②

【难点辨析】

犯意表示与犯罪预备

是否已经实施了犯罪预备行为，是区别犯罪预备与犯意表示的关键。行为人的犯意表示是该犯意只停顿在单纯的犯意表示状态，并没有为了实行犯意所指向的犯罪而进行准备；而行为人在犯罪预备情况下，已经为了实现犯罪在客观上实施了准备行为。③

犯罪预备行为主要有两种类型：准备犯罪工具和制造犯罪条件。所谓准备

---

① 参见楼伯坤主编：《刑法学》(第2版)，浙江大学出版社2011年版，第150页。

② 参见张明楷：《刑法学》(第4版)，法律出版社2011年版，第313页。

③ 参见曲久新主编：《刑法学》(第4版)，中国政法大学出版社2011年版，第143页。

工具，是指为了实行犯罪而通过制造、购买、寻找、收集等方法，准备可供犯罪利用的各种物品。“准备工具”实际上也是为实行犯罪制造条件的行为，只是因为准备工具是一种最典型、最常见的预备行为，所以刑法将其单列出来。所谓制造条件，是指除准备犯罪工具以外的有利于犯罪实行行为的各种其他的准备活动。这类活动主要包括对犯罪场所和被害人的行踪进行调查、勾结共同犯罪人、拟定实施犯罪计划、出发前前往犯罪场所或诱骗被害人至犯罪地点、跟踪被害人或者等候被害人、排除实施犯罪的障碍等。

现实当中，有的行为人实行和完成创造便利条件犯罪预备行为，同时构成刑法分则规定的另一犯罪的实行行为，此时行为人的预备行为触犯两个罪名，符合想象竞合犯的特征，应从一重罪处罚。

（三）犯罪未遂

1. 犯罪未遂的概念

我国《刑法》第23条第1款规定：“已经着手实行犯罪，由于犯罪分子意志以外的原因而未得逞的，是犯罪未遂。”根据刑法条文的规定，所谓犯罪未遂，是指行为人虽然已经着手实行具体犯罪的实行行为，但是由于其意志以外的原因未能达到犯罪既遂的犯罪停止形态。

2. 犯罪未遂的特征

根据犯罪未遂这一犯罪停止形态的形成逻辑顺序，可以归纳出犯罪未遂具有以下特征：

（1）行为人已经着手实行犯罪

所谓已经着手实行犯罪，是指犯罪行为人已经开始实施其意图实现的刑法分则所规定的具体犯罪构成要件的行为。行为人是否着手实行犯罪，是区分犯罪未遂和犯罪预备的关键标志。着手，是犯罪过程中具体犯罪实行行为的起点，直接标志着犯罪实行行为的开始，是实行行为不可分割的组成部分。行为人的“着手”，表明行为人已经使主观上实施具体犯罪的意志直接支配其客观实行行为并且已通过客观行为表现出来，客观上也已经开始实行具体犯罪构成要件的行为。

（2）有行为人意志以外的原因

行为人意志以外的原因，是指违背行为人意志，客观上使行为人的犯罪不可能达到既遂状态，或者使行为人主观上认为不可能实现犯罪而被迫停止犯罪的原因。行为人犯罪没有得逞是由于这些意志以外的原因造成的，这是犯罪未遂的主观特征，也是犯罪未遂与犯罪中止的实质区别。需要强调的是，刑法规定的“意志以外的原因”，从程度上来讲应当指的是足以阻止行为人犯罪意志的原因，只有这样理解，才能表明行为人停止犯罪是出于“被迫”而非自愿。司法实践中，行为人意志以外的原因主要有：行为人本人以外的客观原因，如被害人的反抗、第三者的制止、工具障碍等；行为人自身的客观原因，如自身能力低下、状态突降等；行为人自身主观原因，如对犯罪对象认识错误、对犯罪工具认识错误等。

(3) 行为人的犯罪未得逞

根据我国刑法理论通说观点，犯罪未得逞，是指行为人没有实现其犯罪意图所追求的刑法分则规定的某一具体犯罪构成的全部要件。它是区别犯罪未遂和犯罪既遂的标志。

认定犯罪未得逞时，应当注意从以下几个方面把握：

犯罪未得逞，是指刑法分则规定的具体犯罪完成标志的全部客观要件没有完全实现，并不是说犯罪行为人的实行行为没有造成任何损害结果，只是没有达成行为人预先的意图所设定的结果。

不能简单地将行为人预先设定的犯罪意图没有达到、犯罪结果没有发生，一律认定为犯罪未能得逞。因为在我国刑法中，有些犯罪并不要求结果发生，如行为犯，犯罪结果没有发生并不说明犯罪构成要件没有实现；有些犯罪也不要求犯罪目的实现，如诬告陷害罪。

行为人的实行行为导致其犯罪意图所追求的具体犯罪构成全部要件实现，是一个时间过程，这个过程的长短因具体犯罪的情况而各不相同。在认定犯罪是否得逞时，对这个过程时间的长短没有限制，只要犯罪构成全部要件一齐备，就应认为犯罪已经得逞，构成犯罪既遂。例如盗窃他人财物的犯罪人，只要取得财物就应当认定为犯罪既遂，即使其事后又将财物返还，也不能认定为犯罪未得逞。

3. 犯罪未遂的类型

刑法理论上，根据不同的标准，可以将犯罪未遂分为实行终了的未遂与未实行终了的未遂、能犯未遂与不能犯未遂两种类型。

(1) 实行终了的未遂与未实行终了的未遂

实行终了的未遂，是指行为人已将完成犯罪所必需的实行行为的全部过程实施完毕，由于行为人意志以外的原因，而使犯罪未得逞的情况。实行终了的未遂主要有两种表现：一是行为人误认为其实现犯罪意图所必要的行为都已经实行终了而停止犯罪行为，却由于其意志以外的原因而使其犯罪未能达到既遂状态。二是行为人对完成犯罪所必要的实行行为没有认识错误，但是由于实行行为终了到犯罪达到既遂状态有一定的时间间隔，在间隔期间由于其意志以外的原因致使犯罪没有达到既遂。

未实行终了的未遂，是指由于行为人意志以外的原因，使其未将完成犯罪所必须的实行行为的全部过程实施完毕，从而使犯罪未得逞的情况。

（2）能犯未遂与不能犯未遂

能犯未遂，是指行为人的行为具有实现其犯罪目的的可能性，但由于行为人意志以外的原因，而使犯罪未得逞的情况。

不能犯未遂，是指行为人的行为不具有达到其犯罪目的的可能性，行为人的犯罪意图不可能实现。对于不能犯未遂，又可分为工具不能犯未遂和对象不能犯未遂。所谓工具不能犯未遂，是指由于行为人实施犯罪所使用的工具、手段不可能使犯罪达到既遂的情况。对象不能犯，是指由于行为人实施犯罪所指向的对象不可能使犯罪达到既遂的情况。

4. 犯罪未遂的刑事责任

我国《刑法》第23条第2款规定："对于未遂犯，可以比照既遂犯从轻或者减轻处罚。"我国刑法之所以规定未遂犯应当负刑事责任，是因为未遂犯的行为完全符合犯罪构成要件，其社会危害性达到了应当受刑罚处罚的程度。① 但是，由于犯罪未遂的社会危害程度通常小于犯罪既遂，因此，我国对未遂犯的处罚采取递减原则，可以比照既遂犯从轻或者减轻处罚。

按照以上原则对未遂犯进行处罚时，应当注意：首先，刑法条文规定处罚未遂犯"可以"比照既遂犯从轻或者减轻处罚。对于"可以"一词，应当从两个方面权衡把握。一方面"可以"有授权之意，同时也表明了立法者的倾向，即一般情况下，对未遂犯应当比照既遂犯从轻或者减轻处罚；另一方面，既然规定"可以"，而不是用"应当"一词，也说明了在特殊情况下，对未遂犯的处罚可以不予从轻或者减轻处罚。其次，在参照既遂犯对未遂犯进行从轻或者减轻处罚时，应当先以既遂犯的法定刑作为对未遂犯适用刑罚的基础，再根据案件情况再考虑是否从宽以及如何从宽处罚。

（四）犯罪中止

1. 犯罪中止的概念

我国《刑法》第24条第1款规定："在犯罪过程中，自动放弃犯罪或者自动有效地防止犯罪结果发生的，是犯罪中止。"据此可知，作为故意犯罪停

① 参见李希慧主编：《刑法总论》，武汉大学出版社2008年版，第317页。

止形态之一的犯罪中止，是指行为人已经开始实施犯罪，后又自己主动中止了犯罪，从而未完成犯罪。其中，自动中止犯罪的行为有两种情况：一是预备阶段或实行行为还没实行终了的犯罪过程中，自己主动放弃犯罪而使犯罪结果没有发生；二是实行行为终了的情况下自动有效地防止犯罪结果发生。

犯罪中止是基于李斯特刑事政策思想的考虑而设立，其目的在于通过对犯罪人从宽处罚的制度，而为其及时中止犯罪架设一座“后退的黄金桥”。①

2. 犯罪中止的特征

根据刑法的规定，犯罪中止具备以下特征：

（1）中止的时间性

犯罪中止必须发生在“犯罪过程中”，这是犯罪中止成立的时间范围。具体来讲，就是行为人开始实施犯罪预备行为以后，犯罪达到既遂状态之前。在这个时间范围内，行为人自动有效地中止了犯罪，才能构成犯罪中止。在预备行为之前，行为人仅有犯意表示，后打消犯意没有进一步实行犯罪预备行为的，不构成犯罪，因此不涉及中止问题；犯罪既遂之后，行为人的犯罪意图已经实现，即使其又采取了自动恢复原状或者挽回损失的措施，但是这种事后行为也只能看做行为人的悔罪表现，不能认定为犯罪的中止行为。

犯罪中止发生的时间因犯罪中止情形的不同而不同。“自动放弃犯罪”的犯罪中止发生在犯罪的预备阶段或者犯罪的实行阶段。“自动有效防止犯罪结果发生”的犯罪中止只能发生在犯罪实行行为终了之后。

（2）中止的自动性

中止的自动性，应当从主、客观两个方面来理解：

从主观方面来看，中止的自动性，是指行为人自己认为可能继续实行犯罪，但是出于本人自己的意愿而自动中止犯罪。这是犯罪中止与犯罪预备、犯罪未遂相区别的最主要的标志。行为人主观上的自动性，首先要求行为人自认为自己能够完成犯罪，这里的“自认为”只是行为人自身主观上对客观情况的判断，并不意味着实际存在的客观事实与其主观判断完全一致。其次，行为人在自认为可以完成犯罪的情况下，是出于本意而非被迫，放弃了继续实施犯罪的意图。也就是说，犯罪中止是行为人按照自己的意愿自主抉择的结果，而不是受到外部力量阻碍、干扰的结果。

现实当中，引起行为人自动放弃犯罪的因素各有不同：有的是行为人出于

① 参见陈兴良：《本体刑法学》（第2版），中国人民大学出版社2011年版，第412页。

真诚的悔悟；有的是害怕罪行暴露后受到处罚；还有的是对被害人产生怜悯等。需要指出的是，这些不同因素所反映的只是行为人中止犯罪自动性的不同程度，而不是是否具备自动性、是否成立犯罪中止的差别。① 因此，不管行为人的动机如何，只要其是在自认为可以继续犯罪的情况下而自动中止犯罪的，都可以认定为犯罪中止。

从客观方面来看，中止行为的自动性，是指行为人在自动放弃犯罪的主观意思支配下，在客观上实行了相应的犯罪中止行为。因为中止行为不能只是一种内心状态的转变，同时必须要求客观上有中止行为。② 一般情况下，中止行为分为两种情况：一是行为未实行终了，只要不继续实施就不会导致犯罪结果发生时，“放弃犯罪”就是犯罪中止行为；二是行为已经实行终了、不采取有效措施就会导致危害结果发生的情况下，中止行为则表现为“自动有效地防止犯罪结果的发生。”

（3）中止的有效性

犯罪中止的有效性，是行为人彻底放弃先前的犯罪意图而停止犯罪行为或者有效地防止了危害结果的发生。不管是哪一种情形下的犯罪中止，都必须没有发生行为人原本所希望或者放任的、行为性质所决定的犯罪结果。从本质上讲，犯罪中止的“中止”所指向的目标是犯罪既遂状态的未实现。因此，如果行为人虽然自动放弃犯罪或者自动采取措施防止危害结果发生，但还是发生了行为人原本所希望或者放任的、行为性质所决定的犯罪结果，则不能认定为犯罪中止。③ 但是可以行为人自动采取的中止行为作为其悔罪表现，在适用刑罚时给予适当考虑。

3. 犯罪中止的刑事责任

我国《刑法》第 24 条第 2 款规定：“对于中止犯，没有造成损害的，应当免除处罚；造成损害的，应当减轻处罚。”可见，我国对中止犯采取的处罚原则是必减原则。

正确适用此项原则，应当注意：

首先，刑法规定对中止犯必须从宽处罚。也就是说，不管犯罪性质和实际危害如何，只要构成犯罪中止，就应当对其减轻或免除处罚。而且，对于中止

① 参见高铭暄、马克昌主编：《刑法学》（第 5 版），北京大学出版社、高等教育出版社 2011 年版，第 158 页。

② 参见张明楷：《刑法学》（第 4 版），法律出版社 2011 年版，第 343 页。

③ 参见张明楷：《刑法学》（第 4 版），法律出版社 2011 年版，第 345 页。

犯的处罚，不但轻于未遂犯，也轻于预备犯，这也体现了罪责刑相适应的原则，在一定程度上有助于对已经开始的犯罪活动的积极制止。①

其次，对中止犯给予减轻处罚还是免除处罚，关键要看行为人的犯罪行为有没有造成损害。对于没有造成损害的，应当免除处罚；造成损害的，应当比照既遂犯减轻处罚。需要指出的是，这里的“没有造成损害”，是指没有造成任何危害后果。“造成损害”是指造成了一定的损害后果，但没有造成行为人原本追求的、行为性质所决定的犯罪结果。

二、案例分析

【案例一】

1998年3月的一天，被告人黄某邀被告人舒某去外地抢劫他人钱财，并一同精心策划，准备了杀猪刀、绳子、地图册等作案工具，从A地流窜到B地伺机作案，并在该市购买了准备作案用的两双手套。3月20日晚7时许，黄某、舒某在B地汽车站以100元的价钱骗租一辆出租车前往C地，准备在僻静处对出租车司机吴某夫妇实施抢劫。当车行至C地后，两被告人仍感到没有机会下手，又以50元的价钱要求司机前往D地。在D地时，由于司机夫妇的警觉，向D地政府报案，两被告人的抢劫犯罪未能着手实行。黄某、舒某被抓捕后，对其准备作案工具、图谋抢劫出租车的事实供认不讳。

人民法院经过公开审理认为，被告人黄某、舒某以非法占有为目的，企图以暴力手段抢劫他人驾驶的出租车，并为实施抢劫而准备工具，创造条件，其行为已构成抢劫罪。在准备实施抢劫行为时，由于意志以外的原因而未得逞，属于犯罪预备，可以从轻处罚。宣判后，被告人黄某、舒某不服，以自己的行为是“犯罪中止”为理由，提出上诉。人民法院经过二审审理后认为，被告人黄某、舒某以非法占有为目的，准备以暴力手段抢劫他人驾驶的出租车，已构成抢劫罪。两被告人在准备工具、制造条件后，在准备实施犯罪时由于意志以外的原因而未能得逞，已构成犯罪预备。两被告人上诉称是犯罪中止的理由与客观事实不符。据此裁定驳回上诉，维持原判。

（案例来源：《刑事审判参考》第3集（上），法律出版社2002年版，第132页。）

---

① 参见高铭暄、马克昌主编：《刑法学》(第5版)，北京大学出版社、高等教育出版社2011年版，第161页。

【问题聚焦】

黄某和舒某的行为是否属于犯罪预备？

【法律剖析】

犯罪预备是为了犯罪而准备工具，制造条件的行为。在本案中，两被告人虽然为抢劫他人的出租车而共同策划，准备了杀猪刀、绳子等作案工具，选定了抢劫对象，并将出租车诱骗开往他们的预定路线，但这一系列行为毕竟只是为实施抢劫做准备，到出租车司机警觉报案，两被告人始终没能实施具体的抢劫犯罪行为，因而未对出租车司机的人身及财产构成实际侵害，其犯罪行为已被迫停顿在犯罪的预备阶段。因此，人民法院认定两被告人是抢劫罪的预备犯，是正确的。两被告人在上诉时提出是犯罪中止，与客观事实不符。因为犯罪中止是指在犯罪过程中，行为人自觉停止犯罪或者自动有效地防止犯罪结果发生的一种犯罪停止形态，其最根本的特征之一必须具有自动性，即行为人必须是自动停止犯罪。从本案来看，两被告人并不是自动停止犯罪，而是在欲继续租车前行伺机作案时，被出租车司机警觉报案，才使两被告人的抢劫犯罪未能着手实行。人民法院据此裁定"驳回上诉，维持原判"也是正确的。

【法条链接】

《中华人民共和国刑法》

第 22 条　为了犯罪，准备工具、制造条件的，是犯罪预备。

对于预备犯，可以比照既遂犯从轻、减轻处罚或者免除处罚。

【案例二】

2002 年 6 月 6 日 10 时许，被告人王某和邵某经预谋携带事先准备的橡胶锤、绳子等作案工具，在某地骗租杨某（女，29 岁）驾驶的松花江牌小型客车。当车行至 A 路段时，经王某示意，邵某用橡胶锤猛击杨某头部数下，王某用手猛掐杨某的颈部，致杨某昏迷。二人抢得杨某驾驶的汽车及诺基亚 8210 型移动电话机一部、寻呼机一个等物品，价值人民币 42000 元。在抢劫过程中，王某将杨某的衣服脱下，用烟头烫其腹部，并对其进行猥亵。

王某与邵某为掩盖抢劫罪行，遂谋划用挖坑掩埋的方法将杨某杀死灭口。杨某苏醒后，趁王某不在现场之机，哀求邵某放其逃走。邵某同意保杨某一命，掩埋杨某时挖浅坑、少埋土，并告知掩埋时将杨某的脸朝下。王某返回后，邵某未将杨某已清醒的情况告诉王某。当日 23 时许，二人将杨某运至 B

地的土水渠处。邵某挖了一个浅坑，并向王某称其一人埋即可，并按事先答应杨某的方式将杨某掩埋。王某、邵某离开后，杨某爬出土坑获救。经鉴定，杨某所受损伤为轻伤（上限）。

法院经审理认为，王某、邵某以非法占有为目的，使用暴力抢劫他人财物，均已构成抢劫罪；二人在结伙抢劫致人受伤后，为了灭口共同实施了将被害人掩埋的行为，均已构成故意杀人罪；二人虽然杀人未遂，但王某所犯罪行情节严重，社会危害性极大，不足以从轻处罚；考虑到邵某在故意杀人过程中的具体作用等情节，对其所犯故意杀人罪酌情从轻处罚。另王某的行为又分别构成盗窃罪、强制猥亵妇女罪。二人均系累犯，应当从重处罚。故认定被告人王某犯故意杀人罪，判处死刑，剥夺政治权利终身；犯抢劫罪，判处无期徒刑，剥夺政治权利终身，并处没收个人全部财产；犯盗窃罪，判处有期徒刑3年，并处罚金人民币3000元；犯强制猥亵妇女罪，判处有期徒刑1年；决定执行死刑，剥夺政治权利终身，并处没收个人全部财产。被告人邵某犯故意杀人罪，判处无期徒刑，剥夺政治权利终身；犯抢劫罪，判处有期徒刑15年，剥夺政治权利3年，并处罚金人民币3万元；决定执行无期徒刑，剥夺政治权利终身，并处罚金人民币3万元。

一审宣判后，王某提出上诉。二审法院经审理认为，邵某的行为构成故意杀人罪的犯罪中止，应对其减轻处罚，故改判邵某犯故意杀人罪，判处有期徒刑7年，剥夺政治权利1年；犯抢劫罪，判处有期徒刑15年，剥夺政治权利3年，并处罚金人民币3万元；决定执行有期徒刑20年，剥夺政治权利4年，并处罚金人民币3万元。驳回王某的上诉，维持原判。

（案例来源：《刑事审判参考》（第26集），法律出版社2003年版，第24~28页。）

【问题聚焦】

邵某实施并不能使被害人致死行为的认定。

【法律剖析】

本案对定性及对犯罪人王某的量刑没有争议，值得研究的是邵某的行为构成犯罪中止还是犯罪未遂。《刑法》第23条规定："已经着手实行犯罪，由于犯罪分子意志以外的原因而未得逞的，是犯罪未遂。"《刑法》第24条第1款规定："在犯罪过程中，自动放弃犯罪或者自动有效地防止犯罪结果发生的，是犯罪中止。"犯罪中止是一种比较特殊的犯罪形态，有两种类型，即自动放弃犯罪的犯罪中止和自动有效地防止犯罪结果发生的犯罪中止。

犯罪未遂和犯罪中止都是没有完成犯罪的行为状态，二者在以下几个方面均有所不同：

（1）发生的时间不同。犯罪未遂发生在已经着手实施犯罪以后，犯罪预备阶段不存在犯罪未遂。犯罪中止则只要在犯罪过程中放弃犯罪，即在实施犯罪预备或者在着手实施犯罪以后，达到既遂以前放弃犯罪，均能构成犯罪中止。

（2）未能完成犯罪的原因不同。在犯罪未遂中，犯罪未能得逞是由于行为人意志以外的原因，结果违背行为人的本意，即欲为而不能为。在犯罪中止中，行为人出于自己的意志而主动放弃当时可以继续实施和完成的犯罪，即能为而不为。这是犯罪中止与犯罪未遂的根本区别。

（3）行为结果不同。犯罪未遂，是指行为人没有完成某一犯罪的全部构成要件，并不等于不发生任何损害结果。犯罪中止要求行为人必须彻底地放弃犯罪。自动有效地防止犯罪结果发生的犯罪中止还要求行为人必须有效地防止他已经实施的犯罪行为之法定犯罪结果的发生。

（4）刑事责任不同。根据我国刑法的规定，对于未遂犯，可以比照既遂犯从轻或者减轻处罚；对于中止犯，没有造成损害的，应当免除处罚，造成损害的，应当减轻处罚。对中止犯的处罚轻于未遂犯，其目的是鼓励犯罪分子不要把犯罪行为进行下去，从而有效地保护国家和人民的利益免遭犯罪的侵害。

另外，在共同犯罪的情况下，中止犯罪人还必须有效阻止其他共同犯罪人的共同犯罪行为，避免共同犯罪结果的发生。

本案犯罪人王某与邵某预谋抢劫后杀人灭口，在犯罪过程中，二人将被害人打昏并决定采用挖坑掩埋的方法杀人灭口。被害人苏醒后，乘王某不在现场之机，哀求邵某留其性命，并要求邵某挖浅坑、少埋土。邵某同意，因害怕王某，邵某要求被害人与其配合。为了掩埋时不堵住被害人的口鼻，让被害人能够呼吸，以便逃走，其告诉被害人掩埋时会将其身体翻转为面朝下的姿势。王某回到现场后，被害人继续佯装昏迷，邵某未将被害人已经苏醒的情况告诉王某，并挖了一个深30厘米的浅坑。其向王某提出自己埋人即可，后一人将被害人脸朝下、手垫在脸部埋进坑里。被害人在二人离开后，爬出土坑获救。

从上述邵某的行为可以看出，在当时的环境、条件下，邵某能够完成犯罪，但其从主观上自动、彻底地打消了原有的杀人灭口的犯罪意图。因惧怕王某，邵某未敢当场放被害人逃跑，而是采取特殊方法阻止共同犯罪人王某的杀人行为产生的实际后果，给被害人制造逃脱的机会，并且客观上也未发生被害人死亡的结果。邵某主观故意的变化及所采取的措施与被害人未死而得以逃脱有直接的因果关系，有效地防止了共同故意杀人犯罪结果的发生，其行为属于自动有效防止犯罪结果发生的犯罪中止。邵某在犯罪开始时曾用橡胶锤将被害人打昏，已经给被害人的身体造成伤害，根据我国刑法的规定，对于中止犯，造成损害的，应当减轻处罚，故二审法院认定邵某构成共同故意杀人罪（中止）并减轻处罚是正确的。

【法条链接】

《中华人民共和国刑法》

第23条 已经着手实行犯罪，由于犯罪分子意志以外的原因而未得逞的，是犯罪未遂。对于未遂犯，可以比照既遂犯从轻或者减轻处罚。

第24条 在犯罪过程中，自动放弃犯罪或者自动有效地防止犯罪结果发生的，是犯罪中止。对于中止犯，没有造成损害的，应当免除处罚；造成损害的，应当减轻处罚。

三、深度拓展

（一）犯罪实行的着手观点

关于犯罪实行的着手，学界主要存在三种不同的观点：①

（1）认为犯罪实行的“着手”，是指开始实施可以直接导致危害结果发生的行为，并且明确指出着手是开始实施犯罪构成客观要件的观点不妥，因为这一观点表明，着手前的犯罪预备行为是不符合犯罪构成客观要件的行为，然而我国刑法明文规定处罚犯罪预备行为，犯罪构成要件是成立犯罪不可缺少的因素。

（2）认为“着手”是犯罪实施行为的起点或开始，实行行为是指刑法分则规定的犯罪构成客观方面的行为，因此，犯罪实行的着手，就是开始直接实施刑法分则规定的具体犯罪构成客观要件的行为。

（3）认为犯罪实行的“着手”具备主观和客观两个基本特征：主观上，行为人实行具体犯罪的意志已经通过直接支配客观行为开始充分表现出来；客观上，行为人已经开始直接实施具体犯罪构成客观方面的行为，这种行为已经使刑法保护的具体权益初步受到危害或者面临实际存在的威胁。

① 参见马克昌主编：《刑法》（第2版），高等教育出版社2010年出版，第129页。

（二）放弃重复侵害行为的定性

放弃重复侵害行为，是指行为人已经着手实施特定的犯罪行为，未能发生预期的危害结果，在能够重复实施同一性质的侵害行为并造成预期危害结果的情况下，放弃了犯罪的继续实行，因而使预期危害结果不再发生的情况。①

在放弃重复侵害行为的场合，由于完成整个犯罪的实行行为并没有实行终了，预期的危害结果尚未发生，行为人在能够立即进一步实施犯罪的情况下，出于本人的意志，自动中止了实行行为或者在预期的危害结果发生之前，自动有效地避免了预期危害结果的出现。这种情况符合犯罪中止的各项特征，对行为人应当以中止犯论处。从刑事政策的角度，对放弃重复侵害行为界定为犯罪中止也有利于鼓励行为人在能够实施重复侵害行为时自动放弃犯罪。②

---

① 参见马克昌主编：《犯罪通论》，武汉大学出版社 1999 年版，第 476 页。

② 参见李希慧主编：《刑法总论》，武汉大学出版社 2008 年版，第 324 ~ 325 页。

第六章 共同犯罪

【知识结构图】

- 共同犯罪
  - 共同犯罪的概念
  - 共同犯罪的成立条件
  - 共同犯罪的形式
    - 任意的共同犯罪与必要的共同犯罪
    - 事前通谋的共同犯罪与无事前通谋的共同犯罪
    - 简单共同犯罪与复杂共同犯罪
    - 一般的共同犯罪与特殊的共同犯罪
  - 共犯人的分类及其刑事责任
    - 主犯
    - 从犯
    - 胁从犯
    - 教唆犯

一、知识点精析

（一）共同犯罪的概念

我国《刑法》第25条第1款规定："共同犯罪是指二人以上的共同故意犯罪。"这一定义表明，共同犯罪是两人以上以共同的犯罪故意和共同的犯罪行为联系起来的犯罪整体，是对共同犯罪的科学界定。①

（二）共同犯罪的成立条件

根据我国刑法的规定，成立共同犯罪需要具备如下三个条件：

(1) 从犯罪的主体来看，行为人必须是"两人以上"，既可以是两个以上达到刑事责任年龄、具有刑事责任能力的自然人，也可以是在法律规定的范围

① 参见马克昌主编：《犯罪通论》，武汉大学出版社1999年版，第503页。

内两个以上的单位以及一个符合犯罪主体条件的自然人与另一个单位。

这里需要注意的是:①

①两个已满14周岁不满16周岁的人，或者一个已满16周岁的人与一个已满14周岁不满16周岁的人，共同故意实施《刑法》第17条第2款规定的故意杀人、故意伤害致人重伤或者死亡、强奸、抢劫、贩卖毒品、放火、爆炸、投毒犯罪的，才成立共同犯罪；实施此外其他行为的，不成立共同犯罪。

②一个已达到刑事责任年龄、具有刑事责任能力的人，利用没有达到刑事责任年龄或者没有刑事责任能力的人实施犯罪行为的，不成立共同犯罪。这种情况在西方刑法理论上称为间接正犯，也就是间接实行犯。我国刑法理论上没有间接正犯的概念，司法实践中对利用者都以实行犯定罪量刑，被利用者不构成犯罪。

③不具有特定身份的人与具有特定身份的人共同故意实施以主体的特定身份为构成要件的犯罪时，成立共同犯罪。

④单位犯罪时，直接负责的主管人员及其他直接责任人员与该单位本身不成立共同犯罪，只对单位与其直接负责的主管人员及其他直接责任人员从整体上认定为一个犯罪主体，但是，直接负责的主管人员与其他直接责任人员成立共同犯罪。

（2）从犯罪的客观要件来看，各共同犯罪人必须有共同的犯罪行为。所谓共同的犯罪行为，是指各共同犯罪人的行为都指向同一罪名，都具有同一犯罪事实，彼此配合，相互联系，都与犯罪结果之间存在因果关系。对于共同犯罪行为，应注意以下几点：

①各共同犯罪人所实施的行为都必须是犯罪行为，即必须是刑法意义上的行为，必须是具有社会危害性且社会危害性达到了相当严重的程度的行为。

②各共同犯罪人所实施的行为都必须指向同一罪名。行为的形式既可以是共同的作为，也可以是共同的不作为，还可以是作为与不作为相结合。

③各共同犯罪人的行为的分工可以表现为四种情况：一是实行行为，即直接导致危害结果发生的行为，它对共同犯罪故意内容的实现起关键作用；二是组织行为，即组织、领导、策划、指挥共同犯罪的行为，它对共同犯罪的性质、规模等起决定性作用；三是教唆行为，即故意引起他人犯罪意图，劝说、收买、威胁或者采用其他手段唆使他人故意实施犯罪的行为，它对他人犯意的形成起原因作用；四是帮助行为，即帮助实行犯罪的行为，表现为提供信息、

① 参见马克昌主编：《刑法》，高等教育出版社2007年版，第153页。

犯罪工具及其他有利于完成犯罪的支持或者排除犯罪的障碍的行为，它对共同犯罪起辅助作用。

对参与共谋而未参与犯罪的实行行为的，应当以共同犯罪来论处。

④共同犯罪行为是作为一个整体而成为危害结果发生的原因，即属于共同犯罪行为这一整体的组成部分的每一个共同犯罪人的行为和危害结果之间都具有因果关系。即便共同犯罪人只有一个人的实行行为引起危害结果的发生，其他人的实行行为对危害结果的发生没有起到实际的作用，这时从整体上考虑也应当认定他们的行为与危害结果之间存在着因果关系。对于不存在事前或者事中通谋的事后帮助行为，由于对犯罪结果的发生不存在因果关系，因而不成立共同犯罪。①

（3）从犯罪的主观要件来看，各共同犯罪人必须有共同的犯罪故意。

共同犯罪故意包含两个方面的意思：一是各共同犯罪人均有相同的犯罪故意；二是各共同犯罪人之间具有意思联络。其内容包括认识因素和意志因素两个方面，其中的认识因素是指，共同犯罪人认识到不是自己一个人单独实施犯罪，而是与他人相互配合共同实施犯罪。共同犯罪人不仅认识自己的行为引起的结果，而且认识其他共同犯罪人的行为会引起某种犯罪结果。共同犯罪人预见到共同犯罪行为与共同犯罪结果之间的因果关系。意志因素是指，行为人决意参与共同犯罪，并希望或者放任自己的行为引起的结果和共同犯罪行为会发生某种犯罪结果。②

值得注意的是，下列情况不属于共同犯罪③：

第一，共同过失犯罪不成立共同犯罪。《刑法》第 25 条第 2 款明确规定："二人以上共同过失犯罪，不以共同犯罪论处；应当负刑事责任的，按照他们所犯的罪分别处罚。"

第二，故意犯罪行为与过失犯罪行为之间不成立共同犯罪。

第三，两人以上同时或者先后故意实施性质相同的某种犯罪，且各自行为侵犯同一对象，但彼此间没有意思联络的，不成立共同犯罪。例如甲对路人 A 实施抢劫后逃跑，路人 A 又遇到乙对其实施抢劫，甲乙两人互不相识，彼此没有意思联络，则甲乙不成立共同犯罪。

第四，二人以上共同实施没有重合内容的不同犯罪的，不成立共同犯罪。

---

① 参见马克昌主编：《犯罪通论》，武汉大学出版社 2006 年版，第 510 页。

② 参见马克昌主编：《犯罪通论》，武汉大学出版社 2006 年版，第 511 页。

③ 参见马克昌主编：《刑法》，高等教育出版社 2007 年版，第 154～155 页。

例如甲对路人A实施抢劫后逃跑，路人A又遇到乙对其实施杀害行为致A死亡，甲、乙两人所实施的行为一个是抢劫罪，一个是故意杀人罪，因没有重合的内容，则甲乙不成立共同犯罪。

第五，超出共同故意之外的犯罪，不成立共同犯罪。例如甲、乙二人合谋对A实施抢劫后，甲因惧怕A日后报案，单独对A实施杀害行为，乙此时已经逃跑，对甲的杀害行为既不知情，也未参与，则对于杀害A的故意杀人行为不成立共同犯罪。

第六，事前无通谋的窝藏、包庇行为及窝赃、销赃行为，不成立共同犯罪。但是，如果事前有通谋的，则成立共同犯罪。

（三）共同犯罪的形式

1. 任意的共同犯罪与必要的共同犯罪

这是根据共同犯罪能否任意形成而作的划分。

任意的共同犯罪，是指刑法分则规定的一人能够单独实施的犯罪由两人以上共同故意实施而形成的共同犯罪。例如《刑法》第232条规定的“故意杀人罪”、第234条规定的“故意伤害罪”均属此类型。

必要的共同犯罪是指刑法分则明文规定必须由两人以上共同故意实施的犯罪。必要的共同犯罪又可以分为对向犯和平行犯两种：

（1）对向犯是指以存在两人以上相互对向性的行为为构成要件的犯罪，具体又可以分为三种情况：一是罪名、法定刑相同，如重婚罪；二是罪名、法定刑均不相同，如行贿、受贿罪；三是只处罚一方，而不处罚另一方，如贩卖淫秽物品罪，而无购买淫秽物品罪。

（2）平行犯是指以多数人实施向着同一目标的行为为构成要件的犯罪，在我国刑法中包括聚众共同犯罪与集团共同犯罪。

2. 事前通谋的共同犯罪与无事前通谋的共同犯罪

这是以共同犯罪故意形成的时间为标准而作出的划分。

事前通谋的共同犯罪，是指在着手实行犯罪之前，各共同犯罪人已经形成共同犯罪故意，就实行犯罪进行了策划和商议的共同犯罪。无事前通谋的共同犯罪，是指各共同犯罪人在着手实行犯罪之际或者实行犯罪的过程中形成共同犯罪故意的共同犯罪。

3. 简单的共同犯罪与复杂的共同犯罪

这是以共同犯罪人之间有无分工为根据而作的划分。

简单的共同犯罪，是指两人以上共同故意实行犯罪的共同犯罪。在这种情况下，各共同犯罪人都是实行犯。

值得注意的是，对简单共同犯罪的处罚应遵循以下几个原则①：

(1) 部分实行负全部结果责任原则。该原则是指各共同犯罪人应对共同实行的犯罪行为整体负责，而不仅仅只是对自己实行的犯罪行为负责。由于各共同犯罪人之间存在相互利用、彼此补充他人行为的关系，故使得各自的行为形成为统一整体，因而即便某一行为人仅分担部分实行行为，也要对共同实行行为造成的全部结果承担责任。

(2) 区别对待原则。该原则是指在坚持部分实行负全部结果责任的前提下，对各共同犯罪人也应当按照其社会危害性的差异区别处理。既要根据各共同犯罪人在共同犯罪中的作用大小分清主犯、从犯、胁从犯，也要根据各主犯的行为的社会危害性程度分别处以适当的刑罚。

(3) 罪责自负原则。该原则是指各共同犯罪人只能对基于共同故意实施的犯罪行为负责，对他人超出共同故意实施的其他犯罪行为则不承担责任。

复杂的共同犯罪，是指两人以上的共同犯罪存在实行、组织、教唆、帮助等不同分工的共同犯罪。具体而言：实行行为是指刑法分则规定的具体犯罪构成要件客观方面的行为；组织行为是对整个犯罪活动予以组织、策划、指挥和领导的行为；教唆行为是指唆使他人产生犯罪意图的行为；帮助行为是指对犯罪的实施、完成和保持犯罪后的不法状态，提供物质和精神上的帮助的行为。复杂的共同犯罪具体可以表现为教唆行为和实行行为的分工、实行行为与帮助行为的分工、组织行为与实行行为的分工，也可以表现为教唆行为、实行行为、帮助行为的分工，还可以表现为教唆行为、组织行为、实行行为、帮助行为之间的分工等。

4. 一般的共同犯罪与特殊的共同犯罪②

一般的共同犯罪，是指共同犯罪人之间不存在组织形式的共同犯罪。其特点是：

(1) 两人即可构成，不要求三人以上，这是区别于集团共同犯罪的特征之一；

(2) 共同犯罪人之间的勾结具有临时性、暂时性的特点，往往是为了实施一个或数个犯罪而临时结伙，完成犯罪后即解散；

(3) 共同犯罪人之间没有特殊的组织形式，也不存在领导与被领导的

① 参见马克昌主编：《刑法》，高等教育出版社 2007 年版，第 159～160 页。

② 参见马克昌主编：《刑法》，高等教育出版社 2007 年版，第 160～161 页。

关系。

特殊的共同犯罪，又称有组织的共同犯罪，是指各共同犯罪人之间建立起组织形式的共同犯罪。实施这类共同犯罪的组织，法律上称犯罪集团。根据《刑法》第 26 条第 2 款的规定："三人以上为共同实施犯罪而组成的较为固定的犯罪组织，是犯罪集团。"据此，犯罪集团的成立要符合以下要求：①共同犯罪人在三人以上，即必须是三名以上达到刑事责任年龄、具备刑事责任能力的人才能构成犯罪集团。这里的三人以上包括三人在内。②为共同实施犯罪而组成。犯罪集团总是以实施某一种或者某几种犯罪为目的而形成的，否则便不能成其为犯罪集团。③成立了较为固定的犯罪组织。犯罪组织即以犯罪为目标而形成的组织，而组织总是意味着其内部成员相互之间存在领导与被领导的关系。一般说来，犯罪组织中有起组织、策划、指挥作用的首要分子，也有普通成员，前者领导和指挥后者进行犯罪活动，后者服从前者的领导和指挥。按照其严密程度强弱来划分及排列，犯罪集团可分为黑社会组织、黑社会性质的组织和普通犯罪集团三种类型。根据我国刑法的规定，我国只有普通犯罪集团和黑社会性质的组织两类，而不存在黑社会组织。

在处理犯罪集团时，若为必要共同犯罪，应当直接依照分则的有关规定进行处理；若为任意的共同犯罪，则应当依照刑法总则的有关共同犯罪的规定区别首要分子、首要分子以外的主犯、从犯和胁从犯，分别予以相应的处罚。

【难点辨析】

聚众犯罪与聚众共同犯罪

聚众犯罪与聚众共同犯罪不是等同的概念。根据刑法规定，聚众犯罪可以分为两类：

一类是属于共同犯罪的聚众犯罪。如《刑法》第 317 条第 2 款规定的聚众持械劫狱罪，其首要分子、积极参加者与其他参加者，都具有共同犯罪故意与共同犯罪行为，均应承担刑事责任，因而符合共同犯罪的成立条件。

另一类聚众犯罪是否属于共同犯罪，则要依案件的具体情况而定。例如，《刑法》第 291 条规定的聚众扰乱公共场所秩序、交通秩序罪，刑法规定只处罚首要分子，故只有首要分子的组织、策划、指挥行为是犯罪行为。当首要分子只有一人时，就是一人以聚众方式犯罪，无共同犯罪可言。由此可见，聚众犯罪不一定是共同犯罪。

（四）共犯人的分类及其刑事责任

我国刑法按照共同犯罪人在共同犯罪中所起的作用为标准将共同犯罪人分为主犯、从犯、胁从犯，同时考虑到以分工为标准划分的教唆犯，将其规定在胁从犯之后。

1. 主犯的认定及其刑事责任

《刑法》第 26 条第 1 款规定："组织、领导犯罪集团进行犯罪活动的或者在共同犯罪中起主要作用的，是主犯。"据此，主犯包括两类：一是组织、领导犯罪集团进行犯罪活动的犯罪分子；二是在共同犯罪中起主要作用的犯罪分子。

组织、领导犯罪集团进行犯罪活动的犯罪分子，就是犯罪集团的首要分子。这种主犯以犯罪集团的存在为前提条件，组织、领导犯罪集团进行犯罪活动，是犯罪集团的核心，具有极其严重的社会危害性，是我国刑法重点打击的对象。犯罪集团中的首要分子既可以是一人，也可以是多人。

在共同犯罪中起主要作用的犯罪分子，是指犯罪集团的首要分子以外的在共同犯罪中起主要作用的犯罪分子。具体包括犯罪集团的骨干分子、聚众共同犯罪中的首要分子以及其他在聚众性共同犯罪中起主要作用的犯罪分子、聚众犯罪以外的一般共同犯罪中起主要作用的犯罪分子三类。

对于犯罪集团的首要分子，《刑法》第 26 条第 3 款规定："对组织、领导犯罪集团的首要分子，按照集团所犯的全部罪行处罚。"对于犯罪集团首要分子以外的主犯，该条第 4 款规定："对于第三款规定以外的主犯，应当按照其所参与的或者组织、指挥的全部犯罪处罚。"对于必要共同犯罪中犯罪集团的首要分子和其他主犯，刑法分则均规定了相应的具体法定刑的，应直接按照刑法分则的有关规定追究其刑事责任。

2. 从犯的认定及其刑事责任

《刑法》第 27 条第 1 款规定："在共同犯罪中起次要或者辅助作用的，是从犯。"据此，从犯分为两类：一类是在共同犯罪中起次要作用的犯罪分子，即对共同犯罪的形成与共同犯罪行为的实施、完成起次于主犯作用的犯罪分子，包括起次要作用的实行犯和次要的教唆犯；另一类是共同犯罪中起辅助作用的犯罪分子，即为共同犯罪的实行提供方便、帮助创造条件的帮助犯，既可以表现为为实行犯提供犯罪工具、指示犯罪地点和犯罪对象，也可以是事前通谋事后窝藏实行犯或为其销赃、窝赃等。

《刑法》第 27 条第 2 款规定："对于从犯，应当从轻、减轻处罚或者免除处罚。”另外，刑法分则的一些条文明确规定了某些共同犯罪中从犯的法定刑的，应直接按分则条文规定的法定刑处罚。

3. 胁从犯的认定及其刑事责任

根据《刑法》第28条的规定，胁从犯是被胁迫参加犯罪的人，即在他人的威胁下不完全自愿地参加共同犯罪，并在共同犯罪中起较小作用（次于从犯作用）的共同犯罪人。

注意以下两种情况不属于胁从犯：一是行为人身体完全受到强制、完全丧失意志自由时实施了某种行为的；二是符合紧急避险条件的不成立胁从犯。

《刑法》第28条规定："对于被胁迫参加犯罪的，应当按照他的犯罪情节减轻处罚或者免除处罚。"这里的犯罪情节主要包括行为人被胁迫的程度及在共同犯罪中所起的作用。

4. 教唆犯的认定及其刑事责任

(1) 教唆犯的概念

教唆犯是故意唆使他人实施犯罪的人。对于教唆犯的概念，应注意以下几点：

①行为人具有教唆他人犯罪的故意。从故意形式上看，教唆的故意既可以是直接故意，也可以是间接故意，但间接故意的教唆犯只有在被教唆之人实施了被教唆之罪的场合才成立。

②行为人实施了教唆行为。教唆行为必须是唆使他人实施具体的犯罪行为，这里的具体的犯罪行为是就犯罪性质而言的。教唆行为的方式，既可以是口头教唆，也可以是书面教唆，还可以是以某种示意性动作进行教唆。教唆行为的方法，既可以是劝告、哀求、指示、嘱咐，也可以是命令、引诱、怂恿、威胁。如果教唆行为引起了被教唆人的犯罪故意，并进而实施被教唆的犯罪行为，则教唆行为与被教唆人的犯罪行为成立共同犯罪，该教唆犯便是共同犯罪中的教唆犯或简称为共犯教唆犯。行为人虽然实施了教唆行为，但被教唆之人没有犯被教唆之罪，则不成立共同犯罪，该教唆犯就是非共同犯罪的教唆犯或简称独立教唆犯。

③教唆对象必须是达到刑事责任年龄、具有刑事责任能力且没有犯罪意图的人。教唆没有达到刑事责任年龄、不具有刑事责任能力和犯罪意图的人犯罪的，理论上称为“间接正犯”。主观上，间接正犯具有利用他人犯罪的故意，即行为人明知被利用者没有责任能力或者没有犯罪故意而加以利用，希望或放任通过被利用者的行为达到其所预想的犯罪结果，因此间接正犯与被利用者之间不存在共同的犯罪故意。客观上，间接正犯具有利用他人犯罪的行为，即行

为人不是亲手犯罪，而是以他人作为犯罪工具而实施犯罪。所以，我国刑法理论上一般认为对此不应作为共犯论。

④教唆犯是促使他人产生犯意，是决定行为人是否犯罪的问题，而帮助犯是为他人实施犯罪提供帮助，是决定行为人能否犯罪的问题。故而如果某人对已有犯罪意图的人坚定其犯罪意图，使其实施犯罪行为的，属于帮助性质。

(2) 教唆犯的认定

认定教唆犯时应注意以下几点：

对教唆犯，应当依照他所教唆的罪定罪，而不能笼统定教唆罪。如果被教唆的人对被教唆的罪产生误解，实施了其他犯罪，或者在犯罪时超出了被教唆之罪的范围，教唆犯只对自己所教唆的犯罪承担刑事责任。

当刑法分则条文将教唆他人实施特定犯罪的行为规定为独立犯罪时，对教唆者不能依所教唆的罪定罪，而应依照分则条文规定的犯罪定罪，不适用刑法总则关于教唆犯的规定。例如《刑法》第 103 条规定的“分裂国家罪”和“煽动分裂国家罪”，对于煽动分裂国家、破坏国家统一的犯罪人，应当直接依照第 103 条第 2 款规定的煽动分裂国家罪定罪，而不成立第 103 条第 1 款规定的分裂国家罪的教唆犯定罪论处。

间接教唆的，也按所教唆的罪定罪。间接教唆是指教唆教唆者的情况。因为“教唆他人犯罪的”是教唆犯，教唆行为本身也是犯罪行为，故教唆他人实施教唆犯罪的，也是教唆犯。基于这一理由，再间接教唆的，也成立教唆犯。

教唆犯教唆他人实施几种较为特定犯罪中的任何一种犯罪时，对教唆犯按被教唆者具体实施的犯罪定罪。

(3) 教唆犯的刑事责任

根据《刑法》第 29 条的规定，对教唆犯进行处罚有以下三种情况：

“教唆他人犯罪的，应当按照他在共同犯罪中所起的作用处罚。”这是就共犯教唆犯而言的。这里有两点需要说明：其一，在被教唆的人只是实施了犯罪预备行为的情况下（以处罚犯罪预备为前提），教唆犯与被教唆者虽然成立共同犯罪，但对教唆犯不宜适用本规定，而应适用第 29 条第 2 款：即在被教唆者根本没有实施被教唆的罪的情况下，对于教唆犯可以从轻或者减轻处罚，而在被教唆者实施了犯罪预备行为的情况下，如果适用本规定认定为共同预备犯罪，则可以从轻、减轻处罚或者免除处罚。这显然不合情理。其二，在两人以上共同故意教唆他人犯罪的情况下，即使被教唆者没有犯被教唆的罪，对于教唆犯也应适用上述规定，分清作用予以处罚。

“教唆不满十八周岁的人犯罪的，应当从重处罚。”这是因为，选择不满18周岁的人作为教唆对象，本身就既说明行为人的主观恶性严重，又表明教唆行为的腐蚀性大，社会危害性严重，故理应从重处罚。此外，保护未成年人的健康成长，也是规定这一原则的重要理由之一。

“如果被教唆的人没有犯被教唆的罪，对于教唆犯，可以从轻或者减轻处罚。”这种情况在刑法理论上称为教唆未遂。“被教唆的人没有犯被教唆的罪”，包括被教唆人拒绝教唆的；被教唆的人虽然接受教唆，但并没有实施犯罪行为的；被教唆的人虽然接受教唆，但并没有实施所教唆之罪，并且所犯之罪与被教唆之罪不存在重合关系的等情况。

二、案例分析

【案例一】

2004年3月至10月，被告人练某先后纠集了被告人吴某、练某某、刘某、苏某、杨某、鲜某、涂某及陈某（在逃）等人，组成了集购买、运输、储藏、贩卖于一体的贩毒网络。练某在A市负责联系购买毒品海洛因，并安排人员运送至B市、C市进行出售；练某某在A市受练某的指使取回练某购买的海洛因，并负责将海洛因交给练某安排的人员逐批运送，同时购买并提供从A市至B市的火车票；刘某和杨某、涂某、陈某相继在练某的安排下负责运输海洛因；吴某在练某的安排下，在B市、C市负责接收和出售海洛因，并将回笼的赃款通过异地存储或委托运送毒品人员返程时带回等方式交给练某；苏某受吴某的指使在C市负责接收和出售海洛因；鲜某在练某、吴某的安排下，在C市的租住处储藏、中转海洛因。此外，被告人练某自2001年2月起即在C市、D市、B市一带从事贩卖海洛因的犯罪活动。自2001年2月起至2003年1月，练某单独或指使他人分别向刘某某、王某某、林某（均已判刑）、邓某某（在逃）贩卖海洛因共8次计902克；2004年7月练某还伙同被告人练某某向唐某（已判刑）贩卖海洛因500克。被告人吴某也曾于2002年7月22日在某招待所向王某某贩卖海洛因100克。综上所述，被告人练某纠集他人共同贩卖、运输海洛因10次共计20284.10克，此外还单独或伙同他人贩卖海洛因9次计1402克；被告人吴某直接运输或者安排人员接收海洛因8次计16317克，并亲自贩卖或指使苏某、杨某贩卖，此外还单独贩卖海洛因1次100克；被告人练某某在练某指使下参与运输及贩卖海洛因11次计20784.01克；被告人刘某参与运输海洛因5次计10825克；被告人苏某受吴某的指使，4次接收海洛因计8817克，并贩卖海洛因1436克。案发后，公安机关共缴获海洛因 6381.01 克，其余毒品均已流入社会。

人民法院一审认为本案被告人为犯罪集团，人民法院二审认为本案被告人系共同犯罪，原审判决认定本案被告人为犯罪集团不当。

（案例来源：《刑事审判参考》(第 52 集)，法律出版社 2006 年版，第 29～30 页。）

【问题聚焦】

如何区分犯罪集团和普通共同犯罪？

【法律剖析】

司法实践中，对于那些具有明确分工、多次实施同一犯罪的共同犯罪是否能够认定为成立犯罪集团往往成为案件审理的难点，本案即是此类情况。

根据我国《刑法》第 26 条第 2 款的规定，犯罪集团的成立必须具备以下几个条件：

第一，犯罪集团由三人或者三人以上组成。三人以上组成犯罪集团的目的是为了共同实施犯罪。

第二，犯罪组织比较固定。犯罪集团具有组织固定的特征，这是与犯罪团伙相区别的重要特征，犯罪团伙的组织成员不固定，团伙成员经常迅速地发生变化，虽然有一两个或者几个核心成员，但是没有明显的首要分子。犯罪集团的组织固定性、稳定性，主要表现为集团内部成员固定，有明显的首要分子，即所谓首领，犯罪集团在首要分子的组织、领导下形成统一的组织形式与纪律，进而实施各种较为严重的犯罪活动。

第三，犯罪集团有预谋、有计划地实施犯罪活动。集团犯罪是在首要分子的组织、领导下，在一个相对较长的时期内，统一地实施各种各样的有组织的犯罪活动。当然，小型犯罪集团的首要分子往往既是犯罪活动的领导者、组织者，也是犯罪活动的直接参与者。

本案练某、吴某、练某某、苏某等人纠合在一起进行贩卖毒品的犯罪活动，在诸多外在表现上具备犯罪集团的一些特征。但是综合全案分析，各被告人间的纠合比较松散，组织程度不够紧密，主要体现在虽然各被告人之间多次共同犯罪，分工均比较稳定，被告人练某对整个贩毒活动的犯罪活动起着出资、组织货源、安排人员等主导作用，但练某对其他被告人的组织、领导、指挥作用尚未达到犯罪集团所要求的程度，对其他各被告人不存在领导与被领导的服从关系，各被告人之间也缺乏犯罪集团所应有的组织约束。综上所述，练某等被告人之间的组织性尚未达到犯罪集团的程度，仍属于一般共同犯罪阶段，应认定为一般共同犯罪更为恰当。

【法条链接】

《中华人民共和国刑法》

第25条　共同犯罪是指二人以上共同故意犯罪。

二人以上共同过失犯罪，不以共同犯罪论处；应当负刑事责任的，按照他们所犯的罪分别处罚。

第26条　组织、领导犯罪集团进行犯罪活动的或者在共同犯罪中起主要作用的，是主犯。

三人以上为共同实施犯罪而组成的较为固定的犯罪组织，是犯罪集团。

对组织、领导犯罪集团的首要分子，按照集团所犯的全部罪行处罚。

对于第三款规定以外的主犯，应当按照其所参与的或者组织、指挥的全部犯罪处罚。

【案例二】

被告人余某案发前在某公司务工。2005年9月29日晚，余某因怀疑同宿舍工友王某窃取其洗涤用品而与王某发生纠纷，遂打电话给亦在该市务工的被告人陈某，要陈某前来“教训”王某。次日晚上8时许，陈某携带尖刀伙同同乡吕某（另案处理）来到某鞋业有限公司门口与余某会合，此时王某与被害人胡某及武某正从门口经过，经余某指认，陈某即上前责问并殴打胡某，余某、吕某也上前分别与武某、王某对打。其间，陈某持尖刀朝胡某的胸部、大腿等处连刺三刀，致被害人胡某左肺破裂、左股动静脉离断，急性失血性休克死亡。

人民法院一审认为，被告人陈某、余某因琐事纠纷而共同故意报复杀人，其行为均已构成故意杀人罪。人民法院二审认为，余某仅要求陈某前去“教训”被害人，没有要求陈某携带凶器；在现场斗殴时，余某没有与陈某商谋，且没有证据证明其知道陈某带着凶器前往；余某也没有直接协助陈某殴打被害人。原判认定余某有杀人故意的依据不足，应对其以故意伤害罪判处。

（案例来源：《刑事审判参考》（第52集），法律出版社2006年版，第1~2页。）

【问题聚焦】

1. 如何认定共同犯罪中的过限行为？

2. 对过限行为造成的后果如何确定刑事责任？

【法律剖析】

（1）被告人余某既没有故意杀人的共同故意，也没有共同实施故意杀人的行为，不属于故意杀人犯罪的共犯。

首先，从案件的起因来看，余某仅要求陈某前去“教训”与其有纠纷的王某，而不是被害人胡某。虽然“教训”的具体含义有多种，但在没有证据证实余某有要求陈某杀害他人的主观故意的情况下，不能认定为故意杀人。

其次，从案发当时的情况看，陈某到达案发现场时，余某还未到。余某与被害人同时到达案发现场，向陈某指认出王某一行后，陈某即上前责问个子最高的被害人胡某，并用刀捅刺被害人。可以认定，余某与陈某事先达成的共同故意内容——“教训”，并没有在具体实施时有所改变。

再次，余某没有让陈某带凶器，更没有让陈某带尖刀这种容易致人伤亡的凶器，也没有证据证明余某在实施犯罪行为时知道陈某带着尖刀。

综上，虽然余某与陈某等人的共同犯罪故意是概括的故意，但这一概括的故意却是有限度的，至少不包括杀人的故意。这一故意内容在犯罪行为实施阶段也没有明显转化，仍停留在对被害人“教训”的认识内容上。余某对陈某实施的持刀杀人行为既缺乏刑法意义上的认识，也没有事中的共同故意杀人行为，不构成故意杀人犯罪的共犯。

（2）根据我国刑法主客观相统一的原则和共同犯罪的有关理论，每个共同犯罪人承担刑事责任都必须以他对所实施的犯罪行为具备犯罪故意为前提，也必须以其实施的犯罪行为对危害结果具有因果联系为前提。本案中，陈某当然应当对其杀人行为承担刑事责任，而对于余某来说，由于其共同犯罪故意并不包括杀害被害人这一由陈某实施的过限行为的内容，且余某对杀害被害人既无事先的故意，也无事中的明知，其所实施的对打行为与陈某杀害被害人的行为没有刑法意义上的必然因果关系，因而不能令余某对陈某所实施的杀人行为承担刑事责任。但是，余某所实施的行为客观上与被害人死亡仍有一定关联。对余某量刑时应酌情考虑造成被害人死亡后果的情节。

【法条链接】

《中华人民共和国刑法》

第25条　共同犯罪是指二人以上共同故意犯罪。

二人以上共同过失犯罪，不以共同犯罪论处；应当负刑事责任的，按照他们所犯的罪分别处罚。

三、深度拓展

（一）共犯的本质

在共犯本质问题上，主要是犯罪共同说与行为共同说的对立。

1. 犯罪共同说

犯罪共同说由古典学派最先提出，从构成要件的定型性出发，认为共犯就是数人共同实施特定的犯罪，“正是在这种数人的行为实现一个构成要件事实之上，成立了刑法总则中的共犯概念”①，所以，按照犯罪共同说的主张，对于共犯关系的成立，必须以各个共犯人所成立的犯罪罪名的同一为基础，故共同犯罪被理解为“数人一罪”。在犯罪共同说内部，又存在“完全犯罪共同说”与“部分犯罪共同说”两种不同主张。

完全犯罪共同说认为，成立共犯关系必须是数人共同实施特定的犯罪，不但犯罪须特定，且罪名也须同一。由于该说认为，数人须基于同一故意而共同实施，所以又被称为“犯意共同说”。就具体案例来讲，如甲以杀人的故意，乙以伤害的故意，共同殴打丙致其死亡的场合，持完全犯罪共同说的学者认为，由于甲与乙犯意不同，各自触犯的罪名也不同，因而不成立共同正犯，只能分别以单独犯论处。这一主张显然没有考虑行为人共同侵害法益的事实。

部分犯罪共同说认为，“数人所共同实施的犯罪，纵然不属于相同的构成要件，但是在不同的构成要件之间，如果存在同质重合的关系时，则在同质重合的限度内，成立共同正犯”。② 如前所举例，甲以杀人的故意、乙以伤害的故意共同加害于丙时，只在故意伤害罪的范围内成立共犯。但由于甲具有杀人的故意和行为，对甲应认定为故意杀人罪。部分犯罪共同说仍基于客观犯罪理论，因此是在犯罪共同说的理论框架之内的，但由于其可以适度缓和完全犯罪共同说的缺陷，所以一度成为日本刑法学界的通说。

2. 行为共同说

行为共同说最初由新派刑法学者所主张，认为共同犯罪的共同指的是行为的共同，也就是说，只要行为人实施了共同的行为，就可以成立共同正犯，不

---

① ［日］小野清一郎：《犯罪构成要件理论》，王泰译，中国人民公安大学出版社2004年版，第151页。

② ［日］大塚仁：《刑法概说（总论）》，冯军译，中国人民大学出版社2003年版，第241页。

要求必须是同一或者特定的犯罪。“数人数罪”是这一学说的本质特征。不过，在如何理解“行为的共同”的核心问题上，该说内部存在前后两种不同的主张。

最先由新派学者提出的行为共同说被称为“主观主义的行为共同说”，该说认为，行为乃是犯罪人主观恶性的表现，而共同犯罪则是数人由共同行为而各自表现其恶性以企图实现各自的犯罪，“基于这种考虑，应当先预定共同的事实，然后以此为根据讨论犯罪的成立。对于共同的事实，应当与犯罪事实的法律上的构成相分离来考虑，即共同关系既可能跨越数个犯罪事实而成立，也可能只就一个犯罪事实中的一部分而成立”。① 但是，此处所谓行为的共同，是指自然行为的共同，即前构成要件的或前法律的事实的共同。这种对“行为”所作的偏离构成要件的理解，显然不符合构成要件的定型性，不利于罪刑法定原则的贯彻，因此，“主观主义的行为共同说”在当今日本刑法学界已经没有市场。

现在的行为共同说，都是站在客观主义基础之上，认为犯罪不能离开构成要件思考，共犯也不例外，所谓行为的共同，并不是指自然行为的共同，而是指构成要件实行行为的共同。“既然是共同实行，构成要件的重要部分就必须是共同的，但各自成立的共同正犯可能是不同的犯罪。”② 由于该说奠基于客观主义立场，将“行为”限定为“符合构成要件的实行行为”，因此，又被称为“客观主义的行为共同说”、“温和的行为共同说”、“构成要件的行为共同说”。

（二）狭义共犯的性质

狭义共犯是教唆犯和帮助犯的总称。关于狭义共犯的性质，大致有从属性说、独立性说、二重性说。

1. 从属性说

共犯的从属性说认为，共犯对于正犯具有从属性，共犯的成立与否取决于正犯是否着手实施犯罪。在共犯对正犯的从属限度上又有四种观点：第一种是最小限度从属性说，即只要正犯的行为单独符合构成要件，共犯就成立，至于正犯是否具有违法性不在考虑之列；第二种是限制从属性说，即正犯的行为符合构成要件，而且违法时，共犯才成立，正犯是否有责，不影响共犯的成立；

① ［日］牧野英一：《改订日本刑法》，有斐阁 1932 年版，第 361 页。

② ［日］前田雅英：《刑法总论讲义》，东京大学出版会 1998 年版，第 394 页。

第三种是极端从属性说，即正犯只有具备构成要件的符合性、违法性和有责性时，才成立共犯；第四种是最极端从属性说，正犯的行为除了需要具备构成要件的符合性、违法性和有责性之外，还要具备一定的可罚性，共犯才成立。

2. 独立性说

共犯的独立性说认为，共犯根据其自身固有的行为而成立，并不要求有正犯的实行行为，教唆、帮助行为本身是行为人反社会性格的表征，对结果的发生具有原因力，因此，没有正犯者的实行行为时，共犯也构成犯罪。① 这是因为教唆行为、帮助行为也不外乎是表现教唆者、帮助者的犯罪意思的实行行为，正犯者的实行行为对教唆者、帮助者来说只不过是因果关系的经过和客观的处罚条件。

以上所谈的实际上是一种"缓和的共犯的独立性说"。另一种极端的独立性说亦被称为"共犯的独立犯说"，该说认为，加功行为可以是结果发生的原因，所以，从客观上不妨把所有加功者都看做间接正犯，从主观上，则所有的加功者都是正犯，因为所有的加功者都是指向犯罪本身的。

3. 二重性说

二重性说是我国刑法理论的通说。该说认为，我国刑法中的教唆犯、帮助犯是独立性与从属性的有机统一。一方面，从共犯与正犯的关系上来看，教唆犯、帮助犯处于从属地位；另一方面，教唆行为与帮助行为本身具有严重的社会危害性，具有相对的独立性。根据这种相对独立性，教唆犯实施教唆行为，无论被教唆者是否接受教唆并实施犯罪，教唆犯的教唆行为本身都构成犯罪。可见，共犯具有从属性和相对独立性相统一的二重性。②

（三）无身份之人能否成为真正身份犯的共同正犯的学说

对无身份之人能否成为真正身份犯的共同正犯，存在以下三种观点：

（1）否定说。该说认为无身份者参与有身份才构成的犯罪，无身份者不可能实施法律要求的特殊主体犯罪的实行行为，因而不能构成有身份犯的实行犯，即共同正犯，但能构成组织犯和教唆与帮助犯。

（2）肯定说。该说认为无身份者可以构成真正身份犯的共同正犯。

（3）折中说。该说认为无身份者是否构成真正身份犯的共同正犯，应当

① 参见陈家林：《外国刑法通论》，中国人民公安大学出版社2009年版，第514页。

② 参见吴刚、刘章：《对我国刑法理论中教唆犯性质的质疑和教唆犯概念的重构》，载《高等教育与学术研究》2007年第4期。

根据具体情况区别对待，凡是无身份者能够参与真正身份者的部分实行行为，可以与有身份者构成共同正犯，凡是无身份者根本不可能参与真正身份者的实行行为的，不能与有身份者构成共同正犯。①

（四）无身份者与有身份者共同犯罪的犯罪性质的学说

对于无身份者与有身份者共同犯罪的犯罪性质的问题，主要存在以下几种学说：

（1）主犯说。该说认为共同犯罪的性质应以主犯犯罪的基本特征为根据来认定。

（2）实行行为说。该说认为应根据实行行为的性质来认定。

（3）分别定罪说。该说主张根据无身份者和有身份者所实行行为的性质来分别认定，忽略了共同犯罪行为是一个有机整体。

（4）身份犯说。该说认为在真正身份犯中，无身份者与有身份者共同犯罪的应以真正身份犯定罪处罚。

（5）折中说。该说既不排斥主犯说，也不冷落分别定罪说，融几种学说为一体。②

① 参见李希慧主编：《刑法总论》，武汉大学出版社2008年版，第357页。

② 参见李希慧主编：《刑法总论》，武汉大学出版社2008年版，第357页。

第七章　罪数形态

【知识结构图】

- 罪数形态
  - 一罪
    - 实质的一罪
      - 继续犯
      - 想象竞合犯
      - 法条竞合犯
      - 结果加重犯
    - 法定的一罪
      - 结合犯
      - 集合犯
      - 转化犯
    - 处断的一罪
      - 连续犯
      - 吸收犯
      - 牵连犯
  - 数罪

一、知识点精析

（一）罪数概说

1. 罪数的概念

罪数，是指人所犯之罪的数量。罪数的区分亦即一罪与数罪之区分。行为人是构成一罪还是数罪、成立数罪时是并罚还是适用其他原则处理，亦或由于现实犯罪现象的复杂特性所致，有些犯罪看似数罪却为实质的一罪，有些由法律直接规定为一罪，还有些在刑事审判实践中被作为一罪来处理。因此，正确区分一罪与数罪具有重要意义。

（1）正确区分罪数，有利于准确定罪。准确定罪，除了包括准确认定行为是否构成犯罪、符合哪种犯罪构成外，还包括构成一罪还是数罪。这三者密不可分。若误将一罪定为数罪，或相反，则会导致定罪上的错误。因此研究罪数形态，有助于正确区分一罪与数罪，有助于实现定罪的准确性。

（2）正确区分罪数，有利于合理量刑。根据罪刑法定、罪责刑相适应的原则，一罪只能一罚，数罪应当并罚。若误将一罪定为数罪则会加重行为人法律后果，若误将数罪定为一罪，则有可能轻纵行为人的法律后果。罪数的混乱必然会造成量刑的畸轻畸重。故只有正确区分罪数，才能为合理量刑提供前提条件。

（3）正确区分罪数，有助于刑事诉讼程序顺利进行。刑事诉讼中，犯罪发生地与案件严重程度是决定诉讼管辖的根据，确认某一案件为自诉还是公诉案件，则直接影响到应采取何种刑事审判程序，而确定犯罪发生地、案件严重程度以及案件本身属自诉还是公诉范畴，往往以对行为人的行为究竟是一罪还是数罪的判断为前提。若对罪数予以了错误判断，则难以正确执行法律所规定的刑事诉讼程序。因此，只有正确区分罪数的形态，才能顺利地进行诉讼程序。

2. 罪数的区分

（1）罪数区分学说

①行为标准说。该说认为，行为是具体存在的客观事实，仅有犯意而没有行为，不成立犯罪；犯罪侵害法益，必先有行为表现，因行为才发生法益的侵害结果；刑法分则就各种犯罪行为一一加以规定，可见行为是犯罪的首要因素。故区别一罪与数罪应以行为个数为标准。行为的观念，又分为二说：自然行为说与法律行为说。持自然行为说者认为：行为应从自然意义上理解，据此，人的一个举动或者动作就是一个行为。持法律行为说者则认为，犯罪行为与自然行为不同，应当依照法律上的观念来认定行为。从法律上讲，数个举动可能只是一个法律意义上的行为。由于犯罪行为只能根据法律评价来认定，因此自然行为说显然不妥。但即便从法律行为说的角度来看，这种以行为为标准来区分罪数的立场也不可取。因为犯罪的成立，必须符合刑法规定的一切主客观犯罪构成要件。而该说只片面强调行为，却对结果和犯罪主观方面因素不予考虑。故依行为标准说，不可能准确区分一罪与数罪。

②法益标准说。该说认为，犯罪在实质上，是侵害法益的行为，而刑法的目的，在于保护法益。犯罪是应受刑罚制裁的行为，法律之所以加刑罚于犯罪人，是因为犯罪人的行为侵害了法益。法律对于各种法益侵害设有刑罚处罚的规定，足见法益侵害实是形成犯罪行为的基本要素。因而应当以行为侵犯法益个数来区分一罪与数罪。侵害、威胁一法益或发生一危害结果的为一罪；侵犯数法益或发生数危害结果的为数罪。法益个数的计算标准如下：国家法益与社

会法益属公法益，系概括的法益，为单数；个人法益属私法益，又分为人身专属法益与非专属法益。人身专属法益指生命、健康、人格等与人身不可分离的法益，个数以法益持有人为标准计算；非人身专属法益指动产、不动产等财产法益，其个数以财产监督者的个数为标准计算。但法益标准说片面强调受侵犯法益的个数在区分罪数问题上的重要性而忽视了其他构成要件对一罪与数罪的区分意义，因此不为多数学者所取。

③犯意标准说。该说认为犯罪是犯人恶性的表现，犯罪行为是表明犯人恶性的手段，结果则不过是证明犯人恶性的条件，犯罪行为和犯罪结果均非犯罪的本质，所以，罪数应由犯罪意思的个数来决定。行为人基于一个犯罪意思实施犯罪行为的，为一罪；基于数个犯罪意思实施犯罪行为的，为数罪。比如：行为人的犯意是同时杀两人，则成立一个故意杀人罪；若杀害了一人后再次产生犯意杀害第二人的，则成立数罪。应当肯定的是，犯意标准说注意到了犯罪主观方面在罪数区分上的意义，利于克服行为标准说与法益标准说的缺点，但该说的不足在于走向另一个完全忽视犯罪客观方面的极端。如前所述，犯罪是符合刑法规定的犯罪构成的行为，而犯罪构成是犯罪主观方面和客观方面的统一。因此，仅以犯意作为判断罪数的标准，无法正确区分一罪与数罪。

④构成要件说。此说主张罪数应以刑法分则或其他刑罚法规中规定的构成要件为区别的标准，认为犯罪是符合构成要件的行为，如果不具备构成要件符合性就谈不上成立犯罪，故区分罪数只能以构成要件为标准。在构成要件的评价中，如果行为一次符合构成要件的为一罪；数次符合构成要件的为数罪。此说在日本刑法理论界中为通说。大陆法系刑法理论中，构成要件包含行为、结果或法益以及故意或过失等要素，因此以构成要件为区分罪数的标准可以避免上述行为说、法益说和犯意说的片面性。但此说并非没有缺陷。因为在其犯罪论体系中，构成要件符合性只是犯罪成立的条件之一，行为要构成犯罪除了具有符合性外，还必须具备违法性和责任，否则也不成其为犯罪。因此，行为符合构成要件的次数并不等于犯罪的个数，以构成要件为标准同样不能准确区分一罪与数罪。

⑤个别化说。此说认为，应根据罪数的不同种类采取不同的区分标准。在该说看来，行为说、法益说、犯意说及构成要件说都是基于“一个标准”区分罪数的。如果要么是一罪、要么是数罪的话，以一个标准进行区分也是可能的。但是，罪数也有不同种类，以一个标准对所有种类的罪数进行区分相当困难。比如：构成要件说对于区分是否单纯一罪是合适的，但不可能根据该标准说明连续犯、牵连犯、吸收犯等包括一罪的场合，应将行为说与法益说结合起

来作为标准；在想象竞合犯、牵连犯等处断一罪的场合，应以行为说为标准。①

(2) 犯罪构成标准说在我国的适用

我国刑法学界普遍公认，犯罪构成是区分一罪与数罪的标准。犯罪事实具备一个犯罪构成的，是一罪；犯罪事实具备数个犯罪构成的，为数罪。我国刑法学界通说主张将犯罪构成作为区分一罪与数罪的标准，主要有以下三点理由：

第一，坚持以犯罪构成标准区分一罪与数罪，是对罪刑法定原则的具体贯彻。从我国刑事立法看，任何犯罪都是主观要件和客观要件的统一。按照犯罪构成的个数区分一罪与数罪就体现了罪刑法定原则中的罪由法定的要求，有利于避免罪数判定的随意性。

第二，坚持以犯罪构成标准区分一罪与数罪，也是对主客观统一原则的贯彻。根据我国刑法规定，任何犯罪构成都必须齐备主观及客观要件，犯罪构成正是犯罪主、客观要件的有机统一，因此以犯罪构成标准区分一罪与数罪，既是对客观归罪的摒弃，亦是对主观归罪的否定，是对主客观相统一原则的充分体现。

第三，坚持以犯罪构成标准区分一罪与数罪，也是对犯罪构成理论的全面贯彻，是犯罪构成理论在罪数形态论领域的必然体现。若以其他的任何标准来区分一罪与数罪，意味着犯罪构成理论没有得到彻底的贯彻，犯罪构成理论的价值就会大打折扣。

虽然，我国刑法理论通说认为，犯罪构成的个数是区分一罪与数罪的标准，且认为该标准具有科学性，然而，这一标准并不能解决所有的情形下区分一罪与数罪的问题。该问题并不简单，一个模式并不能划分全部关于一罪与数罪的界限。例如：根据犯罪构成标准说，有些行为成立数罪，但刑法却规定为一罪；另一方面，有些行为符合数个犯罪构成，但事实上只能以一罪论处。因此，区分一罪与数罪时，虽原则上应以犯罪构成为标准，但同时也要考虑刑法的特殊规定，并参照司法实践经验。具体来说在以犯罪构成标准为基础的同时，应综合考虑以下几点：

第一，对几次相同的犯罪行为能不能进行一次评价？如果得出肯定结论，原则上以一罪论处；如果得出否定结论，则以数罪论处。

第二，对于一个犯罪行为的法律评价能否包含对另一犯罪行为的法律评

① 参见张明楷：《刑法学》（第4版），法律出版社2011年版，第411～412页。

价？如果得出肯定结论，原则上以一罪论处；如果得出否定结论，则以数罪论处。

第三，是否只对一个法益造成侵害？如果得出肯定结论，原则上应以一罪论处；如果得出否定结论，就可能成立数罪。

总而言之，区分一罪与数罪，既要以犯罪构成为标准，同时也要考虑其他因素，最重要的是要以刑法的规定为依据。此观点认识到了区分一罪与数罪的复杂性，指出了犯罪构成标准在区分一罪与数罪上的局限性，应引起学界重视。

3. 罪数的类型

纵观世界各国的刑事立法和刑法理论，罪数不外乎一罪与数罪两种类型。但实际问题并非如此简单。究竟何为一罪何为数罪，不同国家刑法规定不同，学术见解不一；同一国家立法和理论也并非完全一致。一般而言，我国刑法学界的通说将一罪分为三类：

一是实质的一罪，即一行为在刑法中规定为一罪或处理时作为一罪的情形，具体包括继续犯、想象竞合犯、法条竞合犯和结果加重犯四类；

二是法定的一罪，数行为在刑法中规定为一罪的情况，具体包括结合犯、集合犯和转化犯三种；

三是处断的一罪，即数行为处理时作为一罪的情况，具体包括连续犯、牵连犯和吸收犯三种。

在数罪类型的问题上，虽亦是众说纷纭，但我们认为可以通过辨析的方式试将其分类。具体分为：

一是实质的数罪与想象的数罪；二是异种数罪与同种数罪；三是并罚数罪与非并罚数罪；四是判决宣告以前的数罪与刑法执行期间的数罪。

这里需要指出的是，一罪从大的方面来看，应被分为单纯的一罪和复杂的一罪。单纯的一罪指一个犯意支配实施的一个行为所构成的犯罪。因为无论从实质上讲还是就形式上看，单纯的一罪都不会与数罪相混淆，故此处不涉及。上述实质的一罪、法定的一罪及处断的一罪都是对复杂的一罪的再分类。故下面将按照顺序从一罪到数罪一一介绍。

（二）一罪

1. 实质的一罪

（1）继续犯

继续犯，也称持续犯，是指作用于同一对象的一个犯罪行为从着手实行到行为终了犯罪行为与不法状态在一定时间内同时处于继续状态的犯罪。非法拘禁罪，被认为是典型的继续犯，即行为人从着手非法剥夺他人人身自由到恢复他人人身自由为止，其非法剥夺他人人身自由的行为一直处于持续状态中。①其具有如下几个特征：

①继续犯的特征

首先，继续犯的危害行为具有单一性。所谓继续犯危害行为的单一性，是指行为人在主观上出于一个犯罪故意，为了实现同一犯罪意图所实施的一个犯罪行为。因此，危害行为的单一性具有主客观统一性。如果行为人出于一个犯罪故意实施了两个以上的危害行为，或者出于数个犯罪故意而实施了数个危害行为，那么，就不能构成继续犯。这里的危害行为，既可以是作为，如非法拘禁的行为，也可以是不作为，如遗弃行为。

其次，继续犯的行为对象具有同一性。在继续犯的场合，危害行为仅侵犯同一或者相同的直接客体。即犯罪行为自始至终都针对同一对象，侵犯同一社会关系。如果数行为侵犯同一社会关系，或者一行为侵犯数种社会关系，则不是继续犯。

再次，继续犯的危害行为与不法状态具有同时持续性。即危害行为在其实施完毕之前持续不断地作用于行为对象，从而使某种不法状态持续不断地存在。这一特征也是继续犯区别于即成犯、状态犯等犯罪形态的根本标志。

最后，继续犯必须具有一定时间的持续性。一方面，继续犯罪的犯罪行为必须具有时间上的继续性，即在一定时间内持续，持续的时间长短不影响继续犯罪的成立，但瞬间性的行为不可能构成继续犯。另一方面，犯罪行为必须没有间断，即从开始到结束一直没有间断。

②继续犯的处罚

根据《刑法》第 89 条的规定，对继续犯的追诉期限，从犯罪行为终了之日起算，这也说明对继续犯只能以一罪论处。

③继续犯与状态犯的区别

状态犯，指犯罪既遂后，其实行行为所造成的不法状态处于持续之中的犯罪形态。就不法状态处于持续之中来看，状态犯与继续犯颇为相似。

两者的主要区别有二：

一是继续犯的不法状态从犯罪实行那一刻即告发生，并一直存在于犯罪行

---

① 参见高铭暄、马克昌主编：《刑法学》(第 5 版)，北京大学出版社、高等教育出版社 2011 年版，第 183 页。

为终止以前的整个犯罪过程中；状态犯的不法状态则发生于犯罪行为终止之后，其犯罪过程已经结束。

二是继续犯是犯罪行为与不法状态同时继续；状态犯则只是不法状态的继续，而不存在犯罪行为的继续。例如盗窃罪，盗窃犯占有赃物，只是不法状态的继续，而盗窃行为已经结束，因而盗窃罪属于状态犯，而不是继续犯。

④继续犯与即成犯的区别

即成犯，指犯罪行为实行终了，犯罪即告完成的犯罪形态，如强奸罪。即成犯与继续犯的主要区别在于：继续犯以犯罪行为和不法状态在一定时间内继续为要件，而即成犯在犯罪构成要件上没有时间的要求。例如故意伤害罪，可能一枪致人重伤，也可能将被害人持续殴打了两个小时造成重伤。后一种情况下行为人实行犯罪行为时间较为长一些，但这不是故意伤害罪的构成要件。

⑤继续犯与接续犯的区别

接续犯，指行为人在同一时机以性质相同的数个举动接连不断地完成一个犯罪行为的形态。其主要特征有两点：首先，在同一时机实施，即在相接近的时间或场所内侵害同一犯罪的直接客体；其次，接连不断地实施性质相同的数个举动。这要求必须是数个举动，且数个举动必须性质相同并接连不断地实施，例如，行为人意图杀死被害人，每次下少量毒药，经多次下毒后致被害人死亡。这种情形的杀人，就是接续犯。

接续犯与继续犯的区别主要在于：接续犯是数个相同的举动组成一个犯罪行为，但没有犯罪行为和不法状态的同时继续；而继续犯则是犯罪行为和不法状态同时处于持续之中。

（2）想象竞合犯

想象竞合犯，也称想象的数罪、观念的竞合、一行为数罪，是指行为人在两种以上罪过的支配下实施一个危害行为，触犯了数个罪名的犯罪形态。例如，行为人开一枪而致一人死亡、一人重伤，一个开枪行为同时触犯了故意杀人罪与故意伤害罪。再如，对正在依法执行公务的国家机关工作人员实施暴力使之受轻伤的，同时触犯了妨害公务罪与故意伤害罪。①

想象竞合犯具有如下特征：

其一，危害行为的单一性。一般认为，所谓一个危害行为，不是从构成要件的评价上看是一个行为，而是基于自然的观察，在社会的一般观念上被认为是一个行为。

---

① 参见张明楷：《刑法学》(第4版)，法律出版社2011年版，第411~412页。

其二，触犯罪名的多重性，即在构成要件的评价上，该行为符合数个犯罪的构成要件。一个行为触犯数个罪名，往往是因为该行为具有多重属性或者造成多种结果。

对于想象竞合犯，应按行为所触犯的罪名中的一个重罪论处，而不以数罪论处。刑法分则的某些条文肯定了这一处理原则。例如，《刑法》第 329 条第 1 款、第 2 款分别规定了抢夺、窃取国有档案罪与擅自出卖、转让国有档案罪，第 3 款接着规定：有前两款行为，同时又构成本法规定的其他犯罪的，依照处罚较重的规定定罪处罚。如果窃取的档案是国家秘密，则同时触犯了窃取国有档案罪与非法获取国家秘密罪(《刑法》第 282 条)，对此，只按其中的一个重罪定罪处罚。但是，如果认为《刑法》第 204 条第 2 款规定的犯罪可能包括想象竞合犯，则对该款规定的犯罪必须实行并罚。

(3) 法条竞合犯

法条竞合犯，也称法规竞合犯，是指一个犯罪行为同时触犯两个法条，而两个法条之间存在着包容或交叉关系的罪数形态。其具有如下特征：

其一，只有一个犯罪行为。所谓一个犯罪行为，指基于一个犯意所实施的一个行为。一个行为，可以是一种具体犯罪的一个单一行为，也可以表现为一个行为过程的前段行为吸收后段行为。

其二，一个犯罪行为触犯两个以上的法条。

其三，两个法条之间存在着包容或交叉关系。这表明法条竞合包括两种具体情形：一是，包容关系。即两个法条的内容其中的一个外延大，另一个外延小，外延大的将外延小的包括其中。二是，交叉关系。即两个法条的内容之间相互重叠交叉。

法条竞合犯的处罚：

一是一般情况下，对法条竞合犯按特别法优于普通法的原则处理。即在法条竞合犯的情况下，对犯罪人一般适用特别法的规定定罪处罚。特别法是对某种犯罪特别情况的规定，普通法是对某种犯罪一般情况的规定。

二是在某些情况下，按重法轻于轻法的原则处理。罪责刑相适应是我国刑法的基本原则，对法条竞合犯，如果按照特别法优于普通法的原则处理有悖于这一原则时，就要按照重法优于轻法的原则处理。如《刑法》第 149 条第 2 款规定："生产、销售本节第一百四十一条至第一百四十八条所列产品，构成各该条规定的犯罪，同时又构成本节第一百四十条规定之罪的，依照处罚较重的规定定罪处罚。"

(4) 结果加重犯

结果加重犯，也称加重结果犯，是指法律规定的一个犯罪行为（基本犯罪），由于发生了严重结果而加重其法定刑的情况。故意伤害致死是其适例。《刑法》第234条第2款规定："犯前款罪，致人死亡或者以特别残忍手段致人重伤造成严重残疾的，处10年以上有期徒刑、无期徒刑或者死刑。"结果加重犯具有如下特征：

首先，行为人实施了基本犯罪行为，但造成了加重结果。基本犯罪行为与加重结果之间具有因果关系。如果加重结果不是由于基本行为造成的，则不成立结果加重犯。

其次，行为人对基本犯罪一般持故意，对加重结果至少有过失。第一，行为人对基本犯罪一般持故意，但也有个别情况是对基本犯罪持过失(《刑法》第132条："铁路职工违反规章制度，致使发生铁路运营安全事故，造成严重后果的，处3年以下有期徒刑或者拘役；造成特别严重后果的，处3年以上7年以下有期徒刑")。第二，对加重结果至少有过失，如果对加重结果没有过失，则不成立结果加重犯。其中：（a）部分结果加重犯对加重结果只能是过失，如故意伤害致死，行为人对死亡只能是过失，如果对死亡结果持故意，则成立故意杀人罪。(b）部分结果加重犯对加重结果既可以是过失也可以是故意，如抢劫致人重伤、死亡的，属于结果加重犯，行为人对重伤、死亡结果既可能是过失，也可能是故意。这需要根据犯罪的性质、法定刑以及犯罪之间的关系进行分析，得出正确结论。

再次，刑法就发生的加重结果加重了法定刑。所谓加重法定刑，是相对于基本犯罪而言的，即结果加重犯的法定刑高于基本犯罪的法定刑。如果刑法没有加重法定刑，结果再严重也不是结果加重犯。例如，强奸妇女致其重伤的，由于刑法加重了法定刑，属于结果加重犯；而强制猥亵、侮辱妇女致其重伤的，因为刑法没有加重法定刑，故不是结果加重犯。

由于刑法对结果加重犯规定了加重的法定刑，故对结果加重犯只能认定为一罪，并且根据加重的法定刑量刑，既不能以数罪论处，也不能按基本犯罪的法定刑量刑。①

2. 法定的一罪

(1) 结合犯

结合犯是指刑法基于特殊的考虑将数个原本独立的犯罪行为，根据刑法分

---

① 参见高铭暄、马克昌主编：《刑法学》(第5版)，北京大学出版社、高等教育出版社2011年版，第188页。

则的明文规定，结合成为另一独立的新罪的情况。其具有以下特征：

其一，数个性质各异的危害行为。针对同一行为对象，行为人在不同罪过的支配下实施了数个不同的危害行为。这些不同的危害行为符合不同具体犯罪的犯罪构成。因此，现行刑法明文规定的数个独立犯罪的整体，是构成结合犯的基本要素，数个独立犯罪的某个构成要件或者要素的结合不能构成结合犯。

其二，结合多个犯罪的犯罪构成和罪名。典型的结合犯是将数个原本独立的犯罪，结合成为另一个独立的新罪，用公式表示就是：甲罪+乙罪=丙罪，丙罪成为一个独立的新罪，便是结合犯。刑法将数个独立的犯罪结合成为其中的一个罪的（如刑法规定，绑架他人并杀害被绑架人的，仍以绑架罪论处），是否属于结合犯？还需要进一步研究。但从上述公式来看，似认为不是结合犯。

其三，结合犯独立于原来数罪。根据刑法的明文规定，新罪成为完全不同于原来数罪的独立具体犯罪。

其四，数个原本独立的犯罪结合为另一个独立新罪，是基于刑法分则的明文规定。如果刑法没有明文规定结合为新罪，则不是结合犯。而刑法之所以将数个原本独立的犯罪规定为另一独立新罪，有的是因为原本独立的数罪之间存在密切联系，容易同时发生；有的是因为一罪是为另一罪而服务的；有的是因为数罪的实施条件相同。

由于结合犯是刑法规定将原来的数罪结合成为一个新的独立犯罪，因此对于结合犯，当然以所结合的新罪论处，即以一罪论处，而不实行数罪并罚。①

（2）集合犯

集合犯是指犯罪构成预定了数个同种类的行为的犯罪。

一般认为，集合犯包括常习犯、职业犯与营业犯。

常习犯，是指构成要件预定具有常习性的行为人反复多次实施行为的犯罪。我国刑法没有规定常习犯。

职业犯，是指构成要件预定将一定的犯罪作为职业或业务反复实施的犯罪。《刑法》第336条规定的非法行医罪，可谓职业犯，即未取得医生执业资格的人将行医作为一种业务而反复从事行医活动。如果不是将行医作为一种业务，则不成立本罪。

营业犯，是指构成要件预定以营利为目的反复实施一定犯罪的犯罪。《刑

① 参见高铭暄、马克昌主编：《刑法学》(第5版)，北京大学出版社、高等教育出版社2011年版，第189页。

法》第303条所规定的“以赌博为业的”行为，属于营业犯。以赌博为业意味着行为人以营利为目的，反复实施赌博行为。每次赌博行为本身并不构成独立的赌博罪，刑法将反复实施的赌博行为类型化为一个犯罪构成，故只成立一罪。

【难点辨析】

营业犯与职业犯

营业犯与职业犯的相同点在于：

一是都要求行为人主观上具有反复、多次实施犯罪行为的意思。

二是都将犯罪行为作为一种业务、职业而反复多次实施。但只要性质上是反复、继续实施的，或者只要行为人是以反复、继续实施的意思实施犯罪活动的，其第一次实施犯罪行为时，就可能被认定为营业犯或者职业犯（如非法行医）。

三是都不要求行为人将犯罪行为作为唯一职业，行为人在具有其他职业的同时，将犯罪行为作为副业、兼业的，也不影响营业犯、职业犯的成立。

四是都不要求具有不间断性，只要行为具有反复实施的性质，即使具有间断性，也不影响对营业犯、职业犯的认定。

营业犯与职业犯的区别关键在于：刑法是否要求行为人主观上出于营利目的，要求具有营利为目的的，属于营业犯；不要求具有营利为目的的，属于职业犯。

(3）转化犯

转化犯，是指根据刑法的具体规定，行为人实施某个具体犯罪的犯罪构成要件之外的行为，使得危害行为在整体上符合另一种犯罪之犯罪构成，犯罪性质发生从轻到重转化的犯罪形态。转化犯是我国刑法理论首创的罪数形态的概念，也是近年来我国刑法理论研究得比较深入的罪数形态之一。从理论上来说，比较典型的转化犯是我国《刑法》第269条规定的“转化型抢劫罪”。其具有以下特征：

首先，行为人的行为已经成立具体犯罪。这是犯罪性质发生转化的前提条件。一般来说，在实施新的危害行为前，行为人已经实施完毕前罪犯罪构成要件中的客观危害行为。因此，该危害行为符合具体犯罪的犯罪构成，构成犯罪。至于成立何种状态的犯罪，无特殊限定。从犯罪发展阶段的角度看，行为人至少已经着手实施具体犯罪的实行行为。也就是说，由违法行为转化为犯罪的，不能成立转化犯。

其次，行为人实施了新的危害行为。新的危害行为，实际上指超出前罪的犯罪构成的危害行为。具体而言，该新的危害行为不是不可罚的事后行为，而是行为人在新的主观罪过支配下实施的进一步侵犯刑法所保护法益的行为。这是犯罪性质发生转化的原因所在。

该新的危害行为，与行为人已经实施的危害行为结合起来，从整体上符合又一个犯罪的犯罪构成，从而使得犯罪在性质上发生变化。这也说明新的危害行为与前罪有一定的联系。

再次，犯罪性质转化具有法定性。这是转化犯的核心特征。如果没有刑法的明确规定，即使行为人在某个犯罪成立后实施了新的危害行为，也不能随意认定为转化犯，而应根据前后危害行为的内在关系，作出具体的认定。

值得注意的是，转化只能是轻罪向重罪的转化，而不能是重罪向轻罪的转化。从客观上来讲，原来犯罪的危害行为加上新的危害行为，使得犯罪所侵犯的直接客体发生转化；从主观上来讲，行为人认识到并有意侵犯更为重要的犯罪客体。

对于转化犯，只须按照转化后的重罪来认定处罚即可。不需要数罪并罚，也不必因为行为人已有前罪而从重或加重处罚。

【难点辨析】

转化犯与包容犯

包容犯，是指行为人在实施某一犯罪行为过程中，又实施了另一不同质的罪行，但后者被前者包容、刑法明文规定不并罚而仅将后者作为前罪的加重处罚情形。如拐卖妇女、儿童罪对强奸、引诱、强迫妇女卖淫等罪名的包容。

表面上看，转化犯与包容犯从危害行为个数来讲，都不是一个危害行为，却都被认定为一罪，这是两者相同之处。但两者的不同之处表现在：某个犯罪包容其他犯罪，其他犯罪的各因素仍需进行刑法评价，因此，加重包容犯的法定刑；某个犯罪转化为其他犯罪，意味着前罪消化在后罪中，因而无须再对前罪进行刑法评价。

3. 处断的一罪

(1) 连续犯

连续犯是指基于同一的或者概括的犯罪故意，连续实施性质相同的数个行为，触犯同一罪名的犯罪。其具有如下特征：

第一，必须是行为人基于同一的或者概括的犯罪故意。一般来说，同一的犯罪故意，是指行为人具有数次实施同一犯罪的故意；概括的故意，是指行为人主观上具有只要有条件就实施特定犯罪的故意。

第二，必须实施性质相同的数个行为。只实施一次行为的，不可能成立连续犯。数个行为是指两个以上的行为。连续犯一般仅限于每次行为能独立构成犯罪的情形。如果连续实施同一种行为，但每次都不能独立构成犯罪，只是这些行为的总和才构成犯罪的，被认为是续行犯。

但从我国刑法的规定来看，连续犯的数次行为，应包括三种情况：（a）数次行为都独立构成犯罪。例如，行为人连续诈骗，每次诈骗数额都较大的。（b）数次行为都不独立构成犯罪；例如，行为人连续诈骗，每次诈骗都没有达到数额较大，但整体上达到数额较大的。（c）数次行为中有的独立构成犯罪、有的不独立构成犯罪。例如，行为人连续诈骗，数次中有的达到数额较大、有的没有达到数额较大的。上述三种情况我国司法实务中一般都认定为连续犯。这样来认定，一方面可以防止行为人逃避刑罚处罚，另一方面有利于正确计算追诉时效。

第三，数次行为具有连续性。是否具有连续性，应从主客观两个方面进行判断。既要看行为人有无连续实施某种犯罪行为的故意，又要通过分析客观行为的性质、对象、方式、环境、结果等来判断是否具有连续性。

第四，数次行为必须触犯同一罪名。触犯同一罪名，是指数次行为触犯同一具体罪名，而不包括触犯同类罪名的情况。值得注意的是，有的条文规定了不同的具体犯罪，因此，触犯同一条文的，不等于触犯同一罪名。

将连续犯以一罪论处，具有法律依据。例如，《刑法》第153条第3款规定：对多次走私未经处理的，按照累计走私货物、物品的偷逃应缴税额处罚。《刑法》第263条将“多次抢劫”规定为法定刑升格的条件。《刑法》第383条第2款规定：对多次贪污未经处理的，按照累计贪污数额处罚。这清楚地表明了对连续犯以一罪论处的含义。《刑法》第89条规定，对于连续犯的追诉期限应从犯罪行为终了之日起计算，也表明对连续犯应以一罪论处。

（2）吸收犯

吸收犯是指事实上存在数个不同的行为，其一行为吸收其他行为，仅成立吸收行为一个罪名的犯罪。例如，行为人盗窃枪支后，私藏在家里，私藏枪支的行为被盗窃枪支的行为所吸收，仅成立盗窃枪支罪。吸收犯具有以下特征：

首先，具有数个独立的符合构成要件的犯罪行为。如果只有一个行为符合犯罪构成，则不可能成立吸收犯。

其次，数个行为必须触犯不同罪名。如果数个行为触犯同一罪名，则不可能是吸收犯，而可能是连续犯。

再次，数个行为之间具有吸收关系。即前行为是后行为发展的必经阶段，后行为是前行为发展的当然结果。

一般认为，吸收犯的吸收关系表现为以下三种情况：

一是重行为吸收轻行为，即社会危害大、罪质重、法定刑高的犯罪行为，吸收社会危害性小、罪质轻、法定刑低的犯罪行为。例如，伪造货币后又出售或者运输伪造的货币的，由伪造货币罪吸收出售、运输假币罪。

二是实行行为吸收预备行为，即行为人已经着手实行了犯罪，而预备行为触犯另一罪名时，对预备行为不独立定罪，而由实行行为吸收。例如，入室抢劫的行为，其预备行为触犯了非法侵入住宅罪，其实行行为是抢劫，故抢劫罪吸收非法侵入住宅罪。

三是主行为吸收从行为，即在共同犯罪中，行为人分别起到了主要作用、次要作用与较小作用时，由起主要作用的行为吸收其他行为。

由于吸收犯的前后行为之间存在必经阶段与当然发展之间的关系，故只能以一罪论处，而不能认定为数罪。如2000年9月8日最高人民法院《关于审理伪造货币等案件具体应用法律若干问题的解释》就适用《刑法》第171条作出规定：出售、运输假币构成犯罪，同时有使用假币行为的，以出售、运输假币罪和使用假币罪数罪并罚；购买假币后使用，构成犯罪的，以购买假币罪定罪，从重处罚。《刑法》第171条第3款规定："伪造货币并出售或者运输伪造的货币的，以伪造货币罪一罪从重处罚。"

（3）牵连犯

一般认为，牵连犯是指犯罪的手段行为或者结果行为，与目的行为或者原因行为分别触犯不同罪名的情况，具体情况有二：

一是在犯罪行为可分为手段行为与目的行为时，如手段行为与目的行为分别触犯不同的罪名，便成立牵连犯。例如，以伪造公文的方法（手段行为）骗取公私财物（目的行为）。

二是在犯罪行为可分为原因行为与结果行为时，若原因行为与结果行为分别触犯不同的罪名，也成立牵连犯。例如，盗窃财物（原因行为）后，为了销赃而伪造印章（结果行为）。

牵连犯具有以下特征：

首先，必须出于一个犯罪目的，如果行为人主观上具有多个犯罪目的，则不构成牵连犯。

其次，行为人必须实施了数行为，而且数行为之间存在手段行为与目的行为、原因行为与结果行为的牵连关系。一般认为，对于是否具有牵连关系，要从主客观两个方面进行认定。仅仅客观上具有牵连关系而主观上不存在牵连关系的，不宜认定为牵连犯。例如，行为人在一年前为了狩猎而盗窃了枪支，一年后为了抢劫银行而使用了该枪支。两个行为虽然在客观上有牵连关系，但主观上不存在牵连关系，故应否认牵连犯的成立。

再次，在目的行为或者原因行为触犯了一个罪名的情况下，手段行为或结果行为又触犯了另一个罪名。

在我国刑法中，总则没有明文规定牵连犯的概念与处罚原则。分则条文对大多数牵连犯的处罚没有作出明文规定，少数有明文规定的也原则不一：有的条文规定对牵连犯从一重处罚；有的条文规定对牵连犯从一重从重处罚，如《刑法》第171条第3款规定：伪造货币并出售或者运输伪造的货币的，依照《刑法》第170条的规定定罪从重处罚，即以伪造货币罪从重处罚；有的条文对牵连犯规定了独立的较重法定刑；有的条文规定对牵连犯实行数罪并罚，如《刑法》第198条第2款规定：有前款第四项、第五项所列行为，同时构成其他犯罪的，依照数罪并罚的规定处罚。

在刑法理论上，对牵连犯的概念与处罚原则还没有形成一致认识。有观点认为应从一重处罚，也有观点认为应从一重从重处罚（按其中的一个重罪定罪并且从重处罚）。一般来说，在刑法没有特别规定的情况下，对牵连犯实行从一重处罚（选择性）的原则。

（三）数罪

1. 实质的数罪与想象的数罪

以行为人符合数个犯罪构成的行为个数为标准，可以将数罪分为实质数罪与想象数罪。

行为人实施数个行为，符合数个犯罪构成，构成数个独立的犯罪是实质数罪。行为人实施一个行为，符合数个犯罪构成，触犯数个罪名的是想象的数罪。

想象数罪是否应当归属于数罪的类型，理论上存在争议。因为在想象数罪的情况下，行为人只实施了一个危害行为，一个危害行为不可能构成数个犯罪。既然不能构成数罪，那么将其归于数罪的类型就存在疑问。况且在论述一罪时，又将想象数罪归于实质一罪的范围。因此，本书认为数罪仅指实质的数罪，想象的数罪不宜纳入数罪的范畴。

2. 异种数罪与同种数罪

以行为人的数个行为符合数个基本犯罪构成的性质是否相同为标准，可将数罪分为异种数罪与同种数罪。

异种数罪指行为人出于数个不同的罪过，实施数个不同行为，符合数个性质不同的基本犯罪构成，触犯数个不同罪名的罪数形态。同种数罪指行为人出于数个相同的罪过，实施数个相同的行为，触犯数个相同罪名的罪数形态。

是否承认同种数罪，我国刑法学界有不同意见，有持否定说的，亦有持肯定说的。我们认为，同种数罪不仅客观存在，而且在理论研究中也具有意义。即解决同种数罪是否并罚的问题。同时，在确定同种数罪时，要注意将其与作为加重处罚情节的多次实施某种犯罪行为的情况区分开来。即对于作为加重处罚情节之一的多次实施某种犯罪行为的，不能按同种数罪处理，而应按一罪的加重情节处罚。如《刑法》第263条第1款第4项规定，多次抢劫或者抢劫数额巨大的，处10年以上有期徒刑、无期徒刑或者死刑，并处罚金或者没收财产。其中，多次实施抢劫行为即作为法定刑升格的条件加以规定，而不按照数个抢劫罪处理。

3. 并罚数罪与非并罚数罪

以行为人已经构成的实质数罪在量刑时是否实行数罪并罚为标准，可将数罪分为并罚数罪与非并罚数罪。

行为人基于数个罪过，实施数个行为，构成数个独立的犯罪，依照法律应当并罚的数罪，是为并罚数罪。异种数罪通常是并罚数罪。

同种数罪通常不并罚，如连续犯的情况，但如果行为人实施的同种数罪并非基于同一的或者概括的犯罪故意，或者在犯罪的时间、空间上不具有连续性，则应当实行并罚。

4. 判决宣告以前的数罪与刑法执行期间的数罪

以实质数罪发生的时间为标准，可以将数罪分为判决宣告前的数罪与刑罚执行期间的数罪。

行为人于判决宣告前实施的并被发现的数罪是判决宣告前的数罪；行为人因犯罪受到判决宣告和刑罚执行，在刑罚执行期间发现漏罪或再犯新罪而构成的数罪，是刑罚执行期间的数罪。

刑罚执行期间的数罪又可以分为两种情形：一是因犯罪受刑罚，于刑罚执行期间发现漏罪而构成的数罪；二是因犯罪受刑罚，于刑罚执行期间又犯新罪而构成的数罪。这种分类便于根据不同情况确定如何并罚和应当执行的刑罚，因为我国刑法对这两类数罪规定的并罚方法并不相同，并罚的结果也随之有很大差别。

二、案例分析

【案例一】

被告人冯某于2002年11月至2003年2月间，多次同范某、杨某、王某某、王某等人，雇用康某某的面包车，在多地盗剪正在使用中的光铝线6700余米，造成直接经济损失2万余元。

（案例来源：《刑事审判参考》(第64集)，法律出版社2008年版，第8页。）

【问题聚焦】

想象竞合犯如何认定？

【法律剖析】

想象竞合犯，也称想象的数罪、观念的竞合，是指一个行为触犯数个罪名的犯罪形态。想象竞合犯具有如下特征：

(1) 行为人只实施了一个行为。这是构成想象竞合犯的前提条件。

(2) 一个行为触犯了数个罪名。所谓一个行为触犯数个罪名，就是一个行为在形式上或外观上同时符合刑法规定的数个犯罪构成。

对想象竞合犯，我国刑法理论界主张按“从一重处断”原则处理，即依照行为触犯的数个罪名中法定刑较重的犯罪定罪处刑，而不实行数罪并罚。

就本案而论，冯某盗剪正在使用中的光铝线6700余米，造成直接经济损失2万余元。

冯某的行为已同时满足了盗窃罪和破坏电力设备罪的犯罪构成，且盗窃罪和破坏电力设备罪是两个逻辑上相互独立的罪名，不存在整体或部分的包容关系。所以，这时成立了想象竞合犯，应当按照想象竞合犯的处理原则“从一重处断”，以破坏电力设备罪定罪处罚，并在量刑时适当考虑盗窃的情节。

【法条链接】

《中华人民共和国刑法》

第118条 破坏电力、燃气或者其他易燃易爆设备，危害公共安全，尚未造成严重后果的，处3年以上10年以下有期徒刑。

第119条 破坏交通工具、交通设施、电力设备、燃气设备、易燃易爆设备，造成严重后果的，处10年以上有期徒刑、无期徒刑或者死刑。

过失犯前款罪的，处3年以上7年以下有期徒刑；情节较轻的，处3年以下有期徒刑或者拘役。

第 264 条　盗窃公私财物，数额较大的，或者多次盗窃、入户盗窃、携带凶器盗窃、扒窃的，处 3 年以下有期徒刑、拘役或者管制，并处或者单处罚金；数额巨大或者有其他严重情节的，处 3 年以上 10 年以下有期徒刑，并处罚金；数额特别巨大或者有其他特别严重情节的，处 10 年以上有期徒刑或者无期徒刑，并处罚金或者没收财产。

【案例二】

2005 年 3 月 19 日 7 时许，被告人王某以找保姆为名，将被害人张某骗至 A 市公共绿地处，王某将随身携带的三锉仑片放入娃哈哈 AD 钙奶中，骗张某饮用，趁张某服药神志不清之际，抢走张 200 余元现金。在强行摘取被害人耳环时，遭张某反抗，王某对其面、胸、腹部进行殴打，并用双手掐其脖子，抢走黄金耳环一对。次日上午 10 时许，张某的尸体在该绿地东南边的水沟里被发现。经法医鉴定，张某系被他人扼颈后溺水致窒息而死亡。

（案例来源：《刑事审判参考》(第 60 集)，法律出版社 2008 年版，第 16 ~ 25 页。）

【问题聚焦】

如何认定结果加重犯？

【法律剖析】

结果加重犯，也称加重结果犯，是指实施基本犯罪构成要件的行为，但由于发生了基本犯罪构成要件以外的重结果，因而刑法规定加重刑罚的犯罪形态。结果加重犯的特征如下：

（1）实施了基本犯罪行为。基本犯罪行为是结果加重犯存在的前提，没有基本犯罪行为就不会有结果加重犯。

（2）产生了基本犯罪构成以外的重结果。构成结果加重犯，以发生重结果为不可缺少的条件，并且重结果必须由基本犯罪的犯罪行为所引起，即重结果与基本犯罪行为之间必须具有因果关系；否则，不构成结果加重犯。

（3）刑法就严重结果规定加重法定刑。这里的加重法定刑，是相对于基本犯罪的法定刑而言的，即结果加重犯的法定刑高于基本犯罪的法定刑。

在本案例中，被告人王某的行为已经构成抢劫罪，而为了扼制张某反抗，王某对其面、胸、腹部进行殴打，并用双手掐其脖子致死的行为，便是成立了抢劫罪的结果加重犯。

【法条链接】

《中华人民共和国刑法》

第263条　以暴力、胁迫或者其他方法抢劫公私财物的，处3年以上10年以下有期徒刑，并处罚金；有下列情形之一的，处10年以上有期徒刑、无期徒刑或者死刑，并处罚金或者没收财产：

（一）入户抢劫的；

（二）在公共交通工具上抢劫的；

（三）抢劫银行或者其他金融机构的；

（四）多次抢劫或者抢劫数额巨大的；

（五）抢劫致人重伤、死亡的；

（六）冒充军警人员抢劫的；

（七）持枪抢劫的；

（八）抢劫军用物资或者抢险、救灾、救济物资的。

【案例三】

2006年1月26日晚8时许，葛某与曾有恋爱关系的女青年刘某通电话，引起刘某男友高某不满，并与刘某争吵。刘某电话通知其友杨某来劝说高某，杨某叫上一起吃饭的张某、黄某前往。期间，葛某再次打电话给刘某，高某与葛某在电话中争吵，并相约在某玻璃厂门口见面。葛某随即给被告人王某某打电话告知此事，并乘出租车前去接他，王某某从网吧叫上陈某、丁某等人一同来到玻璃厂门口。此时，杨某等三人与高某、刘某已在玻璃厂大门南侧。葛某见状打电话给王某某，表示自己与高某单打，其他人交给王某某等人，王某某表示同意。葛某见高某向玻璃厂大门口走来，上前拳击高某面部，两人打在一起。杨某往高某跟前走去，被王某某拦住并打在一起，丁某、陈某与张某打在一起。厮打中，王某某持刀朝杨某的腹、腰、腿、臀部等处连刺16刀，杨某受伤倒地。随后，王某某向正在与陈某、丁某厮打的张某胸背部、臀部连刺5刀，向正与葛某厮打的高某左上腹、臀部、腿部连刺9刀。作案后，葛某、王某某等人逃离现场。杨某经抢救无效死亡。经鉴定：杨某系被他人用单刃刺伤胸腹部致肝、肺破裂引起急性大出血死亡。张某、高某的损伤程度为轻伤。

（案例来源：《刑事审判参考》（第66集），法律出版社2009年版，第14页。）

【问题聚焦】

转化犯的认定问题。

【法律剖析】

转化犯，是指根据刑法的具体规定，行为人实施某个具体犯罪的犯罪构成要件之外的行为，使得危害行为在整体上符合另一种犯罪之犯罪构成，犯罪性质发生从轻到重转化的犯罪形态。转化犯是我国刑法理论首创的罪数形态的概念，也是近年来我国刑法理论研究比较深入的罪数形态之一。理论上来说，比较典型的转化犯是我国《刑法》第269条规定的“转化型抢劫罪”。转化犯的特征如下：

（1）行为人的行为已经成立具体犯罪。

（2）行为人实施了新的危害行为。

（3）犯罪性质转化具有法定性。

注意，转化只能是指轻罪向重罪的转化，而不能是重罪向轻罪的转化。从客观上来讲，原来犯罪的危害行为加上新的危害行为，使得犯罪所侵犯的直接客体发生转化；从主观上来讲，行为人认识到并有意侵犯更为重要的犯罪客体。

在本案中，葛某、王某某与杨某等人的打斗行为已成立聚众斗殴罪，而后因葛某、王某某等人逃离现场。杨某经抢救无效死亡。根据《刑法》第292条的规定，聚众斗殴，致人重伤、死亡的，依照《刑法》第234条、第232条的规定定罪处罚。

【法条链接】

《中华人民共和国刑法》

第292条　聚众斗殴的，对首要分子和其他积极参加的，处3年以下有期徒刑、拘役或者管制；有下列情形之一的，对首要分子和其他积极参加的，处3年以上10年以下有期徒刑：

（一）多次聚众斗殴的；

（二）聚众斗殴人数多，规模大，社会影响恶劣的；

（三）在公共场所或者交通要道聚众斗殴，造成社会秩序严重混乱的；

（四）持械聚众斗殴的。

聚众斗殴，致人重伤、死亡的，依照本法第二百三十四条、第二百三十二条的规定定罪处罚。

第232条　故意杀人的，处死刑、无期徒刑或者10年以上有期徒刑；情节较轻的，处3年以上10年以下有期徒刑。

【案例四】

2004年4月，某公司法定代表人朱某某购买A煤矿后，任命被告人尚某担任矿长助理，主持煤矿全面工作，行使矿长职责，被告人李某某担任生产副矿长兼调度室主任，被告人李某担任技术副矿长兼安全科科长，进行矿井基建。2005年4月，朱某某任命尚某为矿长，2005年12月2日尚某取得矿长资格证。被告人吕某原系A煤矿矿长，被告人朱某某购买该矿后仍担任矿长职务，同时担任该矿党支部书记兼保卫科科长，负责保卫工作，没有行使矿长职责，2005年11月，其矿长资格证被注销。在矿井基建过程中，该矿违规建设，私自找没有设计资质的单位修改设计，将矿井设计年生产能力30万吨改为15万吨。在未经批复的情况下，擅自施工；该省煤矿安全监察局某监察分局于2005年7月18日向该矿下达了停止施工的通知，但该矿拒不执行，继续施工。在基建阶段，未竣工验收的情况下，1193工作面已经贯通开始回柱作业，从2005年3月至11月累计出煤63300吨，存在非法生产行为。该矿"一通三防"管理混乱，采掘及通风系统布置不合理，无综合防尘系统，电器设备失爆存在重大隐患，瓦斯检查等特种作业人员严重不足；在没有形成贯穿整个采区的通风系统情况下，在同一采区同一煤层中布置了7个掘进工作面和一个采煤工作面，造成重大安全生产隐患。劳动组织管理混乱，违法承包作业。无资质的承包队伍在井下施工，对各施工队伍没有进行统一监管。2005年12月7日8时，该矿负责人无视国家法律法规，拒不执行停工指令，继续安排井下9个工作面基建工作。176名工人下井作业后，担任调度员兼安全员的被告人周某没有按照国家有关矿井安全规章制度下井进行安全检查，只是在井上调度室值班。负责瓦斯检测的通风科科长刘某违反安全生产规定，安排无瓦斯检测证的袁某、郑某在井下检测瓦斯浓度。当日15时10分许，该矿发生特别重大瓦斯煤尘爆炸事故，造成108人死亡，29人受伤，直接经济损失为4870.67万元。

（案例来源：《刑事审判参考》(第64集)，法律出版社2008年版，第16～17页。）

【问题聚焦】

法规竞合犯的认定问题。

【法律剖析】

法条竞合犯，也称法规竞合犯，是指一个犯罪行为同时触犯两个法条，而两个法条之间存在着包容或交叉关系的罪数形态。法条竞合犯的特征如下：

(1) 只有一个犯罪行为。所谓一个犯罪行为，指基于一个犯意所实施的一个行为。一个行为，可以是一种具体犯罪的一个单一行为，也可以表现为一个行为过程的前段行为吸收后段行为。

(2) 一个犯罪行为触犯两个以上的法条。

(3) 两个法条之间存在着包容或交叉关系。这表明法条竞合包括两种具体情形：一是，包容关系。即两个法条的内容其中的一个外延大，另一个外延小，外延大的将外延小的包括其中。二是，交叉关系。即两个法条的内容之间相互重叠交叉。

从本案例来看，被告人朱某某、尚某、李某某和李某无视国家法律法规、违反安全生产规定造成重大瓦斯爆炸事故，其行为已同时符合重大劳动安全事故罪与重大责任事故罪的犯罪构成，因为该两个法条之间存在包容关系，故其行为符合法条竞合犯的特征。根据法条竞合犯特别法优于普通法的处罚原则，应按照重大劳动安全事故罪定罪处罚。

【法条链接】

《中华人民共和国刑法》

第134条　在生产、作业中违反有关安全管理的规定，因而发生重大伤亡事故或者造成其他严重后果的，处3年以下有期徒刑或者拘役；情节特别恶劣的，处3年以上7年以下有期徒刑。

强令他人违章冒险作业，因而发生重大伤亡事故或者造成其他严重后果的，处5年以下有期徒刑或者拘役；情节特别恶劣的，处5年以上有期徒刑。

三、深度拓展

（一）罪数论的意义与地位

一般说来，一个行为实现一个构成要件的，就是一罪；数个行为实现数个构成要件的，就是数罪。罪数论列入犯罪论体系，体现了我国刑法理论与实践发展的规律与特色，深入研究罪数论，使我国刑法理论更趋完善，更为合理。研究罪数理论的意义主要表现为：

(1) 影响刑罚的适用。一人犯一罪，以一罪论处，而一人犯数罪，则有可能按照一罪处断、按照一罪从重或加重处罚或者实行数罪并罚。因而，正确认定罪数，对于正确司法，做到罪行均衡具有直接意义。

(2) 关系到刑法上的一些重要制度的适用。如连续犯、继续犯和牵连犯等，都与刑法的空间效力、时间效力、追诉时效等有直接关系。

罪数论在刑法理论中的地位如何，分形式上的地位和内容上的地位两种情况来探讨。关于形式地位有两种不同的态度：一是附属在刑法理论中论述。理由是，现今刑法在刑法总则的“刑罚”部分多以重要条、款设有数罪并罚的明文，而在“犯罪”部分很少有判断罪数的规定，同时，刑罚处罚犯罪，罪数是适用刑罚时才发生的问题。二是在犯罪论体系中单列一个独立的单元进行研究。理由是，罪数的确定与刑罚的科处，并非同时并立的现象，犯罪在先，刑罚在后，先有罪数的确定，而后才有刑罚的科处。

关于内容上的地位，罪数论研究行为是一罪还是数罪的问题以及当行为构成数罪时还存在对数罪该如何处理的问题。因此，罪数论具体涉及两方面的问题：一是一人所实施的犯罪是构成一罪还是数罪；二是构成数罪时应当如何处理。严格来说，前者属于犯罪论的问题，后者属于刑罚论的问题。

但德、日刑法理论并没有将上述问题分别放在犯罪论与刑罚论中进行研究，而是将其作为一个整体进行说明，这就导致一个有争议的问题：罪数论是应放在犯罪论中研究，还是应放在刑罚论中研究，亦或在犯罪论、刑罚论之后，作为与这两个理论相并列的一个问题进行研究。

主张应放在犯罪论中研究罪数论的学者认为，确定罪数，影响刑罚适用上的合目的性，而且确定了罪数后，根据刑法的规定对数罪进行处理也没有难题，故罪数论的重点是研究行为的罪数，应放在犯罪论中研究。多数学者采取这种做法。

主张应在刑罚论中研究者罪数论的学者认为，研究罪数，是为了确定是否存在数罪并罚的前提，亦可以说，确定罪数，是为了刑罚的适用，故应在刑罚论中研究罪数论。极少数学者采取此种做法。

还有人认为，既然罪数论既不单纯是犯罪论的问题，也不单纯是刑罚论的问题，因此应在犯罪论与刑罚论后，研究罪数论。德、意、日有少数学者采取此种做法。①

（二）罪数的认定

一般来说，单纯的一罪与典型的数罪，是容易认定的。单纯的一罪是指行为人以一个罪过、实施一个行为，侵犯一种社会关系的犯罪。如行为人以一个杀人故意，开枪将一个人杀死，就是单纯的一罪。典型的数罪是指行为人以数

---

① 参见张明楷：《外国刑法纲要》，清华大学出版社2007年版，第342～343页。

个罪过，实施数个行为，侵犯数种社会关系，而且数个行为之间没有牵连、连续等关系的数个犯罪。如行为人第一次实施了盗窃行为，第二次实施了强奸行为，毫无疑义成立数罪。难以区分的情况是一些介于一罪与数罪之间的情况，具体如下：

1. 貌似数罪实为一罪的争议

我国刑法理论通说对一罪与数罪的分类及其方法，存在许多争议。尤其是刑罚理论与刑法分则的规定存在许多冲突，造成许多由理论可以推导为数罪的情形，但是实际上由于刑法的特别规定而貌似数罪实为一罪。例如，绑架罪中绑架他人后又杀害他人的撕票行为、强迫妇女卖淫中强奸后又迫使卖淫的行为，根据理论推导都是数罪，但是刑法分则却规定为一罪。对于这些特殊情况，难以归入理论通说，理论上也没有形成一致的概念。

2. 貌似一罪实为数罪的争议

与上述问题类似，我国刑法理论通说与刑法分则规定存在的冲突，同时也造成了某些貌似一罪实为数罪的情况。例如，某些牵连犯的类型，刑法分则有的对此以一罪论处，有的却以数罪论处。另外，还存在以下貌似一罪实为数罪的情况：一个行为触犯一个刑法分则条文可能貌似一罪实为数罪、着手实行犯罪后另起犯意构成数罪、犯罪过程中超出原犯罪范围成立数罪。

第八章　刑事责任

【知识结构图】

- 刑事责任
  - 刑事责任的概述
    - 刑事责任的概念
    - 刑事责任的特征
    - 刑事责任的功能
  - 刑事责任的根据
    - 刑事责任的哲学根据
    - 刑事责任的法学根据
  - 刑事责任的原则
    - 主客观相统一原则
    - 罪责自负原则
    - 人道原则
  - 刑事责任的实现
    - 刑事责任的实现过程
    - 刑事责任的实现方式

一、知识点精析

（一）刑事责任的概念

刑事责任是刑法的基本范畴，在中外刑法理论中，学者主要从两个角度来阐释对刑事责任的理解：一是从责任主义的角度将其视为犯罪成立的条件；二是将刑事责任理解为犯罪的法律后果。综合各种见解，可以将刑事责任定义为犯罪人因刑事法律的规定而应当为自己实施的犯罪行为所承受的，代表国家的司法机关以刑事处罚、非刑罚处理或者单纯宣告有罪的方式为其行为进行否定评价的负担。①

① 参见马克昌主编：《刑法》(第 2 版)，高等教育出版社 2010 年版，第 183 ~ 184 页。

（二）刑事责任的特征

刑事责任有别于民事责任、行政责任、经济责任等法律责任，概括起来，具有以下几方面特征：

（1）强制性。刑事责任的强制性主要表现在两方面：一方面，刑事责任直接以国家强制力为实现的动力，由特定的国家机关追究，并且追究刑事责任的判决一经生效，就必须执行。刑事责任是因犯罪行为而引起的法律效应，它反映了国家与犯罪人之间的否定与被否定、谴责与被谴责的关系，是一种强制犯罪人向国家承担的法律责任。与民事责任和行政责任相比，刑事责任具有更为严格的强制性。另一方面，刑事责任必须由司法机关依据刑事法律加以确认。这里有两层含义：一是刑事责任必须依法确认。因为刑事责任是一种法定的责任，所以行为人是否对其行为负刑事责任、负什么程度的刑事责任、怎样负刑事责任，都必须由刑法明文规定。二是刑事责任只能由司法机关进行确认。为了保障刑事追究的权威性、公正性与合理性，只能由司法机关依据刑事诉讼程序来确认行为人的刑事责任。

（2）严厉性。刑事责任是基于犯罪这一最严重的违法行为而产生，因此是一种性质最为严重、否定评价最为强烈、制裁后果最为严厉的法律责任。通常情况下，刑事责任具有惩罚性，其最基本的表现形式是刑罚，既可以剥夺犯罪人的财产权利、政治权利，还可以剥夺犯罪人的人身自由权，甚至剥夺犯罪人的生命。即使仅给予非刑罚处罚，给犯罪人带来的不利影响也远比其他法律责任严重。

（3）专属性。刑事责任只能由犯罪的个人或单位承担，具有专属性，不可转嫁，也不可代替。也就是说，刑事责任的承担者只能是犯罪者本人，“不能株连未参与犯罪的任何其他人，即使犯罪人已经死亡或逃亡在外或责任能力丧失等，也不能由他的亲戚、朋友等任何其他人代其负担刑事责任，而只能导致刑事责任的消灭或中断”。① 这是刑事责任区别于民事责任的重要特征。民事责任的承担者虽然通常是不法行为人，但法律也规定了一些情况下允许其他人可以代为承担。

（4）关联性。刑事责任总是与一定的犯罪行为相联系，犯罪人实施的犯罪行为是刑事责任产生的原因，没有犯罪行为，就不存在刑事责任问题。需要指出的是，这里所说的犯罪行为，不只是犯罪客观方面要素的行为，而是从犯

---

① 王晨：《刑事责任的一般理论》，武汉大学出版社 1998 年版，第 62 页。

罪构成意义上讲主客观要件相统一的行为。具体而言，犯罪行为是指具有刑事责任能力的人或单位，出于故意或过失的心理态度实施的侵犯刑法所保护的社会关系并为刑法规定为犯罪的行为。因此，对不符合犯罪构成的行为，不能以任何理由要求行为人承担刑事责任。

（5）合理性。刑事责任的轻重应当与犯罪人行为的客观危害及其人身危险程度相适应。也就是说，犯罪人仅应承担与其犯罪行为的客观危害和其人身危险程度相当的刑事责任。如果使重罪之人承担较轻的刑事责任，则会由于惩罚太轻、报应不足而不利于预防犯罪；反之，加以轻罪之人较重的刑事责任，则会因报应过度而有可能变相地鼓励犯罪人实施重罪。因此，只有刑事责任的轻重与犯罪行为的客观危害和犯罪人的人身危险程度相适应，才能促使犯罪人认罪伏法，接受改造和教育。

以上是刑事责任的主要特征。把握住这些特征，有助于进一步理解刑事责任的概念，从而将刑事责任同其他法律责任区别开来。

（三）刑事责任的功能

刑事责任的功能，是指刑事责任在刑事立法和刑事司法两方面所起到的积极作用。具体而言，主要体现在以下两个方面：

（1）刑事责任是刑事立法的重要依据。首先，刑事责任是立法机关衡量是否将行为设定为犯罪的依据。犯罪是危害社会的行为，但不是任何危害社会的行为都会被规定为犯罪，只有那些严重危害社会、立法机关认为确实需要追究刑事责任的行为，刑法才会将其规定为犯罪。如果立法机关认为某种行为对社会的危害算不上严重而不需要追究刑事责任，就不会将其纳入所制定的刑法当中。其次，刑事责任是立法机关配置刑罚的重要参考。立法机关是根据其刑事责任观来对犯罪行为进行配置刑罚的，认为刑事责任重时，就配置较重的刑罚，认为刑事责任轻的，规定的刑罚也相应轻缓。另外，立法机关认为具有影响刑事责任的事项的，还会在刑法中将其规定为从轻、减轻处罚或免除处罚的情节或者从重处罚的情节。由此可见，刑事责任在刑法制定时起到重要的指导作用。

（2）刑事责任是刑事司法的必要前提。首先，只有行为人负有刑事责任，才可能对其适用刑罚，没有刑事责任存在，就不能适用刑罚。其次，刑事责任的大小是判处刑罚重轻的标准。《刑法》第5条对此作了明确的规定。按照规定，刑事责任小的，判处刑罚就轻；刑事责任大的，判处刑罚就重。因此，在判处犯罪人刑罚时，不仅应考虑犯罪行为的严重程度，还必须考虑影响刑事责任轻重的情节。犯罪人具有可以或者应当从轻、减轻追究刑事责任或者免予追究刑事责任情节的，审判部门要对其依法从轻、减轻刑罚处罚或者免除刑罚处罚；犯罪人具有从重追究刑事责任情节的，则应对其从重处罚。总之，是否判处犯罪人刑罚以及判处什么刑罚，一般说来都取决于行为人的刑事责任。

（四）刑事责任的根据

刑事责任的根据，是指国家基于何种因素、前提基础而决定追究犯罪人的刑事责任，即决定刑事责任的存在、大小和变更的基础和决定因素。关于刑事责任的根据，理论界普遍持哲学与法学根据说，认为哲学根据是刑事责任的内在根据，法学根据是刑事责任的外在根据。

1. 刑事责任的哲学根据

刑事责任的哲学根据是辩证唯物主义物质与意识关系的理论。辩证唯物主义一方面强调物质决定意识，但同时也不否认意识对物质的反作用，客观世界虽然制约着人的行为，却不可能绝对地决定人的行为和自由，人有相对的意志自由，即受客观必然性决定和制约的意志自由。这就表明人能够认识客观事物的发展规律，并能够利用客观规律为自己服务。正是人的这种主体性特征，才使归责具有了合理性。在具有相对意志自由的情况下，如果行为人没有选择不实施犯罪行为而实施了犯罪行为，就体现出了其自由意志的主观恶性。且行为人的犯罪行为侵害了国家和人民的利益，所以应当对此承担刑事责任。但是，如果行为人是在无法选择的情况下导致国家和人民的利益受损，则不能被追究刑事责任。因此，行为人在实施犯罪时所具有的相对的意志自由是刑事责任的哲学根据。

2. 刑事责任的法学根据

刑事责任的法学根据，是指在法律制度的层面上讨论行为人承担刑事责任或者国家追究其刑事责任的决定因素。具体来讲，刑事责任的法学根据可以分为立法上设定刑事责任的根据、司法上确定刑事责任的法律根据与确定刑事责任的事实根据三个方面。

（1）刑事责任的设定根据是犯罪的严重社会危害性。立法机关之所以将某种行为规定为犯罪，其实质在于该行为危害到国家和人民的重要利益，即具有严重的社会危害性，如果某一行为根本不具有社会危害性或危害性达不到应当追究刑事责任的程度，立法机关就不会将其规定为犯罪，因此也不会追究行为人的刑事责任。

（2）确定刑事责任的法律根据是刑法规定的犯罪构成。犯罪是刑事责任的前提，刑事责任是犯罪所引起的法律后果，而犯罪构成是刑法规定的成立犯罪的必要条件和认定犯罪的具体标准。因此，司法机关在确认行为人是否应负刑事责任时，应以行为人的行为是否构成犯罪为依据。也就是说，犯罪构成是确定行为人应负刑事责任的法律根据。

（3）确定刑事责任的事实根据是行为人实施的符合犯罪构成的实际行为。仅有作为法律规定的犯罪构成并不会产生实际的犯罪和刑事责任，成立犯罪必须要有现实的行为。刑事责任只能以实际存在的、符合刑法规定的犯罪构成的具体行为作为确定刑事责任的事实根据。

从以上三方面对刑事责任的法学根据的论述可以看出，凡是存在符合犯罪构成的实际危害行为即具备应负刑事责任的事实根据的，自然也就具备了刑事责任的设定根据和确定刑事责任的法律根据。因此，可将上述三方面概括为一句话，即实际的危害行为符合刑法所规定的犯罪构成是应当追究刑事责任的法学根据。

（五）刑事责任的原则

1. 主客观相统一原则

主客观相统一原则是指对犯罪的认定和追究刑事责任，必须坚持主客观相一致。认定一个人的行为是否犯罪，应当是主观上有罪过，客观上有危害行为，并且主观罪过与危害行为和结果之间有必然的因果关系。在以往的刑法理论中，客观主义只强调人的意志自由而忽视客观必然性，而主观主义则仅注重客观必然性而否定意志自由，相比之下，主客观相统一原则较好地克服了以上两种观点的缺陷。它不仅体现了刑法的目的，也彰显了刑法在限制国家刑罚权以保护人权方面的价值取向。其中，我国刑法对刑法中从重、从轻、减轻等情节的规定和对意外事件、责任年龄、责任能力和正当防卫等进行的规定，都体现了主客观相统一的刑事责任原则。

2. 罪责自负原则

罪责自负原则是指行为人对自己的犯罪行为承担刑事责任，不能对实施犯罪行为以外的人追究刑事责任。罪责自负、反对株连是追究刑事责任的一项重要原则。根据罪责自负原则的要求，犯罪的主体只能是实施了犯罪行为的人，对没有实施犯罪行为的人，即便与犯罪者有着这样或那样的关系，也不能对其定罪。换言之，刑罚的对象只能是犯罪者本人，决不能株连其他无辜之人，同时，也不能让非犯罪人代犯罪人承担刑事责任。

3. 人道原则

人道原则是指刑事责任的认定与实现，必须符合人道性。刑事责任的认定与实现，在遵循法定程序的基础上，应当充分尊重人的自由意志，体现刑法的人文关怀，尊重人的理性发展。刑事责任的人道原则体现在立法上，就是刑事责任的设定，应当充分考虑符合人道性，充分保障人权；在刑事司法方面，在认定刑事责任的时候，必须按照法定程序，按照犯罪构成严格认定，必须尊重犯罪嫌疑人的各种权利。

（六）刑事责任的实现

1. 刑事责任的实现过程

刑事责任的最终实现，需要经历一个过程。这一过程中，刑事责任的实现呈现出阶段性，具体可以分为以下三个阶段：

（1）刑事责任的产生阶段。这一阶段是指从犯罪行为实施之时起，到司法机关立案侦查时止。刑事责任是相伴于犯罪行为而产生的，因此行为成立犯罪，也就标志着刑事责任的产生。犯罪行为实施完毕以后，即使未经司法机关的确认和追究，刑事责任也作为一种客观事实而存在。从我国刑法的诉讼时效制度来分析，也可以推出刑事责任开始于实施犯罪之时。所谓诉讼时效，是指对犯罪人追究刑事责任的有效期限。根据《刑法》第 87 条有关追诉期限的规定，犯罪经过一定时期不再追诉，也即不再追究刑事责任，这也说明了行为人实施犯罪时即产生了刑事责任；否则，就不可能发生不再追诉的问题。

（2）刑事责任的确认阶段。这一阶段从司法机关立案侦查时起，到人民法院作出的有罪判决生效时止。在这一阶段，司法机关通过对案件的调查、审理，确认行为人的行为是否构成犯罪，应否负刑事责任以及负多大的刑事责任，并依据法律规定决定对行为人如何惩罚，从而为刑事责任有可能变为现实创造条件。刑事案件的全部诉讼过程，一般也就是刑事责任确认阶段。应当注意的是，在确认和追究刑事责任的过程中，又是会采取必要的强制措施，但这些强制措施并不代表刑事责任本身。因为，经过侦查和审判，也可能确认被告人无罪，故不能因为曾使用过强制措施，就认为被告人被追究了刑事责任。

（3）刑事责任的承担阶段。这一阶段从人民法院的有罪判决生效时起，到所决定的刑事制裁措施执行完毕或赦免时止。刑事责任的承担是整个刑事责任问题的结局和归宿，如果没有刑事责任的承担阶段，则刑法规定刑事责任及司法机关代表国家依法追究刑事责任的活动都将失去意义。所以刑事责任的产生与刑事责任的确认，都不过是为了使行为人最终承担刑事责任。一般情况下，刑事责任随着判决书中所确定内容的实现而终结，即意味着国家对犯罪人否定性评价和谴责的活动结束。特殊情况下，刑事责任则可能因法定事由的出现，导致未能被实际追究或被全部实现。例如，犯罪人死亡、超过时效期限、赦免等，都属于这类情况。

2. 刑事责任的实现方式

刑事责任的实现方式，是指在确定了刑事责任的存在和性质，解决了刑事责任的范围和程度之后，强制犯罪人实际承担刑事责任的法律制裁措施。刑事责任的实现方式必须是刑事法律明文规定可以适用于刑事责任承担主体的方式。在我国，刑事责任的实现方式有：

（1）定罪并判刑。从古至今，刑罚都是刑事责任的主要内容。根据《刑法》第13条对犯罪的定义，应受刑罚惩罚性是任何犯罪的属性，故绝大多数犯罪人都是以实际承担刑罚的方式而承担刑事责任的，由此决定了刑罚是最主要的刑事责任的实现方式。在我国，刑罚分为主刑和附加刑两大类。管制、拘役、有期徒刑、无期徒刑和死刑属于主刑，罚金、剥夺政治权利、没收财产和驱逐出境属于附加刑。无论是主刑还是附加刑，都体现了国家对犯罪行为的否定评价和对犯罪人的责难。

（2）非刑罚处罚。《刑法》第37条规定：对于犯罪情节轻微不需要判处刑罚的，可以免予刑事处罚，但是可以根据案件的不同情况，予以训诫或者责令具结悔过、赔礼道歉、赔偿损失，或者由主管部门予以行政处罚或者行政处分。这里规定的几种非刑罚处罚方法，也是由犯罪行为所导致的刑法上的法律后果。对犯罪人适用非刑罚处罚，同判处犯罪人刑罚一样，也能实现刑事责任的双面预防目的，故非刑罚处罚方法也属于实现刑事责任的方式。

（3）单纯宣告有罪。免于刑事处罚是人民法院通过审判程序，对已构成犯罪，依法应当承担刑事责任的行为，由于存在法定从宽情节，或犯罪情节轻微，不需要给予刑事处罚，从而对犯罪人作出有罪宣告但同时免予刑事处罚的刑事处理方式。这种单纯宣告有罪而免除刑事处罚的处理方式，免除的只是犯罪人的刑事处罚，并没有免除其应负的刑事责任。免除处罚，仍然意味着行为人负了刑事责任。

（4）消灭处理。刑事责任的消灭处理，是指行为人的行为本已成立犯罪，应负刑事责任，但由于存在法定的阻却刑事责任的事由，刑事责任归于消灭，行为人不再承担刑事责任。例如犯罪已过追诉时效期限、犯罪嫌疑人死亡或者被赦免等，以致使行为人的刑事责任归于消灭。这时国家便不再追究行为人的刑事责任。

（5）转移处理。刑事责任的转移处理，是指对享有外交特权和豁免权的外国人的刑事责任不由我国司法机关处理，而是根据《刑法》第11条的规定通过外交途径予以解决。刑事责任的这种解决方式，是按照国际惯例和国家之间相互对等的原则所确定的，是一种解决特定行为人刑事责任的特殊方式。

【难点辨析】

刑事责任的实现与刑事责任的终结

刑事责任的终结与刑事责任的实现密切相关，是指刑事责任存在和发展进程的最终结束，而导致刑事责任最终不复存在。刑事责任的终结既可以因其实现而终结，也可以因没有实现但由于出现必须终结的情形而终结。其中，因刑事责任的实现而终结的情形，终结时间与其刑事责任实现的方式相关：以刑罚处罚为实现方式的，终结时间是刑罚执行完毕或赦免之时；以非刑罚处罚方式实现的，终结时间为非刑罚处罚执行完毕之时，以单纯定罪而免予刑事处罚为实现方式的，终结时间为法院有罪判决生效之时。对于因刑事责任消灭而终结的情形，主要表现为犯罪人的死亡、犯罪已超过追诉时效、告诉才处理的犯罪因没有告诉或撤回告诉等条件出现后，犯罪人并没有实际承担刑事责任，但刑事责任已经实际消失而终结。这些情形下刑事责任的终结时间即为情形出现之时。

二、案例分析

被告人秦某某，男，42岁。1977年3月15日，因犯盗窃罪被判处有期徒刑2年；1982年10月28日，因犯盗窃罪被判处有期徒刑4年。因涉嫌犯抢劫、流氓、诈骗、侵占罪，于1996年7月29日被逮捕，1997年6月23日死于看守所。

人民检察院以被告人秦某某犯抢劫、流氓、诈骗、侵占罪，向人民法院提起公诉。

人民法院对被告人秦某某抢劫、流氓、诈骗、侵占一案依法进行了公开审理，于1997年5月25日作出刑事附带民事判决，认定被告人秦某某犯抢劫罪，判处死刑，剥夺政治权利终身，并处没收财产人民币8万元；犯流氓罪，判处死刑，剥夺政治权利终身；犯诈骗罪，判处有期徒刑6年；犯侵占罪，判处有期徒刑2年，决定执行死刑，剥夺政治权利终身，没收财产人民币8万元。追缴被告人秦某某违法所得人民币165166.84元。秦某某赔偿该市矿务局A煤矿人民币72216.6元，赔偿该市B公司人民币6113.06元。供犯罪用的铁锤一把、鱼叉一把、刀三把，予以没收。

一审宣判后，被告人秦某某对判处没收财产和民事赔偿不服，以一审认定的抢劫罪、流氓罪、诈骗罪事实大部分不成立为由提出上诉。

人民法院依法对本案进行了审理。在审理过程中，上诉人秦某某于1997年6月23日在看守所自己服用苯巴比妥和安定导致中毒死亡。

人民法院认为：由于上诉人秦某某在上诉期间已经死亡，对本案继续审理已无必要，应依法终止审理。依照《中华人民共和国刑事诉讼法》第15条第（5）项的规定，于1997年8月27日裁定终止审理，不追究上诉人秦某某的刑事责任。

（案例来源：《刑事审判参考》(第6集)，法律出版社2000年版，第25～29页。）

【问题聚焦】

1. 被告人提出上诉并在二审审理期间死亡的，案件终止审理后，可否对被告人判处没收财产刑？

2. 对被告人的违法所得应否追缴？

【法律剖析】

（1）根据《中华人民共和国刑事诉讼法》第15条第（5）项的规定，被告人在案件审理期间死亡的，应当终止审理，不再追究其刑事责任。案件终止审理是法院在程序上终止刑事诉讼，不再追究被告人刑事责任的法律行为。法律规定在案件审理期间被告人死亡的，不再追究刑事责任，是因为随着刑事法律责任主体的消灭，对死亡被告人适用刑罚，已失去刑罚适用的目的和意义。刑事责任的追究和承担，是指行为人对其犯罪行为所引起的法律后果的承担，从国家方面来看，表现为审判机关依照刑法的规定，根据被告人犯罪行为的社会危害程度，对其实施制裁，亦即适用刑罚。根据罪责自负原则，刑事责任只能由被告人自己承担。在案件审理期间被告人死亡，刑事责任主体消灭，当然也就不能再追究被告人的刑事责任。从刑事诉讼程序上看，刑事诉讼活动因失去所指向的对象，从而导致刑事诉讼活动的不能，即终止。诉讼主体不存在，不能进行庭审质证、辩解，不能承担刑事责任，也就不能从实体上对被指控的犯罪事实进行认定，即无法确定死亡被告人的行为构成犯罪，当然也就不能并不应再追究其刑事责任。

案件终止审理后，对案件审理期间死亡的被告人判处财产刑，亦不符合刑事诉讼法的规定。《中华人民共和国刑事诉讼法》第12条规定，未经人民法院依法判决，对任何人都不得确定有罪。刑法规定对犯罪行为适用刑罚，是对刑法预设的犯罪行为所采取的制裁。刑罚必须通过刑事诉讼活动转化为现实的、由被告人实际承担的具体而确定的刑罚。只有在通过刑事诉讼活动确认被告人的行为已构成犯罪的基础上，经由人民法院依法作出合法、有效的判决，才可以对被告人适用刑罚。一审法院判决虽然认定被告人秦某某的行为已构成犯罪，但由于被告人在法定期间提出了上诉，一审判决尚未发生法律效力，因此原判让其承担的刑事责任还不是现实的。在二审审理期间，由于被告人秦某某服用苯巴比妥和安定而死亡，法院依法终止审理。法律预设的刑事责任主体归于消灭，刑罚因为缺少刑事责任主体及合法有效的判决而不能适用，故不能对秦某某判处和执行刑罚。没收财产也是刑罚的一种，当然也不能对其判处和执行没收财产刑。

（2）被告人在审理期间死亡的，依法终止审理后，不能再对其判处刑罚，但其实施犯罪过程中的违法所得应予追缴。1979 年《刑法》第 60 条、1997 年《刑法》第 64 条均规定，犯罪分子违法所得的一切财物，应当予以追缴或者责令退赔。刑法的这种规定是针对刑事诉讼活动中的犯罪嫌疑人、被告人的违法所得的处理而作出的，仅就适用追缴这一措施而言，在侦查、起诉、审判阶段中发现有违法所得，均应依法予以追缴。需要注意的是，刑法总则中所说的犯罪分子并不是刑事诉讼程序意义上的罪犯，而是指实施了刑法规定为犯罪的行为，应当依法接受刑罚处罚的行为人。但是只有经过刑事诉讼活动确认、宣告其有罪并承担刑事责任，该行为人才能够成为刑事诉讼程序意义上的对其行为实际承担刑罚处罚的罪犯。违法所得是行为人通过实施违法犯罪行为，侵害国家、公共利益或其他公民的合法利益所获取的，这种违法所得不受国家法律保护，依照法律规定应当予以追缴。只要根据现有证据查明的事实能够确认该财物是违法所得，均应当依法予以追缴。应当明确，追缴违法所得与对被告人判处刑罚不同，刑法中“犯罪分子违法所得的一切财物，应当予以追缴或者责令退赔”的规定不以行为人构成犯罪、承担刑事责任为前提，违法所得不因行为人的死亡而消失，法律规定的对违法所得的剥夺也同样不因行为人的死亡而取消。任何人的违法所得除已灭失外，均应一律追缴。本案中被告人秦某某虽在二审期间死亡，但根据一审查明的证据和事实只要足以确认其违法所得的性质和范围，就应在所确认的范围内予以追缴。

【法条链接】

《中华人民共和国刑事诉讼法》

第 12 条　未经人民法院依法判决，对任何人都不得确定有罪。

第15条　有下列情形之一的，不追究刑事责任，已经追究的，应当撤销案件，或者不起诉，或者终止审理，或者宣告无罪：

（一）情节显著轻微、危害不大，不认为是犯罪的；

（二）犯罪已过追诉时效期限的；

（三）经特赦令免除刑罚的；

（四）依照刑法告诉才处理的犯罪，没有告诉或者撤回告诉的；

（五）犯罪嫌疑人、被告人死亡的；

（六）其他法律规定免予追究刑事责任的。

三、深度拓展

（一）刑事责任的变更

刑事责任的变更，是指刑事责任确定之前或之后，由于法定条件的出现，导致刑事责任未能被实际追究或未能得以全部实现。

刑事责任确定之前的变更，是指行为人实施犯罪行为完毕到人民法院作出有罪判决之前，由于法定条件的出现，导致刑事责任未能被实际追究或未能得以全部实现。在法律上，这种变更表现为免除刑事责任和不予追究刑事责任。在这一阶段，导致刑事责任变更的事实主要有：犯罪已过法定追诉时效期限；经特赦令免除刑罚；依照刑法规定，告诉才处理的犯罪，没有告诉或者撤回告诉；被告人在被追诉刑事责任之前死亡等。

刑事责任确定之后的变更，是指人民法院有罪判决作出之后到刑事责任终结这一阶段，由于法定条件的出现，导致刑事责任未能被实际追究或未能得以全部实现。在这一阶段，可能出现的刑事责任变更的情况包括以下几种：(1)死刑缓期执行二年期满后减为无期徒刑或者有期徒刑；(2)管制、拘役、有期徒刑和无期徒刑的减刑；(3)由于特赦而免除部分或者全部刑罚的执行；(4)由于遭遇不能抗拒的灾祸以致缴纳罚金确有困难时罚金刑的减免。这里的刑事责任变更不是改变原来确定的刑事责任的性质，而是根据行为人的人身危险性的变化等情况，对其刑事责任的程度予以变更，从而使罪责刑相适应原则在刑事责任实现阶段得到更好的体现。

（二）单位犯罪刑事责任的实现

关于单位刑事责任的实现，世界各国刑事立法和刑法理论上主要有两种原则：一是双罚制，即单位犯罪的，对单位和单位直接责任人员予以刑事处罚；

二是单罚制，其中包括代罚制和转嫁制，指在单位犯罪中只处罚单位中的个人或者只处罚单位本身。

我国《刑法》第31条规定：单位犯罪的，对单位判处罚金，并对其直接负责的主管人员和其他直接责任人员判处刑罚。本法分则和其他法律另有规定的，依照规定。由此可以看出，我国对单位犯罪，一般采取双罚制原则，但是当刑法分则和其他法律另有规定不采取双罚制的情况下，采取单罚制。对单位犯罪主要实行双罚制，其根据在于单位是一个具有整体性和组织性的主体，应当对其意志支配下的犯罪活动承担刑事责任，而不能将这个责任完全归于某个自然人。然而，我国刑法对单位犯罪辅以单罚制，又是因为单位毕竟是自然人的组合体，单位的行为总是由一定的自然人决定和实施的，这些自然人对单位的行为负有不可推卸的责任。需要说明的是，采取双罚制时，虽然处罚的对象既有单位，又有个人，但是，犯罪和刑事责任的主体仍然只有一个，就是单位。单位中的责任人受到处罚不过是对单位刑事责任的分担，分担刑事责任的依据是其行为在单位犯罪中所实际起到的作用。

第九章 刑罚概说

【知识结构图】

- 刑罚概述
  - 刑罚的概念
    - 刑罚的概念与特征
    - 刑罚的本质
    - 刑罚与其他制裁手段的区别
  - 刑罚权
    - 刑罚权的概念与特征
    - 刑罚权的根据
  - 刑罚的目的
    - 刑罚目的的概念与特征
    - 刑罚目的的内容
  - 刑罚的功能
    - 刑罚功能的概念与特征
    - 刑罚功能的内容

一、知识点精析

（一）刑罚的概念与特征

刑罚是国家最高权力机关在刑法中制定的赋予“刑罚”名称，用以惩罚实施犯罪行为的人，由法院依法判处、特定机构执行的，以限制或剥夺犯罪行为人一定权益为内容的最严厉的强制制裁方法。据此，刑罚具有以下几个方面的特征：

1. 国家意志性

刑罚是国家最高权力机关在刑法中制定的强制方法，世界各国大多是由国家最高立法机关所制定。在我国只有全国人民代表大会及其常委会才有权制定和修改刑法和刑罚。

2. 法定性

刑罚是在刑法中赋予“刑罚”名称的强制方法，刑法的种类、适用及如何执行都有法律的明文规定。但应指出，在刑法中规定的强制方法并非都是刑罚，如责令具结悔过、赔偿经济损失、没收违法所得财物等，只有在刑法中赋予“刑罚”名称的强制方法才是刑罚。

3. 惩罚性

刑罚是用以惩罚犯罪行为人的强制方法。具体说来，刑罚以犯罪为前提，没有犯罪，没有刑罚。刑罚只能对实施犯罪且具有刑事责任能力的行为人适用。刑罚的目的是为了惩罚犯罪行为人，是国家对于犯罪行为人的否定性评价。

4. 刑罚是由人民法院依法裁判科处、由特定机构执行的强制方法

一方面，刑罚只能由人民法院依照刑法的明文规定适用，同时适用刑罚时必须依照刑事诉讼法规定的诉讼程序进行。人民法院只能通过裁判对犯罪人科处刑罚，这是刑罚适用的必要形式。另一方面，执行刑罚的机构也是特定的。根据我国刑法和刑事诉讼法的规定，死刑、罚金和没收财产由人民法院执行，“死缓”、无期徒刑和有期徒刑由监狱或者其他劳动改造场所执行，管制、拘役和剥夺政治权利由公安机关执行。

5. 严厉性

刑罚是最严厉的强制方法。就整个刑罚体系而言，刑罚既可以剥夺受刑人的财产、政治权利，也可以剥夺其自由，甚至剥夺其生命。这种惩罚由国家来实施，并且具有一定的稳定性，不得随意进行变更，相对于其他强制措施，如监视居住、拘留、劳动教养等，是最为严厉的。

【难点辨析】

刑罚与刑事责任

（1）性质不同。刑事责任的根源是犯罪人的犯罪行为，是国家对于犯罪人的犯罪行为所作的一种否定性评价，体现的是犯罪人对其犯罪行为所要承担的责任和负担；而刑罚是一种强制方法，是能够具体操作的惩罚手段，是刑事责任的实现方式。

（2）内容不同。刑事责任不仅包括对犯罪人进行惩罚，还包括对犯罪人进行纯粹的否定性评价；而刑罚是对犯罪人施加一定的惩罚以体现国家对犯罪行为否定性评价，它以剥夺犯罪人一定的法益为内容，而不包括纯粹的否定性法律评价。

（3）地位层次不同。刑事责任是犯罪的直接法律后果，是刑罚启动的前提；而刑罚仅仅是刑事责任的一种后果，有了犯罪和刑事责任并不意味着必然有刑罚。刑事责任还可以通过免于处罚和非刑罚处罚方式来实现。

(4) 产生的时间不同。刑事责任根源于犯罪，故而刑事责任是伴随着犯罪行为产生的；而刑罚是国家审判机关对刑事责任进行确认，作出生效判决之后产生的。刑事责任分为产生、确认和实现三个阶段，刑罚事实上产生于刑事责任的实现阶段。

(5) 是否可以免除不同。刑事责任不可以免除，但可以消灭；而刑罚则可以通过减刑、赦免等予以免除。

(二) 刑罚的本质

我国的传统刑法理论认为，刑罚的本质是阶级统治的工具，刑罚具有阶级性。但是事物的本质并非只由单一的元素组成，我们在讨论刑罚的本质时，不但要揭示刑罚的阶级本质，还要对刑罚的法律本质进行研究。

国外学者关于刑罚本质的争论，主要集中在以康德、黑格尔为代表的报应刑论与以菲利、李斯特为代表的目的刑论的对立，并以刑罚存在的理由是什么为标准展开。

1. 报应刑论

报应刑论，又称报应主义、报应刑主义、绝对主义，认为犯罪是一种恶性，刑罚是对这种恶行还报的一种害恶，善因善报、恶因恶报是这种主张的理论基础，刑罚就是对犯罪这种恶因所给予的恶报。① 近代的报应刑论经历了康德、黑格尔，至宾丁大致完成。

康德基于形而上学展开绝对的报应刑论。他从个人自由出发解释国家与法的起源，创立了以“同害报复”为特点的等量报应刑罚观，将报应刑的思想推向了一个极端。康德指出：“法院的惩罚绝对不能仅仅作为促进另一种善的手段，不论对犯罪者本人或者对公民社会。惩罚在任何情况下，必须只是由于一个人已经犯了一种罪行才加刑于他。因为一个人绝对不应该仅仅作为一种手段去达到他人的目的……”②

黑格尔则持等价报应刑罚观，认为报应的理论基础在于人的自由意志，刑罚是一种正义的惩罚，一是因为惩罚体现的是犯罪人的自由意志的要求，是对其自由意志的尊重；二是因为犯罪的本质是对法的侵害，是不法的、无价值的。刑罚的报应是一种基于普遍意志所产生的对犯罪的报复，可以保持对犯罪

① 参见马克昌主编：《刑罚通论》，武汉大学出版社 1999 年版，第 27 页。

② 西方法律思想史编写组编：《西方法律思想史资料选编》，北京大学出版社 1983 年版，第 424～425 页。

人报复的正当性和正义性，因而与复仇所体现出来的报复有严格的区别。黑格尔进一步指出，刑罚的报应是一种等价报应，一方面，“等价”意味着刑罚的强度必须与犯罪行为的危害程度相适应；另一方面，“等价”意味着刑罚与侵害行为的等同不是在特种性状方面的等同，而是“侵害行为自在的存在的性状的等同”，亦即价值上的等同。① 黑格尔言道：“犯罪的扬弃是报复，因为从概念上说，报复是对侵害的侵害，又按定在说，犯罪具有在质和量上的一定范围，从而犯罪的否定，作为定在，也是同样具有在质和量上的一定范围。但是这一基于概念的同一性，不是侵害行为特种性状的等同，而是侵害行为自在地存在的性状的等同，即价值的等同。”②

宾丁基于规范说展开绝对的报应理论，认为犯罪是对法律的一种否定，而刑罚则是对犯罪的否定，通过这种否定之否定，法律本身得到了一种肯定和维护。刑罚作为一种对犯罪的法律上的报应，其正当性来自它对法律的维护和尊重。详言之，法律秩序由犯罪所受的损害大，犯罪人由刑罚所受的痛苦也应当大；反之，法律秩序由犯罪所受的损害小，犯罪人由刑罚所受的痛苦也应当小。③

由此观之，报应刑论从刑罚的公正方面证明了刑罚的正当性。

2. 目的刑论

目的刑论，又称保护刑论、社会防卫论、相对主义，强调刑罚并非对犯罪的报应，刑罚只是一种手段，通过这一手段预防犯罪、保护社会利益。刑罚不是对已然之罪的报应，而是对未然之罪的预防，刑罚不应当回顾过去，而应当前瞻未来，刑罚本身不是目的，而只是预防犯罪的手段。因此刑罚的正当性根据不在于其作为报应所追求的公正价值，而在于通过刑罚所达到的预防犯罪的功利效果。可见目的刑论是以“目的的合理性”来证明手段的正当性。

龙勃罗梭是最早提出社会防卫论观点的，他认为，无论从统计学的角度看，还是从人类学的角度看，犯罪都是一种自然现象、必然现象。对于那些已经成熟的犯罪，我们更应当注意加以预防，而不是医治……法官杀掉罪犯，并

---

① 参见马克昌主编：《近代西方刑法学说史》，中国人民公安大学出版社 2008 年版，第 147 ~ 153 页。

② ［德］黑格尔：《法哲学原理》，范扬等译，商务印书馆 1982 年版，第 95、45 页。

③ 参见［日］大谷实：《刑法讲义总论》，成文堂 1986 年版，第 30 ~ 31 页。转引自马克昌主编：《刑罚通论》，武汉大学出版社 1999 年版，第 29 页。

且通过死刑防止犯罪的重新发生。① 犯罪是对社会的侵害，刑罚是社会防卫的手段，为了保护社会的利益，国家必须对犯罪人科处刑罚。② 龙勃罗梭认为，对犯罪人所施加的刑罚应当根据不同情况处理，据此，他把犯罪人分为四类：对于真正的激情犯罪人，应当采取流放、赔偿损害、使其懊悔自责的刑罚；对于倾向犯罪人，应当避免反复使用短期监禁刑，以免他们与习惯性犯罪人接触。对于轻微犯来说，罚金刑比监禁刑有效。犯罪人是穷人，可以强制其劳动来代替刑罚。对于初次犯罪并且罪行轻微的犯罪人，可以具结。处置倾向犯罪人的有效的也比较严重的方法就是缓刑和不定期刑制度；对于习惯性犯罪人，应将其隔离，以使其赎罪作为首要目标，在各种尝试均无法消除其犯罪性时才可以流放或者永久隔离；对于癫痫病人、悖德狂者，应当建立专门的监禁和矫治机构；对于生来犯罪人，应终身监禁或者适用死刑，以免他们重新犯罪。

李斯特是目的刑论的又一代表人物，其最大贡献在于提出刑罚个别化的理论。他认为刑罚的目的在于改造和教育犯人，主张以犯罪反复的强弱为标准将犯罪人分为三类，根据不同情况给予不同处遇：对于机会犯罪人，应处以罚金刑；对于具有改善可能的犯罪人，可处以自由刑进行改造，使之习惯于正常生活成为普通人而复归社会；对于不具有改善可能的犯罪人，应处以终身监禁刑或者死刑，使之永久与社会隔离，以免危害社会。③

在日本，木村龟二是一个狂热的目的刑论者，他主张教育是刑罚的本质，教育是以犯罪人为对象的特殊教育，是“再教育”，这与对正常人的普通教育是不同的。科处刑罚不是因为行为人犯了罪，而是为了使行为人不犯罪。刑罚要依据犯罪人的个性，采取相应的方法使之回归社会，只要与犯人的特性相应并有助于其成为社会人，教育的方法就没有限制。刑罚个别化是指对相同的犯罪人平等处理、对不同的犯罪人不同处理，它包含了平均主义，并进一步体现了分配主义。④

可见，目的刑论都从运用刑罚所产生的功利价值方面证明了刑罚的正当性。

---

① 参见［意］龙勃罗梭：《犯罪人论》，黄风译，中国法制出版社 2000 年版，第 319、327、323 页。

② 参见马克昌主编：《犯罪通论》，武汉大学出版社 1999 年版，第 30 页。

③ 参见马克昌主编：《犯罪通论》，武汉大学出版社 1999 年版，第 31 页。

④ 参见李海东主编：《日本刑事法学者》（上），中国法律出版社、成文堂 1995 年版，第 180 页。

3. 并合论

并合论，又称一体论、综合主义、折中主义、相对的报应主义，认为刑罚既是对犯罪或正义的报应，也具有预防犯罪、保护社会的目的。应当调和对已然之罪的报应与对未然之罪的预防，在施加刑罚的同时考虑这两个方面，使之互助生效。该学说的代表人物主要有前期古典学派的贝卡利亚、费尔巴哈和后期古典学派的迈耶。

贝卡利亚接受了卢梭的“社会契约论”学说，认为人生来就是完全自由的，人们为了平安地享受自己的自由而将部分自由交给社会统一掌管，因而使罪犯受到惩罚的权利属于全体公民或者根据社会契约代表整个社会掌管有公民自愿交出的自由的君主。一方面，他认为要维护刑罚的肯定性，要使犯罪及时地受到刑罚，要使罪犯不可避免地受到刑罚，并应当使刑罚的强度和性质与犯罪的严重程度和性质相对称，这表现了其绝对主义的倾向。另一方面，他认为：“刑罚的目的仅仅在于：防止罪犯再重新侵害公民，并规诫其他人不要重蹈覆辙。”① 这表现了其相对主义的倾向。

费尔巴哈提出了“用法律进行威吓”的名言。他认为，人都具有追求快乐、逃避痛苦的本能，因而人在可能获得较大的快乐时，就断绝较小快乐的意念；而可能避免较大的痛苦时，就会忍耐较小的不快乐。行为人之所以犯罪，就在于其追求在犯罪时获得快乐的感性冲动；为了防止犯罪，就必须抑制行为人的感性冲动。具体地说，对于一定的犯罪，以刑法事先规定明确、肯定的刑罚，使人们预先知道因犯罪而受到刑罚的痛苦，大于因犯罪所得到的快乐，由此，按趋利避害行事的人就会把抑制犯罪发生的小的不快和受到刑罚产生的大的不快比较，宁肯避开大的不快而选择小的不快，从而抑制心理上萌生犯罪的意念，以达到避免犯罪。②

迈耶则提出了著名的“分配理论”，他认为动用刑罚有三个不同阶段，即刑罚威吓、刑罚裁量和刑罚执行。在法律层面，认为刑罚具有报应的意义。在刑罚的刑事政策层面，认为在确定刑罚目的和运用刑事政策的阶段应当遵循特殊预防，在刑罚时注意区分“偶犯”和“惯犯”，对“惯犯”应采取“无害化处理”，对“偶犯”则无“道德矫正的必要”。在刑法哲学层面，认为公正

---

① ［意］贝卡利亚：《论犯罪与刑罚》，黄风译，中国法制出版社 2002 年版，第 10 页。

② 参见马克昌主编：《近代西方刑法学说史》，中国人民公安大学出版社 2008 年版，第 98～102 页。

与效率是二元评价体系，是此消彼长的关系，因而应当在立法和刑罚执行过程中对公正和效率加以衡量。① 分配理论既坚持报应论的观点，又承认刑罚的特殊预防目的，属于综合主义的观点。

我国关于刑罚本质的讨论并不多，通说认为刑罚的本质是其严厉的惩罚性。这里有两点需要说明：第一，承认刑罚的本质是其严厉的惩罚性并非是对人权保障，特别是犯罪人的合法权益的否定。第二，承认刑罚的本质是其严厉的惩罚性并非排斥刑罚的教育改造功能。刑罚严厉的惩罚性是基础，只有在此基础之上刑罚的教育改造功能才能更好地发挥。

（三）刑罚与其他制裁手段的区别

一个国家法律制度体系中的制裁措施除了刑罚，还有民事制裁、行政制裁、经济制裁等，刑罚的本质属性是其严厉的惩罚性，这就决定了刑罚与其他法律制裁具有以下区别：②

1. 严厉程度不同

刑罚是一种最严厉的法律制裁，其惩罚内容的涵盖面广，不仅可以剥夺犯罪人的财产权与政治权，还可以限制或者有期、无期地剥夺犯罪人的人身自由，甚至可以剥夺犯罪人的生命。而其他法律制裁如民事制裁的内容一般主要是财产性质的，排除对生命、自由和资格的剥夺。即使有些行政制裁如行政拘留剥夺人身自由，但时间也是极为短暂的。

2. 适用对象不同

刑罚只适用于实施犯罪行为、触犯刑法、负有刑事责任的人，而其他法律制裁则分别适用于民事、行政、经济违法者，如果这些违法者的违法行为构成犯罪达到了应受刑罚处罚的程度，则不再属于一般违法分子，而是触犯刑法的犯罪人。值得注意的是，刑罚并不排斥其他法律制裁，刑罚可能会与其他法律制裁同时存在。

3. 适用机关不同

刑罚只能由国家刑事审判机关适用，在我国只能由人民法院的刑事审判庭适用。而民事制裁则由国家审判机关中的民事审判部门适用，在我国是由人民法院的民事审判庭适用；行政制裁一般由行政执法机关适用。

---

① 参见马克昌主编：《近代西方刑法学说史》，中国人民公安大学出版社 2008 年版，第 321 ~ 323 页。

② 参见李希慧主编：《刑法总论》，武汉大学出版社 2008 年版，第 423 ~ 424 页。

4. 适用法律根据不同

刑罚适用的法律根据是刑事实体法和刑事程序法，在我国主要包括《刑法》、《刑事诉讼法》及其他刑事法律。而民事制裁适用的法律根据是民事实体法和民事程序法，在我国主要包括《民法通则》、《民事诉讼法》、《合同法》、《物权法》及其他民事法律；行政制裁适用的法律根据主要包括《行政法》和《行政诉讼法》。

5. 确立机关不同

由于刑罚自身的严厉性，刑罚只能由国家最高立法机关确立，在我国即由全国人民代表大会及其常务委员规定刑种与刑度。其他法律制裁则并不要求由最高国家权力机关确立，可以由其他有关机关确立。如行政法规可以设立除限制人身自由以外的行政处罚，地方性法规可以设立除限制人身自由、吊销企业营业执照以外的行政处罚，但行政法规与地方性法规的制定机关无权规定刑罚。

6. 法律后果不同

被科处刑罚的人将被认为具有较大的人身危险性，当其再次犯罪时会受到比初犯更严厉的惩罚，而其他法律制裁则不具有这样的法律后果。

（四）刑罚权的概念与特征

刑罚权是国家基于独立主权通过刑罚对犯罪人实行刑事制裁的权力。

刑罚权的特征主要有以下几点：①

（1）刑罚权是国家统治权的表现。刑罚权是国家权力的外在表现形式之一，是对犯罪人实施的一种国家强制力，它是一种国家权力。因此，刑罚权的存在是以国家权力为前提的，两者密切相关。在这个意义上说，刑罚权属于公刑权，以区别于私刑权。

（2）刑罚权体现的是一种国家与犯罪人之间的法律关系。也就是说，刑罚权是作为科刑主体的国家对受刑主体的犯罪人科处刑罚的法律上的权力。犯罪人必然要忍受国家刑罚的惩罚，这是国家对一切犯罪人的一种强制关系。但是，这种强制关系基于符合法律规定的犯罪事实而发生，并且只能依照法律的规定行使，国家对犯罪人科处刑罚必须严格按照法定程序，否则就是刑罚的滥用。

---

① 参见李希慧主编：《刑法总论》，武汉大学出版社 2008 年版，第 423～424 页；马克昌主编：《刑罚通论》，武汉大学出版社 1999 年版，第 16～20 页。

（3）刑罚权是制刑权、求刑权、量刑权和行刑权的统一。刑罚权不是抽象与空洞的，它通过一定的方式表现出来，在刑事法律活动的不同阶段，表现为制刑权、求刑权、量刑权和行刑权的不同，这就是刑罚权的内容。

①制刑权。刑罚权作为一种国家权力，首先表现为制刑权即刑罚的创制权。从广义上来说，制刑权的内容包括：废，即废止某一种刑罚制度的权力；改，即修改某一种刑罚制度的权力；立，即确立某一种刑罚制度的权力。创制的刑罚通常在刑事法律中加以规定，对刑罚制度的废、改、立，就是制刑权的全部内容。制刑权是刑罚权的重要表现形式之一，它是由国家权力机关直接以国家名义行使的，在我国是由全国人民代表大会及其常务委员会行使。刑罚的创制权解决的是刑罚在法律上的存在问题，这是具体运用的依据。

②求刑权。刑罚创制以后，还要适用于一定之人。这就发生了由谁通过何种方式请求对犯罪人适用刑罚的问题。这种请求对犯罪人予以刑罚处罚的权力，便是求刑权，也就是起诉权。随着国家权力的扩张和社会越来越高效的运转，刑罚权被要求合乎程序地高效发挥其应有的作用，于是求刑权被授予检察机关行使，表现为公诉的形式，因而成为国家权力的重要组成部分。但在一定范围内，为了追究犯罪和更好地维护被害人利益，求刑权仍由个人（一般是被害人）行使，以自诉的形式出现。自诉案件中的求刑权是个人权利，我们将之排除在国家刑罚权的范畴之外。

③量刑权。在提起刑事诉讼以后，就发生了一个刑罚裁量的问题。根据求刑权而决定是否科刑以及科处何种刑罚的权力，就是量刑权，也称科刑权。量刑权包括是否科刑与科处何种刑罚两个方面的内容。是否科刑，是指在确定被告人是否构成犯罪的基础上，决定其应否受刑罚处罚。科处何种刑罚，是指在确定犯罪人应当科刑的基础上，确定刑罚的具体种类和分量。量刑权只能由人民法院代表国家行使，能否恰当判处刑罚是衡量能否正确行使刑罚裁量权的标志。量刑权是刑罚权的核心，是刑罚具体落实化的重要保障。

④行刑权。量刑权只是解决了刑罚的裁量问题。判决书所确定的刑罚还有待于付诸实施，这就发生了一个刑罚执行的问题。行刑权，就是对犯罪人执行刑罚的权力。行刑权由特定的机关行使，执行刑罚的根据是法院的判决，执行的必须是刑罚，而不是非刑罚处理方法。行刑权是量刑权的自然延伸，但它又不是量刑权的消极依附物，而是有其积极的内容，它关系到刑罚这种惩罚能否落实以实现正义，关系到对犯罪人的改造能否使其真正复归社会，因而应当引起高度的重视。

（五）刑罚权的根据

刑罚权的根据，是指国家依据什么而具有科处刑罚的权力。西方学者对此的见解主要有以下几种学说：

1. 神授说

神授说，亦称神权说、神意说，意思是君王或国家的刑罚权来自于人类之上的神或上天，这种学说直接产生于君权神授的理论。在我国古代，皇帝为了使臣民承认自己的权威，证明自己集行政、司法、军事大权于一身的合法性，用“敕天之命”来论证统治权的来源，“在刑法领域也以‘行天之罚’作为现实的刑罚根据，并赋之以神秘的色彩。《尚书·皋陶谟》：‘天讨有罪，五刑五用哉’。”①《尚书·吕刑》中的“士制百姓于刑之中，以教祗德”，就是说法官是秉承上天的意志执法的。而在西方，中世纪的神学大师奥古斯丁认为一切权力都来自上帝，刑罚权自然是上帝所赋予人类的。圣保罗对刑罚权神授的观点作了更明确的阐述：“我们再也不用去思索刑罚权的渊源，这无非说神的代理人根据保障社会的需要，以惩罚作恶者的一种权利。本来正义与责任是不可分割的两种概念，所以侵害道德规范者必须补偿，才能算是得上正义，如是国家也就有压制这种侵害者的义务这些权利和义务是我们的创作主在把握着政府就只有以代理人的立场，来执行裁判权。人类的法律也只有根据神的法度才能发生强制力；假若政府否认神，那就无异于否认他自己。”② 柏拉图曾经指出，根据哲学和世界的本来意义，习惯上被认为必要的神圣的制度应属于神的规则。刑罚就是这样的制度。犯罪扰乱了宇宙的和谐，而这种和谐必须得到恢复。③

2. 契约说

契约说，或称社会契约说，该说将刑罚权的来源归结为人们共同缔结的社会契约。最早提出契约论的是古希腊哲学家，高尔吉亚学派智者吕科弗隆，他认为，“法律只是一种互相保证正义的协定，它理应成公民为善和正义的工具”。17 至 18 世纪欧洲自然法学派学者将这一学说进一步加以发展，一些杰出的思想家、哲学家如斯宾诺莎、康德等都是契约论的拥护者。法国的卢梭是

① 张晋藩等：《中国刑法史新论》，人民法院出版社 1992 年版，第 133 页。

② ［日］大谷实：《刑法讲义总论》，成文堂 1986 年版，第 481 页。转引自马克昌主编：《刑罚通论》，武汉大学出版社 1999 年版，第 20～21 页。

③ 参见谢望原：《刑罚价值论》，中国检察出版社 1999 年版，第 196 页。

社会契约论的集大成者，他于1762年出版的《社会契约论》对社会契约学说作了精辟而深入的论述。他认为国家是由以保护缔约者为目的的社会契约产生的，缔约者们为了使自己的利益得到保障，故而同意如果自己侵犯了公众利益，自己也将受到惩罚。“正是为了不至于成为凶手的牺牲品，所以人们才同意，假如自己做了凶手的话，自己也得死。”① 意大利学者贝卡利亚运用社会契约理论来阐释刑罚权的来源：随着人类的繁衍生息的规模不断扩大，为了满足自己的需要而不断地进行战争，于是人们缔结契约，牺牲一部分自由，以便享受剩下的那份自由，这些牺牲的自由总和起来就形成了一个国家的君权，同时需要有些“易感触的力量”来阻止个人专横，“正是这种需要迫使人们割让自己的一部分自由，而且，无疑每个人都希望交给公共保存的那份自由尽量少些，只要足以让别人保护自己就行了。这一份份最少量自由的结晶形成惩罚权”。②

3. 纯正正义说

德国著名哲学家康德、黑格尔认为刑罚权的来源是正义的要求，这就是所谓的纯正正义说。“其要领略谓吾人有正义之观念，要求对不正加以相当之罪罚而赎罪。故社会对犯罪科处刑罚系应此正义之要求。”③ 康德把对法律的研究建立在什么是公正的科学、什么是公正等研究之上，认为公正的正义是刑罚产生的根据。他认为人是法律权利主体，人权要求权利义务绝对对等，故而诽谤别人就是诽谤自身，偷别人东西就是偷自己东西，杀人者必须处死，犯罪者必须受到惩罚，否则“社会就没有公正和正义，那么在这个世界上人类的生命就没有什么价值了”④，这是一种蕴涵同害报复思想的结论。后来黑格尔进一步发展了这一思想，他认为赋予犯罪人的刑罚是他自在地存在的正义的意志，所以处罚犯罪人正是尊重其理性的存在。如果国家不对犯罪人处以刑罚，他就得不到这种尊重。因此，为了把犯罪人当做人来尊重，国家就必须动用刑罚对他加以惩处。⑤

4. 功利说

---

① ［法］卢梭：《社会契约论》，何兆武译，商务印书馆1997年版，第46页。

② ［意］贝卡利亚：《论犯罪与刑罚》，黄风译，中国法制出版社2002年版，第10页。

③ ［日］久礼田益喜：《日本刑法总论》，岩松堂1925年版，第15页。

④ 西方法律思想史编写组编：《西方法律思想史资料选编》，北京大学出版社1983年版，第424页。转引自马克昌主编：《刑罚通论》，武汉大学出版社1999年版，第23页。

⑤ 参见谢望原：《刑罚价值论》，中国检察出版社1999年版，第198页。

功利说认为刑罚权是由于社会的利益或社会的必要而存在的，犯罪是应当禁止为之的基于某种罪恶的理由产生的行为，它的存在严重侵犯了最大多数国家成员的最大幸福，即国家的最大利益，人类社会要维持正常的生存与发展，就必须尽量减少和排除犯罪带来的骚乱和阻碍，所以国家动用刑罚权来打击犯罪就成为必要手段。英国著名法学家、功利主义学说的创始人边沁认为，“个人的伦理以幸福为它的目的，而立法者不能有其他的目的；最大多数人的最大幸福就是判断是非的标准；政府的职责是以奖惩办法提高社会的幸福。根据危害幸福的行为及其犯罪之程度便可对它提出惩罚。”① 德国法学家、目的法学的创始人耶林认为，人类的行为都要受一定的目的支配，目的分为个人目的和社会目的，前者以利己为根据，后者以利他为根据，法律可以作为促使利己和利他、个人和社会相结合的手段，刑罚权就是为了实现个人利益与社会利益相结合的目的而存在的。

5. 命令说

命令说也称强力意志说，该说认为刑罚权的根据在于主权者的命令。英国分析法学的首创者、法理学家奥斯丁认为法律是主权者的命令，法律是命令的同义词，如果不服从命令，就会招致惩罚，这一理论被认为是命令说的渊源。1850 年皮尔得多出版了《个人自由论》与《刑法论》，他在书中提出了国家的刑罚权是基于国家的命令权的观点。他在《刑法论》第一章说道：“主权者宣布法律和执行法律，假若他的命令不能使违犯者发生危险，那么，法律也将不成其为法律，而仅是一种劝告、一种请求，主权者也将不成其为主权者，而仅仅是宗教上的‘传教师’罢了。因为制裁是一切法律的本质，主权的根本，也就系之于‘强制的方策’，刑罚就是这种制裁……所以合法的刑罚权，是仅在于命令权（法律）的依赖，这就是刑罚的真实的根据、真实的渊源。”② 德国哲学家尼采认为国家并非社会契约的产物，而是一个可怕的暴君和残酷镇压的机器，法是至高无上的统治者推行的，国家刑罚权来自于国家统治者的“强力意志”。法被用来“反对敌意和怨恨的优势的最关键一招还是：只要它有足够的力量，就要建立法规，强行解释，什么在它看来是合法的、正确的，什么是非法的、应当禁止的。在建立了法规之后，它就要把个别人或整个群体

① 逄锦温：《边沁的功利主义刑罚观探析》，载《法学评论》1998 年第 6 期。

② 马克昌主编：《刑罚通论》，武汉大学出版社 1999 年版，第 22 页。转引自许鹏飞：《刑罚权之根据》，载《法律杂志》第 8 卷第 1 期。

的越轨和肆意行动当做违法行为，当做抵制至高权力本身的行为来处理”。①

6. 社会防卫说

该说认为，刑罚权是为防卫社会免受犯罪的侵害而出现的，因被实证学派的学者所倡导，故而也称为实证派。刑事人类学派创始人龙勃罗梭认为，社会像自然界的其他生物一样有自卫的本能和权利，面对威胁到自身的侵害时予以防卫，刑罚就是社会对外来侵害的防卫手段，刑罚权就是从国家打击和遏制侵害的自卫权中产生的。菲利也认为刑罚是为防卫社会而存在，不过他认为不应当用暴力来矫正暴力，而应当用刑罚替代措施来矫正暴力。

7. 折中说

通常认为此说是兼采纯正正义说和功利说，或兼采社会防卫说和纯正正义说的理论。前者主张：“刑罚权的发生原由于正义的要求，但现实应否加以刑罚制裁，当依社会的必要而定。”② 后者主张刑罚权的产生，不仅由于防卫社会的需要，同时也不能忽视法律是以正义为基础的。对犯罪人科处刑罚，除了基于该行为对社会生存的危害性，还基于实现正义的考虑。所以，刑罚的执行是防卫社会免受犯罪侵害和满足社会的正义感的统一，这才是刑罚权的整个根据。③

我们认为，刑罚权是国家统治权的一部分，是一种法律现象。刑罚权是统治阶级为了对付违反它的生存条件的行为进行自卫而产生的，这便是刑罚权的根据。刑罚权并不是统治者的恣意妄为，它以一定的物质生产方式所产生的利益和需要为基础，一定的生产方式本身发生变化，或者其利益和需要发生变化，刑罚权的主体和内容也会跟着发生变化。④

（六）刑罚的目的

刑罚的目的是指国家制定、适用、执行刑罚所期望取得的效果，也即国家的刑事立法采用刑罚作为对付犯罪现象的强制措施及其具体适用和执行所预期实现的效果。刑罚目的贯穿于刑罚的制定、适用和执行的全过程，而不只是限于某一阶段。刑罚目的是预先设立的，存在于制定、适用、执行刑罚之先或者

---

① 谢望原：《刑罚价值论》，中国检察出版社 1999 年版，第 199 页。

② ［意］菲利：《犯罪社会学》，郭建安译，中国人民公安大学出版社 1990 年版，第 78 页。

③ 参见［日］久礼田益喜：《日本刑法总论》，严松堂 1925 年版，第 15 页。

④ 参见马克昌主编：《刑罚通论》，武汉大学出版社 1999 年版，第 26～27 页。

之际。刑罚的目的是刑罚希望取得的效果，这种效果不是立法、审判、行刑三个环节之一或其二所能达到的，只有三者协同一致，才能得以实现。

1. 刑罚目的的地位

刑罚目的在刑罚论中起着核心的作用，决定或制约着刑罚的其他全部问题，是刑罚论的要害。其重要性主要体现在以下几个方面：

第一，刑罚目的制约着刑罚的根据。刑罚目的不同，作为科处刑罚根据的事实就会不同。如古代社会认为刑罚的目的是神意报应，故而不管行为人主观上有无罪过，只要客观上实施了犯罪行为，就科处刑罚予以报复。近现代国家认为刑罚的目的是预防犯罪，消除犯罪人的人身危险性，故而犯罪必须主客观相统一，只有行为人主观上有罪过并且客观上实施了犯罪行为，才可以对其科处刑罚。

第二，刑罚目的制约着刑罚承受主体的范围。在奴隶制、封建社会，统治者采取的是威吓主义、神意报应主义的刑罚目的观，因而无论是具有完全辨认与控制能力的人，还是不具有完全辨认与控制能力的人，如儿童、精神病人，甚至是无生命的物体、动物均被列为科处刑罚的对象。近现代国家主张道义报应主义、法律报应主义或者预防主义的刑罚目的观，故而将承受刑罚的主体限定为人，因为对动物或者无生命的物体科处刑罚是不可能实现道义报应、法律报应或者预防犯罪的目的的。

第三，刑罚目的制约着刑罚的体系与种类。具体而言，刑种的选择、排列以及各种刑种在刑罚体系中的地位与所占的比重，都取决于出自何种刑罚目的。威吓主义、神意报应主义往往赞同越严酷的刑罚越能体现威吓和报应；预防主义则往往主张刑罚的人道化、合理化和多元化，强调根据犯罪人的不同情况给予不同的刑罚。

第四，刑罚目的制约着刑罚的执行。一方面，刑罚目的决定着刑罚执行制度的取舍，比如坚持特殊预防主义观点，势必赞同减刑和假释等刑罚执行制度；坚持一般预防主义观点，必然反对这样的刑罚执行制度。另一方面，刑罚目的制约着行刑方式，威慑主义必然主张重刑主义，强调刑罚执行的严厉性和残酷性；报应主义势必会不顾及行为人的主观恶性，对主观恶性小但却造成重大危害的犯罪人判处重刑；特殊预防主义则无疑会要求采取文明、人道的刑罚执行方式感化、改造犯罪人，使之早日复归社会。

此外，刑罚目的还制约着刑罚适用原则和对犯罪本质的认识。

2. 刑罚目的的内容

关于刑罚目的的内容，我国刑法学界众说纷纭，概括起来有以下观点：

(1) 一元刑罚目的

①惩罚说

该说是基于报应刑论的观点而产生的，认为，刑罚是国家的一种强制制裁手段，惩罚是刑罚的本质属性。对犯罪人适用刑罚的目的就在于使犯罪人感到痛苦，犯罪人为了免受痛苦而选择不实施犯罪。

②改造说

该说的产生主要是受到教育刑论的影响，认为刑罚的目的不是报应，也不是惩罚，而是把惩罚作为手段，通过惩罚达到改造犯罪人，使其洗心革面、重新做人的目的。

③预防说

该说以目的刑论的观点为基础，认为适用刑罚的目的是预防犯罪，包括特殊预防和一般预防。特殊预防是指通过对犯罪人适用刑罚来达到防止其再次犯罪的目的；一般预防是指通过惩罚犯罪人，对社会上潜在的犯罪分子进行教育和威慑，使他们不走上犯罪的道路。①

④刑罚功能说

该说认为，刑罚的目的在于充分发挥刑罚的功能，最大限度地达到预防犯罪的目的。②

(2) 复合刑罚目的

①二元目的说

这一观点为陈兴良教授所主张。该说认为，刑罚兼有报应与预防的目的，预防犯罪是主要目的，包括特殊预防与一般预防；报应则包括道义报应与法律报应。③

②三目的说

该说认为，刑罚的目的包括三方面的内容：一是惩罚与改造犯罪分子，防止他们重新走上犯罪道路；二是威慑和警戒社会上的不稳定分子和潜在犯罪分子，使其不走上犯罪道路；三是教育广大群众树立法制观念，鼓励广大群众积极同犯罪作斗争。

---

① 参见高铭暄主编：《新编中国刑法学》，中国人民大学出版社 1998 年版，第 311 页。

② 参见邱兴隆、许章润：《刑罚学》，中国政法大学出版社 1999 年版，第 116 ~ 117 页。

③ 参见陈兴良：《刑法适用总论》，法律出版社 1999 年版，第 53 页。

③预防和消灭犯罪说

该说认为，对犯罪分子适用刑罚，其目的在于通过改造犯罪人成为新人，达到预防犯罪，最终消灭犯罪、保护国家和人民利益的目的。

④三层次说

该说主张刑罚除了具有报应和预防目的外，还具有保护法益的目的。我国刑罚目的可分为三个层次：即公正惩罚犯罪、有效预防犯罪和最大限度地保护法益。①

⑤根本目的和直接目的说

该说认为，我国刑罚分为根本目的和直接目的。根本目的是指保卫公民的合法权益，保障具有中国特色的社会主义建设的顺利进行；直接目的是指预防犯罪，包括特殊预防和一般预防。②

⑥直接目的、间接目的和根本目的说

该说认为刑罚的目的分为直接目的、间接目的和根本目的。直接目的是指通过刑罚适用来达到预防犯罪的目的，包括特殊预防和一般预防；间接目的是指借助刑罚的适用达到附带追求的积极效果；根本目的是指通过适用刑罚达到"惩罚犯罪，保护人民"的最终目标。③

⑦实然与应然刑罚目的说

该说认为，我国刑罚的目的分为实然目的与应然目的，实然目的是指适用刑罚带来的惩罚和改造犯罪人，预防犯罪，保护国家、社会和人民的安全和利益的目的；应然目的是指适用刑罚带来的防卫社会的目的。④

3. 我国刑罚的目的

通说认为，我国刑罚的目的是预防犯罪，包括一般预防与特殊预防。

（1）特殊预防

特殊预防，是指通过对犯罪分子适用刑罚，惩罚和改造犯罪分子，预防犯罪人重新犯罪。特殊预防的对象是已经实施了犯罪行为的人。之所以要对犯罪人实施特殊预防，主要是由于任何犯罪行为都表明了行为人具有敌视、蔑视、漠视或忽视合法权益的危险意向，预示着犯罪人再次危害社会的现实可能性。

① 参见韩轶：《刑罚目的的建构与实现》，中国人民公安大学出版社 2005 年版，第 80 页。

② 参见马克昌主编：《刑罚通论》，武汉大学出版社 1999 年版，第 58 页。

③ 参见何秉松主编：《刑法教科书》，中国法制出版社 2000 年版，第 535 页。

④ 参见谢望原：《刑罚价值论》，中国检察出版社 1999 年版，第 120 页。

特殊预防的作用主要表现为对犯罪人物理上和心理上的作用：在一定时期内或者永久性地剥夺犯罪人再犯的能力，使其在该时期内或永久不再犯罪；使受刑者感受到刑罚带来的痛苦，不敢再次犯罪；在刑罚的执行过程中对犯罪人进行教育和改造，使其不愿意再犯罪。

特殊预防的方式主要表现为：①通过对罪行极其严重的犯罪人适用死刑，永远剥夺其重新犯罪的能力。这种方式最快捷有效，但其自身存在着很多负面的影响，故而在现代社会不应成为实现特殊预防的主要途径。②通过对犯罪人适用无期徒刑，使其永久地与社会隔离，不能再犯罪。无期徒刑是严厉程度仅次于死刑的刑罚方式，适用无期徒刑的犯罪人也可以得到减刑和假释，甚至回归社会。③通过适用有期徒刑、管制和拘役，使犯罪人在服刑期内与社会隔离，并通过接受教育和改造消除其人身危险性，使其不再危害社会。④在经济犯罪、财产性犯罪和贪利性犯罪中，通过适用财产刑和罚金刑来使犯罪人丧失一部分或者全部财产，从而剥夺其再犯的物质基础，抑制其再犯。⑤通过适用资格刑使犯罪人在一定时期内丧失政治权利和社会地位，一方面防止其利用这些权利和资格再次犯罪，另一方面使其感受到痛苦，吸取教训，接受教育和改造，使犯罪人不再犯罪。⑥通过对外国人适用驱逐出境这种刑罚方式，使犯罪人丧失在我国境内犯罪的空间机会，起到预防犯罪人在我国境内犯罪的作用。

从刑罚的角度讲，要实现对再犯罪的预防，必须在整个刑事法律活动过程中贯彻特殊预防的思想。第一，从刑罚的创制上讲，应充分体现罪责刑相适应的原则，坚持公正性和科学性；第二，从刑罚裁量上讲，应坚持刑罚个别化的原则，充分考虑犯罪人的具体情况和人身危险性的程度，有针对性和适当性地量刑；第三，从刑罚执行上讲，应全面贯彻惩罚与教育相结合、劳动与改造相结合的方针，避免重惩罚、轻教育，重劳动、轻改造的意识和做法，提高改造质量，防止重新犯罪。

(2) 一般预防

一般预防，是指通过对犯罪人适用刑罚来威慑、儆戒其他社会成员，防止他们犯罪。一般预防是防止尚未犯罪的人实施犯罪，其对象不是犯罪人，而是犯罪人以外的社会成员，主要包括：①危险分子，即具有犯罪危险的人，如尚未得到有效改造的刑满释放人员、多次实施违法行为的人、多次受到刑罚处罚的人。由于这些人的人身危险性大，他们是一般预防的重点。②不稳定分子，即容易犯罪的人。这类人往往法制观念淡薄、自制能力不强、没有固定职业、容易受犯罪诱惑或容易被犯罪人教唆拉拢，是一般预防的次重点。③犯罪被害人及犯罪被影响者，即直接或间接受到犯罪行为侵犯的人。这些人虽然是犯罪受害者，但往往具有报复倾向，容易因一时冲动而通过犯罪手段达到复仇的目的，故也是一般预防的对象。④其他社会成员，是指上述三类人以外的一般公民。

一般预防的方式主要表现为：①通过制定、适用和执行刑罚，威慑社会上的危险分子和不安定分子，使其产生心理影响，抑制他们的犯罪念头；②通过制定、适用和执行刑罚，表明国家对犯罪的否定性评价，安抚被害人及犯罪被影响者，从而防止报复性的犯罪发生；③通过制定、适用和执行刑罚，对广大公民进行法制教育，使他们自觉地遵纪守法，远离犯罪，并鼓励他们积极地同犯罪作斗争。

要实现一般预防，必须注意以下几点：第一，要充分贯彻刑罚的适当性原则，即刑罚的轻重应当与犯罪的严重程度相适应。它包含两个层面的含义：一个层面是刑事立法上的罪责刑相适应；另一个层面是刑事审判中的罪责刑相适应。第二，要充分贯彻刑罚的公开性原则，即国家应将刑罚公布于众，使全体社会成员知晓。同样，刑罚的公开性也包含刑事立法和刑事审判两个层面的刑罚公开。第三，要充分贯彻刑罚的即时性原则，即犯罪发生后，司法机关应当在尽可能短的时间内将犯罪人绳之以法。它包括及时侦查、及时起诉、及时判决和及时执行刑罚四个方面的内容。

【难点辨析】

特殊预防与一般预防

特殊预防与一般预防是一个密切联系、不可分割的整体。二者的联系主要体现在：一是特殊预防和一般预防是刑罚目的的基本内容，是预防犯罪的两种方式。任何犯罪行为都侵犯了法益，通过制定、适用和执行刑罚使犯罪人受到生理上和心理上的痛苦，不敢再次犯罪，同时也警告、教育社会上其他成员不敢、不愿犯罪，达到防患于未然，保证社会长治久安的目的。二是由于特殊预防和一般预防只是基于对象的不同而作的区分，二者的目的是完全一致的，都在于预防犯罪，由此决定了两者本质上的共同性。三是二者所借助的手段或者途径也是基本相同的，即刑罚的制定、适用和执行。四是个别预防与一般预防还具有功能上的互补性。例如，刑罚威慑功能中，个别威慑与一般威慑是辩证统一的，将两者割裂开来或者对立起来的观点都是错误的。如果只考虑个别威慑而不考虑一般威慑，个案的处理效果会对社会产生不良的影响。同样，如果脱离个别威慑，过分强调一般威慑，甚至为追求一般威慑的效果不惜加重对犯罪人的刑罚，这是有悖于公正的。因此，特殊预防与一般预防并重的必要性，是不言而喻的。

当然，特殊预防与一般预防也是有区别的，主要体现在：首先，对象不同。个别预防是以已经犯罪的犯罪人为对象的，目的在于防止这些人再次犯罪；而一般预防则是以危险分子、不安定分子、被害人及犯罪被影响者和其他社会成员为对象的，目的在于防止社会上的其他成员犯罪。其次，预防方式不同。特殊预防是通过对犯罪人身体、生命、财产等物理上的和资格、名誉等心理上的惩罚、教育、改造完成的；而一般预防则是通过对预防对象心理上的威慑和教育来实现的。再次，侧重点不同。特殊预防侧重于刑罚的适用，即量刑环节；而一般预防则侧重于刑罚的制定，即刑事立法环节。

（七）刑罚的功能

刑罚的功能，是指国家制定、适用和执行刑罚可能产生的积极作用。它具有如下特点:①

第一，刑罚的功能具有社会性。刑罚功能不仅是指对犯罪人产生作用，而且也对社会上其他人产生作用。这里的“社会上的其他人”既包括社会上潜在的犯罪人，也包括社会上广大的人民群众。

第二，刑罚的功能是刑罚对人们产生积极作用的可能性。刑罚对人们广泛地产生积极的作用，由于刑罚作用对象的多元化，必然决定了刑罚的功能的对象也具有多元化的特点。刑罚功能是具有可能性的，这种可能性不同于刑罚作用的效果性，并且与刑罚作用的现实性也是有区别的。一方面，刑罚在客观上具有产生积极作用的可能性，这不是人们主观臆断的；另一方面，刑罚的积极作用在现实中是否能够发挥又有着不确定性和或然性。不能因为个别犯罪人重新犯罪而否定刑罚的功能。

第三，刑罚的功能是在制定、适用和执行刑罚的过程中可能产生的积极作用。这表明刑罚的功能不仅仅体现在制定、适用和执行的单一领域，而是贯穿于整个刑罚的制定、适用和执行的全过程。国家通过制定刑罚，使人们知道什么行为是犯罪和会受到什么样的刑罚，从而对人们的心理产生影响。人民法院对犯罪分子定罪量刑，执行机关按照生效的判决执行刑罚，对犯罪人和其他人都产生影响。所以说，刑罚的功能是贯穿于刑罚的制定、裁量和执行的全过程的。

---

① 参见马克昌主编：《刑罚通论》，武汉大学出版社 1999 年版，第 40～42 页；李希慧主编：《刑法总论》，武汉大学出版社 2008 年版，第 436～437 页。

根据刑罚功能的对象进行分类，刑罚的功能的内容包括以下三个方面：①

1. 对犯罪人的功能

刑罚是对犯罪人适用的强制制裁方法，它首先对犯罪人发生作用。刑罚对犯罪人的功能，主要有如下四种：

（1）剥夺功能。刑罚的剥夺功能是针对犯罪人而言的，是指通过刑罚对犯罪人的权利与利益予以剥夺。这是犯罪人实施犯罪行为的法律后果，是刑罚的首要功能，是刑罚的最直观的外在表现，是刑罚的最直接功能。刑罚剥夺功能的实现，必须符合罪责刑相适应原则的要求。剥夺功能不仅是报应的体现，而且还是预防犯罪的具体措施，在这个意义上，剥夺功能应当是指对于犯罪人再犯能力的剥夺。刑罚的剥夺功能对刑罚的其他功能具有制约作用，是刑罚其他功能发挥的重要前提。离开了刑罚剥夺功能，刑罚的其他功能也就无从谈起。

（2）惩罚功能。刑罚是惩罚犯罪人的手段，是刑罚剥夺功能的延续，它以剥夺犯罪人一定的权益为内容，同时包含着国家对犯罪人的否定性评价。任何刑罚处罚都会使犯罪人因受到严厉制裁和国家的否定评价而感到痛苦，犯罪人亲自感受到刑罚的严厉性，使其不敢再犯，达到预防犯罪人可能再次犯罪的目的。

（3）改造功能。这是刑罚对犯罪人的主要功能。刑罚对犯罪人的剥夺和惩罚功能具有久远的历史，而刑罚对犯罪人的改造功能，则是近代以后才为西方启蒙思想家和近代学派的刑法学者所大力倡导的。启蒙思想家格老秀斯明确提出惩罚的第一目的是“改造”。近代学派代表、德国刑法学家李斯特主张目的刑主义，将犯罪人分为机会犯罪人与习惯犯罪人，后者又分为改善可能者和改善不能者。他认为，应对改善可能者处以自由刑，通过参加劳动使犯罪人逐渐习惯正常生活，以使之被改造成为普通人而复归社会。第二次世界大战以后，新社会防卫论的创始人——法国刑法学家安塞尔进一步强调犯罪人有复归社会的权利，社会有使犯罪人复归社会的义务，主张社会应当并且能够把犯罪人教育、改造成新人，复归社会。并且，刑罚的改造功能已为我国法律所确认，《中华人民共和国监狱法》第3条规定：监狱对罪犯实行惩罚和改造相结合、教育和劳动相结合的原则，将罪犯改造成为守法公民。在我国，刑罚的改造功能主要包括：

---

① 参见马克昌主编：《刑罚通论》，武汉大学出版社1999年版，第45～52页；李希慧主编：《刑法总论》，武汉大学出版社2008年版，第437～439页。

①劳动改造功能。犯罪分子多数是因为好逸恶劳、贪图享乐、追求物质而走上犯罪道路的，劳动可以使犯罪人逐步养成劳动的习惯，矫正其好逸恶劳的恶习，恢复普通人的正常本性。所以，我国于1954年就公布施行了《劳动改造条例》，明文规定了国家对犯罪人的劳动改造。需要说明的是，这里的劳动与社会上的劳动在性质上是不同的，这里的劳动是具有强制力的，具有惩罚的性质，其目的是通过劳动对犯罪人进行改造，使之成为新人。《刑法》第46条规定："……凡有劳动能力的，都应当参加劳动，接受教育和改造。"劳动是手段，改造是目的，劳动是为改造服务的，不能一味劳动，忽视改造，甚至丢掉改造，不能丧失刑罚的劳动改造功能。根据《监狱法》的规定，要安排好改造罪犯的劳动，应当注意如下几点：第一，根据罪犯的个人情况，合理组织劳动。罪犯的劳动应当与他的身体状况和技术能力相适应；第二，在劳动中注意矫正罪犯的恶习，逐渐使他们养成劳动习惯是劳动改造的关键，应当给予足够的重视；第三，应注意在劳动中使罪犯学习生产、生活技能，掌握一定的谋生本领，为释放后就业创造条件，以便罪犯复归社会。

②教育改造功能。《监狱法》设立"对罪犯的教育改造"专章，详细规定了对罪犯的教育改造。需要注意的是，对服刑罪犯的教育与社会上的教育有所不同，它是以刑罚的惩罚功能为基础的，并且是为改造罪犯成为新人服务的。因而强调教育改造罪犯，应当实行因人施教、分类教育、以理服人的原则，采取集体教育与个别教育相结合、狱内教育与社会教育相结合的方法。按照内容来划分，改造罪犯的教育可以概括为如下三个方面：第一，思想教育。这是以改造罪犯思想为根本要求的教育，包括法制、道德、形势、政策、前途等内容，旨在通过这些教育培养服刑人员的道德观念，增强其法律意识，使服刑人员了解政策，认清形势，遵守公德，选择好自己的前途，自觉接受改造，成为知法、懂法、守法、对社会有用的新人。第二，文化教育。在犯罪人服刑期间，监狱应当根据不同情况，对罪犯进行扫盲教育、初等教育和初级中等教育，经考试合格的，由教育部门发给相应的学业证书。这就要求把对罪犯的文化和职业技术教育列入所在地区教育规划，监狱应当设立教室、图书阅览室等必要的教育设施。第三，职业技术教育。监狱应当根据监狱生产和罪犯释放后就业的需要，对罪犯进行职业技术教育，经考核合格的，由劳动部门发给相应的技术等级证书。并应鼓励罪犯自学，经考试合格的，由有关部门发给相应的证书。同时，监狱应当组织罪犯开展适当的体育活动和文化娱乐活动。对服刑罪犯进行专业技术教育，使他们掌握一项或几项专业技术，有利于服刑人员刑满释放后复归社会、自食其力和独立生活。

(4) 感化功能。刑罚的感化功能是指通过一系列政策与制度使刑罚对犯罪分子产生心理上的影响。我国刑罚的感化功能，是惩办与宽大相结合这一刑事政策的直接体现，这就要求我们在处理刑事案件的时候，应当分清不同情况，实行区别对待，惩办少数，改造与教育多数。我国刑法中规定了自首、缓刑、减刑、假释、死缓等刑罚制度以及一系列从轻、减轻或者免除刑事处罚的量刑情节，这些制度与从宽处理的情节，都表现了国家对犯罪分子宽大处理的政策精神。刑罚的感化功能，不仅表现在量刑过程中的从宽处理情节的适用，还表现在行刑过程中通过各种措施感化犯罪人的心灵。

2. 对社会的功能

刑罚虽是对犯罪人适用的，但它同时具有一般预防的功能，是社会的防卫手段。因而刑罚不仅对犯罪人发生作用，而且对社会产生作用。刑罚对社会的功能主要有以下三种：

(1) 威慑功能。亦称威吓功能，即刑罚以其具有剥夺权益的强制力在对犯罪人进行惩罚的同时，也能威慑意图犯罪的人，使之畏惧而不敢犯罪。刑罚的威慑功能，早在我国古代就已经有了很深刻的认识，韩非子道："重一奸之罪，而止境内之邪……是以上设重刑而奸尽止"，商鞅则曰："刑重则必得，则民不敢试，故国无刑民"。他们都认为重刑具有强大的威慑力，可以防止犯罪。但是刑罚的威慑功能并非针对社会上所有的人，刑罚通常只对一部分潜在犯罪人或者不稳定分子产生一定的威慑效果，这些人可能慑于刑罚的威力而不敢实施犯罪行为。因而，我们应当肯定并重视刑罚的威慑功能。

刑罚的威慑功能在刑罚的制定、适用和执行三个阶段都存在。首先是制定阶段，国家在立法上明确规定何种行为是犯罪以及某种犯罪应处什么刑罚，并使全社会都能够知晓这些规定，这就等于向全社会公布了一个犯罪与刑罚的对价表，使潜在的犯罪人不愿为犯罪付出高昂的代价，不敢以身试法。其次是适用阶段，在查明其犯罪事实后，国家审判机关对实施犯罪的人依法判处刑罚，使潜在的犯罪人看到实施犯罪的人受到的现实的刑罚惩罚，不愿与他们走上相同的道路，因而打消犯罪念头。最后是执行阶段，使犯罪人所受的执行刑罚的痛苦为社会其他成员知晓，从而警戒潜在的犯罪人悬崖勒马，回心向善。有鉴于此，我们对刑罚的各个阶段的威慑功能都不应忽视。

(2) 教育功能。对犯罪行为规定一定的刑罚，使广大社会成员了解实施违法犯罪行为的后果和需要承受的痛苦，帮助其他社会成员划清罪与非罪的界限，教育广大社会成员自觉地遵守法律，并积极地同犯罪分子作斗争。对实施犯罪行为的人依法判处其应得的刑罚并执行刑罚，可以使广大社会成员认识到实施犯罪之后受到刑罚惩罚是不可避免的，进而进一步知法、懂法，提高广大社会成员遵纪守法的自觉性和同犯罪分子作斗争的积极性。

（3）鼓励功能。犯罪人的犯罪行为，侵害公民利益，危害社会秩序，对犯罪人施加刑罚，表明了国家对犯罪行为的否定性评价，一方面鼓励了广大社会成员自觉遵纪守法，得到国家的认可；另一方面，消除了广大社会成员对犯罪分子的心头之恨，备受鼓舞，鼓励社会公众积极同犯罪分子作斗争，这就是刑罚的鼓励功能。

3. 对被害人的功能

被害人包括犯罪行为的直接受害者和直接受害者的家属，以及受犯罪影响的其他人。刑罚不仅对犯罪人有着巨大的功能，对于遭受犯罪行为侵害的被害人也同样具有巨大的功能，这一功能主要表现在如下两个方面：

（1）安抚功能。刑罚的安抚功能是刑罚的重要功能之一。由于受到犯罪行为的侵害，被害人难免会感到心理不平衡，并进而对犯罪人产生强烈的复仇心理。在这种情况下，极易导致被害人对犯罪人的犯罪发生。通过对犯罪分子适用刑罚，在一定程度上满足被害人及其家属要求惩罚罪犯的强烈愿望，平息犯罪人给他们造成的激愤情绪，使他们的精神创伤得以安抚，从而防止他们对罪犯的私力报复。

（2）补偿功能。被害人因受到犯罪的侵害而在物质上受到了不同程度的损失，因而要通过对犯罪分子适用刑罚，一方面惩罚犯罪人，另一方面使物质损失得到补偿。我国《刑法》第36条第1款规定："由于犯罪行为而使被害人遭受经济损失的，对犯罪分子除依法给予刑事处罚外，并应根据情况判处赔偿经济损失。"为了实现刑罚的补偿功能，我国《刑事诉讼法》第77条第1款专门对刑事附带民事诉讼作了规定，即"被害人由于被告人的犯罪行为而遭受物质损失的，在刑事诉讼过程中，有权提起附带民事诉讼"。所有这些规定，都是使被害人的物质损失得以补偿的法律保障。

二、案例分析

被告人索某从小脾气不好，稍不顺心，便打骂父母及妹妹。索某母亲病逝，妹妹出嫁后，其对父亲索某某的打骂逐步升级，索某某不堪忍受，外出打工不归。2006年，索某某因工伤左手食指、中指被切断，手背皮骨被切碎，回到家中。为此，索某嫌索某某不能干活了，非打即骂，甚至有时不给饭吃。对此，村民敢怒不敢言。

2007年5月31日早上，被告人索某嫌索某某摇晃家中大门，便朝其背部踹了十余脚，并追打至村民袁某的小卖部附近，被邻居劝阻后方才停手。随即，索某回家取来凉馒头给索某某吃，因索某某将嚼碎的馒头吐出来，索某再次发火，又朝索某某身上踹了几脚，致其当场死亡。之后，索某用三轮车将索某某的尸体拉到村外坟地，准备掩埋。经村民报案，公安人员将正在挖坑的索某当场抓获。经鉴定，索某某系钝性物致伤，腹部闭合性损伤致脾脏破裂引起失血性疼痛休克死亡。

（案例来源：《刑事审判参考》(第66集)，法律出版社2009年版，第36～37页。）

【问题聚焦】

对故意伤害致尊亲属死亡如何量刑？

【法律剖析】

通说认为，刑罚的目的是一般预防与特殊预防相结合。本案中，应当判处索某死刑立即执行，才能很好地体现刑罚的目的。

被告人索某对其父索某某的虐待是长期持续的，此次又因琐事踢踹其父致死。且其不但未采取任何救治手段，还将其父拉上三轮车出村掩埋。由此看出其主观恶性极大；同时，其将其父连续踹致脾脏破裂而死，手段十分残忍。故根据特殊预防的观点，对其进行以教育为主的刑罚措施已经无法达到特殊预防的效果，只有从肉体上对其进行消灭，才能防止该犯罪人的再犯。

同时，杀父案件，属于杀害尊亲属的案件，我国虽并未在刑法分则侵害人身权利一章的故意杀人罪中特别规定杀害尊亲属罪，并制定较一般故意杀人罪为重的刑罚，但我国《刑法》第234条明确规定，故意伤害致人死亡的属于结果加重犯，应当处以比基本刑期更高的法定刑，同时，此类案件严重违背我国传统伦理道德观念，在群众中产生很大的影响，根据一般预防的措施及特点，唯有严厉惩治才有利于对潜在的犯罪人进行威吓，有利于遏制此类案件的再发。

因此，综合考虑本案的情形以及刑罚的目的性，本案应当判处索某死刑立即执行。

【法条链接】

《中华人民共和国刑法》

第234条　故意伤害他人身体的，处3年以下有期徒刑、拘役或者管制。

犯前款罪，致人重伤的，处3年以上10年以下有期徒刑；致人死亡或者以特别残忍手段致人重伤造成严重残疾的，处10年以上有期徒刑、无期徒刑或者死刑。本法另有规定的，依照规定。

第234条之一　　略。

三、深度拓展

（一）西方关于刑罚目的的理论

1. 绝对主义

绝对主义认为刑罚是犯罪的当然结果，犯罪是刑罚的原因。具体又可分为：

（1）狭义报应主义

狭义报应主义认为犯罪是一种恶行，刑罚是对这种恶行还报的一种害恶，善因善报、恶因恶报是这种主张的理论基础，刑罚就是对犯罪这种恶因所给予的恶报。① 近代的报应刑论经历了神意报应、道义报应和法律报应三种形态，分别以阿奎那、康德和黑格尔、宾丁为其代表。

神意报应的思想盛行于古代及中世纪。以神意来解释刑罚正当性，犯罪是对神意的触犯，理应受到神的责罚，国家根据神的意志，对犯罪人予以惩罚，以维护社会正义。

康德否定神权法观念，他从个人自由出发解释国家与法的起源，在否定神意报应主义的基础上，康德创立了以等量报应为特点的道义报应主义的刑罚哲学，将报应刑的思想推向了一个极端。康德指出："法院的惩罚绝对不能仅仅作为促进另一种善的手段，不论对犯罪者本人或者对公民社会。惩罚在任何情况下，必须只是由于一个人已经犯了一种罪行才加刑于他。因为一个人绝对不应该仅仅作为一种手段去达到他人的目的……"②

黑格尔则认为，报应的理论基础在于人的自由意志，刑罚是一种正义的惩罚，一是因为惩罚体现的是犯罪人的自由意志的要求，是对其自由意志的尊重；二是因为犯罪的本质是对法的侵害，是不法的、无价值的。刑罚的报应是一种基于普遍意志所产生的对犯罪的报复，可以保持对犯罪人报复的正当性和正义性，因而与复仇所体现出来的报复有严格的区别。黑格尔进一步指出，刑罚的报应是一种等价报应，一方面，"等价"意味着刑罚的强度必须与犯罪行

① 参见马克昌主编：《刑罚通论》，武汉大学出版社1999年版，第27页。

② 转引自马克昌主编：《刑罚通论》，武汉大学出版社1999年版，第28页。

为的危害程度相适应；另一方面，“等价”意味着刑罚与侵害行为的等同不是在特种性状方面的等同，而是“侵害行为自在的存在的性状的等同”，亦即价值上的等同。①

黑格尔也是法律报应刑论的代表人物，他认为法和道德是存在明显区别的，道德完全是内心的东西，不能加以任何强制，所以国家的法律不可及于人的心意。只有法才具有强制性，道德则不具有。法的正当性不能由道德来论证，而只能从法本身得以论证。黑格尔认为，刑法的正当性来自于法的自我实现，是法的自我辩证运动的必然结果。刑法的这种正当性不仅从法的辩证运动中得以证明，而且从具有意志自由的犯罪人的行为中得到支持。由于犯罪是犯罪人选择的结果，因而刑罚也可以合乎逻辑地从犯罪人的行为中引申出来，获得合理性。自在的正义与自为的正义，这就是黑格尔的法律报应论为刑法的正当性提供的法理论证。

法律报应刑论的代表人物是宾丁，认为犯罪是对法律的一种否定，而刑罚则是对犯罪的否定，通过这种否定之否定，法律本身得到了一种肯定和维护。刑罚作为一种对犯罪的法律上的报应，其正当性来自它对法律的维护和尊重。宾丁将刑罚定义为：“为了保障受侵害之实证法的权威性而按照国家规范来对抗罪犯的法律。”量刑标准是具体法律条款所保护利益的质和量，这种利益也可以充当否定刑罚当罚性及其幅度的辩护理由。② 详言之，法律秩序由犯罪所受的损害大，犯罪人由刑罚所受的痛苦也应当大；反之，法律秩序由犯罪所受的损害小，犯罪人由刑罚所受的痛苦也应当小。③

（2）赎罪主义

赎罪主义认为刑罚是对犯罪人科处痛苦，可以使犯罪人通过承受痛苦而从犯罪的过去中解脱出来，刑法的痛苦有消灭罪孽的力量。故而，刑罚的轻重应当考虑犯罪人的性格和心理痛苦的大小。但是此说只说明了刑罚的消灭罪孽的作用，而未说明犯罪的目的，不足取之。④

2. 相对主义

① 参见马克昌主编：《近代西方刑法学说史》，中国人民公安大学出版社 2008 年版，第 147～153 页。

② 参见［德］宾丁：《当今刑罚问题》，载《刑罚与刑事诉讼法论文集》，1919 年版，第 85 页。

③ 参见［日］大谷实：《刑法讲义总论》。转引自马克昌主编：《刑罚通论》，武汉大学出版社 1999 年版，第 29 页。

④ 参见马克昌主编：《刑罚通论》，武汉大学出版社 1999 年版，第 54 页。

又称目的主义，强调刑罚的施加在于目的，刑罚的目的并不在于对犯罪的报应，刑罚只是一种手段，通过这一手段以达到预防犯罪、保护社会的目的。相对主义认为，刑罚不是对已然之罪的报应，而是对未然之罪的预防，刑罚不应当回顾过去，而应当前瞻未来，刑罚本身不是目的，而只是预防犯罪的手段。因此刑罚的正当性根据不在于其作为报应所追求的公正价值，而在于通过刑罚所达到的预防犯罪的功利效果。可见相对主义是以“目的的合理性”来证明手段的正当性。相对主义又可分为一般预防主义、特殊预防主义和双面预防主义。

（1）一般预防主义

一般预防以社会一般人为对象，认为刑罚的目的在于通过刑罚的威慑或者确证规范，预防社会一般人，使之不致犯罪。根据预防方式的不同，一般预防分为消极的一般预防和积极的一般预防，消极的一般预防又可分为执行威吓主义和立法威吓主义。

执行威吓是通过在一般人面前公开执行残酷的刑罚，来防止一般人去犯罪，从而达到预防犯罪的效果。执行威吓盛行于古代与中世纪的专制社会。

立法威吓是通过法律明文规定刑罚的方式，来遏制社会一般人的犯罪欲望，从而收到预防犯罪的效果。费尔巴哈竭力主张立法威吓，提出了“用法律进行威吓”的名言。与执行威吓不同，立法威吓强调的不是刑罚执行的血腥场面，而是刑罚的明确性和确定性。费尔巴哈创立了心理强制说来解释立法威吓。他认为，人都具有追求快乐、逃避痛苦的本能，因而人在可能获得较大的快乐时，就断绝较小快乐的意念；而可能避免较大的痛苦时，就会忍耐较小的不快乐。行为人之所以犯罪，就在于其追求在犯罪时获得快乐的感性冲动；为了防止犯罪，就必须抑制行为人的感性冲动。具体地说，对于一定的犯罪，以刑法事先规定明确、肯定的刑罚，使人们预先知道因犯罪而受到刑罚的痛苦大于因犯罪所得到的快乐，由此，按趋利避害行事的人就会把抑制犯罪发生的小的不快和受到刑罚产生的大的不快比较，宁肯避开大的不快而选择小的不快，从而抑制心理上萌生犯罪的意念，以达到避免犯罪的目的。①

超越于威慑意义来理解一般预防，是积极的一般预防，其通过刑法的评价

---

① 参见马克昌主编：《近代西方刑法学说史》，中国人民公安大学出版社 2008 年版，第 98～102 页。

机能和决定意思的机能，使公民对刑法产生依赖，由此达到预防犯罪的效果。①

（2）特殊预防主义

特殊预防以犯罪人为对象，认为刑罚的目的在于通过刑罚的剥夺或者教育，预防犯罪人，使之不致再次犯罪。特殊预防是刑事近代学派所主张的刑罚理论，根据预防方式的不同，特殊预防分为剥夺犯罪能力主义、矫正改善主义。

剥夺犯罪主义是以自由刑或者生命刑施加于犯罪人，使犯罪人与社会相隔离或消失于社会，从而排除其再犯的可能性。可见，剥夺犯罪主义是消极的特殊预防，又称排它主义。尤勃罗梭是剥夺犯罪主义的推崇者。他认为，无论从统计学的角度看，还是从人类学的角度看，犯罪都是一种自然现象、必然现象。对于那些已经成熟的犯罪，我们更应当注意加以预防，而不是医治……法官杀掉罪犯，并且通过死刑防止犯罪的重新发生。② 犯罪是对社会的侵害，刑罚是社会防卫的手段，为了保护社会的利益，国家必须对犯罪人科处刑罚。③ 龙勃罗梭认为，对犯罪人所施加的刑罚应当根据不同情况处理，据此，他把犯罪人分为四类：对于真正的激情犯罪人，应当采取流放、赔偿损害、使其懊悔自责的刑罚；对于倾向犯罪人，应当避免反复使用短期监禁刑，以免他们与习惯性犯罪人接触。对于轻微犯来说，罚金刑比监禁刑有效。犯罪人是穷人，可以强制其劳动来代替刑罚。对于初次犯罪并且罪行轻微的犯罪人，可以具结。处置倾向犯罪人的有效的、也比较严重的方法就是缓刑和不定期刑制度；对于习惯性犯罪人，应将其隔离，以使其赎罪作为首要目标，在各种尝试均无法消除其犯罪性时才可以流放或者永久隔离；对于生来犯罪人、癫痫病人、悖德狂者，应当建立专门的监禁和矫治机构。

矫正改善主义将刑罚作为矫治改善犯罪人的手段，通过刑罚对犯罪人的教育改造，使其改恶从善，从而排除其再犯的可能性。因此，矫正改善主义是积极的特殊预防，又称教育刑主义。李斯特是矫正改善主义的倡导者。他认为，刑罚的目的在于改造和教育犯人，消除其危险性，使之重返一般市民生活之

① 参见［日］木村龟二主编：《刑法学词典》，顾肖荣等译，上海翻译出版公司1991年版，第411页。

② 参见［意］龙勃罗梭：《犯罪人论》，黄风译，中国法制出版社2000年版，第319、327、323页。

③ 参见马克昌主编：《犯罪通论》，武汉大学出版社1999年版，第30页。

中。个别预防的重点不是预防不特定的可能犯罪的人，而是预防已受到处罚的人再次犯罪。刑罚的分量以为了消除犯罪人的危险性（犯罪性），使之重返社会所需的处理期间为标准（处罚的不是行为而是行为人）。与其说刑罚的目的是威吓、儆戒一般人，莫如说是使人自身得到改造、预防犯罪更为重要一些。① 在日本，木村龟二是一个狂热的教育刑论者，他主张教育是刑罚的本质；教育刑的教育是以犯罪人为对象的特殊教育，是“再教育”，这与对正常人的普通教育是不同的；科处刑罚不是因为行为人犯了罪，而是为了行为人不犯罪；刑罚要依据犯罪人的个性，采取相应的方法使之回归社会；只要与犯罪人的特性相应并有助于其成为社会人，教育刑方法就没有限制；教育刑的刑罚个别化是对相同的犯罪人平等处理、对不同的犯罪人不同处理，因此教育刑包含了平均主义，并进一步体现了分配主义。②

（3）双面预防主义

双面预防主义认为，刑罚的目的是一般预防与特殊预防。意大利著名刑法学家贝卡利亚认为，刑罚的目的除了要阻止罪犯重新犯罪侵害社会，还要告诫其他社会成员不要犯罪。自然，持此说的学者，有的主张一般预防为主，特殊预防为辅；有的主张特殊预防为主，一般预防为辅；有的主张一般预防与特殊预防并重。但总体而言，这一学说同时注意到了刑罚的一般预防目的和特殊预防目的，对后世的影响比较大，是值得我们借鉴的。不过，该学说对如何处理一般预防与特殊预防的关系等问题缺乏合理的说明，也是一种遗憾。③

3. 折中主义

折中主义又称综合主义，认为刑罚的目的既在于报应犯罪，又在于预防犯罪、保护社会。应当调和对已然之罪的报应与对未然之罪的预防，在施加刑罚的同时考虑这两个目的，使之互助生效。根据折中主义对刑罚目的的侧重点不同，折中主义分为真正的折中主义、绝对的折中主义、相对的折中主义和阶段区分的折中主义。

真正的折中主义，将报应与预防置于同等的地位。

绝对的折中主义，以正义报应为基础，辅之以相对主义。日本学者大谷实

---

① 参见马克昌主编：《近代西方刑法学说史》，中国人民公安大学出版社 2008 年版，第 240 页。

② 转引自李海东主编：《日本刑事法学者》（上），中国法律出版社、日本成文堂 1995 年版，第 180 页。

③ 参见马克昌主编：《犯罪通论》，武汉大学出版社 1999 年版，第 57 页。

指出："仅以有效性而使刑罚正当化的情况现在并不存在。因此，不得不说，以改造的名目所实施的无效的强制处分是反人道的。因此，应当在报应的限度内追求预防的目的，从这一意义上来说，综合说也仍然是妥当的。"①

相对的折中主义，以预防目的为基础，辅之以绝对主义。

阶段区分的折中主义将刑罚的适用区分为立法、裁量、执行三个不同的阶段，在这三个不同的阶段，刑罚的目的各有侧重。而从刑罚适用的整体来看，其将报应与目的兼容并蓄。

（二）非刑罚化

法基本刑事政策的刑法谦抑原则的直接要求。所谓刑法谦抑原则，是指刑法应当作为社会抵抗违法行为的最后一道防线，应当在穷尽其他一切法律手段调整违法行为均无效时再使用刑法手段调整。同时，能够使用较轻的刑法手段调整犯罪行为时，尽量不用较重的刑法手段来调整。

刑法谦抑原则要求严格收缩法定刑罚圈，广泛适用刑罚替代措施。所谓严格收缩法定刑罚圈，是指在行为构成犯罪，依法追究其刑事责任时，严格控制对犯罪行为适用刑罚的条件，如果能够不适用刑罚或者采用其他非刑罚处罚方式也能达到预防和控制犯罪的目的，就要排除刑罚的适用。这是当代刑法改革运动中非刑罚化运动的主要内容。

通过非刑罚化对刑罚进行实质限制的方式和途径主要有：通过规定免刑制度和免除处罚情节，对刑罚的适用范围进行实质限制；通过非刑事制裁措施对刑罚的适用范围进行实质限制；通过保安处分，弥补刑罚功能的不足，限制刑罚的适用范围。

在现代刑法思想和刑事政策影响下，非刑罚化运动已经成为席卷世界多数国家的刑法改革运动的主题，对各国传统刑法产生了重大而深远的影响。非刑罚化对传统的报应性刑罚提出了根本的挑战，改变了人们长期以来固守的有罪必罚的报应观念，推动了社会对于犯罪和罪犯的态度的改变，同时也节约了国家刑罚资源的投入，使现代社会对付犯罪的反应方式在趋向多样化的同时，更趋向人道、文明、经济的选择。对轻微犯罪等不严重威胁社会秩序和公共福利的犯罪采取较以往更为宽容的态度，广泛适用非刑罚处理方法，并不会导致犯罪率的明显上升。相反，由于非刑罚处理方法的独立或辅助适用，在很大程度上避免了传统刑罚特别是短期剥夺自由刑的种种弊端，从而有效地控制了一段

① ［日］大谷实：《刑事政策学》，黎宏译，法律出版社 2000 年版，第 105～106 页。

时期以来累犯率和再犯率明显上升的局面，总体上保持了犯罪形势的相对稳定。

我国是社会主义国家，惩办与宽大相结合是我国的基本刑事政策。和世界性的非刑罚化运动相联系，一方面，我国刑法也规定了对犯罪人免除刑罚处罚的制度和免除处罚情节，如应当免除处罚的情节有：犯罪中止并且没有造成损害的、防卫过当、避险过当等；可以免除处罚的情节则有：又聋又哑的人或者盲人犯罪的、预备犯、行贿人在被追诉前主动交代行贿行为的等。另一方面，《刑法》第 37 条规定："对于犯罪情节轻微不需要判处刑罚的，可以免予刑事处罚，但是可以根据案件的不同情况，予以训诫或者责令具结悔过、赔礼道歉、赔偿损失，或者由主管部门予以行政处罚或者行政处分。"此外，实践中我国也有对有轻微违法犯罪行为的人适用的各种行政性强制措施的做法，如劳动教养、收容教养、强制戒除等。这些措施的适用，在实质上限制了刑罚的适用范围，是我国对轻微违法犯罪行为进行非刑罚化处理的重要方式。

第十章 刑罚的体系和种类

【知识结构图】

- 刑罚的体系和种类
  - 刑罚体系
    - 刑罚体系的概念
    - 刑罚体系的功能
  - 主刑
    - 管制
    - 拘役
    - 有期徒刑
    - 无期徒刑
    - 死刑
  - 附加刑
    - 罚金
    - 剥夺政治权利
    - 没收财产
    - 驱逐出境
  - 非刑罚处理方法
    - 非刑罚处理方法的概念
    - 非刑罚处理方法的种类
    - 非刑罚处理方法的适用条件

一、知识点精析

（一）刑罚体系

刑罚的体系，是指国家为充分发挥刑罚的功能、实现刑罚的目的，基于刑法明文规定而形成的、由一定刑罚种类按其轻重程度而组成的序列。

1. 刑罚体系的特点

(1) 刑罚体系具有以下特点：

①刑种是刑罚体系的构成要素，是立法者对于我国长期以来各种刑事立法所规定的刑罚及其运用效果的经验的总结，是依照一定的顺序排列的。根据我

国刑法的规定，刑罚分为主刑与附加刑，主刑有管制、拘役、有期徒刑、无期徒刑与死刑；附加刑有罚金、剥夺政治权利、没收财产与驱逐出境。这是按照主刑与附加刑各自的严厉程度由轻到重依次排列的。

②刑罚体系是刑法明文规定的。一方面体现在刑法明文规定刑种，不是刑法明文规定的刑罚种类，就不能作为刑种；另一方面体现在刑法明文规定主刑与附加刑的种类，将二者加以分类；最后体现在刑法明文规定刑种的先后排列顺序，排列的方法不同，反映出刑事立法的价值取向不同。

③刑罚体系的指导原则是发挥刑罚的功能、实现刑罚的目的。只有使对刑种的选择、分类和排列有利于刑罚积极功能的发挥、刑罚预防犯罪目的的实现，刑罚体系才能符合社会需要，具有存在的合理根据。我国刑罚体系中，无论是对于刑种的选择和分类，还是对于刑种的排列，都是立法者从有利于刑罚功能的发挥和刑罚目的的实现立场出发而确定的，并非随心所欲而规定的。

（2）同一般的刑罚体系相比，我国刑罚体系还有以下几个特点：

①要素齐备，结构合理。我国刑罚体系由主刑与附加刑构成，是一个完整的体系。具体而言，主刑与附加刑又分别包括若干不同的刑种，各个刑种均有不同的内容和适用条件，从而根据案件和犯罪分子的实际情况对各种犯罪给予有效、合理的制裁。主刑与附加刑相互补充、配合适用，主刑在先，附加刑在后，主次分明，避免了单一刑种的局限性。刑种结构合理，各种主刑和附加刑均按照各自的严厉程度由轻到重排列，主次分明，轻重衔接，结构严谨。

②宽严相济，衔接紧凑。衔接紧凑，表现为拘役的上限6个月，与有期徒刑的下限6个月相衔接，有期徒刑的上限15年与无期徒刑也有衔接性。刑罚体系由轻重不一的刑种组成，主刑从最轻的仅限制犯罪人的一定自由的管制到最重的剥夺犯罪人生命的死刑分为五种。这使得刑罚体系有宽有严，宽严相济。之所以确立这种刑罚体系，主要是因为犯罪现象纷繁复杂、犯罪后果轻重不一，只有刑罚体系有宽有严，才能符合罪责刑相适用的原则要求，单纯的重刑或者轻刑都不利于预防犯罪，也不利于刑罚目的的实现。

③内容合理，方法人道。刑罚体系的设置符合我国国情，是多年来司法实践经验的总结，适合惩罚威慑与教育改造的需要。各个刑罚都包含惩罚与教育改造的机制；一些刑种的内容（如管制）体现了专门机关与人民群众相结合同犯罪做斗争的方针；以自由刑为中心，同时扩大了罚金刑的适用范围，这反映了世界立法趋势；刑种由轻到重的排列也符合刑罚的发展方向。我国刑罚方法具有社会主义人道性：任何刑罚方法都能使犯罪人感受相当的剥夺性痛苦，但又不以造成剧烈痛苦为目的；任何刑种都不包含侮辱人格、损害尊严、摧残

肉体、折磨精神、牵连亲属的内容；除死刑立即执行以外，刑罚内容都在于促使犯罪人弃恶从善，改过自新。

2. 刑罚体系的功能

刑罚体系具有如下功能：

（1）教育功能。刑罚种类的设置，就是为了教育人们不要犯罪，否则将受到刑罚惩罚，也鼓励人们积极同犯罪行为作斗争。

（2）威慑功能。刑罚的严厉性，能威慑那些危险分子和不稳定分子，不要以身试法，应收敛自己的不法行为。

（3）科学化功能。刑罚体系的科学性进一步为刑法体系的科学性奠定基础。

（4）有利于刑罚目的实现的功能。一个科学的刑罚体系有利于预防犯罪，从而有利于刑罚目的的实现。

（二）主刑

1. 管制

管制，是指限制犯罪人的一定自由但不予关押而将其交由公安机关执行和群众监督改造的一种刑罚方法。管制是我国独创的一种刑罚方法，属于主刑的一种，是最轻的主刑。管制具有以下四个方面的特点：

（1）对受刑人不予关押。即不是将受刑人羁押在特定的场所或者设施内，剥夺其人身自由。《刑法》38 条第 4 款规定："判处管制，可以根据犯罪情况，同时禁止犯罪分子在执行期间从事特定活动，进入特定区域、场所，接触特定的人。"

（2）限制受刑人一定的人身自由。根据《刑法》第 39 条的规定，被判管制的犯罪分子在刑罚执行期间，其自由受到下列限制：①遵守法律、行政法规，服从监督；②未经执行机关批准，不得行使言论、出版、集会、结社、游行、示威自由的权利；③按照执行机关规定报告自己的活动情况；④遵守执行机关关于会客的规定；⑤离开所居住的市、县或者迁居，应当报经执行机关批准。

（3）对受刑人的限制有一定的期限。根据《刑法》第 38 条的规定，管制的期限为 3 个月以上 2 年以下。另据《刑法》第 69 条的规定，数罪并罚时，管制的期限不得超过 3 年。管制的刑期，从判决执行之日起计算；判决执行以前先行羁押的，羁押 1 日折抵刑期 2 日。

（4）由公安机关执行并由群众予以监督。《刑法》第 40 条规定："被判处管制的犯罪分子，管制期满，执行机关应即向本人和其所在单位或者居住地的群众宣布解除管制。”

另外需要注意的是，对于被判处管制的犯罪分子，在劳动中应当同工同酬。

2. 拘役

拘役，是指短期剥夺犯罪人的人身自由，由公安机关就近执行并对受刑人进行劳动改造的刑罚方法。在我国刑罚体系中，拘役是介于管制与有期徒刑之间的一种主刑，它具有以下四个方面的特点：

(1) 剥夺受刑人的自由。即将被判处拘役的犯罪人关押于特定的场所，使其丧失人身自由，并对其进行劳动改造。拘役主要适用于那些罪行较轻，但又必须短期剥夺其人身自由进行劳动改造的犯罪人。

(2) 剥夺自由的期限较短。根据《刑法》第42条的规定，拘役的期限为1个月以上6个月以下。另据《刑法》第69条的规定，数罪并罚时，拘役期限最长不得超过1年。依据《刑法》第44条规定，拘役的刑期，从判决执行之日起计算；判决执行以前先行羁押的，羁押1日折抵刑期1日。

(3) 由公安机关就近执行。《刑法》第43条第1款规定：“被判处拘役的犯罪分子，由公安机关就近执行。”这表明公安机关是拘役刑的执行机关，具体而言是指县级公安部门。此处所谓“就近执行”，是指公安机关对于人民法院判处拘役的犯罪分子，有条件建立拘役所的，放在拘役所执行；没有条件的可放在就近的监狱执行；远离监狱的，可以放在就近的看守所内执行；但在监狱或看守所执行的，要实行分管分押，以防交叉感染。

(4) 受刑人享受一定的待遇。按照《刑法》第43条第2款的规定，在执行期间，受刑人每月可以回家1至2天；参加劳动的，可以酌量发给报酬。被判处拘役的犯罪分子，如离家路途较远的，可以累积使用假期。此处所谓“酌量发给报酬”，既不是不发给报酬，又不是同工同酬，而是根据犯罪人参加生产劳动的表现、技术水平和生产收入情况等，发给适当的报酬。

3. 有期徒刑

有期徒刑，是指剥夺犯罪分子一定期限的人身自由，并强迫其劳动和接受教育和改造的一种刑罚方法。我国刑法在任何一种犯罪的法定刑中都将有期徒刑作为供选择的刑种之一。在司法实践中，有期徒刑也是适用率最高的一种刑罚方法。它具有以下四个方面的特点：

(1) 剥夺犯罪分子的人身自由。即将受刑人关押于一定的场所服刑，使其丧失人身自由。

（2）对犯罪人自由的剥夺具有一定的期限。根据《刑法》第45条、第50条、第69条的规定，有期徒刑的刑期为6个月以上15年以下。在死刑缓期执行期间，如果确有重大立功表现，2年期满以后，减为25年有期徒刑。数罪并罚时，有期徒刑总和刑期不满35年的，最高不能超过20年，总和刑期在35年以上的，最高不能超过25年。关于有期徒刑刑期的计算，《刑法》第47条规定："有期徒刑的刑期，从判决执行之日起计算；判决执行以前先行羁押的，羁押一日折抵刑期一日。"

（3）在监狱或者其他执行场所执行刑罚。有期徒刑的执行场所包括监狱、劳动改造管教队、少年犯管教所、看守所等。

（4）强迫受刑人参加劳动、接受教育和改造。《刑法》第46条规定，被判处有期徒刑的犯罪分子，凡有劳动能力的，都应当参加劳动，接受教育和改造。这种劳动是强制性的，体现了我国对罪犯实行劳动和教育改造的政策。

4. 无期徒刑

无期徒刑，是指剥夺犯罪分子终身自由，强制其参加劳动并接受教育和改造的一种刑罚方法。无期徒刑是剥夺自由刑中最严厉的一种刑罚。它具有以下几个方面的特点：

（1）剥夺犯罪分子的终身自由。即将犯罪人关押于特定的场所，使其终身丧失人身自由。无期徒刑作为一种严厉性仅次于死刑的刑罚，只适用于严重的犯罪。我国1997年刑法对无期徒刑的规定主要有三种形式：一是把无期徒刑与有期徒刑以及其他刑种作为选择性刑种规定在一个条文中，把无期徒刑规定为法定最高刑，如《刑法》第120条规定，"组织、领导恐怖活动组织的，处10年以上有期徒刑或者无期徒刑"。二是把无期徒刑与死刑规定在一个条文中，作为选择性刑种，如《刑法》第119条规定，"破坏交通工具、交通设施、电力设备、燃气设备、易燃易爆设备，造成严重后果的，处10年以上有期徒刑、无期徒刑或者死刑"。三是将无期徒刑和处10年以上有期徒刑规定在一个条文中，作为量刑的选择性刑种，把死刑作为最高刑，如《刑法》第121条规定："以暴力、胁迫或者其他方法劫持航空器的，处10年以上有期徒刑或者无期徒刑；致人重伤、死亡或者使航空器遭受严重破坏的，处死刑。"

需要指出的是，尽管从理论上说，无期徒刑是剥夺终身自由，但由于法律同时规定了减刑、假释、赦免等制度，故而实践中被判处无期徒刑的犯罪人大部分最终都回归社会了，只有极少数不愿悔改的犯罪分子将终身在监狱中度过。另外，由于无期徒刑本无期限可言，因而受刑人在判决执行前被先行羁押的时间不存在折抵刑期的问题。

（2）强迫受刑人参加劳动与接受教育和改造。根据《刑法》第46条的规定，被判处无期徒刑的犯罪分子，除无劳动能力的外，都必须参加无偿劳动，接受教育和改造。刑法规定对判处无期徒刑的犯罪人可以减刑、假释，也在于促使犯罪人积极改造。

（3）必须附加剥夺政治权利终身。无期徒刑的严厉性还体现在无期徒刑不可能被孤立地适用。因为无期徒刑的适用对象是罪行严重的犯罪分子，所以按照《刑法》第57条的规定，对被判处无期徒刑的犯罪人，应当附加剥夺政治权利终身。

5. 死刑

死刑，是剥夺犯罪人生命的刑罚方法。由于死刑的内容是剥夺犯罪人的生命，故被称为生命刑；由于死刑是刑罚体系中最严厉的刑罚方法，故又被称为极刑。

（1）死刑的存废之争

死刑的起源可以追溯到原始社会的血亲复仇和同态复仇，它是与国家同时产生的。自17、18世纪以降，随着启蒙思想的传播，死刑的存在开始受到强烈的抨击。直至当今，各国因其政治、经济、文化、历史等方面的差异而对死刑存废问题采取了不同的态度，截至2008年年底，全球在法律上废除死刑的国家有95个，废除对普通犯罪判处死刑的国家有8个，46个国家在过去的10年中未执行过死刑而被联合国归类为“事实上废除死刑的国家”。我国是没有废除死刑的国家之一，《刑法修正案（八）》取消了13个非暴力性犯罪的死刑罪名之后，我国现行刑法有55个死刑罪名。

主张废除死刑的学者所持的理由主要有：第一，死刑违反人道精神，这是死刑废除论者最常用的武器。对于每一个人来说，生命是最为宝贵的，这是人一切权利的载体，死刑剥夺犯罪人的生命是对天赋人权、人的生命不可侵犯的人道主义的否定。第二，死刑违背社会契约。社会契约论认为，公民为了自身更好地享有自由和使自身利益得到保护，便让渡了一部分自由和权利与国家订立契约。公民是不可能让渡自己的生命权给国家的，因此即使公民犯了不可饶恕、极其严重的罪行，国家也没有权力剥夺公民的生命。第三，死刑助长人的残忍本性。死刑是野蛮的刑罚，它给人们提供了残酷的榜样。第四，死刑具有不可挽回性。死刑彻底剥夺了犯罪人的改造可能性，是对人的生命的否定，而且死刑一旦发生错误无法纠正。第五，死刑本质上是一种“杀人者死”的报复手段，是对人的复仇心态的姑息、迁就和纵容，因而必然会助长人性中的野蛮与残忍因素，有碍善良、仁慈的人性的培养。死刑树立了野蛮的榜样，助长了人性的残忍。第六，死刑不具有最大的威慑功能，它的威慑作用只是有限的、不稳定的，因为死刑给人的印象只是暂时的，其给人造成的畏惧感将随死刑的执行场面的消失而消失，死刑的威慑效果不大于终身监禁，因而不是具有最大威慑力的刑罚。第七，在当代，美日两国的死刑废除论者主要将死刑违背宪法精神作为最主要的反对死刑的理由。

主张保留死刑的学者所持的理由主要有：第一，死刑之利大于错杀与滥用等之弊。刑罚的本质是公正，死刑因挽救的生命多于错杀的生命因而是正当的。第二，死刑与禁止杀人不相违背，作为犯罪的杀人与作为刑罚的处死虽然均是致人于死，但二者性质殊异，前者是野蛮的、非正义的，手段上往往也很残忍，而后者才是对野蛮和残忍的否定，其存在具有正当性，执行手段也向着越来越人道的方向发展，并非野蛮之刑。第三，死刑的威慑作用是其他刑罚无法比拟的。与生命相比，其他一切利益都显得微不足道，人们对死亡的恐惧远远大于丧失其他利益的恐惧。第四，死刑具有预防犯罪的积极效果。死刑的预防作用一方面表现为死刑的严厉性带来了巨大的威慑力，使得潜在的犯罪者不敢轻易犯罪，达到一般预防的效果；另一方面表现在死刑彻底消灭犯罪人的肉体，从根本上使犯罪人再犯罪成为不可能，达到特殊预防的效果。第五，死刑符合普遍存在的报应理念。“杀人者死”自古就是人们心目中正义的体现，如果不能以命抵命，人们就会感到不公平，因为生命的价值高于其他任何利益的价值，何况与受害者的生命相比，杀人者的生命因其实施的恶行而价值大大降低。第六，处死杀人者强调了人与人生命的等价性，是对被害人及其他社会成员的生命的价值的尊重。

我国刑法在现阶段保留死刑是我国国情的需要。虽然目前我国正处于高速发展的阶段，各种犯罪的发生尤其是恶性犯罪的发生将不可避免，保留死刑有助于有效地惩治犯罪，从而切实维护国家和人民的重大利益。另外，在中国传统的法律文化中，杀人者死的报应观念源远流长、深入人心，这对死刑的废止起着强烈的阻却作用。保留死刑在我国有着广泛的群众基础，符合我国现阶段的社会价值观念，能够满足社会大众的报应心理。

目前，我国对死刑的基本态度是保留死刑但严格限制死刑，坚持少杀、慎杀，反对多杀、错杀。之所以坚持少杀、慎杀，不但因为死刑具有不可恢复性，一旦错误适用将导致不可挽回的后果，而且因为限制死刑是当今世界的一大发展潮流，经济发展与对外开放，必然使中国迅速融入废除死刑的世界潮流之中。

通过上述论述，如何限制死刑的适用已经成为我国现阶段一个重要的理论课题和迫切需要解决的现实问题。我国刑法中对限制死刑适用作了详细的规定，下面将具体予以阐述。

（2）死刑的限制适用

①死刑的适用条件限制

《刑法》第48条第1款规定，死刑只适用于罪行极其严重的犯罪分子，从而将适用死刑的适用条件界定为“罪行极其严重”，也即犯罪性质、犯罪情节、犯罪分子人身危险性极其严重的统一。就分则而言，也对可以适用死刑的犯罪和适用情节的要求作了明确的规定。特别是《中华人民共和国刑法修正案（八）》(2011年5月1日起施行，以下简称《刑法修正案（八)》）取消了近年来较少适用或基本未适用过的13个经济性非暴力犯罪的死刑。具体是：(1）走私类：走私文物罪，走私贵重金属罪，走私珍贵动物、珍贵动物制品罪，走私普通货物、物品罪；（2）金融诈骗类：票据诈骗罪，金融凭证诈骗罪，信用证诈骗罪；（仅集资诈骗罪保留死刑）；（3）发票类：虚开增值税专用发票、用于骗取出口退税、抵扣税款发票罪，伪造、出售伪造的增值税专用发票罪；（4）盗窃罪；（5）妨害社会管理类：传授犯罪方法罪，盗掘古文化遗址、古墓葬罪，盗掘古人类化石、古脊椎动物化石罪。

②死刑的适用对象限制

第一，未成年人。《刑法》第49条明确规定，犯罪的时候不满18周岁的人，不适用死刑。所谓不适用死刑，是指绝对不允许对犯罪的时候不满18周岁的未成年人适用死刑，既不允许判处死刑立即执行，也不能判处死刑缓期2年执行，更不允许执行死刑或宣判死刑，等到年满18周岁以后再执行死刑。我国刑法中如此规定，主要是考虑未成年人年龄尚轻，对事物认识肤浅，生理心理发育不成熟，对自己的行为认识和控制能力相对比较差；同时他们可塑性又大，容易接受改造。

第二，怀孕的妇女。从人道主义和不牵连无辜考虑，对怀孕妇女不适用死刑。我国《刑法》49条规定，审判的时候怀孕的妇女不适用死刑。这里所指的“审判的时候怀孕”，不仅包括在人民法院审判案件的时候被告人怀孕，也包括在这以前怀孕的情况。根据最高人民法院《关于对怀孕妇女在羁押期间自然流产审判时是否可以适用死刑问题的批复》(1998年8月7日)，怀孕妇女因涉嫌犯罪在羁押期间自然流产后，又因同一事实被起诉、交付审判时，应当视为“审判的时候怀孕的妇女”，依法不适用死刑。

第三，精神病人。我国《刑法》第18条规定：“精神病人在不能辨认或者不能控制自己行为的时候造成危害结果，经法定程序鉴定确认的，不负刑事责任”，自然也不会对其适用死刑。这也是考虑我国签署的《公民权利与政治权利国际公约》的规定和我国刑法典限制死刑、慎用死刑的原则。

第四，已满 75 周岁的人。《刑法修正案（八）》第 3 条规定，审判的时候已满 75 周岁的人，不适用死刑，但以特别残忍手段致人死亡的除外。

③死刑的适用程序限制

对死刑适用程序的限制首先表现在对死刑案件的管辖。根据《刑事诉讼法》第 20 条的规定，死刑案件的第一审由中级以上人民法院管辖。其次表现在对死刑核准程序的限制。《刑法》第 48 条第 2 款规定：“死刑除依法由最高人民法院判决的以外，都应当报请最高人民法院核准。死刑缓期执行的，可以由高级人民法院判决或者核准。”《刑事诉讼法》第 235 条、第 236 条规定：“死刑由最高人民法院核准。”“中级人民法院判处死刑的第一审案件，被告人不上诉的，应当由高级人民法院复核后，报请最高人民法院核准。高级人民法院不同意判处死刑的，可以提审或者发回重新审判。高级人民法院判处死刑的第一审案件被告人不上诉的，和判处死刑的第二审案件，都应当报请最高人民法院核准。”

④死刑的执行制度限制

首先，《刑事诉讼法》第 252 条第 2 款、第 3 款对死刑的执行方式作了规定，“死刑采用枪决或者注射等方法执行。死刑可以在刑场或者指定的羁押场所内执行”。相对于枪决，注射不会削弱传统上死刑所起的刑罚功能，但它比枪决更人道。随着中国进一步融入国际社会，人权人道观念的逐步发展，这一执行方式为越来越多的国人所接受。其次，将死刑立即执行和死刑缓期执行确定为执行死刑的两种制度，从而在实际上减少了死刑的实际执行。

（3）死刑的缓期执行

死刑缓期执行是指对犯罪分子判处死刑的同时宣告缓期 2 年执行，强迫犯罪分子劳动，以观后效的情形。死刑缓期执行制度是死刑中的一种过渡性处理方法，属于死刑的一种执行制度，简称死缓制度，它与死刑立即执行共同构成死刑这一刑罚方法，而不是轻于死刑的一个独立刑种。死缓制度是我国刑事立法的一个独创。

①死刑缓期执行的适用条件

根据《刑法》第 48 条的规定，对于应当判处死刑的犯罪分子，如果不是必须立即执行的，可以判处死刑同时宣告缓期 2 年执行。这表明死刑缓期执行适用的对象只能是应当被判处死刑的犯罪分子，并且对犯罪分子不是必须立即执行死刑。

②死刑缓期执行的最终结果

根据《刑法》第50条的规定，对于被判处死刑缓期执行的犯罪分子，最终有三种结果：

其一，犯罪人在死刑缓期执行期间如果没有故意犯罪的，2年期满以后，将死缓减为无期徒刑；

其二，犯罪人在死刑缓期执行期间确有重大立功表现的，2年期满以后，将死缓减为25年有期徒刑；

其三，犯罪人在死刑缓期执行期间如果故意犯罪，经查证属实的，由最高人民法院核准，执行死刑。

③死刑缓期执行期间的计算

我国《刑法》第51条规定："死刑缓期执行的期间，从判决确定之日起计算。死刑缓期执行减为有期徒刑的刑期，从死刑缓期执行期满之日起计算。"所谓判决确定之日，即判决或者核准死缓的判决宣告或送达之日，据此，死缓判决确定以前先行羁押的时间，不能计算在死缓的考验期限之内。如果在死缓的考验期内，没有故意犯罪，并有重大立功表现的，则减为有期徒刑，这个有期徒刑是从死缓考验期满之日起计算的。

④对被判处死刑缓期执行的犯罪分子减刑的限制

《刑法修正案（八）》第4条规定，对被判处死刑缓期执行的累犯以及因故意杀人、强奸、抢劫、绑架、放火、爆炸、投放危险物质或者有组织的暴力性犯罪被判处死刑缓期执行的犯罪分子，人民法院根据犯罪情节等情况可以同时决定对其限制减刑。同时，《刑法修正案（八）》第15条也对前述限制减刑的死刑缓期执行的犯罪分子减刑以后实际执行的刑期期限作了规定：缓期执行期满后依法减为无期徒刑的，不能少于25年；缓期执行期满后依法减为25年有期徒刑的，不能少于20年。

（三）附加刑

1. 罚金

罚金，是人民法院判处犯罪分子向国家缴纳一定数量金钱的刑罚方法。罚金刑的适用对象主要是经济犯罪和贪利性犯罪。此外，在刑法明确规定对犯罪单位施以双罚制时，对单位一律使用罚金刑。

（1）罚金的适用方式

①单处罚金，即罚金只能单独判处，此一情况只适用于犯罪的单位，如《刑法》第125条关于非法制造、买卖、运输、储存危险物质罪的规定，"非

法制造、买卖、运输、储存毒害性、放射性、传染病病原体等物质，危害公共安全的，依照前款的规定处罚。单位犯前两款罪的，对单位判处罚金，并对其直接负责的主管人员和其他直接责任人员，依照第一款的规定处罚”。

②选处罚金，即将罚金规定为选择法定刑，只能单独适用，不能附加适用，如《刑法》第309条关于扰乱法庭秩序罪的规定：“聚众哄闹、冲击法庭，或者殴打司法工作人员，严重扰乱法庭秩序的，处3年以下有期徒刑、拘役、管制或者罚金。”

③并处罚金，即罚金只能附加适用不能单独适用，如《刑法》第229条关于提供虚假证明文件罪的规定：“承担资产评估、验资、验证、会计、审计、法律服务等职责的中介组织的人员故意提供虚假证明文件，情节严重的，处5年以下有期徒刑或者拘役，并处罚金。前款规定的人员，索取他人财物或者非法收受他人财物，犯前款罪的，处5年以上10年以下有期徒刑，并处罚金。”

④并处或单处罚金，即罚金既可以附加适用，也可以独立适用，如《刑法》第226条关于强迫交易罪的规定：“以暴力、威胁手段，实施下列行为之一，情节严重的，处3年以下有期徒刑或者拘役，并处或者单处罚金；情节特别严重的，处3年以上7年以下有期徒刑，并处罚金：（一）强买强卖商品的；（二）强迫他人提供或者接受服务的；（三）强迫他人参与或者退出投标、拍卖的；（四）强迫他人转让或者收购公司、企业的股份、债券或者其他资产的；（五）强迫他人参与或者退出特定的经营活动的。”

（2）罚金数额的立法规定

①无限额罚金，即没有规定罚金的具体数额，完全由法官依据犯罪情节予以判处，如《刑法》第270条关于侵占罪的规定：“将代为保管的他人财物非法占为己有，数额较大，拒不退还的，处2年以下有期徒刑、拘役或者罚金；数额巨大或者有其他严重情节的，处2年以上5年以下有期徒刑，并处罚金。”

②限额罚金，即规定了相对确定的罚金数额，法官只能在数额幅度之内依据犯罪情节决定应当判处的数额，如《刑法》第196条第1款关于信用卡诈骗罪的规定：“有下列情形之一，进行信用卡诈骗活动，数额较大的，处5年以下有期徒刑或者拘役，并处2万元以上20万元以下罚金；数额巨大或者有其他严重情节的，处5年以上10年以下有期徒刑，并处5万元以上50万元以下罚金；数额特别巨大或者有其他特别严重情节的，处10年以上有期徒刑或者无期徒刑，并处5万元以上50万元以下罚金或者没收财产：（一）使用伪造的信用卡，或者使用以虚假的身份证明骗领的信用卡的；（二）使用作废的

信用卡的；（三）冒用他人信用卡的；（四）恶意透支的。”

③倍数罚金，即刑法不具体规定罚金的数额幅度，而只是规定应该按照犯罪数额的倍数来确定其上、下限额的罚金，如《刑法》第 202 条关于抗税罪的规定：“以暴力、威胁方法拒不缴纳税款的，处 3 年以下有期徒刑或者拘役，并处拒缴税款 1 倍以上 5 倍以下罚金；情节严重的，处 3 年以上 7 年以下有期徒刑，并处拒缴税款 1 倍以上 5 倍以下罚金。”

④比例罚金，即刑法不具体规定罚金的数额幅度，而只是规定按照犯罪数额的比例来确定其上、下限额的罚金，如《刑法》第 158 条关于虚报注册资本罪的规定：“申请公司登记使用虚假证明文件或者采取其他欺诈手段虚报注册资本，欺骗公司登记主管部门，取得公司登记，虚报注册资本数额巨大、后果严重或者有其他严重情节的，处 3 年以下有期徒刑或者拘役，并处或者单处虚报注册资本金额 1% 以上 5% 以下罚金。”

⑤倍比罚金，这是倍数罚金和比例罚金的结合体，即以违法所得或犯罪涉及的数额为基数，然后以其一定的倍数或比例来确定罚金数额，如《刑法》第 146 条关于生产、销售不符合安全标准的产品罪的规定：“生产不符合保障人身、财产安全的国家标准、行业标准的电器、压力容器、易燃易爆产品或者其他不符合保障人身、财产安全的国家标准、行业标准的产品，或者销售明知是以上不符合保障人身、财产安全的国家标准、行业标准的产品，造成严重后果的，处 5 年以下有期徒刑，并处销售金额 50% 以上 2 倍以下罚金；后果特别严重的，处 5 年以上有期徒刑，并处销售金额 50% 以上 2 倍以下罚金。”

（3）罚金的执行和缴纳

罚金由第一审人民法院执行。犯罪分子的财产在异地的，第一审人民法院可以委托财产所在地人民法院代为执行。

罚金的缴纳包括四种情况：

①一次缴纳，即要求犯罪人在判决指定的期限内一次性缴纳完所判罚金的数额；

②分期缴纳，即要求犯罪人在判决确定的期限以内分期缴纳所判罚金的方式；

③强制缴纳，指在判决确定的期限届满以后，犯罪人未缴纳或未全部缴纳的，由人民法院强制其缴纳的方法；

④随时追缴，指对于不能全部缴纳罚金的犯罪人，人民法院在任何时候发现其有可以执行的财产的，应随时予以追缴的方法；

⑤减免缴纳，即如果由于遭遇不能抗拒的灾祸使犯罪人缴纳确实有困难

的，可以酌情减少或免除其缴纳数额的方法。

另外，根据《刑法》第 36 条第 2 款的规定，承担民事赔偿责任的犯罪分子，同时被判处罚金，其财产不足以全部支付的，或者被判处没收财产的，应当先承担对被害人的民事赔偿责任。此即民事优先原则。

2. 剥夺政治权利

剥夺政治权利，是指剥夺犯罪人参加国家管理和政治活动权利的刑罚方法。

(1) 剥夺政治权利的内容

根据《刑法》第 54 条的规定，剥夺政治权利的内容有以下四项：选举权和被选举权；言论、出版、集会、结社、游行、示威自由的权利；担任国家机关职务的权利，担任国有公司、企业、事业单位和人民团体领导职务的权利。

(2) 剥夺政治权利的适用方式和对象

根据《刑法》第 56 条、第 57 条的规定，剥夺政治权利的适用方式和对象如下：

①应当附加：危害国家安全的犯罪分子和被判处死刑、无期徒刑的犯罪分子。所谓应当，就是必须一律附加，而不是可以附加，也可以不附加。

②可以附加：故意杀人、强奸、放火、爆炸、投毒、抢劫等严重破坏社会秩序的犯罪分子。所谓可以，是指根据犯罪的情节、危害结果等情况综合予以考虑，可以附加，也可以不附加。

③独立适用：独立适用剥夺政治权利的犯罪，应以刑法分则的明确规定为依据。一般适用于较轻的犯罪，我国刑法典分则中，可以单独判处剥夺政治权利的罪主要包括危害国家安全罪、侵犯公民人身权利民主权利罪、妨害社会管理秩序罪和危害国防利益罪四类。

(3) 剥夺政治权利的期限

根据《刑法》第 55 条、第 57 条剥夺政治权利的期限分为以下 4 种情况：

①对于被判处死刑、无期徒刑的犯罪分子，应当剥夺政治权利终身；

②在死刑缓期执行减为有期徒刑或者无期徒刑减为有期徒刑的时候，应当把附加剥夺政治权利的期限改为 3 年以上 10 年以下；

③对独立适用剥夺政治权利或者判处犯罪人有期徒刑、拘役并附加剥夺其政治权利的案件，剥夺政治权利的期限为 1 年以上 5 年以下；

④对判处犯罪人管制并附加剥夺其政治权利的，剥夺政治权利的期限与管制的期限相同，即通常为 3 个月以上 2 年以下，数罪并罚时不能超过 3 年。

(4) 剥夺政治权利期限的起算及执行

独立适用的，按执行判决的一般原则，从判决执行之日起计算、执行；

被判管制附加剥夺政治权利的，刑期与管制的刑期同时起算，同时执行；

被判有期徒刑、拘役附加剥夺政治权利的，以及死缓、无期徒刑减为有期徒刑附加剥夺政治权利的，其刑期从徒刑、拘役执行完毕之日起，或从假释之日起开始计算；剥夺政治权利的效力当然施用于主刑执行期间；

判处死刑、无期徒刑而剥夺政治权利终身的，从主刑执行之日起开始执行。

剥夺政治权利由公安机关执行。根据《刑法》第58条第2款的规定，被剥夺政治权利的犯罪分子在执行期间，应当遵守法律、行政法规和国务院公安部门有关监督管理的规定，服从监督，不得行使《刑法》第54条规定的各项权利。

3. 没收财产

没收财产，是指将犯罪分子所有的财产的一部或者全部强制无偿地收归国有的刑罚方法。它是我国附加刑中唯一不能单独适用的刑种。

(1) 没收财产的适用方式

根据我国刑法分则的规定，没收财产主要有以下三种适用方式：

①并处没收财产，即应当附加适用没收财产；

②可以并处没收财产，即在量刑时，既可以对犯罪人附加适用，也可以不附加适用；

③并处罚金或者没收财产，即对罚金或者没收财产必须择一判处，且只能附加适用。

(2) 没收财产的范围和受刑人债务的范围

《刑法》第59条规定："没收财产是没收犯罪分子个人所有财产的一部或者全部。没收全部财产的，应当对犯罪分子个人及其扶养的家属保留必需的生活费用。在判处没收财产的时候，不得没收属于犯罪分子家属所有或者应有的财产。"据此规定，对犯罪分子个人所有的财产，可以没收一部，也可以没收全部。至于具体没收多少，要由人民法院根据犯罪分子罪行的轻重和案件的具体情况来决定。但不能没收属于犯罪家属所有或者应有的财产。所谓"属于犯罪分子家属所有的财产"，是指所有权明确属于犯罪分子家属本人的财产，或者犯罪分子家属用本人劳动所得购买的归本人使用的生活用品等。所谓"属于犯罪分子家属所有的财产"，是指家庭共同所有财产中，应当归家属所有的财产。

根据《刑法》第60条的规定，没收财产以前犯罪分子所负的正当债务，需要以没收的财产偿还的，经债权人请求，应当偿还。

（3）没收财产的执行

没收财产的判决，由人民法院执行；在必要时，可以会同公安机关执行。这里的人民法院是第一审人民法院。犯罪分子的财产在异地的，第一审人民法院可以委托财产所在地的人民法院代为执行。

4. 驱逐出境

驱逐出境，是指强制犯罪的外国人离开中国国（边）境内的一种刑罚方法。

我国《刑法》第 34 条规定的附加刑的种类中，并没有包括驱逐出境。但是《刑法》第 35 条规定："对于犯罪的外国人，可以独立适用或者附加适用驱逐出境。"由此可知，驱逐出境既可以独立适用也可以附加适用，是一种仅适用于犯罪的外国人（享有外交特权和豁免权的外国人除外）的特殊附加刑。需要注意的是，刑法规定的是"可以"对犯罪的外国人适用驱逐出境，而非"应当"。也就是说，对犯罪的外国人不是一律都要适用驱逐出境，而要由人民法院根据案件的具体情况，并兼顾我国与其所属国之间的关系以及国际形势等，综合考虑是否适用。

对于独立适用驱逐出境的，应当从判决确定之日起执行；对于附加适用驱逐出境的，应当从主刑执行完毕之日起执行。

（四）非刑罚处理方法

1. 非刑罚处理方法的概念

非刑罚处理方法，是指人民法院对犯罪分子适用的刑罚以外的处理方法。其特点在于对犯罪分子适用，但不具有刑罚性质。因此，非刑罚处理方法适用的前提是行为人的行为已经构成犯罪。在适用中，非刑罚处理方法可以单独适用，也可以与刑事处罚同时适用。

2. 非刑罚处理方法的种类

根据《刑法》第 36 条、第 37 条的规定，非刑罚处理方法包括以下三类：

（1）经济性处理方法

包括赔偿经济损失和责令赔偿损失两种。赔偿经济损失是指人民法院对犯罪分子除依法给予刑事处罚外，并根据其犯罪行为给被害人造成的经济损失情况，判处犯罪分子给予被害人一定经济赔偿的处理方法。责令赔偿损失是指人民法院对犯罪情节轻微不需要判处刑罚的犯罪分子，在免除其刑事处罚的同时，根据其犯罪行为对被害人造成的经济损失情况，责令其向被害人支付一定数额的金钱，以赔偿被害人的经济损失的处理方法。二者的区别主要在于，前者与刑事处罚同时适用，而后者单独适用于被免予刑事处罚的犯罪分子。

（2）教育性处理方法

教育性处理方法是人民法院对犯罪情节轻微不需要判处刑罚的行为人所采用的教育方法，包括训诫、责令具结悔过和责令赔礼道歉三种。训诫，是人民法院对犯罪分子当庭予以批评或谴责，并责令其改正的一种教育方法。责令具结悔过，是指人民法院责令犯罪分子用书面方式保证悔改，以后不再重新犯罪的一种教育方法。责令赔礼道歉，是人民法院责令犯罪分子公开向被害人当面承认错误，表示歉意的一种教育方法。

（3）行政性处理方法

行政性处理方法是指由主管部门予以行政处罚或行政处分的一种措施。由主管部门予以行政处罚或行政处分，是指人民法院根据案件的情况，向犯罪分子的主管部门提出对犯罪分子予以行政处罚或行政处分的建议，由主管部门给予犯罪分子一定的行政处罚或行政处分的一种非刑罚处理方法。

3. 非刑罚处理方法的适用条件

判处赔偿经济损失的适用必须具备以下两个条件：（1）被害人的经济损失必须由犯罪分子的犯罪行为所造成，即二者之间必须具有刑法上的因果关系。（2）适用的对象必须是依法被判处刑罚的犯罪分子。

训诫、责令具结悔过、责令赔礼道歉、责令赔偿损失、由主管部门予以行政处罚或行政处分的适用必须具备以下两个条件：（1）适用的对象是由于犯罪情节轻微，不需要判处刑罚而被免予刑事处罚的犯罪分子。（2）根据案件的具体情况需要对犯罪分子给予适当的处理，即适用非刑罚处理方法是必要的。

二、案例分析

【案例一】

被告人伦某，女，1981年出生，越南社会主义共和国国籍，侗族，住越南某村，于1999年10月30日盲流到我国某镇，因走投无路被该镇村民收留，后被害人陈某带伦某回家中同居，因双方语言无法沟通，陈某经常殴打伦某，致伦某怀恨在心，伺机报复。2000年6月29日，伦某趁陈某在家午睡之机，用斧头砍下其头致其死亡。人民法院审理认为，伦某无视法律，采取暴力手段剥夺他人生命，其行为构成故意杀人罪，情节、后果特别严重，应依法从严惩处；同时鉴于伦某在审判时已怀孕，依法不适用死刑。因此，人民法院一审宣判：越南籍女子伦某“杀夫”，犯故意杀人罪，因其怀孕在身，判处无期徒刑，并处驱逐出境。

（案例来源：黄伟明主编：《刑法总则案例教程》，北京大学出版社2004年版，第214页。）

【问题聚焦】

1. 我国死刑适用对象的限制条件？

2. 判处无期徒刑附加驱逐出境是否恰当？

【法律剖析】

（1）我国刑法对死刑的适用条件、适用对象、适用程序和执行制度都作了详细而明确的规定，其主要目的就是为了限制死刑的适用。我国刑法以排除的方式对死刑的适用对象的范围作了限制。《刑法》第49条规定：“犯罪的时候不满18周岁的人和审判的时候怀孕的妇女，不适用死刑。审判的时候已满75周岁的人，不适用死刑，但以特别残忍手段致人死亡的除外。”这里所说的“不适用死刑”，既包括不适用死刑立即执行，也包括不适用死刑缓期2年执行。对于犯罪的时候不满18周岁的人和审判的时候怀孕的妇女，“不适用死刑”是绝对的，绝非等到未成年人年满18周岁或者等怀孕的妇女分娩以后再执行。本条之所以如此规定，是由于未满18周岁的未成年人智力发育尚不成熟，辨别是非和控制自己行为的能力还较差，同时思想也还不固定，可塑性尚大，相对地容易接受改造；审判时怀孕的妇女，其胎儿是无辜的，从人道主义原则出发，处罚不应伤及无辜。

所谓“审判的时候怀孕”，根据最高人民法院《关于对怀孕妇女在羁押期间自然流产审判时是否可以适用死刑问题的批复》(1998年8月13日起施行)，怀孕妇女因涉嫌犯罪在羁押期间自然流产后，又因同一事实被起诉、交付审判的，应当视为“审判的时候怀孕的妇女”，依法不适用死刑。由此可见，“审判的时候怀孕”既包括人民法院审理时被告人正在怀孕的，也包括案件被起诉到人民法院之前被告人怀孕但自然流产或者被作了人工流产的情况。另外，在羁押期间已经怀孕的被告人，无论其怀孕是否属于违反国家计划生育政策，也不论其是否自然流产或者经人工流产以及流产后移送起诉或审判期间的长短，都不应适用死刑；更不能为了判处死刑而强制怀孕的被告人做人工流产。

（2）独立适用驱逐出境针对的是犯罪行为不是很严重的外国人和无国籍人，其在判决确定后立即执行；而附加适用驱逐出境则是针对犯罪行为比较严重的外国人和无国籍人，其在主刑执行完毕后执行。然而，无期徒刑是没有上限的，这就无法确定主刑何时执行完毕，对其附加驱逐出境，如何在主刑无期徒刑执行完毕后执行驱逐出境呢？本案的法官在判决时或许是考虑到犯罪人在被执行无期徒刑的过程中，可能会因为积极改造，确有悔改表现或立功等行为而获得减刑，那么此时判决中的附加适用驱逐出境就有意义了。但我们认为，人民法院在作出判决时，只能就已经发生的事实作出处断，而不能对将来可能发生的情形预先作出决定。因此，本案中人民法院对伦某判处无期徒刑并处驱逐出境并不恰当。

【法条链接】

《中华人民共和国刑法》

第35条　对于犯罪的外国人，可以独立适用或者附加适用驱逐出境。

第49条　犯罪的时候不满18周岁的人和审判的时候怀孕的妇女，不适用死刑。

审判的时候已满75周岁的人，不适用死刑，但以特别残忍手段致人死亡的除外。

最高人民法院《关于对怀孕妇女在羁押期间自然流产审判时是否可以适用死刑问题的批复》(1998年8月13日起施行)

怀孕妇女因涉嫌犯罪在羁押期间自然流产后，又因同一事实被起诉、交付审判的，应当视为“审判的时候怀孕的妇女”，依法不适用死刑。

《中华人民共和国刑事诉讼法》

第20条　中级人民法院管辖下列第一审刑事案件：

……

（二）可能判处无期徒刑、死刑的案件。

【案例二】

贾某因强奸罪被法院判处有期徒刑7年，剥夺政治权利3年。在服刑期间，由于表现好，被减刑1年。贾某出狱后，到一家乡镇企业工作。一年后，由于工作出色，贾某受聘担任该乡镇企业经理。

（案例来源：黄京平主编：《新版以案说法》(刑法篇)，中国人民大学出版社2006年版，第65页。）

【问题聚焦】

被判处剥夺政治权利的人能否受聘担任乡镇企业的经理？

【法律剖析】

根据《刑法》第 54 条的规定，剥夺政治权利是指剥夺犯罪分子的下列权利：

（1）选举权和被选举权；

（2）言论、出版、集会、结社、游行、示威自由的权利；

（3）担任国家机关职务的权利；

（4）担任国有公司、企业、事业单位和人民团体领导职务的权利。

本案中，尽管贾某在剥夺政治权利期间担任了企业领导职务，但其担任的是乡镇企业而非国有企业的领导职务，因此并不违反《刑法》第五十四条的规定。

【法条链接】

《中华人民共和国刑法》

第 54 条　剥夺政治权利是剥夺下列权利：

（一）选举权和被选举权；

（二）言论、出版、集会、结社、游行、示威自由的权利；

（三）担任国家机关职务的权利；

（四）担任国有公司、企业、事业单位和人民团体领导职务的权利。

第 58 条　附加剥夺政治权利的刑期，从徒刑、拘役执行完毕之日或者从假释之日起计算；剥夺政治权利的效力当然施用于主刑执行期间。

被剥夺政治权利的犯罪分子，在执行期间，应当遵守法律、行政法规和国务院公安部门有关监督管理的规定，服从监督；不得行使本法第五十四条规定的各项权利。

三、深度拓展

（一）其他国家的刑罚体系与种类

1. 法国刑法的刑罚体系与种类

法国刑法共规定有 11 种刑罚，分别为：无期徒刑、终身拘押、有期徒刑、有期拘押、监禁、罚金、日罚金、公共利益劳动、第 131—6 条所规定的剥夺权利或限制权利、第131—10条所规定的附加刑、第131—39条所列之刑罚。

法国刑法典的刑罚体系按照适用对象分为两个分体系：自然人的刑罚与法人的刑罚。每个分体系中，与刑法对犯罪的分类相适应，将犯罪分为重罪、轻罪和违警罪。

2. 德国刑法的刑罚体系与种类

德国刑法典的刑罚体系由五类刑罚构成，即自由刑、罚金刑、财产刑、附加刑、附随后果，共计8种。（1）自由刑，包括终身自由刑与有期自由刑两种。（2）罚金刑，以日额金为单位科处。德国刑法典第43条规定，不能缴纳罚金的，可以自由刑代替之。（3）财产刑，该刑是从罚金刑中分离出来的。德国刑法典第43条a规定，对有组织犯罪、麻醉品领域的特定的以团伙形式实施的犯罪，除科处终身自由刑或2年以上的有期徒刑外，还可科处财产刑（行为人支付的款项是其财产价值以内的金钱）。（4）附加刑，仅指禁止或限制驾驶。德国刑法典第44条规定，犯罪发生于驾驶机动车时，或与之有关或由于违反驾驶人员的义务而被判处自由刑或罚金刑的，法院可命令禁止驾驶或限制驾驶。（5）附随后果，包括担任公职、选举及投票权的丧失三种。德国刑法典第45条规定，因犯重罪被判处1年以上自由刑的，在5年内丧失担任公职和公开选举的资格。

3. 日本刑法的刑罚体系与分类

日本刑法典第9条把刑罚分为主刑与附加刑两大类，并分别规定了分属主刑、附加刑的刑种，共计9种刑罚（主刑8种，附加刑1种）。主刑包括死刑、惩役、监禁、罚金、拘留、科料。其中，惩役分为无期惩役与有期惩役，监禁分为无期监禁与有期监禁。惩役与监禁同属自由刑，前者是指拘禁在监狱内服一定劳役，而后者则仅指拘禁在监狱内，不必服劳役。罚金与科料的性质相同，但前者的数额高于后者，并且，不能缴清罚金或科料以有期监禁替代之。附加刑仅有没收一种形式。

值得注意的是，日本刑法典第10条专门规定了刑罚的轻重顺序，这在各国刑法中是非常独特的。该规定如下：

（1）主刑的轻重，依照前条的排列顺序决定。但无期监禁与有期惩役之间以监禁为重刑，有期监禁的最高刑期超过有期惩役的最高刑期2倍时，以监禁为重刑。

（2）同种类的刑罚，以最高刑期较长或者最高数额较多的为重刑；最高刑期或者最高数额相同时，则以最低刑期较长或者最低数额较多的为重刑。

（3）两个以上的死刑，或者最高刑期、最高数额及最低刑期、最低数额相同的同种类的刑罚，按照犯罪情节决定其轻重。

4. 英国刑法的刑罚体系与种类

英国刑罚的特色是社区刑罚极为发达。英国主要刑罚共有 13 种，分别为：终身监禁、有期监禁、对青少年罪犯适用的监禁、缓刑（suspended sentences of imprisonment）、保护观察令（probation orders）、社区服务令、宵禁令（curfew orders）、禁入令、护理中心令、监管令、行动计划令、罚金、释放（discharge），仅社区刑罚就有 9 种。除此之外，还包括没收财产及其他一些辅助性刑罚，例如剥夺选举权和被选举权、剥夺 3 年驾驶权等。英国刑罚按照是否剥夺自由分为两大类：监禁刑罚与非监禁刑罚。

监禁刑罚即自由刑，通过剥夺被判刑人的人身自由，使之与社会相隔离。有以下几种：

（1）终身监禁

根据适用的条件，终身监禁又可分为 3 种情况：①强制性终身监禁，仅适用于 18 岁以上的被告人犯谋杀罪的情况，由于这一量刑是绝对的，法官没有自由裁量权，所以称为强制性终身监禁；②可以裁量的终身监禁，对暴力犯罪、性犯罪的被告人是否适用终身监禁，法官可以自由裁量；③自动的终身监禁，适用条件有 4 个：实施严重犯罪、年龄在 18 岁以上、曾经实施严重犯罪、没有其他从轻情节。

（2）有期监禁（通常适用于成年犯）

（3）对青少年罪犯适用的监禁

对于 21 岁以下的青少年罪犯，有 5 种形式的监禁刑罚：终身监禁；青少年教养所的监禁；拘禁和培训令；依据《1993 年儿童和青少年法》第 53 条的监禁；安全培训令。

非监禁刑罚，是指除剥夺自由以外的刑罚，包括社会刑罚、罚金、释放和没收财产等辅助性刑罚。其中，社会刑罚主要有 9 种：缓刑、保护观察令、社区服务令、结合令、宵禁令、禁入令、护理中心令、监管令、行动计划令。辅助性刑罚至少包括没收财产、剥夺选举权和被选举权、剥夺 3 年驾驶权。

5. 美国刑法的刑罚体系与种类

由于美国各州均有自己的刑法，其刑罚体系也因州而异，现仅对大多数州的刑罚进行简单介绍。美国各州的刑罚主要有：死刑（许多州已经废除，但有些州依然保留）、监禁、缓刑、受监督释放、赔偿、罚金、征收、没收、间歇监禁、社区监管、家庭拘禁、社区服务、社区监督、禁止持有武器、宵禁、通知被害人令、职业限制、否定毒品买卖者和毒品持有人的联邦权益、震击监禁方案等。其中，监禁包括有期监禁、终身监禁2种。总计有20种。当然，这一数字只是大致概括，并不能准确反映全美国的所有情况。另外，还有一些刑罚只存在于个别的州，如鞭笞（whipping）、枷刑（pillory）、放逐（exile）等。下面，按照剥夺被判刑人权利的性质对美国刑罚进行分类：

（1）生命刑

生命刑即死刑，在美国，死刑的存废一直是一个激烈争论的问题，但总的看来，死刑的适用范围渐趋缩小。

（2）自由刑

自由刑包括监禁、缓刑、受监督释放、间歇监禁、社区监管、家庭拘禁、社区服务、社区监督、宵禁、震击监禁方案。

①监禁

监禁分为有期监禁、终身监禁2种。有期监禁又可分为定期有期监禁（定期刑）和不定期有期监禁（不定期刑）。不定期刑主要适用于重罪和未成年人犯罪，指法院宣告的监禁刑是一个范围。

②缓刑

缓刑1984年《犯罪综合控制法》把缓刑规定为一种刑罚。在符合法律规定的条件下，其可以用做监禁刑的替代刑。在判处缓刑时，法院应附加一条件，即被判刑人在缓刑期内不得实施联邦、州或地方法律规定的另一犯罪，还应附加其不得非法持有管制物品的条件，也可以附加其他条件，如与犯罪的本质、情节、被判刑人的历史与人格特征、量刑目的等有合理关系的条件，对自由和财产的剥夺之类的条件，共计有一般条件13种和特殊条件12种。如对重罪适用缓刑，法院至少应附加适用下列3者之一作为缓刑条件：罚金、赔偿令、社区服务，如法院认为不合理则另当别论。

③受监督释放

在被判刑人被判处1年以上监禁或法律有特别规定的判决中，还必须科处受监督释放，被判刑人在受监督释放期内不得实施另一联邦、州或地方法律规定的犯罪，在该期限内不得非法持有管制物品以及不得违反其他限制性规定。

④间歇监禁

间歇监禁指时间上有间断的监管，可以作为缓刑或受监督释放的条件科处。

⑤社区监管

社区监管指居住在社区处遇中心、重返社会中途站、赔偿中心、心理诊所、酒精或药物矫治中心或其他社区设施，在非居住时间内参与有报酬的职业、努力寻找职业、社区服务、职业训练、处遇、教育项目或类似经批准的项目。也可以作为缓刑或受监督释放的条件科处。

⑥家庭拘禁

家庭拘禁指限定被判刑人连续呆在（除非准许离开）其住所的拘禁和监督措施，由缓刑处利用适当的监视手段来执行。可以作为缓刑或受监督释放的条件，但仅作为监禁刑的替代。

⑦社区服务

社区服务也可作为缓刑或受监督释放的条件。

⑧社区监督

社区监督指居住在社区处遇中心、重返社会中途站或其他类似设施，可以作为缓刑或受监督释放的条件。

⑨宵禁

宵禁指夜晚禁止被判刑人离开其住所。

⑩震击监禁方案

震击监禁方案又称为“加强的监禁”，对于被判处12个月以上30个月以下监禁刑的人，在征得其同意后可以适用该方案。

(3) 财产刑

财产刑包括赔偿、罚金、征收、没收、通知被害人令。

①赔偿

这是指对被害人的赔偿。1984年美国国会通过的《联邦犯罪被害人法》规定，设立犯罪被害人特别基金，其部分来源于罚金。

②罚金

法院应在所有案件中科处罚金，除非被判刑人无力支付。可作为缓刑的条件科处，还可以与监禁刑并科。

③征收

1984年《联邦犯罪被害人法》要求法院对宣判有罪的被告依法科处一定数量的特别征收。

④没收

与罚金不同的是，没收不是必须科处，而是选科。

⑤通知被害人令

法院可以命令被告人支付通知被害人所花费用，必要时，该费用可以抵消罚金。

(4) 资格刑

包括职业限制、否定毒品买卖者和毒品持有人的联邦权益、禁止持有武器。

①职业限制

职业限制指在一定期限内禁止或限制被判刑人从事特定的职业、商业或专业。该方法是作为缓刑或受监督释放的条件予以适用的。

②否定毒品买卖者和毒品持有人的联邦权益

联邦权益是指由联邦的某一机构或适当的基金会提供的赠与、契约、贷款、专业执照或商业执照，但不包括退休金、福利、社会保障、健康、残废、退伍金或其他类似权益，及其支付或服务有资格要求的其他权益。

③禁止持有武器

如果被告人犯重罪，法院可以禁止其持有武器。

（二）社区矫正

社区矫正（community correction），有的国家称之为“社区矫治”，是一种非监禁的行刑方式，是指将符合特定条件的罪犯置于社区环境下，由专门的国家机关负责，在相关的社会组织和志愿者的协助下，利用社区资源教育改造罪犯并促使其顺利回归社会的方式的总称。① 社区矫正制度肇始于18世纪后半叶，英国进步监狱改革学家约翰·霍华德提出了反对监狱非人道化刑罚的监狱改革理论。随着1973年英国《刑事司法法》中规定“社区服务”的刑种和美国明尼苏达州正式颁布世界上第一部《社区矫正法》，社区矫正制度在英美法系国家得到普遍推广和适用。英美法系国家的社区矫正制度除了适用于缓刑、假释、特殊情况下的监外执行等情况外，还创造了很多灵活独特的执行方式，例如社区服务令、保护观察、半监禁、周末监禁、辅导处分、家内服刑、电子监控等。② 该制度对于防止罪犯交叉感染、减少犯罪对罪犯家庭和工作的不利影响、节约司法资源和经济成本、帮助罪犯复归社会具有明显的作用。社区矫正制度在英美法系国家得到了完善的发展并收到了良好的效果，很多经验是值得我们借鉴的。

目前，我国的社区矫正还处于初步发展阶段，主要通过地区试点进行工作探索和经验积累。根据最高人民法院、最高人民检察院、公安部、司法部2003年下发的《关于开展社区矫正试点工作的通知》和司法部2004年下发的《司法行政机关社区矫正工作暂行办法》的规定，我国的社区矫正主要适用于

① 参见李永清：《建立我国社区矫正制度刍议》，载《警官文苑》2008年第4期。

② 参见吴峻：《英美刑法规则与判例》，中国检察出版社2005年版，第306页。

管制、缓刑、暂予监外执行、假释以及剥夺政治权利并在社会上服刑的五种罪犯，并把符合上述条件的罪行轻微、主观恶性不大的未成年犯、老病残犯，以及罪行较轻的初犯、过失犯等作为重点对象，同时还规定了社区矫正工作的执行主体、职责、措施等，并分批次先后在全国各地区开展社区矫正试点。

尽管《刑法修正案（八）》明确规定了将《刑法》第38条第3款修改为“对判处管制的犯罪分子，依法实行社区矫正”，将第76条修改为“对宣告缓刑的犯罪分子，在缓刑考验期限内，依法实行社区矫正，如果没有本法第七十七条规定的情形，缓刑考验期满，原判的刑罚就不再执行，并公开予以宣告”，将第85条修改为“对假释的犯罪分子，在假释考验期限内，依法实行社区矫正，如果没有本法第八十六条规定的情形，假释考验期满，就认为原判刑罚已经执行完毕，并公开予以宣告”。我国的社区矫正工作虽然取得了明显的进步，但是社区矫正工作并未达到预想的效果，被矫正人再犯率高、社会复归率低的问题日益显现。具体说来，制约我国社区矫正工作的现实问题主要表现在以下五个方面：

1. 社区矫正制度不完善，使社区矫正在我国的司法体系中地位模糊

我国关于社区矫正方面，虽然颁布了《关于开展社区矫正试点工作的通知》和《司法行政机关社区矫正工作暂行办法》两个文件，《刑法修正案（八）》也明确肯定社区矫正制度，但却没有配套措施和具体执行法规加以细化，使社区矫正制度还停留在规范层面，无法最大限度地走向实务、服务于司法实践。

2. 公众认知度、积极性和参与性不高，制约了社区矫正发挥最大社会效益

由于受到传统观念的影响，社会公众普遍对犯罪的人有所歧视，“标签化”的思想严重，不愿意接触这类人群，对社区矫正工作缺乏参与的积极性，一方面使得被矫正人群难以复归学校、家庭和社会，很容易再次走上犯罪的道路，影响了社区矫正的效果；另一方面，也使志愿者的人数不足，无法满足实际工作的需要。目前，让志愿者队伍加入到社区矫正工作中来是大多数国家的做法，如1997年部长委员会通过的《欧洲社区制裁与措施规则》第45条规定：“应当通过使用社区中的一切适当资源，补充社区制裁与措施执行机关的工作，使执行机关可以利用适当的方式满足犯罪人的需要，维护犯罪人的权利。为了维护犯罪人的权利，也应当最大限度地吸收社区中的组织和个人的参与。”① 因此，我国应当进一步加大宣传力度，普及社区矫正工作，努力转变

① 翟中东、孙霞：《关于社区矫正的推进》，载《中国司法》2005年第4期。

公众观念，提高公众对于社区矫正的认知度和参与度。同时为了降低社区矫正成本、加强社区矫正与公众的互动、提高社区矫正的效率，应当充分挖掘和利用志愿者资源服务于社区矫正工作。

3. 缺乏专业的社区矫正人员，影响了社区矫正的效果

目前在我国的社区矫正实践中，很多试点单位都将志愿者作为社区矫正队伍的一部分，对志愿者分担社区矫正责任、增强社区矫正水平抱有很大希望。笔者认为，这一点有些不妥。首先，由于志愿者的志愿性，使得志愿服务主要是通过自我的道德水平来约束，很难用责任来约束志愿者的行为；其次，由于社会的生存压力比较大，人员供求比例不平衡，往往存在越专业的人士工作越繁忙的现象，因而志愿者的资源是有限的；再次，社区矫正工作涉及心理学、犯罪学、社会学、教育学等多门专业学科和科学技术的诸多方面，具有跨学科、跨领域、专业综合的特点，因而志愿者在社区矫正工作中应当是补充者的地位，而不能成为主体。

另外，我国的专业社区矫正人员队伍建设不足，缺少培养这一领域人员的制度、专门机构、程序和措施，不仅现有力量短缺，后备力量也表现出疲软之势。因此，我们有必要借鉴英美法系国家和地区关于专业人员培养的相关制度，大力加强专业社区矫正人员的培养，推进社区矫正工作的科学化和专业化。

4. 经费不足，无法展开更为灵活有效的措施

目前，我国的社区矫正工作面临业务经费不足、后续保障缺失的问题，尽管各地区做了一些探索，但是效果并不理想。实践中，有的地方由省级财政部门和县级财政部门一次性划拨一批专项经费，作为开展社区矫正试点工作的开办经费，但却没有后续的正常经费支持；有的地方由省级司法行政部门从业务经费中挤出一部分，这就使得用于社区矫正工作的经费数量极其有限；有的地方由市县两级财政共同负担，而部分市县的财政收入有限，使得社区矫正工作的经费短缺问题突出。由此看来，我国的社区矫正工作极大地受到了经费短缺问题的限制。因此，为了保证社区矫正工作的正常有效开展，必须建立合理的经费保障体制。有学者提出，应当确立“省级财政经费为主，县级财政经费为辅”的社区矫正经费保障体制。① 笔者赞同这种构想，通常而言，省级财政经费是比较稳定和充足的，这就有利于保障社区矫正工作的开办、日常工作的进行、设备的更新和人员的培训提高，同时由于社区矫正的广泛运用，监狱的

① 参见吴宗宪：《社区矫正的问题与前景》，载《法治论丛》2007年第1期。

罪犯数量增长将会放慢甚至实现负增长，监狱机构节省下来的经费就可以合理配置给社区矫正工作。

5. 相关的高科技设施配套不足，对被矫正人员无法充分监督跟踪

将高科技设备引入社区矫正，有利于节省人力资源，提高社区矫正的效率，同时也可以弥补传统人力监控、管理手段的不足。但是，由于试点时间短、发展有限、资金经费的不足等原因，我国目前的社区矫正工作在应用信息技术手段和现代化设施方面表现出明显的不足，极大地制约着社区矫正工作的广泛有效开展。因此，我国应逐步改善社区矫正的物质条件，提高设施设备的科学技术水平，加强资金投入，一方面建立由各单位、各地区逐步扩展到全国的统一连通的社区矫正信息平台，另一方面在法律授权的前提下，有限度地对适当人群引入诸如美国的电子手铐、电子监控等监控手段。①

我国未成年人的社区矫正工作还有很多方面需要改进和完善，但是笔者认为，不应盲目照搬英美法系国家和地区的方法。我国的未成年人社区矫正工作一方面要根据现实情况，整合并合理配置社会各方面的现有资源以发挥最大优势，特别是加强矫正专业人员和志愿者队伍建设；另一方面加快立法进程，逐步制定和完善社区矫正制度和未成年人司法保护制度的配套法规和具体实施细则。具体说来，包括以下三方面的内容②：

1. 社区矫正对象的接收

（1）移交与接收

规范未成年犯的移交与接收程序和步骤，逐步建立一个全国统一、相互连通的社区矫正信息平台，内容应包括未成年犯的基本情况、犯罪情况、精神状况、心理状况、矫治情况等。

（2）评估

接收之后，应由专业矫正人员和志愿者队伍中有法律、社会、心理、犯罪、精神等专业背景的相关专业人员组成评估小组，综合考虑公众利益、罪行性质和危险程度、未成年人态度、家庭和社会环境、个人能力等因素共同对未成年犯的整体状况进行评估，根据评估结果采取相应的矫治方法。比如对于适合进行社区服务的未成年人，可以让其从事社区劳动、公益服务；对于有心理

---

① 参见林仲书：《美国伊利诺伊州的社区矫正工作及启示》，载《中国司法》2011年第2期。

② 参见高倩：《我国未成年人的社区矫正制度完善建议》，载《跨越式发展与刑法保障研究——湖北省法学会刑法研究会2011年年会文集》2011年第1期。

或精神问题，如毒瘾、不良性观念、暴力倾向等，不适合从事社区服务的未成年人，应聘请专业人员对其进行疏导和治疗；对于存在家庭环境恶劣、被父母冷漠甚至虐待等不适宜在家庭居住的情况的未成年人，可以将其暂时寄养在志愿者家庭或者社会福利机构。

2. 社区矫正过程的完善

（1）综合矫治

①教育：对未成年人的矫正教育应当包括思想品德、课本知识、法律知识、兴趣爱好、职业技能等方面。首先要重视思想品德教育，可以采取集中辅导和个别谈话的方式。对于未完成高中课程的未成年人应尽量让其回归校园继续接受教育。回归校园确有困难的，可以聘请老师、大学生志愿者等定期集中授课。对于已完成高中学业的未成年人应当重点培养其职业技能，帮助并鼓励未成年人获得相关职业资格。同时，可以通过与律师事务所合作的形式将律师群体吸收到志愿者队伍中来，运用座谈、讲座、走访、电话解答等方式对未成年人进行法律教育，增强法律意识，提供法律帮助。有条件的地方，还可以开展兴趣小组，培养未成年人的兴趣爱好。

②改造：可以借鉴我国香港地区的做法，一方面，组织评估小组定期评估被矫正对象的心理和生理健康状况，根据评估结果及时调整矫正方案；另一方面，组织适合社区服务的被矫正对象进行无偿的社区和公益服务，多部门联动配合，鼓励政府部门、医院、慈善福利机构、学校等部门提供适当的服务岗位，以小组或者单独服务的形式让被矫正对象直接服务于老人、病人、残弱人士等和园艺、环卫等领域。还可以通过经验交流、疾苦生活体验、身体强化或者军事训练等方式磨练被矫正人员的意志、培养吃苦耐劳的精神，帮助他们改掉身上的陋习。

③帮助：对于家庭经济确有困难的被矫正对象，可以从经费中统一拨款或者联系社会公益基金组织给予适当的补助。

（2）跟踪考察

①报告制度：建立详细、有效的报告制度，报告内容具体包括：各被矫正对象矫正方案的实施情况、对被矫正对象的阶段性评估考察情况、矫正后被矫正对象的恢复情况等。

②家庭会议：定期召开由被矫正对象及其同住亲属、评估小组共同组成的家庭会议，鼓励被矫正对象回归家庭，增进与亲人的感情，通过家庭的关爱实现被矫正对象的真正蜕变；定期举办针对被矫正对象家长的讲座，为家长提供管教子女、配合矫正的方法；定期组织被矫正对象家长间的经验交流，为家长

们提供平台，相互交流经验、倾诉心声；也可以组织被矫正对象家庭的联谊活动，让被矫正的未成年人在体会天伦之乐的同时进一步加强家长之间的网络联系。

3. 社区矫正结束后的措施

(1) 复归

建立矫正后的对被矫正对象的考核制度，对未成年犯的矫正和改造情况综合评估，以便确定被矫正对象的复归方向及对其的后续帮助。同时，协同未成年人的学校、劳动保障部门保证被矫正对象的学习、工作，为其复归学校和社会提供便利条件。

(2) 保密

对于未成年人的犯罪记录应当借鉴我国香港地区的有限揭露制度，原则上对未成年人的犯罪记录保密，同时规定例外情况，如涉及再犯罪的量刑、某些专业或职业的特殊从业要求等。

当然，当前我国的未成年人社区矫正工作正处于初步探索和逐步发展的过程中，对未成年人犯罪从简单的司法、监禁手段矫治扩展到由司法、行政领域主导，学校、家庭及社会各界密切配合，通过教育、矫治、帮助多层面的非监禁刑罚措施对未成年人实施综合性的改造和矫治，帮助未成年人悔过自新，复归社会。但是，在社区矫正工作中如何引导未成年人确立正确的价值观、人生观，形成良好的生活方式，培养坚强的意志和吃苦耐劳的品格，进而达到预防未成年人犯罪的方面，我们还需要不断努力。

第十一章 刑罚的裁量

【知识结构图】

- 刑罚的裁量
  - 刑罚裁量概述
    - 刑罚裁量的概念
    - 刑罚裁量的意义
    - 刑罚裁量的原则
  - 刑罚裁量的情节
    - 刑罚裁量情节的概念、类型
    - 累犯
    - 自首
    - 立功
  - 量刑制度
    - 数罪并罚制度
    - 缓刑制度

一、知识点精析

（一）刑罚裁量概述

刑罚的裁量，也称量刑，指人民法院在查明犯罪事实、认定犯罪性质的基础上，根据行为人所犯罪行及刑事责任的轻重，依法对犯罪人裁量刑罚的审判活动。

1. 刑罚裁量的特征

（1）量刑的主体是人民法院

量刑权是国家刑罚权的重要内容之一，也是人民法院的刑事审判权的应有之义，当然应由人民法院行使，其他任何机关、团体或者个人都没有量刑权。根据宪法和有关法律的规定，刑事审判权专属于人民法院行使，因此，量刑的主体是人民法院。具体来说，《刑事诉讼法》第5条规定："人民法院依照法律规定独立行使审判权，人民检察院依照法律规定独立行使检察权，不受行政机关、社会团体和个人的干涉。"第19条规定："基层人民法院管辖第一审普通刑事案件，但是依照本法由上级人民法院管辖的除外。”第 20 条规定：“中级人民法院管辖下列第一审刑事案件：（一）危害国家安全、恐怖活动案件；（二）可能判处无期徒刑、死刑的案件。”第 21 条规定：“高级人民法院管辖的第一审刑事案件，是全省（自治区、直辖市）性的重大刑事案件。”第 22 条规定：“最高人民法院管辖的第一审刑事案件，是全国性的重大刑事案件。”

（2）量刑的客体是犯罪人

量刑是在构成犯罪的基础上，进一步解决是否判处刑罚、判处何种刑罚以及判处多重的刑罚的问题。因此，只有行为已经构成犯罪的人才是量刑的客体。

（3）量刑的性质是刑事司法活动

量刑是人民法院根据犯罪事实、犯罪性质、情节和对社会的危害程度，并参照犯罪人的个人情况，根据刑法和刑事诉讼法的有关规定，以实施了犯罪行为的犯罪人为对象，对其裁量并确定刑罚的活动。因此，量刑的性质是刑事司法活动。

（4）量刑的前提是定罪适当

罪行和法定刑存在不可分割的关系，刑法为不同轻重的罪行配置了档次不同的法定刑，只有正确定罪，才可以找准对犯罪人适用的法定刑。人民法院只有在查明犯罪事实、认定犯罪性质、确定应当适用的刑法条文之后，才能依法量刑。定罪是量刑的基础，只能先定罪后量刑。

（5）刑事责任的大小是量刑轻重的唯一根据

罪行大小决定法定刑的轻重，刑事责任的大小决定宣告刑的轻重。在量刑时，判断刑事责任的大小的唯一依据只能是案件的轻重不完全等同。

（6）量刑的内容是裁量刑罚

量刑是人民法院的刑罚裁量活动，是以一定的自由裁量权为前提的。量刑的内容主要包括：决定是否判处刑罚、在这一前提下决定判处何种刑罚（选择刑种）、决定判处多重的刑罚（确定刑度）以及所判刑罚是立即执行还是缓期执行。

2. 刑罚裁量的意义

（1）量刑对于实现报应与预防的双重意义

刑罚的报应功能体现了刑罚的公正性，量刑应当以犯罪事实及情节根据，对犯罪行为作出恰当的法律评价，从而使刑罚的裁量成为一种公正的刑罚。量刑以刑罚正义为指导，它对于实现刑罚报应具有重大意义。刑罚的预防功能体现了刑罚的有效性，量刑应当以犯罪人的个人情况为参考，对犯罪人作出恰当的法律评价，从而使刑罚的裁量成为一种有效的刑罚。量刑以刑罚效益为指导，它对于实现刑罚预防具有重大意义。刑罚目的二元论的观点要求在量刑活动中，应当同时兼顾报应与预防功能，注重刑罚正义与刑罚效益的并重。在量刑活动中，只求正义不求效益，或者只求效益不求正义都是片面而不可取的，正确量刑有利于惩罚犯罪分子，有利于维护公民的合法权益和社会安定，量刑应当实现刑罚报应与刑罚预防的双重使命。

（2）量刑对于实现刑事责任的意义

刑事责任是指犯罪人因其实施犯罪行为而应当承担的国家司法机关依照刑事法律对其犯罪行为及本人所作的否定评价和谴责，是行为人实施刑法禁止的行为所必须承担的法律后果，承担刑事责任意味着应当受到刑罚处罚。只有正确适当的量刑才能使刑事责任正确适当的实现，量刑是实现刑事责任的重要环节。

（3）适当量刑对于正确行刑的意义

行刑是刑罚执行的简称，是指国家刑罚执行机关根据已经发生法律效力的刑事判决或者裁定，依照法律规定的程序，将其付诸实施的执行活动。行刑所执行的是人民法院生效的刑事裁判，包括裁定和判决所确定的刑罚。而量刑的内容则是裁量和确定刑罚，因此适当量刑是正确行刑的前提和基本保障。

（4）量刑对于检验刑事审判质量的意义

量刑是检验刑事审判质量的重要标准之一，只有在定罪准确的基础上，做到量刑适当才能说刑事审判的质量得到了真正的保证。

《刑法》第61条规定："对于犯罪分子决定刑罚的时候，应当根据犯罪的事实、犯罪的性质、情节和对于社会的危害程度，依照本法的有关规定判处。"根据这一规定，我国刑法中的量刑原则可以概括为以犯罪事实为根据，以刑法规定为准绳。这一量刑原则，是我国"以事实为根据，以法律为准绳"这一法制原则在量刑上的具体化。

首先，以犯罪事实为根据。

犯罪事实是量刑的客观根据，没有犯罪事实就无法确定犯罪，量刑就失去了前提。犯罪事实有广义与狭义之分，这里的犯罪事实是广义的犯罪事实。广义的犯罪事实是指客观存在的与犯罪有关的各种事实情况的总和。它既包括犯罪构成的基本事实，也包括犯罪性质、情节和社会危害程度。因此，作为量刑根据的犯罪事实包括以下四项内容：

①犯罪事实。所谓"犯罪事实"，在这里特指存在于某种犯罪实施过程中的表明行为的社会危害性及其程度的一切主客观事实情况的总和。犯罪事实分

为构成事实和其他事实，构成事实是指犯罪构成要件所涵盖的事实；其他事实是指表明行为的社会危害性及其程度的属性的事实，是据以处罚轻重的根据，因而属于量刑情节并且是量刑中最重要的组成部分。犯罪事实是量刑的首要根据，也是正确认定犯罪性质、分析犯罪情节和衡量犯罪社会危害程度的前提。

②犯罪的性质。是指犯罪行为的法律性质，即某一法益侵害行为经由法律规定并通过审判机关确认的犯罪属性。犯罪性质是由整个犯罪构成决定的。任何犯罪在法律上都有其质的规定性，不同性质的犯罪，其法益侵害程度不同，处罚的轻重也有所区别。由于不同性质的犯罪具有不同的社会危害性质和不同的社会危害程度，所以立法者为它们配置了轻重不等的法定刑。正确地认定犯罪性质，不仅是定罪的重要内容，也是正确量刑的前提；定性不准，量刑必然不当。因此，在量刑时应当在查清犯罪事实的基础上，根据刑法分则的有关规定，正确地认定犯罪性质。

③犯罪情节。刑法上的犯罪情节有两种：第一种是定罪情节，即影响犯罪性质的情节，它是情节犯构成犯罪的必备要素。第二种是量刑情节，是指构成犯罪基本事实以外的其他影响和说明犯罪的法益侵害程度的各种事实情况，例如犯罪的动机、手段、环境和条件，以及犯罪人的一贯表现、犯罪后的态度、直接或间接的损害后果，等等。这些事实情况虽然不影响定罪，但它决定着量刑。这里的犯罪情节就是指量刑情节。犯罪情节不同，犯罪行为的法益侵害程度和犯罪人的人身危险性程度也有所不同，因而量刑时所处的刑罚也必然不同。刑法正是根据不同的犯罪情节，对同一犯罪规定了不同的量刑幅度。因此，量刑时在确定犯罪性质的基础上，必须全面掌握犯罪情节，根据不同的情节，决定在哪个量刑幅度以内或者以下裁量应处刑罚或者免除刑罚。

④对于社会的危害程度。这是指犯罪行为对社会造成或者可能造成损害结果的程度。对社会的危害性程度大小是区分罪与非罪、罪轻与罪重以及由此而决定对犯罪分子是否适用刑罚以及如何适用刑罚的重要根据。危害程度，是由犯罪的一系列主观因素和客观因素综合而成的，包括犯罪的事实、犯罪的性质、情节以及犯罪人的主观恶性程度等。因此，正确地判断犯罪行为的法益侵害程度，必须将犯罪的各种因素全面综合地加以考虑，防止片面地强调其中某一方面的因素。只有这样，才能避免出现量刑上的畸轻畸重的现象。

其次，必须以刑法为准绳。

依法量刑，是法制原则的必然要求，也是罪刑法定这一基本的刑法原则在量刑中的体现。量刑以刑法为准绳，主要是遵守以下刑法有关规定：

刑法总则中关于刑罚原则、制度、方法及其适用条件的一般规定。一是要按照刑法对各种罪行所规定的犯罪构成正确定罪，确定该种罪行的法定刑，选择适当的刑种；二是要根据刑法规定的各种刑罚的具体内容和适用条件，权衡犯罪人刑事责任的轻重，判处适当的刑罚和刑期；三是由于不同法条规定了不同附加刑适用条件及允许处罚的程度，所以要注意在适用主刑的同时适用各种附加刑。必须严格遵照刑法总则规定的各种量刑制度，正确适用刑罚，具体说来，包括对预备犯、未遂犯、中止犯、未成年犯罪人，共同犯罪中的主犯、从犯、教唆犯、胁从犯的处罚原则；有关自首、立功、累犯、缓刑、数罪并罚等制度；有关从重、从轻、减轻以及免除刑罚处罚的规定。

刑法分则中有关各种具体犯罪的法定刑及其量刑幅度的具体规定。具体说来，必须明确现行刑法规定了多少个量刑情节，明确各种量刑情节的量刑意义，明确各种量刑情节的功能。在量刑时不得超越法定的刑种和量刑幅度，而应当在法定刑范围内裁量刑罚。

（二）刑罚裁量情节

刑罚裁量情节，又称量刑情节，是指刑法明文规定或者司法机关酌情确定的定罪事实以外的、体现犯罪严重程度、据以决定对犯罪人是否处刑以及处刑轻重的各种事实情况。

1. 量刑情节的特征

(1) 量刑情节的内容是与犯罪有关的犯罪构成之外的各种事实情况

量刑情节是对量刑发生一定影响的要素，这些要素应当是与犯罪有关的各种事实情况。这也是以事实为根据的量刑原则的直接体现。这里的与犯罪有关的各种事实情况，包括罪中情节、罪前情节和罪后情节。罪中情节是指犯罪进程中表现出来的影响量刑的事实要素，它在量刑过程中起着直接的决定作用。罪前情节与罪后情节，也能在一定程度上影响量刑，例如，犯罪后的态度，是坦白交待还是拒不认罪，对于量刑也具有重要影响。

(2) 量刑情节影响犯罪的社会危害程度和犯罪人的人身危险性

犯罪的社会危害程度和犯罪人的人身危险性是量刑的两大根据。量刑情节是由刑法明文规定或者司法机关酌情确定的，而量刑情节又可以分为法定情节与酌定情节。其中，法定情节是由刑法规定的，酌定情节是在刑法中并无明文规定，但司法机关根据审判经验酌情确定的。无论是法定情节还是酌定情节，都从不同侧面反映了犯罪的社会危害程度和犯罪人的人身危险性。

(3) 量刑情节对决定是否处刑以及处刑轻重具有重要影响

量刑情节对决定是否处刑以及处刑轻重具有重要影响，是否处刑以及处刑轻重，是量刑的主要内容，量刑情节对此具有决定作用。因此，量刑情节不同于定罪情节。定罪情节作为一种罪量要素，是决定犯罪成立的事实根据，它所要解决的是罪之有无的问题。而量刑情节是在行为构成犯罪的基础上，解决罪之轻重的问题。因此，应当把量刑情节与定罪情节加以区分，尤其要禁止重复评价：已经用于定罪的犯罪构成事实要素不能作为量刑情节再次使用。

2. 量刑情节的分类

量刑情节可以分为法定量刑情节与酌定量刑情节。

(1) 法定量刑情节

所谓法定量刑情节，是指刑法明文规定在量刑时必须予以考虑的各种犯罪事实情况。法定的量刑情节在刑法总则与分则中都有明文规定。刑法总则规定的量刑情节是对各种犯罪共同适用的情节，刑法分则规定的量刑情节是对特定犯罪适用的量刑情节。法定量刑情节又可分为如下几类：

①应当从重处罚的情节：

教唆不满 18 周岁的人犯罪的(《刑法》第 29 条)；

累犯(《刑法》第 65 条)；

策动、胁迫、勾引、收买国家机关工作人员、武装部队人员、人民警察、民兵进行武装叛乱或者武装暴乱的(《刑法》第 104 条)；

与境外机构、组织、个人相勾结，实施分则第一章第 103 条、第 104 条、第 105 条规定的犯罪的(《刑法》第 106 条)；

掌握国家秘密的国家工作人员叛逃境外或者在境外叛逃的(《刑法》第 109 条)；

武装掩护走私的(《刑法》第 157 条)；

伪造货币并出售或者运输伪造的货币的(《刑法》第 171 条)；

奸淫不满 14 周岁的幼女的(《刑法》第 236 条)；

猥亵儿童的(《刑法》第 237 条)；

国家机关工作人员利用职权非法拘禁他人或者以其他方法非法剥夺他人自由的(《刑法》第 238 条)；

国家机关工作人员犯诬陷罪的(《刑法》第 243 条)；

司法工作人员滥用职权非法搜查他人身体、住宅，或者非法侵入他人住宅的(《刑法》第 245 条)；

司法工作人员对犯罪嫌疑人、被告人实行刑讯逼供或者使用暴力逼取证人证言致人伤残、死亡的(《刑法》第 247 条)；

监狱、拘留所、看守所等监管机构的监管人员对被监管人进行殴打或者体

罚虐待致人伤残、死亡的(《刑法》第248条);

监管人员指使、纵容被监管人殴打或者体罚虐待其他被监管人致人伤残、死亡的(《刑法》第248条);

邮电工作人员私自开拆或者隐匿、毁弃邮件、电报而窃取财物的(《刑法》第253条);

冒充人民警察招摇撞骗的(《刑法》第279条);

引诱未成年人参加聚众淫乱活动的(《刑法》第301条);

司法工作人员以暴力、威胁、贿买等方法阻止证人作证或者指使他人作伪证的(《刑法》第307条);

司法工作人员帮助当事人毁灭、伪造证据,情节严重的(《刑法》第307条);

盗伐、滥伐国家级自然保护区内的森林或者其他林木的(《刑法》第345条);

利用、教唆未成年人走私、贩卖、运输、制造毒品的或者向未成年人出售毒品的(《刑法》第347条);

缉毒人员或者其他国家机关工作人员掩护、包庇走私、贩卖、运输、制造毒品的犯罪分子的(《刑法》第349条);

引诱、教唆、欺骗或者强迫未成年人吸食、注射毒品的(《刑法》第353条);

因走私、贩卖、运输、制造、非法持有毒品罪被判过刑,又犯本节规定之罪的(《刑法》第356条);

旅馆业、饭食服务业、文化娱乐业、出租汽车业等单位的主要负责人利用本单位的条件,组织、强迫、引诱、容留、介绍他人卖淫的(《刑法》第361条);

制作、复制淫秽的电影、录像等音像制品组织播放的,或者向不满18岁的未成年人传播淫秽物品的(《刑法》第364条);

战时破坏武器装备、军事设施、军事通信的(《刑法》第369条);

挪用用于救灾、抢险、防汛、优抚、扶贫、移民、救济款物归个人使用的(《刑法》第384条);

索贿的(《刑法》第386条)。

战时阻碍军人执行职务的(《刑法》第426条)。

②可以从轻或减轻处罚的情节:

已满75周岁的人故意犯罪的(《刑法》第17条);

尚未完全丧失辨认或者控制自己行为能力的精神病人犯罪的(《刑法》第 18 条);

未遂犯(《刑法》第 23 条);

被教唆的人没有犯被教唆的罪的教唆犯(《刑法》第 29 条);

自首(《刑法》第 67 条);

立功(《刑法》第 68 条)。

③应当从轻或减轻处罚的情节:

已满 14 周岁不满 18 周岁的人犯罪的(《刑法》第 17 条);

已满 75 周岁的人过失犯罪的(《刑法》第 17 条)。

④应当减轻处罚的情节:

造成损害的中止犯(《刑法》第 24 条)。

⑤可以从轻、减轻或者免除处罚的情节:

又聋又哑的人或者盲人犯罪的(《刑法》第 19 条);

预备犯(《刑法》第 22 条)。

⑥应当从轻、减轻处罚或者免除处罚的情节:

从犯(《刑法》第 27 条)。

⑦可以减轻或免除处罚的情节:

在外国犯罪已经受过刑罚处罚的(《刑法》第 10 条);

有重大立功表现的(《刑法》第 68 条);

个人贪污数额在 5000 元以上不满 10000 元,犯罪后有悔改表现,积极退赃的(《刑法》第 383 条);

行贿人在被追诉前主动交待行贿行为的(《刑法》第 164 条、第 390 条);

介绍贿赂人在被追诉前主动交待介绍贿赂行为的(《刑法》第 392 条)。

⑧应当减轻或免除处罚的情节:

防卫过当(《刑法》第 20 条);

避险过当(《刑法》第 21 条);

胁从犯(《刑法》第 28 条);

犯罪后自首又有重大立功表现的(《刑法》第 68 条)。

⑨可以免除处罚的情节:

犯罪情节轻微不需要判处刑罚的(《刑法》第 37 条);

犯罪较轻的自首犯(《刑法》第 67 条);

非法种植罂粟或者其他毒品原植物,在收获前自动铲除的(《刑法》第 351 条)。

⑩应当免除处罚的情节：

没有造成损害的中止犯(《刑法》第24条)。

(2) 酌定量刑情节

酌定量刑情节，是指人民法院从审判经验中总结出来，在刑罚裁量时应当灵活掌握酌情适用的情节。酌定量刑情节虽不必然影响刑罚的轻重适用，但对量刑仍然起着重要作用。依据刑事审判实践，常见的酌定量刑情节主要有以下几种：

①犯罪的手段。犯罪手段反映了犯罪人的客观危害程度。犯罪手段一般不对定罪起作用，但对量刑却有影响。犯罪手段是否残忍、是否恶劣、是否使用暴力在很大程度上决定着社会危害性。比如抢劫就比抢夺危害性严重、通过折磨被害人的手段杀人就比一般故意杀人更为残忍，因而应当予以较重的处罚。所以，犯罪手段也是定罪量刑的重要因素。

②犯罪的对象。犯罪对象是指犯罪行为直接作用的具体物或具体的人。有些犯罪因侵害的对象不同，行为的法益侵害程度也不同，因而量刑的轻重应有所差异。例如，故意伤害老、弱、病、残、孕等弱者的行为比伤害一般人的行为更严重，侵犯抗洪、抢险、救灾财物的行为比侵犯一般财产的行为更严重。犯罪对象对正确定罪量刑起到了举足轻重的作用。

③犯罪结果。犯罪结果是指危害行为对犯罪客体即刑法所保护的社会关系所造成的实际损害或现实危险，它直接反映了法益侵害程度。例如，盗窃五百元与盗窃一万元，杀死一人与杀死数人，其危害结果显然是不同的。犯罪的损害结果既可以是直接结果，如开枪致人死亡，也可以是间接结果，如故意伤害他人之后，行凶者在将被害人送往医院救治的途中又遭遇车祸致被害人死亡。既可以是有形结果，如人员的伤亡、财产的毁损等，也可以是无形结果，如对社会的危害和恶劣影响。损害结果的大小，是量刑轻重的重要根据。

④犯罪的时空环境。一般而言，多数犯罪的实施时间、地点和条件并不影响行为社会危害性的有无，但相同的犯罪，在不同的时间、地点、政治、经济、环境和社会背景下，造成的社会危害性大小则有所不同。例如：在公共场所寻衅滋事的行为比在僻静地方寻衅滋事的行为的社会危害性要大，在预防控制突发性传染病疫情期间生产销售伪造、劣质药品要比平时生产销售伪造、劣质药品的社会危害性要大。

⑤犯罪的动机。动机是推动人们进行某种活动的内心起因，犯罪动机是激起和推动犯罪人实施犯罪的内心起因，犯罪动机是产生直接故意的源泉，它不仅确定犯罪目的，而且促使危害结果实现。由于犯罪动机的强弱直接反映行为

人的主观意识的大小，因而是决定社会危害程度的重要因素之一。一般说来，故意犯罪的动机都是不良的，但也有程度上的差异。例如报复杀人比一般义愤杀人的主观恶性更大，以盗窃为生比因生活困难而实施盗窃的主观恶性更大，直接故意比间接故意的主观恶性更大。因动机的不同主观恶意程度不同，量刑时应有所区别。

⑥犯罪后的态度。除法定情节外，犯罪后是否积极退赃、是否积极挽救受害人、是否主动赔偿受害人经济损失、是否主动坦白交待犯罪事实，这些都表明犯罪分子的悔罪程度和人身危险程度，因而在量刑时应当予以区别对待。根据最高人民法院、最高人民检察院、司法部《关于适用普通程序审理被告人认罪案件的若干意见》第 9 条的规定，人民法院对自愿认罪的被告人酌情予以从轻处罚。

⑦犯罪人的一贯表现。犯罪人的一贯表现主要是指同犯罪有关的思想和行为的表现。犯罪分子的一贯表现是反映了犯罪人人身危险性的情节，对量刑有一定的影响。如果犯罪分子一贯打架斗殴、违法乱纪、屡教不改，就应从重量刑；如果犯罪分子一贯遵纪守法、表现较好，偶而失足犯罪，量刑时可从宽处理。

⑧特殊情况。即《刑法》第 63 条第 2 款的规定，犯罪分子虽然不具有刑法规定的减轻处罚情节，但是根据案件的特殊情况，经最高人民法院核准，也可以在法定刑以下判处刑罚。

（三）累犯

累犯，是指因犯罪而受过一定刑罚处罚的犯罪人，刑罚执行完毕或者赦免以后，在法定期限内又犯一定之罪的情形。

1. 累犯的特征

累犯既是一项重要的法定量刑情节，也是一项重要的量刑制度，累犯具有以下特征：

(1) 累犯是一种再犯罪的事实

累犯在客观上表现为再次犯罪，具有再犯罪的事实。犯罪人如果没有再次犯罪，就无累犯可言。因此，再次犯罪是累犯构成的事实前提。累犯虽然是再次犯罪，在一般情况下，它和再犯是有所不同的。累犯作为一种再犯罪的情形，它与前科也有所不同。前科是指曾被法院认定有罪并被判处刑罚的情形。凡是曾被法院依法定罪并被判处刑罚的人，均是有前科的人。因此，累犯以犯罪人有前科为前提。当然，累犯必定是有前科的人，有前科的人却未必都是累犯，应当加以注意。

（2）累犯是一种犯罪人的类型

刑法上的累犯，经历了一个从注重犯罪特征到注重犯罪人特征的转变。最初刑法上的累犯概念，注重的是犯罪行为的特征，以刑事古典学派的客观主义作为其理论基础。此后，随着刑事实证学派的兴起，开始了从犯罪行为向犯罪人的转变，由此出现了以犯罪人的人身危险性为重点的累犯概念。现代刑法上的累犯，更多的是强调犯罪人的人身特征，将累犯视为人身危险性较大的一种犯罪人类型。应当指出，虽然都是犯罪人类型，累犯与惯犯是有所不同的。在犯罪学上，累犯与惯犯往往相提并论，容易混同。但在刑法学上，两者具有明显区分。惯犯是在审判之前的一个相当长的时间内反复多次地实施某一犯罪，这些反复实施的犯罪是未经处理的。因此，惯犯往往被作为一种犯罪类型，在罪数理论中讨论。累犯并非像惯犯那样，是审判前同一犯罪之关系，而是前后两个犯罪之关系。累犯一般都是作为量刑制度加以规定，是一种特殊的犯罪人类型。

（3）累犯是一种从重处罚的刑罚制度

累犯和一般犯罪人有所不同，它是在犯罪已经被判处刑罚后的再次故意犯罪，表明犯罪人具有较为严重的人身危险性。各国刑法都对累犯予以从重处罚，因此累犯是一种从重处罚的刑罚制度。

2. 累犯的分类

我国刑法规定的累犯，可分为一般累犯和特殊累犯两类。

（1）一般累犯

《刑法修正案（八）》将《刑法》第 65 条第 1 款修改为："被判处有期徒刑以上刑罚的犯罪分子，刑罚执行完毕或者赦免以后，在 5 年以内再犯应当判处有期徒刑以上刑罚之罪的，是累犯，应当从重处罚，但是过失犯罪和不满 18 周岁的人犯罪的除外。"这就是一般累犯，其成立条件如下：

①主观条件：前罪和后罪都必须是故意犯罪。这是对应第 65 条第 1 款的但书的，也就是说，过失不存在累犯，累犯的主观方面排除过失。这反映的是立法上控制累犯的范围，重点就是在于惩治那些主观上出于故意而实施犯罪的行为。

②刑度条件：前罪所判刑罚和后罪所判刑罚都是有期徒刑以上的刑罚。"有期徒刑以上"包括有期徒刑、无期徒刑、死刑。逻辑上无期徒刑和死刑不存在执行完毕的情况，但是根据我国减刑和假释的制度，以及宪法中规定的赦免的制度，以上两个刑种有可能出现累犯的情况。应当指出，前罪刑罚是已经

被实际判处并执行完毕的，是种已然刑罚，而后罪刑罚是尚未被实际判处的，只是种估计，如果后罪没有被实际判处有期徒刑以上的刑罚，犯罪人不能构成累犯。

③时间条件：后罪必须发生在前罪执行完毕或者赦免以后5年以内。这里最主要的问题是起算的时间点，这里的执行完毕是指主刑执行完毕，对于被同时判处附加刑的，附加刑是否执行完毕不影响累犯的构成；刑罚执行完毕，既包括有期徒刑实际执行完毕，也包括假释考验期满；被判处缓刑的犯人，在缓刑考验期内犯新罪的，不能构成累犯，而应当撤销缓刑，将旧罪与新罪一并处罚。缓刑期满后再犯罪的，也不能构成累犯，因为缓刑考验期满意味着刑罚不再执行而不是执行完毕。

④主体条件：犯罪分子在犯前罪和后罪时必须都是年满18周岁的人。如果犯罪分子犯前罪时不满18周岁，即使犯后罪时已满18周岁，也不构成累犯。这是《刑法修正案（八）》新增加的内容。之所以这样规定，主要是考虑到未成年人身心发育尚未成熟，应当对犯罪的未成年人更好地体现以教育挽救为主的方针，以使他们能更好地接受教育改造，便于他们以后顺利融入社会，成为服务社会的有用之材。同时，也是为进一步落实宽严相济的刑事政策，落实对未成年人教育为主、惩罚为辅的原则的要求。

（2）特殊累犯

根据《刑法》第66条的规定，特别累犯，是指因危害国家安全罪、恐怖活动罪、黑社会性质的组织犯罪受过刑罚处罚，刑罚执行完毕或者赦免后，在任何时候再犯上述任一类罪的犯罪分子。据此分析特殊累犯的成立条件有以下几点：

①前罪和后罪必须都是危害国家安全罪、恐怖活动罪、黑社会性质的组织犯罪。如果前后罪都不是危害国家安全罪、恐怖活动罪、黑社会性质的组织犯罪，或者其中之一不涉及危害国家安全罪、恐怖活动罪、黑社会性质的组织犯罪的，则不能构成危害国家安全罪的特别累犯。但这并不影响可成立一般累犯。

②前罪被判处的刑罚和后罪应判处的刑罚的种类及其轻重不受限制。即使前后两罪或者其中之一罪被判处或者应判处管制、拘役或者单处某种附加刑的，也不影响其成立。

③前罪的刑罚执行完毕或者赦免以后，任何时候再犯危害国家安全罪、恐怖活动罪、黑社会性质的组织犯罪，即构成危害国家安全罪的特别累犯，不受前后两罪相距时间长短的限制。

3. 累犯的法律后果

根据我国《刑法》第 65 条的规定，对累犯应当从重处罚，即采取必须从重处罚的原则。

（1）应当从重处罚。这是根据《刑法》第 65 条第 1 款的规定，被判处有期徒刑以上刑罚的犯罪分子，刑罚执行完毕或者赦免以后，在 5 年以内再犯应当判处有期徒刑以上刑罚之罪的，是累犯，应当从重处罚，但是过失犯罪和不满 18 周岁的人犯罪的除外。从重处罚，应注意把握以下几个方面的问题：

①对于累犯必须从重处罚。即无论成立一般累犯，还是特别累犯，都必须对其在法定刑的限度以内，判处相对较重的刑罚，即适用较重的刑种或较长的刑期。

②从重处罚，是相对于不构成累犯，应承担的刑事责任而言。也即对于累犯的从重处罚，参照的标准，就是在不构成累犯时，应承担的刑事责任。也有学者认为，“应以不构成累犯的初犯或其他犯罪人为从重处罚的参照标准。具体而言，就是当累犯所实施的犯罪行为与某一不构成累犯者实施的犯罪行为在性质、情节、社会危害程度等方面基本相似的条件下，应比照对不构成累犯者应判处的刑罚再予以从重处罚”。这种看法值得研究。因为犯罪人不同，所犯之罪的具体情况不同，与其他犯罪人进行的横向比较，不可能真正做到公平。

③从重处罚，必须根据其所实施的犯罪行为的性质、情节、社会危害程度，确定其刑罚，不是一律判处法定最高刑。

（2）不能适用缓刑。

根据《刑法》第 74 条的规定，对于累犯和犯罪集团的首要分子，不适用缓刑。

（3）不能适用假释

根据《刑法》第 81 条第 2 款的规定，对累犯以及因故意杀人、强奸、抢劫、绑架、放火、爆炸、投放危险物质或者有组织的暴力性犯罪被判处 10 年以上有期徒刑、无期徒刑的犯罪分子，不得假释。

【难点辨析】

累犯与再犯

累犯与再犯不同，一般意义上，所谓再犯，是指再次犯罪的人，也即两次或两次以上实施犯罪的人。就再犯而言，后犯之罪在实施的时间上并无限制，既可以是在前罪刑罚执行期间实施的，也可以是在刑满释放之后实施。累犯与再犯的相同之处主要表现为：都是两次或两次以上实施了犯罪行为。累犯与再犯的区别主要表现为：

(1) 累犯前罪与后罪必须是故意的犯罪（特殊累犯除外）；而再犯前后罪没有此种限制。

(2) 累犯必须以前罪受过一定的刑罚和后罪应受一定的刑罚处罚为成立条件（特殊累犯没有限制，只要求受过刑罚处罚即可，哪怕只单独判处过附加刑）；而再犯，并不要求前后两罪必须判处一定刑罚。

(3) 累犯所犯后罪，必须是在前罪刑罚执行完毕或赦免以后的法定期限内（特殊累犯是在刑罚执行完毕或赦免之后的任何时间）实施；而再犯的前后两罪之间并无时间方面的限制。

(4) 累犯要求犯罪分子在犯前罪和后罪时必须都是年满18周岁的人。如果犯罪分子犯前罪时不满18周岁，即使犯后罪时已满18周岁，也不构成累犯。这是《刑法修正案（八）》新增加的内容。而再犯则没有犯罪主体年龄的限制。

也就是说再犯包含了累犯。

(四) 自首

根据《刑法》第67条的规定，犯罪以后自动投案，如实供述自己的罪行的，是自首。被采取强制措施的犯罪嫌疑人、被告人和正在服刑的罪犯，如实供述司法机关还未掌握的本人其他罪行的，以自首论。自首分为一般自首和特别自首。

1. 一般自首

一般自首是指犯罪分子犯罪以后自动投案，如实供述自己罪行的行为。一般自首的成立条件如下：

(1) 自动投案

根据最高人民法院《关于处理自首和立功具体应用法律若干问题的解释》(1998年5月9日起施行，以下简称《解释》）的规定，自动投案，是指犯罪事实或者犯罪嫌疑人未被司法机关发觉，或者虽被发觉，但犯罪嫌疑人尚未受到讯问、未被采取强制措施时，主动、直接向公安机关、人民检察院或者人民法院投案。

犯罪嫌疑人向其所在单位、城乡基层组织或者其他有关负责人员投案的；犯罪嫌疑人因病、伤或者为了减轻犯罪后果，委托他人先代为投案，或者先以信电投案的；罪行尚未被司法机关发觉，仅因形迹可疑，被有关组织或者司法机关盘问、教育后，主动交代自己的罪行的；犯罪后逃跑，在被通缉、追捕过程中，主动投案的；经查实确已准备去投案，或者正在投案途中，被公安机关捕获的，应当视为自动投案。并非出于犯罪嫌疑人主动，而是经亲友规劝、陪同投案的；公安机关通知犯罪嫌疑人的亲友，或者亲友主动报案后，将犯罪嫌疑人送去投案的，也应当视为自动投案。根据最高人民法院《关于处理自首和立功若干具体问题的意见》(2010 年 12 月 22 日起施行，以下简称《意见》)的规定，犯罪嫌疑人具有以下情形之一的，也应当视为自动投案：①犯罪后主动报案，虽未表明自己是作案人，但没有逃离现场，在司法机关询问时交代自己罪行的；②明知他人报案而在现场等待，抓捕时无拒捕行为，供认犯罪事实的；③在司法机关未确定犯罪嫌疑人，尚在一般性排查询问时主动交代自己罪行的；④因特定违法行为被采取劳动教养、行政拘留、司法拘留、强制隔离戒毒等行政、司法强制措施期间，主动向执行机关交代尚未被掌握的犯罪行为的；⑤其他符合立法本意，应当视为自动投案的情形。另外，罪行未被有关部门、司法机关发觉，仅因形迹可疑被盘问、教育后，应当视为自动投案。交通肇事后保护现场、抢救伤者，并向公安机关报告的，应认定为自动投案；交通肇事逃逸后自动投案，如实供述自己罪行的，应认定为自首。

但是，犯罪分子犯罪后当场被群众围攻、扭送归案的，或者被公安机关逮捕归案的，或者在被追捕过程中走投无路当场被抓捕的，以及经司法机关传讯、采取强制措施后归案的，都不是自动投案。犯罪嫌疑人自动投案后又逃跑的，也不能认定为自首。罪行未被有关部门、司法机关发觉，仅因形迹可疑被有关部门、司法机关在其身上、随身携带的物品、驾乘的交通工具等处发现与犯罪有关的物品后，犯罪人即使主动交代了犯罪事实的，也不能认定为自动投案。

(2) 如实供述自己的罪行

如实供述自己的罪行，是指犯罪嫌疑人自动投案后，如实交代自己的主要犯罪事实。犯罪分子供述的必须是自己实施并由自己承担刑事责任的犯罪事实。

根据《解释》的规定，犯有数罪的犯罪嫌疑人仅如实供述所犯数罪中部分犯罪的，只对如实供述部分犯罪的行为，认定为自首。共同犯罪案件中的犯罪嫌疑人，除如实供述自己的罪行，还应当供述所知的同案犯，主犯则应当供述所知其他同案犯的共同犯罪事实，才能认定为自首。犯罪嫌疑人自动投案并如实供述自己的罪行后又翻供的，不能认定为自首；但在一审判决前又能如实供述的，应当认定为自首。根据《意见》的规定，如实供述自己的罪行，除供述自己的主要犯罪事实外，还应包括姓名、年龄、职业、住址、前科等情况。犯罪嫌疑人供述的身份等情况与真实情况虽有差别，但不影响定罪量刑的，应认定为如实供述自己的罪行。犯罪嫌疑人自动投案后隐瞒自己的真实身份等情况，影响对其定罪量刑的，不能认定为如实供述自己的罪行。犯罪嫌疑人多次实施同种罪行的，应当综合考虑已交代的犯罪事实与未交代的犯罪事实的危害程度，决定是否认定为如实供述主要犯罪事实。虽然投案后没有交代全部犯罪事实，但如实交代的犯罪情节重于未交代的犯罪情节，或者如实交代的犯罪数额多于未交代的犯罪数额，一般应认定为如实供述自己的主要犯罪事实。无法区分已交代的与未交代的犯罪情节的严重程度，或者已交代的犯罪数额与未交代的犯罪数额相当，一般不认定为如实供述自己的主要犯罪事实。犯罪嫌疑人自动投案时虽然没有交代自己的主要犯罪事实，但在司法机关掌握其主要犯罪事实之前主动交代的，应认定为如实供述自己的罪行。

2. 特别自首

根据《刑法》第67条第2款的规定，采取强制措施的犯罪嫌疑人、被告人和已宣判的罪犯，如实供述司法机关尚未掌握的罪行，与司法机关已掌握的或者判决确定的罪行属不同种罪行的，是特别自首。其成立条件包括以下几点：

（1）主体必须是被采取强制措施的犯罪嫌疑人、被告人和正在服刑的罪犯。

（2）必须如实供述司法机关还未掌握的本人其他罪行。所谓“其他罪行”，是指与司法机关已掌握的或者判决确定的罪行属于不同种罪行的。对于“其他罪行”和“不同种罪行”的具体认定，根据《意见》的规定，犯罪嫌疑人、被告人在被采取强制措施期间，向司法机关主动如实供述本人的其他罪行，该罪行能否认定为司法机关已掌握，应根据不同情形区别对待。如果该罪行已被通缉，一般应以该司法机关是否在通缉令发布范围内作出判断，不在通缉令发布范围内的，应认定为还未掌握，在通缉令发布范围内的，应视为已掌握；如果该罪行已录入全国公安信息网络在逃人员信息数据库，应视为已掌握。如果该罪行未被通缉、也未录入全国公安信息网络在逃人员信息数据库，应以该司法机关是否已实际掌握该罪行为标准。

犯罪嫌疑人、被告人在被采取强制措施期间如实供述本人其他罪行，该罪行与司法机关已掌握的罪行属同种罪行还是不同种罪行，一般应以罪名区分。虽然如实供述的其他罪行的罪名与司法机关已掌握犯罪的罪名不同，但如实供述的其他犯罪与司法机关已掌握的犯罪属选择性罪名或者在法律、事实上密切关联，如因受贿被采取强制措施后，又交代因受贿为他人谋取利益行为，构成滥用职权罪的，应认定为同种罪行。

所谓“司法机关还没有掌握的罪行”，是指司法机关不了解、未掌握的罪行，包括犯罪事实未被掌握和犯罪事实虽已被掌握，但犯罪嫌疑人未被发觉两种情况。

3. 自首的法律后果

《刑法》第67条第1款规定："……对于自首的犯罪分子，可以从轻或者减轻处罚。其中，犯罪较轻的，可以免除处罚……犯罪嫌疑人虽不具有前两款规定的自首情节，但是如实供述自己罪行的，可以从轻处罚；因其如实供述自己罪行，避免特别严重后果发生的，可以减轻处罚。"具体确定从轻、减轻还是免除处罚，应当根据犯罪轻重，并考虑自首的具体情节。根据《解释》第4条的规定，被采取强制措施的犯罪嫌疑人、被告人和已宣判的罪犯，如实供述司法机关尚未掌握的罪行，与司法机关已掌握的或者判决确定的罪行属同种罪行的，可以酌情从轻处罚；如实供述的同种罪行较重的，一般应当从轻处罚。

在具体处罚时，根据《意见》的规定，对具有自首情节的被告人是否从宽处罚、从宽处罚的幅度，应当考虑其犯罪事实、犯罪性质、犯罪情节、危害后果、社会影响、被告人的主观恶性和人身危险性、投案的主动性、供述的及时性和稳定性等。

具有自首情节的，一般应依法从轻、减轻处罚；犯罪情节较轻的，可以免除处罚。类似情况下，对具有自首情节的被告人的从宽幅度要适当宽于具有立功情节的被告人。

虽然具有自首情节，但犯罪情节特别恶劣、犯罪后果特别严重、被告人主观恶性深、人身危险性大，或者在犯罪前即为规避法律、逃避处罚而准备自首的，可以不从宽处罚。

对于被告人具有自首情节，同时又有累犯等法定从重处罚情节的，既要考虑自首的具体情节，又要考虑被告人的主观恶性、人身危险性等因素，综合分析判断，确定从宽或者从严处罚。累犯的前罪为非暴力犯罪的，一般可以从宽处罚，前罪为暴力犯罪或者前、后罪为同类犯罪的，可以不从宽处罚。

在共同犯罪案件中，对具有自首情节的被告人的处罚，应注意共同犯罪人以及首要分子、主犯、从犯之间的量刑平衡。

【难点辨析】

自首与坦白

广义的坦白包括自首。狭义的坦白是指犯罪分子被动归案后，如实供述自己被司法机关指控的犯罪事实，并接受国家审查和裁判的行为。

自首与狭义的坦白之间的相同之处是：

(1) 二者都以犯罪人实施了犯罪行为为前提；

(2) 二者在犯罪人归案之后都能如实交代自己的犯罪事实；

(3) 二者的犯罪人都具有接受国家审查和裁判的行为；

(4) 二者的犯罪人都可以得到适当的从宽处罚。

二者的区别是：

(1) 自首是犯罪人自动投案之后主动如实供述自己的犯罪事实的行为，坦白是犯罪人被动归案后如实供述被指控的犯罪事实的行为；

(2) 自首的犯罪分子悔罪表现较好，其人身危险性相对较小；坦白的犯罪分子往往是在一定的条件下被迫认罪的，其人身危险性相对较大；

(3) 自首是法定的从宽处罚情节，坦白是酌定的从宽处罚情节。

(4) 交代的罪行上，自首所供述的既可以是已被发觉的罪行，也可以是尚未被发觉的罪行，如果是犯罪嫌疑人、被告人和正在服刑的罪犯的自首，则交代的必须是司法机关尚未掌握的其他罪行；而坦白所交代的是司法机关已掌握的或者司法机关虽未掌握但与被指控罪行同一性质的罪行。

(五) 立功

立功，是指犯罪分子揭发他人犯罪行为，查证属实，或者提供重要线索，从而得以侦破其他案件等情况的行为。

1. 立功的成立条件

(1) 立功的前提条件是犯罪分子实施了犯罪行为

一是立功的主体条件必须是犯罪分子。犯罪分子是实体刑法意义上的概念，它不同于刑事诉讼法意义上的犯罪嫌疑人、被告和罪犯的概念。具体说来，以检察院依法提起公诉为标志，提起公诉之前犯罪分子是犯罪嫌疑人，提起公诉之后至判决生效之前是被告人。犯罪分子这一概念有较强的概括性，它在不同的场合可以与犯罪嫌疑人、被告人、罪犯相对应。但是，不能把刑事诉讼法意义上的“罪犯”作为立功主体。因为，《刑事诉讼法》第12条明文规定：“未经人民法院依法判决，对任何人都不得确定有罪。”而在考虑立功这一量刑情节时，行为人还不是“罪犯”。所以，严格说来，立功的主体“犯罪分子”在诉讼法意义上是指犯罪嫌疑人、被告人，而不能是罪犯。

二是犯罪分子必须实施了犯罪行为。这里的犯罪行为，是指实施了刑法分则规定的犯罪行为，包括犯罪的预备、未遂、中止形态。

(2) 时间

立功发生在刑事诉讼过程中，立功成立的时间是指立功表现发生的时间，或者说是立功行为实施的时间，不是指立功行为被有关机关或部门确认的时间。立功的开始时间应是犯罪分子归案以后，结束时间应是对犯罪分子的判决宣告以前。

立功的时间是量刑阶段的立功与行刑阶段的立功的主要区别。行刑阶段的立功，是指刑罚执行过程中的立功表现，具有立功表现的，可以获得减刑。而作为量刑制度的立功，是一种发生在量刑阶段的立功，是判决宣告前检举揭发他人犯罪行为的情形，因此它发生在刑事诉讼过程中。

(3) 表现

根据我国《刑法》第 68 条第 1 款的规定，立功表现为以下两种情形：

一是检举、揭发他人的犯罪行为。犯罪人之间往往互相了解各自的犯罪行为，犯罪人在归案以后，不仅交代自己的罪行，而且揭发检举他人的犯罪行为，因此是一种立功表现。

二是提供重要线索，指犯罪人提供未被司法机关掌握的各种犯罪线索，例如证明犯罪行为的重要事实或有关证人等。根据《意见》的规定，下述情况不能认定为有立功表现：①犯罪分子通过贿买、暴力、胁迫等非法手段，或者被羁押后与律师、亲友会见过程中违反监管规定，获取他人犯罪线索并“检举揭发”的；②犯罪分子将本人以往查办犯罪职务活动中掌握的，或者从负有查办犯罪、监管职责的国家工作人员处获取的他人犯罪线索予以检举揭发的；③犯罪分子亲友为使犯罪分子“立功”，向司法机关提供他人犯罪线索、协助抓捕犯罪嫌疑人的。

除上述刑法列举的两种立功表现以外，《解释》第 5 条、第 6 条将下述情形也视为立功：

①阻止他人犯罪活动，如犯罪人在羁押期间，遇有其他在押犯自杀、脱逃或者其他严重破坏监视行为，及时向看守人员报告。

②协助司法机关抓捕其他犯罪嫌疑人（包括同案犯），根据《意见》的规定，犯罪分子具有下列行为之一，使司法机关抓获其他犯罪嫌疑人的，属于《解释》第 5 条规定的“协助司法机关抓捕其他犯罪嫌疑人”：按照司法机关的安排，以打电话、发信息等方式将其他犯罪嫌疑人（包括同案犯）约至指定地点的；按照司法机关的安排，当场指认、辨认其他犯罪嫌疑人（包括同案犯）的；带领侦查人员抓获其他犯罪嫌疑人（包括同案犯）的；提供司法机关尚未掌握的其他案件犯罪嫌疑人的联络方式、藏匿地址的。犯罪分子提供同案犯姓名、住址、体貌特征等基本情况，或者提供犯罪前、犯罪中掌握、使用的同案犯联络方式、藏匿地址，司法机关据此抓捕同案犯的，不能认定为协

助司法机关抓捕同案犯。

③具有其他有利于国家和社会的突出表现的，应当认定为有立功表现，如遇有自然灾害、意外事故奋不顾身加以排除。

2. 重大立功

《刑法》第68条提到了“重大立功”，根据《解释》第7条的规定，犯罪分子有检举、揭发他人重大犯罪行为，经查证属实；提供侦破其他重大案件的重要线索，经查证属实；阻止他人重大犯罪活动；协助司法机关抓捕其他重大犯罪嫌疑人（包括同案犯）；对国家和社会有其他重大贡献等表现的，应当认定为有重大立功表现。

这里的“重大犯罪”、“重大案件”、“重大犯罪嫌疑人”的标准，一般是指犯罪嫌疑人、被告人可能被判处无期徒刑以上刑罚或者案件在本省、自治区、直辖市或者全国范围内有较大影响等情形。

3. 法律后果

作为法定的从宽处罚情节，《刑法》第68条对立功犯依不同情形规定了两种法律后果：

(1) 犯罪分子有一般立功表现的，可以从轻或者减轻处罚。

(2) 犯罪分子有重大立功表现的，可以减轻或者免除处罚。

另外，根据《解释》第4条、第7条的规定：被采取强制措施的犯罪嫌疑人、被告人和已宣判的罪犯，如实供述司法机关尚未掌握的罪行，与司法机关已掌握的或者判决确定的罪行属同种罪行的，可以酌情从轻处罚；如实供述的同种罪行较重的，一般应当从轻处罚。共同犯罪案件的犯罪分子到案后，揭发同案犯共同犯罪事实的，可以酌情予以从轻处罚。

对具有立功情节的被告人是否从宽处罚、从宽处罚的幅度，应当考虑其犯罪事实、犯罪性质、犯罪情节、危害后果、社会影响、被告人的主观恶性和人身危险性、检举揭发罪行的轻重、被检举揭发的人可能或者已经被判处的刑罚、提供的线索对侦破案件或者协助抓捕其他犯罪嫌疑人所起作用的大小等。

具有立功情节的，一般应依法从轻、减轻处罚；犯罪情节较轻的，可以免除处罚。类似情况下，对具有自首情节的被告人的从宽幅度要适当宽于具有立功情节的被告人。

虽然具有立功情节，但犯罪情节特别恶劣、犯罪后果特别严重、被告人主观恶性深、人身危险性大，或者在犯罪前即为规避法律、逃避处罚而准备立功的，可以不从宽处罚。

对于被告人具有立功情节，同时又有累犯、毒品再犯等法定从重处罚情节的，既要考虑立功的具体情节，又要考虑被告人的主观恶性、人身危险性等因素，综合分析判断，确定从宽或者从严处罚。累犯的前罪为非暴力犯罪的，一般可以从宽处罚，前罪为暴力犯罪或者前、后罪为同类犯罪的，可以不从宽处罚。

在共同犯罪案件中，对具有立功情节的被告人的处罚，应注意共同犯罪人以及首要分子、主犯、从犯之间的量刑平衡。犯罪集团的首要分子、共同犯罪的主犯检举揭发或者协助司法机关抓捕同案地位、作用较次的犯罪分子的，从宽处罚与否应当从严掌握，如果从轻处罚可能导致全案量刑失衡的，一般不从轻处罚；如果检举揭发或者协助司法机关抓捕的是其他案件中罪行同样严重的犯罪分子，一般应依法从宽处罚。对于犯罪集团的一般成员、共同犯罪的从犯立功的，特别是协助抓捕首要分子、主犯的，应当充分体现政策，依法从宽处罚。

（六）数罪并罚制度

数罪并罚，是指人民法院对一人所犯数罪分别定罪量刑，并根据法律规定的原则和方法，决定应当执行的刑罚。

1. 数罪并罚的特征

（1）数罪特征

即一人犯有数罪。这是适用数罪并罚的前提。因此，正确适用数罪并罚，首先应当注意正确区别一罪与数罪。行为人以两个或两个以上的犯罪故意或过失，实施两个或两个以上的行为，具备两个或两个以上犯罪构成的，就是数罪。只有对实施了数罪的人，才能进行并罚。

（2）时间特征

即数罪必须是在法定期限以内发生的。根据我国刑法的规定，刑罚执行完毕以前发现行为人犯有数罪的，实行数罪并罚。具体讲，以下情形应当适用数罪并罚：①判决宣告以前一人犯异种数罪的；②判决宣告以后刑罚还没有执行完毕以前或在缓刑、假释考验期限内发现漏判之罪的；③在刑罚执行过程中或在缓刑、假释考验期限内又犯新罪的。

（3）原则特征

即对一人所犯的数罪合并处罚，在对各罪分别定罪量刑的基础上，按照法定的原则决定应执行的刑罚。这是数罪并罚的程序规则和实际操作准则。对数罪所采取的并罚方法，在刑法颁布之前及颁布之初，司法实践中较为普遍的采取“估堆”的方法，即只对各罪分别定罪，并不对数罪分别量刑，只将数罪作为一个整体笼统地量刑。事实证明，数罪并罚中的“估堆”量刑方法既不能保证准确地适用法律，也不能保证办案质量，判决不当难以被发现，即使发现了也不便于纠正，因而是不可取的。目前，数罪并罚主要是根据不同种类的刑罚所适用的不同并罚原则，以及在不同时间阶段和法律条件下合并处罚的方式来合并各罪的刑罚，确定应当执行的刑罚。①

2. 数罪并罚的原则

各国刑事立法都规定了数罪并罚的原则，归纳起来主要是：

(1) 吸收原则

主要有以下两种方式：

①重罪吸收轻罪。只按照数罪中最重罪的法定刑判刑，即通常说的“从一重处断”。例如某人既犯杀人罪，又犯盗窃罪，则按杀人罪规定的刑罚判刑。

②重刑吸收轻刑。即将所犯数罪分别叛刑后，只执行最重的刑罚。

(2) 合并原则

根据刑法上“一罪一刑”原则，将数罪分别判刑后合并执行。例如犯罪人犯甲、乙二罪，甲罪应处10年有期徒刑，乙罪应处5年有期徒刑，二罪合并应处15年有期徒刑。合并罪的刑期应等于全部罪行单独科刑的总和，这种刑期可以较个别定罪最重刑高出若干倍。如刑罚性质不容许实行合并原则时，则科处性质更重的刑罚。

(3) 限制加重原则

对所犯数罪，依最重犯罪的刑罚加重处罚，或者在总和刑以下、数刑中最高刑期以上，决定执行的刑期，并规定不得超过一定的期限。例如犯罪人犯甲、乙二罪，甲罪应处10年有期徒刑，乙罪应处5年有期徒刑，即应在15年以下10年以上的范围内判定刑期。但是这种部分相加的刑罚不得超过法律特别规定的最高刑期。

(4) 折中原则

对数罪分别判刑，根据不同情况，分别采取吸收、合并、限制加重等不同的处罚原则：如数罪中有判处死刑或者无期徒刑的，采用吸收原则，即只执行死刑或者无期徒刑，排除其他轻刑；对判处几个有期徒刑、拘役等刑罚的，采用限制加重原则，即在总和刑期以下、几个刑中最高刑期以上，决定执行的刑期，并不得超过一定期限；对判处有期徒刑又判处罚金等刑罚的，采用合并原

① 参见马克昌主编：《刑法》，高等教育出版社2007年版，第266页。

则，合并执行。由于采用折中原则，比单独适用吸收、合并或限制加重原则较为全面、灵活，所以采用这个原则的国家较多，但是折中两个原则或者三个原则不等。

我国《刑法》第69条规定："判决宣告以前一人犯数罪的，除判处死刑和无期徒刑的以外，应当在总和刑期以下、数刑中最高刑期以上，酌情决定执行的刑期，但是管制最高不能超过3年，拘役最高不能超过1年，有期徒刑总和刑期不满35年的，最高不能超过20年，总和刑期在35年以上的，最高不能超过25年。数罪中有判处附加刑的，附加刑仍须执行，其中附加刑种类相同的，合并执行，种类不同的，分别执行。"据此，我国刑法采取的是折中原则，即以限制加重原则为主，兼采吸收原则和并科原则。详言之，我国刑法中数罪并罚原则的适用是：

①吸收原则适用于判处死刑或无期徒刑以及没收全部财产刑与罚金刑同时存在的情形；

②限制加重原则适用于数罪所判的刑罚为有期徒刑、拘役、管制的情形；

③并科原则适用于判处附加刑的情形，包括附加刑与附加刑之间（全部没收财产刑与罚金刑除外）的并罚情形和附加刑与主刑的并罚情形。

3. 数罪并罚的适用

（1）判决宣告以前一人犯数罪，并且数罪均已被发现时，根据《刑法》第69条规定的上述数罪并罚原则予以并罚。

（2）判决宣告以后，刑罚执行完毕以前，发现被判刑的犯罪分子在判决宣告以前还有其他罪没有判决的，应当对新发现的罪作出判决，把前后两个判决所判处的刑罚，依照《刑法》第69条的规定，决定执行的刑罚。已经执行的刑期，应当计算在新判决决定的刑期以内，即"先并后减"。所谓"新发现的罪"，是指在判决宣告之前一人犯有数罪，在对其他罪作出判决时未被发现，应当依法追诉并与原判决之罪进行数罪并罚的罪，理论上一般称为"漏罪"。所谓"判决宣告以后"，是指判决已宣告并发生法律效力之后。"刑罚执行完毕以前"具体包括三种情形，即刑罚实际执行期间、缓刑考验期间、假释考验期间。

（3）判决宣告以后，刑罚执行完毕以前，被判刑的犯罪分子又犯罪的，应当对新犯的罪作出判决，把前罪没有执行的刑罚和后罪所判处的刑罚，依照《刑法》第69条的规定，决定执行的刑罚，即"先减后并"。

"先减后并"比"先并后减"体现了对犯罪分子更为严厉的惩罚性，因为"先减后并"决定执行的刑罚的最低限度可能提高，进而导致犯罪分子实际执行的刑期也相应提高，可能超过数罪并罚法定最高刑的限制。犯罪分子在刑罚执行期间又犯新罪的时间早晚，与数罪并罚时决定执行刑罚的最低期限，以及实际执行的刑期的最低限度成反比关系。

(4) 刑罚执行期间既发现有漏罪又有新罪的，一般采取“先旧后新”的方法，即先将漏罪与原判决的罪，根据《刑法》第 70 条规定的先并后减的方法进行并罚；然后再将新罪的刑罚与前一并罚判决所确定之执行刑的尚未执行完毕的部分，根据《刑法》第 71 条规定的先减后并的方法进行并罚。

（七）缓刑制度

从各国刑法所规定的缓刑制度来看，缓刑主要有三种，即刑罚暂缓宣告、刑罚暂缓执行和缓予起诉。

我国刑法所规定的缓刑，属于刑罚暂缓执行。具体来说，是指对于被判处拘役、3 年以下有期徒刑的犯罪分子，根据其犯罪情节和悔罪表现，认为暂缓执行原判刑罚，确实不致再危害社会的，规定一定的考验期，暂缓其刑罚的执行；如果被判缓刑的犯罪分子在考验期内没有发生法律规定应当撤销缓刑的事由，原判刑罚就不再执行的一项制度。

1. 缓刑的特点

(1) 宣告被告人有罪。被告人的行为经人民法院审理后认为符合犯罪构成要件的，应当对其作出有罪宣告。刑法暂缓执行是以宣告行为人有罪为前提的，而不是不作有罪判决，这更能体现罪刑法定原则。

(2) 对被告人暂不执行刑罚。犯罪人受刑罚宣告后于一定期限内附条件地暂缓执行。

(3) 考察监管机构健全。对刑法暂缓执行的人员，由缓刑机关负责监管和考察。

2. 缓刑的适用条件

(1) 一般缓刑的适用条件

根据《刑法》第 72 条、第 74 条的规定，对于被判处拘役、3 年以下有期徒刑的犯罪分子，同时符合下列条件的，可以宣告缓刑，对其中不满 18 周岁的人、怀孕的妇女和已满 75 周岁的人，应当宣告缓刑：①犯罪情节较轻；②有悔罪表现；③没有再犯罪的危险；④宣告缓刑对所居住社区没有重大不良影响。对于累犯和犯罪集团的首要分子，不适用缓刑。

(2) 战时缓刑的适用条件

根据《刑法》第 449 条的规定，在战时，对被判处 3 年以下有期徒刑没有现实危险宣告缓刑的犯罪军人，允许其戴罪立功，确有立功表现时，可以撤销原判刑罚，不以犯罪论处。

3. 缓刑犯应遵守的规定

被宣告缓刑的犯罪分子，应当遵守下列规定：遵守法律、行政法规，服从监督；按照考察机关的规定报告自己的活动情况；遵守考察机关关于会客的规定；离开所居住的市、县或者迁居，应当报经考察机关批准。

宣告缓刑，可以根据犯罪情况，同时禁止犯罪分子在缓刑考验期限内从事特定活动，进入特定区域、场所，接触特定的人。

4. 缓刑的考验期

拘役的缓刑考验期限为原判刑期以上1年以下，但是不能少于2个月。有期徒刑的缓刑考验期限为原判刑期以上5年以下，但是不能少于1年。缓刑考验期限，从判决确定之日起计算。

5. 缓刑的法律后果

积极后果：对宣告缓刑的犯罪分子，在缓刑考验期限内，依法实行社区矫正，在缓刑考验期限内没有犯新罪或者发现判决宣告以前还有其他罪没有判决的，也没有违反法律、行政法规或者国务院有关部门关于缓刑的监督管理规定，或者违反人民法院判决中的禁止令，情节严重的行为，缓刑考验期满，原判的刑罚就不再执行，并公开予以宣告。但是，考验期满就不再执行原判刑罚，仅是针对主刑而言，如果犯罪分子同时被判附加刑的，则附加刑并不因此而免除，而是依法仍须进行。

缓刑的撤销及其处理：根据《刑法》第77条的规定，被宣告缓刑的犯罪分子，在缓刑考验期限内犯新罪或者发现判决宣告以前还有其他罪没有判决的，应当撤销缓刑，对新犯的罪或者新发现的罪作出判决，把前罪和后罪所判处的刑罚，依照《刑法》第69条的规定，决定执行的刑罚。被宣告缓刑的犯罪分子，在缓刑考验期限内，违反法律、行政法规或者国务院有关部门关于缓刑的监督管理规定，或者违反人民法院判决中的禁止令，情节严重的，应当撤销缓刑，执行原判刑罚。对被宣告缓刑的犯罪分子撤销缓刑执行原判刑罚的，对其在宣告缓刑前羁押的时间应当折抵刑期。

【难点辨析】

1. 缓刑与死刑缓期执行

（1）适用前提不同。缓刑适用于被判处拘役或者3年以下有期徒刑的犯罪分子；死刑缓期执行适用于应当判处死刑但不是必须立即执行的犯罪分子。

（2）执行方法不同。对于被宣告缓刑的犯罪分子不予关押；而对被宣告死刑缓期执行的罪犯，则必须予以监禁，并实行劳动改造。

（3）考验期限不同。缓刑的考验期，可因所判刑种和刑期的不同而不同；死刑缓期执行的法定考验期限为2年。

（4）法律后果不同。缓刑的法律后果，就其在考验期内是否发生法定情形而有区别，或者是原判刑罚不再执行，或者是撤销缓刑，把前罪与后罪所判处的刑罚按照数罪并罚的原则予以处罚；死刑缓期执行的法律后果根据缓期2年执行期间犯罪人的表现，或者予以减刑或者执行死刑。

2. 缓刑与监外执行

（1）性质不同。缓刑是附条件暂缓执行原判刑罚，刑法规定的有条件的不执行所判处刑罚的一种量刑制度；监外执行则是刑事诉讼法规定的改变执行场所的一种刑罚执行方法，并非不执行原判刑罚。

（2）适用对象不同。缓刑只适用于被判处拘役或者3年以下有期徒刑的犯罪分子；监外执行则适用于被判处有期徒刑或者拘役的犯罪分子。此处对判处有期徒刑的没有刑期的限制，因而监外执行的对象范围大于缓刑。

（3）适用的条件不同。缓刑以犯罪情节较轻，有悔罪表现，没有再犯罪的危险且宣告缓刑对所居住社区没有重大不良影响为适用条件；而监外执行则以有碍关押执行的法定情况，即有严重疾病需要保外就医的，怀孕或者正在哺乳自己婴儿的妇女等为适用条件。

（4）只有在考验期限内再犯新罪或者被发现漏罪，或者违反法律、法规或者有关规定的，才能撤销缓刑，收监执行刑罚，除此以外，不再执行原判刑罚；而适用监外执行的条件一经消失，即应收监执行。

（5）缓刑是附条件地不执行原判刑罚的制度，在判处刑罚的同时即可宣告；而监外执行则是在判决确定以后才适用的变通执行方法，在判决宣告和刑罚执行期间均可适用，并不要求考验期。

3. 一般缓刑与战时缓刑①

（1）对象条件不同。一般缓刑适用于除累犯以外的被判处拘役、3年以下有期徒刑的犯罪分子。战时缓刑适用的对象只能是被判处3年以下有期徒刑的犯罪军人。不是犯罪的军人，或者虽是犯罪的军人，但被判处的刑罚为3年以上有期徒刑，均不能适用战时缓刑。

（2）时间条件不同。一般缓刑的适用无时间方面的限制。战时缓刑适用

① 参见马克昌主编：《刑法》，高等教育出版社2007年版，第277页。

的时间必须是在战时。在和平时期或非战时条件下，不能适用战时缓刑。

（3）实质条件不同。一般缓刑以犯罪情节较轻，有悔罪表现，没有再犯罪的危险且宣告缓刑对所居住社区没有重大不良影响为实质条件。战时缓刑适用的实质条件是，在战争条件下宣告缓刑没有现实危险。也就是说，被判处3年以下有期徒刑的犯罪军人，若被判断确认为适用缓刑具有现实危险，也不能宣告缓刑。

（4）考验期和考察内容不同。一般缓刑在宣告缓刑的同时依法确定缓刑考验期，考察内容为在缓刑考验期限内没有犯新罪或者发现判决宣告以前还有其他罪没有判决的，或者违反法律、行政法规或者国务院有关部门关于缓刑的监督管理规定，或者违反人民法院判决中的禁止令，情节严重的行为。战时缓刑没有缓刑考验期，考验内容为犯罪军人是否有立功表现。

（5）法律后果不同。一般缓刑，如果缓刑考验期间不具备缓刑撤销条件，则原判刑罚不再执行，而原判决所认定的犯罪仍然存在。而在战时缓刑的情况下，如果确有立功表现，则不仅原判刑罚不再执行，而且不以犯罪论处，即原判认定的犯罪也不复存在。

二、案例分析

【案例一】

犯罪人所犯甲罪已被人民法院判处8年有期徒刑，执行5年后，犯罪人又犯乙罪，人民法院判处7年有期徒刑，对所发现的原判决宣告以前的漏罪判处6年有期徒刑。于是，先将漏罪的6年有期徒刑与甲罪的8年有期徒刑实行并罚，在8年以上14年以下决定应当执行的刑罚，如果决定执行12年有期徒刑，则犯罪人还需执行7年有期徒刑。然后，再将乙罪的7年有期徒刑与没有执行的7年实行并罚，在7年以上14年以下决定应当执行的刑罚，如果决定执行11年，则犯罪人实际上执行16年。

（1）如甲某因为A罪而被法院判决有期徒刑10年，在执行了5年之后发现其还有漏罪B罪，B罪依据法律被判处8年有期徒刑，某甲还需要被执行多少年有期徒刑？

（2）如甲某因为A罪而被法院判决有期徒刑10年，在执行了5年之后发现其又有新罪C罪，C罪依据法律被判处8年有期徒刑，甲某还需要被执行多少年有期徒刑？

（3）甲某因为A罪而被法院判决有期徒刑10年，在执行了5年之后发现其还有漏罪B罪，B罪依据法律被判处8年有期徒刑，同时发现在刑罚执行期间又犯新罪C罪，C罪被判处有期徒刑8年，问甲某还需要被执行多少年有期徒刑？

【问题聚焦】

如何计算数罪并罚的刑期？（注：符号“∧”表示“并”）

【法律剖析】

(1)判决宣告以后，刑罚执行完毕以前，发现被判刑的犯罪分子在判决宣告以前还有其他罪没有判决的，“先并后减”。具体计算方法为：(10∧8)-5=(10~18)-5=(5~13)，即甲某还需要被执行5~13年。

(2)判决宣告以后，刑罚执行完毕以前，被判刑的犯罪分子又犯罪的，“先减后并”。具体计算方法为：(10-5)∧8=5∧8=(8~13)，即甲某还须被执行8~13年。

(3)刑罚执行期间既发现有漏罪又有新罪的，一般采取“先旧后新”的方法，即先将漏罪与原判决的罪，根据《刑法》第70条规定的先并后减的方法进行并罚；然后再将新罪的刑罚与前一并罚判决所确定之执行刑的尚未执行完毕的部分，根据《刑法》第71条规定的先减后并的方法进行并罚。具体计算方法为：(10∧8)-5=(10~18)-5=(5~13)，(5~13)∧8=(5∧8)~(13∧8)=(8~13)~(13~20)=(8~20)，即甲某还需要执行的刑期最短8年，最长20年。那么甲某实际执行的行期是最短13年(8+5)，最长25年(20+5)。

【法条链接】

《中华人民共和国刑法》

第70条　判决宣告以后，刑罚执行完毕以前，发现被判刑的犯罪分子在判决宣告以前还有其他罪没有判决的，应当对新发现的罪作出判决，把前后两个判决所判处的刑罚，依照本法第69条的规定，决定执行的刑罚。已经执行的刑期，应当计算在新判决决定的刑期以内。

第71条　判决宣告以后，刑罚执行完毕以前，被判刑的犯罪分子又犯罪的，应当对新犯的罪作出判决，把前罪没有执行的刑罚和后罪所判处的刑罚，依照本法第69条的规定，决定执行的刑罚。

【案例二】

被告人周某某先后4次到邻居陆某家中窃得人民币7000多元。事后某日，被告人周某某在被害人陆某家中，向被害人沈某（陆某妻子）承认自己盗窃犯罪的事实，并写了基本内容为“借沈某人民币 8200 元”的借条及承诺以工资还款的保证书。此后同年，被害人陆某向派出所报案并提供了周某某向其承认盗窃事实及书写保证书等情况。同年被告人周某某向被害人沈某支付人民币 800 元。之后被告人周某某被传唤至派出所，经审讯，交代了盗窃犯罪的事实。

（案例来源：《刑事审判参考》（第 55 集），法律出版社 2007 年版，第 41～43 页。）

【问题聚焦】

行为人向被害人承认作案的行为可否认定为自首？

【法律剖析】

周某某秘密窃取他人财物，数额较大，其行为已构成盗窃罪。周某某系累犯，应当从重处罚。对于此二点均无异议。周某某犯罪后向被害人承认自己的犯罪事实的行为能否构成自首是本案的焦点问题，我们认为，对本案这种情形不应当认定为自首，理由如下：

第一，自首的认定条件方面，接受国家的审查和裁判，当然包含在自动投案、如实交代自己的罪行这两个条件之中。自动投案并如实交代自己的罪行，引致的法律后果就是国家审查和裁判，自动投案并如实交代自己的罪行的人，在主观意识上，是不可能不考虑其行为引致的法律后果的。《解释》第 1 条规定：“犯罪嫌疑人自动投案并如实供述自己的罪行后又翻供的，不能认定为自首；但在一审判决前又能如实供述的，应当认定为自首。”这一规定体现的就是构成自首需要犯罪行为人“接受审查和裁判”。综上所述，虽然现行刑法没有把接受国家审查和裁判表述为自首的条件，但是接受国家的审查和裁判仍是构成自首的本质要求。本案中，对周某某的行为是否认定自首，不能仅仅以向被害人承认作案为判断依据，还必须判断其主观上是否愿意接受国家的审查和裁判。

第二，在投案对象方面，《解释》第 1 条规定：“自动投案，是指犯罪事实或者犯罪嫌疑人未被司法机关发觉，或者虽被发觉，但犯罪嫌疑人尚未受到讯问、未被采取强制措施时，主动、直接向公安机关、人民检察院或者人民法院投案。犯罪嫌疑人向其所在单位、城乡基层组织或者其他有关负责人员投案的；犯罪嫌疑人因病、伤或者为了减轻犯罪后果，委托他人先代为投案，或者先以信电投案的；罪行尚未被司法机关发觉，仅因形迹可疑，被有关组织或者司法机关盘问、教育后，主动交代自己的罪行的；犯罪后逃跑，在被通缉、追捕过程中，主动投案的；经查实确已准备去投案，或者正在投案途中，被公安机关捕获的，应当视为自动投案。”对于行为人向被害人投案的情形，《刑法》和《解释》均未作规定。行为人向被害人投案，存在以下三种情形：（1）行为人同时表示其愿意接受法律制裁。（2）被害人举报，行为人仍然同意。（3）行为人向被害人承认作案，目的只是希望“私了”，使被害人不报案。我们认为，对于前两种情况，行为人对于经由被害人移送，接受司法机关审查和裁判并不抵触或者拒绝，与其直接到司法机关投案无异，应当认为符合自首条件，可以视为自首。而对于第三种情况，行为人主观上不愿意经由被害人移送，接受司法机关审查和裁判，不能认定为自首。本案中，周某某向被害人承认自己的盗窃事实、向被害人书写“借条”和“还款保证书”，后归还部分赃款的这一行为，不能说明其主观上愿意接受因被害人告诉引致的司法处理，而是反映其存在不愿意接受国家审查和审判、与被害人“私了”的心态，符合上述第三种情况。因此，周某某的行为不能认定为自首。

但是，周某某向被害人承认盗窃事实，并以借条形式予以确认及制订还款计划，之后向被害人退还部分赃款，经侦查机关传唤后亦能如实供述自己的罪行，其行为对侦查机关侦破该案起了帮助作用，同时也体现了其悔罪的态度，并一定程度上弥补了盗窃犯罪对被害人带来的危害，对其行为应予肯定，在量刑上应予从轻处罚，这符合罪责刑相适应原则，也是贯彻宽严相济刑事政策的要求。

【法条链接】

《中华人民共和国刑法》

第 67 条　犯罪以后自动投案，如实供述自己的罪行的，是自首。对于自首的犯罪分子，可以从轻或者减轻处罚。其中，犯罪较轻的，可以免除处罚。

被采取强制措施的犯罪嫌疑人，被告人和正在服刑的罪犯，如实供述司法机关未掌握的本人其他罪行的，以自首论。

犯罪嫌疑人虽不具有前两款规定的自首情节，但是如实供述自己罪行的，可以从轻处罚；因其如实供述自己罪行，避免特别严重后果发生的，可以减轻处罚。

最高人民法院《关于处理自首和立功具体应用法律若干问题的解释》（1998 年 5 月 9 日起施行）

第 1 条　根据《刑法》第 67 条第一款的规定，犯罪以后自动投案，如实供述自己的罪行的，是自首。

（一）自动投案，是指犯罪事实或者犯罪嫌疑人未被司法机关发觉，或者虽被发觉，但犯罪嫌疑人尚未受到讯问、未被采取强制措施时，主动、直接向公安机关、人民检察院或者人民法院投案。

犯罪嫌疑人向其所在单位、城乡基层组织或者其他有关负责人员投案的；犯罪嫌疑人因病、伤或者为了减轻犯罪后果，委托他人先代为投案，或者先以信电投案的；罪行尚未被司法机关发觉，仅因形迹可疑，被有关组织或者司法机关盘问、教育后，主动交代自己的罪行的；犯罪后逃跑，在被通缉、追捕过程中，主动投案的；经查实确已准备去投案，或者正在投案途中，被公安机关捕获的，应当视为自动投案。

并非出于犯罪嫌疑人主动，而是经亲友规劝、陪同投案的；公安机关通知犯罪嫌疑人的亲友，或者亲友主动报案后，将犯罪嫌疑人送去投案的，也应当视为自动投案。

犯罪嫌疑人自动投案后又逃跑的，不能认定为自首。

……

【案例三】

被告人闫某，男，1959年11月7日出生，初中文化，无业。

2003年10月中旬的一天22时许，闫某将一妇女带至本市家中留宿。次日凌晨4时许，闫某趁该妇女熟睡之机，用铁锤猛砸其头部，致其重度颅脑损伤死亡。后闫某将该妇女的尸体肢解，抛弃于该市某处垃圾堆、护城河等处。

2003年12月4日23时许，闫某携带铁锤、绳子等凶器到本市某大学地下室内，与徐某（女，40岁）同宿。次日凌晨6时许，闫某趁徐某熟睡之机，用铁锤猛打徐某的头部，并用尼龙绳欲将徐某勒死，因徐某奋力反抗搏斗，闫某杀人未遂。

2003年10月9日1时许，闫某在本市某小区院内，采用改锥撬碎车窗玻璃的方法，盗窃李某奥拓牌轿车内的大量安利化妆品等物，赃物经鉴定，价值人民币8713元。

2003年10月的一天1时许，闫某在本市某小区院内，盗窃张某的桑塔纳牌2000型轿车内的户口本、护照等物。

2003年11月的一天1时许，闫某在本市丰某宿舍厕所内，盗窃某公司的电锤一个，经鉴定价值人民币693元。

2004年1月13日和2月2日，闫某先后3次在该市某小区采用钻窗入室等方法盗窃李某某、黄某人民币2000多元，银灰色LGCU101型CDMA移动电话机1部、充电器3个，赃物经鉴定，价值人民币2349元。

2004年1月29日18时许，闫某在该市某室内盗窃杨某、郭某的人民币700多元，三星牌移动电话机1部等物，赃物经鉴定，价值人民币1991元。

2004年2月18日，闫某因涉嫌犯盗窃罪被查获归案后，主动交待了上述经庭审查证属实的犯罪事实。

一审法院经审理认为，闫某故意非法剥夺他人生命，致人死亡，其行为已构成故意杀人罪；以非法占有为目的，秘密窃取公民财物，数额巨大，其行为又已构成盗窃罪，且在刑满释放后5年内又犯罪，系累犯。闫某所犯故意杀人罪虽系自首，所犯部分故意杀人罪属于未遂，但其犯罪的性质极为恶劣，手段凶残，情节、后果特别严重，必须依法严惩，对闫某所犯故意杀人罪不予从轻处罚。故判决：被告人闫某犯故意杀人罪，判处死刑，剥夺政治权利终身；犯盗窃罪，判处有期徒刑10年，剥夺政治权利2年，并处罚金人民币1万元，决定执行死刑，剥夺政治权利终身，并处罚金人民币1万元。

一审宣判后，闫某不服，提出上诉。

二审法院经审理认为，上诉人闫某的行为构成故意杀人罪、盗窃罪，且系累犯，依法应当从重处罚。但鉴于闫某在因涉嫌犯盗窃罪被羁押期间，主动供述司法机关尚未掌握的两起故意杀人犯罪事实并指认抛尸现场，系自首，其中1起故意杀人罪系未遂，故对闫某所犯故意杀人罪可判处死刑，不立即执行，改判上诉人闫某犯故意杀人罪，判处死刑，缓期2年执行，剥夺政治权利终身；犯盗窃罪，判处有期徒刑10年，剥夺政治权利2年，并处罚金人民币1万元，决定执行死刑，缓期2年执行，剥夺政治权利终身，并处罚金人民币1万元。

（案例来源：《刑事审判参考》（第50集），法律出版社2006年版，第1～8页。）

【问题聚焦】

对于既具有法定从轻情节，又具有法定从重情节的罪行极其严重的被告人，如何适用刑罚？

【法律剖析】

本案争议的焦点在于被告人罪行极其严重但具有重大余罪的自首情节能否从轻处罚，不适用死刑立即执行的问题。

1. 被告人的罪行确属极其严重

所谓罪行极其严重，是指犯罪行为对国家、社会和人民的利益危害特别严重，情节特别恶劣，同时，行为人具有极其严重的人身危险性。“罪行极其严重”是死刑适用的实质性条件，其内涵包括两个方面：其一，从“罪行”角度看，它是客观危害和主观恶性的统一。在实践中，既要考察犯罪行为所造成的客观危害，即是否特别严重地侵害了国家、社会和人民的利益；又要考察犯罪分子的客观恶性，即犯罪分子作案的动机、目的等主观方面，是否穷凶极恶或者劣根较深。其二，从“极其严重”角度看，应当是在对全国的不同地区、不同时期、不同性质的犯罪行为、同种性质的不同个案、共同犯罪中的不同被告人的罪行进行比较后，社会危害最为严重的。犯罪行为只有符合以上两个方面要求才属于“罪行极其严重”，方可适用死刑。

本案被告人曾多次因扒窃、盗窃、流氓行为被行政处罚，因犯惯窃罪、盗窃罪、伪造居民身份证罪被处刑罚，既有劣迹，也有前科，在刑满释放未满一年内又实施多起犯罪，其犯故意杀人罪、盗窃罪时系累犯。可见，被告人主观恶性深。在本案中，被告人又实施了两起杀人行为，且手段残忍，并直接导致一名被害人死亡，其犯故意杀人罪的性质、后果、情节均特别严重。因此，从客观方面考察，本案被告人罪行极其严重，其所犯故意杀人罪符合死刑适用的实质条件，对被告人可依法判处死刑。

2. 被告人如实供述故意杀人的重大罪行成立自首

根据我国《刑法》第 67 条第 2 款的规定，被采取强制措施的犯罪嫌疑人、被告人和正在服刑的罪犯，如实供述司法机关还未掌握的本人其他罪行的行为，以自首论。这种自首一般被称为特殊自首，特殊自首与一般自首相比，有着自身的特殊性，它不要求具备自动投案要件，但对成立自首的主体则有较严格的界定，对所供述的罪行也限制在司法机关还未掌握的本人其他罪行。所谓“还未掌握”，是指司法机关尚不知道犯罪发生，或者虽然知道犯罪发生，但不知道犯罪人是谁以及虽有个别线索或证据使司法机关对某人产生怀疑，但还不足以据此将其确定为犯罪嫌疑人。

本案被告人在涉嫌犯盗窃罪被羁押期间主动供述了本人实施的两起故意杀人事实和三起盗窃事实，这五起犯罪事实，均属于公安机关还未掌握的罪行。其中，故意杀人犯罪与公安机关已掌握的盗窃犯罪属不同种的罪行，因此，被告人对故意杀人罪行的主动供述依法成立特殊自首。

3. 鉴于本案被告人的自首情节可予从轻判处死刑，缓期 2 年执行

根据我国《刑法》的规定，对于自首的犯罪分子，可以从轻或者减轻处罚，而不是应当从轻或者减轻处罚，至于是否从轻、减轻处罚，由审判机关根

据犯罪的客观危害和犯罪人的主观恶性以及自首情节的司法价值等因素裁量。就本案的自首情节而言，是否应给予罪行极其严重的被告人从轻处罚，判处死刑缓期2年执行，不仅涉及对死缓制度中“不是必须立即执行的”的正确适用，还涉及对自首制度的立法意图及司法价值准确把握的问题。我们认为，应将本案被告人的自首情节视为“不是必须立即执行的”从宽情节。理由是：

第一，被告人自首情节的司法价值大。

从本案被告人自首的罪行看，两起故意杀人犯罪均发生在2003年，案件较长时间未破，公安机关也未能掌握被告人实施犯罪的任何线索。对于第一起故意杀人案，公安机关虽然发现死者尸体及作案现场，但对于死者身份及犯罪嫌疑人等主要案件事实，在被告人主动供述前均未掌握，对于第二起故意杀人案，在被告人供认前，公安机关甚至不知道犯罪发生。可见，正是被告人的主动供述行为，公安机关才得以及时侦破这两起重大犯罪，维护法律的尊严。本案被告人对故意杀人罪的主动供述所成立的余罪自首，表现出被告人在主观上对其所犯重大罪行的悔罪意识，比犯罪分子作案后被通缉迫于压力而投案的自首具有更大的司法价值。对于这样的自首情节，在量刑方面应予考虑。

第二，有利于贯彻国家刑事政策，实现刑罚目的。

对于犯罪，我国一直实行惩办与宽大相结合的刑事政策，强调宽严相济，在法律适用上，力求做到该严则严，当宽则宽。这一刑事政策在惩罚犯罪的基础上注重发挥刑罚预防犯罪的功能，力求防止和减少犯罪，以实现刑罚的目的。考虑到自首情节对本案被告人从轻处罚，不适用死刑立即执行，可能鼓励和引导一些犯罪的人悔过自新，自动投案或主动供认司法机关未掌握的罪行以接受国家惩处，有利于发挥刑事政策威力，分化瓦解犯罪分子，使案件及时得以侦破，有效实现刑罚目的，正是坚持和贯彻上述刑事政策的结果。

综上，本案被告人罪行极其严重，应当判处死刑，但鉴于其自首情节的司法价值大，从落实自首的立法意图和司法效果以及坚持和贯彻国家刑事政策出发，二审法院依法改判为死刑缓期2年执行。我们认为，二审法院的判决是正确的。

【法条链接】

《中华人民共和国刑法》

第61条　对于犯罪分子决定刑罚的时候，应当根据犯罪的事实、犯罪的性质、情节和对于社会的危害程度，依照本法的有关规定判处。

第65条　被判处有期徒刑以上刑罚的犯罪分子，刑罚执行完毕或者赦免以后，在5年以内再犯应当判处有期徒刑以上刑罚之罪的，是累犯，应当从重处罚，但是过失犯罪和不满十八周岁的人犯罪的除外。

前款规定的期限，对于被假释的犯罪分子，从假释期满之日起计算。

第67条　犯罪以后自动投案，如实供述自己的罪行的，是自首。对于自首的犯罪分子，可以从轻或者减轻处罚。其中，犯罪较轻的，可以免除处罚。

被采取强制措施的犯罪嫌疑人、被告人和正在服刑的罪犯，如实供述司法机关还未掌握的本人其他罪行的，以自首论。

犯罪嫌疑人不具有前两款规定的自首情节，但是如关供述自己罪行的，可以从轻处罚；因其如实供述自己罪行，避免特别严重后果发生的，可以减轻处罚。

第232条　故意杀人的，处死刑、无期徒刑或者10年以上有期徒刑；情节较轻的，处3年以上10年以下有期徒刑。

最高人民法院《关于处理自首和立功具体应用法律若干问题的解释》(1998年5月9日起施行)

第1条　根据《刑法》第六十七条第一款的规定，犯罪以后自动投案，如实供述自己的罪行的，是自首。

(一) 自动投案，是指犯罪事实或者犯罪嫌疑人未被司法机关发觉，或者虽被发觉，但犯罪嫌疑人尚未受到讯问、未被采取强制措施时，主动、直接向公安机关、人民检察院或者人民法院投案。

犯罪嫌疑人向其所在单位、城乡基层组织或者其他有关负责人员投案的；犯罪嫌疑人因病、伤或者为了减轻犯罪后果，委托他人先代为投案，或者先以信电投案的；罪行尚未被司法机关发觉，仅因形迹可疑，被有关组织或者司法机关盘问、教育后，主动交代自己的罪行的；犯罪后逃跑，在被通缉、追捕过程中，主动投案的；经查实确已准备去投案，或者正在投案途中，被公安机关捕获的，应当视为自动投案。

并非出于犯罪嫌疑人主动，而是经亲友规劝、陪同投案的；公安机关通知犯罪嫌疑人的亲友，或者亲友主动报案后，将犯罪嫌疑人送去投案的，也应当视为自动投案。

犯罪嫌疑人自动投案后又逃跑的，不能认定为自首。

……

三、深度拓展

（一）量刑情节的主要适用规则

（1）“从轻”与“从重”均是在法定刑幅度之内判处刑罚，而“减轻”则是法定幅度之下判处刑罚。

（2）法定的“应当”型情节优于“可以”型情节、“可以”型情节优于“酌定”型情节。

（3）同时存在数个从严或从宽情节的，不得任意改变量刑情节所具有的功能。如既是累犯又有教唆未成年人犯罪情形的，两个“从重”处罚不得简单相加成为“加重”。

（4）同时具有从宽情节与从严情节的，不得采取简单的折抵办法，而应“先严后宽”地不断修正宣告刑。

（5）多功能情节的（如从犯，依法应当从轻、减轻或免除处罚），应依法定序列考量，即先考虑“从轻”，若这样处罚较重，再考虑“减轻”，若综合具体案情，处罚仍较重的，再考虑“免除”处罚。

（6）禁止重复评价量刑情节。量刑时，对各种情节不能进行重复评价。如已经作为法定刑幅度依据的情节，就不能再作为影响具体量刑轻重的情节。例如，对抢劫罪量刑时，因为行为人是“入户抢劫”，故应加重处罚——选择“10年以上有期徒刑、无期徒刑或者死刑”这一法定幅度，但不能再因为“入户抢劫”而在此幅度内从重处罚，否则就是对“入户抢劫”这一情节重复评价，作出不利于被告人的处理。

（二）数罪并罚的“先并后减”与“先减后并”应注意的问题

1.“先并后减”

（1）判决宣告以后，刑罚执行过程中发现漏罪的并罚方法

①在发现一个漏罪时，应当与原判决定执行的刑罚并罚，而不能与原判决中各罪的数个宣告刑进行并罚，否则，就否定了已发生的法律效力的前一判决，影响刑事判决的严肃性。

②在发现数个漏罪时，应当对新发现的数个漏罪分别定罪量刑，然后将各自判处的刑罚与前罪所判处的刑罚，依照《刑法》第69条的规定决定执行的刑罚。而不应将新发现的数个漏罪分别定罪量刑合并处罚后，再把对前罪所判处的刑罚与对新发现的数个漏罪并罚后的刑罚。

（2）刑满释放后再犯罪并发现漏罪的并罚方法：如果漏罪没有超过追诉时效，并且与新罪不属于同种数罪，就应对漏罪与刑满释放后又犯的新罪分别定罪量刑，并依照《刑法》第69条的规定决定执行的刑罚。如果漏罪与新罪属于同种数罪，可判处一罪从重处罚，不实行数罪并罚。

（3）在缓刑考验期内发现漏罪的并罚方法：根据《刑法》第77条的规定，被宣告缓刑的犯罪分子，在缓刑考验期限内犯新罪或者发现判决宣告以前还有其他罪没有判决的，应当撤销缓刑，对新犯的罪或者新发现的罪作出判决，把前罪和后罪所判处的刑罚，依照《刑法》第69条的规定，决定执行的刑罚。

（4）在假释考验期内发现漏罪的并罚方法：根据《刑法》第86条的规定，被假释的犯罪分子，在假释考验期限内，发现被假释的犯罪分子在判决宣告以前还有其他罪没有判决的，应当撤销假释，依照《刑法》第70条的规定实行数罪并罚。

（5）判决宣告以后，尚未交付执行时，发现犯罪人还有其他罪没有处理的，应当依照《刑法》第70条的规定实行并罚。

2. "先减后并"

（1）判决宣告以后，刑罚还没有执行完毕以前，被判刑的犯罪分子又犯数个新罪的并罚方法：应当先对数个新罪分别定罪量刑，再将判决所宣告的数个刑罚与前罪未执行的刑罚并罚。

（2）在缓刑考验期内又犯新罪的并罚方法：根据《刑法》第77条的规定，被宣告缓刑的犯罪分子，在缓刑考验期限内犯新罪或者发现判决宣告以前还有其他罪没有判决的，应当撤销缓刑，对新犯的罪或者新发现的罪作出判决，把前罪和后罪所判处的刑罚，依照《刑法》第69条的规定，决定执行的刑罚。

（3）在假释考验期内又犯新罪的并罚方法：根据《刑法》第86条的规定，被假释的犯罪分子，在假释考验期限内犯新罪，应当撤销假释，依照《刑法》第71条的规定实行数罪并罚。

（三）自首中的正义和效率：以李昌奎案为视角

2011年8月22日晚21时左右，云南省高级人民法院对备受关注、饱受争议的李昌奎故意杀人、强奸一案再审当庭宣判：撤销原二审死缓判决，改判被告人李昌奎死刑，剥夺政治权利终身，并依法报请最高人民法院核准。据称，判决结果传出，网民一片欢呼：这是迟到的正义，是公平与正义的艰难回归。

云南高院从开始的“标杆论”，到突然启动再审程序，直至改判宣判，前后共计一个半月余的时间，可谓紧锣密鼓，效率极高。7 月 6 日，云南省高院表示，该案二审程序合法，不存在徇私舞弊，改判死缓是有事实、法律和刑事政策依据的。7 月 12 日，云南省高院副院长表示，判决是经过 27 名高院审判委员会成员讨论决定的。而且最高人民法院明确规定，对于婚姻家庭、邻里纠纷等民间矛盾激化引发的故意杀人犯罪，适用死刑一定要十分慎重。被告人李昌奎与受害者是邻居，之前有感情纠纷，其犯罪有一定的原因。因此，二审改判是有理由的，符合最高人民法院近年来一直倡导的“少杀”、“慎杀”的司法政策。7 月 13 日，云南省高院突然启动该案的再审程序。8 月 22 日当庭宣判。

云南高院的这种反复行为令人担忧。

熟悉中国刑事司法过程的人都知道，启动李昌奎案再审程序，在中国目前的法治语境下，依照我国的刑事诉讼法的规定，存在着一定的实体（法律规定启动再审须有新的事实、证据或者存在法律适用错误）困难和障碍。虽然云南高院表示是依照被害人家属的申诉或院长发现错误启动的再审程序，但这种说法显然难以服众，因为在被害人家属上访、申诉的相当长的时间里，云南高院一直没有任何反应，即使在强大的舆论质疑声中，云南高院也并不认为存在错误仍坚称要“树标杆”。不管启动再审的理由是否充分或者牵强，但如果为了追求实体正义而不顾程序正义，为了最终需要的实质正义而任意选择手段或过程，那么最终可能会伤及司法正义本身。

熟悉中国刑事司法过程的人还知道，李昌奎案的再审判决的实质决策人是云南高院审判委员会。一般来说，应该按照经由合议庭合议、审判委员会讨论决定、主审法官宣布的顺序进行。但如果是按照经由审判委员会讨论决定、合议庭合议、主审法官宣布的顺序进行，那么程序正义就被彻底虚置了，司法的自我救济则成为不可能完成的任务。

云南高院再审主审法官特别强调，原二审判决认定事实清楚，证据确实、充分，定罪准确，审判程序合法，但对李昌奎改判死缓属量刑不当，故再审合议庭决定，改判李昌奎死刑，剥夺政治权利终身，并依法报请最高人民法院核准。

从再审主审法官特别强调中，不难看出，再审判决是基于与原一审、二审完全一致的案情、一致的证据（虽然再审过程中，辩方提出了有利于被告人的新证据，比如立功，但没被采信），由同一个主体（云南省高院审判委员会）作出了与原二审定罪相同但量刑不同的判决。改判的唯一理由是原二审

"量刑不当"。对此，再审主审法官特别强调，李昌奎犯罪手段特别残忍，社会危害性极大，自首情节不足以对其从轻处罚。这与原一审主审法官的讲话完全一致。李昌奎案从一审到二审到再审，又回到了起点一审的判决结果，如此从终点又回到起点，虽然体现了司法的自我救赎和自我完善，体现了对正义的追求，但对如此一个在事实和证据上并无异议的案件，何以原一审、再审与原二审产生差异？为什么会如此翻来覆去？

云南高院的再审改判理由是苍白的。

原二审改判的理由只有一个，那就是自首，再审改判的理由也是自首。何以围绕自首产生如此大的差别？

设立自首制度的主要目的是为了节省司法成本，但如果为了节省司法成本而危及司法的正义，那么成本就该让位于正义。我们不希望看到犯罪分子一手拿刀捅人，一手打电话给警察："我要自首"，等捅死人后到警局说："我来自首了。"这样的自首，已经超越了社会的正义底线，我们能予以从轻吗？我们的刑事司法要站在现代法治理念的高度去评价一个制度，而不是简单地望文生义地理解适用法律。

刑事法治理念的再刷新是一个非常紧迫且能够完成的现实任务。如果我们一味机械地理解法律，那么"依法"就变成了"依赖法律"而不是"依靠法律"。我们要从假定所有人都是潜在犯罪人的"从特殊预防到一般预防的观念"提升到"从一般预防到特殊预防的理念"，从习惯于"政治关心"提升到适应"法律关怀"，从一味的"消灭犯罪"提升到学会"控制犯罪"。犯罪是消灭不了的，犯罪是由人实施的危害社会的行为，有人的地方就有冲突，就会有犯罪，我们可以从肉体上消灭犯罪人，但我们消灭不了犯罪行为，消灭犯罪的观点的逻辑终点就是消灭人类。因此，要认识到犯罪是社会的一种常态现象，要学会控制犯罪。

刑事审判的主要任务就是先确定是否有罪，在确定有罪后进行量刑，即先定罪后量刑。依照我国现行刑法的规定，死刑作为主刑之一种，没有刑度的规定，死缓只是死刑的一种执行方式，不是独立的刑种，也不是死刑的刑度。我国刑法并没有规定死刑存在两种量刑幅度：一种是死刑立即执行，另一种是死刑缓期两年执行。因此，再审判决认为，原二审对李昌奎改判死缓属"量刑不当"，这里的"量刑不当"，到底指的是判处死刑属不当？还是指判处死刑缓期两年执行不当？如果是前者，则说明不应该判死刑，再审改判死刑就是错误；如果是后者，则混淆了刑种与执行方式的关系，把死刑的两种执行方式看成了死刑的两种量刑幅度并加以适用，再审改判死刑就属于司法改变立法。事实上，中国的司法实践中就一直把死刑的两种执行方式看成了死刑的两种量刑幅度，因此，有必要立法明确死刑的量刑幅度，避免司法干预立法的现象膨胀。

在没有发现新的事实和证据或者不存在适用法律错误的情况下，强行地启动再审程序，改判死刑立即执行，会导致李昌奎们无法感受法律的稳定性所带来的预期，惶惶不可终日，随时面临着法律的变化无常而且结果可能变得更糟糕，这是有悖法治精神的，不符合人道的要求。另一方面，死缓就是保留死刑执行的可能性，旨在促使犯罪人改过自新，重归社会。如果死缓再审改判死刑立即执行成为一种司法习惯，那么死缓的立法就是一句空话。再审频繁，会导致诉讼无止境，增加讼累，违背我国的两审终审制度，不利于贯彻有利于被告的原则，不利于维护判决的既判力。因此，启动再审应当慎重。在我国，启动再审进行纠错应该严格限制在：发现新的事实和证据或者存在适用法律错误的情况下。同时虽说再审是法律的一种自我纠错，但仍应保障程序正义。

李昌奎案引发的争论，在某种程度上，应该是我国刑事司法自我完善的一次机会，但是如果因为急于求成而忽略了自我完善过程中需要设计和注重的环节，那么法律的自我救济就只能是纸上谈兵，不能从纸质上的救济权利能力变成司法的救济行为能力，从而导致社会对法律自我救济能力的怀疑，失望。

法律不是包治百病的万能良药，没有任何一种社会政策和法律是完美无缺的。李昌奎案的再审改判，我们希望仅是个案样本，不具普遍意义，变幻莫测的社会民意不可能取代司法而介入每一个案件，我们不希望看到有更多的李昌奎被改判死刑立即执行。法律的实践理性告诉我们，法律的自我纠错能力是其应有的题中之义，我们没有必要认为死不悔改就是坚守，也没有必要认为反复无常就是翻案。真正地做到立足人性、尊重人格、把握人情、保障人权。恪守社会底线，维护程序正义，保障实体正义。①

（四）立功的伦理道德问题

立功制度在降低司法成本、打击犯罪行为中发挥了其应有的作用，但是通过检举揭发他人，甚至是同伴而获取自身刑罚上的减轻，作为这样一种司法交易的手段，如何权衡司法成本的降低、有效打击犯罪行为与通过举报甚至是出卖他人而获取自身利益所带来的出卖、不信任危险的社会示范效应的产生之间的冲突成为必须考量的问题。正义与效率之间的黄金分割点有待找寻。贝卡利

① 参见康均心：《还有多少李昌奎被翻案》，载《青少年犯罪问题》2011年第6期，第76～78页。

亚在其名著《论犯罪与刑罚》中说："一向自相矛盾的立法者，一方面把人的猜疑的心灵引向信任，另一方面却在大家心中挑拨离间。"① 可见，立法者的任务不是制定自相矛盾的法律，使国民之间互相猜忌、不信任，而应把民众猜疑的心灵引向信任。只有这样，个体与社会共同体才能共同存在、结合与发展。他认为："随着一个国家日益走向光明，忠实和相互信任也变得日益必要，并日益趋向于同真正的政治结合在一起。阴谋、诡计、阴暗间接的手段往往被法律所禁止，大家的敏感性抵消了个人的敏感性……然而，那些奖赏背叛、煽动地下战争，并在公民中制造相互猜疑的法律，同这种政治与道德的必然结合是背道而驰的，而只有依靠这种结合，人民才能享受幸福，国家才能获得和平，世界才能摆脱笼罩着它的不幸，进入长期的安宁和休憩。"② 国家机关所作出的鼓励告密的行为，势必会影响整个的国民判断和行为以及社会信任秩序的建构，给全体国民以及社会共同体带来互相不信任的社会危机。因此，在面对立功者的告密行为时，国家机关理应在鼓励告密行为以有效打击犯罪与社会不信任危机所带来的巨大灾难之间进行权衡，必须在二者之间确立标尺，找到合理的黄金分割点。

① ［意］贝卡利亚：《论犯罪与刑罚》，黄风译，中国大百科全书出版社 2005 年版，第 63 页。

② ［意］贝卡利亚：《论犯罪与刑罚》，黄风译，中国大百科全书出版社 2005 年版，第 63 ~ 64 页。

第十二章　刑罚执行制度

【知识结构图】

- 刑罚执行制度
  - 刑罚执行概述
    - 刑罚裁量的概念
    - 刑罚裁量的原则
    - 刑罚裁量的意义
  - 减刑
    - 减刑的概念
    - 减刑的条件
    - 减刑的适用
    - 减刑的程序
    - 减刑后的刑期计算
  - 假释
    - 假释的概念
    - 假释的条件
    - 假释的考验期限
    - 假释的法律后果

一、知识点精析

（一）刑罚执行概述

1. 刑罚执行的概念

刑罚执行，是指法律规定的刑罚执行机关，依法将发生法律效力的刑事裁判所确定的刑罚付诸实施的刑事司法活动。刑罚执行具有以下特征：

（1）刑罚执行的主体是法律规定的刑罚执行机关，我国即指人民法院、公安机关与司法行政机关。只有司法机关才是刑罚执行的主体。具体而言，人民法院可以执行死刑立即执行、没收财产、罚金，公安机关可以执行管制、拘役、剥夺政治权利，监狱可以执行死刑缓期 2 年执行、无期徒刑和有期徒刑。

（2）刑罚执行的依据是人民法院生效的刑事裁判，即发生法律效力的刑事判决与裁定。发生法律效力的刑事判决书和裁定是指已过法定期限而未提起上诉、抗诉的判决和裁定；终审的判决和裁定；最高人民法院核准的死刑判决、死刑缓期二年执行的判决。对于没有发生法律效力的判决与裁定，不得交付执行。

（3）刑罚执行的基本内容是将发生法律效力的刑事裁判所确定的刑罚付诸实施，包括收监、减刑、假释、对罪犯服刑期间又犯罪的处理、暂予监外执行、释放等。

（4）刑罚执行的对象是受到刑罚处罚的人。

2. 刑罚执行的原则

（1）教育性原则。所谓教育性原则，是指执行刑罚应从实现特殊预防及一般预防的目的出发，对犯罪人及社会公众进行积极的教育。由于监狱是承担教育改造罪犯工作的专门的国家机构，因而监狱在刑罚执行中应当根据教育性原则进行。监狱在刑罚执行中既要考虑惩罚罪犯的需要，也要考虑教育改造罪犯的需要。监狱在刑罚执行过程中，一方面应根据人民法院判决所确定的刑种、刑期关押罪犯；另一方面，要根据法律规定适时调整罪犯刑罚，以利于惩罚和改造罪犯工作的顺利进行。具体说来，要求刑罚执行机关准确执行刑罚；坚持惩罚与改造相结合、教育和劳动相结合的原则；对受刑人的改造，要以教育疏导为主，以强制性的执行措施为辅；坚持区别对待的方针，根据每个犯罪人、犯罪种类、个人情况（性格、性别、年龄文化水平）、人身危险性程度等，采取不同的教育方法。

（2）人道主义原则。在刑罚执行过程中，监狱和司法当局必须尊重犯罪人的人格，禁止使用残虐的、不人道的刑罚执行手段，关心其实际困难，注重犯人的政治、思想、道德、文化和技能教育，促使其成为自食其力的新人。①

（3）个别化原则。即为了犯罪人的改善和社会复归，在刑罚执行过程中，应根据犯罪人的具体情况，给予不同的处遇，采取不同的教育改造方法。刑罚执行个别化是刑罚个别化的重要内容，是量刑个别化的延续。刑罚执行个别化的理论依据是罪犯人身危险的多样性理论。由于罪犯的生活经历、社会背景，以及个人的性格、气质、年龄和性别等差别，罪犯人身危险性是不同的。由罪犯人身危险的多样性决定，罪犯改造难易程度不同，刑罚执行需有差别，需个别化，即刑罚执行状况与罪犯人身危险性相适应。如根据犯罪人的年龄、性别、性格特点、文化程度、生理状况、犯罪性质及情节、罪行严重程度及人身

① 参见马克昌主编：《刑法》，高等教育出版社2007年版，第283页。

危险性大小、受刑种类与刑期等，给予不同的处遇，选择实施适于该人改善、社会复归的执行方法。罪犯积极接受改造，有悔改或立功表现，人身危险性减小，如罪犯符合减刑或假释法定条件，监狱就应对罪犯适用减刑或假释；反之，如果罪犯拒不接受改造，在服刑期间犯罪，人身危险性较大，监狱应依法提请人民法院裁定延长罪犯服刑期限或改变刑种。

（4）社会化原则。即在刑罚执行过程中依靠社会力量对受刑人进行帮教，使之易于重返社会。这就要求我们在改造工作上以服刑期间和执行场所为中心向前、向外延伸，并在刑罚执行完毕之后以此为中心向后延伸，从而使罪犯的刑罚执行扩展至整个社会，减小其复归社会的阻力和障碍。

（5）依法执行原则。《中华人民共和国监狱法》所设定的刑罚执行制度是监狱执行判决所确定刑罚必须遵循的基本办事规程，刑罚执行的准确程度直接影响人民法院判决权威的维护程度，因而，依法执行原则是刑罚执行工作的重要原则。根据这一原则，监狱人民警察在罪犯收监与释放工作中，在办理罪犯减刑、假释与暂予监外执行工作中，要严格遵守法律所作出的有关规定。为保证监狱执行刑罚的准确，我国检察机关设立了专门的监所检察机构，向监狱派驻有专门机构和人员，对监狱执行刑罚进行监督。

3. 刑罚执行的意义

（1）正确执行刑罚，有利于罪犯认罪服判，让其从中受到教育，认罪悔罪和改造思想，矫正恶习。

（2）正确执行刑罚，使社会上的潜在犯罪分子感受到刑罚的威慑，从而放弃犯罪的念头，实现一般预防的目的，有利于社会的和谐与稳定。

（3）正确执行刑罚，有利于法律法规的不断完善。

（4）正确执行刑罚，通常具有检验判决恰当性的作用。

（二）减刑制度

1. 减刑的概念

减刑，是指对原判刑期适当减轻的一种刑罚执行活动。狭义的减刑是指依法被判处管制、拘役、有期徒刑、无期徒刑的罪犯在具有法定的减刑情节时，由负责执行刑罚的机关报送材料，人民法院依法予以减轻原判刑罚的刑事司法活动；广义的减刑是指凡受刑事处罚的人，在具备法定的减刑情节时，由负责执行刑罚的机关报送材料，人民法院依法予以减轻原判刑罚的刑事司法活动，不仅包括狭义减刑的范围，还涵盖了死刑缓期 2 年执行、罚金、缓刑及因主刑减刑后附加剥夺政治权利的减刑。一般而言，主要指的是狭义的减刑。减刑有以下五个方面的特征：

（1）减刑的对象是正处在刑罚执行期间的罪犯。这一点是区分减刑与量刑制度的根本所在。同为立功表现，如果是出现在侦查、起诉、审判阶段，则可以作为一项量刑制度，对犯罪嫌疑人予以从轻或者减轻处罚；而在执行阶段有立功表现，则只能作为一项减刑的前提行为，从而引起减免刑罚的结果。

（2）减刑针对的是判处管制、拘役、有期徒刑、无期徒刑的罪犯。判处管制、拘役、有期徒刑以及无期徒刑的罪犯之间的共同点，就是他们所判处的刑罚均是自由刑，而自由刑的轻重是以刑期的长短来确定的。如果有期限，则在此期限内予以减免，如果没有期限，则通过法定程序裁定一个确定的刑期。

（3）对于被判处无期徒刑的罪犯，其减刑的内容是刑种的变更，即从无期徒刑向有期徒刑的变更；而对于判处管制、拘役及有期徒刑的罪犯而言，其减刑的内容则是刑期的缩短。

（4）对于减刑的适用，必须符合法律规定的条件。也就是说，当罪犯具有法律规定的某种行为时，才有可能或者必须提起减刑的程序。

（5）减刑既包含实体法上的内容，即对刑罚的运用，涉及刑事责任的问题，也具有程序法上的内容，即根据特定的程序进行处置。

减刑分为两种情况：一是应当减刑，即在犯罪人有重大立功表现时，人民法院应当对其减刑。二是可以减刑，即在犯罪人具备一定的条件时，人民法院可以裁定对其减刑。

2. 减刑的条件

（1）对象条件：对于狭义的减刑制度而言，减刑只适用于被判处管制、拘役、有期徒刑、无期徒刑的犯罪分子。只要是被判处上述四种刑罚之一的犯罪分子，无论其犯罪行为是故意还是过失，是重罪还是轻罪，是危害国家安全罪还是其他刑事犯罪，如果具备了法定的减刑条件都可以减刑。而对死缓的减刑、附加剥夺政治权利的减刑以及缓刑的减刑，均被称为广义的减刑。

对死缓罪犯的减刑，《刑法修正案（八）》对《刑法》第50条作了如下修改：

第一，将死缓罪犯在死刑缓期执行期间确有重大立功表现，2年期满后，由原来规定“减为15年以上20年以下有期徒刑”修改为“减为25年有期徒刑”，提高了死缓减为有期徒刑的刑期。

第二，增加了“对被判处死刑缓期执行的累犯以及因故意杀人、强奸、抢劫、绑架、放火、爆炸、投放危险物质或者有组织的暴力性犯罪被判处死刑缓期执行的犯罪分子，人民法院根据犯罪情节等情况可以同时决定对其限制减刑”的规定。首先，此款规定明确了“限制减刑”的对象范围，一类是被判处死缓的累犯，虽是累犯但被判处死缓以外其他刑罚的不在此列。根据《刑法修正案（八）》修改后的《刑法》第66条、第81条的规定，这里的累犯，既包括普通累犯，还包括“因危害国家安全犯罪、恐怖活动犯罪、黑社会性质的组织犯罪的犯罪分子，在刑罚执行完毕或者赦免以后，在任何时候再犯上述任一类罪”的特殊累犯；另一类是因犯上述所列的八种严重犯罪而被判处死缓的罪犯。其次，人民法院对决定罪犯是否“限制减刑”有酌定裁量权。也就是说，犯罪分子属于前两类情形被判处死缓的罪犯的，人民法院在案件判决时可以根据罪犯的犯罪情节等具体情况酌情决定是否需要对其限制减刑。

（2）实质条件：根据《刑法》第78条的规定，被判处管制、拘役、有期徒刑、无期徒刑的犯罪分子，在执行期间，如果认真遵守监规，接受教育改造，确有悔改表现的，或者有立功表现的，可以减刑。“确有悔改表现”是指同时具备以下四个方面情形：认罪服法；认真遵守监规，接受教育改造；积极参加政治、文化、技术学习；积极参加劳动，完成生产任务。对罪犯在刑罚执行期间提出申诉的，要依法保护其申诉权利。对罪犯申诉应当具体情况具体分析，不应当一概认为是不认罪服法。“立功表现”是指具有下列情形之一的：①检举、揭发监内外犯罪活动，或者提供重要的破案线索，经查证属实的；②阻止他人犯罪活动的；③在生产、科研中进行技术革新，成绩突出的；④在抢险救灾或者排除重大事故中表现积极的；⑤有其他有利于国家和社会的突出事迹的。

有下列重大立功表现之一的，应当减刑：①阻止他人重大犯罪活动的；②检举监狱内外重大犯罪活动，经查证属实的；③有发明创造或者重大技术革新的；④在日常生产、生活中舍己救人的；⑤在抗御自然灾害或者排除重大事故中，有突出表现的；⑥对国家和社会有其他重大贡献的。

（3）限度条件：《刑法修正案（八）》将《刑法》第78条第2款修改为：“减刑以后实际执行的刑期不能少于下列期限：（一）判处管制、拘役、有期徒刑的，不能少于原判刑期的1/2；（二）判处无期徒刑的，不能少于13年；（三）人民法院依照本法第五十条第二款规定限制减刑的死刑缓期执行的犯罪分子，缓期执行期满后依法减为无期徒刑的，不能少于25年，缓期执行期满后依法减为25年有期徒刑的，不能少于20年。”

应当特别指出的是，本条规定的是罪犯减刑后必须在监狱场所实际执行的最低期限，这并不意味着罪犯只要实际服刑达到了最低期限，就可以释放出狱了。如果违反监规，抗拒改造，即便实际服刑达到了最低期限，也还应当继续在监狱服刑。对犯罪分子的实际执行刑期，应在遵循本条规定的基础上，根据犯罪分子接受教育改造等具体情况确定。

3. 减刑的适用

（1）根据最高人民法院《关于办理减刑、假释案件具体应用法律若干问题的规定》(1997年11月8日起施行，以下简称《规定》）第6条、第7条的规定，无期徒刑罪犯在执行期间，如果确有悔改表现的，或者有立功表现的，服刑2年以后，可以减刑。减刑幅度为：对确有悔改表现的，或者有立功表现的，一般可以减为18年以上20年以下有期徒刑；对有重大立功表现的，可以减为13年以上18年以下有期徒刑。无期徒刑罪犯在刑罚执行期间又犯罪，被判处有期徒刑以下刑罚的，自新罪判决确定之日起一般在2年之内不予减刑；对新罪判处无期徒刑的，减刑的起始时间要适当延长。

根据《刑法》第50条的规定，死刑缓期执行罪犯在死刑缓期执行期间，如果没有故意犯罪，2年期满以后，减为无期徒刑；如果确有重大立功表现，2年期满以后，减为25年有期徒刑。

（2）根据《规定》第2条、第3条和第4条的规定，对有期徒刑罪犯在刑罚执行期间，符合减刑条件的减刑幅度为：如果确有悔改表现的，或者有立功表现的，一般一次减刑不超过1年有期徒刑；如果确有悔改表现并有立功表现，或者有重大立功表现的，一般一次减刑不超过2年有期徒刑。被判处10年以上有期徒刑的罪犯，如果悔改表现突出的，或者有立功表现的，一次减刑不得超过2年有期徒刑；如果悔改表现突出并有立功表现，或者有重大立功表现的，一次减刑不得超过3年有期徒刑。

有期徒刑罪犯的减刑起始时间和间隔时间为：被判处5年以上有期徒刑的罪犯，一般执行1年半以上方可减刑；两次减刑之间一般应当间隔1年以上。被判处10年以上有期徒刑的罪犯，一次减2年至3年有期徒刑之后，再减刑时，其间隔时间一般不得少于2年。被判处不满5年有期徒刑的罪犯，可以比照上述规定，适当缩短起始和间隔时间。确有重大立功表现的，可以不受上述减刑起始和间隔时间的限制。

在有期徒刑罪犯减刑时，对附加剥夺政治权利的刑期可以酌减。酌减后剥夺政治权利的期限，最短不得少于1年。

（3）根据《规定》第5条的规定，对判处拘役或者3年以下有期徒刑、宣告缓刑的犯罪分子，一般不适用减刑。如果在缓刑考验期间有重大立功表现的，可以参照《刑法》第78条的规定，予以减刑，同时相应的缩减其缓刑考验期限。减刑后实际执行的刑期不能少于原判刑期的1/2，相应缩减的缓刑考验期限不能低于减刑后实际执行的刑期。判处拘役的缓刑考验期限不能少于2个月，判处有期徒刑的缓刑考验期限不能少于1年。

4. 减刑的程序

根据《刑法》第79条的规定，对于犯罪分子的减刑，由执行机关向中级以上人民法院提出减刑建议书。人民法院应当组成合议庭进行审理，对确有悔改或者立功事实的，裁定予以减刑。非经法定程序不得减刑。

5. 减刑后的刑期计算

(1) 原判刑罚为管制、拘役和有期徒刑的，减刑后的刑期应从原判决执行之日起计算；原判刑期已经执行的部分，应当计算在减刑后的刑期之内。

(2) 无期徒刑减为有期徒刑的，有期徒刑的刑期应从裁定减刑之日起计算，已经执行的刑期及判决宣告以前先行羁押的日期，不得计入减刑后的刑期之内。

(3) 无期徒刑减为有期徒刑以后再次减刑的，再次减刑的刑期，应从有期徒刑执行之日即无期徒刑裁定减为有期徒刑之日起计算；已执行的有期徒刑的刑期，应当计算在再次减刑后的刑期之内。

(三) 假释制度

假释，是对被判处有期徒刑、无期徒刑的犯罪分子，在执行一定刑期之后，因其遵守监规，接受教育和改造，确有悔改表现，不致再危害社会，而附条件地将其予以提前释放的制度。假释是我国刑法中一项重要的刑罚执行制度，它具有以下三点意义：

一是对犯罪人的意义。在狱中服刑的罪犯都有提前出狱、重新获得自由的强烈愿望。为了鼓励罪犯认真学习、服从监管、遵守制度、认真改造、真诚悔改，刑法规定了假释制度，是罪犯重新融入社会的桥梁。

二是社会方面的意义。刑罚不仅仅是惩罚罪犯的手段，更重要的是教育、改善罪犯的手段。假释有利于刑罚目的的实现，促进社会的稳定，降低监管成本，有利于社会参与罪犯的改造。此外，假释体现了刑罚经济的原则。因为假释在一定程度上有利于减少监管的成本、狱政费用。

三是司法方面的意义。假释减轻了执行机关的压力与负担。正确地适用假释，将符合条件不必继续在监管场所内服刑的罪犯假释，这不仅有利于假释犯的改造，也有利于狱政部门对其他罪犯的改造。

1. 假释的适用条件

(1) 对象条件

假释只适用于被判处有期徒刑、无期徒刑的犯罪分子，包括原判为死刑缓期执行 2 年后被减为无期徒刑或有期徒刑的犯罪分子。

（2）实质条件

根据《刑法》第 81 条第 1 款的规定，被判处有期徒刑和无期徒刑的犯罪分子，如果认真遵守监规，接受教育改造，确有悔改表现，没有再犯罪的危险的，可以假释。如果有特殊情况，经最高人民法院核准，可以不受上述执行刑期的限制。“不致再危害社会”，是指罪犯在刑罚执行期间一贯表现好，确已具备认罪服法；认真遵守监规，接受教育改造；积极参加政治、文化、技术学习；积极参加劳动，完成生产任务四个方面情形，不致违法、重新犯罪的，或者是老年、身体有残疾（不含自伤致残），并丧失作案能力的。“特殊情况”，是指有国家政治、国防、外交等方面特殊需要的情况。

《刑法修正案（八）》增加了“对犯罪分子决定假释时，应当考虑其假释后对所居住社区的影响”的规定。

根据《解释》第 13 条、第 14 条的规定，对犯罪时未成年的罪犯的减刑、假释，在掌握标准上可以比照成年罪犯依法适度放宽。未成年罪犯能认罪服法，遵守监规，积极参加学习、劳动的，即可视为确有悔改表现予以减刑，其减刑的幅度可以适当放宽，间隔的时间可以相应缩短。符合《刑法》第 81 条第 1 款规定的，可以假释。对老年和身体有残疾（不含自伤致残）罪犯的减刑、假释，应当主要注重悔罪的实际表现。对除《刑法》第 81 条第 2 款规定的情形之外，有悔罪表现，丧失作案能力或者生活不能自理，且假释后生活确有着落的老残犯，可以依法予以假释。

（3）限度条件

《刑法修正案（八）》延长了被判处无期徒刑、死缓的假释罪犯的最低实际服刑期。

①被判处有期徒刑的犯罪人，执行原判刑期 1/2 以上。

②被判处无期徒刑的犯罪人，实际执行的刑期由原来的 10 年提高到 13 年以上。这样规定，一方面为了维护法律的严肃性，保证被判刑的犯罪分子得到必要的改造，也只有对被判刑的犯罪分子实际执行一定的刑期，经过一段时间的改造，执行机关和司法机关才能判断出其是否有再犯罪的危险；另一方面，也便于无期徒刑与数罪并罚刑期提高到 25 年后的实际最低执行期限相平衡。

应当特别指出的是，本条规定的只是罪犯在假释前必须实际服刑的最低期限，绝不是只要实际服刑时间达到了最低期限，犯罪分子就可假释了。对罪犯是否假释，要看其是否遵守监规、接受教育改造、确有悔改，有无再犯罪的危险等因素综合评估决定。

③如果有特殊情况，经最高人民法院核准，可以不受上述刑期的限制；

④死刑缓期执行罪犯减为无期徒刑或者有期徒刑后，符合前述①②的条件和《解释》第9条的规定①，可以假释。犯罪人实际执行的刑期不少于20年(不含2年考验期在内)。

(4) 消极条件

《刑法修正案（八）》扩大了“不得假释”的罪犯的范围。

①累犯不得假释；

②因故意杀人、强奸、抢劫、绑架、放火、爆炸、投放危险物质或者有组织的暴力性犯罪被判处10年以上有期徒刑、无期徒刑的犯罪分子，不得假释。这里的“有组织的暴力性犯罪”，是指以犯罪组织形式实施的暴力犯罪，如黑社会性质的组织、恐怖组织、犯罪集团实施的暴力犯罪等；所谓“暴力性犯罪”不仅包括本条所列举的几种犯罪，而且还包括其他使用暴力手段，以特定的或者不特定的人为侵害对象，蓄意危害他人人身安全的犯罪。

2. 假释的程序、考验期及考察

(1) 假释的程序：根据《刑法》第82条的规定，对于犯罪人假释的，由执行机关向中级以上人民法院提出假释建议书，人民法院应当组成合议庭进行审理，裁定予以假释。非经法定程序不得假释。

(2) 假释的考验期：有期徒刑的假释考验期限，为没有执行完毕的刑期；无期徒刑的假释考验期限为10年。假释考验期限，从假释之日起计算。

(3) 假释犯的考察：根据《刑法》第84条的规定，被宣告假释的犯罪分子，应当遵守下列规定：①遵守法律、行政法规，服从监督；②按照监督机关的规定报告自己的活动情况；③遵守监督机关关于会客的规定；④离开所居住的市、县或者迁居，应当报经监督机关批准。

3. 假释的法律后果

(1) 积极后果：对假释的犯罪分子，在假释考验期限内，依法实行社区

① 《规定》第9条规定：根据《刑法》第50条的规定，死刑缓期执行罪犯在死刑缓期执行期间，如果没有故意犯罪，2年期满以后，减为无期徒刑；如果确有重大立功表现，2年期满以后，减为15年以上20年以下有期徒刑、对死刑缓期执行罪犯经过一次或几次减刑后，其实际执行的刑期，不得少于12年（注：《刑法修正案（八）》已修改为：“缓期执行期满后依法减为无期徒刑的，不能少于25年，缓期执行期满后依法减为25年有期徒刑的，不能少于20年”，这里的25年、20年不含死刑缓期执行的2年）。

矫正，如果没有犯新罪或者发现漏罪，也没有违反法律、行政法规或者国务院有关部门关于假释的监督管理规定的行为，假释考验期满，就认为原判刑罚已经执行完毕，并公开予以宣告。

（2）假释的撤销及其处理：根据《刑法》第86条的规定，被假释的犯罪分子，在假释考验期限内犯新罪，应当撤销假释，依照《刑法》第71条的规定，即依照“先减后并”实行数罪并罚。在假释考验期限内，发现被假释的犯罪分子在判决宣告以前还有其他罪没有判决的，应当撤销假释，依照《刑法》第70条的规定，即依照“先并后减”实行数罪并罚。被假释的犯罪分子，在假释考验期限内，有违反法律、行政法规或者国务院有关部门关于假释的监督管理规定的行为，尚未构成新的犯罪的，应当依照法定程序撤销假释，收监执行未执行完毕的刑罚。

二、案例分析

【案例一】

罪犯张某，男，38岁，因犯诈骗罪，于1996年10月20日被人民法院判处有期徒刑15年。上诉后，经二审审理维持原判。1997年6月11日交付执行。2000年3月23日经人民法院减刑2年，2002年4月15日又经该院减刑2年零3个月。

刑罚执行机关某监狱于2003年10月20日提请的对罪犯张某减刑建议认为：张某在服刑期间，认罪服法，深挖犯罪根源，认识犯罪危害，认真遵守监规，接受教育改造，积极参加政治、文化、技术学习，参加劳动，被评为2002年度改造积极分子。张某在完成所交给的劳动任务外，还利用休息时间进行发明创造，根据手提袋市场的需求进行外观设计，其设计的“纸制手提袋”于2003年9月10日获得中华人民共和国知识产权局颁发的“外观设计专利证书”。刑罚执行机关认为，张某在服刑期间，确有悔改表现，其获“外观设计专利证书”属有重大立功表现。刑罚执行机关某监狱针对张某在服刑期间有悔改表现的事实，提供了罪犯百分考核记功审批表、罪犯奖惩审批表证明张某连续记有考核大功3个、单项加记大功2个及2002年度改造积极分子；针对张某有重大立功表现的事实，提供了张某荣获国家知识产权局颁发的“外观设计专利证书”及罪犯奖惩审批表，对该犯记有单项加记大功一个的材料证实。执行机关用以上证据，支持其提出的减刑建议。综上所述，张某在服刑期间确有悔罪表现，同时还有重大立功表现，符合减刑的法定条件。根据《中华人民共和国刑法》第78条第1款第3项之规定，建议对罪犯张某准予减去有期徒刑3年，特提请法院审核裁定。

人民法院根据该监狱报送关于提请对罪犯张某减刑的建议及相关材料，依法组成合议庭，对该案进行了审核，确认刑罚执行机关所提出的罪犯张某在服刑期间确有悔改表现和重大立功表现的事实清楚、证据充分，符合法定减刑条件。

人民法院依照《中华人民共和国刑法》第78条第1款第3项及最高人民法院《关于办理减刑、假释案件具体应用法律若干问题的规定》第2条之规定，裁定对张某准予减去有期徒刑3年。

（案例来源：赵秉志主编：《中国刑法典型案例研究》（第一卷　刑法总则），北京大学出版社2008年版，第494页。）

【问题聚焦】

重大立功情节下连续减刑的适用该如何把握？

【法律剖析】

本案中，罪犯张某自1997年6月入监至2003年4月不到6年的时间经法院数次裁定减去有期徒刑7年零3个月，对其连续减刑的情形，学者之间存在争议。

一种观点认为：刑罚执行机关以张某有重大立功的行为，提请对张某减刑3年。虽然法院经审核情况属实，但提请减刑幅度过高，且张某自2000年以来，仅4年的时间就被减刑3次。特别是2002年4月张某才经法院减刑2年零3个月，间隔仅1年又减刑3年。尽管此次是以有“重大立功”表现提出减刑，可以不受间隔时间的限制，但所减刑期太多，会妨碍原判决的严肃性和稳定性，难以实现罪行相称，故认为法院裁定对张某减去3年有期徒刑并不恰当。

另一种观点则认为：从形式上来看，张某在4年之间通过3次减刑，减去7年零3个月的有期徒刑与法院判决的罪行和刑罚执行的力度不相称。但从实质上看，减刑是指对被判处管制、拘役、有期徒刑或无期徒刑的受刑人，因其在刑罚执行期间确有悔改表现或者立功表现，而适当减轻其原判刑罚的制度，是对罪犯在服刑期间确有悔改表现或者立功表现以及重大立功表现的一种肯定和奖励。为鼓励罪犯积极接受教育改造，维护监管改造秩序，特别是对有重大立功表现的罪犯，要给予宽大的奖励，这符合法律规定“应当”减刑的法定条件，而且最高人民法院《关于办理减刑、假释案件具体应用法律若干问题的规定》第3条规定："……被判处10年以上有期徒刑的罪犯，一次减2年至3年有期徒刑之后，再减刑时，其间隔时间一般不得少于2年。"同时又规定：。"确有重大立功表现的，可以不受上述减刑起始和间隔时间的限制。"罪犯张某在服刑期间，经数次减刑后，改造信心更足，在间隔的1年当中，除认真遵守监规，接受教育改造，确有悔改表现外，还利用业余时间，刻苦钻研技术，其发明外观设计的"纸制手提袋"获国家专利，根据《刑法》第78条第1款第3项的规定，属确有重大立功表现，根据最高人民法院《关于办理减刑、假释案件具体应用法律若干问题的规定》第1条第1项的规定，张某的行为符合减刑的法定条件，故法院裁定对罪犯张某减刑3年有期徒刑是正确的。

我们认为后一种观点更为恰当。同时我们认为，罪犯在服刑过程中具有重大立功表现时，减刑的程度不能突破最低执行期限的限制。我国《刑法》第78条规定：判处管制、拘役、有期徒刑的，不能少于原判刑期的1/2；判处无期徒刑的，不能少于13年；人民法院依照《刑法》第50条第2款规定限制减刑的死刑缓期执行的犯罪分子，缓期执行期满后依法减为无期徒刑的，不能少于25年，缓期执行期满后依法减为25年有期徒刑的，不能少于20年。也就是说，即使罪犯在服刑期间悔改表现始终特别突出，或者是多次具有重大立功表现，仍然不能突破上述最低执行刑期的限制。法律之所以这样规定，是基于人民法院的有罪判决与裁定减刑是对立统一的关系，如果我们只注重执行人民法院的有罪判决而忽视对罪犯的减刑，就不利于促进对罪犯的改造；如果我们只注重罪犯的减刑而忽视人民法院的判决，就会影响法院判决的严肃性。另外，根据罪刑法定原则和罪刑相适应原则，减刑的程度也不能突破最低执行期限的限制。本案罪犯张某原判处的有期徒刑是15年，减刑7年零3个月并未突破其最低期限的限制，其实际执行的刑期仍不少于原判刑的1/2。

【法条链接】

《中华人民共和国刑法》

第78条　被判处管制、拘役、有期徒刑、无期徒刑的犯罪分子，在执行期间，如果认真遵守监规，接受教育改造，确有悔改表现的，或者有立功表现的，可以减刑；有下列重大立功表现之一的，应当减刑：

（一）阻止他人重大犯罪活动的；

（二）检举监狱内外重大犯罪活动，经查证属实的；

（三）有发明创造或者重大技术革新的；

（四）在日常生产、生活中舍己救人的；

（五）在抗御自然灾害或者排除重大事故中，有突出表现的；

（六）对国家和社会有其他重大贡献的。

减刑以后实际执行的刑期不能少于下列期限：

（一）判处管制、拘役、有期徒刑的，不能少于原判刑期的1/2；

（二）判处无期徒刑的，不能少于13年；

（三）人民法院依照本法第五十条第二款规定限制减刑的死刑缓期执行的犯罪分子，缓期执行期满后依法减为无期徒刑的，不能少于25年，缓期执行期满后依法减为25年有期徒刑的，不能少于20年。

最高人民法院《关于办理减刑、假释案件具体应用法律若干问题的规定》(2012年7月1日起施行)：

第1条　根据刑法第七十八条第一款的规定，被判处管制、拘役、有期徒刑、无期徒刑的犯罪分子，在执行期间，认真遵守监规，接受教育改造，确有悔改表现的，或者有立功表现的，可以减刑；有重大立功表现的，应当减刑。

第2条　“确有悔改表现”是指同时具备以下四个方面情形：认罪悔罪；认真遵守法律法规及监规，接受教育改造；积极参加思想、文化、职业技术教育；积极参加劳动，努力完成生产任务。

对罪犯在刑罚执行期间提出申诉的，要依法保护其申诉权利。对罪犯申诉应当具体情况具体分析，不应当一概认为是不认罪服法。

第3条　有期徒刑罪犯的减刑起始时间和间隔时间为：被判处5年以上有期徒刑的罪犯，一般在执行1年半以上方可减刑；两次减刑之间一般应当间隔1年以上。被判处10年以上有期徒刑的罪犯，一次减2年至3年有期徒刑之后，再减刑时，其间隔时间一般不得少于2年。被判处不满5年有期徒刑的罪犯，可以比照上述规定，适当缩短起始和间隔时间。确有重大立功表现的，可以不受上述减刑起始和间隔时间的限制。

【案例二】

2011年5月4日，上海根据《刑法修正案（八）》关于限制减刑的条款，对犯人判处死缓的同时作出限制减刑判决。这是《刑法修正案（八）》自5月1日实施以来，限制减刑首次被应用。

据《东方早报》报道，2010年8月底，上海强生公司出租车司机蒋某和顾客赵小姐因行驶路线等事由发生冲突，一怒之下，操起车内螺丝刀对赵小姐头部连刺十多下，并用手掐赵小姐颈部，致其机械性窒息合并颅脑损伤而死亡。当天晚上，蒋某将尸体抛入河中。

法院审理后认为，蒋某犯罪手段残忍，主观恶性及人身危险性极大，罪行极其严重，依法应予严惩。但鉴于蒋某并非预谋作案，到案后对杀人、抛尸的罪行供认不讳，以及本案的起因等实际情况，对其判处死刑，可不立即执行。根据其犯罪情节、人身危险性等情况决定对其限制减刑。

（案例来源：汪苏：《沪浙各宣判一例针对死缓的限制减刑案例》，财新网 http://money.163.com/11/0505/15/73A47Q8A00253B0H.html，2011 年 5 月 5 日发布，2011 年 11 月 16 日访问。）

【问题聚焦】

《刑法修正案（八）》关于限制减刑的条款的适用。

【法律剖析】

被判处死缓的重刑犯，不断减刑，实际执行刑期过短，难以做到罪当其罚，一直为人诟病。据调查，被判死缓的重刑犯，经多次减刑后实际服刑期平均为 18 年，这导致死缓效果和无期徒刑差距不大，而与死刑差距过大。

为此，《刑法修正案（八）》提出“限制减刑”规定。

根据《刑法修正案（八）》及最高人民法院发布的《关于死刑缓期执行限制减刑案件审理程序若干问题的规定》，对被判处死刑缓期执行的累犯以及因故意杀人、强奸、抢劫、绑架、放火、爆炸、投放危险物质或者有组织的暴力性犯罪被判处死刑缓期执行的犯罪分子，人民法院根据犯罪情节、人身危险性等情况，可以在作出裁决的同时决定对其限制减刑。

对于缓期执行期满后依法减为无期徒刑的，不能少于 25 年，缓期执行期满后依法减为 25 年有期徒刑的，不能少于 20 年。也就是说，若被“限制减刑”，像蒋某这样的死缓犯人将至少面临 20 年的监禁。而原来死缓最少实际执行的刑期为 14 年。

司法实践中，原则上对主观恶性深、人身危险性大的死缓罪犯应适用限制减刑。但也可以存在例外。比如，综合全案及被告人的具体情节，论罪至多判处死刑缓期执行的罪犯，其认罪态度好，确有悔改的实际行动，或者获得被害人及其近亲属的谅解，或者被害人子女请求等其他特殊情况的，可以不限制减刑。

【法条链接】

《中华人民共和国刑法》

第50条第2款 对被判处死刑缓期执行的累犯以及因故意杀人、强奸、抢劫、绑架、放火、爆炸、投放危险物质或者有组织的暴力性犯罪被判处死刑缓期执行的犯罪分子，人民法院根据犯罪情节等情况可以同时决定对其限制减刑。

最高人民法院《关于死刑缓期执行限制减刑案件审理程序若干问题的规定》(2011年5月1日起施行)

第1条 根据刑法第五十条第二款的规定，对被判处死刑缓期执行的累犯以及因故意杀人、强奸、抢劫、绑架、放火、爆炸、投放危险物质或者有组织的暴力性犯罪被判处死刑缓期执行的犯罪分子，人民法院根据犯罪情节、人身危险性等情况，可以在作出裁判的同时决定对其限制减刑。

三、深度拓展

(一) 其他国家的减刑制度

1. 美国的善行折减

1817年，美国纽约州的一项法律最早对善行折减制作出了规定。根据该项法律的规定，监狱当局可以对表现良好、服刑超过5年的罪犯实行减刑(对短期监禁犯不适用该法)，所减去的刑期总计不得超过原判刑期的1/4。这一制度很快在美国各地得到推行。须明确的是，19世纪中期以前，善行折减制就是减刑制度。但自19世纪后期出现假释制度后，善行折减制便逐渐成为确定假释日期的一种客观标准，即所判刑期减去善行折减期便是出狱的日期。

美国刑法中规定的减刑理由大致有：(1) 服刑人的健康状况出现恶化；(2) 服刑人的家庭出现特殊情况；(3) 减刑主管当局根据服刑人犯罪的性质、情节或者社区舆论确认原判刑罚过重；(4) 服刑人在服刑期间实施了英雄行为或者自我牺牲行为，如拯救了他人的生命，为了社会利益而甘愿接受有生命危险的医学实验，等等；(5) 个别情况下出自政治的考虑。由此可见，上述减刑理由已经不是根据罪犯的良好表现而减轻相应的刑罚，而只是根据一系列主客观情况来缩短刑罚的执行。

2. 罚金易科制度

罚金刑适用率高的国家几乎都采取了罚金易科制度。所谓罚金易科，是指对犯罪人宣告的罚金刑在不能执行的情况下，以其他刑罚或者强制措施代替所宣告的罚金刑。罚金易科制度实际上是罚金刑的一种救济制度，是一种压力刑。罚金刑易科主要有以下几种形式：

（1）罚金刑易科自由刑。当被判处罚金刑的犯罪人不能缴纳罚金时，易科自由刑以代替罚金的缴纳。德国、印度、捷克、匈牙利等国家的刑事立法均有这样的规定。

（2）罚金刑易科劳役。如被判处罚金刑的犯罪人不能缴纳罚金，则易科限制自由的劳动以代替罚金的缴纳。日本刑法也有此规定。

（3）罚金刑易科自由劳动。如被判处罚金刑的犯罪人不能缴纳罚金，则易科不限制人身自由的劳动以代替罚金的缴纳。俄罗斯、瑞士等国家的刑事立法均有此规定。

（4）罚金刑易科民事拘禁。根据《法国刑法典》第131—25条的规定，在规定期间内，未能缴纳罚金者，应予关押，其实施方式同民事拘禁。这里的民事拘禁虽剥夺犯罪人的人身自由，但又不同于自由刑。

众多实行罚金易科制度的国家中，俄罗斯的易科较轻，如《俄罗斯联邦刑事执行法》第32条第2款规定："如果被判刑人没有可能一次交清罚金，法院可以根据被判刑人的请求和司法执行员的意见书规定延期交纳和分期交纳。"《俄罗斯联邦刑法典》第46条第5款则规定："在被判刑人恶意逃避支付罚金时，可以用强制性工作、劳动改造或扣押与所处罚金数额相当的财产代替罚金。"又如《俄罗斯联邦刑法典》第49条也规定："主管机关可允许被判刑人以公益劳动，尤其是为国家社区劳动替代罚金刑。被判刑人未缴纳罚金也未以劳动代替罚金刑的，法官可命令将罚金转处拘役刑。"

当然，也有不作详细区分而统一表述的，如《日本刑法典》第18条第1、2款规定："不能缴清罚金的人，应在1日以上2年以下的期间内，扣留于劳役场。不能缴清科料的人，应在1日以上30日以下的期间内，扣留于劳役场。"

（二）附加刑能否减刑

《刑法》第78条规定，只能对被判处管制、拘役、有期徒刑和无期徒刑的犯罪人减刑，而对附加刑能否减刑则未予规定。那么附加刑能否减刑呢？

（1）剥夺政治权利能否减刑。根据《刑法》第57条第2款的规定，死刑缓期执行减为有期徒刑或者无期徒刑减为有期徒刑时，应当把附加剥夺政治权利的期限改为3年以上10年以下。最高人民法院《关于办理减刑、假释案件具体应用法律若干问题的规定》第12条规定，"有期徒刑罪犯减刑时，对附加剥夺政治权利的刑期可以酌减。酌减后剥夺政治权利的期限，不能少于1年"。最高人民法院《关于办理未成年人刑事案件适用法律的若干问题的解释》规定，对未成年犯减刑的，剥夺政治权利的刑期也可以减轻，但不得少于6个月。可见，虽然《刑法》第78条并未规定剥夺政治权利的减刑，但无论是我国刑事立法还是司法实践，都肯定了剥夺政治权利的刑期可以减少。因此，剥夺政治权利的减轻也属于一种特殊的减刑。

（2）罚金和没收财产能否减刑。由于这两种刑罚的执行本身不存在一个持续、接连不断的行刑过程，很难有适用减刑的前提条件。因此，罚金刑和没收财产刑一般不存在减刑问题。

（三）对没有悔罪或者认真遵守监规接受改造，但确有立功或者重大立功表现的罪犯可否减刑

一般说来，具有立功或者重大立功表现的罪犯，在服刑过程中，通常都是认罪悔罪、遵纪守法、接受教育改造的。悔罪是立功表现的思想基础，而立功则是在悔罪思想支配下所产生的突出表现。然而，每个犯罪分子的情况都是复杂而有区别的，有些犯罪分子就并非如此，他们平常表现很一般，并无多少悔罪表现，甚至还有违反监规的行为，只是在某些特殊情况下，才实施了立功行为，具有了立功表现，有的甚至是重大立功表现。对于这样的罪犯是否可以减刑呢？对此，学界有两种观点：

一种观点认为，悔罪表现或者认真遵守监规接受教育改造是减刑的基础，表征了罪犯的人身危险性降低，所以有立功表现而没有悔罪表现或者认真遵守监规接受教育改造的，不能予以减刑；另一种观点认为，按照《刑法》第78条的规定，仅有立功表现也可予以减刑。

我们认为，对于这样的罪犯应予以减刑。这样的罪犯虽然平常表现一般，甚至不认真悔罪，接受教育改造，但在关键时刻能够为保护他人的生命财产安全而舍生忘死或勇敢地与监内的犯罪行为作斗争，这就说明其良知并未泯灭，并表现出了其人身危险性的减小，同时其立功行为也具有客观有益性。从刑事政策上讲，对于这样的罪犯予以奖励、适用减刑，不但可以调动其本人加速改造的积极性，而且还可以起到教育、鼓励其他罪犯积极改造、争取立功的积极作用。正因为如此，我国《刑法》第78条规定，对确有悔改表现的，或者有立功表现，“可以”减刑，对有重大立功表现的，“应当”减刑。

第十三章　刑罚的消灭

【知识结构图】

- 刑罚的消灭
  - 刑罚消灭概述
    - 刑罚消灭的概念
    - 刑罚消灭的事由
  - 时效
    - 时效的概念
    - 追诉时效的期限
    - 追诉期限的计算
  - 赦免
    - 赦免的概念和种类
    - 我国的特赦及其特点

一、知识点精析

（一）刑罚消灭概述

1. 刑罚消灭的概念

刑罚消灭，是指由于法定或事实的原因，致使国家对犯罪人的刑罚权归于消灭。刑罚消灭具有以下三个特征：

（1）刑罚消灭以行为人的行为构成犯罪为前提。因为刑罚消灭以应当适用刑罚或者正在执行刑罚为前提，而应当适用或者正在执行刑罚以行为构成犯罪为前提，故刑罚消灭事实上以行为构成犯罪为前提。在行为不构成犯罪的情况下，不存在刑罚消灭的问题。

（2）刑罚消灭归结为国家对犯罪人刑罚权的消灭。刑罚权消灭的范围，包括刑罚请求权的消灭、刑罚裁量权的消灭和刑罚执行权的消灭和刑罚后遗效果的消灭。

（3）刑罚消灭是由于法定的或者事实的原因引起的。由于法定的原因而导致刑罚消灭，如超过追诉时效。在这种情况下，虽然司法机关事实上可以行使刑罚权，但法律规定不得行使刑罚权。因为事实的原因而导致刑罚消灭，如犯罪嫌疑人、被告人死亡。这种情况下，即使没有法律的规定，司法机关事实上也难以行使刑罚权。

2. 刑罚消灭的事由

根据我国法律的规定，刑罚消灭的事由主要有如下几种：

（1）超过追诉时效的；

（2）经特赦令免除刑罚的；

（3）告诉才处理的犯罪，没有告诉或者撤回告诉的；

（4）犯罪嫌疑人、被告人死亡的；

（5）其他法定事由，如被判处罚金的犯罪人由于遭遇不能抗拒的灾祸，缴纳确实有困难而免除缴纳罚金，此即罚金执行权消灭。

（二）时效

时效，是指经过一定期限，对犯罪不得追诉或者对所判刑罚不得执行的一种制度，时效分为追诉时效和行刑时效。追诉时效，是指刑法规定的，对犯罪人追究刑事责任的有效期限。在此期间内，司法机关有权追究犯罪人的刑事责任；超过了这一时限，司法机关的求刑权归于消灭。行刑时效，是指刑法规定的、对被判处刑罚的人执行刑罚的有效期限。

我国刑法只规定了追诉时效，没有规定行刑时效。

1. 追诉时效的期限

我国刑法中追诉时效期限主要依犯罪的社会危害程度而定，犯罪的社会危害性越严重，追诉时效越长。根据《刑法》第 87 条的规定，犯罪经过下列期限不再追诉：

（1）法定最高刑为不满 5 年有期徒刑的，经过 5 年；

（2）法定最高刑为 5 年以上不满 10 年有期徒刑的，经过 10 年；

（3）法定最高刑为 10 年以上有期徒刑的，经过 15 年；

（4）法定最高刑为无期徒刑、死刑的，经过 20 年。如果 20 年以后认为必须追诉的，须报请最高人民检察院核准。

这里的“法定最高刑”，根据最高人民法院《关于适用刑法第十二条几个问题的解释》(1998 年 1 月 13 日起施行）第 2 条规定：“如果刑法规定的某一犯罪只有一个法定刑幅度，法定最高刑或者最低刑是指该法定刑幅度的最高刑或者最低刑；如果刑法规定的某一犯罪有两个以上的法定刑幅度，法定最高刑或者最低刑是指具体犯罪行为应当适用的法定刑幅度的最高刑或者最低刑。”因此，“法定最高刑”是指具体罪行应该适用的法定刑幅度的最高刑，而不必

然都是法条的最高刑。追诉时效期限的确定有以下几项内容需要我们注意:①

①行为人所犯之罪配置的法定刑，分别由几条或几款加以规定时，按照行为人的具体罪行应当适用的条或款来确定法定最高刑。

②行为人所犯之罪配置的法定刑中同一条文规定了几个量刑幅度时，按照行为人的具体罪行应当适用的量刑幅度来确定法定最高刑。

③行为人所犯之罪配置的法定刑只有一个量刑幅度时，则只能按该量刑幅度的最高刑确定法定最高刑。

这里的“经过20年以后必须追诉的”，一般应从行为人所犯罪行的社会危害程度、社会影响程度、20年内未犯罪的原因等多方面加以考虑。具体而言，可从以下几个方面加以理解:

第一，必须是法定最高刑为无期徒刑或死刑的犯罪，才可能不受追诉时效的限制。

第二，必须是犯罪人所犯的罪行特别严重，人身危险性特别巨大，造成的社会影响特别恶劣，经过20年以后仍没有被社会遗忘的一些重大犯罪。

第三，必须报请最高人民检察院核准。

2. 追诉时效的计算

《刑法》第88条、第89条的规定，追诉期限的计算有以下几种情况:

(1) 一般犯罪追诉期限的计算

所谓一般犯罪，是犯罪的常态情况，没有连续与继续的犯罪状态。这种犯罪追诉时效的计算标准是“从犯罪之日起计算”。“犯罪之日”是指犯罪成立之日，即犯罪构成要件齐备之日。但由于刑法对不同类型和不同形态的犯罪所规定的构成要件不同，犯罪成立之日的标准也就不同。例如，结果犯的成立之日为犯罪结果发生之日，共同犯罪的成立之日为整体的共同犯罪行为得以实施之日。②

(2) 连续或继续犯罪追诉期限的计算

连续犯是指行为人出于同一的或概括的故意，连续实施数个独立成罪的行为，触犯同一罪名的情况。而继续犯的本质特征是犯罪行为与不法状态在一定时间内同时存在。《刑法》第89条第1款后半段规定:“犯罪行为有连续或者继续状态的，从犯罪行为终了之日起计算。”“犯罪行为终了之日”，就连续犯而言，应从最后一个独立的犯罪行为成立犯罪之日起计算追诉时效;就继续犯

---

① 参见马克昌主编:《刑罚通论》，武汉大学出版社1999年版，第674~675页。

② 参见马克昌主编:《刑罚通论》，武汉大学出版社1999年版，第677页。

而言，则应当理解为处于持续状态的一个犯罪行为的结束之日。

3. 追诉时效的延长

追诉时效的延长，是指在追诉时效进行期间，因为发生法律规定的事由，而使追诉时效无限延伸的制度。我国刑法规定了两种追诉时效延长的情况：

(1)《刑法》第88条第1款规定："在人民检察院、公安机关、国家安全机关立案侦查或者在人民法院受理案件以后，逃避侦查或者审判的，不受追诉期限的限制。"在此种情况下，追诉时效的延长必须符合以下条件：首先，法定事由必须发生在人民检察院、公安机关、国家安全机关已经立案侦查或者人民法院已经受理案件之后，是否对犯罪人采取了强制措施不影响立案侦查的成立。其次，法定事由的内容是犯罪人逃避侦查或者审判，并且犯罪人的行为必须达到使司法机关的侦查或审判无法进行的程度。

(2)《刑法》第88条第2款规定："被害人在追诉期限内提出控告，人民法院、人民检察院、公安机关应当立案而不予立案的，不受追诉期限的限制。"在此种情况下，追诉时效的延长必须符合以下条件：首先，被害人在追诉期限内向人民法院、人民检察院、公安机关提出了控告。受理机关是否具有管辖权，不影响追诉时效延长的成立。其次，人民法院、人民检察院、公安机关应当立案而不予立案。所谓"应当立案"，是指根据有关法律规定，被控告人有犯罪事实需要追究刑事责任，应当对其进行立案侦查或者受理案件。

4. 追诉时效的中断

追诉时效的中断，是指在追诉时效进行期间，因发生法律规定的事由，而使已经经过的时效期间归于无效，追诉时效从法律规定的事由终了之时重新开始计算。

《刑法》第89条第2款规定："在追诉期限以内又犯罪的，前罪追诉的期限从犯后罪之日起计算。"这表明，在追诉期限内又犯新罪的，前罪的追诉期限便中断，其追诉期限从后罪成立之日起重新开始计算。

（三）赦免

赦免，是指国家宣告对犯罪人免除其罪、刑的一种法律制度。赦免分为大赦和特赦两种。大赦是指国家对某一时期内犯有一定罪行的不特定犯罪人免予追诉和免除刑罚执行的制度。特赦，是指国家对特定的犯罪人免除执行剩余全部或者部分刑罚的制度。①

---

① 参见马克昌主编：《刑法》，高等教育出版社2007年版，第303页。

由于我国现行宪法中没有规定大赦，因此，我国刑法条文中所说的“赦免”即仅指特赦。根据我国现行《宪法》第67条和第80条的规定，特赦经全国人大常委会决定，由国家主席发布特赦令。中华人民共和国成立以来，我国共实行了七次特赦，分别于1959年、1960年、1961年、1963年、1964年和1966年对确认改恶从善的蒋介石集团、伪满洲国和伪蒙疆自治政府的战犯进行赦免，1975年赦免全部在押战犯。从我国的七次特赦中可以看出我国的特赦具有以下特点：

（1）特赦的对象：除第一次包括反革命罪犯和普通刑事罪犯外，都是战争罪犯。

（2）特赦的条件：罪犯应当经过一定时间的服刑，经过教育改造后确实已经弃恶从善，特赦后不致再危害社会。对尚未宣告刑罚或者刑罚虽已宣告但尚未开始执行的罪犯，不赦免。

（3）特赦的效力：只及于刑罚，不及于罪行。即特赦的效力只是免除执行剩余的全部或部分刑罚，罪犯所犯之罪不会因特赦而消失。

（4）特赦的程序：通常是先由中共中央或国务院对某类罪犯中的某些人提出特赦建议，然后决定发布特赦令，最后由最高人民法院或高级人民法院根据特赦决定和特赦令，对被特赦的犯罪分子发特赦通知书。具体关押罪犯的监狱根据特赦通知书的内容，或者将罪犯释放，或者按减刑后的刑罚继续执行。

【难点辨析】

特赦与大赦的区别

二者的区别在于：

首先，赦免的对象不同。大赦既可针对一般犯罪也可针对特定犯罪；特赦在一般情况下针对一类或几类特定犯罪分子。

其次，赦免的效果不同。大赦既赦其罪也赦其刑；特赦只赦其刑不赦其罪。

再次，赦免的前提不同。大赦可以适用于尚未交付执行的罪犯，特赦的前提要求罪犯经过一段时期的关押改造。

二、案例分析

【案例一】

王某，男，汉族，1974年7月17日出生，初中文化，无业。

2010年5月23日，王某因涉嫌故意杀人罪被捕，在审讯过程中，其又交代出曾于7年前骗取他人现金9000元。

（案例来源：康均心主编：《刑法同步辅导与案例集》，武汉大学出版社2010年版，第153页。）

【问题聚焦】

王某7年前实施的诈骗行为是否超过追诉时效？

【法律剖析】

《刑法》第266条规定的诈骗罪有四个量刑幅度，张某于7年前诈骗他人现金9000元的涉案金额属于数额较大，适用第一个量刑档次，处3年以下有期徒刑、拘役或者管制，并处或者单处罚金。依照《刑法》第87条的规定，属于法定最高刑不满5年，追诉期限为5年。本案张某7年前的诈骗行为已超过追诉时效，司法机关不应再予追究。

【法条链接】

《中华人民共和国刑法》

第87条　犯罪经过下列期限不再追诉：

（一）法定最高刑为不满5年有期徒刑的，经过5年；

（二）法定最高刑为5年以上不满10年有期徒刑的，经过10年；

（三）法定最高刑为10年以上有期徒刑的，经过15年；

（四）法定最高刑为无期徒刑、死刑的，经过20年。如果20年以后认为必须追诉的，须报请最高人民检察院核准。

第266条　诈骗公私财物，数额较大的，处3年以下有期徒刑、拘役或者管制，并处或者单处罚金；数额巨大或者有其他严重情节的，处3年以上10年以下有期徒刑，并处罚金；数额特别巨大或者有其他特别严重情节的，处10年以上有期徒刑或者无期徒刑，并处罚金或者没收财产。本法另有规定的，依照规定。

【案例二】

刘某，男，汉族，1967年5月30日出生，小学文化，无业。

2006年7月5日，刘某盗窃他人现金2200元。2009年3月9日，李某又盗窃他人现金32300元。2009年4月13日，李某被公安机关抓获。

（案例来源：康均心主编：《刑法同步辅导与案例集》，武汉大学出版社2010年版，第

163页。)

【问题聚焦】

追诉时效中断。

【法律剖析】

我国《刑法》第89条第2款规定:“在追诉期限以内又犯罪的,前罪追诉的期限从犯后罪之日起计算。”这表明,在追诉期限内又犯罪的,前罪的追诉期限便中断,前罪的追诉期限从后罪成立之日起重新开始计算。本案中,李某于2006年实施的盗窃行为,涉案金额数额较大,应当处3年以下有期徒刑、拘役或者管制,并处或者单处罚金。根据《刑法》第87条第1款的规定,其追诉期限为5年,至2011年7月4日止。但李某在追诉期限内,又实施犯罪行为,盗窃他人现金32300元。根据《刑法》第89条第2款,李某实施的前一犯罪行为出现追诉时效中断,其追诉时效从2009年3月9日重新开始计算,至2014年3月8日止。李某于2009年被公安机关抓获,前一盗窃行为仍在追诉期限内,因此,司法机关对李某追究的涉案金额应为34500元。

【法条链接】

《中华人民共和国刑法》

第87条　犯罪经过下列期限不再追诉:

(一)法定最高刑为不满5年有期徒刑的,经过5年;

(二)法定最高刑为5五年以上不满10年有期徒刑的,经过10年;

(三)法定最高刑为10年以上有期徒刑的,经过15年;

(四)法定最高刑为无期徒刑、死刑的,经过20年。如果20年以后认为必须追诉的,须报请最高人民检察院核准。

第89条第2款　在追诉期限以内又犯罪的,前罪追诉的期限从犯后罪之日起计算。

第264条　盗窃公私财物,数额较大的,或者多次盗窃、入户盗窃、携带凶器盗窃、扒窃的,处3年以下有期徒刑、拘役或者管制,并处或者单处罚金;数额巨大或者有其他严重情节的,处3年以上10年以下有期徒刑,并处罚金;数额特别巨大或者有其他特别严重情节的,处10年以上有期徒刑或者无期徒刑,并处罚金或者没收财产。

三、深度拓展

（一）对《刑法》第88条第1款的理解和适用

1. 立案侦查

不能从字面孤立地研究“立案侦查”的含义，应该将“立案”、“侦查”分开并结合此款的“以后”和“逃避侦查”来理解。

立案又称立案阶段或立案程序，是指司法机关在审查材料（包括公诉或者自诉材料）后，根据事实和法律，决定是否作为刑事案件进行侦查或审判的诉讼活动。它包括发现立案材料或对立案材料的接受、对立案材料的审查、根据审查的结果作出立案或不立案的决定三方面的内容。侦查是指司法机关采取的专门调查工作和有关的强制性措施。因此，立案与侦查是两个不同的诉讼阶段。根据该款规定，对于人民检察院、公安机关或者国家安全机关办理的案件，只对那些逃避“侦查”的犯罪人适用追诉时效无限延长。因此适用追诉时效无限延长的时间应起始于侦查阶段，对于在立案阶段有潜逃、隐匿等逃避行为的犯罪人一般不应适用追诉时效无限延长。这就是说，在立案阶段一般不存在适用追诉时效无限延长的问题。本款“立案侦查”可理解为“作出立案决定”(即狭义的立案)。

2. 受理案件

对“受理案件”，应结合“逃避审判”来理解。此款规定人民法院受理的案件，应该既包括自诉案件，又包括公诉案件。无论公诉或自诉案件，人民法院受理案件后，只有在作出立案决定时才算进入审判阶段，此时才存在“逃避审判”的情况。所以，“受理案件”可理解为人民法院“作出立案决定”。

综上所述，为避免理解和适用上的混乱，可将“立案侦查”和“受理案件”均替代为“作出立案决定”。建议将《刑法》第88条第1款修改为：“在人民检察院、公安机关、国家安全机关或者人民法院作出立案决定后，逃避侦查或者审判的，不受追诉期限的限制”。实践中应当注意，本款规定的“立案侦查”和“受理案件”都必须是在追诉期限内实施的，对于已超过追诉期限才开始的立案侦查或受理案件活动，不能适用本款，应依照《刑事诉讼法》第15条之规定处理。

3. “逃避侦查或者审判”的问题

对此，应从犯罪人的主观和客观两方面分析：

(1) 主观上，犯罪人必须有逃避侦查或者审判的故意。即犯罪人必须是明知人民检察院、公安机关或者国家安全机关已经对其犯罪行为予以立案侦查，或者明知人民法院已经决定对其犯罪行为进行受理，却故意逃避侦查或者审判的。犯罪人若不明知，则不应对其适用追诉时效的无限延长。例如犯罪人在不知司法机关已对其犯罪行为予以立案侦查或受理的情况下，没有隐姓埋名出远门从商或打工，就不应对其适用无限延长追诉期限。因为犯罪人出远门的目的是从商或打工，并没有逃避侦查或审判的故意。如果认为犯罪人应该知道其犯罪行为迟早会被立案或受理的，其外出从商或打工的行为就是畏罪潜逃，其外出目的即为故意逃避侦查或审判，这就成了“客观归罪”，令人难以信服。

（2）客观上，犯罪人必须有逃避侦查或审判的行为。其中，包括隐姓埋名潜逃、藏匿或者从羁押场所逃跑等行为。这些都将使司法机关暂时或者长期无法将犯罪人缉拿归案，导致侦查或者审判工作无法正常开展。

犯罪人的主观意愿与其行为应该是互为因果的，只有二者兼备，才符合“逃避侦查或者审判”的本义。

（二）对《刑法》第88条第2款的理解与适用

1.“被害人在追诉期限内提出控告”的问题

（1）这里的被害人不能狭义地理解为公民个人，它不仅包括人身或者财产权利受到犯罪侵害的自然人，也包括财产等合法权益受到侵害的法人。

（2）被害人要使犯罪人受到刑事追究，必须在追诉期限内提出控告，该追诉期限是指《刑法》第87条所规定的期限。如果被害人没有在追诉期限内提出控告，即使其合法权益受到犯罪人侵害，也不能对犯罪人适用追诉时效的无限延长。但是，对于被害人在追诉期限内提出控告，司法机关当时没有立案的，被害人在追诉期限届满后能否再提出控告。根据该款精神，适用此款的对象都是那些已过追诉期限的案件。如果被害人曾在追诉期限内提出过控告，若不允许被害人在追诉期限届满后再次提出控告，则此款规定的适用追诉时效无限延长的案件，可能会因为缺少主体提出而无法适用，刑法增设此款也就失去了意义。因此，被害人应该仍可以提出控告。这意味着，只要被害人曾在追诉期限内提出过控告，即使追诉期限已满，被害人仍可向司法机关提出控告，至于应不应当立案则由司法机关决定。由此可见，被害人只要在追诉期限内提出控告的，如果该案件实际上系应当立案的，那么不论当时立案与否，都会无限延长适用追诉期限。当然，如果该案件实际上系不应当立案的案件，即使当时立了案，也不能延长追诉时效期限。

(3) 至于是否必须由被害人本人提出控告，还需要进一步探讨。如有些案件的被害人可能受到疾病或者强制、威吓等生理、心理原因，本人不能或者不敢提出控告，此时若不允许被害人的法定代理人或者近亲属代为控告，于理不通，也不符合我国《刑事诉讼法》第 112 条、第 270 条之规定和刑法增设该款保护被害人权益的目的。

(4) 必须是控告的案件。根据此款规定，如果被害人不知道犯罪嫌疑人、被告人是谁，而只是报案的，则不能适用本款的规定。该规定反映了我国刑法在保护被害人合法权益、防止司法舞弊的同时，也给被害人规定了一定的义务，即须指明犯罪嫌疑人或被害人，这也是节约司法成本、避免无限追诉的需要。

2 "应当立案而不予立案"的问题

根据《刑事诉讼法》第 110 条的规定，应当立案是指司法机关认为有犯罪事实，并需要追究刑事责任的。但是，当受理控告的司法机关与被害人之间就应不应当立案发生争议时，应由谁来作为认定"应不应当立案"的主体，则较为复杂。因法律对此尚无明确规定，我们认为可按以下几种情况处理：

(1) 被害人对公安机关应当立案侦查而不立案侦查的案件有异议，向人民检察院提出时，根据《刑事诉讼法》第 111 条的规定，应由人民检察院作为认定应不应当立案的主体。

(2) 被害人对人民法院、人民检察院、公安机关应当立案而不予立案的案件不服时，向各该司法机关提出的，根据《刑事诉讼法》第 110 条的规定，控告人可向各该司法机关申请复议，由于刑事诉讼法并未规定控告人可以申请复核，所以这时认定应否立案的主体仍应是各该司法机关。这显然有失公正，因为不能由争议双方中的任何一方来作决断。建议，对于这种情况，应规定被害人不服复议时可以申请复核，即最终由各该司法机关的上级机关决定应不应当立案。

(3) 根据审判监督程序的规定，受理被害人在追诉期限内提出控告的各司法机关的上级机关或者上级人民检察院有权作为认定应不应当立案的主体。

第十四章　罪刑各论概述

【知识结构图】

- 罪刑各论概述
  - 体系
    - 罪章
    - 罪节
    - 罪条
  - 罪状
    - 简单罪状、叙明罪状
    - 引证罪状、空白罪状
    - 单一罪状、复合罪状
  - 罪名
    - 立法罪名、司法罪名、学理罪名
    - 单一罪名、选择性罪名
  - 法定刑
    - 绝对确定的法定刑
    - 绝对不确定的法定刑
    - 相对确定的法定刑

一、知识点精析

（一）罪刑各论的体系

研究犯罪、刑事责任和刑罚一般规定的理论即是刑法总论，而研究各类、各种具体犯罪的定义、构成及其刑事责任的理论则被称为罪刑各论。

1. 罪刑各论的体系

罪刑各论的体系是指按照一定的结构和顺序所构建的研究具体犯罪及其刑事责任的理论整体。我国刑法分则对犯罪采用的是简明的分类方法，依照犯罪行为所侵犯的同类客体及各类各种犯罪的社会危害性程度将所有犯罪划分为十类，依次是：危害国家安全罪；危害公共安全罪；破坏社会主义市场经济秩序罪；侵犯公民人身权利、民主权利罪；侵犯财产罪；妨害社会管理秩序罪；危害国防利益罪；贪污贿赂罪；渎职罪；军人违反职责罪。

2. 罪刑各论的注意规定

注意规定是在刑法已有某种规定的情况下，提示司法工作人员注意对符合该规定的情形适用该规定的一种立法现象。注意规定的特点是：第一，没有创设新的内容，即使没有注意规定，对符合某种规定的情形当然也要适用该规定。第二，注意规定的设置旨在引起司法工作人员的注意，具有提醒作用。如《刑法》第271条规定：“公司、企业或者其他单位的人员，利用职务上的便利，将本单位财物非法占为己有，数额较大的，处5年以下有期徒刑或者拘役；数额巨大的，处5年以上有期徒刑，可以并处没收财产。国有公司、企业或者其他国有单位中从事公务的人员和国有公司、企业或者其他国有单位委派到非国有公司、企业以及其他单位从事公务的人员有前款行为的，依照本法第三百八十二条、第三百八十三条的规定定罪处罚。”本条款第一款是对职务侵占罪的规定，第二款就是注意规定，旨在提醒司法人员上述行为本身是贪污罪的表现形式，应以贪污罪而非职务侵占罪定罪论处。

3. 罪刑各论的法律拟制

法律拟制是指将原本不符合刑法某一规定的某种行为也按照该规定处理的立法现象。在法律拟制的场合，立法者出于某种考虑，将两种不完全相同的情形赋予相同的法律效果。例如《刑法》第267条第2款规定：“携带凶器抢夺的，依照本法第二百六十三条的规定定罪处罚。”携带凶器抢夺并不符合《刑法》第263条规定的抢劫罪的构成要件，但立法者将该行为赋予了与抢劫罪相同的法律效果，这正是法律拟制的一种。

（二）罪状

罪状，是指刑法分则罪刑式条文所描述的具体犯罪的基本构成要件。① 对具体犯罪基本构成特征的描述，依据不同的标准，可以对罪状进行不同分类，根据罪刑式条文对罪状描述方式的不同，可分为简单罪状、叙明罪状、引证罪状和空白罪状；根据罪刑式条文对罪状描述方式的多寡，可以将罪状分为单一罪状和混合罪状。

1. 简单罪状、叙明罪状、引证罪状和空白罪状

（1）简单罪状，即刑法分则条文仅简单地表述犯罪，没有具体详细描述犯罪的基本构成特征。如《刑法》第232条规定的故意杀人罪：“故意杀人的，处死刑、无期徒刑或者10年以上有期徒刑……”对一类犯罪采用简单罪

① 参见李希慧主编：《刑法各论》，武汉大学出版社2009年版，第6页。

状，一般是因为立法者认为这些犯罪特征易于被人们所理解和把握，无须在法律上做具体的描述。

（2）叙明罪状，即刑法分则条文具体详细地描述了具体犯罪的基本构成特征。如《刑法》第399条规定的徇私枉法罪："司法工作人员徇私枉法、徇情枉法，对明知是无罪的人而使他受追诉、对明知是有罪的人而故意包庇不使他受追诉，或者在刑事审判活动中故意违背事实和法律作枉法裁判的，处……"本条对于徇私枉法罪的主体、主观方面和客观方面的构成要件作了详细的描述，属叙明罪状。在我国刑法中，条文多采用叙明罪状，对犯罪特征做详细描述，便于司法实践中司法工作人员的理解和把握。

（3）引证罪状，即引用同一法律中的其他条款来说明和确定某一犯罪构成要件。如，《刑法》第115条第1款规定了放火罪、决水罪、爆炸罪、投放危险物质罪、以危险方法危害公共安全罪的罪状和法定刑，其第2款接下来规定："过失犯前款罪的，处……"的规定则是引用前款的罪状，来说明失火罪、过失决水罪、过失爆炸罪、过失投放危险物质罪、过失以危险方法危害公共安全罪的罪状。采用引证罪状，主要是为了避免条款间文字上的重复。

（4）空白罪状，即刑法分则条文没有直接地具体说明某一具体犯罪构成的特征，而是仅仅指明了确定该罪犯罪构成需要参照的法律、法规的规定。例如，《刑法》第228条规定的非法转让、倒卖土地使用权罪："以牟利为目的，违反土地管理法规，非法转让、倒卖土地使用权，情节严重的，处……"这里没有直接规定非法转让、倒卖土地使用权罪的具体构成要件，仅指明参照土地管理法规的规定来确定。采用空白罪状，主要是因为违反的有关法律、法规的规定内容较多，修改频繁，为了简化条文，保持刑法应有的稳定性，故而使用。

2. 单一罪状和复合罪状

单一罪状，即某一刑法分则条文仅采用简单、叙明、引证、空白四种方式中的一种来对某一犯罪的具体构成要件进行描述。

复合罪状，即某一刑法分则条文同时采用上述四种方式中的两种方式来对某一犯罪的具体构成要件进行描述。如《刑法》第338条规定："违反国家规定，排放、倾倒或者处置有放射性的废物、含传染病病原体的废物、有毒物质或者其他有害物质，严重污染环境的，处……"本法条第一句之中"违反国家规定"，属于空白性的描述方式；后续详细规定本罪的行为方式、对象等特征，属于叙明性的描述方式。此即典型的复合罪状。

（三）罪名

罪名是具体犯罪本质特征的高度概括，是具体犯罪的称谓。罪名在司法实践中的作用是多方面的。一方面，罪名将现实生活之中不同形式的同一性质的犯罪行为予以概括，根据具体罪状的描述最终形成一个刑法上的罪名作为区分罪与非罪的标志；另一方面，罪名体现国家对某类行为的否定评价，作为罪刑法定原则的法条表述而存在。

根据不同的标准，可以将罪名划分为以下一些种类：

1. 立法罪名、司法罪名和学理罪名

这是以罪名的效力为依据所作的划分。

立法罪名，是指立法机关在刑法分则条文中明确规定的罪名。如贪污罪、受贿罪、挪用公款罪、行贿罪等都是由刑法分则条文明确规定的罪名。

司法罪名，是指最高司法机关通过司法解释所确定的罪名。例如2009年10月16日施行的最高人民法院、最高人民检察院《关于执行〈中华人民共和国刑法〉确定罪名的补充规定（四）》中所规定的罪名，如利用未公开信息交易罪、逃税罪等即为司法罪名。司法罪名补充立法罪名适用，在司法机关办理刑事案件时具有法律约束力。

学理罪名，是指刑法理论上根据刑法分则条文的具体规定所概括出的罪名。学理罪名对司法机关办案没有法律效力，但对司法实践确定罪名具有指导和参考作用。如刑法修正案（八）草案出台之后，理论界对于修正案（八）之中的相关新罪名进行了诸多讨论和研究，《刑法修正案（八）》第41条的拒不支付劳动报酬罪，在罪名补充规定（五）出台之前对该罪名的确定也有诸多讨论，如恶意欠薪罪、逃避欠薪罪等。这些学术界所讨论出来的不具备司法效力罪名的即是学理罪名，但在司法实践之中，对于立法机关确定罪名具有一定的参考作用。

2. 单一罪名和选择罪名

这是以罪名所包含的犯罪构成内容的单复数为标准划分的。

单一罪名，是指所包含的犯罪构成内容为具体单一的罪名。如故意杀人罪、故意伤害罪等。

选择罪名，是指所包含的犯罪构成内容较为复杂，既可概括适用也可分解适用的罪名。如《刑法》第171条规定的出售、购买、运输假币罪，第294条规定的组织、领导、参加黑社会性质组织罪等。

（四）法定刑

法定刑，是指刑法分则罪刑式条文对具体犯罪所确定适用的刑罚种类和幅度。其中，刑罚种类被称为刑种，刑罚幅度被称为刑度。

根据法定刑的刑种、刑度是否确定以及确定的程度为标准，我们将法定刑作如下分类：

1. 绝对确定的法定刑

绝对确定的法定刑，是指在刑法分则条文中对某种犯罪或某种犯罪的某种情形只规定单一刑种和刑度。如《刑法》第239条绑架罪后半段规定：“……致使被绑架人死亡或者杀害被绑架人的，处死刑，并处没收财产。”我国现行刑法中只存在少量的绝对确定法定刑，并且均是相对于特定犯罪的某种特殊情形而言的，并不适用于该犯罪的所有情形。

2. 绝对不确定的法定刑

绝对不确定的法定刑，是指刑法分则条文只规定对某种犯罪应当处以刑罚，但没有规定具体的刑种与刑度，如何处罚由法官具体把握。绝对的不确定刑有违罪刑法定原则，我国现行刑法分则中没有绝对不确定的法定刑。

3. 相对确定的法定刑

相对确定的法定刑，是指条文对某种犯罪不仅规定了适用的具体刑种与刑度，而且规定了适用的最高刑与最低刑。法官在规定的法定刑的范围内根据案件的具体情况适当把握。我国刑法分则条文多数采用的是相对确定的法定刑，有如下几种方式：

（1）分则条文仅规定法定刑的最高限度，最低限度取决于刑法总则对于该刑种的一般规定。例如，《刑法》第315条规定的破坏监管秩序罪的法定刑是3年以下有期徒刑。结合《刑法》总则第45条关于有期徒刑的最低期限为6个月的规定，该罪的法定刑应为6个月以上3年以下有期徒刑。

（2）分则条文仅规定法定刑的最低限度，最高限度则取决于刑法总则对于该刑种的一般规定。例如，《刑法》第317条规定的组织越狱罪：“组织越狱的首要分子和积极参加的，处五年以上有期徒刑……”结合总则第45条关于有期徒刑的最高期限为15年的规定，该罪的法定刑应是5年以上15年以下有期徒刑。

（3）分则条文同时规定法定刑的最高限度与最低限度。例如，《刑法》第260条虐待罪规定：“……犯前款罪，致使被害人重伤、死亡的，处2年以上7年以下有期徒刑。”

（4）分则条文同时规定两种以上主刑或者规定两种以上主刑及附加刑。例如，《刑法》第152条走私淫秽物品罪规定："……情节较轻的，处3年以下有期徒刑、拘役或者管制，并处罚金。"法官可根据具体情况选择刑种，确定刑期。

（5）分则条文规定援引性的法定刑。例如，《刑法》第168条第3款规定："国有公司、企业、事业单位的工作人员，徇私舞弊，犯前两款罪的，依照第一款的规定从重处罚。"

二、案例分析

王某为牟取暴利于2002年4月至2002年8月间，多次派人至河南、安徽等地采购兽用消炎药，并就地换上人用药包装。王某利用其销售渠道将药发往各地，销售金额达50余万元，因发现及时，各地紧急封存了这批药物，没有造成人员伤亡。经鉴定，该药物对人体有较大的毒副作用。

（案例来源：严励主编：《刑法案例教程》，法律出版社2006年版，第219页。）

【问题聚焦】

如何解决法条竞合的认定及法律适用问题？

【法律剖析】

法条竞合，是刑事立法上的法规重合现象，是指一个犯罪行为因刑法条文之间存在交叉或包容关系，而同时符合数个法条规定的犯罪构成。本案由于犯罪对象的特殊性同时符合了《刑法》第140条规定的生产、销售伪劣产品罪与《刑法》第141条规定的生产、销售假药罪，属于因犯罪对象不同而形成的法条竞合。但法条竞合并不同时适用多个法条，只能在数法条中适用一个。我国刑法中法条竞合的适用原则有特别法优于普通法、重法优于轻法。由于《刑法》第149条的明文规定，本案中法条竞合的法律适用即属于第二种情形：重法优于轻法。具体到本案，如果本案适用《刑法》第140条，其销售金额为50余万元，应处7年以上有期徒刑，并处销售金额50%以上2倍以下罚金。如本案适用《刑法》第141条，由于发现及时，没有造成人员伤亡，处3年以下有期徒刑或者拘役，并处罚金。显然依《刑法》第140条处罚较重，按照重法优于轻法的原则，对王某应当以生产、销售伪劣产品罪定罪量刑。

【法条链接】

《中华人民共和国刑法》

第140条　生产者、销售者在产品中掺杂、掺假，以假充真，以次充好或者以不合格产品冒充合格产品，销售金额5万元以上不满20万元的，处2年以下有期徒刑或者拘役，并处或者单处销售金额50%以上2倍以下罚金；销售金额20万元以上不满50万元的，处2年以上7年以下有期徒刑，并处销售金额50%以上2倍以下罚金；销售金额50万元以上不满200万元的，处7年以上有期徒刑，并处销售金额50%以上2倍以下罚金；销售金额200万元以上的，处15年有期徒刑或者无期徒刑，并处销售金额50%以上2倍以下罚金或者没收财产。

第141条　生产、销售假药的，处3年以下有期徒刑或者拘役，并处罚金；对人体健康造成严重危害或者有其他严重情节的，处3年以上10年以下有期徒刑，并处罚金；致人死亡或者有其他特别严重情节的，处10年以上有期徒刑、无期徒刑或者死刑，并处罚金或者没收财产。

本条所称假药，是指依照《中华人民共和国药品管理法》的规定属于假药和按假药处理的药品、非药品。

第149条　生产、销售本节第一百四十一条至第一百四十八条所列产品，不构成各该条规定的犯罪，但是销售金额在5万元以上的，依照本节第一百四十条的规定定罪处罚。

生产、销售本节第一百四十一条至第一百四十八条所列产品，构成各该条规定的犯罪，同时又构成本节第一百四十条规定之罪的，依照处罚较重的规定定罪处罚。

三、深度拓展

关于法条竞合的问题

法条竞合，也称法规竞合，是刑事立法上的法规重合现象，是指一个犯罪行为因刑法条文错综复杂的规定，而同时符合数个法条规定的犯罪构成。但由于数个法条逻辑上具有包含关系，只能适用其中一个法条而排斥其他法条的情况。法条竞合不具有数个犯罪构成的实际内容，属立法技术问题，是实质的一罪。

1. 法条竞合的构成特征

（1）行为人只实施了一个犯罪行为

（2）该行为同时符合数个法条规定的犯罪构成

一个犯罪行为同时所触犯的数个法条，既可以是相异刑事法律之间的不同条文，也可以是同一刑事法律中的不同条文，还可以表现为同一刑事法律中同一条文中的不同款项。但其主要表现还在于同一刑事法律中的不同条文。如行为人生产、销售假药的行为，就既触犯了《刑法》第 141 条关于生产、销售假药罪的规定，也触犯了《刑法》第 140 条关于生产、销售伪劣产品罪的规定。

(3) 数个法条之间存在着包容和交叉关系

一般认为，在我国刑法中这种法条之间的逻辑关系主要表现为包容和交叉两种形式。包容关系，即两个法条的内容其中的一个外延大，另一个外延小，外延大的完全包容外延小的。例如，《刑法》第 279 条规定了招摇撞骗罪，而《刑法》第 372 条规定了冒充军人招摇撞骗罪，冒充军人招摇撞骗罪包容在了招摇撞骗罪之中。交叉关系即两个法条之间内容相互重叠交叉。例如，《刑法》第 266 条规定的诈骗罪与《刑法》第 279 条规定的招摇撞骗罪，二者都有骗取财物这一行为方式。在这一点上，两个法条就具有交叉关系。

2. 法条竞合的表现形式

从实际情况来看，法条竞合表现为以下几种形态：①

(1) 因犯罪主体不同而形成的法条竞合。如《刑法》第 252 条规定的侵犯通信自由罪与《刑法》第 253 条规定的私自开拆、隐匿、毁弃邮件、电报罪。

(2) 因犯罪目的不同而形成的法条竞合。如《刑法》第 363 条规定的传播淫秽物品牟利罪与《刑法》第 364 条规定的传播淫秽物品罪。

(3) 因犯罪对象不同而形成的法条竞合。如《刑法》第 140 条规定的生产、销售伪劣产品罪与《刑法》第 144 条规定的生产、销售有毒、有害食品罪。

(4) 因犯罪手段不同而形成的法条竞合。如《刑法》第 266 条规定的诈骗罪与《刑法》第 198 条规定的保险诈骗罪。

(5) 因犯罪时间不同而形成的法条竞合。如《刑法》第 432 条第 1 款规定的泄露军事秘密罪与第 2 款规定的战时泄露军事秘密罪。

(6) 因危害结果而形成的法条竞合。如《刑法》第 133 条规定的交通肇事致人死亡罪和《刑法》第 233 条规定的过失致人死亡罪。

3. 法条竞合的适用原则

① 参见马克昌主编：《犯罪通论》，武汉大学出版社 1999 年版，第 631 ~ 633 页。

如前所述，法条竞合时并不能同时适用多个法条而只能适用其中一个，因此必须遵循一定的原则加以选择，我国刑法中法条竞合的法律适用原则如下：

（1）特别法优于普通法的原则

在一般情况下按照本原则处理。如行为同时符合同一法律条文内部之间的普通条款与特别条款，法律明文规定适用特殊规定。如《刑法》第233条过失致人死亡罪的后半段规定："本法另有规定的，依照规定。""依照规定"就明文指出了适用特别法。

而行为同时符合同一法律条文内部之间的普通条款与特别条款，法律没有明文规定适用特殊规定，通常也应适用特殊规定。在普通刑法之外又制定特别刑法，往往是出于特殊目的以保护特定法益。因此，当行为既符合特别规定又符合普通规定时，即使法律没有明文规定适用特殊规定，也应适用特别法。例如《刑法》第266条规定的诈骗罪是普通条款；《刑法》第192条、第193条、第194条、第195条规定的则是特别条款。同时符合时，以特殊诈骗罪定罪处罚。

（2）重法优于轻法的原则

在某些情况下，应适用重法优于轻法的原则，即按照行为所触犯的法条中法定刑最重的法条定罪量刑。这一原则的适用主要出现在以下两种情形：

①行为同时符合同一法律条文内部之间的普通条款与特别条款，法律明文规定按重罪定罪量刑的。如《刑法》第149条第2款规定："生产、销售本节第一百四十一条至第一百四十八条所列产品，构成各该条规定的犯罪，同时又构成本节第一百四十条规定之罪的，依照处罚较重的规定定罪处罚。"该节第140条规定的是生产、销售一般伪劣产品的行为，第141条至第148条规定的是生产、销售特定伪劣产品的行为。第140条是普通条款，而第141条至第148条是特别条款，依照特别法优于普通法的原则，应当适用的是第141条至第148条的特别条款。但由于法律的明文规定，如果普通条款处刑较重时，也应当依普通条款定罪量刑。

②行为同时符合同一法律条文内部之间的普通条款与特别条款，法律未明文禁止依普通条款定罪，并且适用特别条款明显量刑过轻，难以做到罪责刑相适应。此时按照重法优于轻法的原则论处，适用普通条款。如普通诈骗罪的法定刑最高可判处无期徒刑，而特殊诈骗罪如保险诈骗罪的最高法定刑为10年以上有期徒刑。当行为人的行为既符合保险诈骗罪的犯罪构成又符合普通诈骗罪的犯罪构成，而在其犯罪情节极其严重，造成了极为恶劣的社会影响的，司法实践中可以适应诈骗罪来予以定罪处刑，以实现罪责刑相适应。

【难点辨析】

法条竞合与想象竞合

想象竞合，是指行为人在两种以上罪过的支配下实施一个危害行为，触犯两种以上不同罪名的犯罪形态。如行为人意欲射杀甲，但在开枪瞄准后打死了甲，打伤了甲身边的乙。此时行为人本身有数个罪过，实施了一个行为，同时触犯了两个罪名，构成想象竞合。想象竞合与法条竞合都是实施了一个犯罪行为，触犯了规定了数个罪名的数个法条，但二者的本质都是一罪，最终都按一罪适用一个法条定罪处罚。二者的区别在于：

(1) 法条竞合的一行为是出于一个罪过，产生一个结果；想象竞合的一行为往往是出于数个罪过，产生数个结果。

(2) 法条竞合的出现是由于立法技术问题，与行为人实施的犯罪无关；而想象竞合则是因为行为人实施了特定的犯罪行为才会产生。

(3) 法条竞合是由于法条之间存在着包容和交叉关系而导致一行为触犯数个罪名；想象竞合则是由于犯罪行为的事实特征导致一行为触犯数罪名，其触犯的数个法条之间不具有包容或交叉关系。

(4) 法条竞合的适用原则是在数个法条中根据特别法优于普通法或重法优于轻法的原则选择适用一个法条；想象竞合的适用原则则是在比较数个罪名法定刑的轻重后择一重者处断。

第十五章　危害国家安全罪

【知识结构图】

危害国家安全罪
- 危害国家安全罪概述
- 背叛、叛乱、叛变、叛逃的犯罪
- 颠覆、分裂国家政权的犯罪
- 间谍、资敌的犯罪

一、知识点精析

（一）危害国家安全罪概述

1. 危害国家安全罪的概念

危害国家安全罪是指故意危害中华人民共和国的主权、领土完整、国家政权和社会主义制度安全，依照法律应当受到刑罚处罚的行为。危害国家安全罪是在对1997年刑法分则第一章反革命罪修订后而形成的新的类罪名。

2. 危害国家安全罪的构成

（1）本类犯罪的客体是国家安全。所谓国家安全，是指国家主权、领土完整、国家政权和社会主义制度安全。

（2）本类犯罪客观方面表现为实施危害中华人民共和国国家安全的行为。危害国家安全的行为，是指侵害国家的主权、领土完整，危害国家的安全和存在，破坏国家的国体和政体，妨害国家的机能与作用的行为。由于其中一部分犯罪行为直接危害到国家的生死存亡，如武装叛乱、暴乱，颠覆国家政权等，故刑法将应处罚的行为提前，不仅规定了处罚分裂国家，武装叛乱、暴乱，颠覆国家政权的实行行为，还处罚有关犯罪行为的勾结、组织、策划、煽动、教唆、帮助行为，同时，把有关犯罪行为的共谋、预备、教唆、帮助行为实行行为化。在立法已经将其共谋、预备、帮助、教唆行为实行行为化的场合，应当直接依据分则条文认定处罚，而无须适用犯罪的未完成形态和共犯的一般规定。

（3）本类犯罪的主体只能是自然人，且多数是一般主体，单位不能成为本类罪的主体。仅有背叛性质的犯罪主体为特殊主体，如背叛国家罪的主体、投敌叛变罪的主体只能是中国公民；叛逃罪的主体只能是国家机关工作人员和掌握国家秘密的国家工作人员。虽然本类犯罪中有些犯罪可以由单位组织实施，但是我国刑事立法当中没有规定单位可构成危害国家安全罪，因此单位不能成为危害国家安全罪的主体。

（4）本类犯罪的主观方面表现为故意。其中绝大多数罪的主观方面为直接故意，个别的犯罪既可由直接故意构成，还可由间接故意构成，如为境外窃取、刺探、收买、非法提供国家秘密、情报罪就是如此。过失不能构成本类犯罪。

（二）背叛、叛乱、叛变、叛逃的犯罪

1. 叛逃罪

叛逃罪，是指国家机关工作人员、掌握国家秘密的国家工作人员在履行公务期间，擅离岗位，叛逃境外或者在境外叛逃，危害中华人民共和国国家安全的行为。

（1）叛逃罪的构成

①叛逃罪侵害的客体是中华人民共和国国家安全。由于叛逃人员地位以及掌握国家秘密性质的不同，其行为对国家安全造成的威胁也不相同，因此，叛逃罪侵害的客体，既可以指国家的外部安全，也可以指国家的内部安全。①

②叛逃罪的客观方面表现为行为人在履行公务期间，擅离岗位，叛逃境外或者在境外叛逃，危害中华人民共和国国家安全的行为。具体而言，主要有以下表现：

首先，叛逃行为发生在履行公务期间。若不是在履行公务期间叛逃，也没有危害国家安全的，则不能构成本罪。

其次，行为人的具体表现为“擅离岗位，叛逃境外”、“擅离岗位，在境外叛逃”两种方式。这里的“叛逃”，应理解为背叛我方，投靠境外组织或机构。擅离岗位，叛逃境外，是指行为人在境内履行职务期间，擅自离开工作岗位，叛变逃往国外。擅离岗位，在境外叛逃，是指行为人在境外履行公职或执

---

① 参见李希慧主编：《刑法各论》，武汉大学出版社2009年版，第20页。

行任务期间，擅离工作岗位叛变逃走。

再次，行为人的行为危害中华人民共和国国家安全。叛逃行为是否危害国家安全，应当通过考察行为人投奔境外的组织、机构的性质，叛逃的目的与动机，叛逃的手段与方式来判断。

行为人的行为必须同时符合以上三个条件，才能构成本罪。

③叛逃罪的主体是特殊主体，即只能是国家机关工作人员和掌握国家秘密的国家机关工作人员以外的国家工作人员。国家机关工作人员，是指国家各级权力机关、各级行政机关、各级审判机关、各级检察机关、各级军事机关中从事公务的人员。中国共产党和中国人民政治协商会议的各级机关中从事公务的人员，也属于国家机关工作人员的范围。掌握国家秘密的国家机关工作人员以外的国家工作人员，根据《刑法》第93条的规定，是指掌握国家秘密的国有公司、企业、事业单位、人民团体中从事公务的人员，国家机关、国有公司、企业、事业单位委派到非国有公司、企业、事业单位、社会团体中从事公务的人员，以及其他依照法律从事公务的人员。所谓“国家秘密”，是指关系到国家利益与安全，依照法律规定的程序确定，在一定的时间只限于一定范围的人员知晓的事项，如国防、外交等重要事项。

④叛逃罪的主观方面是故意，且只能是直接故意。即行为人明知自己的叛逃行为会导致危害国家安全的结果，仍然希望这种结果的发生。犯罪的动机不影响本罪的构成。

（2）叛逃罪的认定

①罪与非罪的界限

对于国家机关工作人员、掌握国家秘密的国家工作人员在履行公务期间，擅离岗位，逃往境外，或者在境外擅离岗位的行为是否构成叛逃罪，关键要看行为人是否实施了危害中华人民共和国国家安全的行为。如果行为人在履行公务期间，擅离岗位，逃往境外投靠自己的亲友，或者在境外擅离岗位不归，但并没有实施任何危害中华人民共和国国家安全的活动，就不能按本罪处理，而只能给予行为人一定的党纪政纪处分。

②罪数的界定

行为人为了能够叛逃境外而伪造公文、证件、印章等的，应当按照牵连犯的处理原则，从一重罪处断。如果行为人劫持航空器或者劫持船只、汽车叛逃的，则属于数罪，实行数罪并罚。行为人在境外叛逃后又参加了间谍组织或者接受间谍组织任务的，也要以叛逃罪和间谍罪数罪并罚。

（3）叛逃罪的处罚

根据《刑法》第109条，犯本罪的，处5年以下有期徒刑、拘役、管制或者剥夺政治权利；情节严重的，处5年以上10年以下有期徒刑。掌握国家秘密的国家工作人员叛逃境外或者在境外叛逃的，从重处罚。根据《刑法》第56条和第113条的规定，犯本罪的，除单处剥夺政治权利的外，应当附加剥夺政治权利，可以并处没收财产。

【难点辨析】

①叛逃罪与背叛国家罪的区别

叛逃罪与背叛国家罪都具有出卖、叛离国家的性质，两者的主体都只能是中华人民共和国公民。但是，两罪也有不同之处：首先，主体的范围不同。本罪的犯罪主体仅限于中国国家机关工作人员和掌握国家秘密的国家工作人员，背叛国家罪的主体没有特殊的规定，可以是任何中国公民。其次，客观方面的行为表现不同。本罪的客观方面表现为叛逃境外或者在境外叛逃而危害国家安全的行为，背叛国家罪的客观方面表现为勾结外国或者境外机构、组织、个人，危害国家主权、领土完整和安全的行为。

②叛逃罪与投敌叛变罪的区别

叛逃罪与投敌叛变罪都具有反叛祖国的性质，但二者也有重要区别：首先，主体的具体范围不同。本罪的主体只能是中国国家机关工作人员和掌握国家秘密的国家工作人员，而投敌叛变罪的主体没有特定限制，可以是任何已满16周岁具有刑事责任能力的中国公民。其次，客观方面的行为不同。叛逃罪的客观方面的行为表现为履行公务期间，叛逃境外或者在境外叛逃两种形式，投敌叛变罪的客观方面表现为投奔敌人营垒或者在被敌人抓捕、俘虏后投降变节两种形式。另外，本罪的投奔的对象只能是境外机构、组织，而投敌叛变罪所投奔、投靠的对象必须是“敌人”。

（三）颠覆、分裂国家政权的犯罪

1. 分裂国家罪

分裂国家罪，是指组织、策划、实施分裂国家，破坏国家统一的行为。

（1）分裂国家罪的构成

①本罪的客体是国家的统一。国家统一和民族团结是国家安全和政府进行有效管辖的重要前提保障。政府只有在保障国家统一的前提下，才能实现合法有效的管理与控制。因此，分裂国家的行为，严重危害了国家的安全。

②本罪在客观方面表现为组织、策划、实施分裂国家、破坏国家统一的行

为。所谓组织，是指为分裂国家、破坏国家统一而进行招募成员、纠集他人的活动。既包括了纠合人员，也包括筹集物资，既可以是临时纠集人员，也可以是成立较为固定的组织集团。策划，是指密谋、计划分裂国家、破坏国家统一的活动，包括制订行动计划、行动纲领或者具体步骤等；实施，是指将组织、策划分裂国家、破坏国家统一的内容付诸行动。所谓“分裂国家、破坏国家统一”，包括另立中央政府，成立地方割据政权，制造民族分裂，拒绝中央政府领导，破坏国家统一五个方面。①

③本罪的主体为一般主体，即达到法定刑事责任年龄、具有刑事责任能力的自然人。本条将犯罪主体分别规定为首要分子、罪行重大的、积极参加的和其他参加的。所谓“首要分子”，是指在分裂国家的犯罪活动中起组织、策划、领导或指挥作用的犯罪分子。首要分子通常都是居于重要地位且身居要职的阴谋家、野心家，或者是在地区具有较大影响力的地方分离主义分子或民族分裂主义分子。所谓“罪行重大的”，是指除首要分子以外，在组织、策划、实施分裂国家的犯罪活动中起主要作用或重要作用的人。所谓“积极参加的”，是指在分裂国家犯罪活动中态度积极、行为积极，并在犯罪活动中起积极作用但还不属于“首要分子”和“罪行重大”的那部分人。所谓“其他参加的”，是指除上述参与分裂国家的犯罪行为人以外的，被蛊惑、被欺骗、被胁迫、被利用的，在犯罪活动中不起主要作用的犯罪分子。

④本罪在主观方面表现为故意，过失不构成本罪。

（2）分裂国家罪的认定

①既遂的认定

本罪属于行为犯，只要行为人进行了组织、策划、实施分裂国家、破坏国家统一的行为，就构成犯罪既遂，不需要危害结果的发生。另外，本罪不属于选择性的罪名，不管行为人是参与组织、策划或是实施分裂国家、破坏国家统一的，都定为分裂国家罪。

②罪数的界定

行为人在实施分裂国家的犯罪过程中，又实施了其他犯罪的，应当分两种情况处理：行为人在实施本罪的过程中，行为触犯他罪，并和本罪行为形成竞合关系或牵连关系的，应从一重处断；如果触犯的他罪与本罪不存在竞合关系

---

① 参见赵秉志主编：《中国刑法案例与学理研究》第二卷，法律出版社2004年版，第2~3页。

或牵连关系，应实行数罪并罚。①

(3) 分裂国家罪的处罚

根据《刑法》第103条，犯本罪的，对首要分子或者罪行重大的，处无期徒刑或者10年以上有期徒刑；对积极参加的，处3年以上10年以下有期徒刑；对其他参加的，处3年以下有期徒刑、拘役、管制或者剥夺政治权利。根据《刑法》第56条和第113条的规定，犯本罪的，除单处剥夺政治权利的外，应当附加剥夺政治权利，可以并处没收财产。对国家和人民危害特别严重、情节特别恶劣的，可以判处死刑。根据《刑法》第106条的规定，与境外机构、组织、个人相勾结，实施颠覆国家政权罪或煽动颠覆国家政权罪的，从重处罚。

【难点辨析】

分裂国家罪与背叛国家罪的区别。

本罪与背叛国家罪都是危害国家安全的犯罪，两者侵犯的直接客体都牵涉到国家的领土完整与安全。但是，两罪还是有着以下区分：首先，侵犯的直接客体不同，本罪侵犯的直接客体是国家的统一，背叛国家罪侵犯的直接客体是国家的主权、领土完整和安全。其次，客观方面不同。本罪客观方面表现为分裂国家、破坏统一的行为，没有"勾结外国"的行为要求。背叛国家罪则要求以"勾结外国"为成立犯罪的客观要件。再次，犯罪主体不同。本罪的主体为一般主体，即达到法定刑事责任年龄、具有刑事责任能力的自然人，都可以成为犯罪的主体。背叛国家罪为特殊主体，即只有达到刑事责任年龄具有刑事责任能力的中国公民，才能成为背叛国家罪的主体。最后，故意的内容不同。本罪故意的内容是分裂国家、破坏国家统一；背叛国家罪故意的内容是勾结外国危害国家主权、领土完整和安全。

2. 颠覆国家政权罪

颠覆国家政权罪，是指组织、策划、实施颠覆国家政权、推翻社会主义制度的行为。

(1) 颠覆国家政权罪的构成

①本罪的客体是人民民主专政政权和社会主义制度。

②本罪在客观方面表现为组织、策划、实施颠覆国家政权、推翻社会主义制度的行为。组织、策划、实施是行为人具体行为的表现形式，本罪是必要的

① 参见李希慧主编：《刑法各论》，武汉大学出版社2009年版，第27页。

共同犯罪。所谓组织，是指为颠覆国家政权而进行招募成员、纠集他人的活动；策划，是指密谋、计划颠覆国家政权的活动，包括制定行动计划、行动纲领或者具体步骤等；实施，是指将组织、策划的内容付诸行动。这里所说的颠覆，是指以非法手段推翻或篡夺国家政权。其中，政权是指包括各级权力机关、司法机关、中央和地方人民政府在内的整个政权。因此，实施推翻地方政府的行为，也构成本罪。颠覆国家政权的手段可以是多种多样的，包括暴力的和非暴力的、公开的和秘密的。

③本罪的主体为一般主体，即达到法定刑事责任年龄、具有刑事责任能力的自然人。本条将犯罪主体分别规定为首要分子、罪行重大的、积极参加的和其他参加的。

④本罪在主观方面表现为故意，而且只能是直接故意，行为人主观上具有颠覆国家政权、推翻社会主义制度的目的。

（2）颠覆国家政权罪的认定

①罪与非罪的界限

本罪属于行为犯，犯罪的构成不要求具有颠覆政权、推翻社会主义制度的实际危害结果。只要行为人进行了组织、策划、实施颠覆国家政权、推翻社会主义制度的行为，犯罪就足以成立。

②罪数的界定

行为人在实施本罪时，有时使用暴力手段，造成人员伤亡和财物损毁，或者伴有扰乱社会秩序和公共场所秩序的后果，此时只以颠覆国家政权罪处罚。如果行为人采取武装叛乱、暴乱的手段颠覆国家政权，则又触犯了武装叛乱、暴乱罪，属于牵连犯，应从一重罪处断。

（3）颠覆国家政权罪的处罚

根据《刑法》第 105 条，犯本罪的，对首要分子或者罪行重大的，处无期徒刑或者 10 年以上有期徒刑；对积极参加的，处 3 年以上 10 年以下有期徒刑；对其他参加的，处 3 年以下有期徒刑、拘役、管制或者剥夺政治权利。根据《刑法》第 56 条和第 113 条的规定，犯本罪的，除单处剥夺政治权利的外，应当附加剥夺政治权利，可以并处没收财产。对国家和人民危害特别严重、情节特别恶劣的，可以判处死刑。根据《刑法》第 106 条的规定，与境外机构、组织、个人相勾结，实施颠覆国家政权罪或煽动颠覆国家政权罪的，从重处罚。

【难点辨析】

颠覆国家政权罪与分裂国家罪的区别。

两罪都是行为犯，其行为方式都是组织、策划、实施行为，都是危害国家政权的行为。两罪的不同主要有：第一，客体不同。本罪侵害的是国家政权和社会主义制度；分裂国家罪侵害的客体是国家的统一。第二，客观方面的行为内容不同。本罪是颠覆国家政权；分裂国家罪实施的是分裂国家。第三，主观上故意的内容不同。本罪的行为人追求的是要推翻现政权以建立新政权；分裂国家罪的行为人追求的是分裂国家的目的。

（四）间谍、资敌的犯罪

1. 间谍罪

间谍罪是指参加间谍组织或者接受间谍组织及其代理人的任务，或者为敌人指示轰击目标，危害国家安全的行为。

（1）间谍罪的构成

①间谍罪的客体是中华人民共和国国家安全。境外间谍机关利用我国扩大对外交往的便利条件，派遣间谍入境，向我国国家机构和各种组织进行渗透、颠覆政权、窃取国家秘密和情报，策反公职人员，进行暗杀、放火、爆炸、投毒、散布危害我国国家安全的谎言等行为，使国家机关、国家秘密、各类情报、国家工作人员等具体对象受到侵犯，危害了我国的国家安全。这里所说的这些具体对象受到侵犯，是指只要行为人的行为危害或可能危害到这些对象，就可认定其行为侵害了我国国家安全，并不要求侵犯对象必须具有物质性的损害结果。

②间谍罪的客观方面表现为参加间谍组织、接受间谍组织及其代理人的任务，或者为敌人指示轰击目标的行为。具体而言，主要有以下表现：

一是参加间谍组织。所谓间谍组织，是指外国政府或境外敌对势力建立的旨在策反我公职人员，收集我国情报或国家秘密，进行颠覆破坏活动的组织。参加间谍组织，是指行为人主动要求加入间谍组织并被间谍组织所接纳，或者间谍组织主动邀请行为人加入其组织，行为人同意加入的行为。参加间谍组织，可以是行为人履行了正式的加入手续，也可以是通过间谍组织的代理人单线发展而没有履行正式的加入手续。

二是接受间谍组织或者其代理人的任务。间谍组织的代理人，是指受间谍组织或者其成员的指使、委托、资助，进行或者授意、指使他人进行危害我国国家安全活动的人。这里所说的任务，是指刺探、收集我国秘密、情报，破坏我国设施，煽动我国公民抗拒国家法律的实施，离间我国公民与政府的关系等危害我国国家安全的活动。行为人只要实施了接受间谍组织及其代理人任务的行为，就构成了间谍罪既遂的条件，行为人是否实施接受的任务和完成程度，对本罪的成立没有影响。

三是为敌人指示轰击目标。这是指为军事侵略我国的敌对势力提供我国有关国家安全的重大军事设施、建设工程、城市等目标的行为。指明目标的行为方式可以多种多样，可以是打电话、发射信号，也可以是设置标志物。

需要强调的是，上述三种行为只要行为人实施了其中一种，就构成间谍罪。

③间谍罪的主体是一般主体，即无论是中国公民、外国人或者无国籍人，只要已满 16 周岁具有刑事责任能力，都能成为本罪的主体。

④间谍罪的主观方面是故意，其故意的具体内容会因行为的具体表现形式不同而不同，参加间谍组织的，必须明知是间谍组织而参加；接受间谍组织或其代理人任务的，必须明知是间谍组织或者间谍组织的代理人派遣的任务而接受；指示轰击目标的，必须明知对方是敌人而向其指示轰击对象。无论行为人实施何种间谍行为，其犯罪的故意都表现为明知自己的行为会发生危害国家安全的结果，并且希望这种结果的发生。

（2）间谍罪的认定

①罪与非罪的界限

认定行为是否构成本罪，主要看行为人主观上是否有危害国家安全的故意和客观上是否有实施危害国家的间谍行为。如果行为人加入时并不知是间谍组织，发现后又退出，或者不知是间谍组织或其代理人任务而接受，事后知道真相后拒绝执行的，不构成本罪。如果行为人仅有参加间谍组织或从事间谍活动的意图而实际上并没有实施间谍行为的，也不能以间谍罪论处。

②罪数的界定

行为人参加间谍组织，从事其他危害国家安全的行为而触犯其他罪名，或者接受间谍组织或其代理人的任务而完成任务时，触犯其他罪名的，如果这些行为是间谍组织命令范围内的，以间谍罪论处，如果超出了间谍组织的命令范围，还应根据触犯的其他罪行，实行数罪并罚。

（3）间谍罪的处罚

根据《刑法》第 110 条的规定，犯本罪的，处 10 年以上有期徒刑或者无期徒刑；情节较轻的，处 3 年以上 10 年以下有期徒刑。根据《刑法》第 56 条、第 113 条的规定，犯本罪的，除单处剥夺政治权利的外，应当附加剥夺政治权利，可以并处没收财产。对国家和人民危害特别严重、情节特别恶劣的，可以判处死刑。

需要强调的是，为了有效地同间谍犯罪作斗争，《中华人民共和国国家安全法》对间谍罪的处罚规定了两项重要的刑事政策。第 24 条规定，犯间谍罪自首或有立功表现的，可以从轻、减轻或者免除处罚，有重大立功表现的，给予奖励。第 25 条规定，在境外受威胁或者诱骗参加敌对组织，从事危害中华人民共和国国家安全的活动，及时向中华人民共和国驻外机构如实说明情况的，或者入境后直接或者通过所在组织及时向国家安全机关或者公安机关如实说明情况的，不予追究。

【难点辨析】

间谍罪与故意泄露国家秘密罪的区别。

首先，客体不同。本罪侵犯的客体是国家安全。故意泄露国家秘密罪侵犯的客体是国家的保密管理制度。其次，客观方面表现不同。本罪客观方面表现为参加间谍组织、接受间谍组织及其代理人的任务，或者为敌人指示轰击目标的行为。故意泄露国家秘密罪的客观方面表现为将国家秘密让不该知道的人知悉。再次，主体不同。本罪是一般主体。故意泄露国家秘密罪的主体主要指国家机关工作人员。最后，故意内容不同。本罪故意的内容是明知是间谍组织而为其搜集提供情报。故意泄露国家秘密罪的故意内容是明知是国家秘密而泄露。

对于行为人既触犯间谍罪又触犯故意泄露国家秘密罪时，如果行为人泄露国家秘密的行为与间谍行为并无关系，应当实行数罪并罚。如果行为人泄露的国家秘密是间谍组织要求的内容，则成立牵连犯，应从一重罪处断。

2. 为境外窃取、刺探、收买、非法提供国家秘密、情报罪

为境外窃取、刺探、收买、非法提供国家秘密、情报罪，是指为境外的机构、组织、人员窃取、刺探、收买、非法提供国家秘密、情报的行为。

（1）为境外窃取、刺探、收买、非法提供国家秘密、情报罪的构成

①为境外窃取、刺探、收买、非法提供国家秘密、情报罪侵犯的客体是中华人民共和国国家安全。

②为境外窃取、刺探、收买、非法提供国家秘密、情报罪的客观方面表现为境外的机构、组织、人员窃取、刺探、收买、非法提供国家秘密、情报的行为。具体而言，应当包括以下内容：

首先，必须是为境外的机构、组织、人员窃取、刺探、收买、非法提供国家秘密或者情报。境外的机构、组织、人员，包括设置在境外的机构、组织和

居住在境外的人员，也包括境外的机构、组织设置在境内的分支机构和居住在境内的人员。至于为境外的机构、组织、人员是否与我国为敌，不影响本罪的成立。

其次，行为的方式有窃取、刺探、收买、非法提供四种。所谓窃取，是指行为人采取隐秘的手段非法获取国家秘密、情报支配权的行为。所谓刺探，是指用探听方法，即通过调查、询问等方式获得国家秘密、情报的行为。所谓收买，是指用金钱、美色等利益诱惑相关人，以换取国家秘密或情报的行为。所谓非法提供，是指违反国家相关法律、法规的规定，未经批准而擅自将国家秘密和情报提供给境外的机构、组织、人员的行为。以上四种行为，只要实施其中的一种，即可构成本罪。

再次，行为的对象是国家秘密或者情报。所谓国家秘密，是指关系国家安全和利益，依法确定的在一定时间内只限一定范围内人员知悉的事项。所谓情报，是指关系国家安全和利益、尚未公开或者依照法律规定不应公开的事项。

③为境外窃取、刺探、收买、非法提供国家秘密、情报罪的主体是一般主体，即已满16周岁且具有刑事责任能力的人。

④为境外窃取、刺探、收买、非法提供国家秘密、情报罪的主观方面是故意，即明知是国家秘密或者情报，也明知对方是境外的机构、组织、人员，而故意为其窃取、刺探、收买或者非法提供。

（2）为境外窃取、刺探、收买、非法提供国家秘密、情报罪的认定

①罪与非罪的界限

认定行为人的行为是否成立本罪，应当注意以下问题：一是行为人的行为对象必须是国家秘密或情报。需要特别指出的是，一些曾经被定为国家秘密，因为过了法定期限而自行解密的事项，就不再属于本罪的行为对象。二是行为人主观上必须认识到行为对象是国家秘密或情报，也必须认识到对方是境外机构、组织或人员，这二者必须同时具备，才构成本罪。三是判断行为人是否明知是情报时，应当根据行为人的认识能力以及一般人对某资料、情况、信息的认识能力等因素来综合衡量。

②罪数的界定

行为人为境外窃取、刺探、收买、非法提供国家秘密、情报又实施其他犯罪行为，或者实施本罪的过程中又犯他罪的，应当根据不同情况来分别处理。如果实施本罪的行为与其他犯罪行为之间有包容、竞合、吸收或牵连关系的，应当分别按照刑法上处理法条竞合、想象竞合、吸收犯或牵连犯的原则从一重罪处断。如非法持有国家秘密并提供给境外的，非法持有国家秘密的行为被本

罪行为当然所包括，因此以本罪论处。如果另外实施的犯罪行为与本罪行为之间不存在包容、竞合、吸收或牵连关系的，应当实行数罪并罚。

(3) 为境外窃取、刺探、收买、非法提供国家秘密、情报罪的处罚

根据《刑法》第111条的规定，犯本罪的，处5年以上10年以下有期徒刑；情节特别严重的，处10年以上有期徒刑或者无期徒刑；情节较轻的，处5年以下有期徒刑、拘役、管制或者剥夺政治权利。根据《刑法》第56条、第113条的规定，犯本罪的，除单处剥夺政治权利的外，应当附加剥夺政治权利，可以并处没收财产。对国家和人民危害特别严重、情节特别恶劣的，可以判处死刑。

【难点辨析】

①为境外窃取、刺探、收买、非法提供国家秘密、情报罪与间谍罪

区分本罪与间谍罪时需要注意，行为人如果参加了间谍组织，在间谍组织中领受了任务，为间谍组织提供情报，尽管该间谍组织是境外机构，也按间谍罪论处。如果不能证明行为人参加了间谍组织，或不能证明行为人领受或效力的是间谍组织，则其为境外提供情报的行为以为境外窃取、刺探、收买、非法提供国家秘密、情报罪论处。

②为境外窃取、刺探、收买、非法提供国家秘密、情报罪与非法获取国家秘密罪

非法获取国家秘密罪，是指以窃取、刺探、收买的方法，非法获取国家秘密的行为。本罪与非法获取国家秘密罪的区别主要在于：首先，非法获取国家秘密罪的犯罪对象是国家秘密，而本罪的犯罪对象包括国家秘密和情报。其次，客观方面，两罪都有窃取、刺探、收买国家秘密的行为，但是本罪除以上行为外，还包括向境外机构、组织或人员非法提供国家秘密的行为。再次，主观方面，二者都出于故意，但故意的内容不同。本罪的故意内容是，明知是国家秘密和情报，也明知是境外的机构、组织、人员，而实施窃取、刺探、收买、非法提供的行为。非法获取国家秘密罪的故意内容是明知是国家秘密，而非法获取。

二、案例分析

被告人刘某某，个体经营户。因涉嫌犯煽动颠覆国家政权罪，于2000年12月25日被逮捕。刘某某1998年初购买一部电脑，于1999年在某县电信局注册登记上网。自1999年6月至2000年8月间，刘某某署名Lgwf，通过电子

信箱，在多省市不同网站 BBS 论坛上，发表文章十一篇，煽动颠覆国家政权，推翻社会主义制度。

（案例来源：《中国刑事审判指导案例（危害国家安全罪·危害公共安全罪·侵犯财产罪·危害国防利益罪）》，法律出版社 2009 年版，第 3 ~ 7 页。）

【问题聚焦】

如何认定煽动颠覆国家政权罪？

【法律剖析】

煽动颠覆国家政权罪，是指以造谣、诽谤或者其他方式煽动颠覆国家政权、推翻社会主义制度的行为。

本罪侵犯的客体是人民民主专政政权和社会主义制度。本罪在客观方面表现为以造谣、诽谤或者其他方式煽动颠覆国家政权、推翻社会主义制度的行为。所谓造谣，是指为了达到颠覆国家政权、推翻社会主义制度的目的而无中生有，捏造虚假事实，迷惑群众；所谓诽谤，是指为了达到颠覆政权、推翻社会主义制度的目的，而散布有损于国家政权和社会主义制度的言论，以损害国家政权的形象。行为人只要具有以造谣、诽谤或者其他方式煽动颠覆国家政权、推翻社会主义制度的行为，不管其所煽动的对象是否相信或接受其所煽动的内容，也不管其是否去实行所煽动的有关颠覆活动，均不影响犯罪的构成。本罪的主体为一般主体，即达到法定刑事责任年龄、具有刑事责任能力的自然人。本罪在主观方面表现为故意，而且只能是直接故意，行为人主观上具有颠覆国家政权、推翻社会主义制度的目的。

本案中，被告人刘某某在互联网上多次发表推翻国家政权、诋毁社会主义制度的文章，其主观上具有煽动颠覆国家政权的犯罪故意，客观上实施了煽动颠覆国家政权的行为，其行为已构成煽动颠覆国家政权罪。

【法条链接】

《中华人民共和国刑法》

第 105 条第 2 款　以造谣、诽谤或者其他方式煽动颠覆国家政权、推翻社会主义制度的，处 5 年以下有期徒刑、拘役、管制或者剥夺政治权利；首要分子或者罪行重大的，处 5 年以上有期徒刑。

全国人大常委会《关于维护互联网安全的决定》

二、为了维护国家安全和社会稳定，对有下列行为之一，构成犯罪的，依照刑法有关规定追究刑事责任：

（一）利用互联网造谣、诽谤或者发表、传播其他有害信息，煽动颠覆国家政权、推翻社会主义制度，或者煽动分裂国家、破坏国家统一；

（二）通过互联网窃取、泄露国家秘密、情报或者军事秘密；

（三）利用互联网煽动民族仇恨、民族歧视，破坏民族团结；

（四）利用互联网组织邪教组织、联络邪教组织成员，破坏国家法律、行政法规实施。

三、深度拓展

（一）叛逃罪中有关“履行公务期间”的确定

对于履行公务期间的理解，我国学界存在着不同观点。一种观点认为，履行公务期间是指在执行职务或者执行某项工作任务期间。① 另一种观点认为，履行公务期间应当是指国家工作人员代表国家依照有关规定，办理自己职责范围内的事务的过程。② 还有的学者指出，叛逃罪规定“履行公务期间”要件是不恰当的，认为行为人在境外出差或者工作期间叛逃的，可以把其在境外整个期间，包括下班休息时间在内，都理解为履行公务期间。但是，行为人在境内叛逃，很多情况下是在下班后或休假期间叛逃的，而不是上班、出差等“履行公务期间”进行，此时不符合“履行公务期间”的要件，依法不构成犯罪。但是这显然不利于打击叛逃犯罪。因此建议取消“履行公务期间”的要件。虽然上述观点有一定道理。但是，假如取消叛逃罪中的“履行公务期间”要件，则不符合叛逃罪的立法精神。因为我国立法对叛逃罪的规定，是由不规定“履行公务期间”要件转变到规定这一要件的，其立法意图是控制叛逃罪的刑法打击面。

如果要既满足打击叛逃罪的现实需要，又忠实于立法意图，较为可行的办法是将“履行公务期间”进行扩大解释。所谓扩大解释，是指根据立法者制定某一刑法规定的立法意图，结合社会的现实需要，将该规定所含有的词义扩大到更广的范围所进行的解释。根据这一解释，有学者认为，“履行公务期间”从时间因素上应当指国家机关工作人员或者掌握国家秘密的国家工作人

---

① 参见高铭暄、马克昌主编：《刑法学》（第5版），北京大学出版社、高等教育出版社2011年版，第333页。

② 参见肖扬主编：《中国刑法学》，中国人民公安大学出版社1997年版，第313页。

员任职起到被解职止这段期间。履行公务既可以被理解为一种行为，也可以被理解为一种状态。履行公务作为一种行为，履行公务期间就是上班期间、出差期间或者执行任务期间；履行公务作为一种状态，是与行为人担任公职相联系的。履行公务期间是国家机关工作人员或者掌握国家秘密的国家工作人员担任公职期间。这样，不仅行为人上班期间、出差期间、执行任务期间是履行公务期间，而且除行为人实际上不履行职权期间，如离职学习超过一年，也是履行公务期间。根据扩大解释后的"履行公务期间"，国家机关工作人员和掌握国家秘密的国家工作人员在担任公职并正常履行职责期间在国内叛逃的，危害国家安全的，构成叛逃罪。国家机关工作人员和掌握国家秘密的国家工作人员在国外考察、访问、项目交流等期间叛逃，危害国家安全的，也构成叛逃罪。

（二）为境外窃取、刺探、收买、非法提供国家秘密、情报罪中"国家秘密"的确定

最高人民法院关于《审理为境外窃取、刺探、收买、非法提供国家秘密、情报案件具体应用法律的若干问题的解释》第 1 条规定，为境外窃取、刺探、收买、非法提供国家秘密、情报罪中"国家秘密"，是指《中华人民共和国保守国家秘密法》第 2 条、第 9 条以及《中华人民共和国保守国家秘密法实施办法》第 4 条确定的事项。

根据《中华人民共和国保守国家秘密法》第 2 条、第 9 条的规定，所谓"国家秘密"，是关系国家安全和利益，依照法定程序确定，在一定时间内只限一定范围的人员知悉的事项。具体包括下列事项：

（1）国家事务重大决策中的秘密事项；

（2）国防建设和武装力量活动中的秘密事项；

（3）外交和外事活动中的秘密事项以及对外承担保密义务的秘密事项；

（4）国民经济和社会发展中的秘密事项；

（5）科学技术中的秘密事项；

（6）维护国家安全活动和追查刑事犯罪中的秘密事项；

（7）经国家保密行政管理部门确定的其他秘密事项。

政党的秘密事项中符合前款规定的，属于国家秘密。

根据《中华人民共和国保守国家秘密法实施办法》第 4 条的规定，某一事项泄露后会造成下列后果之一的，应当列入国家秘密及其密级的具体范围（以下简称保密范围）：

（1）危害国家政权的巩固和防御能力；

（2）影响国家统一、民族团结和社会安定；

（3）损害国家在对外活动中的政治、经济利益；

（4）影响国家领导人、外国要员的安全；

（5）妨害国家重要的安全保卫工作；

（6）使保护国家秘密的措施可行性降低或者失效；

（7）削弱国家的经济、科技实力；

（8）使国家机关依法行政职权失去保障。

根据《中华人民共和国保守国家秘密法》第10条的规定，国家秘密的密级分为绝密、机密、秘密三级。绝密级国家秘密是最重要的国家秘密，泄露会使国家安全和利益遭受特别严重的损害；机密级国家秘密是重要的国家秘密，泄露会使国家安全和利益遭受严重的损害，秘密级国家秘密是一般的国家秘密，泄露会使国家安全和利益遭受损害。本罪的行为对象包括上述三个等级的国家秘密。

第十六章　危害公共安全罪

【知识结构图】

危害公共安全罪
- 用危险方法危害公共安全的犯罪
- 破坏公用工具、设施危害公共安全的犯罪
- 实施恐怖、危险活动危害公共安全的犯罪
- 违反枪支、弹药、爆炸物管理规定危害公共安全的犯罪
- 过失造成重大事故危害公共安全的犯罪

一、知识点精析

（一）危害公共安全罪概述

1. 危害公共安全罪的概念

危害公共安全罪是指故意或者过失地实施危害不特定或者多数人的生命、健康或者重大公私财产安全的行为。

2. 危害公共安全罪的构成

（1）本类罪侵害的犯罪客体是公共安全，即不特定或者多数人的生命、健康或者重大公私财产安全。这是危害公共安全罪区别于其他各类犯罪的最本质特征。

这里的“不特定”是相对于特定而言的，所谓不特定是指行为人的行为足以威胁的对象是不确定的生命、健康或重大公私财产安全，可能侵害的对象和可能发生的危害结果具有不确定性，是难以预料和控制的，是不受人的主观意志支配的。危害公共安全罪的不特定性既表现在对象的不特定，又表现在结果的不特定。对象的不特定又表现为两种情况：一种是行为人主观上有特定的侵害对象，但是客观情况使得行为人主观上的特定对象成为不可能，从而呈现出不特定性。例如，甲意图炸死乙，将炸药包放到正在单位食堂吃饭的乙的脚

下，结果炸死5人，炸伤3人；另一种是行为人主观上根本上不存在特定的对象。例如，交通肇事罪中，行为人所侵害的对象是人的生命还是健康、是人还是财物、是此人还是彼人，在行为人违反交通运输管理法规时是不确定的，这种不确定性一直持续到结果的发生。结果的不确定是不特定最主要、最明显的表现。具体而言，行为人对自己的行为可能侵害的范围的大小、数量的多少和程度的大小都是不确定的。

(2) 本类罪的犯罪客观方面表现为实施了危害公共安全的行为，造成了实际损害后果，或者虽未造成实际损害后果，但却足以危害公共安全的行为。通常而言，这类犯罪的具体故意犯罪，只要行为人实施了法律明文规定的特定行为，足以危害公共安全的，即构成犯罪的既遂。从行为的表现形式上看，既有以危险方法危害公共安全的，也有破坏公用工具、设施危害公共安全的，还有实施恐怖、危险活动危害公共安全的，又有违反枪支、弹药管理规定危害公共安全的，以及造成重大责任事故危害公共安全的。

(3) 本类罪的犯罪主体既有一般主体又有特殊主体。主体多数是一般主体，少数应由特殊主体构成，如非法出租、出借枪支罪的主体，只能是依法配备、配置枪支的人员。

(4) 本类罪的犯罪主观方面，既可以是故意又可以是过失。本罪的故意，一般表现为直接故意，如放火罪，是指故意放火焚烧公私财物，危害公共安全的行为。本罪的过失，既可以是疏忽大意的过失，也可以是过于自信的过失，如交通肇事罪。

（二）危害公共安全罪的具体罪名

1. 放火罪

放火罪是指故意放火焚烧公私财物，危害公共安全的行为。

(1) 放火罪的构成

①放火罪的犯罪客体是公共安全，即不特定或多数人的生命、健康或者重大公私财产的安全。放火罪的对象具体包括工厂、矿场、油田、港口、河流、仓库、住宅、森林、农场、谷场、牧场、重要管道、公共建筑物或者其他公私财物。

②放火罪的犯罪客观方面表现为实施放火焚烧公私财物，危害公共安全的行为。放火的具体行为方式多种多样，既可以是作为的方式，也可以是不作为的方式。放火行为的着手既包括点燃引火物的行为，也包括点燃媒介的行为，

还包括虽然并未点燃任何物品，但已经实施了点火行为。[1] 放火罪是危险犯，因而只要实施了放火行为，具有危害公共安全的具体危险或者侵害的可能性，即使没有发生实际的危害后果，仍构成本罪。

③放火罪的犯罪主体为一般主体，即只要达到刑事责任年龄具有刑事责任能力的自然人，都可以构成本罪。此外，根据《刑法》第 17 条第 2 款的规定，已满 14 周岁不满 16 周岁的人犯放火罪的，也应当负刑事责任。

④放火罪的犯罪主观方面是故意，既可以是直接故意，也可以是间接故意。

(2) 放火罪的认定

①罪与非罪的界限。

在认定是否构成放火罪时，应当看放火行为是否危害或者足以危害不特定多数人或者重大公私财产安全。值得一提的是，放火焚烧自己的财产，是否可以构成本罪？我们认为，我国刑法并未就此种行为作出特别规定，因此是否构成本罪关键看是否危害或者足以危害公共安全。

②既遂与未遂的认定。

关于放火罪既遂与未遂的区分标准，理论上存在燃烧说、毁弃说、独立燃烧说、效用丧失说四种观点。我国刑法理论通说采纳独立燃烧说，即只要放火的行为将目的物点燃后，已经达到脱离引燃媒介能够独立燃烧的程度，即使没有造成实际的危害结果，也应认为本罪既遂。

③罪数的界定。

如果行为人单纯地实施放火行为，则构成放火罪或者故意毁坏财物罪一罪。如果行为人以放火为手段实施盗窃、抢劫等其他犯罪行为，则成立放火罪与盗窃罪、抢劫罪等的牵连犯，从一重处断。如果行为人实施了某些犯罪之后又实施放火行为，若该放火行为不足以危害公共安全，则应按其所犯之罪酌情从严处罚；若该放火行为足以危害公共安全，则应将其所犯之罪与放火罪实行数罪并罚。

(3) 放火罪的处罚

根据《刑法》第 114 条、第 115 条的规定，构成放火罪，尚未造成严重后果的，处 3 年以上 10 年以下有期徒刑。致人重伤、死亡或者使公私财产遭受重大损失的，处 10 年以上有期徒刑、无期徒刑或者死刑。

---

① 参见李希慧主编：《刑法各论》，武汉大学出版社 2009 年版，第 36 页。

【难点辨析】

①放火罪与失火罪。

二者的区别如下：

犯罪客观方面不同。放火罪的客观方面只要求放火行为足以危害公共安全，而失火罪要求客观上已经造成了具体的严重后果。

犯罪主体不同。放火罪的主体可以由已满14周岁不满16周岁的人构成，而失火罪的主体只能由已满16周岁具有刑事责任能力的人构成。

犯罪主观方面不同。放火罪的主观方面是故意，既可以是直接故意，也可以是间接故意，而失火罪的主观方面只能是过失。

②放火罪与故意杀人罪、故意伤害罪。

两者侵犯的犯罪客体不同：放火罪侵犯的犯罪客体是公共安全，故意杀人罪、故意伤害罪侵犯的客体是公民的生命权和健康权。因此区分放火罪与以放火方式构成故意杀人、故意伤害罪的关键是放火行为是否危害或者可能危害公共安全。如果行为人以放火的方法杀害或者伤害特定人，但是却造成火灾危害到不特定的对象，则成立故意杀人罪、故意伤害罪与放火罪的想象竞合犯，应择一重处罚。

③放火罪与故意毁坏财物罪。

以放火的方法焚烧公私财物，没有危害也不足以危害公共安全的，构成故意毁坏财物罪。以放火的方法焚烧公私财物，并危害或者足以危害公共安全的，应当按照重罪即放火罪定罪处罚。

④放火罪与破坏交通工具、交通设施、电力设备、易燃易爆设备和广播电视设备、公用电信设施罪。

放火焚烧特定的交通工具、设施、设备并危害公共安全的，按照特别法优于普通法的原则，宜定破坏交通工具、交通设施、电力设备、易燃易爆设备和广播电视设备、公用电信设施罪。放火焚烧不特定的交通工具、设施、设备并危害公共安全的，宜定放火罪。

2. 失火罪

失火罪，是指过失引起火灾，致人重伤、死亡或者使公私财产遭受重大损失，危害公共安全的行为。

(1) 失火罪的构成

①失火罪的客体是公共安全，即不特定或多数人的生命、健康或者重大公私财产的安全。

②失火罪的犯罪客观方面表现为行为引起火灾发生，并且已造成致人重

伤、死亡或者公私财产重大损失的严重后果，危害公共安全。失火罪的失火行为，可以是作为，也可以是不作为。

③失火罪的犯罪主体是一般主体，即已满16周岁具有刑事责任能力的自然人。

④失火罪的犯罪主观方面是过失。这里的过失是针对造成致人重伤、死亡或者公私财产遭受重大损失的严重后果而言，而非指行为是有意还是无意。

（2）失火罪的认定

①因非人为因素引发火灾的问题。

如果造成严重后果的火灾与人的行为无关，而是由于不能抗拒的自然灾害引起的，如地震、雷电等，不存在犯罪问题。

如果由于行为人不履行或者不正确履行注意义务，保管不当，而引起物体自燃，导致火灾发生，则行为人不履行或者不正确履行注意义务的行为对于火灾的发生具有直接的因果关系，则仍应定失火罪。

②失火罪与一般失火行为的界限。

构成失火罪应满足以下条件：第一，行为人违反注意义务的行为与火灾的发生具有刑法意义上的因果关系。第二，行为人主观上有犯罪的过失。如果行为人主观上对于造成的严重后果不具有过失心理态度，即无法预见或者无法避免严重后果发生的，不构成犯罪。第三，造成的损失达到致人重伤、死亡或者使公私财产遭受重大损失的程度。这一点也是区分一般失火行为与失火罪的关键。

（3）失火罪的处罚

根据《刑法》第115条第2款的规定，犯本罪的，处3年以上7年以下有期徒刑；情节较轻的，处3年以下有期徒刑或者拘役。

【难点辨析】

失火罪与以火灾形式出现的责任事故犯罪

实践中，失火罪经常与以火灾形式出现的重大责任事故罪和危险物品肇事罪难以区分，对此应从如下几点来加以考察：第一，行为人是否具有法律规定的在特定生产、生活领域内活动所要求特定的职业身份和特定的职业地位。如果行为人不具有上述特定的职业身份、职业地位，一般可以认定为失火罪。第二，行为人违反的注意义务是否属于特定生产、生活领域的注意义务。如果行为人违反的注意义务并非有关法律、规章、制度规定的特定生产、生活领域的注意义务，一般可以认定为失火罪。第三，行为人在特定生产、生活领域内违反注意义务的行为是否与从事的特定生产、生活有直接关系。如果没有直接关系，一般可以认定为失火罪。①

3. 投放危险物质罪

投放危险物质罪，是指故意投放毒害性、放射性、传染病病原体等物质，危害公共安全的行为。

（1）投放危险物质罪的构成

①投放危险物质罪的犯罪客体是公共安全。

②投放危险物质罪的犯罪客观方面表现为犯罪人实施了投放毒害性、放射性、传染病病原体等物质，危害公共安全的行为。投放危险物质，是指将砒霜、氰化钾、剧毒农药、放射性物质、传染病病原体等危险物质投放到公用水井、水池、出售的食品、饮料或牲畜、禽类的饮水池或饲料等中的行为。不管使用的是什么危险物质，也不管投放行为的具体表现怎样，只要投放危险物质的行为造成致人重伤、死亡或者使公私财产遭受重大损失的结果或者严重威胁到不特定多数人的人身和财产安全，就可以构成本罪。本罪的具体行为可以是作为，也可以是不作为。

③投放危险物质罪的犯罪主体是一般主体。根据《刑法》第 17 条的规定，已满 14 周岁不满 16 周岁的人犯本罪应当承担刑事责任。

④投放危险物质罪的犯罪主观方面是故意，可以是直接故意，也可以是间接故意。投放危险物质的动机如何不影响本罪的成立。

（2）投放危险物质罪的认定

①罪与非罪的界限。

本罪罪与非罪的界限主要在于行为人投放危险物质的行为是否危害公共安全。对于尚未发生严重后果的投放行为是否具有危害公共安全性质的认定，必须结合实施行为的地点、时间等环境条件以及所投放的危险物质的性质、破坏能力等综合条件予以考察，不能将只要有投放危险物质行为，而不论场合、地点等，都作为本罪认定。②

②既遂与未遂的认定。

本罪是危险犯，通常认为只要行为人实施了投放危险物质的行为并且危害了公共安全，即使未造成严重后果，也构成投放危险物质罪的既遂。对于

---

① 参见张芳英主编：《危害公共安全罪办案一本通》，中国长安出版社 2007 年版，第 18 页。

② 参见马克昌主编：《刑法》，高等教育出版社 2007 年版，第 332 页。

“危害公共安全”应以“混入或者独立发生作用”为标准，即危险物质混入对象物已经达到使之不易分离的状态或者已经能够独立对对象发生侵害作用。

投放危险物质罪的未遂只能发生在实行行为尚未终了的阶段，如果投放行为已经结束，即使尚未造成严重后果也成立既遂。

（3）投放危险物质罪的处罚

根据《刑法》第114条、第115条的规定，犯本罪，尚未造成严重后果的，处3年以上10年以下有期徒刑；致人重伤、死亡或者使公私财产遭受重大损失的，处10年以上有期徒刑、无期徒刑或者死刑。

【难点辨析】

①投放危险物质罪与以投放危险物质为手段的其他犯罪的区分。

不论在何种场合投放危险物质，投放危险物质行为的具体指向如何，只要行为人明知自己的投放行为会引起不特定或者多数人、禽畜中毒伤亡而希望或者放任这种结果发生，就应以投放危险物质罪论处。如果投放危险物质的行为只是指向特定的个人、禽畜、鱼塘等，并有意识地将损害结果限制在这个局部范围内，不足以危害公共安全的，应根据实际情况，构成什么罪就定什么罪，如故意杀人罪或者故意伤害罪、故意毁坏财物罪、破坏生产经营罪等。但是如果行为人虽然意在毒害某一特定的人，却将危险物质投放在公共场所，则应以本罪处理。

②投放危险物质罪与危险物品肇事罪的区别。

两罪的危害结果有一定的相似性，但二者有着明显的区别：首先，犯罪主观方面不同。本罪的主观方面是故意，而危险物品肇事罪的主观方面只能是过失；其次，犯罪客观方面不同。本罪可能发生在任何场合，而危险物品肇事罪通常发生在生产、储存、运输、使用过程中，同时本罪也并不要求发生严重后果。

③罪数的界定。

实践中常出现本罪与他罪的牵连和竞合状态，在牵连犯的场合，如为实施投放危险物质的行为而去盗窃或者抢劫、抢夺毒害性、放射性等危险物质，按照牵连犯的处罚原则，宜以本罪论处；在想象竞合犯的场合，如以投毒方式杀人，同时其行为也危害了公共安全，应从一重处。

4. 以危险方法危害公共安全罪

以危险方法危害公共安全罪，是指使用与放火、决水、爆炸、投放危险物质等危险性相当的其他危险方法，危害公共安全的行为。

(1) 以危险方法危害公共安全罪的构成

①本罪的犯罪客体是公共安全。

②本罪的犯罪客观方面表现为行为人实施了用其他危险方法危害公共安全的行为。所谓其他危险方法，是指放火、决水、爆炸、投放危险物质之外的，但与上述危险方法相当的危害公共安全的犯罪方法，其常见形态为驾车冲撞人群，私设电网，向人群开枪，制、输坏血、病毒血等。本罪可以是作为，也可以是不作为。

③本罪的犯罪主体是一般主体，即年满16周岁具有刑事责任能力的自然人。

④本罪的犯罪主观方面为故意，可以是直接故意，也可以是间接故意。动机如何不影响本罪成立。

(2) 以危险方法危害公共安全罪的处罚

根据《刑法》第114条、第115条的规定，犯本罪，尚未造成严重后果的，处3年以上10年以下有期徒刑；致人重伤、死亡或者使公私财产遭受重大损失的，处10年以上有期徒刑、无期徒刑或者死刑。

5. 破坏交通工具罪

破坏交通工具罪，是指破坏火车、汽车、电车、船只、航空器，足以使火车、汽车、电车、船只、航空器发生倾覆、毁坏危险，尚未造成严重后果或者已经造成严重后果的行为。

(1) 破坏交通工具罪的构成

①本罪的犯罪客体是交通运输安全。作为对象的交通工具依法应当是：①限于法定的交通工具，即火车、汽车、电车、船只、航空器。②必须是正在使用中的交通工具。所谓正在使用的交通工具，不仅包括正在行驶或者飞行中的交通工具，也包括经过验收、在交付使用期间、停机待用的交通工具。如果破坏正在制造、修理中的，或者已经报废的交通工具，或者虽然制造出成品、但尚未交付使用的交通工具，由于不可能构成对公共安全的威胁，不构成破坏交通工具罪，而应以故意毁坏财物罪论处。但是，如果负责修理交通工具的人员，在修理中故意进行破坏，或制造隐患，将受到破坏或尚未修复的交通工具交付使用，则构成破坏交通工具罪。

②本罪的犯罪客观方面表现为破坏正在使用的交通工具，已经或者足以使交通工具发生倾覆、毁坏危险的行为。是否足以使交通工具发生倾覆、毁坏危险，要看行为人破坏的方法和部位。一般来说，只有破坏交通工具的重要装置部件，才足以造成车翻、船沉、航空器坠落的严重后果，才能构成本罪。例

如，在长途公共汽车中途停车休息时，甲把汽车的重要部件刹车泵偷偷拆下，汽车开动后，因不能刹车而造成翻车事故，致多人伤亡，甲的行为构成破坏交通工具罪。如果只破坏上述交通工具中一些不影响安全运行的协助性设备，如门窗、玻璃、灯具、卧具、座椅、卫生设备等，则不构成破坏交通工具罪。情节严重的，可以按故意毁坏财物罪论处。

③本罪的犯罪主体是已满 16 周岁具有刑事责任能力的自然人。

④本罪的犯罪主观方面为故意，可以是直接故意，也可以是间接故意。动机如何不影响本罪成立。

（2）破坏交通工具罪的认定

本罪是危险犯，只要破坏交通工具的行为达到足以使之发生倾覆、毁坏危险，无论是否造成严重后果，均构成本罪的既遂。本罪是否存在未遂，刑法理论界有两种不同的观点。否定未遂存在的观点认为，本罪属于危险犯，以行为造成交通工具倾覆、毁坏危险作为法定的既遂标准。而行为人着手实施犯罪就具备了这种危险性，已经达到既遂状态，因而无既遂与未遂之分。肯定未遂存在的观点认为，根据本条的规定，本罪是以行为造成交通工具倾覆、毁坏的实际危险状态作为既遂的标志，通常行为实行终了才会产生这种实际危险状态。如果行为人虽已着手对交通工具进行破坏，但尚不足以造成交通工具倾覆、毁坏的实际危险状态，就构成本罪的未遂。比如，行为人刚着手破坏汽车的刹车系统，未剪断刹车管即被当场抓获，而未得逞，就应按破坏交通工具未遂犯处理。通说认为后一种观点较为合理。

（3）破坏交通工具罪的处罚

根据《刑法》第 116 条、第 119 条的规定，尚未造成严重后果的，处 3 年以上 10 年以下有期徒刑；造成严重后果的，处 10 年以上有期徒刑、无期徒刑或者死刑。

【难点辨析】

破坏交通工具罪与故意毁坏财物罪

本罪与故意毁坏财物罪的区别主要有三点：第一，侵害的犯罪客体不同。破坏交通工具罪侵害的客体是公共交通运输安全、而故意毁坏财物罪的客体是公私财产所有权。第二，犯罪对象不同。破坏交通工具罪破坏的对象必须是正在使用中的火车、汽车、电车、船只、航空器、而故意毁坏财物罪则无此限制。第三，主观故意内容不同。破坏交通工具罪必须具有危害交通运输安全的直接故意或者间接故意、故意毁坏财物罪只能出于毁损、破坏公私财物的直接故意。

6. 破坏电力设备罪

破坏电力设备罪，是指故意破坏使用中的电力设备，危害公共安全的行为。

(1) 破坏电力设备罪的构成

①本罪的犯罪客体是公共供电中的公共安全。破坏电力设备罪的犯罪对象是电力设备，即用于发电、变电、供电、输电、用电的专门设备。同时需要注意，这里的电力设备必须是正在使用中，即电力设备已经通过验收并交付后，进入使用或者待用状态。

②本罪的犯罪客观方面表现为破坏正在使用的电力设备，危害公共安全的行为。破坏的手段和方式是多种多样的，可以是作为，也可以是不作为。对于行为人采取防火、爆炸的方式破坏电力设备的情况，此时既构成了放火罪、爆炸罪，也构成了破坏电力设备罪，属于想象竞合犯，应该从一重处罚。

③本罪的犯罪主体是已满16周岁具有刑事责任能力的自然人。

④犯罪主观方面：本罪的主观方面为故意，可以是直接故意，也可以是间接故意。

(2) 破坏电力设备罪的处罚

根据《刑法》第118条、第119条的规定，尚未造成严重后果的，处3年以上10年以下有期徒刑；造成严重后果的，处10年以上有期徒刑、无期徒刑或者死刑。

7. 组织、领导、参加恐怖组织罪

组织、领导、参加恐怖组织罪，是指组织、领导、参加恐怖活动组织的行为。

(1) 组织、领导、参加恐怖组织罪的构成

①本罪的犯罪客体是社会的公共安全。

②本罪的犯罪客观方面表现为组织、领导、参加恐怖活动组织的行为。首先，组织、领导、参加的必须是恐怖组织。所谓恐怖组织，是指3人以上，以实施恐怖活动为目的，为长期有计划地进行恐怖活动而建立的，严重危害社会安全的犯罪组织。全国人大常委会第二十三次会议审议的《关于加强反恐怖工作有关问题的决定（草案）》规定："恐怖活动是指以制造社会恐慌、危害公共安全或者胁迫国家机关、国际组织为目的，采取暴力、破坏、恐吓等手段，造成或者意图造成人员伤亡、重大财产损失、公共设施损坏、社会秩序混乱等严重社会危害的行为，以及煽动、资助或者以其他方式协助实施上述活动

的行为。”与恐怖活动相关的事件通常称为“恐怖事件”、“恐怖袭击”等。恐怖活动组织是指为实施恐怖活动而组成的犯罪集团。恐怖活动人员是指组织、策划、实施恐怖活动的人和恐怖活动组织的成员。其次，必须实施组织、领导、参加的行为。组织，是指发起、推动和组建以实施恐怖活动为目的的活动组织的行为。领导，是指在恐怖组织中处于领导地位，制订犯罪计划、指挥实施犯罪的，对该恐怖组织的活动起策划、决策、智慧、协调作用的行为。参加分为积极参加和其他参加，积极参加是指积极自愿要求加入恐怖活动组织，并积极参与谋划和实施恐怖活动的行为；其他参加是指参加恐怖活动组织成为恐怖活动的一般成员。

③本罪的犯罪主体是已满16周岁具有刑事责任能力的自然人。

④本罪的犯罪主观方面是故意。对于组织、领导和积极参加恐怖组织的行为人而言，主观方面表现为直接故意。对于一般的参加者而言，行为人必须明知是恐怖组织而加入其中。如果并不了解某一组织的性质而加入，加入后发现该组织为恐怖组织后立即退出的，不能以本罪论。行为人实施本罪的动机不影响本罪的成立。

（2）组织、领导、参加恐怖组织罪的认定

①本罪与一般犯罪组织（集团）的界限。

二者在客观上均可以表现为组织、领导和参加的行为；主观上均是故意，但其区别主要表现在：第一，故意内容不同。组织、领导、参加恐怖组织罪的故意有实施恐怖活动的目的。第二，客观上构成犯罪的条件不同。组织、领导、参加恐怖组织罪只要实施组织、领导、参加的行为就构成本罪既遂，而一般犯罪组织（集团）仅仅实施组织、领导、参加的行为，而未实施某种具体的犯罪，则应以组织、领导、参加的该种犯罪的预备论处。

②罪数的界定。

根据《刑法》第120条的规定，行为人组织、领导和参加恐怖组织后，又实施了杀人、爆炸、绑架等犯罪的，依照数罪并罚的原则处罚。

（3）组织、领导、参加恐怖组织罪的处罚

根据《刑法》第120条的规定，组织、领导恐怖活动组织的，处10年以上有期徒刑或者无期徒刑；积极参加的，处3年以上10年以下有期徒刑；其他参加的，处3年以下有期徒刑、拘役、管制或者剥夺政治权利；犯本罪并实施杀人、爆炸、绑架等犯罪的，依照数罪并罚的规定处罚。

8. 劫持航空器罪

劫持航空器罪是指以暴力、胁迫或者其他方法劫持航空器，危害航空运输安全的行为。

（1）劫持航空器罪的构成

①劫持航空器罪侵害的犯罪客体是航空运输的公共安全，即不特定或多数乘客、机组人员的生命、财产及航空器的安全。本罪的对象为正在飞行中的航空器，根据《海牙公约》的规定："航空器从装载完毕、机舱外部各门均已关闭时起，到打开任何一扇机舱门以卸载时止，均应被认为在飞行中。航空器被迫降落时，在主管当局接管该航空器及机上人员与财产责任以前，均应被视为仍在飞行中。"另外，本罪的航空器专指民用航空器。

②劫持航空器罪的犯罪客观方面表现为以暴力、胁迫或者其他方法劫持航空器，危害航空运输安全的行为。首先，本罪以航空器为犯罪对象。航空器是指正在飞行中的民用航空器。其次，必须以暴力、胁迫或者其他方法劫持航空器。暴力，是指直接对航空器实施暴力袭击或者对被害人采用危害人身安全和人身自由使其不能反抗的身体强制方法。如犯罪分子携带枪支、引爆装置等对旅客和机组人员进行杀、伤、爆炸等。机组人员包括驾驶员、副驾驶员、领航员、报务员、机械员、通信员、乘务长、空中小姐。胁迫，是指以暴力为内容进行精神胁迫使被害人不敢反抗的精神强制方法，如劫机犯向机组人员或乘客喊谁动就打死谁等。其他方法，是指除暴力、胁迫以外的其他使被害人不能或不敢反抗的强制方法。劫持是指犯罪人按照自己的意志非法强行劫夺、控制航空器的行为。如改变航空器的飞行路线或着陆地点等。劫持航空器的行为，一经实施，即构成本罪；行为人是否实际控制了航空器，并不影响犯罪成立。

③劫持航空器罪的犯罪主体为已满16周岁具有刑事责任能力的自然人。

④劫持航空器罪的犯罪主观方面是故意，且必须是直接故意。至于动机如何不影响本罪的成立。

（2）劫持航空器罪的认定

关于劫持航空器罪既遂与未遂的认定标准，在刑法学界存在着手说、离境说、目的说和控制说四种观点。通说认为控制说较为合理，即以行为人实施的劫持行为达到实际控制航空器的程度为本罪既遂的标准。只要行为人着手实施劫持行为后，实际控制了该航空器，就构成本罪的既遂。如果行为人在着手劫持行为后，由于意志以外的原因未能达到实际控制状态的，为犯罪未遂。

（3）劫持航空器罪的处罚

根据《刑法》第121条的规定，犯本罪的，处10年以上有期徒刑或者无期徒刑；致人重伤、死亡或者使航空器遭受严重破坏的，处死刑。

【难点辨析】

①劫持航空器罪与破坏交通工具罪的区别。

两罪侵害的对象都可能是正在使用中的航空器，都可能使航空器遭到破坏，在主观方面也都出于故意，二者的主要区别表现为：首先，犯罪目的不同。劫持航空器罪的犯罪目的是劫持或者控制航空器，在主观上只能出于犯罪的直接故意；而破坏交通工具罪的犯罪目的是要使航空器本身遭到破坏，在主观上可以是直接故意，也可以是间接故意。其次，行为表现不同。劫持航空器罪是使用暴力、胁迫或其他方法劫持航空器；而破坏交通工具罪则是用一定的方法将航空器毁坏。再次，行为对象不同。劫持航空器罪一般是针对航空器上的人员，不直接针对航空器；而破坏交通工具罪是针对航空器，不直接针对航空器上的人员。

如果行为人通过破坏航空器的方法来劫持航空器，这符合想象竞合犯的特征，既触犯劫持航空器罪，又触犯破坏交通工具罪，应从一重处罚。

②劫持航空器罪与暴力危及飞行安全罪的区别。

两罪的主要区别是：第一，主观目的不同。劫持航空器罪的行为人具有劫持航空器的目的，而暴力危及飞行安全罪的行为人无此目的。第二，行为表现不同。劫持航空器罪的行为包括暴力、胁迫或者其他方法，而暴力危及飞行安全罪仅限于暴力手段。第三，行为对象不同。劫持航空器罪的行为对象可以是航空器上的人员，也可以是航空器本身，而暴力危及飞行安全罪的行为对象只可以是航空器上的人。

9. 非法制造、买卖、运输、邮寄、存储枪支、弹药、爆炸物罪

非法制造、买卖、运输、邮寄、储存枪支、弹药、爆炸物罪，是指违反法律规定，制造、买卖、运输、邮寄、储存枪支、弹药、爆炸物，危害公共安全的行为。

（1）非法制造、买卖、运输、邮寄、储存枪支、弹药、爆炸物罪的构成

①本罪的犯罪客体是公共安全。

②本罪的犯罪客观方面表现为违反法律规定，非法制造、买卖、运输、邮寄、储存枪支、弹药、爆炸物的行为。所谓非法制造，是指违反国家规定，制造枪支、弹药、爆炸物的行为，包括非法制造、组装、修理、改装、拼装上述物品。所谓非法买卖，是指违反国家规定，未经国家有关部门批准，以金钱或实物作价，私自购买或者销售枪支、弹药、爆炸物的行为。所谓非法运输，是指违反国家规定，未经国家有关部门批准，转送枪支、弹药、爆炸物的行为。其形式可以是陆运、水运、空运，也可随身携带，但空间范围只限于国内。所

谓非法邮寄，是指违反国家邮电部门的规定，以包裹邮件形式邮运枪支、弹药、爆炸物的行为，邮寄的空间范围也只限于国内。

③本罪的犯罪主体是已满16周岁具有刑事责任能力的自然人和单位。

④本罪的犯罪主观方面是故意，即明知是枪支、弹药、爆炸物而非法制造、买卖、运输、邮寄、储存。

(2) 非法制造、买卖、运输、邮寄、储存枪支、弹药、爆炸物罪的认定

实践中，如何认定行为人的主观故意，特别是对于对方确实未明确告知制造、买卖、运输、邮寄、存储的是枪支、弹药、爆炸物的情形，如何认定行为人主观上"明知"是一个难题。一般而言，应当根据对方有违常理的举止、言语或对物品的外表的感知来加以判断，如果以一个通常人的标准能够判断出可能是枪支、弹药、爆炸物，那么就可以认定行为人也可以判断出可能是枪支、弹药、爆炸物。如对方支付超高额费用或酬劳、联络方式异常诡秘、交接方式特别隐蔽、被盘问检查时反应异常、不能自圆其说等。通过对现象的分析，结合行为人的认知能力，综合全案考虑，来认定主观故意。

实践中，非法运输、储存枪支、弹药罪与非法持有枪支、弹药罪容易混淆，通说认为，非法持有枪支、弹药罪是在无法收集到证据证明行为人是买卖、制造、运输、邮寄、储存、盗窃、抢劫、抢夺枪支、弹药的情况下，运用该法条认定犯罪。如果实践中行为人持有枪支、弹药的同时还兼有运输、储存枪支、弹药的行为，就需要审查行为人的主观目的来定罪。如行为人的主观目的是为了持有枪支、弹药，在持有枪支、弹药的过程中必然还同时乘坐或利用交通工具将枪支、弹药随身携带或存放在其住处，对此类行为，其主观上的目的不是要将枪支、弹药从甲地运往乙地，更无储存枪支、弹药的主观目的，因而应按非法持有枪支、弹药罪定罪处罚。又如甲因打架斗殴而畏罪潜逃，其间，乙给甲送去枪支、子弹若干供甲使用，甲遂随身携带枪支、弹药驾车窜至多处躲藏，后被公安机关抓获归案。甲持有枪支、弹药的目的是为了自己使用，同时兼有运输、储存枪支、弹药的行为，但无运输、储存的主观目的，故宜定非法持有枪支、弹药罪。

(3) 非法制造、买卖、运输、邮寄、储存枪支、弹药、爆炸物罪的处罚

根据《刑法》第125条的规定，犯本罪的，处3年以上10年以下有期徒刑；情节严重的，处10年以上有期徒刑、无期徒刑或者死刑。单位犯本罪的，对单位判处罚金，并对其直接负责的主管人员和其他直接责任人员，依照上述规定处罚。

10. 非法持有、私藏枪支、弹药罪

非法持有、私藏枪支、弹药罪，是指根据证据尚不能认定为构成其他涉及枪支、弹药犯罪或者窝藏、转移、收购、销售赃物罪而非法持有、私藏枪支、弹药的行为。

（1）非法持有、私藏枪支、弹药罪的构成

①本罪侵犯的犯罪客体是公共安全和国家对枪支、弹药的管理秩序。犯罪对象是枪支、弹药，包括各种公务用枪、民用枪支及其弹药（包含军用爆炸物）。

②本罪的犯罪客观方面表现在违反枪支管理规定，非法持有或者私藏枪支、弹药的行为。所谓非法持有，是指根据国家相关规定，没有配置、配备枪支、弹药资格而擅自持有枪支、弹药的行为。所谓私藏，是指依法配置、配备枪支、弹药的人员，在该资格消除后，应当上交而私自藏匿枪支、弹药的行为。

③本罪的犯罪主体是一般主体，即已满16周岁具有刑事责任能力的自然人。

④本罪的犯罪主观方面表现为故意，即明知是枪支、弹药而非法持有、私藏。

（2）非法持有、私藏枪支、弹药罪的认定

在区分罪与非罪时，要注意以下两种情况：一是要把非法持有枪支、弹药罪与未携带持枪证件而携带依法配备、配置枪支、弹药的行为区别开来。后者携带的枪支、弹药是合法持有的人员依法配备、配置的，只是因未携带配枪证而违规持有，这种违规是暂时的，在携带配枪证的场合即转为合法持有。而前者则是法律规定禁止持有的人员非法持有的，这种持有是持续性的非法状态。根据《中华人民共和国枪支管理法》第25条的规定，对未携带持枪证件的行为，由公安机关扣留其枪支、弹药，而不能认定为本罪。二是要把本罪与在禁止携带枪支、弹药的区域、场所携带依法配备、配置的枪支、弹药的行为区别开来。同样，后者携带的枪支、弹药也是合法持有的人员依法配备、配置的，只是由于地处特定场合而禁止持有，这种禁止是暂时的。后者根据《中华人民共和国枪支管理法》第44条的规定，应由公安机关对个人或者单位负有直接责任的主管人员或其他责任人员处以警告或者15日以下拘留，并没收其枪支、弹药，可以并处5000元以下罚款。

（3）非法持有、私藏枪支、弹药罪的处罚

根据《刑法》第128条的规定，犯本罪的，处3年以下有期徒刑、拘役或者管制；情节严重的，处3年以上7年以下有期徒刑。

【难点辨析】

①非法持有、私藏枪支、弹药罪与盗窃、抢夺枪支、弹药、爆炸物罪的区别。

两者的主要区别在于：第一，犯罪对象不同。本罪的犯罪对象是枪支、弹药，不包括爆炸物；盗窃、抢夺枪支、弹药、爆炸物罪的犯罪对象则包括爆炸物。第二，犯罪客观方面的行为方式不同。本罪表现为非法持有、私藏枪支、弹药的行为；盗窃、抢夺枪支、弹药、爆炸物罪表现为盗窃、抢夺枪支、弹药、爆炸物的行为。

②非法持有枪支、弹药罪与私藏枪支、弹药罪的区别。

其主要区别在于犯罪客观方面的表现不同。前者表现为拥有、携带、佩带或者以其他方式公然拥有、持有枪支、弹药的行为；后者表现为私自藏匿枪支、弹药的行为。前者行为是公开的方式，后者行为则是秘密的方式。

③非法持有、私藏枪支、弹药罪与非法制造、买卖、运输、邮寄、储存枪支、弹药、爆炸物罪的区别。

当行为对象均为枪支、弹药时，两罪的区别在于非法持有、私藏的枪支、弹药是证据表明不是因非法制造、买卖、运输枪支、弹药等犯罪活动（包括盗窃、抢劫、抢夺枪支、弹药的犯罪）而持有、私藏的枪支、弹药。需要特别指出的是，在区分本罪与非法储存枪支、弹药罪的场合，应注意把握非法储存是指明知是他人非法制造、买卖、运输、邮寄的枪支、弹药，而仍为其存放的行为。

11. 交通肇事罪

交通肇事罪，是指违反交通运输管理法规，因而发生重大事故，致人重伤、死亡或者使公私财产遭受重大损失的行为。

（1）交通肇事罪的构成

①交通肇事罪侵犯的犯罪客体是交通运输安全。这里所谓的交通运输安全，是指交通运输工具、交通设施的安全以及不特定或者多数人的生命、健康和重大公私财产的安全。这里所说的交通工具，是指机动性的、大中型的交通工具。使用非机动性的交通运输工具从事交通运输活动，违反交通运输法规，造成人员伤亡和财产损失的，如果驾驶非机动性交通工具的行为具有危害公共安全的性质，就可以构成本罪；反之，不具有危害公共安全性质的，则不构成本罪，可以按照过失致人重伤或者过失致人死亡等罪论处。

②交通肇事罪的犯罪客观方面表现为违反交通运输管理法规，因而发生重

大事故，致人重伤、死亡或者使公私财产遭受重大损失的行为。具体包括以下内容：

第一，必须有在交通运输过程中，违反交通运输管理法规的行为。所谓交通运输管理法规，是指保证交通运输正常进行和交通运输安全的规章制度，包括水上、海上、空中、公路、铁路等各个交通运输系统的安全规则、章程以及从事交通运输工作必须遵守的纪律、制度等。由于刑法将发生在铁路、航空运输中由特殊主体违规而发生的重大责任事故单独规定了犯罪，因此本罪的发生范围主要是铁路、航空运输外的陆路交通运输和水陆交通运输。但是，非特定主体在铁路运输、航空运输中违反保障铁路运营安全、飞行安全的规章制度，仍可以构成本罪。违规的行为可以表现为作为，也可表现为不作为。发生在交通运输过程中，从空间上说，必须发生在铁路、公路、城镇道路、水路和空中航道上；从时间上说，必须发生在正在进行的交通运输活动中。

第二，须发生重大事故，造成致人重伤、死亡或者使公私财产遭受重大损失的严重后果。根据最高人民法院《关于审理交通肇事刑事案件具体应用法律若干问题的解释》(2000 年 11 月 21 日起施行，以下简称《解释》) 的规定，重大交通事故是指具有下列情形之一的情况：“（一）死亡 1 人或者重伤 3 人以上，负事故全部或者主要责任的；（二）死亡 3 人以上，负事故同等责任的；（三）造成公共财产或者他人财产直接损失，负事故全部或者主要责任，无能力赔偿数额在 30 万元以上的。交通肇事致 1 人以上重伤，负事故全部或者主要责任，并具有下列情形之一的，以交通肇事罪定罪处罚：（一）酒后、吸食毒品后驾驶机动车辆的；（二）无驾驶资格驾驶机动车辆的；（三）明知是安全装置不全或者安全机件失灵的机动车辆而驾驶的；（四）明知是无牌证或者已报废的机动车辆而驾驶的；（五）严重超载驾驶的；（六）为逃避法律追究逃离事故现场的。”

第三，违章行为必须与严重后果之间具有刑法上的因果关系。在事故发生存在多种原因或有其他介入因素的场合，应该分析原因及其介入行为对交通事故发生的作用。交通事故中的介入因素可概括为如下几类：

一是被害人过错。如被害人本人违反交通法规，横穿马路、在高速公路上行走等，而驾驶人员由于车速过快未能避让以致将被害人撞死撞伤等。二是第三人过错。即交通事故的发生除了肇事者本人的违章行为外，第三人的过错行为促使了事故的发生。如驾驶人员高速超车后突然发现前方几十米处有人横穿马路，便打方向盘试图避开行人，但出于车速过快，致使车冲入人行道而将他人压成重伤。此时，行人横穿马路作为介入因素仅是发生本案的条件，肇事的真正原因则是违章超速行车，因此应当认定行为与结果具有因果关系从而可以构成本罪。三是自然因素中的风雨雾雪，洪水山崩等。四是交通工具、设备本身出现故障。如在行车过程中车胎突然爆裂，制动失灵等情况。总而言之，当介入因素和驾驶人员的违章行为同时出现以致引发重大交通事故，造成严重损害后果时，就必须对行为人的违章行为在引发交通事故中所起的作用进行定量分析，以确定其责任的大小。

③交通肇事罪的犯罪主体为已满 16 周岁具有刑事责任能力的自然人，主要是从事交通运输的人员。根据《解释》第 5 条、第 7 条的规定，“交通肇事后，单位主管人员、机动车辆所有人、承包人或者乘车人指使肇事人逃逸，致使被害人因得不到救助而死亡的，以交通肇事罪的共犯论处”。“单位主管人员、机动车辆所有人或者机动车辆承包人指使、强令他人违章驾驶造成重大交通事故，具有本解释第二条规定情形之一的，以交通肇事罪定罪处罚”。故而单位主管人员、机动车辆所有人、承包人等非交通运输人员也可以构成本罪。

④交通肇事罪的犯罪主观方面是过失，既可以是疏忽大意的过失，也可以是过于自信的过失。这里的过失是指行为人对所造成的严重后果的心理态度而言，行为人对违反交通运输管理法规本身则可能是明知故犯。如果行为人主观上对于造成严重后果是出于犯罪故意的心理态度，则应当以故意杀人罪、故意伤害罪、破坏交通工具罪，或者以危险方法危害公共安全罪等论处，不构成本罪。

(2) 交通肇事罪的认定

①交通肇事罪与一般交通事故的界限。

二者区别在于危害后果的严重程度不同。构成交通肇事罪须发生重大事故，致人重伤、死亡或者使公私财产遭受重大损失；一般交通事故所造成的危害结果没有达到这个程度，因而不构成犯罪。

②交通肇事罪同交通事故中意外事件的界限。

二者区别的关键在于行为人对所造成的重大事故在主观上是否有过失。本罪在犯罪主观方面表现为过失，如果行为人由于不能预见的原因造成重大事故的，不构成本罪。

(3) 交通肇事罪的处罚

根据《刑法》第 133 条的规定，违反交通运输管理法规，因而发生重大事故，致人重伤、死亡或者使公私财产遭受重大损失的，处 3 年以下有期徒刑或者拘役；交通运输肇事后逃逸或者有其他特别恶劣情节的，处 3 年以上 7 年以下有期徒刑；因逃逸致人死亡的，处 7 年以上有期徒刑。根据《解释》第 3

条、第5条的规定，“交通运输肇事后逃逸”，是指行为人具有《解释》第2条第1款规定和第2款第（一）至（五）项规定的情形之一，在发生交通事故后，为逃避法律追究而逃跑的行为；“因逃逸致人死亡”，是指行为人在交通肇事后为逃避法律追究而逃跑，致使被害人因得不到救助而死亡的情形。

【难点辨析】

①交通肇事罪与利用交通工具故意杀人、故意伤害罪

二者的区别主要表现在行为人对于他人死亡、伤害的结果的主观心理态度不同。交通肇事罪中，行为人对于致人死亡、重伤的结果的发生，表现为过失的心理状态；而利用交通工具故意杀人、故意伤害罪中，行为人对于死亡、重伤的结果的发生，表现为故意的心理状态。

关于交通肇事罪向故意杀人或者故意伤害罪的转化，《解释》第6条规定：“行为人在交通肇事后为逃避法律追究，将被害人带离事故现场后隐藏或者遗弃，致使被害人无法得到救助而死亡或者严重残疾的，应当分别依照刑法第二百三十二条、第二百三十四条第二款的规定，以故意杀人罪或者故意伤害罪定罪处罚。”

②交通肇事罪与以驾车撞人的方法危害公共安全罪

二者的区别主要表现为：第一，犯罪主观方面不同。交通肇事罪的主观方面表现为过失，以驾车撞人的方法危害公共安全罪的主观方面表现为故意。第二，犯罪客观方面的要求不同。交通肇事罪要求行为人的违章行为必须造成法定的严重结果，以驾车撞人的方法危害公共安全罪是危险犯，没有这个要求。

③交通肇事罪与过失损坏交通设施罪

二者的区别主要表现在：第一，犯罪主体不同。交通肇事罪的主体主要是从事交通运输的人员，虽然单位主管人员、机动车辆所有人、承包人等非交通运输人员也可以构成本罪，但均须符合法律规定的条件；而过失损坏交通设施罪的主体是一般主体。第二，交通肇事罪发生在交通运输过程中，严重后果是由于行为人的违章行为引起的；而过失损坏交通设施罪的发生与交通运输活动无关，严重后果是由于行为人在日常生产、生活中马虎草率引起的。

12. 危险驾驶罪

危险驾驶罪，是指在道路上驾驶机动车追逐竞驶，情节恶劣的，或者在道路上醉酒驾驶机动车，危害交通运输安全的行为。

（1）危险驾驶罪的构成

①本罪的犯罪客体是交通运输安全。

②本罪的犯罪客观方面表现为在道路上驾驶机动车追逐竞驶，情节恶劣，或者在道路上醉酒驾驶机动车的行为。那么，本罪存在两种行为类型：

一是追逐竞驶。依照字面意思来说，追逐竞驶，是指行为人在道路上高速、超速驾驶、追逐，与其他车辆竞赛且情节恶劣，危害公共安全的行为。本罪犯罪行为的发生不要求在公共道路（公路）上，只要求发生在道路上。故而在校园、大型厂矿、人行道等道路上追逐竞驶的，也可能成立本罪。追逐竞驶是两人以上基于意思联络而实施的。本罪的成立要求达到“情节恶劣”的程度，比如在道路上驾驶机动车辆追逐竞驶并超速达到50%以上；在行人较多的市区驾驶机动车追逐竞驶；多次在道路上驾驶机动车追逐竞驶等。

二是醉酒驾驶。醉酒驾驶，是指在道路上醉酒驾驶机动车，危害公共安全的行为。目前我国对于醉酒的认定并不是根据行为人的意识状态，而是根据行为人血液中的酒精含量。同时，醉酒驾驶也不要求达到“情节恶劣”的程度，即只要存在醉酒驾驶的危险行为，无论情节恶劣与否均可构成本罪。

③本罪的犯罪主体为一般主体，即已满16周岁具有刑事责任能力的自然人。

④本罪的犯罪主观方面是故意，行为人必须认识到自己是在追逐竞驶或者是在醉酒状态下驾驶机动车。

(2) 危险驾驶罪的认定

对于“追逐竞驶”型的危险驾驶罪，其中的“竞”，应为竞争、竞赛、竞速的意思，故而要求必须有两辆以上的机动车。对于单独的超速驾驶行为，由于无法达到相互竞争、竞速的情况，不应认定为本罪。

对于“醉酒”型的危险驾驶罪，其中的醉酒指的是行为人驾驶机动车时正具有的一种状态。也就是说，如果行为人在驾驶机动车之后醉酒，或者醉酒状态发生在驾驶机动车的行为之前，均不能以本罪论。如果行为在醉酒之前并无驾驶机动车的打算，而是在醉酒之后丧失控制力的情况下无意识地去驾驶机动车辆的，由于此时行为人并不具有主观罪过，也不宜以本罪论。

(3) 危险驾驶罪的处罚

根据《刑法修正案（八）》第22条的规定，在道路上驾驶机动车追逐竞驶，情节恶劣的，或者在道路上醉酒驾驶机动车的，处拘役，并处罚金。有前款行为，同时构成其他犯罪的，依照处罚较重的规定定罪处罚。

最高人民法院副院长张军在全国法院刑事审判工作座谈会上指出，对于危险驾驶罪，各地法院具体追究刑事责任，应当慎重稳妥，不应仅从文意理解《刑法修正案（八）》的规定，认为只要达到醉酒标准驾驶机动车的，就一律构成刑事犯罪，要与修改后的道路交通安全法相衔接。也就是说，虽然《刑法修正案（八）》规定追究醉酒驾驶机动车的刑事责任，没有明确规定情节严重或情节恶劣的前提条件，但根据《刑法》第13条规定的原则，危害社会行为情节显著轻微危害不大的，不认为是犯罪。对在道路上醉酒驾驶机动车的行为需要追究刑事责任的，要注意与行政处罚的衔接，防止可依据道路交通安全法处罚的行为，直接诉至法院追究刑事责任。

【难点辨析】

危险驾驶罪与因危险驾驶而构成的其他犯罪之界限。

根据《刑法修正案（八）》第22条第2款规定，在道路上驾驶机动车追逐竞驶，情节恶劣的，或者在道路上醉酒驾驶机动车的，同时构成其他犯罪的，依照处罚较重的规定定罪处罚。因危险驾驶而构成其他犯罪主要存在三种情况：

一是当机动车驾驶人因在道路上追逐竞驶或醉酒驾驶而致人重伤、死亡或使公私财产遭受重大损失的，依法可构成交通肇事罪，而交通肇事罪的刑事处罚明显高于危险驾驶罪，故在这种情况下应按交通肇事罪追究刑事责任。

二是因危险驾驶致交通肇事后，机动车驾乘人员将被害人带离事故现场后隐藏或者遗弃，致使被害人因得不到救助而死亡或者严重残疾的，依法可构成故意杀人罪或故意伤害罪。

三是机动车驾驶人在道路上追逐竞驶或醉酒驾驶足以危害公共安全的，依法可构成以危险方法危害公共安全罪。

13. 重大责任事故罪

重大责任事故罪，是指在生产、作业中违反有关安全管理的规定，因而发生重大伤亡事故或者造成其他严重后果的行为。

（1）重大责任事故罪的构成

①重大责任事故罪所侵犯的犯罪客体是生产、作业的安全，是公共安全的重要组成部分。具体而言，是工厂、矿山、林场、建筑企业或者其他企业、事业单位的生产、作业安全。危害生产安全的特点是对不特定或者多数人的生命、健康或者公私财产的重大损害发生在生产过程中。我国已经出台了相关的法规文件保护各个领域的生产、作业安全，如《矿山安全法》、《矿山安全监察条例》、《关于加强防尘防毒工作的决定》、《防止沥青中毒办法》、《工厂安全卫生规程》、《建筑安装工程安全技术规程》、《锅炉压力容器安全监察暂行条例》、《森林防火条例》、《放射性同位素与射线装置放射防护条例》、《特别

重大事故调查程序暂行规定》等。

②重大责任事故罪的犯罪客观方面表现为在生产、作业中违反有关安全管理的规定，因而发生重大伤亡事故或者造成其他严重后果的行为。这种行为只能发生在生产、作业过程中并与生产、作业有直接关系。行为既可以表现为作为，如擅自移动有关安全生产方面的标志、开关、信号，也可以表现为不作为，如值班时外出游玩、睡觉等。且行为与发生的重大伤亡事故或者造成其他严重后果之间必须具有刑法意义上的因果关系。

③本罪的犯罪主体是一般主体。根据最高人民法院、最高人民检察院《关于办理危害矿山生产安全刑事案件具体应用法律若干问题的解释》(2007年3月1日施行）的规定，对矿山生产、作业负有组织、指挥或者管理职责的负责人、管理人员、实际控制人、投资人等人员，以及直接从事矿山生产、作业的人员也可以成为本罪的主体。

④本罪的犯罪主观方面是过失，包括疏忽大意的过失和过于自信的过失。

（2）重大责任事故罪的认定

①重大责任事故罪与一般责任事故的界限。

二者区别的关键在于，违章行为造成的损害后果是否达到重大伤亡事故或者其他严重后果的程度，未达到的，为一般责任事故，不构成本罪。

②重大责任事故罪与意外事故的界限。

区分二者的关键在于，行为人主观上是否存在过失以及是否有违反规章制度规定的行为。如果严重后果的发生不是由于行为人的行为造成的，或者虽然严重后果是由于行为人的行为引起的，但是行为人不能预见或者不能抗拒后果的发生，则不构成本罪。

（3）重大责任事故罪的处罚

根据《刑法》第134条第1款的规定，犯本罪的，处3年以下有期徒刑或者拘役；情节特别恶劣的，处3年以上7年以下有期徒刑。

二、案例分析

【案例一】

被告人：黎某某，男，汉族，47周岁，初中文化，个体运输司机。

2006年9月16日18时50分许，被告人黎某某大量饮酒后，驾驶面包车行驶时，从后面将骑自行车的被害人李某及其儿子陈某撞倒，致陈某轻伤。撞人后，黎某某继续开车前行，撞坏治安亭前的铁闸及旁边的柱子，又掉头由北往南向穗盐路方向快速行驶，车轮被卡在路边花地上。被害人梁某（系黎某某的好友）及其他村民上前救助伤者并劝阻黎某某，黎某某加大油门驾车冲出花地，碾过李某后撞倒梁某，致李某、梁某死亡。黎某某驾车驶出路面后被治安队员及民警抓获。经检验，黎某某案发时血液中检出乙醇成分，含量为369.9毫克/100毫升。

（案例来源：最高人民法院《关于醉酒驾车犯罪法律适用问题的意见》附件，中华人民共和国最高人民法院网，http：//www.court.gov.cn/spyw/xssp/201002/t20100210_1106.htm，2010年2月10日发布，2011年11月1日访问。）

【问题聚焦】

醉酒驾车，造成重大伤亡的案件的定性问题。

【法律剖析】

本案涉及的知识点是交通肇事罪与以驾车撞人的方法危害公共安全罪的界限。二者的区别主要有：第一，犯罪主观方面不同。交通肇事罪的主观方面表现为过失，以驾车撞人的方法危害公共安全罪的主观方面表现为故意。第二，犯罪客观方面的要求不同。交通肇事罪要求行为人的违章行为必须造成法定的严重结果，以驾车撞人的方法危害公共安全罪是危险犯，没有这个要求。

本案中，被告人黎某某撞人后，置被撞人员于不顾，也不顾在车前对其进行劝阻和救助伤者的众多村民，仍继续驾车企图离开现场，撞向已倒地的李某和救助群众梁某，致2人死亡、1人轻伤，这说明其主观上对在场人员伤亡的危害结果持放任态度，具有危害公共安全的间接故意。因此，其行为已构成以危险方法危害公共安全罪。黎某某犯罪的情节恶劣，后果严重，但鉴于黎某某在主观上并不希望、也不追求危害结果的发生，属于间接故意犯罪，行为的主观恶性与以制造事端为目的而恶意驾车撞人并造成重大伤亡后果的直接故意犯罪有所不同。此外，被告人犯罪时处于严重醉酒状态，辨认和控制能力有所减弱；归案后认罪、悔罪态度较好，积极赔偿被害方的经济损失，依法可从轻处罚。据此，人民法院认定被告人黎某某犯以危险方法危害公共安全罪，判处无期徒刑，剥夺政治权利终身。

【法条链接】

《中华人民共和国刑法》

第115条　放火、决水、爆炸以及投放毒害性、放射性、传染病病原体等物质或者以其他危险方法致人重伤、死亡或者使公私财产遭受重大损失的，处

10 年以上有期徒刑、无期徒刑或者死刑。

过失犯前款罪的，处 3 年以上 7 年以下有期徒刑；情节较轻的，处 3 年以下有期徒刑或者拘役。

最高人民法院《关于醉酒驾车犯罪法律适用问题的意见》

为依法严肃处理醉酒驾车犯罪案件，统一法律适用标准，充分发挥刑罚惩治和预防犯罪的功能，有效遏制酒后和醉酒驾车犯罪的多发、高发态势，切实维护广大人民群众的生命健康安全，有必要对醉酒驾车犯罪法律适用问题作出统一规范。

（一）准确适用法律，依法严惩醉酒驾车犯罪

刑法规定，醉酒的人犯罪，应当负刑事责任。行为人明知酒后驾车违法、醉酒驾车会危害公共安全，却无视法律醉酒驾车，特别是在肇事后继续驾车冲撞，造成重大伤亡，说明行为人主观上对持续发生的危害结果持放任态度，具有危害公共安全的故意。对此类醉酒驾车造成重大伤亡的，应依法以以危险方法危害公共安全罪定罪。

2009 年 9 月 8 日公布的两起醉酒驾车犯罪案件中，被告人黎某某和被告人孙某某都是在严重醉酒状态下驾车肇事，连续冲撞，造成重大伤亡。其中，黎某某驾车肇事后，不顾伤者及劝阻他的众多村民的安危，继续驾车行驶，致 2 人死亡，1 人轻伤；孙某某长期无证驾驶，多次违反交通法规，在醉酒驾车与其他车辆追尾后，为逃逸继续驾车超限速行驶，先后与 4 辆正常行驶的轿车相撞，造成 4 人死亡、1 人重伤。被告人黎某某和被告人孙某某在醉酒驾车发生交通事故后，继续驾车冲撞行驶，其主观上对他人伤亡的危害结果明显持放任态度，具有危害公共安全的故意。二被告人的行为均已构成以危险方法危害公共安全罪。

（二）贯彻宽严相济刑事政策，适当裁量刑罚

根据刑法第一百一十五条第一款的规定，醉酒驾车，放任危害结果发生，造成重大伤亡事故，构成以危险方法危害公共安全罪的，应处以 10 年以上有期徒刑、无期徒刑或者死刑。具体决定对被告人的刑罚时，要综合考虑此类犯罪的性质、被告人的犯罪情节、危害后果及其主观恶性、人身危险性。一般情况下，醉酒驾车构成本罪的，行为人在主观上并不希望、也不追求危害结果的发生，属于间接故意犯罪，行为的主观恶性与以制造事端为目的而恶意驾车撞人并造成重大伤亡后果的直接故意犯罪有所不同，因此，在决定刑罚时，也应当有所区别。此外，醉酒状态下驾车，行为人的辨认和控制能力实际有所减弱，量刑时也应酌情考虑。

被告人黎某某和被告人孙某某醉酒驾车犯罪案件，依法没有适用死刑，而是分别判处无期徒刑，主要考虑到二被告人均系间接故意犯罪，与直接故意犯罪相比，主观恶性不是很深，人身危险性不是很大；犯罪时驾驶车辆的控制能力有所减弱；归案后认罪、悔罪态度较好，积极赔偿被害方的经济损失，一定程度上获得了被害方的谅解。广东省高级人民法院和四川省高级人民法院的终审裁判对二被告人的量刑是适当的。

（三）统一法律适用，充分发挥司法审判职能作用

为依法严肃处理醉酒驾车犯罪案件，遏制酒后和醉酒驾车对公共安全造成的严重危害，警示、教育潜在违规驾驶人员，今后，对醉酒驾车，放任危害结果的发生，造成重大伤亡的，一律按照本意见规定，并参照附发的典型案例，依法以以危险方法危害公共安全罪定罪量刑。

为维护生效裁判的既判力，稳定社会关系，对于此前已经处理过的将特定情形的醉酒驾车认定为交通肇事罪的案件，应维持终审裁判，不再变动。

【案例二】

被告人：孔某，男，汉族，53周岁，小学文化，湖南省某水运公司船员。

2002年2月，被告人孔某驾船协助他人进行水下工程施工爆破。工程完工后，被告人孔某将施工后剩下的20根炸药私自存放在自己的船上。2002年3月5日下午，被告人孔某驾驶存放有20根炸药的船到A地码头装尿素，后为争生意与A市水运公司职工发生纠纷，被告人孔某即拿出3根炸药威胁。此时，公安干警闻讯赶到并当场将被告人孔某存放在船上的20根炸药予以收缴。经刑事技术鉴定，被告人孔某所存放的炸药共计3.85千克，内含硝酸铵和TNT成分。

（案例来源：《刑事审判参考》（第47集），人民法院出版社2005年版，第1～4页。）

【问题聚焦】

如何区分非法运输、储存爆炸物罪和非法携带危险物品危及公共安全罪？

【法律剖析】

非法储存爆炸物罪和非法携带危险物品危及公共安全罪侵犯的客体都是不特定公民的生命、健康及公私财物的安全和国家对爆炸物等危险物品的管理制度。

非法储存爆炸物罪，是指违反国家有关规定，未经有关部门批准，私自收

藏或存积爆炸物的行为。不论地点如何，只要属于非法储存，均不影响本罪成立。最高人民法院《关于审理非法制造、买卖、运输枪支、弹药、爆炸物等刑事案件具体应用法律若干问题的解释》(2010 年 1 月 1 日起施行）第 8 条进一步限制了“非法储存”的含义，即“非法储存”是指明知是他人非法制造、买卖、运输、邮寄的枪支、弹药、爆炸物而为其存放的行为。

非法携带枪支、弹药、管制刀具危险物品危及公共安全罪，是指违反法律、法规，携带枪支、弹药、管制刀具或者危险物品进入公共场所或公共交通工具，危及公共安全，情节严重的行为。根据最高人民法院《关于审理非法制造、买卖、运输枪支、弹药、爆炸物等刑事案件具体应用法律若干问题的解释》(2010 年 1 月 1 日施行）第 6 条第 1 款的规定，“情节严重”是指“（一）携带枪支或者手榴弹的；（二）携带爆炸装置的；（三）携带炸药、发射药、黑火药 500 克以上或者烟火药 1000 克以上、雷管 20 枚以上或者导火索、导爆索 20 米以上的；（四）携带的弹药、爆炸物在公共场所或者公共交通工具上发生爆炸或者燃烧，尚未造成严重后果的；（五）具有其他严重情节的。”

本案被告人孔某将炸药存放在自己的船上，并随船携带至货运码头，符合非法储存爆炸物罪的文意特征，但被告人所私自存放的炸药并非他人非法制造、买卖、运输的炸药，而是他人为了进行水下施工爆破而以合法手续领取的；并且，被告人获取的炸药是自己私藏，并非是为他人存放，故而不应认定为非法储存爆炸物罪。被告人将私藏的炸药随船携带至公共场所（客运码头）是一种危及公共安全的行为，且其所携带的炸药达 3850 克，并在与他人发生纠纷时拿出炸药相威胁，达到了情节严重的程度，故应以非法携带危险物品危害公共安全罪定罪处罚。

【法条链接】

《中华人民共和国刑法》

第 125 条第 1 款　非法制造、买卖、运输、邮寄、储存枪支、弹药、爆炸物的，处 3 年以上 10 年以下有期徒刑；情节严重的，处 10 年以上有期徒刑、无期徒刑或者死刑。

第 130 条　非法携带枪支、弹药、管制刀具或者爆炸性、易燃性、放射性、毒害性、腐蚀性物品，进入公共场所或者公共交通工具，危及公共安全，情节严重的，处 3 年以下有期徒刑、拘役或者管制。

最高人民法院《关于审理非法制造、买卖、运输枪支、弹药、爆炸物等刑事案件具体应用法律若干问题的解释》(2001 年 5 月 16 日施行）

第6条 非法携带枪支、弹药、爆炸物进入公共场所或者公共交通工具，危及公共安全，具有下列情形之一的，属于刑法第一百三十条规定的“情节严重”：

（一）携带枪支或者手榴弹的；

（二）携带爆炸装置的；

（三）携带炸药、发射药、黑火药500克以上或者烟火药1000克以上、雷管20枚以上或者导火索、导爆索20米以上的；

（四）携带的弹药、爆炸物在公共场所或者公共交通工具上发生爆炸或者燃烧，尚未造成严重后果的；

（五）具有其他严重情节的。

行为人非法携带本条第一款第（三）项规定的爆炸物进入公共场所或者公共交通工具，虽未达到上述数量标准，但拒不交出的，依照刑法第一百三十条的规定定罪处罚；携带的数量达到最低数量标准，能够主动、全部交出的，可不以犯罪论处。

第8条第1款 刑法第一百二十五条第一款规定的“非法储存”，是指明知是他人非法制造、买卖、运输、邮寄的枪支、弹药而为其存放的行为，或者非法存放爆炸物的行为。

三、深度拓展

（一）危险犯的中止问题

学术界对于危险状态出现之前的中止可以成立危险犯的中止犯并无争议。但是对于行为人在造成法定危险状态后，又主动采取措施解除已经存在的危险状态，从而避免了实际损害结果的最终发生的类似情形该如何定性，目前尚无统一认识，学界主要有三种观点：

一种观点认为可以成立危险犯的中止犯。理由有二：第一，行为人主动采取措施，客观上有效解除了法定的危险状态，防止了危害结果的发生，符合危险犯中止犯的实质性条件，即有效性；第二，危险犯中的法定危险结果，不同于实害犯的危害结果，实际的危害结果一经造成，就不可能再弥补，而法定的危险状态形成后，却可以有效解除。①

第二种观点认为可以成立实害犯的中止犯。理由有四：第一，我国刑法对

① 参见马克昌主编：《犯罪通论》，武汉大学出版社1999年版，第466页。

犯罪中止的时间限制，只要求发生在犯罪过程中，并没有规定必须在犯罪既遂之前。第二，无论何种犯罪，只要存在着发生犯罪结果的可能性，在结果尚未发生之前，都应当给予行为人自动有效地防止犯罪结果发生的权利。如果行为人此时能抛弃犯罪意图，千方百计阻止危害结果的发生，不仅说明其主观恶性已经减少，而且行为的客观危险性业已被排除。第三，对这种案件作为犯罪中止论处，有利于鼓励犯罪人自动中止犯罪，减小犯罪行为对社会所造成的实际损害。第四，危险犯已经构成既遂状态的情况下，是不可能再转化为中止犯的。①

第三种观点认为构成危险犯的既遂，不成立中止犯。理由有二：第一，危险犯是以法定危险状态的出现作为既遂的标志，而无须发生特定物质性的危害结果。犯罪形态是故意犯罪过程中不再发展而固定下来的相对静止的停止状态。犯罪一旦构成既遂，就不可能再发展成犯罪中止。第二，犯罪既遂是犯罪完成的标志，犯罪中止只能发生在犯罪既遂之前。解除危险状态的行为只应作为犯罪既遂后的自动挽回行为看待，在量刑时酌情从轻处理。②

（二）交通肇事罪“因逃逸致人死亡”的认定

《刑法》第 133 条规定：“违反交通运输管理法规，因而发生重大事故，致人重伤、死亡或者使公私财产遭受重大损失的，处 3 年以下有期徒刑或者拘役；交通运输肇事后逃逸或者有其他特别恶劣情节的，处 3 年以上 7 年以下有期徒刑；因逃逸致人死亡的，处 7 年以上有期徒刑。”依照最高人民法院《关于审理交通肇事刑事案件具体应用法律若干问题的解释》（2000 年 11 月 21 日起施行）第 5 条的规定，“因逃逸致人死亡”，是指行为人在交通肇事后为逃避法律追究而逃跑，致使被害人因得不到救助而死亡的情形。分析该规定，认定“因逃逸致人死亡”需要注意以下三个方面：

第一，“因逃逸致人死亡”的认定必须以逃逸行为的存在为前提。从主观上说，根据司法解释的规定，逃逸是指行为人主观上基于逃避法律追究的目的而逃跑。交通肇事后的逃逸行为不是单纯包括客观的离开肇事现场的行为，还包含了行为人逃避法律责任追究的根本动机。所谓逃避责任追究的动机，是指希望自己的肇事行为不被发现，从而逃脱责任追究，但是不包括肇事者对于肇

---

① 参见张明楷：《犯罪论原理》，武汉大学出版社 1991 年版，第 467 页；鲜铁可：《新刑法中的危险犯》，中国检察出版社 1998 年版，第 130 页。

② 参见姜伟：《犯罪形态通论》，法律出版社 1994 年版，第 118 页。

事者和肇事行为清楚的前提下试图混淆责任认定、避免责任追究的情形。正确认定行为人主观上是否具有逃避法律追究的动机对于认定行为人是否属于"逃逸"具有重要意义。从客观上说，行为人客观上表现为逃脱、躲避。交通肇事后逃离现场的行为是逃逸的典型情形，但由于逃逸行为的本质是对抢救义务的不作为和对责任归结的逃避，因此认定是否属于逃逸行为并非考察行为人是否在现场，而是要从行为人的行为判断行为人是否具有对抢救义务的不作为和对责任归结的逃避。如肇事人肇事后打电话与医院联系，自己隐藏起来或者不表明自己肇事者的身份，而是等救护人员将被害人救走后离开的情况，同样构成逃逸。

第二，逃逸行为与死亡结果之间具有刑法上的因果关系。因此要注意考察救助行为能否阻却死亡结果的发生。从被害人的伤情看，如果即使及时将被害人送往医院也不能避免被害人死亡的，或者被害人死亡结果的发生并非肇事者的逃逸行为所致，那么不能认定肇事者的肇事行为与被害人的死亡结果之间具有刑法上的因果关系，只能按照"交通运输肇事后逃逸"处罚。同时，从时间上看，死亡结果应当发生在逃逸行为过程中或者逃逸行为之后。如果先前的交通肇事行为发生时已经致使被害人死亡，即使肇事者逃逸，仍不能认定为"因逃逸致人死亡"。

第三，"救助"既可以来自于肇事者，也可以来自于其他人。

第十七章　破坏社会主义市场经济秩序罪

【知识结构图】

破坏社会主义市场经济秩序罪
- 生产、销售伪劣商品罪
- 走私罪
- 妨害公司、企业管理秩序罪
- 破坏金融管理秩序罪
- 金融诈骗罪
- 危害税收征管罪
- 侵犯知识产权罪
- 扰乱市场秩序罪

一、知识点精析

（一）破坏社会主义市场经济罪概述

1. 破坏社会主义市场经济罪的概念

破坏社会主义市场经济秩序罪，是指违反国家经济管理法规，干扰国家对市场经济的管理活动，破坏社会主义市场经济秩序，严重危害国民经济的行为。刑法将破坏社会主义市场经济秩序的犯罪具体概括为八大类，分别是：生产、销售伪劣产品罪，走私罪，妨害对公司，企业的管理秩序罪，破坏金融管理秩序罪，金融诈骗罪，危害税收征管罪，侵犯知识产权罪和扰乱市场秩序罪。

2. 破坏社会主义市场经济罪的构成

（1）这一类罪名所侵犯的共同客体是社会主义市场经济秩序。

（2）破坏社会主义市场经济罪在犯罪客观方面共同表现为违反国家经济管理法规，干扰国家对市场经济的管理活动，破坏国家经济管理活动，严重扰乱破坏社会主义市场经济秩序的行为。

(3) 这一类罪名的犯罪主体包括三种类型：一种是只能由自然人构成，一种是只能由单位构成，还有一部分既可以由单位构成，也可以由自然人构成。

(4) 这一类罪名的犯罪主观方面大多数是故意，但也有一小部分是过失犯罪，有的故意犯罪还要求有特定的犯罪目的。

(二) 生产、销售伪劣商品罪

1. 生产、销售伪劣产品罪

生产、销售伪劣产品罪，是指生产者、销售者故意在产品中掺杂、掺假，以假充真，以次充好或者以不合格产品冒充合格产品，销售金额5万元以上的行为。本罪是选择性罪名，即包含了生产和销售伪劣产品两种行为。

(1) 生产、销售伪劣产品罪的构成

①本罪侵犯的犯罪客体是国家对产品质量的监督管理制度和消费者的合法权益。

②本罪的犯罪客观方面表现为生产者、销售者在生产、销售活动中，实施了违反国家的产品质量管理法律、法规，在产品中掺杂、掺假，以假充真，以次充好或者以不合格产品冒充合格产品，且销售金额5万元以上的行为。

③本罪的犯罪主体是一般主体，任何伪劣产品的生产者、销售者，只要是达到法定年龄、具有刑事责任能力的自然人，都可以成为本罪的主体，单位也可以成为本罪的主体。

④本罪的犯罪主观方面是故意。一般认为既包括直接故意，也包括间接故意，过失行为不构成本罪。

(2) 生产、销售伪劣产品罪的认定

生产、销售伪劣产品罪是数额犯，销售金额是衡量犯罪情节的主要标准。构成本罪要求销售金额达到5万元以上。值得指出的是，即使生产销售金额不到5万元的，仍可以构成犯罪，只是不能作为既遂论。而根据最高人民法院、最高人民检察院《关于办理生产、销售伪劣商品刑事案件具体应用法律若干问题的解释》之规定，尚未销售的伪劣产品，货值金额达到《刑法》第140条规定的销售金额3倍以上的，以生产、销售伪劣产品罪（未遂）定罪处罚。

从客观方面的表现形式来看，某些行为人也有故意在产品中掺杂、掺假，以假充真，以次充好或者以不合格产品冒充合格产品的行为，但本罪与一般违法行为的区别主要在于：

首先，两者的主观要件不同。生产、销售伪劣产品罪的行为人主观上是故意，即明知生产、销售伪劣产品是违法的甚至是犯罪的而明知故犯；如果行为人主观上没有故意，不知道原材料被掺杂、掺假，或是出于疏忽大意出现错误，又或者销售者不知其销售的产品是伪劣产品等，则均不构成本罪。

其次，两者客观方面的具体条件不同。只有生产、销售伪劣产品的金额达到5万元以上才能构成生产、销售伪劣产品罪，未达到这个数额要求的，只能作为一般违法行为处理。需要注意的是，销售金额是指生产者、销售者出售伪劣产品后所得和应得的全部违法收入，而非非法获利。

【难点辨析】

①生产、销售伪劣产品犯罪之间的关系。

《刑法》第140条所规定的生产、销售伪劣产品罪与第141条至第148条规定的生产、销售假药等特定伪劣产品罪之间的关系，在刑法理论上属于法规竞合的关系。第140条是一般性条款，而第141～148条是特殊条款。通常该种法规竞合的关系处理原则是特别法优于普通法，即按照规定生产、销售特定种类的伪劣产品罪论处。但是《刑法》第149条第2款规定，如果生产、销售本节第141条至第148条所列产品，构成各该条规定的犯罪，同时又构成生产、销售伪劣产品罪的，要依照处罚较重的规定定罪处罚，即"重法优先"原则。《刑法》第149条的两个条款，可以说是对第140条至第148条的一个总则性规定。如果生产、销售本节第141条至第148条所列产品，不构成各该条规定的特定种类的伪劣产品罪，但是销售金额在5万元以上的，依照第140条的生产、销售伪劣产品罪的规定定罪处罚。如生产、销售的是《刑法》第141条至第148条所列产品，构成能够各该条规定的犯罪，同时又构成第140条规定之罪的，依照处罚较重的规定定罪处罚。

②生产、销售伪劣产品罪与诈骗罪的区分。

生产、销售伪劣产品罪与诈骗罪两者有一些共同之处，如两者主观上都是故意犯罪，都有获取非法利益的目的，客观方面都有弄虚作假的行为。但两者也有着明显的区别：

其一，犯罪主体不同。本罪的主体是产品的生产者、销售者，包括自然人与单位；而诈骗罪的主体只能是自然人。

其二，犯罪客观方面表现不同。生产、销售伪劣产品罪是在生产、销售的过程中掺杂、掺假，以假充真，以次充好或者以不合格产品冒充合格产品，是一种经济行为；而诈骗罪根本不进行生产、销售，即使进行生产、销售也是为了欺骗对方。

其三，犯罪的目的不同。本罪通常情况下是以获取非法利润为目的，但并不要求一定要有牟利的目的；而诈骗罪则要求是以非法占有他人的财物为目的。

③生产、销售伪劣产品罪与假冒注册商标的商品罪之区分。

生产、销售伪劣产品罪与假冒注册商标的商品罪存在着互相交叉的情况，为了顺利地销售伪劣产品，犯罪分子往往也会冒用名牌产品的注册商标。区分两者的界限主要在于：第一，犯罪所侵害的客体不同。本罪所侵犯的客体是国家对产品质量的监督管理制度和消费者的合法权益，而假冒注册商标的商品罪侵犯的客体是商标管理秩序和他人注册商标的专用权。第二，犯罪对象不同。本罪的对象是伪劣产品，即从产品的性能上看，属于不合格的产品。而假冒注册商标的商品罪的犯罪对象是假冒他人已注册商标的商品，而该商品既可能是伪劣产品，也可能是质量合格的产品。如某灯具厂因为生产的灯泡滞销，就冒充另一灯具厂已注册的灯泡商标推销，就只能定假冒注册商标的商品罪。如果行为人既生产、销售伪劣产品，又冒充他人注册商标的商品时，属于目的与手段行为的牵连犯①，应从一重罪处罚。如果实施本罪，同时又构成侵犯知识产权、非法经营等犯罪的，应依照处罚较重的规定定罪处罚。

2. 生产、销售不符合安全标准的食品罪

生产、销售不符合安全标准的食品罪，是指生产、销售不符合食品安全标准的食品，足以造成严重食物中毒事故或者其他严重食源性疾病的行为。②

（1）生产、销售不符合安全标准的食品罪的构成

①本罪所侵犯的犯罪客体是复杂客体，即国家对食品安全的监督管理秩序以及不特定多数人的身体健康权利。

②本罪的犯罪客观方面表现为违反国家食品安全管理法规，生产、销售不符合食品安全的食品，足以造成严重食物中毒事故或者其他严重食源性疾病的行为。所谓不符合食品安全标准的食品，是指不符合《食品安全法》规定的安全标准的食品。所谓“严重食物中毒”，是指细菌、化学剂和有毒动植物等

---

① 对于此种情况究竟属于想象竞合犯还是牵连犯，理论界尚存有争议，传统观点认为是属于牵连犯。

② 《中华人民共和国食品安全法》已于2009年通过，取代了此前的《食品卫生法》。本条文为2011年全国人大常委会《中华人民共和国刑法修正案（八）》第24条所修订。即将《刑法》第143条生产、销售不符合卫生标准食品罪修改为生产、销售不符合食品安全标准的食品罪。相应的，应以是否违反《食品安全法》为准则来判断本罪的构成要件。

引起的暴发性中毒，造成了人员死亡或者相当数量的人因食用不卫生的食品而导致中毒的严重后果。所谓“严重食源性疾病”，是指因食物感染而导致的严重疾病，如甲肝等。行为人生产、销售不符合食品安全标准的食品，经过鉴定，只要足以造成严重食物中毒事故或者其他严重食源性疾病就构成本罪。

③本罪的犯罪主体是一般主体，包括自然人和单位。

④本罪的犯罪主观方面表现为故意，即行为人明知其生产、销售的食品不符合安全标准并可能造成严重食物中毒事故或者其他严重食源性疾病的结果，而仍然希望或者放任这种结果发生。

(2) 生产、销售不符合安全标准的食品罪的认定

生产、销售不符合安全标准的食品罪是危险犯。本罪的行为人除了要有生产、销售不符合食品安全标准的食品的行为外，客观上还必须足以造成严重食物中毒事故或者其他严重食源性疾病。生产、销售不符合安全标准的食品罪与一般违反食品安全法规的行为之区别就在于有无上述严重危害。如果没有足以造成食物中毒或者其他严重食源性疾病，对人体健康损害轻微，行为人就不构成犯罪，而是一般违法行为。例如食品不符合安全标准，被害人食用后只是轻微的呕吐，就不能认定为本罪。

【难点辨析】

①销售不符合安全标准的食品罪与生产、销售有毒、有害食品罪。

本罪与生产、销售有毒、有害食品罪常常被混淆，两者的主要区别在于：

第一，两者在犯罪客观方面的表现不同。本罪中，尽管行为人有掺入某些物质而造成不符合食品安全标准的情况，但加入的物质仍然是食品原料，只不过是腐败变质或者被污染的；而后者有在生产、销售的食品中掺入有毒、有害等非食品原料的行为。

第二，两者的犯罪对象不同。前者的犯罪对象是未达到食品安全标准的食品，没有掺入有毒有害的非食品原料；而后者是掺入有毒、有害的非食品原料的食品。

第三，既遂标准不同。本罪是危险犯，只有足以造成严重食物中毒事故或者其他严重食源性疾病的，才构成既遂；而生产、销售有毒、有害食品罪是行为犯，生产者、销售者只要实施了该罪客观方面要求的行为即可构成既遂。

②生产、销售不符合安全标准的食品罪与生产、销售假药罪。

本罪与生产、销售假药罪在一般情况下很好区分，两者的区别关键在于犯罪对象不同。本罪中的“食品”，是指各种食用的食物、饮用的饮料以及它们

的原料等。虽然按照《食品安全法》规定，对生产、销售不符合安全标准的食品的行为可以按生产、销售假药罪论处，但依照《刑法》规定，两者仍应严格区分。

（三）走私罪

1. 走私普通货物、物品罪

走私普通货物、物品罪，是指违反海关法规，非法从事运输、携带、邮寄除毒品、武器弹药、核材料、伪造的货币、国家禁止出口的文物、黄金、白银和其他贵重金属、国家禁止进出口的珍贵动物及其制品、珍稀植物及其制品、淫秽物品、固体废物、液态废物和气态废物以外的其他货物、物品，进出国（边）境，偷逃关税，情节严重的行为。①

（1）走私普通货物、物品罪的构成

①本罪侵害的犯罪客体是国家对外贸易管制。本罪的犯罪对象是普通货物与物品，即除毒品、武器弹药、核材料、伪造的货币、国家禁止出口的文物、黄金、白银和其他贵重金属、国家禁止进出口的珍贵动物及其制品、珍稀植物及其制品、淫秽物品、固体废物、液态废物和气态废物以外的其他货物、物品。

②本罪的犯罪客观方面表现为违反海关法规、逃避海关监管，运输、携带、邮寄毒品、武器弹药等物品以外的其他货物、物品进出境，情节严重的行为。走私普通货物、物品罪是本节的重要罪名，根据走私的行为方式，可以将本罪区分为以下几种情况：一是非法从事运输、携带、邮寄除毒品、武器弹药、伪造的货币等违禁物品以外的其他货物、物品进出国（边）境。所谓普通货物、物品主要是指应该纳税的、国家允许自由进出口的货物、物品。这类物品本身并未被禁止或限制进出口，但是必须依法缴纳关税。二是变相走私行为，又称后续走私。即使《刑法》第154条规定的未经海关许可并且未补缴应缴税额，擅自将批准进口的来料加工、来件装配、补偿贸易的原材料、零件、制成品、设备等保税货物，在境内销售牟利的，或者未经海关许可并且

① 《刑法修正案（八）》第27条对《刑法》第153条第1款进行了修订，将原条文“偷逃应缴税款额50万元以上”、“偷逃应缴税款额15万元以上不满50万元”、“偷逃应缴税款额在5万元以上不满15万元”修订为“应缴税额较大”、“应缴税额巨大”、“应缴税额特别巨大”。并根据相应情节重新设定了走私普通货物、物品罪的法定刑，同时废除了走私普通货物、物品罪的死刑。

未补缴应缴税额，擅自将特定减税、免税进口的货物、物品，在境内销售牟利的。三是间接走私普通货物、物品行为。根据《刑法》第155条之规定，直接向走私人非法收购国家禁止进口物品的，或者直接向走私人非法收购走私进口的其他货物、物品，数额较大的，或者在内海、领海运输、收购、贩卖国家禁止进出口物品的，或者运输、收购、贩卖国家限制进出口货物、物品，数额较大，没有合法证明的，也以走私普通货物、物品罪论处。这种间接走私行为的主体虽然没有直接从事走私活动，但其行为又与走私有很密切的联系，使得走私的货物、物品迅速消化、扩散，一样对国家外贸管制造成了破坏。

③本罪的犯罪主体为一般主体，任何达到刑事责任年龄且具有刑事责任能力的自然人和单位均能成为本罪的主体。

④本罪的犯罪主观方面表现为故意，过失不构成本罪。

(2) 走私普通货物、物品罪的认定

本罪的行为和以特定对象的走私犯罪相比要更加复杂。行为人运输、携带、邮寄普通货物、物品的行为是否构成犯罪，首先要看走私货物、物品偷逃的应缴税额是否达到了“较大”。行为人走私普通货物、物品偷逃应缴税额较大的才构成本罪，否则就只是一般违法行为；其次要看行为人主观上是否出于故意，过失不构成本罪。

但这并不意味着符合上述条件的就一定构成犯罪。如未经海关许可并且未补缴应缴税额，擅自将特定减税、免税进口的货物、物品，在境内销售牟利的变相走私行为，就不仅要求达到情节严重的程度，还需要未补缴应缴税额、未经过海关批准在境内销售了特定减税、免税进口的货物、物品才能构成，如果有一项不符合，就不能认定为本罪。如虽未补缴税额但是经过海关批准才在境内销售特定减税、免税进口的货物、物品的；或者未经过海关批准又未补缴税额，且在境内销售特定减税、免税进口的货物、物品但并非牟利的，都不能构成犯罪。

【难点辨析】

走私普通货物、物品罪与走私特定物品罪

本罪与走私特定物品罪最大的区别在于对象不同，本罪的犯罪对象是除毒品、武器弹药、核材料、伪造的货币，国家禁止出口的文物、黄金、白银和其他贵重金属，国家禁止进出口的珍贵动物及其制品、珍稀植物及其制品、淫秽物品、固体废物、液态废物和气态废物以外的其他货物、物品。而走私特定物品罪的犯罪对象均为特定物。另外，在犯罪构成上也有所不同，本罪属于结果犯，而走私特定物品的犯罪多为行为犯，原则上，没有数额或数量上的限制。

【疑难法条解析】

《中华人民共和国刑法修正案（八）》

将刑法第一百五十三条第一款修改为："走私本法第一百五十一条、第一百五十二条、第三百四十七条规定以外的货物、物品的，根据情节轻重，分别依照下列规定处罚：

（一）走私货物、物品偷逃应缴税额较大或者一年内曾因走私被给予二次行政处罚后又走私的，处3年以下有期徒刑或者拘役，并处偷逃应缴税额1倍以上5倍以下罚金。

（二）走私货物、物品偷逃应缴税额巨大或者有其他严重情节的，处3年以上10年以下有期徒刑，并处偷逃应缴税额1倍以上5倍以下罚金。

（三）走私货物、物品偷逃应缴税额特别巨大或者有其他特别严重情节的，处10年以上有期徒刑或者无期徒刑，并处偷逃应缴税额1倍以上5倍以下罚金或者没收财产。"

解析：

近年来，"蚂蚁搬家"式的小额多次走私活动日益猖獗。这一类新型走私活动往往因为走私的数量少，作案方式比较隐蔽，海关缉私部门很难发现。即便发现，因为证据、数额等原因也难以追究其刑事责任。

为了有效地打击此类走私活动，《刑法修正案（八）》在对本罪的定罪量刑标准作出诸多调整的基础上，还规定"一年内曾因走私被给予二次行政处罚后又走私"的行为应予刑事处罚。该规定的核心内容是在逃税数额之外，首次把走私次数增加规定为定罪情节。"一年内曾因走私被给予二次行政处罚后又走私"应该理解为独立于税额之外的一个定罪情节，走私偷逃税款的数额不影响此种情形下罪与非罪的认定。对此，应该从两方面理解：一方面，经过行政处罚的走私行为，偷逃应缴税额不能重复评价。本情形所追究的仅仅是未受行政处罚的走私行为，此前因走私被给予两次行政处罚只是刑事处罚条件，对于业经行政处罚的走私行为，其偷逃税额不得再次纳入刑事评价范畴。另一方面，如此前多次走私但未受到行政处罚的，仍然应当根据《刑法》第153条的规定，对走私货物、物品的偷逃应缴税额进行累计，累计后不能达到数额较大标准的不构成犯罪。

（四）妨害对公司、企业的管理秩序罪

1. 虚报注册资本罪

虚报注册资本罪，是指在申请公司登记时使用虚假证明文件或者采取其他欺诈手段虚报注册资本，欺骗公司登记主管部门，取得公司登记，虚报注册资本数额巨大，后果严重或者有其他严重情节的行为。

（1）虚报注册资本罪的构成

①本罪所侵犯的犯罪客体是国家对公司的登记管理制度。

②本罪的犯罪客观方面表现为使用虚假证明文件或者采取其他欺诈手段虚报注册资本，欺骗公司登记主管部门，取得公司登记，且虚报注册资本数额巨大，后果严重或者有其他严重情节的行为。

③本罪的犯罪主体是一般主体，任何申请公司登记的个人和单位均可成为本罪主体。

④本罪的犯罪主观方面表现为故意，目的是为了欺骗公司登记机关，非法取得公司登记和营业执照。

（2）虚报注册资本罪的认定

①罪与非罪的界限。

本罪与非罪的界限应当注意以下几点：首先，是否取得了公司登记。如果行为人虽然有使用虚假证明文件或者采取其他欺诈手段虚报注册资本，但最终却没有取得公司登记的，不能构成本罪。其次，主观上是否故意。本罪的主观方面要求是故意。如果确实不知道公司登记条件，因工作疏忽造成注册资本虚假的，不应认定为本罪。再次，虚报注册资本是否数额巨大、后果严重或者有其他严重情节。何谓虚报注册资本数额巨大，法律并无明确规定，但根据2001年最高人民检察院、公安部《关于经济犯罪案件追述标准的规定》，涉嫌以下情形的，应予追述：实缴注册资本不足法定注册资本最低限额，有限责任公司虚报数额占法定最低限额的60%以上，股份有限公司虚报数额占最低法定限额的30%以上的；实缴注册资本达到法定最低限额，但仍虚报注册资本，有限责任公司虚报数额100万元以上，股份有限公司虚报数额在1000万元以上的；虚报注册资本虽未达到数额巨大的标准，但给投资者或者其他债权人造成的直接经济损失累计数额在10万元以上的；虽未达到上述数额标准，但有下列情形的：因虚报注册资本，受过行政处罚2次以上，又虚报注册资本的：向公司登记主管人员行贿或者注册后进行违法活动的。

②罪数的界定。

行为人为了进行某种犯罪而设立一个公司，但在设立公司的过程中，采取欺诈手段虚报注册资本，欺骗公司登记主管部门，取得公司登记。这时，行为人意图进行的某种犯罪和采取欺诈手段取得公司登记的行为同时触犯了两个罪名，构成牵连犯。行为人所追求的目的犯罪是牵连犯的本罪，而其欺骗公司登记主管部门取得公司登记的行为属于手段行为。按照牵连犯的处罚原则，从一重定罪处罚，不实行数罪并罚。

【难点辨析】

虚报注册资本罪与诈骗罪的区别。

虚报注册资本罪在行为上也表现为采取欺诈手段虚报注册资本，但本罪与诈骗罪的区别是很明显的。首先，本罪与诈骗罪在犯罪客观方面的表现不同。本罪的欺诈手段更具体化，仅特指在公司登记活动中的欺诈行为；而诈骗罪的内容更为不确定。其次，本罪与诈骗罪的犯罪目的不同。本罪的直接目的是取得公司的登记，而诈骗罪是以非法占有财物为目的。再次，本罪与诈骗罪的犯罪主体不同。本罪的主体除自然人外，还包括单位，而诈骗罪主体只能是自然人。

2. 违规披露、不披露重要信息罪

违规披露、不披露重要信息罪，是指违反公司法规定，依法负有信息披露义务的公司向股东和社会公众提供虚假的或者隐瞒重要事实的财务会计报告，或者依法对应当披露的其他重要信息不按照规定披露，严重损害股东或者其他人利益，或者有其他严重情节的行为。

（1）违规披露、不披露重要信息罪的构成

①本罪所侵犯的犯罪客体是国家对公司、企业的管理秩序，以及股东或者其他相关人的利益。

②本罪的犯罪客观方面表现为违反公司法规定，依法负有信息披露义务的公司向股东和社会公众提供虚假的或者隐瞒重要事实的财务会计报告，或者依法对应当披露的其他重要信息不按照规定披露，严重损害股东或者其他人利益，或者有其他严重情节的行为。

③本罪的犯罪主体是依法负有信息披露义务的公司、企业。

④本罪的犯罪主观方面表现为故意，即行为人明知自己提供的虚假的或者隐瞒重要事实的财务会计报告，或者依法对应当披露的其他重要信息不按照规定披露的行为，会严重损害股东或者其他人利益而故意为之。

（2）违规披露、不披露重要信息罪的认定

从客观方面的表现形式来看，某些公司偶尔也有提供虚假财务会计报告、隐瞒有关信息的行为，但本罪与一般违法行为的界限在于是否造成严重后果，即严重损害股东或者其他人利益，或者有其他严重情节。根据最高人民检察院、公安部《关于公安机关管辖的刑事案件立案追诉标准的规定（二）》第6条，涉嫌以下情形之一的，应予以立案追诉：造成股东、债权人或者其他人直接经济损失数额累计在50万元以上的；虚增或者虚减资产达到当期披露的资产总额30%以上的；虚增或者虚减利润达到当期披露的利润总额30%以上的；未按照规定披露的重大诉讼、仲裁、担保、关联交易或者其他重大事项所涉及的数额或者连续12个月的累计数额占净资产50%以上的；致使公司发行的股票、公司债券或者国务院依法认定的其他证券被终止上市交易或者多次被暂停上市交易的；致使不符合发行条件的公司、企业骗取发行核准并且上市交易的；在公司财务会计报告中将亏损披露为盈利，或者将盈利披露为亏损的；多次提供虚假的或者隐瞒重要事实的财务会计报告，或者多次对依法应当披露的其他重要信息不按照规定披露的；其他严重损害股东、债权人或者其他人利益，或者有其他严重情节的情形。本罪的犯罪主体是是依法负有信息披露义务的公司、企业，属于纯正的单位犯罪。

【难点辨析】

违规披露、不披露重要信息罪与欺诈发行股票、债券罪的区别。

违规披露、不披露重要信息罪与欺诈发行股票、债券罪在客观上都实施了编造或者隐瞒公司、企业信息的行为，两者的主要区别在于：

首先，两者的犯罪客体不同。本罪侵犯的客体是国家对公司、企业的管理秩序，以及股东或者其他相关人的利益；而欺诈发行股票、债券罪侵犯的客体是国家关于公司、企业发行股票、债券的管理秩序。

其次，两者犯罪客观方面表现不同。本罪表现为违反公司法规定，依法负有信息披露义务的公司向股东和社会公众提供虚假的或者隐瞒重要事实的财务会计报告，或者依法对应当披露的其他重要信息不按照规定披露，严重损害股东或者其他人利益，或者有其他严重情节的行为；而欺诈发行股票、债券罪表现为在招股说明书、认股书、公司、企业债券募集办法中隐瞒重要事实或者编造重大虚假内容，发行股票或者公司、企业债券，数额巨大、后果严重或者有其他严重情节的行为。

再次，两者的犯罪主体不同。本罪的主体只能是单位，而欺诈发行股票、债券罪的主体既可以是单位，也可以是自然人。

（五）破坏金融管理秩序罪

1. 伪造货币罪

伪造货币罪，是指没有货币发行权的人仿造真货币的图案、形状、色彩等特征，使用各种方法，非法制造假货币，冒充真货币的行为。①

（1）伪造货币罪的构成

①本罪侵犯的犯罪客体是国家货币管理制度，包括本国货币与外币管理制度。

②本罪的犯罪客观方面表现为违反国家货币管理制度，仿照人民币或者外币的图案、形状、色彩等，使用多种方法，非法制造假货币的行为。所谓假货币，并不要求其与真货币有相同性，只要相似程度足以蒙蔽、欺骗他人，达到以假乱真、可使人信以为真即可。

③本罪的犯罪主体是一般主体，单位不能构成本罪主体。

④本罪的犯罪主观方面表现为故意。过去有观点认为，本罪在主观方面要有营利的目的，但法条并没有对主观目的有规定，行为人只要出于故意伪造货币的，一般就可以认为构成本罪，而不要求其具备某种目的。

（2）伪造货币罪的认定

①罪与非罪的界限。一般来说，行为人只要出于故意实施了伪造货币的行为就可能构成本罪。但并非所有伪造货币的行为就一定构成本罪，因为任何违法行为，都只有在达到一定危害程度时才能构成犯罪。如行为人为了显示自己的技巧或为了自我欣赏而伪造极少量的货币的，可以不认为是犯罪。根据最高人民检察院、公安部《关于公安机关管辖的刑事案件立案追诉标准的规定（二）》第19条，涉嫌下列情形之一的，应予立案追诉：伪造货币，总面额在2000元以上或者币量在200张（枚）以上的；制造货币版样或者为他人伪造货币提供版样的；其他伪造货币应予追究刑事责任的情形。

②罪数的界定。行为人在涉嫌假币犯罪时，往往同时还具有出售、购买、运输、持有、使用假币这几种行为中的某几种。如果行为伪造了货币又自己持有、运输、使用、出售的，不适用数罪并罚，而是按照吸收犯的处罚原则，以伪造货币罪从一重罪处罚。

---

① 2010年11月3日起生效的最高人民法院《关于审理伪造货币等案件具体应用法律若干问题的解释（二）》第3条扩大了假币犯罪的对象，将国内不可流通或者兑换的境外货币纳入假币罪的范围。

【难点辨析】

伪造货币罪与诈骗罪的区分。

司法实践中，有行为人故意伪造停止流通的货币甚至是不存在的外币并使用的，对此应以伪造货币罪还是以诈骗罪定罪处罚，学界还存有争议。一些学者认为，只要伪造的货币足以蒙蔽、欺骗他人，达到以假乱真、可使人信以为真即可构成本罪，而无论伪造的货币是否客观上还在使用或者存在。但依照最高人民法院《关于审理伪造货币等案件具体应用法律若干问题的解释（二）》第5条之规定，以使用为目的，伪造停止流通的货币，或者使用伪造的停止流通的货币的，以诈骗罪定罪处罚。

2. 内幕交易、泄露内幕信息罪

内幕交易、泄露内幕信息罪，是指证券、期货交易内幕信息的知情人员或者非法获取证券、期货交易内幕信息的人员，违反证券、期货交易管理法规，在涉及证券的发行、证券、期货交易或者其他对证券、期货交易价格有重大影响的信息尚未公开前，买入或者卖出该证券，或者从事与该内幕信息有关的期货交易，或者泄露该信息，或者明示、暗示他人从事上述交易活动，情节严重的行为。

(1) 内幕交易、泄露内幕信息罪的构成

①本罪所侵犯的犯罪客体是复杂客体，即国家对证券、期货市场的正常管理秩序和证券、期货投资人的合法利益。本罪的客观方面表现为行为人违反有关法规，在涉及证券的发行、证券、期货交易或者其他对证券、期货交易价格有重大影响的信息尚未公开前，买入或者卖出该证券，或者从事与该内幕信息有关的期货交易，或者泄露该信息，或者明示、暗示他人从事上述交易活动，情节严重的行为。

②本罪的犯罪客观方面表现为：内幕信息知情人员利用内幕信息，直接买卖证券、期货或者根据内幕信息建议他人购买证券、期货；内幕信息的知情人员向他人泄露内幕信息，使他人利用该信息进行内幕交易；非内幕信息的知情人员利用不正当手段或者其他途径获得内幕信息，并且根据该信息买卖证券、期货行或者建议他人买卖证券、期货；内幕信息的知情人员或者非知情人员，明示、暗示他人从事上述交易活动。

③本罪的犯罪主体一般主体，单位和自然人均能构成本罪。本罪的自然人主体是知悉内幕信息的人，所谓内幕信息的知情人员是指《证券法》第74条所规定的由于持有发行人的证券、或者在发行人或者与发行人有密切联系的公

司中担任董事、监事、高级管理人员，或者由于其从业地位、管理地位、监督地位和职业地位，或者作为雇员、专业顾问履行职务，能够接触或者获得公司内幕信息的人员。

④本罪的犯罪主观方面表现为故意，即行为人明知自己或者他人内幕交易的行为会扰乱证券、期货市场的管理秩序，却希望或放任这种结果发生的心理态度。

（2）内幕交易、泄露内幕信息罪的认定

区分罪与非罪，要注意以下几点：首先，行为人主观上是否具有故意。如果被告知内幕信息的人根本不可能也没有理由认为其应该知道其被告知的是内幕信息，或者虽然客观上利用了内幕信息进行交易，但是错误地认为该信息已经公开的，均不能构成犯罪。其次，行为人利用内幕信息是否在证券、期货交易中。如果行为人所知悉的内幕信息并未被其在证券、期货交易中加以利用，就不会对证券、期货市场造成影响，因此不具备内幕交易行为的特征，同样不构成本罪。

【难点辨析】

内幕交易、泄露内幕信息罪与侵犯商业秘密罪的区分。

内幕交易、泄露内幕信息罪在某些情况下容易被混淆，两者的主要区别在于：第一，两者侵犯的犯罪客体不同。内幕交易、泄露内幕信息罪所侵犯的客体是国家对证券、期货市场的正常管理秩序和证券、期货投资人的合法利益；而侵犯商业秘密罪所侵犯的客体是商业秘密权利人的无形资产专有权和国家对市场经济的管理秩序。第二，两者在犯罪客观方面行为表现不同。内幕交易、泄露内幕信息罪客观方面表现为行为人违反有关法规，在涉及证券的发行、证券、期货交易或者其他对证券、期货交易价格有重大影响的信息尚未公开前，买入或者卖出该证券，或者从事与该内幕信息有关的期货交易，或者泄露该信息，或者明示、暗示他人从事上述交易活动；而侵犯商业秘密罪表现为以不正当手段获取、披露、使用权利人的商业秘密，造成重大损失的行为。

3. 洗钱罪

洗钱罪，是指明知是毒品犯罪、黑社会性质的组织犯罪、恐怖活动犯罪、走私犯罪、贪污贿赂犯罪、破坏金融管理秩序犯罪、金融诈骗犯罪的所得及其产生的收益，为掩饰、隐瞒其来源和性质，而通过存入金融机构、投资在企业或市场上流通等手段使其合法化的行为。

（1）洗钱罪的构成

①本罪侵犯的犯罪客体是国家金融管理制度和司法机关的正常活动。

②本罪的犯罪客观方面表现为明知是毒品犯罪、黑社会性质的组织犯罪、恐怖活动犯罪、走私犯罪、贪污贿赂犯罪、破坏金融管理秩序犯罪、金融诈骗犯罪的所得及其产生的收益，为掩饰、隐瞒其来源和性质，而实施了洗钱行为。具体表现为：提供资金账户；协助将财产转换为现金、金融票据、有价证券；或通过转账及其他结算方式协助资金转移；协助将资金汇往境外；以其他方法掩饰、隐瞒犯罪所得及收益的来源和性质的行为。

③本罪的犯罪主体是一般主体，自然人及单位均能构成。

④本罪的犯罪主观方面表现为故意，即明知是毒品犯罪、黑社会性质的组织犯罪、恐怖活动犯罪、走私犯罪、贪污贿赂犯罪、破坏金融管理秩序犯罪、金融诈骗犯罪的所得及其产生的收益，而通过银行等机构进行周转，使之成为合法化的收入。其目的是为了掩饰、隐瞒其来源和性质。

（2）洗钱罪的认定

洗钱罪属于行为犯，行为人只要对明知是毒品犯罪、黑社会性质的组织犯罪、恐怖活动犯罪、走私犯罪、贪污贿赂犯罪、破坏金融管理秩序犯罪、金融诈骗犯罪的所得及其产生的收益加以掩饰、隐瞒，实施了本罪客观方面的五种行为之一，就构成犯罪。但如果行为人不知道或者根本不可能知道其掩饰、隐瞒的是上述犯罪的违法所得及其收益，则行为人的行为不构成本罪。对于情节显著轻微、危害不大，不认为是犯罪。

【难点辨析】

洗钱罪与掩饰、隐瞒犯罪所得、犯罪所得收益罪的区分。

洗钱罪与掩饰、隐瞒犯罪所得、犯罪所得收益罪存在很大的联系，客观上都表现为行为人明知是犯罪分子的违法所得，仍事后给予犯罪分子某种帮助。但是两者也存在一定区别：

首先，两者侵犯的犯罪客体不同。本罪所侵犯的客体是复杂客体，即国家金融管理制度和司法机关的正常活动；而掩饰、隐瞒犯罪所得、犯罪所得收益罪侵犯的是单一客体，即社会管理秩序。

其次，两者指向的对象不同。本罪特指毒品犯罪、黑社会性质的组织犯罪、恐怖活动犯罪、走私犯罪、贪污贿赂犯罪、破坏金融管理秩序犯罪、金融诈骗犯罪这 7 类犯罪的违法所得及收益；而掩饰、隐瞒犯罪所得、犯罪所得收益罪指向的对象更广泛。

最后，两者客观方面表现不同。本罪客观方面表现为明知是毒品犯罪、黑社会性质的组织犯罪、恐怖活动犯罪、走私犯罪、贪污贿赂犯罪、破坏金融管理秩序犯罪、金融诈骗犯罪的所得及其产生的收益，为掩饰、隐瞒其来源和性质，而实施了洗钱行为；而后者包括窝藏、转移、收购、代为销售或者其他掩饰、隐瞒方法。

【疑难法条解析】

《中华人民共和国刑法》

第191条　明知是毒品犯罪、黑社会性质的组织犯罪、恐怖活动犯罪、走私犯罪、贪污贿赂犯罪、破坏金融管理秩序犯罪、金融诈骗犯罪的所得及其产生的收益，为掩饰、隐瞒其来源和性质，有下列行为之一的，没收实施以上犯罪的所得及其产生的收益，处5年以下有期徒刑或者拘役，并处或者单处洗钱数额5%以上20%以下罚金；情节严重的，处5年以上10年以下有期徒刑，并处洗钱数额5%以上20%以下罚金：

（一）提供资金账户的；

（二）协助将财产转换为现金、金融票据、有价证券的；

（三）通过转账或者其他结算方式协助资金转移的；

（四）协助将资金汇往境外的；

（五）以其他方法掩饰、隐瞒犯罪所得及其收益的来源和性质的。

单位犯前款罪的，对单位判处罚金，并对其直接负责的主管人员和其他直接责任人员，处5年以下有期徒刑或者拘役。情节严重的，处5年以上10年以下有期徒刑。

解析：

根据最高人民法院《关于审理洗钱等刑事案件具体应用法律若干问题的解释》的规定：《刑法》第191条规定的“明知”，应当结合被告人的认知能力，接触他人犯罪所得及其收益的情况，犯罪所得及其收益的种类、数额，犯罪所得及其收益的转换、转移方式以及被告人的供述等主、客观因素进行认定。

具有下列情形之一的，可以认定被告人明知系犯罪所得及其收益，但有证据证明确实不知道的除外：

知道他人从事犯罪活动，协助转换或者转移财物的；

没有正当理由，通过非法途径协助转换或者转移财物的；

没有正当理由，以明显低于市场的价格收购财物的；

没有正当理由，协助转换或者转移财物，收取明显高于市场的“手续费”的；

没有正当理由，协助他人将巨额现金散存于多个银行账户或者在不同银行账户之间频繁划转的；

协助近亲属或者其他关系密切的人转换或者转移与其职业或者财产状况明显不符的财物的；

其他可以认定行为人明知的情形。

被告人将《刑法》第191条规定的某一上游犯罪的犯罪所得及其收益误认为《刑法》第191条规定的上游犯罪范围内的其他犯罪所得及其收益的，不影响《刑法》第191条规定的“明知”的认定。

（六）金融诈骗罪

1. 信用卡诈骗罪

信用卡诈骗罪，是指使用伪造、作废的信用卡，或者冒用他人信用卡，或者利用信用卡恶意透支，诈骗公私财物，数额较大的行为。

（1）信用卡诈骗罪的构成

①本罪侵犯的犯罪客体是国家有关信用卡的管理制度和银行以及信用卡的有关关系人的公私财产所有权。

②本罪的犯罪客观方面表现为使用伪造、作废的信用卡，或者冒用他人信用卡，或者利用信用卡恶意透支，诈骗公私财物，数额较大的行为。具体行为表现为：

使用伪造的信用卡进行诈骗，或者使用以虚假的身份证明冒领的信用卡。所谓使用，是指行为人用信用卡购买商品、在自动取款机或者银行里提取现金及进行转账、支付等服务。

使用作废的信用卡进行诈骗。所谓作废的信用卡，是指因法定原因而失效的信用卡。信用卡作废主要有以下几种情形：（a）信用卡超过有效使用期而自动失效。（b）信用卡持卡人在有效期内中途停止使用该信用卡，此时该信用卡有效期虽然未到，但在办理退卡手续后即归于作废。（c）冒用他人的信用卡进行诈骗。所谓冒用他人的信用卡，是指非持卡人以持卡人的名义去使用他人的信用卡。如使用拾得的信用卡的。（d）使用信用卡进行恶意透支的。信用卡本身是具有透支功能的，即信用卡持卡人在账户上资金不足或者已经没有资金的情况下，仍可以持卡先进行消费，以后再由持卡人补足资金。但如果行为人以非法占有为目的，超过规定限额或者规定期限透支，并且经过银行两次催收后超过3个月仍不归还，即构成了本项所称利用信用卡恶意透支的诈骗犯罪。

③本罪的犯罪主体是一般主体，凡是达到刑事责任年龄、具备刑事责任能力的人均可构成本罪主体。但单位不能构成本罪。

④本罪的犯罪主观方面是故意，并且行为人必须具有非法占有公私财物的目的。

（2）信用卡诈骗罪的认定

①罪与非罪的极限。

区分罪与非罪的界限，应该把握以下几点：

首先，诈骗数额是否较大。本罪客观方面要求诈骗数额较大。所谓数额较大，是指行为人使用信用卡诈骗的数额达到5000元。如果数额低于5000元，则仅是一般违法行为。需要指出的是，根据《关于办理妨害信用卡管理刑事案件具体应用法律若干问题的解释》以及《关于公案机关管辖的刑事案件立案追诉标准的规定》之规定，持卡人恶意透支信用卡的数额必须达到1万元以上的标准，才能构成本罪。

其次，行为人主观上是否有故意。本罪要求行为人主观上必须为故意，如果行为人根本不知道自己是在使用伪造、作废的信用卡，或者误用他人信用卡，或者虽连续透支但经催告后又偿还的，即便使用这些信用卡消费达到5000元以上，其行为也不构成本罪。

再次，行为人主观上是否有非法占有的目的。本罪要求行为人使用信用卡诈骗主观上必须要有非法占有的目的。实践中有的信用卡持卡人将自己的信用卡借给他人使用、消费，虽然这种行为也违反了信用卡使用规定，但是使用人在主观上并没有非法占有财物地目的，因此其行为不构成犯罪。

最后，对于恶意透支应当追究刑事责任的，在公安机关立案前就已经偿还全部透支款系，情节显著轻微的，可以依法不追究刑事责任。

②盗窃信用卡并使用的如何定罪处罚。

按照《刑法》第196条第3款规定：“盗窃信用卡并使用的，依照本法第264条的规定定罪处罚。”① 所谓盗窃信用卡并使用，既包括行为人盗窃信用卡后自己使用的，也包括行为人的同伙明知是盗窃来的信用卡而使用的。如果犯罪分子的同伙并不知道该信用卡是盗窃来的，对使用者就不能按照盗窃罪进

① 此处的信用卡是否包括伪造的信用卡，理论上有不同的观点。但是一般认为，盗窃伪造的信用卡并使用的行为，不适用本条之规定，对其使用的行为仍然构成信用卡诈骗罪。

行处罚。如果行为人窃得一张信用卡后，对其同伙谎称是拾得的，由其同伙使用，这时对使用者就不能按照盗窃罪处理，而应当按照冒用他人的信用卡进行诈骗的信用卡诈骗罪定罪处罚。

【疑难法条解析】

《刑法》第196条第2款："前款所称恶意透支，是指持卡人以非法占有为目的，超过规定限额或者规定期限透支，并且经发卡银行催收后仍不归还的行为。"

解析：

依照最高人民法院、最高人民检察院《关于办理妨害信用卡管理刑事案件具体应用法律若干问题的解释》，有下列行为的，应当认定为《刑法》第196条第2款规定的"以非法占有为目的"：

明知没有还款能力而大量透支，无法归还的；

肆意挥霍透支的资金，无法归还的；

透支后逃匿、改变联系方式，逃避银行催收的；

抽逃、转移资金，隐匿财产，逃避还款的；

使用透支的资金进行违法犯罪活动的；

其他非法占有资金，拒不归还的行为。

2. 保险诈骗罪

保险诈骗罪，是指投保人、被保险人或者受益人，违反保险法规定，以虚构事实、隐瞒真相的方法，骗取数额较大的保险金的行为。

(1) 保险诈骗罪的构成

①本罪侵犯的犯罪客体是国家的保险管理制度和保险公司的财产所有权。

②本罪的犯罪客观方面表现为违反保险法规定，以虚构事实、隐瞒真相的方法，骗取数额较大的保险金的行为。具体表现为下列几种情形：

一是投保人故意虚构保险标的，骗取保险金。这是指投保人为了获取保险金，故意采用虚假的材料或者虚构的事实编造保险标的，试图非法获取保险金的行为。"保险标的"是指作为保险对象的财产及其相关利益或者人的寿命和身体。

二是投保人、被保险人或者受益人对发生的保险事故编造虚假的原因或者夸大损失的程度，骗取保险金。

三是投保人、被保险人或者受益人编造未曾发生的保险事故，骗取保险金。

四是投保人、被保险人故意造成财产损失的保险事故，骗取保险金。

五是投保人、受益人故意造成被保险人死亡、伤残或者疾病，骗取保险金。

③本罪的主体是特殊主体，只有投保人、被保险人及受益人才能构成。单位也可以构成本罪主体，因为单位也可以成为投保人、被保险人及受益人。

④本罪主观方面是故意，且必须具有非法占有保险金的目的。

（2）保险诈骗罪的认定

①罪与非罪的界定。

区分本罪与非罪的界限关键在于以下几点：首先，是否既遂。本罪列举的几种既遂行为，是构成保险诈骗罪的必要条件。如果行为人虽然实施了列举的上述几种情形之一的行为，但是其骗保行为被及时揭穿，那么就只属于违反保险法律、法规的一般违法行为。其次，行为人骗取财物的数额是否达到了较大的标准。根据《关于公案机关管辖的刑事案件立案追诉标准的规定》之规定，个人进行保险诈骗数额在1万元以上的，单位进行保险诈骗数额在5万元以上的，应该予以立案追诉。再次，看行为人主观上是否具有故意。行为人在遭受人身、财产损失后有时会对事故产生错误认识或者夸大遭受的损失，如保险财产被遗忘在某地，行为人因忘记而误以为丢失进行索赔的。

②罪数的界定。

在保险活动中，投保人、被保险人为了骗取保险金，故意造成财产损失保险事故或者故意造成人身保险事故的行为，往往同时又构成其他犯罪，如故意杀人罪、故意伤害罪等。此时，故意制造保险事故的行为与骗取保险金的行为属于一种手段与目的的牵连关系，但是根据《刑法》第198条第2款的规定，采取数罪并罚而非从一重罪处罚。

（七）危害税收征管罪

1. 逃税罪（原偷税罪）①

逃税罪，是指纳税人采取欺骗、隐瞒手段进行虚假纳税申报或者不申报，逃避缴纳税款数额较大并且占应缴税额10%以上的，或者扣缴义务人采取上述手段，不缴或少缴已扣、已收税款，数额较大的行为。

（1）逃税罪的构成

① 本罪为2009年2月28日全国人大常委会《中华人民共和国刑法修正案（七）》第三条所修订。

①本罪所侵犯的犯罪客体是国家的税收管理制度。

②本罪的犯罪客观方面表现为纳税人采取欺骗、隐瞒手段进行虚假纳税申报或者不申报，逃避缴纳税款数额较大并且占应缴税额10%以上的，或者扣缴义务人采取上述手段，不缴或少缴已扣、已收税款，数额较大的行为。构成本罪，行为人在客观方面还需要：A. 实施了违反国家税收法规的行为。所谓国家税收法规，是指《税收征收管理法》等有关税收征收的法律法规。B. 实施了逃税的行为。逃税的行为表现为采取欺骗、隐瞒手段进行虚假纳税申报或者不申报，以逃避缴纳税款。欺骗、隐瞒手段表现多种多样，如伪造、变造、隐匿、擅自销毁账簿、记账凭证，或是在账簿上多列支出或者不列、少列收入，或是设立账外账等。C. 逃税数额较大并且占应缴纳税额10%以上。并非所有逃税行为一律按逃税罪处罚，而是对情节严重的，才按犯罪处理。行为人的行为必须同时具备逃税数额占应缴纳税额"10%以上"和"5万元以上两个条件"才按犯罪处理。值得注意的是，如果行为人5年内因逃避缴纳税款受过刑事处罚或者被税务机关给予2次以上行政处罚，又逃税且达到立案追诉标准的，经税务机关依法下达追缴通知，即便行为人补缴应纳税款，缴纳滞纳金，且已受行政处罚的，仍然要追究刑事责任。

③本罪的犯罪主体是特殊主体，只有纳税人和扣缴义务人才能成为本罪的主体。本罪的主体既可以是自然人，也可以是单位。

④本罪的犯罪主观方面表现为故意，由于过失或客观原因未按时交纳税款的不构成本罪。

（2）逃税罪的认定

区分本罪与非罪的界限在于以下几个方面：

其一，根据最高人民检察院、公安部《关于公安机关管辖的刑事案件立案追诉标准的规定（二）》，只有纳税人采取欺骗、隐瞒手段进行虚假纳税申报或者不申报，逃避缴纳税款在5万元以上并且占各税种应纳税总额10%以上，经税务机关依法下达追缴通知后，不补缴应纳税款、不缴纳滞纳金或者不接受行政处罚的；纳税人5年内因逃避缴纳税款受过刑事处罚或者被税务机关给予2次以上行政处罚，又逃避缴纳税款，数额在5万元以上并且占各税种应纳税总额10%以上的才应追究刑事责任。

其二，要区分逃税与漏税、避税的界限。漏税，是指纳税人由于过失没有依照税法规定缴纳或者足额缴纳税款的行为，是一种一般税务违法行为，行为人并没有逃避缴纳税款的故意；避税，是指采用转移资金、费用、成本、利润等合法手段减轻或者不履行纳税义务的行为，大多数情况下避税是符合立法意图的，如利用经济特区的优惠政策等，有些则是钻了税收法规不够完善的空子。但无论如何，这三者是不能等同的。

（八）侵犯知识产权罪

1. 非法制造、销售非法制造的注册商标标识罪

非法制造、销售非法制造的注册商标标识罪，是指行为人伪造、擅自制造他人注册商标标识或者销售伪造、擅自制造的注册商标标识，情节严重的行为。

（1）非法制造、销售非法制造的注册商标标识罪的构成

①本罪所侵犯的犯罪客体是国家的商标管理制度和注册商标所有人的商标专用权。所谓商标标识，是指负有商标图案、商标注册标记、“注册商标”字样、注册商标标志、核准注册的名称等物质载体，它是表明注册商标的商品显著特征的识别标志。

②本罪的犯罪客观方面表现为违反商标管理法律、法规，伪造、擅自制造他人注册商标标识或者销售伪造、擅自制造的注册商标标识，情节严重的行为。根据2010年最高人民检察院、公安部《关于公安机关管辖的刑事案件立案追诉标准的规定（二）》，伪造、擅自制造他人注册商标标识或者销售伪造、擅自制造的注册商标标识，涉嫌下列情形的应予追诉：伪造、擅自制造他人注册商标标识或者销售伪造、擅自制造的注册商标标识数量在2万件以上，或者非法经营数额在5万元以上，或者违法所得数额在3万元以上的；伪造、擅自制造他人注册商标标识或者销售伪造、擅自制造两种以上注册商标标识数量在1万件以上，或者非法经营数额在3万元以上，或者违法所得数额在2万元以上的；其他情节严重的情形。

③本罪的犯罪主体是一般主体，自然人与单位均可构成。

④本罪的犯罪主观方面表现为故意，过失不能构成本罪。

（2）非法制造、销售非法制造的注册商标标识罪的认定

①罪与非罪的界限。实践中，非法制造、销售非法制造的注册商标标识罪与商标侵权很容易混淆，以下情形都属于一般商标侵权：过失制造他人注册商标标识或者过失销售伪造、擅自制造的未注册商标标识；伪造、擅自制造他人未注册商标标识或者销售伪造、擅自制造的未注册商标标识；伪造、擅自制造他人注册商标标识或者销售伪造、擅自制造的注册商标标识，尚未达到刑事犯罪立案追诉标准。

②未销售或者部分销售的处理。根据2011年1月最高人民法院、最高人

民检察院、公安部《关于办理侵犯知识产权刑事案件适用法律若干问题的意见》第9条，销售他人伪造、擅自制造的注册商标标识，具有下列情形之一的，依照《刑法》第215条的规定，以销售非法制造的注册商标标识罪（未遂）定罪处罚：

尚未销售他人伪造、擅自制造的注册商标标识数量在6万件以上的；

尚未销售他人伪造、擅自制造的2种以上注册商标标识数量在3万件以上的；

部分销售他人伪造、擅自制造的注册商标标识，已销售标识数量不满2万件，但与尚未销售标识数量合计在6万件以上的；

部分销售他人伪造、擅自制造的2种以上注册商标标识，已销售标识数量不满1万件，但与尚未销售标识数量合计在3万件以上的。

【难点辨析】

非法制造注册商标标识罪与假冒注册商标罪的区分

假冒注册商标罪，是指未经注册商标所有人许可，在同一种商品上使用与其注册商标相同的商品上使用与其注册商标相同的商标，情节严重的行为。而行为人在假冒注册商标时，往往同时也会涉嫌伪造、擅自制造他人注册商标标识的行为。这两者属于牵连关系，处罚时择一重罪处罚即可。

（九）扰乱市场秩序罪

1. 损害商业信誉、商品声誉罪

损害商业信誉、商品声誉罪，是指行为人捏造并散布虚伪事实，损害他人的商业信誉、商品声誉，给他人造成重大损失或者有其他严重情节的行为。

（1）损害商业信誉、商品声誉罪的构成

①本罪所侵犯的犯罪客体是复杂客体，即经营者的商业信誉权、商品声誉权和市场的公平竞争秩序。

②本罪的犯罪客观方面表现为捏造并散布虚伪事实，损害他人的商业信誉、商品声誉，给他人造成重大损失或者有其他严重情节的行为。所谓商业信誉，是指经营者在商业活动中的信用程度和名誉，包括社会公众对该经营者经济实力、技术能力、资金状况等方面的认知程度；所谓商品声誉，是指企业商品的可信赖度和知名度，体现在商品的品牌、质量等方面。而所谓捏造，是指无中生有、凭空伪造不存在的事实；所谓散布，是指通过各种方式对公众宣传、传播凭空伪造的事实。

③本罪的犯罪主体是一般主体，自然人与单位均可构成。

④本罪的犯罪主观方面表现为主观故意，即行为人明知会发生损害他人商业信誉、商品声誉的结果，仍追求结果发生。

（2）损害商业信誉、商品声誉罪的认定

在商业活动中，往往会出现一些不正当竞争的情况。正确把握损害商业信誉、商品声誉罪与非罪的界限要注意以下几个方面：首先，主观方面是否有直接故意。如果只是误听误信传言或者反映内容失实的情况，虽然客观上也有损害结果发生，但由于主观上是过失，因此不能构成本罪。其次，客观上是否给他人造成重大损失或者有其他严重情节。再次，要注意区分损害商业信誉、商品声誉的行为与正常的舆论监督、合法维权行为。对于新闻媒体的正常舆论监督、正常新闻报导应给予法律保护。

【疑难法条解析】

《刑法》第221条："捏造并散布虚伪事实，损害他人的商业信誉、商品声誉，给他人造成重大损失或者有其他严重情节的，处2年以下有期徒刑或者拘役，并处或者单处罚金。"

解析：

根据2010年最高人民检察院、公安部《关于公安机关管辖的刑事案件立案追诉标准的规定（二）》，捏造并散布虚伪事实，损害他人的商业信誉、商品声誉，涉嫌下列情形之一的，应予以立案追诉：

①给他人造成直接经济损失数额在50万元以上的；

②虽未达到上述标准数额，但具有下列情形之一的：

利用互联网或者其他媒体公开损害他人商业信誉、商品声誉的；

造成公司、企业等单位停业、停产6个月以上，或者破产的。

③其他给他人造成重大损失或者有其他严重情节的情形。

2. 组织、领导传销活动罪

组织、领导传销活动罪，是指行为人以推销商品、提供服务等经营活动为名，要求参加者以缴纳费用或者购买商品、服务等方式获得加入资格，并按照一定顺序组成层级，直接或者间接以发展人员的数量作为计酬或者返利依据，引诱、胁迫参加者继续发展他人参加，骗取财物，扰乱经济社会秩序的传销活动的行为。

（1）组织、领导传销活动罪的构成

①本罪所侵犯的犯罪客体是复杂客体，既侵犯了正常的市场经济秩序和管

理秩序，也侵犯了公民的财产所有权。

②本罪的犯罪客观方面表现形式有以下几个方面：

其一，以推销商品、提供服务等经营活动为名，要求参加者以缴纳费用或者购买商品、服务等方式获得加入资格。这是传销组织在活动时的必经程序，所谓“推销商品、提供服务”只是一个骗取加入的幌子，其真实目的在于收取费用。所谓“要求参加者以缴纳费用或者购买商品、服务等方式获得加入资格”，包括了两种取得传销资格的途径，但无论是哪一种，都需要缴纳一定的费用才能取得发展下线的资格。

其二，按照一定顺序组成层级。这是传销组织的结构特点，即有严格的级别划分，只有发展一定数量的下线后才能升级。

其三，直接或者间接以发展人员的数量作为计酬或者返利依据，引诱、胁迫参加者继续发展他人参加。传销组织的计酬方式不同于一般经济组织，其计酬方式就是靠发展下线来提成。所谓“引诱、胁迫参加者继续发展他人参加”是传销组织在传销活动中经常出现的情况，由于传销本身具有不可持续性，成员要求退出传销组织、逃离传销组织的事情经常发生，很多传销组织为此往往采取违法手段控制成员。

其四，骗取财物。这是传销活动的根本目的，传销活动的一切目的都在于骗取钱财。

其五，扰乱社会经济秩序。

③本罪的犯罪主体是传销活动的组织者、领导者，传销组织中的一般成员不能构成本罪。

④本罪的犯罪主观方面是故意。

(2) 组织、领导传销活动罪的认定

区分本罪与非罪的界限关键在于客观方面是否符合传销组织的要求。根据2010年最高人民检察院、公安部《关于公安机关管辖的刑事案件立案追诉标准的规定（二）》第78条的规定：组织、领导以推销商品、提供服务等经营活动为名，要求参加者以缴纳费用或者购买商品、服务等方式获得加入资格，并按照一定顺序组成层级，直接或者间接以发展人员的数量作为计酬或者返利依据，引诱、胁迫参加者继续发展他人参加，骗取财物，扰乱经济社会秩序的传销活动，涉嫌组织、领导的传销活动人员在三十人以上且层级在三级以上的，对组织者、领导者，应予立案追诉。

如果行为人在组织、领导传销活动中涉嫌其他犯罪的，如同时有非法拘禁、绑架甚至故意伤害等行为的，实行数罪并罚。

3. 强迫交易罪

强迫交易罪，是指行为人以暴力、威胁手段，实施了强买强卖商品、强迫他人提供或者接受服务、强迫他人参与或者退出投标、拍卖、强迫他人转让或者收购公司、企业的股份、债券或者其他资产、强迫他人参与或者退出特定的经营活动，情节严重的行为。

（1）强迫交易罪的构成

①本罪所侵犯的犯罪客体是交易相对方的合法权益以及正常的社会市场秩序。

②本罪在犯罪客观方面表现为以暴力、威胁手段强买强卖商品、强迫他人提供服务或者强迫他人接受服务，情节严重的行为。所谓暴力，是指对被强迫人的人身或财产实际强制或打击，如殴打、捆绑、抱住、围困、伤害或者砸毁其财物等；所谓威胁，是指对被害人实行精神强制，以加害其人身、毁坏其财物、揭露其隐私、破坏其名誉、加害其亲属等相要挟。所谓情节严重，主要是指多次强迫交易或者实施强迫交易非法获得数额较大的等。

③本罪的犯罪主体是一般主体，既可以是自然人，也可以是单位。

④本罪的犯罪主观方面表现为故意。

（2）强迫交易罪的认定

强迫交易罪的主要特征就是交易违背了他人的意志。所谓违背他人意志，是指他人不想向其购买商品却强令其购买，他人不愿出卖商品却强迫其出卖，他人不肯提供服务，强迫他人提供服务，他人不愿意接受服务则强迫其接受服务等行为。但并非一切违背他人意志的行为均构成本罪，只有情节达到严重程度的才能追究刑事责任。另外，《刑法修正案（八）》完善了强迫交易罪的规定，明确了几种新的行为方式。根据《刑法修正案（八）》的规定，有下列情形之一、情节严重的应当予以立案：强买强卖商品的；强迫他人提供或者接受服务的；强迫他人参与投标、拍卖的；强迫他人转让或者收购公司、企业的股份、债券或者其他资产的；强迫他人参与或者退出特定的经营活动的。

二、案例分析

【案例一】

叶某系某食品有限公司法定代表人、总经理，全面负责公司生产经营，其先后聘请被告人徐某担任销售经理，被告人谢某担任生产主管。2010年，叶某从徐某处得知玉米馒头因色泽等问题影响销售的情况后，为提高销量牟取暴利，明知蒸煮类糕点使用“柠檬黄”食品添加剂不符合《食品添加剂使用标准》，仍决定添加“柠檬黄”添加剂。自 2010 年 9 月起，叶某购进“柠檬黄”，被告人谢某根据叶某的安排，在公司厂房内组织工人大量生产添加“柠檬黄”的馒头，由徐某以该公司名义销往该市多家超市。经质量监督检验技术研究院对上述查获的馒头及相关超市退回的馒头抽样检查，均检出“柠檬黄”成分，属于不合格产品。经审计，自 2010 年 10 月 1 日至 2011 年 4 月 11 日，该公司添加“柠檬黄”的馒头销售金额计 62 万余元。同期，该公司还回收已销往超市的过期及即将过期的馒头，重新用做生产馒头的原料，并以上市日期作为生产日期标注在产品包装上。

（案例来源：选自京华网《上海“染色馒头”案宣判》，http://epaper.jinghua.cn/html/2011-09/27/content_704450.htm）

【问题聚焦】

被告人叶某等人的行为是构成生产、销售伪劣产品罪还是生产、销售不符合安全标准的食品罪？

【法律剖析】

叶某等人的行为构成生产、销售伪劣产品罪。本案中，虽然被告人主观上具有故意，客观上实施了生产、销售“柠檬黄”玉米馒头、以不合格产品冒充合格产品的行为，但生产、销售不符合安全标准的食品罪除了要有生产、销售不符合卫生标准的食品的行为外，客观上还要求必须足以造成严重食物中毒事故或者其他严重食源性疾病才能构成。而“柠檬黄”属于人工合成着色类食品添加剂，在一些食品中可以使用，只是不属于蒸煮类糕点使用的范围。客观上既没有，也并无造成严重食物中毒的可能。这种以添加了“柠檬黄”的馒头冒充玉米馒头进行生产、销售的行为，属于《刑法》第 140 条所规定的“掺杂、掺假、以假充真，以次充好”。因此以生产、销售伪劣产品罪定罪比较合适。

【法条链接】

《中华人民共和国刑法》

第 140 条　生产者、销售者在产品中掺杂、掺假，以假充真，以次充好或者以不合格产品冒充合格产品，销售金额 5 万元以上不满 20 万元的，处 2 年以下有期徒刑或者拘役，并处或者单处销售金额 50% 以上 2 倍以下罚金；销售金额 20 万元以上不满 50 万元的，处 2 年以上 7 年以下有期徒刑，并处销售金额 50% 以上 2 倍以下罚金；销售金额 50 万元以上不满 200 万元的，处 7 年以上有期徒刑，并处销售金额50%以上2倍以下罚金；销售金额200万元以上的，处15年有期徒刑或者无期徒刑，并处销售金额50%以上2倍以下罚金或者没收财产。

【案例二】

2010年，孔某与苑某决定合谋生产无标签的真空包装劣质鸭架产品。孔某负责购买印有“全聚德”、“福聚斋”等标识的外包装袋，在租住地将鸭架进行包装后，冒充“北京烤鸭”销售至超市及小食品店。张某伙同刘某（另案处理），从某肉食制品厂以及孔某、王某等处购进劣质鸭架、印有“全聚德”等标识的外包装袋等物品，进行包装后冒充“北京烤鸭”销售至超市及小食品店。案发后，办案人员从孔某的居住地查获未销售的烤鸭8000余只，同时查获的销售记录记载，当月“黑心烤鸭”的销售量高达5万余只。按照法律规定，每个包装食品菌落的数值不得超过90，而孔某等人制作的“黑心烤鸭”菌落总数已经超过1100。目前我国卫生食品的检测极限值就是1100，“黑心烤鸭”已经检测不出来菌落总数到底有多高了。

（案例来源：《法制晚报》http：//www.fawan.com.cn/html/2011-10/24/content_334071.htm）

【问题聚焦】

孔某的行为构成生产、销售有毒、有害食品罪还是生产、销售不符合安全标准的食品罪？

【法律剖析】

生产、销售有毒、有害食品罪和生产、销售不符合安全标准食品罪的主要区别在于客观方面不同。前者需要在生产、销售的食品中掺入有毒、有害等非食品原料的行为，而后者尽管掺入某些物质而造成不符合食品安全标准的情况，但加入的物质仍然是食品原料，只不过是变质、腐败或者被污染的。本案中，孔某购买劣质原材料，生产、销售的鸭架菌落总数超标，严重违反了食品安全法的规定，如果食用足以导致严重疾病。但鸭架、配料等依然是食品原料，只是不能加以食用。因此孔某的行为应构成生产、销售不符合安全标准的食品罪。

【法条链接】

《中华人民共和国刑法》

第 143 条　生产、销售不符合食品安全标准的食品，足以造成严重食物中毒事故或者其他严重食源性疾病的，处 3 年以下有期徒刑或者拘役，并处罚金；对人体健康造成严重危害或者有其他严重情节的，处 3 年以上 7 年以下有期徒刑，并处罚金；后果特别严重的，处 7 年以上有期徒刑或者无期徒刑，并处罚金或者没收财产。

【案例三】

被告人周某邀请台湾侨资开发有限公司在某市设立一公司。同年，台湾侨资开发有限公司申请在某市注册登记了一房地产旅游开发有限公司，周某任总经理，但迟迟未按承诺和规定注入资金。后台湾侨资开发有限公司从乌克兰进口一批钢材，被告人周某以该公司工程为名办理了 3815 吨钢材的手续，交给台湾侨资公司到天津使用。此批钢材进口后并未投入该公司使用，但台湾侨资开发有限公司董事长刘某与周某商量决定凭此批钢材报关单和商检验资报告骗取验资。最终凭借报关单办理了台湾侨资开发有限公司投入 89.66 万美元的验资手续。同年 8 月，被告人周某又以该公司的名义向香港某集团有限公司借款 85 万美元进行验资，骗取了某会计师事务所的验资报告书。

（案例来源：《中国刑事审判指导案例》，法律出版社 2009 年版，第 97 页。）

【问题聚焦】

周某在该公司登记注册过程中虚报注册资本的行为，是单位犯罪还是个人犯罪？

【法律剖析】

应认定该公司构成虚报注册资本罪。第一，被告人周某隐瞒事实真相、虚报注册资本的行为，是为了让该公司骗取登记，通过企业年检，是为公司谋取不正当利益，而非为个人利益。第二，被告人周某是该公司的总经理，其行为都是以该公司的名义实施的。第三，个人犯虚报注册资本罪要求犯罪主体是特殊主体，行为人必须是申请公司登记的个人。而本案中，该公司的申请人是台湾侨资公司，周某既不是出资人也不是设立人，亦非股东指定的代表，不符合特殊主体的要求。

【法条链接】

《中华人民共和国刑法》

第158条　申请公司登记使用虚假证明文件或者采取其他欺诈手段虚报注册资本，欺骗公司登记主管部门，取得公司登记，虚报注册资本数额巨大、后果严重或者有其他严重情节的，处3年以下有期徒刑或者拘役，并处或者单处虚报注册资本金额1%以上5%以下罚金。

单位犯前款罪的，对单位判处罚金，并对其直接负责的主管人员和其他直接责任人员，处3年以下有期徒刑或者拘役。

【案例四】

2007年4月至5月，谭某筹划将某集团公司优质资产注入上市公司某科技公司并实现该集团整体上市。期间，谭某多次就此事向原该市市委副书记、市长李某作汇报，李某表示支持。2007年6月，谭某向李某汇报该科技公司筹备资产重组事宜时提到该公司股价会上涨，建议李某让丈夫林某购买。同年6月中旬，谭某在办公室约见林某，向其泄露有关该公司资产重组的内幕信息，并建议其出资购买该公司股票。

同年6月下旬，李某在家中向林某某（李某弟媳）泄露了上述内幕信息，并委托林某某购买200万元的该公司股票。随后，林某某从林某存款账户转出236.5万元，从李某某（林某某丈夫）存款账户转出350万元，再集合其本人自有资金，筹集款项合计677.02万元，并借用其弟林一和同事刘一的名义在营业部办理了证券交易开户手续，后分别转入林一账户400.02万元，转入刘一账户277万元，让朋友关某负责买卖该公司股票。2007年6月29日至7月3日期间，上述两个证券账户在该公司股票停牌前累计买入某科技股票89.68万股，买入资金6693262.37元，后于2007年9月18日至10月15日陆续卖出，账面收益19832350.52元。

（案例来源：新华网法治频道，载 http://news.xinhuanet.com/legal/2011-10/28/c_122209705.htm）

【问题聚焦】

被告人李某的行为应该如何认定？

【法律剖析】

本罪的主体是内幕人员，所谓内幕人员，是指证据、期货交易内幕信息的知情人员或者非法获取证券、期货交易内幕信息的人员。被告人李某是原该市市长，由于职务的原因提前获悉了该公司筹备资产重组的消息。在明知获取的是内幕信息的情况下，依然违反有关法规，指使家人根据该内幕信息买卖证券，获利近2000万元之巨，已构成内幕交易、泄露内幕信息罪。

【法条链接】

《中华人民共和国刑法》

第180条　证券、期货交易内幕信息的知情人员或者非法获取证券、期货交易内幕信息的人员，在涉及证券的发行，证券、期货交易或者其他对证券、期货交易价格有重大影响的信息尚未公开前，买入或者卖出该证券，或者从事与该内幕信息有关的期货交易，或者泄露该信息，或者明示、暗示他人从事上述交易活动，情节严重的，处5年以下有期徒刑或者拘役，并处或者单处违法所得1倍以上5倍以下罚金；情节特别严重的，处5年以上10年以下有期徒刑，并处违法所得1倍以上5倍以下罚金。

单位犯前款罪的，对单位判处罚金，并对其直接负责的主管人员和其他直接责任人员，处5年以下有期徒刑或者拘役。

内幕信息、知情人员的范围，依照法律、行政法规的规定确定。

证券交易所、期货交易所、证券公司、期货经纪公司、基金管理公司、商业银行、保险公司等金融机构的从业人员以及有关监管部门或者行业协会的工作人员，利用因职务便利获取的内幕信息以外的其他未公开的信息，违反规定，从事与该信息相关的证券、期货交易活动，或者明示、暗示他人从事相关交易活动，情节严重的，依照第一款的规定处罚。

【案例五】

被告人潘某于2006年7月初，通过“张某”的介绍和“阿元”（另案处理）取得联系，商定由潘某通过银行转账方式为“阿元”转移从网上银行诈骗的钱款，潘某按照转移钱款数额的10%的比例提成。随后潘某又纠集了被告人祝某、李某等人收集他人身份证，由杜某到上海有关银行办理了大量信用卡交给潘某、祝某。由“阿元”通过非法手段获取了多名被害人的网上银行卡号和密码等资料，然后将资金划入潘某办理的67张灵通卡内，并通知潘某取款，共划入上述67张牡丹灵通卡内共计人民币1174264元。潘某、祝某等人从2006年7月至8月期间使用这些灵通卡，通过ATM机提取现金共计人民币1086085元，通过柜台提取现金73615元，扣除事先约定份额，然后将剩余资金汇入相关账户内。案发后，公安机关共追缴赃款共计人民币384000元。

（案例来源：《中国刑事审判指导案例》，法律出版社2009年版，第153页。）

【问题聚焦】

上游犯罪行为人尚未定罪判刑，能否认定洗钱罪？

【法律剖析】

洗钱罪与上游犯罪的关系密不可分，可以说没有上游犯罪，就不会有洗钱罪和掩饰、隐瞒犯罪所得罪这些下游犯罪、派生犯罪。对于是否上游犯罪行为人只有已被法院定罪判刑后，才能认定洗钱罪，理论界仍有不同看法。司法实务界一般认为，只要有证据证明确实发生了《刑法》第191条明文规定的上游犯罪，行为人明知是上游犯罪所得及其收益，仍然实施为上游犯罪行为人提供资金账户、协助将财产转化为现金等掩饰、隐瞒来源与性质的帮助行为时，就可以认定洗钱罪成立。

本案中，上游犯罪嫌疑人“阿元”尚未抓获归案，但依据被害人的陈述和被告人供述，可以确定“阿元”盗划他人信用卡内钱款的行为，已经涉嫌信用卡诈骗。潘某等四被告明知所获得的钱款系金融诈骗犯罪所得，仍然按其要求为其提供账户、协助转移资金，符合《刑法》第191条所规定的洗钱罪构成，应以洗钱罪对四被告定罪处罚。

【法条链接】

《中华人民共和国刑法》

第191条　明知是毒品犯罪、黑社会性质的组织犯罪、恐怖活动犯罪、走私犯罪、贪污贿赂犯罪、破坏金融管理秩序犯罪、金融诈骗犯罪的所得及其产生的收益，为掩饰、隐瞒其来源和性质，有下列行为之一的，没收实施以上犯罪的所得及其产生的收益，处5年以下有期徒刑或者拘役，并处或者单处洗钱数额5%以上20%以下罚金；情节严重的，处5年以上10年以下有期徒刑，并处洗钱数额5%以上20%以下罚金：

（一）提供资金账户的；

（二）协助将财产转换为现金、金融票据、有价证券的；

（三）通过转账或者其他结算方式协助资金转移的；

（四）协助将资金汇往境外的；

（五）以其他方法掩饰、隐瞒犯罪所得及其收益的来源和性质的。

单位犯前款罪的，对单位判处罚金，并对其直接负责的主管人员和其他直接责任人员，处5年以下有期徒刑或者拘役；情节严重的，处5年以上10年以下有期徒刑。

【案例六】

被告人张某于2005年1月18日13时，在某农业银行大厅内，将失主林某遗忘在ATM机里的农行储蓄卡更改密码后据为己有。于2005年1月19日在某交通银行ATM机上取走人民币5000元，1月20日在某工商银行ATM机取走人民币1900元。被抓获归案后，赃物农业银行储蓄卡已起获，张某退赔人民币6900元已由公安机关发还被害人。

（案例来源：《中国刑事审判指导案例》，法律出版社2009年版，第245页。）

【问题聚焦】

信用卡诈骗罪中信用卡范围如何？

【法律剖析】

对于利用银行借记卡冒名取款的行为如何定性一直存在两种不同看法。一种意见认为，根据中国人民银行的规定，银行卡分为信用卡和借记卡，虽然两者功能上有交叉，但存在质的差异，因此持借记卡行骗与持信用卡行骗所侵犯的客体也有差别。本案中张某冒用他人遗失的借记卡取款行为没有侵犯到金融秩序，只侵害了他人的财产所有权。

但根据2004年全国人大常委会《关于〈中华人民共和国刑法〉有关信用卡规定的解释》，刑法所规定的“信用卡”是指由商业银行或者其他金融机构发行的具有消费支付、信用贷款、转账结算、存取现金等全部功能或者部分功能的电子支付卡。这一立法解释明显扩大了刑法意义上“信用卡”的范围认定。据此，刑法中的信用卡就既包括了通行意义上具有透支功能的信用卡，也包括了不具有透支功能的银行借记卡。结合本案案情，虽然被告人持冒领的银行借记卡，但也属于刑法意义上的信用卡，其拾得他人银行卡冒用取款人民币6900元的行为，数额较大，应该以信用卡诈骗罪定罪处罚。

【法条链接】

《中华人民共和国刑法》

第266条　诈骗公私财物，数额较大的，处3年以下有期徒刑、拘役或者管制，并处或者单处罚金；数额巨大或者有其他严重情节的，处3年以上10年以下有期徒刑，并处罚金；数额特别巨大或者有其他特别严重情节的，处

10年以上有期徒刑或者无期徒刑，并处罚金或者没收财产。本法另有规定的，依照规定。

【案例七】

被告人徐某于2002年购买了一辆重型自卸货车，并挂靠在某运输队，并以该运输队的名义办理了盗抢保险业务，所有上牌、年检的相关费用均由被告个人支出。2005年5月，被告人徐某将自己购买的上述重型自卸货车出售给他人，次日又向公安机关及保险公司谎报假案，称车辆失窃。2005年9月，被告人徐某通过该运输队从保险公司骗取了保险金63130.97元。

（案例来源：《中国刑事审判指导案例》，法律出版社2009年版，第248页。）

【问题聚焦】

利用挂靠单位名义实施保险诈骗行为，被告人是否符合保险诈骗罪主体？

【法律剖析】

本案中，保险标的所有权名义上的拥有者与实际拥有者并不同一，但被告人徐某依然符合保险诈骗罪的主体要件，应当认为构成保险诈骗罪。首先，挂靠车辆的实际所有者作为实际投保人和被保险人，对于保险标的具有直接的保险利益关系，完全可以成为保险诈骗罪的主体。挂靠者作为隐性的被保险人和实际投保人，各类保险费用全部由挂靠者支付，与车辆有着切身的利益关系，一旦投保车辆发生意外事故，直接财产的损失者就是挂靠者。相反，挂靠单位与机动车辆之间并无直接利害关系。因此，挂靠者对投保车辆才存在着实质的保险利益。其次，根据保险法的规定，投保人是指对保险标的具有保险利益、与保险人签订合同并向保险人交付保险费的人。挂靠者不以自己名义投保，是因为实现需要而与挂靠单位签订协议将车辆登记于挂靠单位名下所致。本案被告人徐某实质上符合“具有保险利益”、“交纳保险费”的要件，是实际投保人。最后，被告人徐某利用挂靠单位从保险公司骗得盗窃险保险金的行为，属于隐名被保险人利用名义投保人实施的保险诈骗行为，构成保险诈骗罪的间接正犯。本案中，由于具体的保险理赔操作中，保险公司只会接受名义上的被保险人提出的理赔申请，因此被告人徐某必须借助名义投保人某运输队来实施。而运输队不知道被告人徐某的货车实际上并没有失窃，也不知道徐某诈骗保险公司保险金的意图，缺乏主观上的共同犯意。可见，被告人徐某利用挂靠单位从保险公司骗得盗抢保险金的行为，属于利用没有犯意的名义投保人实施的保险诈骗行为，构成保险诈骗罪的间接正犯。

【法条链接】

《中华人民共和国刑法》

第 198 条　有下列情形之一，进行保险诈骗活动，数额较大的，处 5 年以下有期徒刑或者拘役，并处 1 万元以上 10 万元以下罚金；数额巨大或者有其他严重情节的，处 5 年以上 10 年以下有期徒刑，并处 2 万元以上 20 万元以下罚金；数额特别巨大或者有其他特别严重情节的，处 10 年以上有期徒刑，并处 2 万元以上 20 万元以下罚金或者没收财产：

（一）投保人故意虚构保险标的，骗取保险金的；

（二）投保人、被保险人或者受益人对发生的保险事故编造虚假的原因或者夸大损失的程度，骗取保险金的；

（三）投保人、被保险人或者受益人编造未曾发生的保险事故，骗取保险金的；

（四）投保人、被保险人故意造成财产损失的保险事故，骗取保险金的；

（五）投保人、受益人故意造成被保险人死亡、伤残或者疾病，骗取保险金的。

有前款第四项、第五项所列行为，同时构成其他犯罪的，依照数罪并罚的规定处罚。

单位犯第一款罪的，对单位判处罚金，并对其直接负责的主管人员和其他直接责任人员，处 5 年以下有期徒刑或者拘役；数额巨大或者有其他严重情节的，处 5 年以上 10 年以下有期徒刑；数额特别巨大或者有其他特别严重情节的，处 10 年以上有期徒刑。

保险事故的鉴定人、证明人、财产评估人故意提供虚假的证明文件，为他人诈骗提供条件的，以保险诈骗的共犯论处。

【案例八】

被告人王某在担任 A 制药厂法定代表人期间，该厂总经理李某自行指令该厂保管员肖某以不登记入库、另做记录的做法，将该厂生产的部分“健骨生丸”产品让销售科人员以打白条的形式领走出售。在近一年期间，B 医疗中心共打白条拿走 5123 盒健骨生丸，销售后的金额为人民币 4508240 元，既没有在 A 制药厂登记入账，也没有向国税局申报纳税，致使 A 制药厂偷逃增值税税款人民币 655043 元，占同期应纳税款额的 52. 97%。

（案例来源：《中国刑事审判指导案例》，法律出版社 2009 年版，第 284 页。）

【问题聚焦】

单位的法定代表人是否一定要因单位犯罪而追究其刑事责任？

【法律剖析】

本案中A制药厂将生产的部分产品隐匿，销售后收入不入账，偷逃增值税税款的行为构成偷税罪没有疑义，但能否以此追究其法定代表人王某的刑事责任，关键在于能否认定被告人王某属于该单位犯罪行为的“直接负责的主管人员”。一般认为，主管人员主要包括法定代表人、单位的主要负责人等，但以上单位的管理人员并非在任何情况下都要对单位犯罪承担刑事责任，只有当其在单位犯罪中起着组织、指挥、决策作用，所实施的行为与单位犯罪行为有直接联系时，这些人才能成为单位犯罪的处罚主体。本案中，被告人王某虽然是被告单位A制药厂的法定代表人，但法院查明的证据不能证明王某具有决定、批准、授意本单位人员偷逃税的行为，而是本单位另一负责人总经理李某所为，因此对王某不应追究其刑事责任。

【法条链接】

《中华人民共和国刑法》

第201条　纳税人采取欺骗、隐瞒手段进行虚假纳税申报或者不申报，逃避缴纳税款数额较大并且占应纳税额10%以上的，处3年以下有期徒刑或者拘役，并处罚金；数额巨大并且占应纳税额30%以上的，处3年以上7年以下有期徒刑，并处罚金。

扣缴义务人采取前款所列手段，不缴或者少缴已扣、已收税款，数额较大的，依照前款的规定处罚。

对多次实施前两款行为，未经处理的，按照累计数额计算。

有第一款行为，经税务机关依法下达追缴通知后，补缴应纳税款，缴纳滞纳金，已受行政处罚的，不予追究刑事责任；但是，5年内因逃避缴纳税款受过刑事处罚或者被税务机关给予2次以上行政处罚的除外。

【案例九】

2007年6月，被告人訾某在担任某生活节目中心《透明度》栏目临时工作人员期间，通过查访，在未发现有人制作、出售肉馅内掺纸的包子的情况下，为了显示工作业绩，化名“胡月”，纠集本市无业人员张某，冒充工地负责人，多次对制作早餐的卫某等人谎称要订购大量包子，后訾某又伙同同伙携带拍摄设备、纸箱及购买的面粉、肉馅等再次来到该院，訾某以喂狗为由，要求卫某等人将浸泡后的纸箱剁碎掺人肉馅，制作了20余个“纸馅包子”。与此同时，訾某密拍了制作“纸馅包子”的全过程。在节目后期制作中，訾某采用剪辑画面、虚假配音等方法，编辑制作了虚假电视专题片《纸做的包子》播出带，并且隐瞒了事实真相，使该节目于同年7月8日在该电视台播出，造成恶劣影响，严重损害了相关行业商品的声誉。

（案例来源：《刑事审判参考》（第72集），法律出版社2010年版，第7页。）

【问题聚焦】

如何认定损害商业信誉、商品声誉罪中的“他人”？

【法律剖析】

根据刑法规定，损害商业信誉、商品声誉罪的侵害对象是他人的商业信誉、商品声誉，那么究竟应如何理解本案中的“他人”呢？我们认为，损害商业信誉、商品声誉中的“他人”，理应具备一定的特定性，但是这种特定性不能过于固执于字面意思，而应该从两个方面来理解：一方面，损害商业信誉、商品声誉罪的侵害的对象应具有一定的归属性，即侵害的必须是他人拥有的声誉，如果侵害自己的商业信誉、商品声誉不构成本罪。这里的“他人”应做扩大理解，即包括了所有的市场主体，如个人、个体工商户、企业、公司等；另一方面，侵害的对象必须有一定的指向性，即行为必须是指向明确的，要么是某个具体的生产者、销售者，要么就是某一类产品的生产者、经营者。

本案中，被告人訾某捏造事实编制的节目《纸做的包子》虽然没有明确的指名到底是哪一家生产者，但显然，任何一名观众看过该节目后都会对整个该地区的包子行业存有食品安全上的疑虑。而事实上，在该节目播出后，该地区包子都销量惨淡。故可以认定被告人的行为损害了相关行业的商品声誉。

【法条链接】

《中华人民共和国刑法》

第221条　捏造并散布虚伪事实，损害他人的商业信誉、商品声誉，给他人造成重大损失或者有其他严重情节的，处2年以下有期徒刑或者拘役，并处或者单处罚金。

【案例十】

2003年4月5日晚，被告人宋某在某停车场内，让人将12箱蔬菜西兰花放在彭某的汽车上，欲以每箱60元价格强行卖给开车到A市场购买蔬菜的彭某。在遭到彭某拒绝后，宋某即打电话给被告人陈某，陈某随即赶到停车场。当彭某走来时，陈某先向彭某猛踢一脚，随后宋某、陈某和旦某（在逃）三人一起殴打彭某。当彭某逃到自己货车边准备离开时，宋某上前抓住彭某并将其拖到两车过道中，继续索要以上货物货款。彭某再次拒绝后，陈某又继续拳打彭某，彭某用拳还击，陈某随即掏出水果刀向彭某的腹部、左肩、左臀连刺四刀，之后三人逃离现场。经司法鉴定，彭某结肠破裂、腹壁下动脉破裂、腹腔积血，构成重伤。

（案例来源：《中国刑事审判指导案例》，法律出版社2009年版，第415页。）

【问题聚焦】

本案的被告人应如何定罪处罚？

【法律剖析】

强迫交易罪是以暴力或者威胁为主要手段。如果在犯罪过程中如果使用了暴力，那么就可能造成被害人伤害甚至死亡的后果。因此，行为人在构成强迫交易罪的同时，其行为也可能触犯了刑法中所规定的其他罪名，构成其他犯罪。本案中，在实施强迫交易的过程中，三名被告人除了殴打被害人外，被告人陈某还用水果刀刺伤被害人，造成被害人重伤的结果，因此同时又构成了故意伤害罪。对于此种情况，应依照刑法理论中有关牵连犯的刑法处罚原则处理，即“从一重处”的原则，对被告人以故意伤害罪定罪处罚。

但在本案中，两名被告并不能均以故意伤害罪论处。这是因为在实施强迫交易的过程中，被告人陈某在被告人宋某不知情的情况下，用水果刀刺伤了被害人彭某，致被害人重伤。被告人宋某事先既不知道陈某携带了刀具，期间也不能预见陈某会突然拿出水果刀刺伤被害人。陈某持刀重伤被害人的后果，已经超出了宋某与他在实施强迫交易犯罪活动中所形成的共同犯罪故意。因此仅对被告人陈某以故意伤害罪定罪处罚，而对被告人宋某则以强迫交易罪定罪处罚。

【法条链接】

《中华人民共和国刑法》

第226条　以暴力、威胁手段，实施下列行为之一，情节严重的，处3年以下有期徒刑或者拘役，并处或者单处罚金；情节特别严重的，处3年以上7年以下有期徒刑，并处罚金：

（一）强买强卖商品的；

（二）强迫他人提供或者接受服务的；

（三）强迫他人参与或者退出投标、拍卖的；

（四）强迫他人转让或者收购公司、企业的股份、债券或者其他资产的；

（五）强迫他人参与或者退出特定的经营活动的。

三、深度拓展

生产、销售伪劣产品罪未遂的理解和认定

根据《刑法》第140条、第149条的规定，生产、销售伪劣产品，销售金额达到5万元以上的，处2年以下有期徒刑或者拘役，并处或者单处罚金。但司法实践中，多数案件仅仅能查到伪劣商品本身，而无法查清伪劣商品的销售金额。为了解决这一问题，最高人民法院、最高人民检察院《关于办理生产、销售伪劣产品刑事案件具体应用法律若干问题的解释》规定：伪劣产品尚未销售、货值金额达到《刑法》第140条规定的销售金额3倍以上的，以生产、销售伪劣产品罪（未遂）定罪处罚。那么如何理解上述规定？第一，上述规定符合犯罪的本质特征。生产者、销售者生产、购买伪劣产品的目的，就是为了销售。已经生产和购买后准备销售的行为，社会危害性是客观存在的。第二，符合《刑法》关于犯罪既遂、未遂的理论。犯罪既遂是指行为人实施了《刑法》规定的全部构成要件的行为；犯罪未遂是指行为人已经着手实施犯罪，但由于意志以外的原因而没有实施完毕刑法规定的全部构成要件。第三，符合立法意愿。如果仅以销售金额来认定是否构成生产、销售伪劣产品罪，则该条文规定的生产销售伪劣产品罪就毫无意义。如果对尚未销售的生产者仅因没有销售金额就不追究，也不利于开展打假工作。正确处理本罪的犯罪未遂，一是要注意准确认定犯罪的“货值金额”。二是注意定罪量刑标准。生产、销售伪劣产品未遂时，毕竟尚未销售，没有给社会造成实际危害，因此为了缩小打击面，该解释规定要达到销售金额3倍以上的才以本罪处罚。

第十八章　侵犯公民人身权利、民主权利罪

【知识结构图】

侵犯公民人身权利、民主权利罪
- 侵犯生命、健康的犯罪
- 侵犯妇女、儿童身心健康的犯罪
- 侵犯人身自由的犯罪
- 侵犯名誉、人格的犯罪
- 侵犯民主权利的犯罪
- 妨害婚姻家庭权利的犯罪

一、知识点精析

（一）侵犯公民人身权利、民主权利罪概述

1. 侵犯公民人身权利、民主权利罪的概念

侵犯公民人身权利、民主权利罪，是指故意或过失地侵犯公民的人身权利、民主权利以及与人身有直接关系的其他权利的行为。

2. 侵犯公民人身权利、民主权利罪的构成

（1）本类罪所侵犯的同类客体是公民的人身权利、民主权利以及与人身直接有关的其他权利。所谓人身权利，是指公民依法享有的与其人身不可分离的权利，包括生命权、健康权、性自由权、人身自由权、人格权和名誉权、婚姻自由权等。所谓民主权利，是指公民依法所享有的管理国家和参加社会政治活动的权利，主要包括批评权、申诉权、控告权、检举权、选举权和被选举权等。与人身直接有关的其他权利，主要包括住宅不受侵犯权、劳动权、休息权等。

（2）本类罪的犯罪客观方面表现为以各种方法侵犯公民的人身权利、民主权利以及其他与人身直接有关的权利的行为。其中绝大多数犯罪只能以作为

的行为方式实施，如强奸罪、侮辱罪等，也有少数犯罪的行为方式既可以表现为作为也可以表现为不作为，如故意杀人罪。有的犯罪以造成一定的危害结果作为既遂标志，如故意杀人罪等；有的犯罪则只要行为实施达到一定的程度即构成既遂，如侮辱罪、诽谤罪等。

（3）本类罪的犯罪主体多为一般主体，即达到刑事责任年龄，具有刑事责任能力的自然人。但有少数犯罪对主体身份予以了特殊规定，如刑讯逼供罪的主体只能是司法工作人员。本类罪的刑事责任年龄一般为16周岁，但对于故意杀人、故意伤害致人重伤或者死亡、强奸等罪，已满14周岁不满16周岁的人也可以构成。

（4）本类罪的犯罪主观方面大多表现为故意，但也有过失的情形，如过失致人死亡罪。其中个别犯罪还以法定的犯罪目的为构成犯罪的必要要件，如拐卖妇女、儿童罪。

（二）侵犯生命、健康的犯罪

1. 故意杀人罪

故意杀人罪，是指故意非法剥夺他人生命的行为。

（1）故意杀人罪的构成

本罪的犯罪客体是他人的生命权利，因而本罪的对象只能是有生命的自然人。我国理论界在对生命权利起始的标准存在诸多争议：“阵痛说”主张分娩开始时有规律的阵痛之时即为生命权利的开始；“一部露出说”主张胎儿身体一部分露出母体之时为生命权利的开始；“全部露出说”主张胎儿身体全部露出母体之时即为生命权利的开始；“独立呼吸说”主张胎儿开始用自己肺部进行呼吸时即为生命权利的开始。我国刑法学界的通说采独立呼吸说。人的生命终于死亡。对于死亡时间的认定也存在诸多争议：“脉搏停止说”主张心脏和脉搏跳动永久性停止即死亡；“呼吸停止说”主张呼吸永久性停止即死亡；“心肺死亡综合说”主张以心脏跳动和自发性呼吸不可逆转性停止以及瞳孔扩散即为死亡；“脑死亡说”主张只有包括大脑、小脑和脑干在内的脑的全部功能不可逆转地完全消失才是生命终结的标志。我国传统刑法和司法实践之中目前都以“心肺死亡综合说”作为生命权利终止的标准，但随着医学科学的发展，近年来“脑死亡说”在国际刑法学界的影响力有所上升。

本罪的犯罪客观方面要求行为人有非法剥夺他人生命的行为。危害行为与危害结果之间存在着因果关系。在行为人持间接故意的心理态度时，故意杀人罪的既遂还以被害人死亡为要件。

本罪的犯罪主体是一般主体。我国《刑法》第 17 条第 2 款规定："已满十四周岁不满十六周岁的人，犯故意杀人、故意伤害致人重伤或者死亡、强奸、抢劫、贩卖毒品、放火、爆炸、投毒罪的，应当负刑事责任。"已满 14 周岁的人犯本罪即应负刑事责任。《刑法》第 17 条第 3 款规定："已满十四周岁不满十八周岁的人犯罪，应当从轻或者减轻处罚。"已满 14 周岁不满 18 周岁的人犯本罪，应当从轻或者减轻处罚。

本罪的犯罪主观方面要求行为人有非法剥夺他人生命的故意，包括直接故意和间接故意。同时，本罪的动机常见的如报复、图财、奸情、拒捕、义愤、气愤、失恋、流氓动机等可以反映杀人者主观恶性的不同程度，对正确量刑有重要意义。

（2）故意杀人罪的认定

①引起他人自杀行为的认定。

引起他人自杀行为，即行为人实施的某种行为引起了他人自杀身亡的危害后果。主要存在以下几种情况：第一，行为人的合法正当行为引起他人自杀的，行为不构成犯罪。第二，行为人的错误行为或者轻微违法行为如一般辱骂等引起他人自杀的，行为也不构成犯罪。第三，行为人的犯罪行为引起他人自杀的，不构成犯罪。若行为人实施的是强奸、暴力干涉他人婚姻自由等法律将造成被害人自杀的后果规定为加重结果的行为，而行为人主观上并无杀人的故意时，对行为人应以强奸罪、暴力干涉婚姻自由罪定罪，并按照结果加重犯的法定刑处罚。若行为人实施的是侮辱、诽谤等犯罪行为，则引起他人自杀可成为判定犯罪情节严重与否的一个重要因素，按照侮辱罪、诽谤罪定罪处罚。第四，行为人主观上具有致他人死亡的故意，客观上凭借自身权势、地位等或以暴力、胁迫、诱骗等手段促使他人自杀，其行为直接导致了被害人自杀的后果，危害行为与危害结果之间存在因果关系，实质上是一种故意杀人行为，应以故意杀人罪定罪处罚。

②相约自杀行为的认定。

相约自杀，即两人以上相互约定自愿共同自杀的行为。

若双方相约共同自杀，一方对他方并没用实施教唆、帮助或诱使行为，双方均出于自愿的，自杀而没有死亡的一方不对他方的死亡负故意杀人的刑事责任。

若双方相约共同自杀，一方应对方请求先杀死对方，然后自己自杀未成或又放弃自杀念头的。这种情况本质上是一种受托杀人的行为，即行为人主观上明知实施杀人行为，客观是杀人行为与死亡结果之间有因果关系，应按故意杀人罪论处，但考虑到未死一方也是共同自杀者，在量刑时可从轻考虑。

若双方相约共同自杀，一方为自杀者提供物质条件，自杀者利用此条件自杀身亡，而提供条件者自杀未死的。该种行为从性质上讲是一种帮助自杀，可比照帮助自杀的原则处理。

若一方诱骗对方相约共同自杀，而行为人根本没有自杀的意图，在被诱骗者自杀死亡的情况下，对行为人应以故意杀人罪定罪。但这种情况与诱使他人相约共同自杀而自己自杀未成的情形有所区别，对后者在处罚上应从轻。①

③教唆自杀行为的认定。

教唆自杀，是指行为人使没有自杀意图的人产生自杀决意，实施自杀行为。由于在教唆自杀的情形下，自杀者仍具有意志选择自由，因此教唆行为的社会危害性较小。虽应以故意杀人罪论处，但应按情节较轻的故意杀人罪从轻、减轻或者免除处罚。但特定情形下，应当按照一般的故意杀人罪决定刑罚。例如，1999 年 10 月 20 日最高人民法院、最高人民检察院《关于办理组织和利用邪教组织犯罪案件具体应用法律若干问题的解释》第 4 条规定，组织和利用邪教组织制造、散布迷信邪说，指使、胁迫其成员或者其他人实施自杀行为的，依照《刑法》第 232 条，以故意杀人罪定罪处罚。

④帮助自杀行为的认定。

帮助自杀，是指他人已有自杀的意图，行为人对其给予精神上的鼓励或物质上的帮助，使得他人最终实现自杀的行为。在前一种情况下，行为人的帮助行为对自杀死亡结果的原因力较小，可以不追究其刑事责任。在后一种情况下，行为人的行为多是应请求为自杀者提供了物质上的帮助，对死亡结果的发生具有较大的原因力，原则上应构成故意杀人罪，但由于自杀是其本人的意愿，可以对帮助者从轻或者减轻处罚。这一认定原则在司法解释中得到体现。例如，2001 年 6 月 4 日最高人民法院、最高人民检察院《关于办理组织和利用邪教组织犯罪案件具体应用法律若干问题的解释（二）》第 9 条规定，组织、策划、煽动、教唆、帮助邪教组织人员自杀的，依照《刑法》第 232 条，以故意杀人罪定罪处罚。

⑤受嘱托杀人行为及“安乐死”问题。

受嘱托杀人，是指受已有自杀意图者的嘱托而直接将他人杀死的行为。从广义上讲这也是一种帮助自杀行为，但其区别在于行为人是直接实施了杀人行

① 参见高铭暄、马克昌主编：《刑法学》(第 5 版)，北京大学出版社、高等教育出版社 2011 年版，第 463 页。

为而非帮助。这种行为构成故意杀人罪，但出于应自杀者所求才实施，在处罚时可考虑从轻。“安乐死”在本质上也是一种受嘱托杀人的行为。我国目前还没有将“安乐死”合法化，对实践中发生“安乐死”的案件，仍应按照故意杀人罪定罪处罚，但可根据具体情况免除或者减轻处罚。

⑥故意杀人罪的间接正犯认定。

如果行为人有教唆未达到法定刑事责任年龄或不具有刑事责任能力的精神病人实施杀害他人的行为的情形，未达到法定刑事责任年龄或不具有刑事责任能力的精神病人，事实上是教唆者的杀人“工具”，教唆者在理论上称为“间接正犯”，应视为是由他本人实行故意杀人行为，构成故意杀人罪。

⑦故意杀人或致人死亡问题。

很多故意犯罪都包含有杀人或致人死亡的因素，不一定产生了致人死亡的危害结果就定故意杀人罪。按照刑法的规定，大体有以下三种情况：

第一，按结果加重犯处理，判处较重的法定刑。如在犯抢劫、强奸过程中为达到犯罪目的杀死他人的，绑架过程中杀人的，由于刑法分则条文已明文将致人死亡规定为了该犯罪的加重结果，直接按该罪的结果加重犯定罪处罚。还有在犯危害公共安全罪过程中致人死亡的，如放火、决水、爆炸、投放危险物质或者以其他危险方法危害公共安全致人死亡的；犯破坏交通工具、破坏交通设施、劫持航空器致人死亡的等，均按该罪的结果加重犯处罚。

第二，构成转化犯，按故意杀人罪定罪处罚。通常是因为原犯罪本身包含暴力因素，但法定刑比较低。如抗税、侮辱、刑讯逼供、暴力取证、虐待被监管人、妨害公务、聚众斗殴、寻衅滋事、非法拘禁使用暴力、聚众“打砸抢”的，产生了致人死亡的危害结果后，犯罪性质发生转化，转定故意杀人罪。

第三，以所犯原罪与故意杀人罪数罪并罚。通常是犯罪既遂后基于新的故意而杀人。如在强奸、抢劫实施完毕后或放弃原犯罪意图后，为杀人灭口、泄愤报复而杀害被害人的，并罚；犯走私罪、组织、运送他人偷越国边境罪使用暴力手段致稽查人死亡的，并罚。

（3）故意杀人罪的处罚

①犯本罪的，处死刑、无期徒刑或者10年以上有期徒刑。属于情节严重的，应当判处死刑或者无期徒刑。如出于图财、奸淫、对正义行为进行报复、毁灭罪证、嫁祸他人、暴力干涉婚姻自由等卑劣动机而杀人；以极端残酷的手段杀人；杀害特定对象如与之朝夕相处的亲人，著名的政治家、军事家、知名人士等，造成社会强烈震动、影响恶劣的杀人；产生诸如多人死亡，导致被害人亲人精神失常等严重后果的杀人；民愤极大如犯罪人恶贯满盈，群众强烈要

求处死的故意杀等。

②犯本罪，情节较轻的，处3年以上10年以下有期徒刑。根据司法实践，主要包括防卫过当的故意杀人、因受被害人长期迫害而杀人、义愤杀人、激情杀人、受嘱托杀人、帮助他人自杀的杀人等。

2. 过失致人死亡罪

过失致人死亡罪，是指因过失致使他人死亡的行为。

（1）过失致人死亡罪的构成

本罪侵害的犯罪客体是他人的生命权利。

本罪的犯罪客观方面表现为致人死亡的行为。这里的行为主要是指在日常生活中，对他人的生命安全缺乏应有的关注，因作为或者不作为行为致使他人死亡。根据法律规定，构成本罪必须有死亡结果的发生，且过失行为与死亡结果之间必须具有刑法上的因果关系。至于被害人或其他人有无过错，不影响本罪的成立，但在确定刑事责任时应当予以考虑。

本罪的犯罪主体为一般主体，年满16周岁具有刑事责任能力的自然人均可成为本罪主体。

本罪在犯罪主观方面表现为过失，包括疏忽大意的过失和过于自信的过失。

（2）过失致人死亡罪的认定

①过失的认定。

过失致人死亡罪中的过失仅指由于普通过失而致人死亡的行为。上述法条中本法另有规定，是指对其他因业务过失致人死亡的情况，如交通肇事、重大责任事故致人死亡等。普通过失即日常生活中的过失，业务过失则是在履行职务、职责过程中的过失。这些罪名虽然也发生了过失致人死亡的后果，但依特别法优于普通法的原则，应依照其他各条的规定定罪处刑，不再定过失致人死亡罪。

②过失致人死亡行为向故意杀人行为转化的问题。

行为人过失致人重伤，客观上被害人已经达到无法救治、必然死亡的程度，由于行为人误认为只造成了重伤，为逃避罪责而逃之夭夭，这种情况下，行为人基于过失行为而负有紧急抢救的义务，如果及时进行抢救，虽然被害人仍然死亡，行为人的行为属于过失致人死亡罪。而行为人故意逃避抢救义务，主观上放任被害人死亡结果的发生，此时，行为人主观心态和客观行为均发生了由过失致人死亡罪向间接故意杀人罪的转化，应以间接故意杀人罪定罪处罚。若行为人的过失行为已经造成了被害人死亡的结果，却误认为被害人受了重伤而故意实施杀害已经死亡的被害人的行为。在这种情况下，行为人的对象认识错误，不影响其后面实施的故意杀人罪的构成，应对其以故意杀人罪定罪处罚。

（3）过失致人死亡罪的处罚

犯本罪的，处3年以上7年以下有期徒刑；情节较轻的，处3年以下有期徒刑。

【难点辨析】

①过于自信的过失致人死亡与间接故意杀人罪。

二者都造成了死亡结果的发生，行为人都意识到了自己的行为可能发生导致他人死亡的危害结果，且主观上都不希望这种危害结果发生。但二者的区别在于：过于自信的过失致人死亡的行为人主观上希望避免死亡结果的发生，而间接故意杀人的行为人主观上对死亡结果的发生持放任态度，死亡结果发生与否均不违背其意志。前者在意识到死亡结果可能发生的情况下仍实施该行为的原因是因为他出于本人的能力、经验以及环境等主客观因素的考虑认为可以避免死亡结果的发生；后者则是为了实现其他的目的而在明知死亡结果可能发生的情况下仍实施该行为，并没有要避免死亡结果发生的意思。

②疏忽大意的过失致人死亡与意外事件致人死亡的界限。

二者都没有预见死亡结果的发生，且主观上都排斥其发生，而区分二者的关键在于，根据行为人自身的认识能力、所处环境等主客观因素予以综合考虑，是否存在预见结果发生的可能性。应当预见死亡结果的发生而没有预见的是疏忽大意的过失致人死亡，而不可能预见死亡结果发生的则是意外事件致人死亡。

3. 故意伤害罪

故意伤害罪，是指故意非法损害他人身体健康的行为。

（1）故意伤害罪的构成

本罪侵害的犯罪客体是他人的身体健康权。我国刑法理论一般认为，伤害他人身体健康是指使他人的生理健康遭受实质的损害，即具有破坏他人人体的肢体、组织的完整或者损坏人体组织、肢体、器官的正常机能的伤害行为。造成他人"精神伤害"的，不构成本罪。但是，如果导致"精神分裂症"，乃系神经受到伤害而直接引起的身体病变，那么可以构成本罪。① 本罪的犯罪对象

① 参见王作富主编：《刑法分则实务研究》，中国方正出版社2010年版，第821～822页。

必须是他人。如果行为人对自己身体健康造成损害的不构成本罪。但是，军人在作战时自伤身体以逃避履行军事义务的，依法可构成战时自伤罪。

本罪的客观方面表现为非法损害他人身体健康的行为。故意伤害罪的结果包括轻伤害、重伤害和伤害致死三种情况。伤害行为仅造成了他人轻微伤害的，不构成犯罪。①《刑法》第95条对“重伤”的概念给出了界定：“本法所称重伤，是指有下列情形之一的伤害：（一）使人肢体残废或者毁人容貌的；（二）使人丧失听觉、视觉或者其他器官机能的；（三）其他对于人身健康有重大伤害的。”确定伤害程度及确定的时间一般应以伤害当时的情况为主，结合审判时的治疗和恢复情况综合认定。②

本罪的犯罪主体为一般主体。对于故意伤害致人重伤或死亡的，主体可以为已满14周岁具有刑事责任能力的自然人。对于致人轻伤害的，主体是已满16周岁具有刑事责任能力的自然人。

本罪的犯罪主观方面为故意。在故意伤害致死的情况下，对伤害结果的发生是出于故意，但是对死亡结果的发生则只能是出于过失的心理态度。在间接故意伤害的情况下，只能是放任对他人身体健康损害结果的发生，而不能是放任死亡结果发生，否则，应构成故意杀人罪。

（2）故意伤害罪的认定

①故意伤害罪与殴打行为的界限。

故意伤害罪的伤害，是指损害他人肢体、器官、组织完整和正常机能的行为。而殴打行为，是指造成人体暂时性的疼痛，但不损害人体健康的行为。由于并不破坏他人的肢体、器官、组织的完整和正常机能，所以，并不是伤害罪意义上的对人体健康的损害，不能构成故意伤害罪。但如采取殴打方式造成身体健康损害结果时，特别是在发生死亡结果的情况下，应分析行为人对结果发生的主观上的罪过，是采用殴打方式行伤害之实，还是因过失造成重伤或致人死亡。不能因殴打是有意实施的，就认为只能构成故意伤害罪。

②故意伤害罪与故意杀人罪（未遂）的界限。

两罪相同之处在于客观上都造成伤害的结果，而区别的关键在于行为人的故意内容不同。故意伤害的故意内容，是非法损害他人身体健康，并无剥夺他人生命的故意内容；而故意杀人未遂故意的内容，是非法剥夺他人的生命，虽

---

①　最高人民法院、最高人民检察院、公安部、司法部公布有《人体轻伤鉴定标准（试行）》，区别轻伤害与轻微伤害。

②　参见李希慧主编：《刑法各论》，武汉大学出版社2009年版，第213页。

然在客观上呈现的是损害他人健康的结果，但这是由于行为人意志以外的原因，而未造成死亡的结果。所以，两者区别的关键在于主观上有无非法剥夺他人生命的故意内容。

③故意伤害罪致人死亡与故意杀人（既遂）的界限。

两罪相同之处在于主观上都是出于故意，在客观上都发生了死亡的结果。区分的关键在于故意的内容不同。故意伤害致死只具有非法损害他人身体健康的故意，而对死亡结果的发生主观上是出于过失；而故意杀人在主观上具有非法剥夺他人生命的故意内容。

④暴力手段的认定。

需要注意的是，刑法中规定暴力为构成要件的犯罪有多种，如强奸罪、抗税罪、抢劫罪、暴力取证罪等；而且有些犯罪通常是以暴力为手段行为，如绑架罪、非法拘禁罪等。由于暴力一般表现为伤害行为，暴力又主要是针对他人身体而实施，因此，可对被害人身体健康造成一定程度的损害，在法律没有明文规定的情况下，即使在实施该类犯罪中因为暴力伤害了他人身体健康的，也不能以故意伤害罪论处。

【难点辨析】

故意伤害罪致人死亡与过失致人死亡

两者相同之处在于客观上都造成了他人死亡的结果，主观上都没有剥夺他人生命的故意。两罪的区别主要是：故意伤害致人死亡的，行为人主观上具有伤害的故意，但对死亡的结果是过失，属于复杂罪过；而过失致人死亡的行为人主观上只对死亡结果有过失，主观上并无伤害的故意。因此，区分两者的关键在于主观上有无伤害的故意。

4. 组织出卖人体器官罪

组织出卖人体器官罪，是指组织他人出卖人体器官的行为。

（1）组织出卖人体器官罪的构成

本罪的犯罪客体为他人的身体健康权。

本罪的客观方面表现为组织他人出卖人体器官的行为。本罪为行为犯，不需要出现危害结果即可成立本罪。在本罪中，被害人承诺不阻却犯罪的成立。有被害人承诺的，成立组织出卖人体器官罪。若没有被害人承诺的，则成立故意杀人罪或者故意伤害罪。盗窃尸体器官的，成立盗窃尸体罪。

本罪的犯罪主体为一般主体，为已满16周岁具有刑事责任能力的自然人。

本罪的犯罪主观方面为故意，且为直接故意，通常具有牟利的目的。

(2) 组织出卖人体器官罪的处罚

犯本罪的，处5年以下有期徒刑，并处罚金；情节严重的，处5年以上有期徒刑，并处罚金或者没收财产。

(三) 侵犯妇女、儿童身心健康的犯罪

1. 强奸罪

强奸罪，是指以暴力、胁迫或者其他手段，违背妇女意志，强行与妇女性交，或者故意与不满14岁的幼女发生性关系的行为。

(1) 强奸罪的构成

本罪侵害的客体是女性的性自由权利和幼女的身心健康权利。木罪的对象是妇女和幼女。妇女是指年满14周岁的女性，即未成年妇女和成年妇女。所谓妇女性的自由权利，是指妇女根据自己的意愿发生或不发生性行为的权利。所谓幼女的身心健康权利，是指幼女的身体和精神正常发育和健康成长的权利。愿意发生性行为的权利是对具有责任能力、精神健全的妇女而言，如果是不满14周岁的幼女或者精神病患者，则不问其是否有同意性行为的意思表示，均以违反其意志论。

本罪的客观方面表现为违背妇女意志，以暴力、胁迫或者其他手段，强行与妇女性交，或者故意与不满14岁的幼女发生性关系的行为。在强行与妇女发生性行为时，违背妇女意志，是构成本罪的本质特征。在犯罪对象为不满14周岁的幼女时，出于对幼女的特别保护，法律对手段并无特别限制，即行为人无论采用何种手段，只要与幼女发生了性关系，无论幼女同意与否，均符合本罪的客观方面的要件。

本罪的犯罪主体是已满14周岁具有刑事责任能力的男性。女性不能单独构成本罪，但可以成为本罪的教唆犯和帮助犯。

本罪的犯罪主观方面是直接故意，并且具有违背女性意志，与之发生性交的故意内容。奸淫幼女构成强奸罪要求行为人必须明知奸淫的是幼女才能构成强奸罪，这里所谓的“明知”，只要行为人认识到可能是幼女的，就符合本罪对认识因素的要求，而不是要求必须是确知。[①] 在强行与妇女发生性行为时，违背妇女意志，是构成本罪的本质特征。常见手段有暴力、胁迫、麻醉、灌醉

① 参见2003年最高人民法院《关于行为人不明知是不满14周岁的幼女，双方自愿发生性关系是否构成强奸罪问题的批复》。

酒、利用迷信、假借诊治疾病需要、假冒妇女的丈夫或恋人使其受蒙蔽、利用职权、从属关系胁迫而强奸等。总的来说，不能仅仅根据妇女有没有反抗来判断是否违背妇女意志。只要在正常情况下，对方不愿意与其发生性关系，行为人利用一定的条件与其发生了性关系就构成强奸罪。

（2）强奸罪的认定

①本罪与通奸的界限。

通奸，是指有配偶的男女之间以及有配偶的男女一方与他人之间，基于情感、生理需要自愿发生的婚外性行为。通奸并不违背妇女的意志，也不使用暴力等手段，不构成本罪。如果男女双方先是通奸，后女方不愿继续通奸，男方仍纠缠强行实施性行为的，以强奸罪论处。对第一次性行为违背妇女意志，但女方并未告发并继续多次自愿与该男子发生性行为，从保护该妇女和稳定社会出发，一般不再追究行为人强奸罪的刑事责任。但是，如果后来的多次性行为是妇女受到行为人的威胁、恫吓所致，则应对行为人以强奸罪论处。对男方霸占女方，迫使其忍辱从奸的，也应以强奸罪论处。

②使用胁迫手段的强奸与双方基于互相利用发生性行为的界限。

实践中对于利用教养关系，特别是被害人为幼女的情况下，以及利用从属关系或利用职权、封建迷信、治病为名迫使被害人就范从而实施奸淫行为的，应认定为违背其意志，属利用胁迫手段。如以断绝生活来源、解除工作或者利用迷信以不发生性行为将有灭顶之灾、疾病等相威胁，应构成强奸罪。对于行为人利用职权或地位上的优越条件，以某种精神或物质利益引诱女方，女方为谋取某种利益，或者接受引诱，自愿或者基于互相利用与之发生性行为的，即使男方在此后欺骗了女方，对男方也不能定强奸罪。

③与精神病人或痴呆患者发生性行为的认定。

如果间歇性精神病人正处在精神正常期、精神发育不全的轻度患者并未完全丧失辨认和控制自己行为的能力，只要性行为不是违背其意志，就不能定为强奸罪。而不考虑精神病人病情的轻重以及意识、控制能力的程度的强弱，只要以暴力、胁迫等手段，应认定为强奸罪。虽然是得到患者同意而与之性交的，但明知是丧失辨认和控制自己行为能力的痴呆、精神病患者，而趁其辨认和控制能力减弱时实施奸淫行为的，构成强奸罪。确实不知是痴呆或精神病患者，在得其同意，甚至受到病患者的性挑逗的情况下，与之发生了性行为，行为人主观上缺乏违背女性意志强行与其性交的目的，不能认定为强奸罪。①

① 参见李希慧主编：《刑法各论》，武汉大学出版社2009年版，第219页。

④对已满14周岁不满16周岁的男性与幼女发生性行为的处理。

2000年2月24日起施行的最高人民法院《关于审理强奸案件有关问题的解释》规定：对于已满14周岁不满16周岁的人，与幼女发生性关系构成犯罪的，依照《刑法》第17条、第263条第2款的规定，以强奸罪定罪处罚；对于与幼女发生性关系，情节轻微，尚未造成严重后果的，不认为是犯罪。对于行为人既实施了强奸妇女行为又实施了奸淫幼女行为的，依照《刑法》第236条的规定，以强奸罪从重处罚。2006年1月11日最高人民法院《关于审理未成年人刑事案件具体应用法律若干问题的解释》第6条规定："已满14周岁不满16周岁的人偶尔与幼女发生性行为，情节轻微、未造成严重后果的，不认为是犯罪。"因此，认定时要注意，行为人若使用暴力、胁迫或其他强制手段与幼女发生性行为，无论情节是否严重，均应以强奸罪论处。如果已满14周岁不满16周岁的男性与幼女自愿偶尔发生性关系且情节轻微，尚未造成严重后果的，可以不以强奸罪论处；如果情节恶劣，后果严重的，可认定为强奸罪，如奸淫多名幼女或者造成幼女性器官严重损害等。

⑤既遂的认定。

通说认为，强奸既遂与否采插入说，即两性性器官的结合为标准。但由于强奸行为针对不同被害对象的心理、生理条件的不同，针对已满14周岁妇女的强奸，既遂与否以插入说为宜，针对不满14周岁的幼女，则采取接触说为宜，即只要两性性器官发生接触即为既遂。

【疑难法条解析】

2003年1月17日最高人民法院《关于行为人不明知是不满14周岁的幼女，双方自愿发生性关系是否构成强奸罪问题的批复》规定，行为人明知是不满14周岁的幼女而与其发生性关系，不论幼女是否自愿，均应依照《刑法》第236条第2款的规定，以强奸罪定罪处罚；行为人确实不知对方是不满14周岁幼女，双方自愿发生性关系，未造成严重后果，情节显著轻微的，不认为是犯罪。

解析：

我国《刑法》第236条第2款规定，"奸淫不满十四周岁的幼女的，以强奸论，从重处罚。"即与不满十四周岁的幼女发生性关系的法定事实成立，即以强奸论。这里并没有提及是否以暴力胁迫或者其他手段强奸幼女，也就是不论是否违背幼女意志，这就是一种法定强奸，并非真正意义上的强奸。

行为人若使用暴力、胁迫或其他强制手段与幼女发生性行为，无论情节是否严重，均应以本罪论处。如果是自愿发生性关系，而且情节轻微，尚未造成严重后果的，可不以本罪论处；如果情节恶劣，后果严重的，可认定为本罪，如奸淫多名幼女或者造成幼女性器官严重损害等；而对于既实施强奸妇女行为又实施了奸淫幼女行为的，只能按照本罪一罪从重处罚，不实行数罪并罚。

犯罪的本质特征在于其主观恶性与客观危害的统一，在处理奸淫幼女的行为的问题上，亦应遵循主客观相一致原则的指导，既要看到行为的客观危害，又要看到行为人主观恶性，在被害人权益和被告人人权之间找到最佳平衡点。

（3）强奸罪的处罚

①犯本罪的，处3年以上10年以下有期徒刑。

②具有下列情形的，处10年以上有期徒刑、无期徒刑或者死刑：

强奸妇女情节恶劣的。主要是指利用残酷的暴力手段，如捆绑、捂嘴、卡脖等强奸妇女的；在行奸过程中肆意蹂躏妇女的；长期多次对某一妇女进行强奸的；强奸精神病患者、严重的痴呆症患者、孕妇、病妇的；等等。

强奸妇女多人的。既可以是多次强奸多名妇女，又可以是一次强奸多名妇女，多人是指3人以上，既包括妇女3人以上，又包括妇女、幼女共3人以上，但不包括幼女3人以上。

在公共场所当众强奸妇女的。这里的公共场所，是指车站、码头、医院、学校、公园、剧院等人来人往较多的场所。

二人以上轮奸的。是指两名以上的男子在同一较短的时间内出于共同的强奸故意对同一妇女先后轮流强奸的行为。

致使被害人重伤、死亡或者造成其他严重后果的。是指行为人在强奸妇女之前或在强奸过程中故意使用暴力或因自己的性行为直接导致被害人重伤或直接导致当场死亡或经治疗无效死亡。如果出于杀人故意而采用暴力将其杀死后再进行奸尸的，应以故意杀人罪论处，奸尸作为一个严重情节考虑。如果行为人在强奸妇女后，出于报复、灭口、逃跑又将妇女杀害或伤害的，应数罪并罚。其他严重后果，是指因强奸行为导致被害人精神失常、自杀或者婚姻破裂的等情况。

奸淫不满14周岁的幼女的，以强奸论，从重处罚。既实施了强奸妇女行为又实施了奸淫幼女行为的，只以强奸罪一罪从重处罚。

2. 强制猥亵、侮辱妇女罪

强制猥亵、侮辱妇女罪是指以暴力、胁迫或者其他手段，违背妇女意志，强制猥亵、侮辱妇女的行为。

（1）强制猥亵、侮辱妇女罪的构成

本罪的犯罪客体是妇女的人格尊严和人身自由权利。本罪的对象只限于妇女，是指年满14周岁以上的未成年妇女和成年妇女。猥亵不满14周岁的幼女(包括幼年男性)，构成《刑法》第237条第3款规定的猥亵儿童罪。已满14周岁的男性，不能成为本罪的对象。

本罪的犯罪客观方面表现为以暴力、胁迫或者其他手段，违背妇女意志，强制猥亵、侮辱妇女的行为。

本罪的犯罪主体是已满16周岁具有刑事责任能力的男性。女性不能单独构成本罪，但可以成为本罪的共犯。

本罪的犯罪主观方面是直接故意，一般具有满足自己性欲要求或有损妇女人格的目的。这是本罪与强奸（未遂）区别的关键。其动机常常是为了寻找精神刺激、取乐等。

(2) 强制猥亵、侮辱妇女罪的认定

①强制猥亵、侮辱妇女罪与强奸罪未遂。

二者的区别在于行为人是否有性交的目的。若无法查清其行为是否确实具有奸淫的目的，本着疑罪从轻原则，应当按强制猥亵、侮辱妇女罪定罪处刑。

②强制猥亵、侮辱妇女罪与侮辱罪。

二者动机不同。前者是为了满足性刺激，后者是为了贬低他人人格，损害他人名誉。且后罪必须采用公开的方式，但前罪并无此要求，私下强制猥亵妇女也构成本罪。

(3) 强制猥亵、侮辱妇女罪的处罚

犯本罪的，处5年以下有期徒刑或者拘役。聚众或者在公共场所当众犯前款罪的，处5年以上有期徒刑。

(四) 侵犯人身自由的犯罪

1. 非法拘禁罪

非法拘禁，是指非法拘禁他人或者以其他方法非法剥夺他人人身自由的行为。

(1) 非法拘禁罪的构成

本罪的犯罪客体是他人的人身自由权利，即他人根据自己的意愿自由支配自己身体活动的权利。非法拘禁罪的对象是所有依法享有人身自由权利的他人。

本罪在犯罪客观方面表现为以非法拘禁或者以其他强制方法剥夺他人人身自由的行为。所谓“拘禁”，即指以强制方法使他人在一定时间内失去行动自由，或者使他人处于不能脱离一定场所的状态。所谓“非法”，主要表现为没有拘禁他人权限的人以非法方法拘禁他人，或者有拘禁他人权限的人利用职权违法拘禁他人或剥夺他人人身自由。非法拘禁的具体方法多种多样，可以是作为也可以是不作为。非法拘禁具有非法性和强制性。

本罪的犯罪主体为已满16周岁具有刑事责任能力的自然人。

本罪的犯罪主观方面是故意，并且具有非法剥夺他人人身自由的目的。

（2）非法拘禁罪的认定

非法拘禁罪属于继续犯，不法的拘禁行为和他人失去自由的状态在一定时间内处于持续不间断状态。拘禁时间的长短对犯罪的成立没有影响，只要行为人以剥夺他人人身自由为目的，非法拘禁他人，不论时间长短，都是本罪既遂。时间的长短可作为一个量刑情节加以考虑，但如果非法拘禁时间过于短暂，情节显著轻微，没有造成多大危害的，不应以犯罪论处。因此，应当根据情节轻重、危害大小、动机为私为公、拘禁时间长短等因素，综合分析，来确定非法拘禁行为的性质。

《治安管理处罚条例》第22条规定：非法限制他人人身自由，尚不够刑事处罚的，处15日以下拘留，200元以下罚款或者警告。司法实践中，对具有下列情形之一的，应当作为犯罪处理：（1）国家工作人员滥用职权、非法拘禁无辜群众，造成恶劣影响的：（2）非法拘禁他人，并实施捆绑、殴打、侮辱等行为的；（3）多次大量非法拘禁他人，或非法拘禁多人，或非法拘禁时间较长的；（4）非法拘禁，致人重伤、死亡、精神失常或自杀的：（5）非法拘禁，造成其他严重后果的。

国家机关工作人员利用职权非法拘禁他人的，从重处罚。相关司法解释对此作出了详细规定。1999年9月最高人民检察院《关于人民检察院直接受理立案侦查案件立案标准的规定（试行）》：“国家机关工作人员涉嫌利用职权非法拘禁，具有下列情形之一的，应予立案：1. 非法拘禁持续时间超过24小时的；2. 3次以上非法拘禁他人，或者一次非法拘禁3人以上的；3. 非法拘禁他人，并实施捆绑、殴打、侮辱等行为的；4. 非法拘禁，致人伤残、死亡、精神失常的；5. 为索取债务非法扣押、拘禁他人，具有上述情形之一的；6. 司法工作人员对明知是无辜的人而非法拘禁的。”

如果非法拘禁行为与其他犯罪存在牵连关系，除刑法有明文规定的外，应从一重罪处断，不实行并罚。以出卖为目的非法拘禁妇女、儿童的，应按牵连犯的原则，以拐卖妇女、儿童罪从重处罚。收买被拐卖的妇女、儿童，非法剥夺其人身自由的，实行数罪并罚。国家机关工作人员利用职权进行报复陷害，非法拘禁他人的，应从一重处断。

行为人犯非法拘禁罪过程中使用暴力，故意导致被害人伤残、死亡的，罪名发生转化，应以故意伤害罪、故意杀人罪论处。司法实践之中，作为法定刑加重情节的“非法拘禁致人重伤或者致人死亡”，特指在非法拘禁过程中因过失引起被拘禁人重伤或死亡的情形，为非法拘禁罪的结果加重犯。而“使用暴力致人伤残、死亡的”，则是指在非法拘禁过程中故意加害被害人，此时按照故意伤害罪、故意杀人罪论处，犯罪性质发生了转化。

(3) 非法拘禁罪的处罚

根据《刑法》第238条第1款、第2款的规定，犯非法拘禁罪的，处3年以下有期徒刑、拘役、管制或者剥夺政治权利，具有殴打、侮辱情节的，从重处罚。犯非法拘禁罪致人重伤的，处3年以上10年以下有期徒刑；致人死亡的，处10年以上有期徒刑。国家机关工作人员利用职权犯非法拘禁罪的，从重处罚。

所谓具有殴打、侮辱情节，是指为实行非法拘禁而在拘禁过程中进行殴打或侮辱。对于过失造成重伤的，应适用非法拘禁罪的加重结果犯之法定刑；故意造成重伤的，则应根据转化犯的规定，以故意伤害罪论处。

所谓“致人重伤”、“致人死亡”仅仅是指过失致人重伤、致人死亡，且不包括以轻伤为故意而过失地造成重伤的情形在内，因为这种情形仍为故意重伤罪的范畴。

为索取债务非法扣押、拘禁他人的，依照本罪的规定处罚。“索取债务”，是指为追回贷款、借款、工资、定金、违约金、医疗费等而要求对方履行财产给付义务的行为。[①] 为索取债务非法扣押、拘禁他人，是指为索取合法债务的情形。行为人为索取合法债务或者为索取高利贷、赌债等法律不予保护的债务，而非法扣押、拘禁他人的，按本罪定罪处罚。但索债的部分明显超过债务的部分时，属于以勒索债务为名的绑架，扣押构成绑架罪。行为人为索取非法债务而扣押、拘禁他人的，应以绑架罪定罪处罚。

国家机关工作人员利用职权犯非法拘禁罪从重处罚，仅限于“利用职权”的情形；没有利用职权的，不得从重处罚。另外，应当注意，行为人非法拘禁具有多个从重处罚情节的，应在更大幅度上从重处罚。比如国家机关工作人员

① 参见曲新久主编：《刑法学》(第4版)，中国政法大学出版社2011年版，第411页。

利用职权非法拘禁，又具有殴打、侮辱情节的，就属于这种情况。①

2. 绑架罪

绑架是指利用被绑架人的近亲或者其他人对被绑架人安危的忧虑，以勒索财物或满足其他不法要求为目的，使用暴力、胁迫或者麻醉方法劫持或以实力控制他人的行为。

（1）绑架罪的构成

①本罪的犯罪客体是复杂客体，包括他人的人身自由权利、健康、生命权利及公私财产所有权利。但人身权利是本罪的主要客体。

②本罪的犯罪客观方面是使用暴力、胁迫或者其他手段劫持他人的行为。绑架，亦称劫持，是指违背被害人或其法定监护人的意志。使用强制手段将被害人置于行为人控制之下，剥夺或者限制人身自由的行为。② 以勒索财物为目的偷盗婴幼儿的，构成绑架罪。根据刑法的规定，绑架的具体行为可以有两种情况：一是以勒索财物为目的绑架他人为人质；二是出于非法勒索财物目的绑架他人为人质（但是，不包括为索取债务绑架他人为人质的情况）。行为人在绑架过程中，又以暴力、胁迫等手段当场劫取被害人财物，构成犯罪的，择一重罪处罚。

③本罪的犯罪主体为已满16周岁具有刑事责任能力的自然人。

④本罪的犯罪主观方面是直接故意。根据刑法的规定，绑架罪的故意目的有二：一是以勒索财物为目的，二是除勒索财物或者出卖为目的以外，获取其他利益的目的，可以是为了满足政治目的，也可能是为其他利益。犯罪的目的如何不影响绑架罪的成立。

（2）绑架罪的认定

①既遂的认定。

我国刑法理论通说认为，犯罪既遂以行为符合刑法规定的具体犯罪构成要件为标准。根据《刑法》第239条的规定，在绑架罪的客观要件中，并未规定本罪必须在客观上具备勒索财物或强取其他利益的行为，所以本罪的既未遂应以绑架行为是否达到实际控制人质，将其置于自己实际支配之下为标准，已

① 参见李希慧主编：《刑法各论》，武汉大学出版社2009年版，第225页。

② 2001年最高人民法院《关于对在绑架过程中以暴力、胁迫等手段当场劫取被害人财物的行为如何适用法律问题的答复》中指出：行为人在绑架过程中，又以暴力、胁迫等手段当场劫取被害人的财物，构成犯罪的，择一重罪处罚。从这一点而言，在以勒索财物为目的，绑架他人的案件中，如将被害人掳离其原处所，则只能构成本罪。

经实际控制人质的是既遂。虽实施暴力、胁迫、麻醉等行为，但未构成对人质人身实际控制的，是未遂。

②罪数的认定。

本罪是多环节犯罪，绑架完成即构成犯罪既遂，不要求开始勒索或得到财物，自动放人也不构成中止。在绑架勒索过程中，故意杀害被绑架人的，只定绑架罪一罪，而不认定为数罪。但致使被绑架人死亡或者杀害被绑架人的，处死刑，并处没收财产。这是一个绝对刑，应予注意。在绑架妇女的过程中强奸的，数罪并罚。

(3) 绑架罪的处罚

犯本罪的，处10年以上有期徒刑或者无期徒刑，并处罚金或者没收财产；致使被害人死亡或者杀害被绑架人的处死刑，并处没收财产。如果14～16周岁的未成年人绑架人质，并杀害人质的，应当追究其故意杀人行为的刑事责任，按故意杀人罪定罪处罚。行为人在绑架过程中，又以暴力、胁迫等手段当场劫取被害人财物，构成犯罪的，择一重罪处罚。

【难点辨析】

①绑架罪与非法拘禁罪。

绑架罪与非法拘禁罪在形式上都剥夺了被害人的人身自由。二者的区别主要在于，绑架罪的构成不仅要求有非法剥夺人身自由的行为，而且要求有勒索财物或满足行为人不法要求的目的，以及向与被害人相关的第三人勒索财物或提出不法要求的实行行为。而非法拘禁罪仅要求行为人具有剥夺他人人身自由的目的，只具有非法剥夺人身的行为，除了索取债务的情况外，既无勒索财物的行为，也无要求其他利益的行为。

实践中，涉及绑架罪与非法拘禁罪界限区分问题的主要是为索债而绑架、扣押人质的案件。《刑法》第238条第3款明确规定：为索取债务而非法扣押、拘禁他人的，以非法拘禁罪定罪处罚。应当注意的是，第238条第3款规定的“为索取债务而非法扣押、拘禁他人”中“债务”所指的是合法债务，为索取非法债务如赌博债而非法扣押、拘禁他人的，应以绑架罪定罪处罚。债权债务关系不明的，行为人确系出于索取合法债务的目的而实施绑架行为的，应以非法拘禁罪定性。但是，对于行为人与他人有债权债务关系而绑架、扣押人质的案件，也要认真考察行为人的真实意图，对行为人绑架、扣押人质而目的不在于索取债务的，对行为人仍要以绑架罪定罪处罚。为索取债务绑架他人，向被绑架人的近亲属或其他人索得债务后，又索取额外财物或以人质相挟提出其他不法要求的，行为人同时触犯非法拘禁罪和绑架罪两个罪名。此时绑架作为重行为吸收了非法拘禁，对行为人应以绑架罪一罪处理。

②绑架罪与抢劫罪。

绑架罪与抢劫罪都以取得财物为目的；在客观上都可以表现为暴力、胁迫等强制手段：在侵犯的合法权益方面，两者也都同时侵犯了公民的人身权利和财产权利，因而两者是十分近似的犯罪。区别两者的关键有两个方面：第一，绑架罪由于是将被绑架人作为人质向第三人索取财物，因此一般不可能是当场获取财物。而抢劫罪只能是当场及在暴力、胁迫行为实施的当时劫取财物。第二，绑架罪是以非法剥夺人身自由的方法，并以被绑架人的安危为要挟，勒索财物行为的指向对象为被绑架人以外的第三人而不可能是被绑架人；抢劫罪的方法则一般不表现为非法剥夺人身自由，而且其要挟的人及劫财行为指向的对象一般具有同一性。

③绑架罪与敲诈勒索罪。

二罪主观方面均为故意的罪过形式且都具有勒索的目的，主体均为一般主体。二者的区别主要在于：第一，侵害的对象不同。绑架罪实施威胁的对象和取得财物的对象不是相同的人，而敲诈勒索罪实施威胁的对象和取得财物的对象是同一人。第二，客观要件表现不同。绑架行为所实施的暴力内容的威胁已当场当时实施完毕，而敲诈勒索所威胁的暴力等内容，行为人多是声称将来实施。第三，绑架罪行为人通常将被害人掳走并加以隐藏控制，而敲诈勒索罪的行为人并不实施此行为。如果行为人以并不存在的绑架行为欺骗威吓被害人且不是当场交付财物的，应当以诈骗罪论处。如威吓某人当场交出财物，而威吓的内容是以暴力侵害人身为内容的，则应以抢劫罪论处。

3. 拐卖妇女、儿童罪

拐卖妇女、儿童是指以出卖为目的，拐骗、绑架、收买、贩卖、接送、中转妇女、儿童的行为。

(1) 拐卖妇女、儿童罪的构成

本罪侵害的犯罪客体是人身不受买卖的权利。本罪的对象是妇女和儿童。妇女是指已满 14 周岁的未成年妇女和成年妇女。儿童是指不满 14 周岁的男、女儿童。

本罪在犯罪客观方面表现为实施拐骗、绑架、收买、贩卖、接送、中转妇女、儿童的行为。拐卖行为是否违背被害人意志，不影响以本罪论处。即使实践中妇女、儿童自愿被卖也不能免除拐卖者的刑事责任，但在量刑时可考虑从轻。所谓拐骗，是指采用欺骗、利诱等非强制性手段，将妇女、儿童置于自己的控制之下的行为。所谓绑架，是指采用暴力、胁迫、麻醉或者其他强制性手段劫持妇女、儿童的行为。所谓收买，是指以收买为目的买下妇女、儿童的行为。所谓贩卖，是指将妇女、儿童作价卖给第三者换取钱财的行为。所谓接送与中转，是指在拐卖妇女、儿童过程中，分工实施藏匿、移送、接转被拐卖的妇女、儿童的行为。①

本罪的犯罪主体是一般主体，凡已满16周岁具有刑事责任能力的自然人。

本罪的犯罪主观方面是直接故意，且具有出卖的犯罪目的。

(2) 拐卖妇女、儿童罪的认定

①“亲买亲”案件的处理。

出卖亲生子女的，由公安机关依法没收非法所得，并处以罚款；以营利为目的，出卖不满14周岁子女，情节恶劣的，借收养名义拐卖儿童的以及出卖捡拾的儿童的，均应以拐卖儿童罪追究刑事责任。出卖14周岁以上女性亲属或者其他不满14周岁亲属的，以拐卖妇女、儿童罪追究刑事责任。②

②罪数的认定。

对于本罪行为人在拐卖妇女、儿童的过程中同时实施了其他犯罪的，应根据《刑法》有关规定区别情况分别处理：在拐卖过程中因殴打、捆绑等行为过失致伤害、死亡结果发生的，应以本罪论处。因被害人反抗等原因而故意将被害人杀死或实施伤害的，应以故意杀人罪或故意伤害罪与本罪实行数罪并罚。奸淫（包括强奸）被拐卖的妇女或诱骗、强迫其卖淫的，应以本罪论处。

(3) 拐卖妇女、儿童罪的处罚

犯本罪的，处5年以上10年以下有期徒刑，并处罚金；有下列情形之一的，处10年以上有期徒刑或者无期徒刑，并处罚金或者没收财产；情节特别严重的，处死刑，并处没收财产。注意处10年以上有期徒刑、无期徒刑、死刑的八种情形：①拐卖妇女、儿童集团的首要分子；②拐卖妇女、儿童3人以上的；③奸淫被拐卖的妇女的；④诱骗、强迫被拐卖的妇女卖淫或者将被拐卖的妇女卖给他人迫使其卖淫的；⑤以出卖为目的，使用暴力、胁迫或者麻醉方法绑架妇女、儿童的；⑥以出卖为目的，偷盗婴幼儿的；⑦造成被拐卖的妇

---

① 参见高铭暄、马克昌主编：《刑法学》(第5版)，北京大学出版社、高等教育出版社2011年版，第478页。

② 2000年3月20日最高人民法院、最高人民检察院、公安部、民政部、司法部、全国妇联《关于打击拐卖妇女儿童犯罪有关问题的通知》。

女、儿童或者其亲属重伤、死亡或者其他严重后果的；（注意：不得是故意杀害）⑧将妇女、儿童卖往境外的。

【难点辨析】

①拐卖妇女、儿童罪与绑架罪。

两者在客观上有相同之处，如绑架罪的对象可以是妇女、儿童或婴幼儿；绑架罪中也可以有为获取财物而实施的勒索行为。拐卖妇女、儿童罪也可以绑架为手段。区别主要表现在：第一，犯罪客体不完全相同。本罪属于单一客体；而绑架罪既存在复杂客体的情况，也存在单一客体的情况。第二，主观目的不同。本罪是以出卖为目的；而绑架罪是以勒索财物为目的或者除勒索财物目的以外，获取其他利益的目的。第三，获取的利益及方式不同。本罪是将妇女、儿童出卖获取钱财；而绑架罪是向人质的亲属或利害关系人或有关机关要挟，可为钱财，也可为其他利益。第四，犯罪对象不同。本罪的对象仅限于妇女和儿童；而绑架罪的对象可以是任何人。

②拐卖妇女、儿童罪与拐骗儿童罪。

两罪侵犯的都是人身权利，都可以儿童为对象，也都能采用欺骗手段。区别的主要方面在于主观要件的不同，本罪是以出卖为目的，而拐骗儿童罪不以出卖为目的，一般是为了供自己或他人收养、奴役。偷盗不满 14 周岁的儿童自己养的也构成拐骗儿童罪。

4. 诬告陷害罪

诬告陷害罪是指捏造犯罪事实诬陷他人，意图使他人受刑事追究，情节严重的行为。

（1）诬告陷害罪的构成

本罪的犯罪客体为是复杂客体，即他人的人身权利和司法机关的正常活动。作为对象的“他人”可以是任何人。

本罪的犯罪客观方面表现为捏造犯罪事实，进行告发，情节严重的行为。即：构成本罪，第一，必须捏造了他人犯罪的事实。所谓捏造，是指无中生有，虚构某种事实。如果告发的是真实的事实，即使在情节上有所夸大，亦属检举失实，不能构成诬告陷害罪。第二，捏造的必须是犯罪事实，如果捏造他人生活作风等事实，情节严重的，可构成诽谤罪。第三，必须有告发的行为。第四，必须有特定的诬告对象。但并不要求必须明确指出被诬告者的姓名，只要从诬告的内容中能推断出是谁，即应当认为诬告的是特定对象。诬告陷害罪是行为犯，只要行为人实施了捏造犯罪事实，进行告发的行为，就构成诬告陷害罪的既遂。第五，必须是情节严重的，才能构成本罪。所谓情节严重，一般是指使他人的名誉及司法机关的名誉受到严重的损害；被害人已被错误地追究刑事责任；严重干扰了司法机关的正常活动；手段恶劣；动机卑鄙等。

本罪的犯罪主体是已满16周岁具有刑事责任能力的自然人。

本罪的犯罪主观方面是直接故意，并具有使他人受到刑事追究的目的。如果不是有意诬陷，而是错告或者检举失实的，不构成诬告陷害罪。

（2）诬告陷害罪的认定

罪数的界定。

为诬告他人，实施其他犯罪，然后进行告发，诬陷他人的，应以数罪论处。如果只实施了其他犯罪，但还未进行告发，只能以所构成的犯罪论处，意图诬陷他人应作为量刑情节。①

（3）诬告陷害罪的处罚

犯本罪的，处3年以下有期徒刑、拘役或者管制；造成严重后果的，处3年以上10年以下有期徒刑。国家机关工作人员犯前款罪的，从重处罚。

【难点辨析】

①诬告陷害罪与诽谤罪。

两者的相同之处在于，实施的都是捏造事实的行为。其区别在于：首先，犯罪的直接客体不同。前者是他人的人身权利和司法机关的正常活动；后者是他人的人格和名誉权。其次，捏造的内容和行为的方式不同。前者表现为捏造犯罪事实并向有关机关进行告发；后者是捏造并散布足以损害他人人格和名誉的虚假事实。再次，犯罪目的不同。前者是为了使他人受刑事处罚；后者则是为了损害他人的人格和名誉。

②诬告陷害罪与报复陷害罪。

二者都表现为陷害他人，主要区别在于：第一，二者侵犯的犯罪客体不同：前者侵犯的是公民的人身权利；后者侵犯的是公民的民主权利。第二，二者侵犯的犯罪对象不同：前者的对象是一切公民；后者的对象是控告人、申诉人、批评人与举报人。第三，二者的犯罪主体不同：前者是一般主体；后者是国家机关工作人员。第四，二罪的行为表现不同：前者表现为捏造犯罪事实，作虚假告发；后者表现为滥用职权、假公济私，进行报复陷害。第五，二罪的

① 参见高铭暄、马克昌主编：《刑法学》（第5版），北京大学出版社、高等教育出版社2011年版，第481页。

犯罪目的不同：前者是意图使他人受刑事追究；后者是一般报复的目的。国家机关工作人员为了报复陷害控告人、申诉人、批评人，利用职权、捏造犯罪事实，并向有关机关告发的，完全符合诬告陷害罪的特征，应定诬告陷害罪，不定报复陷害罪。

5. 强迫劳动罪

强迫劳动罪，是指以暴力、威胁或者限制人身自由的方法强迫他人劳动的行为。

（1）强迫劳动罪的构成

本罪侵害的客体是他人的人身自由权。《中华人民共和国刑法修正案（八）》对本条款的修改将本罪的对象从职工扩大到一切他人。

本罪在犯罪客观方面表现为以限制人身自由的方法强迫他人劳动，情节严重的行为。所谓强迫劳动，是指以强制性手段，如暴力、威胁等，违背劳动者意志，迫使其劳动。限制人身自由是强迫劳动的手段，而限制人身自由又依赖于一定的强制手段。强迫他人劳动的行为，必须是情节严重的才构成犯罪。

本罪的犯罪主体为一般主体，单位亦可构成本罪。

本罪的犯罪主观方面是故意。

（2）强迫劳动罪的处罚。

犯本罪的，处 3 年以下有期徒刑或者拘役，并处罚金；情节严重的，处 3 年以上 10 年以下有期徒刑，并处罚金。

6. 刑讯逼供罪

刑讯逼供罪是指司法工作人员对犯罪嫌疑人、被告人使用肉刑或者变相肉刑，逼取口供的行为。

（1）刑讯逼供罪的构成

刑讯逼供罪侵害的客体是复杂客体，既包括公民的人身权利，也包括司法机关的正常活动。对象是犯罪嫌疑人、被告人。

本罪在犯罪客观方面表现为使用肉刑或变相肉刑逼取犯罪嫌疑人或被告人口供的行为。本罪的行为由使用肉刑或变相肉刑和逼取口供两个方面构成，二者缺一不可。只使用肉刑或变相肉刑而没有逼取口供的属于单纯的故意伤害行为，不构成刑讯逼供。“肉刑”，是指对身体施加暴力，摧残犯罪嫌疑人、被告人身体或精神的方法，如殴打、捆绑、电击、火烫、吊打、违法使用刑具等。“变相肉刑”，是指肉刑以外的摧残、折磨犯罪嫌疑人、被告人肉体、精神的手段，如罚冻、罚晒等。“逼供”，是指逼迫犯罪嫌疑人、被告人提供行为人所期待的口供。①

本罪的犯罪主体是具有侦查、检察、审判、监管职责的司法工作人员（侦查人员、检察人员，审判人员、监狱管理人员）。治安联防队员、保安不构成本罪。行为人刑讯逼供致人伤残、死亡的，依照故意伤害罪、故意杀人罪从重处罚。非国家司法工作人员私设公堂，对他人刑讯逼供的，不构成本罪，可以构成非法拘禁罪、故意伤害罪、故意杀人罪等。

本罪的犯罪主观方面是直接故意，且出于逼取口供的目的。如果出于其他目的，如泄愤报复等，对被告人或犯罪嫌疑人施以肉刑或变相肉刑，构成犯罪的，以相应的罪论处，不构成本罪。

（2）刑讯逼供罪的认定

罪与非罪的界限。

对司法实务办案中采用一些轻微逼供的手段，情节显著轻微，危害不大的，可不以犯罪论处。此外，仅仅采取诱供、指名问供方法而没有刑讯逼供手段的，也不能构成刑讯逼供罪。涉嫌下列情形之一的，应予立案：（a）手段残忍、影响恶劣的；（b）致人自杀或者精神失常的；（c）造成冤、假、错案的；（d）3次以上或者对3人以上进行刑讯逼供的；（e）授意、指使、强迫他人刑讯逼供的。②

（3）刑讯逼供罪的处罚

犯本罪的，处3年以下有期徒刑或者拘役；致人重伤、死亡的，依照《刑法》第234条规定的故意伤害罪、第232条规定的故意杀人罪定罪，从重处罚。致人伤残、死亡，是指司法工作人员在刑讯逼供过程中，故意使用肉刑、变相肉刑或者其他暴力手段致使犯罪嫌疑人、被告人受到伤害或者死亡。对于致人自杀的，仍定本罪，但可以作为本罪的一个酌定量刑情节。

【难点辨析】

①刑讯逼供罪与非法拘禁罪。

两罪同属于侵犯人身权利的犯罪；并都可以使用暴力等非法手段；主观上都是故意的。区别主要在于：首先，二罪侵犯的犯罪客体不尽一致。刑讯逼供

---

① 参见曲新久主编：《刑法学》（第4版），中国政法大学出版社2011年版，第419页。

② 1999年最高人民检察院《关于人民检察院直接受理立案侦查案件立案标准的规定（试行）》。

罪属于复杂客体，既侵犯人身权利，也侵犯到司法机关的正常活动；而非法拘禁罪是单一客体，只侵犯他人的人身自由的权利。其次，犯罪客观方面的条件不同。刑讯逼供罪的实施是借司法机关及其司法人员职责、权力而实施；而非法拘禁罪对此没有特别的要求。此外，刑讯逼供罪的实施必须使用肉刑或变相肉刑；而非法拘禁罪是否使用暴力等不影响犯罪成立。再次，犯罪主体不同。刑讯逼供罪的主体是特殊主体，必须是具有侦查、检察、审判、监管职责的司法工作人员；而非法拘禁罪的主体是一般主体。最后，二罪的犯罪目的不同。刑讯逼供罪的犯罪目的在于逼取口供；而非法拘禁罪的犯罪目的在于剥夺他人的人身自由。

②刑讯逼供罪与暴力取证罪。

暴力取证罪是指司法工作人员使用暴力逼取证人证言的行为。两罪的客体相同，主体都是司法工作人员，在客观方面都可实施暴力行为。区别二罪主要看：第一，二罪针对的对象不同。刑讯逼供罪的对象是犯罪嫌疑人或被告人，暴力取证罪的对象为证人。第二，行为人的主观目的不同。刑讯逼供罪的主观目的是逼取口供，暴力取证罪的主观目的是逼取证人证言。第三，行为方式不完全相同。刑讯逼供罪既可以采取暴力方式，也可采取非暴力方式，暴力取证罪只能采取暴力方式。第四，行为的场合条件不同。刑讯逼供罪只能发生在刑事诉讼中，暴力取证罪既可发生在刑事诉讼中，也可发生在民事、行政诉讼中。

（五）侵犯名誉、人格的犯罪

1. 侮辱罪

侮辱罪是指以暴力或者其他方法公然贬低他人人格，破坏他人名誉，情节严重的行为。

（1）侮辱罪的构成

本罪侵害的客体是他人的人格尊严和名誉权。所谓他人，是指自身以外的自然人。如果侮辱的是已去世人的人格、名誉等人格利益，不能以本罪论处。犯罪对象必须是特定的自然人，不包括国家机关、企业、事业单位和人民团体等组织。

本罪在犯罪客观方面表现为以暴力或其他方法公然贬低他人人格，破坏他人名誉，情节严重的行为。客观方面包括以下条件：第一，行为以暴力或者其他非法侮辱他人。第二，侮辱他人的行为必须是公然进行的。第三，侮辱行为必须是针对特定的人。如果在公众场合，无具体目标，无特定侵害对象而实施有损他人人格、名誉的行为，情节严重的应以寻衅滋事罪论处，而不构成侮辱罪。第四，必须是情节严重的。即侮辱手段恶劣、动机卑鄙、造成恶劣的社会影响，或者引起严重的后果（如引起被害人自杀、精神失常）等。

本罪的犯罪主体为已满16周岁具有刑事责任能力的自然人。

本罪的犯罪主观方面是直接故意，并具有贬低他人人格，破坏他人名誉的目的。过失而损坏他人人格，名誉的，不能构成犯罪。

(2) 侮辱罪的认定

在公然侮辱他人的过程中，以伤害他人身体为目的而使用暴力，造成他人伤害的结果的，构成故意伤害罪；在侮辱他人的过程中因过失造成他人重伤的，构成想象竞合犯，以过失致人重伤罪定罪处罚。

(3) 侮辱罪的处罚

犯本罪，告诉的才处理，但是严重危害社会秩序和国家利益的除外。《刑法》第98条规定："本法所称告诉才处理，是指被害人告诉才处理。如果被害人因受强制、威吓无法告诉的，人民检察院和被害人的近亲属也可以告诉。"

【难点辨析】

侮辱罪与强制猥亵、侮辱妇女罪。

二者都具有破坏他人名誉、贬低他人人格的性质，都可以以暴力方式实施，且行为人主观上均为直接故意，主体都是一般主体。

两罪的区别主要在于：

首先，对象不同。侮辱罪的对象虽然必须是特定的，但可以是任何自然人；而强制猥亵、侮辱妇女罪的对象只能是妇女，并且不以特定的妇女为必要条件。

其次，犯罪客观方面的条件不同。侮辱罪的侮辱行为必须是公然进行的，至于侮辱性的行为是否具有强制性，在所不问；而强制猥亵、侮辱妇女罪的猥亵、侮辱行为不要求必须公然实施，但必须具有抑制被害人反抗的对人身的强制性。

再次，犯罪主观方面不同。侮辱罪主观上是破坏他人名誉，贬低他人人格的目的；而强制猥亵、侮辱妇女罪具有满足自己性欲要求或有损妇女人格的目的。

2. 诽谤罪

诽谤罪是指故意捏造事实进行诽谤，损坏他人人格，破坏他人名誉，情节严重的行为。

(1) 诽谤罪的构成

诽谤罪侵害的客体是他人的人格尊严和名誉权。诽谤罪的犯罪对象是指自身以外的自然人。犯罪对象必须是特定的自然人，但对象不包括国家机关、企业、事业单位和人民团体等组织。

诽谤罪在犯罪客观方面表现为捏造事实诽谤他人的行为。所谓捏造事实诽谤他人，是指捏造某种事实并加以散布，破坏他人名誉，贬低他人人格的行为。诽谤行为必须符合以下条件：第一，必须捏造破坏他人名誉，贬低他人人格的事实。第二，必须散布所捏造的事实。所谓散布，是指用语言或文字的方式扩散捏造的内容，使第三者或者众人知道。这两点必须同时具备。诽谤行为必须是针对特定的人，可以是一个，也可以是数个，至于是否当着被害人的面，是否指名道姓，不影响认定。此外，诽谤行为必须达到情节严重的程度才能构成犯罪。

诽谤罪的犯罪主体是已满16周岁具有刑事责任能力的自然人。

诽谤罪的犯罪主观方面表现为直接故意，且具有贬低他人人格，破坏他人名誉的目的。过失而损坏他人人格，名誉的，不能构成诽谤罪。

(2) 诽谤罪的认定

诽谤罪与治安违法行为、民事侵权行为的界限。

构成诽谤罪的诽谤行为，必须是情节严重的，而违反治安行政法规的诽谤行为，必须限于情节轻微尚不够刑事处罚的。民事性质的名誉侵权行为，不仅在违法程度上轻于诽谤犯罪行为以及违反治安行政法规的诽谤行为，而且诽谤罪散布的必须是捏造的虚假的事实。如果散布的是客观存在的事实，虽然有损于他人人格、名誉，但不构成诽谤罪。而名誉侵权行为，即使所述的内容是真实的，但只要是法律禁止公开宣扬的，公开了将有损于他人人格、名誉，也可以构成名誉侵权。甚至叙述的事实愈真实，愈会加重侵权的程度。根据最高人民法院《关于贯彻执行（中华人民共和国民法通则）若干问题的意见（试行)》第140条的规定，泄露并宣扬他人隐私，给他人名誉造成不良影响的，是侵害名誉权的行为，不构成诽谤罪。

(3) 诽谤罪的处罚

犯本罪的，处3年以下有期徒刑、拘役、管制或者剥夺政治权利。本罪为亲告罪，告诉的才处理，但是严重危害社会秩序和国家利益的除外。例如，因诽谤引起被害人死亡的；引起当地群众公愤的；诽谤外国人影响国际关系的等。如果受害人不告诉或不能告诉，人民检察院应提起公诉。

【难点辨析】

诽谤罪与侮辱罪。

侮辱罪与诽谤罪的区别主要体现在：第一，诽谤罪的客观行为不可能用暴力方法，而侮辱罪的方法可以用暴力方法。第二，诽谤罪的诽谤，必须是捏造并散布有损他人人格、名誉的事实，且法律没有以公然实施为条件，而侮辱罪必须是以公然实施侮辱行为，破坏他人名誉，贬低他人人格，但并不捏造有损他人名誉的事实。第三，侮辱往往是当着被害人的面进行的，诽谤则是当众或者向第三者散布的。

（六）侵犯民主权利的犯罪

1. 报复陷害罪

报复陷害罪是指国家机关工作人员，滥用职权、假公济私，对控告人、申诉人、批评人、举报人实行报复陷害的行为。

（1）报复陷害罪的构成

本罪的犯罪客体是公民的控告权、申诉权、批评权、举报权和国家机关的正常活动。本罪的犯罪对象包括控告人、申诉人、批评人、举报人四类人。

本罪在犯罪客观方面表现为滥用职权、假公济私，对控告人、申诉人、批评人、检举人实行报复陷害的行为。“滥用职权”，是指国家机关工作人员在自己职权范围内非法行使权力，以及超越自己职权犯罪的越权行为。“假公济私”，即利用国家机关的名义或者权力来实施，以合法形式掩盖其非法目的。行为人必须是超出职权范围假借公事名义，陷害他人。与职权无关的打击报复行为，不构成本罪。报复陷害行为致使控告人、申诉人、批评人、举报人或者其近亲属自杀、自残造成重伤、死亡或者精神失常的，致使上述人员的合法权利受到严重损害的，应当予以处罚。

本罪的犯罪主体是特殊主体，即国家机关工作人员。

本罪在犯罪主观方面表现为直接故意，且具有报复陷害他人的目的。

（2）报复陷害罪的认定

国家机关工作人员由于业务水平不高，工作方法简单或者由于过失给控告人、申诉人、批评人、举报人造成一定损害的，不构成本罪。

（3）报复陷害罪的处罚

犯本罪的，处2年以下有期徒刑或者拘役；情节严重的，处2年以上7年以下有期徒刑。

【难点辨析】

报复陷害罪与诬告陷害罪。

两罪都有陷害他人行为，主观上都是故意的，但两罪存在重大区别：第一，两罪的犯罪主体不同。报复陷害罪的犯罪主体只能是国家机关工作人员，而诬告陷害罪的犯罪主体是一般主体。第二，两罪的目的不同。报复陷害罪的目的在于打击报复陷害他人，而诬告陷害罪的目的则是意图使他人枉受刑事追究。第三，两罪的对象不同。报复陷害罪的对象限于控告人、申诉人、批评人、举报人四类人，而诬告陷害罪的对象可以是任何人。第四，犯罪的客观行为不同。报复陷害罪在客观方面表现为滥用职权、假公济私进行报复陷害，即是以利用职权或国家权力为前提条件，而诬告陷害是捏造他人犯罪事实，进行告发，且行为的实施不要求必须利用职权进行。国家工作人员如果利用职权诬陷他人的，从重处罚。第五，手段方法不同。报复陷害罪的手段，既可以用捏造事实（不能是犯罪事实）的方式进行报复，也可以利用客观存在的某种对被害人不利的事实进行报复，而诬告陷害罪必须以捏造犯罪事实的方式进行。

2. 侵犯通信自由罪

侵犯通信自由罪是指隐匿、毁弃或者非法开拆他人信件，侵犯公民通信自由权利，情节严重的行为。

（1）侵犯通信自由罪的构成

本罪侵犯的客体是公民的通信自由和通信秘密的权利。通信自由指与他人进行正当通信的自由，通信秘密指为自己信件保守秘密，不受非法干涉和侵犯的权利。所谓通信秘密，是公民个人写给他人信件，其内容不经写信人或收信人同意不得公开的权利。本罪侵犯的对象是公民的信件，可以包括电报、信函等文字邮件，但不包括汇款、包裹、书籍纸包等邮件。作为犯罪对象的信件，不仅包括私人间的信件，而且包括国家机关、企事业单位、社会团体、组织发给公民个人的信函。非法隐匿、毁弃、开拆国家机关、企业、事业单位、社会团体、组织之间来往函件的，不构成本罪。

本罪在犯罪客观方面表现为隐匿、毁弃或者非法开拆他人信件的行为。所谓隐匿，是指把被害人的信件扣留，在一定的地点加以隐藏，不交给被害人的行为。所谓毁弃，是指故意丢弃、撕毁、焚毁信件的行为，以上两种行为的结果，都是使收信人无法收到信件。而行为人并不意图知晓信件内容，没有直接侵犯公民通信秘密的权利，但侵犯了公民的通信自由权利，非法开拆是指擅自开拆他人信件，偷看他人信件内容的行为。这种行为不影响收信人收到信件，但侵犯了他人的通信秘密。侵犯通信自由罪的三种行为表现往往同时具有。根据本条规定，只要实施上述一种行为，情节严重的，就构成侵犯通信自由罪。非法开拆他人信件，拆信人并不阅看信中内容的，使他人信件内容处于公开暴露状态，也是侵犯公民通信秘密的行为。

本罪的犯罪主体为一般主体。凡达到刑事责任年龄，具备刑事责任能力的自然人均成为本罪主体。

本罪在犯罪主观方面表现为故意，过失不构成本罪。

(2) 侵犯通信自由罪的认定

对于行为人无意中遗失、积压、毁弃他人信件，或者误把他人信件当做自己的信件开拆的，不构成犯罪。侵犯通信自由的行为，必须是情节严重的，才构成犯罪。情节是否严重，是划清本罪与一般违法行为的界限。根据最高人民检察院印发的《人民检察院直接受理的侵犯公民民主权利、人身权利和渎职案件立案标准的规定》，侵犯公民通信自由和通信秘密，具有下列情形的，应予立案：隐匿、毁弃或者非法开拆他人信件，致使他人工作、生活受到严重妨害，或身体、精神受到严重损害的；隐匿、毁弃或者非法开拆他人信件，次数较多，或数量较大的；非法开拆他人信件，涂改信中内容，或者张扬他人隐私，侮辱他人人格、破坏他人名誉的；隐匿、毁弃或者非法开拆他人信件，造成其他严重后果的。

另外，最高人民检察院《关于〈人民检察院直接受理的侵犯公民民主权利、人身权利和渎职案件立案标准的决定〉中一些问题的说明》第 7 条规定：侵犯公民通信自由、非法开拆或者隐匿、毁弃他人信件，并从中窃取财物的，根据不同情节分别予以处理：非邮电工作人员非法开拆他人信件，侵犯公民通信自由权利，情节严重，并从中窃取少量财物，或者窃取汇票、汇款支票、骗取汇兑款数额不大的，依照刑法关于侵犯公民通信自由罪的规定，从重处罚。非邮电工作人员非法开拆他人信件，侵犯公民通信自由权利，情节严重，并从中窃取财物数额较大的，应按照重罪吸收轻罪的原则，依照刑法关于盗窃罪的规定从重处罚。非邮电工作人员非法开拆他人信件，侵犯公民通信自由权利，情节严重，并从中窃取汇票或汇款支票，冒名骗取汇兑款数额较大的，应依照刑法关于侵犯公民通信自由罪和诈骗罪的规定，依法实行数罪并罚。

(3) 侵犯通信自由罪的处罚

犯本罪的，处 1 年以下有期徒刑或者拘役。

【难点辨析】

侵犯通信自由罪与私自开拆、隐匿、毁弃邮件、电报罪的区分。

这两种犯罪行为在犯罪方法和侵害对象上是基本相同的，在主观方面都由故意构成。二者的主要区别在于犯罪的主体不同，后者是特殊主体；犯罪的客体不同；构成犯罪的情节要求不同，后者行为构成犯罪不要求“情节严重”。

（七）妨害婚姻家庭权利的犯罪

1. 重婚罪

重婚罪，是指有配偶而与他人结婚或者明知他人有配偶而与之结婚的行为。

（1）重婚罪的构成

重婚罪的犯罪客体是一夫一妻制的婚姻关系。

重婚罪在犯罪客观方面表现为有配偶而与他人结婚或者明知他人有配偶而与之结婚的行为。包括两种情况：第一，有配偶者又与他人登记结婚，相婚者明知他人有配偶而与之登记结婚。第二，有配偶者又与他人建立事实婚姻关系，相婚者明知他人有配偶而与之建立事实婚姻关系。

重婚罪的犯罪主体是已满16周岁具有刑事责任能力的自然人。具体为两种人：既包括重婚者，也就是有配偶又与他人结婚的人；也包括相婚者，也就是明知他人有配偶而与其结婚的人，但不明知者则不构成本罪。

重婚罪的犯罪主观方面是直接故意，具体表现为：一是有配偶的人明知自己有配偶而与他人结婚。如果行为人基于某些合理的依据，认为自己的配偶已死亡而与第三人结婚的，不构成本罪。二是无配偶的人明知他人有配偶而与其结婚。如果无配偶的人受到有配偶的人的欺骗，误认为对方没有配偶而与其结婚的，无配偶的人不构成本罪，而由有配偶的人单独构成重婚罪。因遭受自然灾害外流，迫于生存而重婚的；因配偶外出长期下落不明，迫于家庭生活困难又与他人结婚的；被拐卖后再婚的；因强迫、包办婚姻或者婚后受虐待外逃而又与他人结婚的等，由于都是受客观条件所迫而重婚，不以重婚罪论。

（2）重婚罪的处罚

犯本罪的，处2年以下有期徒刑或者拘役。

2. 破坏军婚罪

破坏军婚罪，是指明知是现役军人的配偶而与之同居或者结婚的行为。

（1）破坏军婚罪的构成

破坏军婚罪侵害的客体为现役军人的婚姻关系。退伍军人、转业军人、人民警察以及在部队、人民武装警察部队中工作，但无军籍的工作人员不属于现役军人。

破坏军婚罪在犯罪客观方面表现为明知是现役军人的配偶而与之结婚或者同居的行为。破坏军婚的行为包括两种情况：一是与现役军人的配偶结婚。既包括登记结婚，也包括成立事实婚姻关系。二是与现役军人的配偶同居。只要有与现役军人的配偶结婚或者同居行为即符合本罪的客观要件。

破坏军婚罪的犯罪主体是已满16周岁具有刑事责任能力的自然人。可以是男性，也可以是女性，可以是现役军人，也可以是非现役军人。

破坏军婚罪的犯罪主观方面只能由故意构成。即明知对方是现役军人的配偶而与之同居或者结婚的，如果不明知，不构成本罪。

（2）破坏军婚罪的认定

破坏军婚罪与重婚罪的区别。

破坏军婚罪与重婚罪直接具有竞合关系。区别在于以下几点：

首先，侵害的犯罪客体不同。破坏军婚罪侵害的犯罪客体是现役军人的婚姻关系；重婚罪侵害的犯罪客体为普通公民的婚姻关系。

其次，犯罪客观要件不完全相同。破坏军婚罪表现为与现役军人的配偶同居或者结婚的行为；重婚罪表现为有配偶而与他人结婚或者明知他人有配偶而与之结婚的行为。

再次，对象不同。破坏军婚罪的对象只限于现役军人的配偶；而重婚罪的对象是现役军人配偶之外的其他人。

最后，犯罪主体范围不同。破坏军婚罪中，军人配偶不是本罪的主体；而重婚罪中双方都可构成犯罪。

（3）破坏军婚罪的处罚

犯本罪的，处3年以下有期徒刑或者拘役。

3. 暴力干涉婚姻自由罪

暴力干涉婚姻自由罪，是指以暴力方法干涉他人婚姻自由的行为。

（1）暴力干涉婚姻自由罪的构成

本罪侵犯的客体是他人的婚姻自由权利及人身权利。侵犯身体权利的暴力行为只限于作为实施干涉婚姻自由的手段。如果行为人公然以故意杀人、重伤、强奸等方式，干涉他人婚姻自由，其侵犯人身权利的社会危害远远超过了对婚姻自由的干涉，就不应当再以暴力干涉婚姻自由罪论处，而应以侵犯公民人身权利罪中所触犯的具体罪名定罪处罚。

本罪在犯罪客观方面表现为使用暴力干涉他人婚姻自由的行为。首先，要求行为人实施暴力行为，即实施捆绑、殴打、禁闭、抢掠等对人身行使有形力的行为。仅有干涉行为而没有实施暴力的，不构成本罪；仅以暴力相威胁进行干涉的，也不构成本罪；暴力极为轻微的也不能视为本罪的暴力行为；暴力行为致被害人重伤或伤害致死的，应按照处理牵连犯或想象竞合犯的原则，从一重论处；一贯以暴力进行干涉，其中一次或几次暴力致被害人重伤的，则应实行数罪并罚。其次，实施暴力行为是为了干涉他人婚姻自由，干涉婚姻自由主要表现为强制他人与某人结婚或者离婚，禁止他人与某人结婚或者离婚，这里的某人包括行为人与第三人。实施暴力不是为了干涉婚姻自由，或者干涉婚姻自由而没有使用暴力的，均不构成本罪。

犯本罪的，告诉的才处理。所谓告诉的才处理，是指被害人要向人民法院提出控告，人民法院才处理，不告诉不处理。刑法这一规定，主要是考虑到暴力干涉婚姻自由案件多数是发生在亲属之间，尤其是父母子女之间，被干涉者往往只希望干涉者不再干涉婚姻自由，不希望亲属关系破裂，更不希望诉诸司法机关对干涉者定罪判刑。因此，要充分考虑被干涉者的意愿，如果被干涉者不控告，司法机关就不要主动干预，这样有利于社会的安定团结。但是，根据《刑法》第98条的规定，如果被干涉者受强制、威吓等而无法向人民法院起诉的，人民检察院可以提起公诉。被干涉者的近亲属也可以控告，青年、妇女群众组织和有关单位也可以向人民检察院检举揭发干涉者，由人民检察院查实后提起公诉。犯本罪引起被害人死亡的不适用告诉的才处理的规定。

本罪的犯罪主体为一般主体，凡达到刑事责任年龄且具备刑事责任能力的自然人均能构成本罪。本罪行为人与被害人之间通常有某种关系。

本罪在犯罪主观方面表现为直接故意。

（2）暴力干涉婚姻自由罪的认定

①暴力干涉婚姻自由罪与故意杀人罪的区分。

一般来讲，暴力干涉婚姻自由罪与故意杀人罪，行为人的主观意图和侵害的客体有明显区别。但是，如果暴力干涉婚姻自由而造成他人死亡的，就不易区分是暴力干涉婚姻自由罪还是故意杀人罪。我们认为，区分两者的关键在于主观要件。暴力干涉婚姻自由罪的主观故意是干涉他人婚姻自由，而故意杀人罪的主观故意则是剥夺他人的生命。

如果在实施暴力干涉他人婚姻自由的过程中，行为人出于过失引起了被害人死亡，或者因暴力干涉婚姻自由，造成他人自杀死亡的，由于行为人的主观意图是干涉他人的婚姻自由，所以，这种情况仍属于暴力干涉婚姻自由罪，由于刑法对犯暴力干涉婚姻自由罪引起被害人死亡的，专门规定较高的量刑幅度，所以应以本罪的结果加重犯来处罚。

如果行为人以故意杀人的方式干涉他人婚姻自由，或者因干涉他人婚姻自由的目的不能实现而故意杀害被害人的，由于其主观上具有杀人的故意，其侵害人身权利的社会危害性程度远远超过了对婚姻自由的干涉。这种情况，对行为人就应当以故意杀人罪定罪量刑。

②暴力干涉婚姻自由罪与故意伤害罪的区分。

对此二罪应从犯罪主观方面来区分。如果行为人出于干涉婚姻自由的故意而对被害人使用暴力，并过失地造成被告人身体伤害的，仍应定暴力干涉婚姻自由罪。如果暴力干涉婚姻自由而把他人打成重伤或者重伤致死的，则又同时触犯了故意伤害罪，则应按处理牵连犯的原则，以一重罪即按照故意伤害罪（包括故意伤害致死）定罪处刑。

（3）暴力干涉婚姻自由罪的处罚

犯本罪的，处2年以下有期徒刑或者拘役。致使被害人死亡的，处2年以上7年以下有期徒刑。本罪告诉的才处理。

4. 虐待罪

虐待罪，是指经常以打骂、冻饿、禁闭、有病不予治疗、强迫过度劳动或限制人身自由、凌辱人格等方法，对共同生活的家庭成员进行肉体上、精神上的摧残和折磨，情节恶劣的行为。

（1）虐待罪的构成

虐待罪的犯罪客体是复杂客体，既侵犯了共同生活的家庭成员在家庭生活中的平等权利，也侵犯了被害人的身心健康。本罪的犯罪对象是共同生活的家庭成员。本罪侵犯的对象只能是共同生活的家庭成员，根据我国有关法律的规定，家庭成员主要由以下四部分成员构成：

第一，由婚姻关系的形成而出现的最初的家庭成员，即丈夫和妻子。

第二，由血缘关系而引起的家庭成员，这是由于血亲关系而产生的家庭成员，包括两类：A. 由直系血亲关系而联系起来的父母、子女、孙子女、曾孙子女以及祖父母、曾祖父母、外祖父母等，他们之间不因成家立业，及经济上的分开而解除家庭成员的法律地位；B. 由旁系血亲而联系起来的兄、弟、姐、妹、叔、伯姑、姨、舅等家庭成员，但是，他们之间随着成家立业且与原家庭经济上的分开，而丧失原家庭成员的法律地位。这里例外的是，原由旁系血亲抚养的，如原由兄姐抚养之弟妹，不因结婚而丧失原家庭成员的资格。

第三，由收养关系而发生的家庭成员，即养父母与养子女之间，这是一种拟制血亲关系。

第四，在现实生活中，还经常出现一种既区别于收养关系、血亲关系，又区别于婚姻关系而发生的家庭成员之间的关系。如某甲是位孤寡老人，生活无着落，乙丙夫妇见状而将甲领回去，自愿履行一种决非法律意义上的赡养义务。一经同意赡养，甲就成了乙丙家的一个家庭成员。

只有基于上述血缘关系、婚姻关系、收养关系等方面取得家庭成员的身份，方能成为虐待罪之侵害对象，这也是此种犯罪行为本身的性质所决定的。不具有亲属关系，即使在一起共同生活，如同居关系，也不能构成本罪。

虐待罪在犯罪客观方面表现为经常性地对被害人进行肉体上与精神上的摧残、折磨，且达到了情节恶劣的程度。虐待的手段可以是多种多样的，可以表现为作为也可以表现为不作为，但只是纯粹的不作为不能构成虐待罪，如不给饭吃等行为可能构成遗弃罪。这种虐待行为具有经常性、一贯性、持续性的特点。如果仅是偶尔实施虐待行为的，一般不构成本罪。

虐待罪的犯罪主体为特殊主体，只能是与被虐待人共同生活在一个家庭之中、具有亲属关系或者抚养关系的成员。

虐待罪的犯罪主观方面只能是直接故意。

（2）虐待罪的认定

虐待罪与故意伤害罪的区分。

虐待行为往往会造成被害人身体伤害的后果。所以，虐待罪容易与故意伤害罪混淆。在司法实践中，应当主要从主观故意上区别虐待罪与故意伤害罪的界限。如果行为人出于对被害人进行肉体上和精神上摧残和折磨的故意，在实施虐待行为过程中，造成被害人轻伤或者重伤的，其行为构成虐待罪，不构成故意伤害罪；如果行为人在主观上明显具有伤害他人身体健康的故意，客观上实施了伤害他人的行为，并且一次伤害行为造成了被害人轻伤以上的伤害后果，则其行为构成故意伤害罪，不构成虐待罪。

（3）虐待罪的处罚

除因虐待“致使被害人重伤、死亡”的以外，犯本罪的，告诉的才处理。如果行为人故意致使被虐待人重伤、死亡的，应以故意伤害罪、故意杀人罪论处。

犯本罪，情节恶劣的，处2年以下有期徒刑、拘役或管制；致使被害人重伤、死亡的，处2年以上7年以下有期徒刑。

5. 遗弃罪

遗弃罪是指对于年老、年幼、患病或者其他没有独立生活能力的人，负有扶养义务而拒绝扶养，情节恶劣的行为。

(1) 遗弃罪的构成

本罪的犯罪客体是被遗弃人所应享有的受扶养的权利。对象是年老、年幼、患病或其他没有独立生活能力的家庭成员。

本罪在犯罪客观方面表现为对没有独立生活能力的家庭成员负有扶养义务，有能力履行抚养义务而拒绝抚养，情节恶劣的行为。所谓情节恶劣，应综合考察行为的手段、后果、动机等，如在虐待后又遗弃的；遗弃造成恶劣社会影响的；遗弃致使被害人伤亡的等。虽有遗弃的行为，但经过教育能够履行扶养义务，或者遗弃的情节尚未达到恶劣、严重程度的，不应当以犯罪论处。

本罪的犯罪主体是特殊主体，即必须是对被害人负有扶养义务、具有履行义务能力的人。如果不负有抚养义务，不能成为本罪的主体，

本罪的犯罪主观方面必须出于直接故意，即行为人都是为了达到某种目的而故意不履行扶养义务。

(2) 遗弃罪的认定

①遗弃罪与虐待罪的区别。

第一，两罪的犯罪对象不同。遗弃罪的对象是家庭成员中年老、年幼、患病或者其他没有独立生活能力人；而虐待罪的对象是具有亲属关系和抚养关系的家庭成员，至于是否年老、年幼、患病或者其他没有独立生活能力，在所不问。

第二，两罪在犯罪客观方面的条件和表现不同。遗弃罪以负有扶养义务能够履行而不履行为前提条件，行为通常表现为不作为形式；而虐待罪在客观上表现为长期地、经常地摧残、折磨家庭成员，既可表现为作为形式，也可表现为不作为形式。

第三，两罪的犯罪目的不同。遗弃罪在主观上以逃避履行扶养义务为目的；而虐待罪的主观目的是为使被害人在肉体上、精神上遭受痛苦。

第四，两罪侵害的犯罪客体的内容和单复不同。遗弃罪的客体是单一客体，即家庭成员之间相互抚养的权利义务关系；而虐待罪的客体则是复杂客体，既侵害了共同生活的家庭成员在家庭生活中享有的合法权益，也侵害了被害人的身体健康。

②遗弃罪与故意杀人罪的区别。

第一，行为人的主观意图不同。遗弃罪的行为人并不希望或放任被害人死亡的结果发生，只是不愿履行扶养义务；而故意杀人罪的行为人则是希望或放任受害人死亡后果的发生。如果行为人企图通过遗弃达到向他人转嫁本由自己承担的扶养义务的目的，则其行为构成遗弃罪；如果行为人企图以不履行扶养

义务的行为方式达到杀害婴儿或神智不清、行动不便的老人的目的，则其行为构成故意杀人罪。

第二，犯罪客观方面表现不同。遗弃罪在客观上表现为不履行扶养义务；而故意杀人罪的行为既可以是作为，也可以是不作为。

（3）遗弃罪的处罚

犯本罪的，处5年以下有期徒刑、拘役或者管制。

二、案例分析

【案例一】

被告人张某在某区某镇开往另一地点的专线车上偶遇中学生戴某，戴某下车后张某主动上前搭讪。在了解戴某家庭情况后，张某遂产生将戴某带到N地向其家人要钱的想法。随后，张某以戴父与人抢劫分赃不均、现有人要将戴父带到N地并以戴某做保障为借口，将戴某哄骗至N市并暂住在N市某酒店。当晚23时许，张某外出打电话到戴某家，要求戴家第二天付8万元人民币并不许报警，否则戴某将有危险。次日上午，被告人张某又多次打电话到戴家威胁。其间，戴某乘被告人外出之机与家人电话联系，得知其父亲并无危险。后在家人指点下离开酒店到当地公安机关求助，后警方在N市将被告人张某抓获。

（案例来源：《刑事审判参考》(第56集)，法律出版社2007年版，第31~35页。）

【问题聚焦】

被告人张某的行为能否构成绑架罪？

【法律剖析】

本案的争议焦点实际上是被告人的行为构成绑架罪还是敲诈勒索罪。

从犯罪客体方面来看，绑架罪侵害的犯罪客体是复杂客体。刑法将绑架罪归入第四章侵犯公民的人身权利、民主权利罪中，可见人身权利是绑架罪侵犯的主要客体，财产权利是绑架罪侵犯的次要客体。绑架罪既要求被害人具有绑架劫持被害人的主观故意，同时又实施了对被害人已达到实际控制其人身自由的绑架行为。反过来说，如果被告人所实施的行为既不足以对被害人形成实际的控制，也没有对被害人实施进一步加害的故意，则不能认定被告人有控制或加害被害人的主观故意，也就不能认定为绑架罪。对绑架罪具体认定必须充分考虑其行为对于保护客体的侵害是否达到了与其刑罚设置相匹配的程度。这就要求该行为对于被害人人身自由的剥夺、对人身安全的威胁必须达到相当严重的程度才能以绑架罪定罪处罚，这是罪责刑相适应原则对于严格解释法条准确定罪的基本要求。而刑法将敲诈勒索罪归入侵犯财产罪一章，说明公私财产权是该罪侵犯的主要犯罪客体。因此区分二罪的关键就在于确定被告人是否真正绑架了被害人，也即其行为对被害人人身自由的剥夺是否达到了严重的程度、是否严重危及了被害人的人身安全。

就本案而言，被告人将被害人顺利带到N市是利用被害人年纪较小、社会经验不足的特点对其进行哄骗所致。从上述案情来看，被告人在犯罪过程中主要采取的是欺骗手段，并未对其实施暴力或以暴力相威胁，也未对其人身实施任何实质性的限制，以致被害人可以“乘被告人外出之机与家人电话联系”，由此可见被告人并未真正剥夺被害人的人身自由。

综上，本案现有证据不能认定被告人张某主观上具有要绑架戴某的故意，也未真正对戴某的人身自由实行完全的控制并有危及其人身安全的意图和行为，不符合绑架罪的特征，因此不能构成绑架罪。

被告人张某的行为构成敲诈勒索罪。主观上看，被告人敲诈勒索财物的犯罪故意十分明显；客观上看，被告人用戴某的安全来对其父母进行恐吓企图敲诈钱财，但事实上并未对其进行人身强制，其行为侵害的客体主要为戴某家人的财产权利，因此被告人张某的行为完全符合敲诈勒索罪的构成特征。虽然本案被告人的行为比起典型的敲诈勒索行为多出了一个拐骗戴某的行为，但实际考察其意图和对戴某的人身自由的实际控制程度，其行为尚未上升为绑架他人作为人质进行勒索的绑架行为。所以对本案被告人张某的行为应当以敲诈勒索罪定罪处罚，更符合主客观相一致的原则。①

【法条链接】

《中华人民共和国刑法》

第239条　以勒索财物为目的绑架他人的，或者绑架他人作为人质的，处10年以上有期徒刑或者无期徒刑，并处罚金或者没收财产；情节较轻的，处5年以上10年以下有期徒刑，并处罚金。

犯前款罪，致使被绑架人死亡或者杀害被绑架人的，处死刑，并处没收财产。

以勒索财物为目的偷盗婴幼儿的，依照前两款的规定处罚。

---

① 参见《刑事审判参考》(第56集)，法律出版社2007年版，第56页。

第274条　敲诈勒索公私财物，数额较大或者多次敲诈勒索的，处3年以下有期徒刑、拘役或者管制，并处或者单处罚金；数额巨大或者有其他严重情节的，处3年以上10年以下有期徒刑，并处罚金；数额特别巨大或者有其他特别严重情节的，处10年以上有期徒刑，并处罚金。

【案例二】

被告人陆某要求林某（同案被告人，已判刑）介绍女子与其发生性关系。某日晚，王某（同案被告人，已判刑）、林某以吃烧烤为由将林某同学袁某（女，殁年16岁）骗至王某家中，并用玩“扑克牌”赌喝酒的方法，意图灌醉袁某后与其发生性关系。至晚上11时许，二人意图不能得逞，又以送袁某回市区为由，驾驶摩托车将袁某骗至某大桥桥底。途中，王某用电话通知了陆某。陆某驾驶摩托车来到桥底后，即上前搂抱袁某并将其按倒在地，袁不从、反抗并喊“救命”，陆某即对其进行殴打，王某亦上前帮忙按住袁某的双手，让陆某脱去袁的裤子，强行将袁奸污。事后陆某因手指被袁某咬伤很恼火，将爬到河边的袁某一脚踢落水中。经尸体检验鉴定：被害人袁某因溺水死亡。

（案例来源：《刑事审判参考》(第65集)，法律出版社2008年版，第24~30页。）

【问题聚焦】

本案中，被告人陆某实施强奸行为后，被害人溺水死亡，如何对被害人死亡的情节在刑法上进行评价？也即被告人的行为是否成立故意杀人罪，还是作为强奸罪的加重处罚情节予以认定？

【法律剖析】

首先，本案中认定被告人陆某故意杀人的证据不足，其行为不构成故意杀人罪。

在实施强奸的过程中，处于报复、灭口等动机杀死被害人的，同时构成强奸罪和故意杀人罪。因为被告人产生了两个不同的犯意，实施了强奸和杀人两种行为，符合两个罪的构成要件，应以强奸罪和故意杀人罪并罚。由上述案例中的表述并不能证明被告人陆某具有故意杀人的故意，本着疑罪从无的原则，现有证据只能证明其构成强奸罪。

其次，本案中被害人是在被强奸后溺水而亡的，其死亡与强奸行为之间不具有直接的因果关系，不属于刑法规定的“强奸致被害人重伤、死亡”的情形。《刑法》第236条第3款对于强奸罪加重处罚的规定分为情节加重和结果加重两种情形。在该款的第1~4项，刑法采取了列举方式规定了四种加重情形同时在该款第5项，将“强奸致使被害人重伤、死亡”和“造成其他严重后果”作为强奸罪的结果加重情形予以规定。但如何准确理解和认定上述规定，实践中时有争议。本案就是一例。

“强奸致被害人重伤、死亡”中的“致”，在汉语词典中解释为“由于某种原因而使得”，由于刑法规定的严密性。其含义在此应表述为“由于某种原因而直接导致”的意思，即某种原因是某种特定后果发生的直接原因。一般说来，强奸行为包含两个行为要素：一是强奸中的方法行为，即行为人为强奸而实施的暴力、胁迫或者其他使妇女不能抗拒的行为；二是违背妇女意志与妇女性交的行为，即强奸中的目的行为。因此，这里的“强奸致被害人重伤、死亡”只包含两种情形：一种是指行为人采取的暴力、胁迫等方法行为，直接导致了被害人重伤或死亡，如通过勒脖子的方法强奸，致使被害人因窒息而死亡，或者以殴打的方法强奸，致使被害人身体严重受损而死亡等；另一种是指行为人的性交行为即目的行为直接导致被害人重伤或死亡，如强奸直接导致被害人性器官受损、死亡等。也就是说，被害人的伤亡结果必须是行为人在强奸过程中使用的方法行为或目的行为直接造成。如果被害人的重伤、死亡结果系强奸行为间接导致或者有其他因素的介入，一般不能认定为“强奸致被害人重伤、死亡”，如被害人被强奸后因无法释怀而精神失常或不能承受他人误解、嘲笑等原因而自残、自杀，与行为人的强奸行为间不具有直接因果关系，故不能认定为强奸致被害人重伤、死亡。对此，1984年最高人民法院、最高人民检察院、公安部《关于当前办理强奸案件中具体应用法律的若干问题的解答》指出，强奸“致人重伤、死亡”，是指因强奸妇女、奸淫幼女导致被害人性器官严重损伤，或者造成其他严重伤害，甚至当场死亡或者经治疗无效死亡。本案现有证据只能证明，被害人是在被陆某强奸结束后，落入水中溺水而死，至于其是在被强奸后由被告人故意踢入河中杀死还是在强奸行为中直接因被告人的方法行为或目的行为直接导致，缺乏足够证据，因此，不能认定为属于“强奸致被害人重伤、死亡”的情形。

本案被告人的强奸行为是导致被害人溺水死亡的原因之一，属于刑法规定的“强奸造成其他严重后果的”的情形。首先，从客观上审查强奸案件中的其他严重危害后果与其基本犯罪行为间是否存在刑法上的因果关系。这里的因果关系不仅包含直接的因果关系，也包含其他因素介入后的间接因果关系，即强奸行为是这种危害后果发生的原因之一即可认定二者之间有刑法上的因果关系。如被害人被强奸后精神失常，虽然其精神失常可能由诸多原因造成，但只要强奸行为也是其中原因之一的话，即应认定系强奸造成的其他严重后果(需要注意的是，凡是由于强奸的方法行为或目的行为直接引发被害人重伤、死亡的，已被刑法明确列举，故不应作为本情形审查范围内)。其次，要从罪刑相当的原则出发，审查这种危害后果的严重程度，是否与第5项前半部分规定的“重伤、死亡”的危害程度相当，一般情况下，这种危害后果的客体应该限制在对人的生命权和健康权造成的重大侵害上，如强奸造成被害人自杀、自残。最后，这种危害后果不仅在被害人本人身上发生，也可能对案发现场的目击人或者与被害人相关的亲友等人身上发生。如行为人采取极端残暴的方式强奸被害人，致使现场其他受害人、目击人高度恐惧坠楼身亡或者案发后被害人亲属因知道被害人被强奸而诱发心脏病等死亡、重伤等情况。就本案而言，无论被害人溺水死亡的原因为何，但不可否认的是，被害人的死亡结果与被告人的强奸行为间存在着刑法上的因果关系，因此，本案符合《刑法》第236条第3款第5项后半部分规定的“强奸造成其他严重后果的”的情形，应认定为强奸罪的加重处罚情节。①

【法条链接】

《中华人民共和国刑法》

第236条　以暴力、胁迫或者其他手段强奸妇女的，处3年以上10年以下有期徒刑。

奸淫不满十四周岁的幼女的，以强奸论，从重处罚。

强奸妇女、奸淫幼女，有下列情形之一的，处10年以上有期徒刑、无期徒刑或者死刑：

(一) 强奸妇女、奸淫幼女情节恶劣的；

(二) 强奸妇女、奸淫幼女多人的；

(三) 在公共场所当众强奸妇女的；

(四) 二人以上轮奸的；

(五) 致使被害人重伤、死亡或者造成其他严重后果的。

三、深度拓展

“安乐死”问题

所谓安乐死，是指在患者濒临死亡，承受难以忍受的剧烈的身体痛苦时，

① 参见《刑事审判参考》(第65集)，法律出版社2008年版，第24～30页。

基于其嘱托而实施的消除其痛苦或提前其死期的行为。① 根据安乐死是否会伴随着生命的缩短，通常可以分为四类：

(1) 纯粹的安乐死。这是指不会带来生命的短缩，而单纯以减少、去除死亡痛苦为目的而实施的行为。例如，对于马上就要过世的患者使用麻醉药，减轻其临终前的痛苦。纯粹安乐死属于合法的治疗行为，因而不发生刑法上的问题。②

(2) 间接的安乐死。这是指以去除、减缓死亡痛苦为目的而采取的措施，其副作用造成了生命的缩短的情况，也称为治疗性安乐死。

(3) 消极的安乐死。这是指为了不延长患者的痛苦而不采取积极的治疗措施只是其生命缩短的情况。③ 一般认为，消极安乐死也属于合法行为。其根据在于，由于患者行使拒绝治疗的自我决定权，所以医生也就不具有作为义务。④

(4) 积极的安乐死。这是指为了免除患者的痛苦，而提前结束其生命的情况。⑤ 这也是我们所讨论的刑法意义上的安乐死。

受嘱托杀人，也称为“得承诺杀人”，是指受已有自杀意图者的嘱托而直接将他人杀死的行为。从广义上来讲，这也是一种帮助自杀行为，但与帮助自杀不同的是，行为人是直接实施了杀人行为，而不是对嘱托者本人的自杀行为给予帮助。这种受嘱托杀人行为构成故意杀人罪，不过，由于是应自杀者所求才实施的行为，在处罚时可考虑从轻。“安乐死”在本质上也是一种受嘱托杀人的行为。一般是指应身患绝症，精神、肉体处极度痛苦的病人的请求，实施促使其提前、迅速无痛苦死亡的行为。世界上已有个别国家承认“安乐死”合法化，我国也有学者认为应以专门立法允许通过实行“安乐死”来减轻病人的痛苦，使“安乐死”合法化，但应有严格的条件。其条件可归纳为以下几点：(1) 病人只能是身患绝症，临近死亡，即因疾病死亡已经不可避免。所谓绝症，是指经现代医疗诊断证明，是当前医疗手段尚无法治愈的疾病。(2) 病人须是处于无法忍受的精神、肉体的痛苦之中。(3) 必须有病患者本人的真诚嘱托和承诺，其他人都不能代替患者提出“安乐死”的请求。但为

---

① 参见［日］川端博：《刑法各论讲义》，成文堂2007年版，第29～30页。

② 参见［日］日高义博：《违法性的基础理论》，成文堂2005年版，第97页。

③ 参见［日］日高义博：《违法性的基础理论》，成文堂2005年版，第98页。

④ 参见［日］金泽文雄：《刑法与道德》，一粒社1984年版，第218页。

⑤ 参见［日］日高义博：《违法性的基础理论》，成文堂2005年版，第98页。

了切实保障病患者的自主权，可以用遗嘱的方式记载病人的要求，并指定一个或多个代理人为其临终问题作决定。（4）须由医生按照法定程序，并以为解除病人的痛苦为目的和采用伦理上被认为是适当的方法进行。当然，我国能否实行“安乐死”有待进一步讨论和研究。所以，在目前立法上尚未承认“安乐死”的情况下，对实践中“安乐死”的案件，仍应按照故意杀人罪定性，但可根据具体情况免除或者减轻处罚。

第十九章　侵犯财产罪

【知识结构图】

- 侵犯财产罪
  - 暴力胁迫型财产犯罪
    - 抢劫罪
    - 抢夺罪
    - 聚众哄抢罪
    - 敲诈勒索罪
  - 窃取骗取型财产犯罪
    - 盗窃罪
    - 诈骗罪
  - 侵占挪用型财产犯罪
    - 侵占罪
    - 职务侵占罪
    - 挪用资金罪
    - 挪用特定款物罪
    - 拒不支付劳动报酬罪
  - 毁坏破坏型财产犯罪
    - 故意毁坏财物罪
    - 破坏生产经营罪

一、知识点精析

（一）侵犯财产罪概述

1. 侵犯财产罪的概念

侵犯财产罪，是指故意非法占用、挪用、损毁公私财物的行为。

2. 侵犯财产罪的构成

本类罪构成要件的特征如下：

（1）本类罪的犯罪客体是公私财产所有权。所有权是指所有人依法对自己的财产所享有的占有、使用、收益和处分的权利。

（2）本类罪在犯罪客观方面表现为实施各种侵犯法定公私财产的行为，

主要表现为非法占有、挪用和毁损公私财物三种情形。

(3) 本类罪的犯罪主体大多数为一般主体，即年满16周岁具有刑事责任能力的自然人。年满14周岁不满16周岁的人犯抢劫罪应当负刑事责任。少数犯罪如挪用资金罪的主体只能是公司、企业或者其他单位的工作人员。

(4) 本类罪的犯罪主观方面表现为故意，过失不能构成本类罪。本类罪的犯罪目的有所不同，主要包括以下三种情形：一是以非法占有为目的，如盗窃罪、抢劫罪等；二是以挪用而非占为己有为目的，如挪用资金罪；三是以毁坏财物为目的，如故意毁坏财物罪。

(二) 暴力胁迫型财产犯罪

1. 抢劫罪

抢劫罪，是指以非法占有为目的，使用暴力、胁迫或者其他方法，当场强行劫取公私财物的行为。

(1) 抢劫罪的构成

①本罪的犯罪客体为复杂客体，包括公私财产权利和他人的人身权利。由于本罪行为人通常是为了取得公私财产，而使用暴力、胁迫等手段，所以本罪的主要客体是公私财产所有权。这是抢劫罪区别于其他财产犯罪的重要特征，也是抢劫罪法定刑较重的根本原因。抢劫罪的对象是公私财物，包括被害人合法占有的财物，也包括被害人非法取得的财物。亦即，抢劫毒品、假币、淫秽物品等违禁品的，也构成抢劫罪。①

②本罪在犯罪客观方面表现为对财物的所有人、占有人、保管人实施暴力、胁迫或者其他方法，强行当场劫取财物的行为。

所谓"暴力"，是指对财物的所有人、占有人、保管人实施身体上的打击或强制，使其不能反抗的行为。暴力行为只能针对人实施，包括直接对人实施

① 参见2005年6月8日最高人民法院《关于审理抢劫、抢夺刑事案件适用法律若干问题的意见》："以毒品、假币、淫秽物品等违禁品为对象，实施抢劫的，以抢劫罪定罪；抢劫的违禁品数量作为量刑情节予以考虑。抢劫违禁品后又以违禁品实施其他犯罪的，应以抢劫罪与具体实施的其他犯罪实行数罪并罚。抢劫赌资、犯罪所得的赃款赃物的，以抢劫罪定罪，但行为人仅以其所输赌资或所赢赌债为抢劫对象，一般不以抢劫罪定罪处罚。构成其他犯罪的，依照刑法的相关规定处罚。为个人使用，以暴力、胁迫等手段取得家庭成员或近亲属财产的，一般不以抢劫罪定罪处罚，构成其他犯罪的，依照刑法的相关规定处理；教唆或者伙同他人采取暴力、胁迫等手段劫取家庭成员或近亲属财产的，可以抢劫罪定罪处罚。"

和间接对人实施，但不包括对物实施。暴力的程度要求足以压制对方反抗，但不要求事实上压制了对方的反抗。

所谓“胁迫”，是指对以当场立即实施暴力相威胁，对被害人实施精神上的强制，使其产生恐惧心理而不敢反抗，不得不当场交出财物或不敢阻止其夺取财物的行为。胁迫在程度上要求足以压制被害人的反抗。胁迫的方式可以是语言或动作。胁迫的内容是当场以要使用暴力相威胁，即表达了如果被害人反抗，就立即实施暴力。如果以揭发隐私、毁损名誉等非暴力的内容进行威胁的，不属于抢劫罪中的“胁迫”，不构成抢劫罪。以将来实施暴力相威胁的，不具有当场性，也不构成抢劫罪。

所谓“其他方法”，是指采取除了暴力、胁迫以外的，使被害人处于不敢反抗、不知反抗或丧失反抗能力的方法。常见的如用酒灌醉、用药物麻醉等，所以一些国家的刑法将这种情形称之为“昏醉抢劫”。这里所说的“其他方法”，是行为人为夺取财物而对财物的持有者实施的；如果被害人是由于自己的原因，或者其他原因而处于不知反抗或不能反抗的状态，例如被害人骑自行车被第三人撞倒后陷入昏迷状态，行为人利用这种状态乘机取走被害人财物，则不构成抢劫罪，而应构成盗窃罪。“其他方法”不具有暴力、胁迫那样的具有直接而明显的人身危害内容，但在程度上“其他方法”和暴力、胁迫行为一样足以压制被害人的反抗，同样侵害了被害人的人身权利，因此同样构成抢劫罪。

③本罪的犯罪主体是已满 14 周岁具有刑事责任能力的自然人。

④本罪的犯罪主观方面表现为直接故意，即以非法占有财物为目的。没有非法占有他人财物的目的的，不构成抢劫罪。例如，因与他人发生债务纠纷，采取抢劫对方财物的方式来抵债，或以之迫使对方还债，确实没有非法占有他人财物、侵犯他人财产权利的故意的，理论上认为一般不能定抢劫罪。①

(2) 抢劫罪的认定

①转化型抢劫罪。

《刑法》第 269 条规定：“犯盗窃、诈骗、抢夺罪，为窝藏赃物、抗拒抓捕或者毁灭罪证而当场使用暴力或者以暴力相威胁的，依照本法第 263 条的规定定罪处罚。”这通常称为“转化型抢劫罪”，其构成条件有三项：

一是构成转化型抢劫罪的前提条件是行为人必须是先“犯盗窃、诈骗、

① 参见王作富主编：《刑法分则实务研究》(中)，中国方正出版社 2010 年版，第 1036 页。

抢夺罪”。先犯其他犯罪，不可能向抢劫罪转化，这是适用该条的前提条件。

盗窃、诈骗、抢夺的财物均要求在达到“数额较大”才构成上述三类犯罪，那么盗窃、诈骗、抢夺财物行为构成转化型抢劫罪是否也要求达到“数额较大”呢？这一问题曾经在理论和实践上都存在激烈争议。2005 年 6 月 8 日，最高人民法院颁布《关于审理抢劫、抢夺刑事案件适用法律若干问题的意见》，明确就这一问题作了规定：“行为人实施盗窃、诈骗、抢夺行为，未达到‘数额较大’，为窝藏赃物、抗拒抓捕或者毁灭罪证当场使用暴力或者以暴力相威胁，情节较轻、危害不大的，一般不以犯罪论处；但具有下列情节之一的，可依照刑法第二百六十九条的规定，以抢劫罪定罪处罚：（1）盗窃、诈骗、抢夺接近‘数额较大’标准的；（2）入户或在公共交通工具上盗窃、诈骗、抢夺后在户外或交通工具外实施上述行为的；（3）使用暴力致人轻微伤以上后果的；（4）使用凶器或以凶器相威胁的；（5）具有其他严重情节的。”司法解释固然不能取代理论上的争议，但至少在实践中统一了适用的标准。

二是转化型抢劫罪适用的客观条件是行为人在先行实施盗窃、诈骗、抢夺行为后，当场使用暴力或者以暴力相威胁。

这一客观条件可分为行为条件和时空条件，行为条件即实施暴力或暴力威胁行为，时空条件即这种暴力或暴力威胁行为是“当场”实施的。所谓“当场”，是指行为人实施盗窃、诈骗、抢夺行为的现场以及被追捕的整个过程和现场。因为转化型抢劫罪是由盗窃等行为向抢劫的转化，其暴力或暴力威胁行为的实施就要与前行为的时空紧密相联，完全脱离盗窃等行为时空的时间和地点并非本罪所谓的当场；同时也要允许有其先行的侵犯财产行为向后行的侵犯人身行为转化的时空限度，完全不允许有时空的延展，就往往不可能有后行的暴力或暴力威胁行为实施的余地。即本罪的暴力或威胁行为，与先行的盗窃等行为在时空上具有连续性和关联性。

三是转化型抢劫罪适用的主观条件是行为人实施暴力或以暴力相威胁的目的是为窝藏赃物、抗拒抓捕或者毁灭罪证。

窝藏赃物是指保护已非法取得的财产不被夺回；抗拒抓捕是指拒绝公安机关、被害人或其他公民的抓捕、扭送等；毁灭罪证是指销毁和消灭实施盗窃、诈骗、抢夺行为的证据。如果在盗窃、抢劫、抢夺过程实施暴力或威胁并非系出于上述目的的，不能适用本条规定；① 如果是出于强行非法占有目的的，则

① 参见周道鸾、张军主编：《刑法罪名精释》（第 3 版），人民法院出版社 2007 年版，第 498 页。

符合一般抢劫罪的构成要件，直接以抢劫罪论处，不应按转化型抢劫罪论处。

②加重情节的认定。

《刑法》第263条对抢劫罪规定了两个法定刑档次：第一档次是一般的抢劫，没有加重情节的，处3年以上10年以下有期徒刑，并处罚金；第二档次是具有八种加重情节（入户抢劫、在公共交通工具上抢劫、抢劫银行或者其他金融机构、多次抢劫或者抢劫数额巨大、抢劫致人重伤死亡、冒充军警人员抢劫、持枪抢劫、抢劫军用物资或者抢险救灾物资）的抢劫，处10年以上有期徒刑、无期徒刑或者死刑，并处罚金或者没收财产。可见，具有加重情节的抢劫罪在量刑上远远重于一般抢劫罪，因此，准确认定这些加重情节无疑是至关重要的。

a. 入户抢劫。

入户抢劫是指为实施抢劫行为而进入他人生活的与外界相对隔离的住所，包括封闭的院落、牧民的帐篷、渔民作为家庭生活场所的渔船、为生活租用的房屋等，并进行抢劫的行为。认定入户抢劫，应特别注意以下四个问题：

一是“户”应指居民住所，其功能特征是供人家庭生活使用，其场所特征是与外界相对隔离。据此，“户”不包括公共场所和公共设施，如单位的办公楼、学校、集体宿舍、旅店、宾馆、公共娱乐设施、临时搭建的工棚等。对于在某些兼具生产经营功能和家庭生活功能的店铺、渔船里实施抢劫，则应视具体情形而论，在实施抢劫时，被害人已停止对外生产经营活动，进入生活状态的，可认定为“入户抢劫”。

二是对“入户”不能狭窄地理解为进入住宅房间或室内，而应结合住所的门、墙、栅栏等对外隔离设施具体地认定行为人的行为是否属于“入户”。

三是入户应基于非法的目的，即行为人进入他人住所是为了实施抢劫或其他违法行为。对于行为人进入户内不是为了抢劫、而是临时起意在户内抢劫的，甚至行为人本人就住在户内、抢劫了与其同住者的，不属于“入户抢劫”。

四是转化型的入户抢劫，其暴力或威胁行为应发生在户内。行为人入户盗窃被发现后，为窝藏赃物、抗拒抓捕或者毁灭罪证，而当场使用暴力或者以暴力相威胁的，如果其暴力或威胁行为发生在户内，可以认定为入户抢劫，如果发生在户外，则不能认定为入户抢劫。

b. 在公共交通工具上抢劫。

在公共交通工具上抢劫，是指在从事旅客运输的各种公共汽车、大中型出租车、火车、船只、飞机等正在运营中的机动公共交通工具上对旅客、司售、乘务人员实施抢劫。在公共交通工具上抢劫，具有针对不特定的多数人的危险性，因此需要强调该公共交通工具“正在运营中”这一特征。在未运营的大中型公共交通工具上针对司售、乘务人员抢劫的，或在小型出租车上抢劫的，不属于在公共交通工具上抢劫。

c. 抢劫银行或者其他金融机构。

银行包括国有银行，也包括民营银行和外国在我国境内设立的银行。其他金融机构指银行以外的依法从事货币资金的融通和信用业务的机构，如证券公司、保险公司、信托投资公司、金融租赁公司、企业集团财务公司等。抢劫银行或其他金融机构，是指抢劫银行或者其他金融机构的经营资金、有价证券和客户资金等。抢劫正在使用中的银行或者其他金融机构的运钞车的，视为抢劫银行或其他金融机构。

d. 多次抢劫或者抢劫数额巨大。

多次抢劫，是指抢劫三次以上，包括本数。对于多次抢劫的认定，应以行为人实施的每一次抢劫行为均以构成犯罪为前提，综合考虑犯罪故意的产生、犯罪行为实施的时间、地点等因素，客观分析、认定。对于行为人基于一个犯意实施犯罪的，如在同一地点同时对在场的多人实施抢劫的，或基于同一犯意在同一地点实施连续抢劫犯罪的，如在同一地点对途径此地的多人进行抢劫的，或在一次犯罪中对同一栋居民楼中的几户居民连续实施入户抢劫的，一般应认定为一次犯罪。

抢劫数额巨大，参照各地确定的盗窃数额标准来认定。关于抢劫数额的认定，应注意：抢劫信用卡后使用、消费的，其实际使用、消费的数额为抢劫数额；抢劫信用卡后未实际使用、消费的，不计数额，根据情节轻重量刑。所抢信用卡数额巨大，但未实际使用、消费或者实际使用、消费的数额未达到巨大标准的，不适用“抢劫数额巨大”的法定刑。为抢劫其他财物，劫取机动车作为犯罪工具或者逃跑工具使用的，被劫取机动车辆的价值计入抢劫数额；为实施抢劫以外的其他犯罪劫取机动车辆的，以抢劫罪和其他犯罪实行数罪并罚。

e. 抢劫致人重伤、死亡。

抢劫致人重伤、死亡，是指在实施抢劫行为过程中使用暴力，如殴打、捆绑、禁闭等，因而致人重伤、死亡。这是一种典型的结果加重犯，行为人对重伤、死亡结果的发生应存在过失或故意，由此造成的重伤和死亡结果已被包含于抢劫罪的犯罪构成之中。行为人为劫取财物而预谋故意杀人或者在劫取财物过程中，为制服被害人反抗而故意杀人的，构成抢劫罪，不再另外构成故意杀人罪。至于在抢劫后，为杀人灭口、逃避罪责又将被害人杀害的，则其故意杀人的行为已超出抢劫罪的犯罪构成所预定的范围，应当分别构成故意杀人罪和抢劫罪，实行数罪并罚。

f. 冒充军警人员抢劫。

军警人员，是指现役军人、武装警察、公安和国家安全机构的人民警察以及人民法院、人民检察院、监狱等部门的司法警察，但不包括其他司法人员或行政执法人员。只要行为人抢劫时有冒充军警人员的行为表现，就属于冒充军警人员抢劫，至于被害人是否因此误以为行为人是军警人员，均不影响这一情形的认定。

g. 持枪抢劫。

持枪抢劫，是指行为人使用枪支或者向被害人显示持有、佩带枪支进行抢劫的行为。枪支的定义和范围，按照《枪支管理法》的规定确定。行为人是否实际使用了枪支，不影响这一情形的认定。但行为人应实际持有枪支，如果行为人并未实际持有枪支，只是谎称有枪，不能认定为持枪抢劫。另一方面，行为人虽然实际持有枪支，但并未使用或向被害人显示的，也不能认定为持枪抢劫。

h. 抢劫军用物资或抢险、救灾、救济物资。

军用物资，指除武器装备以外的用于军事用途的各种物品，如军用被服、粮秣、油料、建筑材料、药品等。抢险、救灾、救济物资，指正处于保管、运输、使用中的用于抢险、救灾、救济的物资。根据主客观相一致的原则，认定这一情形应查明行为人明知所抢劫的物资是军用物资或抢险、救灾、救济物资，如果行为人事前或事中并不知道所抢劫的物资是军用物资或抢险、救灾、救济物资的，不能适用本项情形的规定。①

③既遂与未遂的界定。

抢劫罪侵害的客体是复杂客体，既侵害人身权利，又侵犯财产权利。因此，具备劫取财物和造成他人人身伤亡的结果两者之一的，均属于抢劫既遂。着手实施抢劫犯罪后，由于行为人意志之外的原因，既未劫取到财物，也没有造成他人人身伤亡的，属于抢劫未遂。在抢劫罪的八种加重情节中，除“抢劫致人重伤、死亡的”以外，其余七种加重情节均存在既遂与未遂之分。

---

① 参见周道鸾、张军主编：《刑法罪名精释》(第3版)，人民法院出版社2007年版，第503页。

(3) 抢劫罪的处罚

根据《刑法》第263条的规定，犯本罪的，处3年以上10年以下有期徒刑，并处罚金；有上述八种加重处罚情节之一的，处10年以上有期徒刑、无期徒刑或者死刑，并处罚金或者没收财产。

【难点辨析】

①抢劫罪与敲诈勒索罪。

抢劫罪和敲诈勒索罪均有可能包含暴力和胁迫方法的使用，在适用时容易被混淆。区分两者的标准在于：

一是抢劫的胁迫，只能是行为人当着被害人的面发出。敲诈勒索的胁迫，可以当面，也可以以书信或第三人转达的方式发出。

二是抢劫的胁迫，只能以当场实现某种侵害行为相威胁，而敲诈勒索则是一般以日后实现某种侵害行为相威胁，但也可以扬言当场实现侵害行为相威胁。

三是抢劫中胁迫的内容只能是当场能够实现的，敲诈勒索中胁迫的内容可以是当场能够实现的，也可以是日后才能实现的（例如散布破坏名誉的谣言、揭发隐私等）。

四是抢劫必须是当场占有财物，敲诈勒索可以是当场占有，也可以是日后占有。

根据上述标准，可以得出结论：以上抢劫的四个特点全部具备的，应定抢劫罪，如果缺少其中任何一点，则应定敲诈勒索罪。

②抢劫罪与绑架罪。

绑架罪中存在以勒索财物为目的而绑架他人的情形，容易与抢劫罪中使用暴力行为劫取财物的情形相混淆。两者之间的区别在于：第一，主观方面不相同。抢劫罪中，行为人一般是出于非法占有他人财物的目的；绑架罪中，行为人既可能为勒索财物而实施绑架行为，也可能出于非经济目的而实施绑架行为。第二，行为手段不尽相同。抢劫罪表现为行为人劫取财物一般系在同一时间、同一地点，具有“当场性”；绑架罪表现为行为人绑架人质并以杀害、伤害等方式向被绑架人的亲属或相关第三人发出威胁、索取赎金或提出其他非法要求，劫取财物一般不具有“当场性”。

由此可见，绑架罪不同于抢劫罪的最关键一点在于：绑架只能是向被绑架人的亲属或相关第三人勒索财物，抢劫是直接迫使被害人交付财物，而不是向第三人勒索财物。行为人使用暴力、胁迫手段非法扣押被害人或者迫使被害人离开日常生活住所后，仍然向该被害人索取财物的，只能认定为抢劫罪。①

2. 抢夺罪

抢夺罪，是指以非法占有为目的，乘人不备，公然夺取数额较大的公私财物的行为。

(1) 抢夺罪的构成

本罪侵害的客体是公私财物的所有权。其对象是公私财物，实际上仅限于动产，不动产在性质上不能成为本罪的对象。

本罪在犯罪客观方面表现为使用乘人不备的方法，公然夺取数额较大的财物。抢夺行为必须是公然进行的，所谓“公然”，不是指在不特定人或多数人面前进行，而是当着被害人的面，或以其可以即时发觉的方式进行。抢夺是一种使用暴力的行为，但这种暴力只能针对物实施，即行为人通过暴力使物迅速脱离被害人控制，从而达到非法占有的目的。这种暴力不能对人实施，如果是对人实施暴力，则应构成抢劫罪。行为人在抢夺时对物实施暴力，同时造成被害人重伤、死亡等后果，构成过失致人重伤罪、过失致人死亡罪等犯罪的，依照处罚较重的规定定罪处罚。

本罪的犯罪主体是一般主体，年满16周岁的自然人即可构成本罪。

本罪的犯罪主观方面是故意。

(2) 抢夺罪的认定

①飞车抢夺行为的认定。

飞车抢夺行为，即行为人以高速驾驶机动车夺取行人财物并迅速逃走的情形。这是实践中常见而社会危害性又比较大的一种抢夺方法。我们认为，对于飞车抢夺行为，应区分各种案件情形，分别按照抢夺罪和抢劫罪处理。对于驾驶机动车、非机动车（以下简称“驾驶车辆”）夺取他人财物的，一般以抢夺罪从重处罚。但具有下列情形之一，应当以抢劫罪定罪处罚：

驾驶车辆，逼挤、撞击或强行逼倒他人以排除他人反抗，乘机夺取财物的；

驾驶车辆强抢财物时，因被害人不放手而采取强拉硬拽方法劫取财物的；

行为人明知其驾驶车辆强行夺取他人财物的手段会造成他人伤亡的后果，仍然强行夺取并放任造成财物持有人轻伤以上后果的。在上述情形中，行为人的暴力行为不仅指向被害人的财物，还直接指向被害人人身，对其产生人身上和精神上的强制，使其不敢、不能或无法反抗，从而劫取被害人财物，不但严

---

① 参见张明楷：《刑法学》(第4版)，法律出版社2011年版，第859页。

重侵害了公私财物所有权，还同时侵害被害人的人身权益，其行为完全符合抢劫罪的构成要件，应以抢劫罪定罪处罚。

②既遂与未遂的界定。

抢夺罪是否既遂，通说认为是以行为人是否实际控制了财物为标准。所谓“实际控制”，并非一定指财物在行为人手里，更不要求行为人实际使用了该财物，而是指行为人能够支配该财物。行为人抢夺财物后又被被害人夺回的，或者行为人在被追捕时丢弃财物的，由于行为人还没有实际控制到财物，客观上还没有实现非法占有，因而只能认定行为人构成抢夺罪未遂。

（3）抢夺罪的处罚

一般的抢夺罪，没有加重情节的，处3年以下有期徒刑、拘役或者管制，并处或者单处罚金。

抢夺公私财物，数额巨大或者有其他严重情节的，处3年以上10年以下有期徒刑，并处罚金。

抢夺公私财物，数额特别巨大或者有其他特别严重情节的，处10年以上有期徒刑或者无期徒刑，并处罚金或者没收财产。

抢夺公私财物，数额接近“数额巨大”、“数额特别巨大”的标准，并具有下列情形之一的，可以分别认定为“其他严重情节”或者“其他特别严重情节”：抢夺残疾人、老年人、不满14周岁未成年人的财物的；抢夺救灾、抢险、防汛、优抚、扶贫、移民、救济等款物的；一年内抢夺三次以上的；利用行驶的机动车辆抢夺的。

【难点辨析】

抢劫罪与抢夺罪。

抢劫罪和抢夺罪都是以使用暴力方法为特征的夺取型犯罪，实践中常常合称“双抢”。但两者在罪质和危害程度上也存在很大不同，需要严格进行区分。抢劫罪和抢夺罪的区别主要是：

犯罪客观行为不相同。抢劫罪表现为对被害人当场使用暴力、胁迫或其他强制方法，压制了被害人的反抗，从而强行劫取公私财物；而抢夺罪表现为乘人不备公然夺取数额较大的财物，使他人来不及反抗。

侵害的犯罪客体不完全相同。抢劫罪不但侵犯了他人的财产权利，还侵犯了他人的人身权利；而抢夺罪一般只侵犯财产权利。

犯罪后果要求不同。抢劫罪对财物的数额没有要求；而构成抢夺罪要求抢夺的财物至少应达到“数额较大”的标准。根据司法解释，抢夺公私财物价值人民币 500 元至 2000 元以上的，为“数额较大”。

犯罪主观故意的内容不同。抢劫罪是希望或准备以暴力、胁迫或类似性质的力量迫使被害人失去财物，是希望在被害人不能反抗或无法反抗的情况下取得财物；而抢夺罪是以突然取得财物的故意实施的，是希望通过趁被害人不备而取得财物，而不是希望通过暴力、胁迫夺取被害人的财物。

犯罪主体条件不相同。抢劫罪由年满 14 周岁的自然人构成；而抢夺罪由年满 16 周岁的自然人构成。

【疑难法条解析】

《刑法》第 267 条第 2 款规定：“携带凶器抢夺的，依照本法第 263 条的规定定罪处罚。”

依据最高人民法院《关于审理抢劫案件具体应用法律若干问题的解释》，所谓“携带凶器抢夺”，是指行为人随身携带枪支、爆炸物、管制刀具等国家禁止个人携带的器械进行抢夺或者为了实施犯罪而携带其他器械进行抢夺的行为。

第一，要明确凶器的范围。所谓凶器，是指在性质上或者用法上足以杀伤他人的器物。凶器必须是用于杀伤他人的器械，不同于犯罪工具，故仅具有毁坏物品的特性而不具有杀伤他人机能的器械，不属于凶器。凶器分为性质上的凶器与用法上的凶器。性质上的凶器，是指枪支、弹药、爆炸物、管制刀具等本身用于杀伤他人的器械。这些性质上的凶器具有杀伤力，甚至是专为杀伤人而制造，国家禁止个人携带，无疑属于《刑法》第 267 条第 2 款规定的凶器。用法上的凶器，是指从使用的方法看，可能用于杀伤他人的器械。这些器械通常用于日常生活或生产，不是用于侵害人身，但行为人却将其用于抢夺等犯罪活动。根据司法解释的精神，行为人随身携带第二类器械进行抢夺，有证据证明该器械确实不是为了实施犯罪准备的，不以抢劫罪定罪。故是否属于凶器，一定要结合具体案情查明行为人携带的目的是否用于抢夺活动，综合器械的杀伤机能的高低、器械供杀伤他人使用的盖然性程度等加以认定，不可一概而论。

第二，要正确认定所携带的凶器在抢夺过程中是否发挥作用。“携带”大致可以分为三种情况。一是显示型携带。即行为人为进行违法犯罪活动，不仅携带具有杀伤性的器具，而且在抢夺财物时以各种方式暴露或者暗示其携带该武器，并能为被害人所感知。在这种情况下，已经对被害人起到胁迫作用，是抢劫罪构成的暴力威胁要件之一。显示自己携带凶器进行抢夺的行为，本身完全符合普通抢劫罪的构成要件，这种行为比当场扬言进行暴力威胁的抢劫行为，在危害程度上有过之而无不及，应当直接适用《刑法》第 263 条的规定定罪处罚。二是使用型携带。即行为人携带凶器抢夺后，在逃跑过程中为窝藏赃物、抗拒抓捕或者毁灭罪证而当场使用暴力或者以暴力相威胁。携带凶器应具有随时可能使用或当场能够及时使用的特点，即具有随时使用的可能性，而且在逃跑的过程中确实进行了暴力使用，只有在这种情况下，才能认定为转化型抢劫。根据司法解释的精神，使用型携带更强调携带凶器抢夺的现实使用性，而不是潜在的使用可能性。三是隐藏型携带。如果行为人仅仅持有可能成为凶器的器具，但其主观上没有利用该器具胁迫他人的意图，或者非法携带枪支、匕首等管制刀具，但在抢夺时藏而不露，被害人也未感知其存在的，则不应以抢劫罪论处，因为行为人此时携带的器具对抢夺行为没有起到任何实质性作用。行为人在携带凶器而又没有使用凶器的情况下抢夺他人财物的，不应构成抢劫罪。

3. 敲诈勒索罪

敲诈勒索罪，是指以非法占有为目的，对被害人使用威胁或要挟的方法，强行索取公私财物，数额较大，或多次以威胁或要挟的方法强行索取公私财物的行为。

（1）敲诈勒索罪的构成

①敲诈勒索罪侵害的犯罪客体为复杂客体，不仅侵害了公私财物的所有权，还侵害他人的人身权利或者其他权益。

②犯罪客观方面表现为行为人采用威胁、要挟、恫吓等手段，迫使被害人交出财物的行为。

威胁，是指以恶害相通告迫使被害人处分财产，即如果不按照行为人的要求处分财产，就会在将来的某个时间遭受恶害。威胁内容的种类没有限制，包括对被害人及其亲属的生命、身体自由、名誉等进行威胁，威胁行为只要足以使他人产生恐惧心理即可，不要求现实上使被害人产生了恐惧心理。威胁的内容是将由行为人自己实现，还是将由他人实现在所不问，威胁内容的实现也不要求自身是违法的，例如，行为人知道他人的犯罪事实，向司法机关告发是合法的，但行为人以向司法机关告发进行威胁索取财物的，也成立敲诈勒索罪。威胁的方法没有限制，既可能是明示的，也可能是暗示的；既可以使用语言文字，也可以使用动作手势；既可以直接通告被害人，也可以通过第三者通告被害人。威胁的结果，是使被害人产生恐惧心理，然后为了保护自己更大的利益而处分自己的数额较大的财产，进而行为人取得财产。被害人处分财产，并不限于被害人直接交付财产，也可以是因为恐惧而默许行为人取得财产，还可以是与被害人有特别关系的第三者基于被害人的财产处分意思交付财产。行为人敲诈勒索数额较小的公私财物的，不以犯罪论处。

敲诈勒索的行为只有数额较大时，才构成犯罪。数额巨大或者有其他严重情节，是本罪的加重情节，所谓情节严重，主要是指：敲诈勒索罪的惯犯；敲诈勒索罪的连续犯；对他人的犯罪事实知情不举并乘机进行敲诈勒索的；乘人之危进行敲诈勒索的；冒充国家工作人员敲诈勒索的；敲诈勒索公私财物数额巨大的；敲诈勒索手段特别恶劣，造成被害人精神失常、自杀或其他严重后果的；等等。

③敲诈勒索罪的犯罪主体为一般主体。已满16周岁的自然人均能构成敲诈勒索罪。

④在犯罪主观方面表现为直接故意，必须具有非法强索他人财物的目的。如果行为人不具有这种目的，或者索取财物的目的并不违法的，则不构成敲诈勒索罪。

（2）敲诈勒索罪的认定

①罪与非罪的界限。

有时候，行为人为了行使自己的合法权利，可能会使用一些带有胁迫性质的手段。例如，债权人为了实现到期债权，对债务人实施胁迫的，又如，消费者因权益受损，向商家索取巨额赔偿，并以打官司或诉诸媒体相威胁的，这些情况一般认为不构成敲诈勒索罪。因为在某些情形下，这些行为可以理解为权利人的自救行为，只要没有明显超出权利的范围，而且手段本身没有构成其他犯罪，就应当认为没有造成对方财产损害，不宜定敲诈勒索罪。但是，如果债务人具有抗辩事由等值得保护的正当理由，或债务尚未到期的，仍具有成立敲诈勒索罪的可能性。①

②罪数的界定。

实践中常见行为人因敲诈勒索被全部或部分拒绝，从而将威胁的内容付诸实施，如杀害、伤害、诽谤被害人、故意毁坏财物等，应区别具体情形进行处理：

敲诈勒索的财物尚未达到数额较大标准，伤害被害人仅造成轻微伤、诽谤被害人尚未达到情节严重程度，未构成犯罪的，均不以犯罪论处。

敲诈勒索的财物已达到数额较大标准，但伤害、诽谤被害人的行为尚不构

① 参见张明楷：《刑法学》（第4版），法律出版社2011年版，第871～872页。

成犯罪的，以敲诈勒索罪一罪论处，伤害、诽谤行为作为量刑情节予以考虑。

敲诈勒索的财物尚未达到数额较大标准，但杀害、伤害、诽谤被害人的行为构成犯罪的，以故意杀人罪、故意伤害罪、诽谤罪等论处，敲诈勒索的行为作为量刑情节予以考虑。

敲诈勒索的财物已达到数额较大标准，且杀害、伤害、诽谤被害人的行为也构成犯罪的，以敲诈勒索罪和故意杀人罪、故意伤害罪、诽谤罪等犯罪实行数罪并罚。

(3) 敲诈勒索罪的处罚

根据《刑法》第274条之规定，犯敲诈勒索罪的，处3年以下有期徒刑、拘役或者管制，并处或者单处罚金；数额巨大或者有其他严重情节的，处3年以上10年以下有期徒刑，并处罚金；数额特别巨大或者有其他特别严重情节的，处10年以上有期徒刑，并处罚金。

【难点辨析】

①敲诈勒索罪与抢劫罪。

敲诈勒索罪与抢劫罪都属于暴力胁迫型财产犯罪，相似之处甚多：

侵害的客体都是复杂客体，即人身权利和财产权利。

客观上，两罪都可能使用威胁手段，恐吓被害人，迫使其交付财物。

主观上，两罪都是直接故意，具有非法占有的目的。

因此，需要仔细厘清敲诈勒索罪与抢劫罪的区别，主要有以下几点：

一是威胁的方式。抢劫罪的威胁肯定是当着被害人的面直接发出的；敲诈勒索罪的威胁可以当着被害人的面，也可以通过第三人或其他方式间接发出。如果是通过第三人或其他方式进行威胁的，只能是敲诈勒索罪，不是抢劫罪。

二是威胁的内容。抢劫罪的威胁，都是直接侵害人身权利的暴力威胁；敲诈勒索的威胁则比较广泛，可以是对人身的暴力威胁，也可以是损坏财物、揭发隐私、制造麻烦等威胁。

三是威胁可能付诸实施的时间。抢劫罪的威胁，一般是行为人扬言当场实施的；敲诈勒索罪的威胁，可以是行为人扬言当场实施，也可以是扬言将来的某个时间实施。

四是威胁索取的财物。抢劫罪索取的财物只能是动产；敲诈勒索罪的财物包括动产和不动产。

五是取得财物的时间。抢劫罪只能是当场取得财物；敲诈勒索罪可以是当场取得财物，但更为典型的情况是事后取得财物。

上述五点区别，实际上是抢劫罪中使用威胁方法的五个特征。其中只要有一点不符合抢劫罪的特征，就应当构成敲诈勒索罪。

②敲诈勒索罪与诈骗罪。

敲诈勒索罪中含有“诈”，但并非诈骗、欺诈之意。敲诈勒索罪与诈骗罪最为根本的区别在于：敲诈勒索罪是使用威胁、要挟的方法，迫使被害人因恐惧而被迫交付财物；诈骗罪是使用虚构事实、隐瞒真相的欺诈方法，使被害人因认识错误而交付财物。有些敲诈勒索行为可能含有欺诈的因素，但这种欺诈并非导致被害人交付财物的原因，因而不能构成诈骗罪。

（三）窃取骗取型财产犯罪

1. 盗窃罪

盗窃罪，是指以非法占有为目的，秘密窃取数额较大的公私财物或者多次盗窃、入户盗窃、携带凶器盗窃、扒窃公私财物的行为。

（1）盗窃罪的构成

①盗窃罪侵害的客体是公私财产所有权。盗窃的对象是具有经济价值和可支配性的物，但一般认为不包括动产。

②盗窃罪在犯罪客观方面表现为秘密窃取数额较大的财物或多次盗窃、入户盗窃、携带凶器盗窃、扒窃财物。

在认定盗窃罪的犯罪客观方面时，应当注意盗窃行为的秘密性。盗窃罪是秘密取得他人财物的行为，这正是盗窃罪区别于其他侵财犯罪的重要特征，也是盗窃罪之所以名为“窃”的原因。盗窃行为的秘密性，是指实施盗窃的行为人采取隐密的、自以为不为财物占有人所知的方法将财物取走。这一秘密性包括三层含义：一是这种秘密性系行为人自认为的，不要求财物占有人确实不知晓；二是这种秘密性是有针对性的，即是对财物占有人而言的。实践中经常有行为人当着众多群众的面将被害人的财物取走、运走的案件，这种取财行为貌似是“公开”进行的，但由于被害人不在场、不知晓，所以，对被害人而言仍然具有秘密性，仍属于盗窃行为；三是秘密性必须贯彻行为始终，如果行为人在窃取财物过程中改变意图，转而用暴力、胁迫、欺骗等手段来取得财物的，犯罪行为的性质就发生了转化，应以抢劫罪或诈骗罪论处。

盗窃的财物，要求至少达到“数额较大”的标准，才能构成盗窃罪。同时，《刑法》第264条还将“数额巨大”、“数额特别巨大”规定为盗窃罪的加重情节。根据最高人民法院《关于审理盗窃案件具体应用法律若干问题的解释》，个人盗窃公私财物价值人民币500元至2000元以上的，为“数额较大”；个人盗窃公私财物价值人民币5000元至2万元以上的，为“数额巨大”；个人盗窃公私财物价值人民币3万元至10万元以上的，为“数额特别巨大”。各省、自治区、直辖市高级人民法院可根据本地区经济发展状况，并考虑社会治安状况，在上述规定的数额幅度内，分别确定本地区执行的“数额较大”、“数额巨大”、“数额特别巨大”的标准。

多次盗窃，一般是指行为人的盗窃数额虽未达到“数额较大”的标准，但行为人多次实施了盗窃行为。多次，是指三次以上。但对于情节显著轻微的多次偷拿数额极小的财物的行为，实践中不宜认定为“多次盗窃”。

入户盗窃，是指进入他人生活的、与外界相对隔离的住所实施盗窃的行为。关于“入户盗窃”的理解，可参照司法解释关于“入户抢劫”的相关规定。

携带凶器盗窃，是指行为人随身携带枪支、爆炸物、管制刀具等国家禁止个人携带的器械或者为了实施犯罪而携带的其他器械进行盗窃的行为。

扒窃，是指在公共场所趁人多拥挤窃取他人随身携带的钱物的行为。

多次盗窃、入户盗窃、携带凶器盗窃、扒窃财物等盗窃行为，在不同程度上体现了行为人具有较高的人身危险性，所以对这几类盗窃行为不要求达到数额较大的标准就可以构成盗窃罪。

③盗窃罪的犯罪主体是一般主体，即年满16周岁的人。需要注意的是，单位不能构成盗窃罪。对于实践中出现的单位组织实施盗窃的案件，按照最高人民检察院《关于单位有关人员组织实施盗窃行为如何适用法律问题的批复》，应以盗窃罪追究直接责任人员的刑事责任。

④盗窃罪的犯罪主观方面是直接故意，即具有非法占有数额较大的财物的故意，或多次盗窃、入户盗窃、携带凶器盗窃、扒窃财物的故意。

（2）盗窃罪的认定

①既遂与未遂的界定。

盗窃罪的既遂与未遂，是刑法理论上的传统难题，实践中也经常出现争议。理论上关于盗窃既遂的标准，有接触说、转移说、隐匿说、失控说、控制说、失控加控制说等学说。① 从刑法的根本任务是保护法益的观点出发，我们认为失控说较为妥当，也就是说，只要被害人失去了对财物的控制，不论行为人是否取得控制，都应当认定为盗窃既遂。因为盗窃行为对法益的侵害，主要

---

① 参见高铭暄、马克昌主编：《刑法学》(第5版)，北京大学出版社、高等教育出版社2011年版，第507页。

体现为被害人失去对财物的占有和控制，而不取决于行为人是否取得对该财物的占有和控制，换言之，行为人是否控制了财物，都不能改变被害人的财产权利已经受到侵害的事实。从保护法益的角度出发，应当以被害人的财产权利受到损害作为盗窃罪既遂的标准。

②共犯的认定。

盗窃罪经常以共同犯罪的形式出现，需要准确区分盗窃案件中各个共犯人的责任，分别予以相应处罚。认定盗窃罪的共同犯罪，应当根据案件的具体情形对各共犯人分别作出处理：对犯罪集团的首要分子，应当按照集团盗窃的总数额处罚。对共同犯罪中的其他主犯，应当按照其所参与的或者组织、指挥的共同盗窃的数额处罚。对共同犯罪中的从犯，应当按照其所参与的共同盗窃的数额确定量刑幅度，并依照《刑法》第27条第2款的规定，从轻、减轻处罚或者免除处罚。

③盗窃罪与其他犯罪的界限。

认定盗窃罪，应当注意区分盗窃罪与其他犯罪的界限：

盗窃广播电视设施、公用电信设施价值数额不大，但是构成危害公共安全犯罪的，依照《刑法》第124条规定的破坏广播电视设施、公用电信设施罪定罪处罚；盗窃广播电视设施、公用电信设施同时构成盗窃罪和破坏广播电视设施、公用电信设施罪的，择一重罪处罚。

盗窃使用中的电力设备，同时构成盗窃罪和破坏电力设备罪的，择一重罪处罚。

为盗窃其他财物，盗窃机动车辆当犯罪工具使用的，被盗机动车辆的价值计入盗窃数额；为实施其他犯罪盗窃机动车辆的，以盗窃罪和所实施的其他犯罪实行数罪并罚。为实施其他犯罪，偷开机动车辆当犯罪工具使用后，将偷开的机动车辆送回原处或者停放到原处附近，车辆未丢失的，按照其所实施的犯罪从重处罚。

为练习开车、游乐等目的，多次偷开机动车辆，并将机动车辆丢失的，以盗窃罪定罪处罚；在偷开机动车辆过程中发生交通肇事构成犯罪，又构成其他罪的，应当以交通肇事罪和其他罪实行数罪并罚；偷开机动车辆造成车辆损坏的，按照《刑法》第275条规定的故意毁坏财物罪定罪处罚；偶尔偷开机动车辆，情节轻微的，可以不认为是犯罪。

实施盗窃犯罪，造成公私财物损毁的，以盗窃罪从重处罚；又构成其他犯罪的，择一重罪从重处罚；盗窃公私财物未构成盗窃罪，但因采用破坏性手段造成公私财物损毁数额较大的，以故意毁坏财物罪定罪处罚。盗窃后，为掩盖盗窃罪行或者报复等，故意破坏公私财物构成犯罪的，应当以盗窃罪和构成的其他罪实行数罪并罚。

盗窃技术成果等商业秘密的，按照《刑法》第219条规定的侵犯商业秘密罪定罪处罚。

（3）盗窃罪的处罚

《刑法》第264条将盗窃罪的法定刑分为三个档次：

①一般的盗窃罪，没有加重情节的，处3年以下有期徒刑、拘役或者管制，并处或者单处罚金。

②数额巨大或者有其他严重情节的，处3年以上10年以下有期徒刑，并处罚金。个人盗窃公私财物价值人民币5000元至2万元以上的，可以认定为“数额巨大”。

③数额特别巨大或者有其他特别严重情节的，处10年以上有期徒刑或者无期徒刑，并处罚金或者没收财产。个人盗窃公私财物价值人民币3万元至10万元以上的，可以认定为“数额特别巨大”。

盗窃数额达到“数额较大”或者“数额巨大”的起点，并具有下列情形之一的，可以分别认定为“其他严重情节”或“其他特别严重情节”：犯罪集团的首要分子或者共同犯罪中情节严重的主犯；盗窃金融机构的；流窜作案危害严重的；累犯；导致被害人死亡、精神失常或者其他严重后果的；盗窃救灾、抢险、防汛、优抚、扶贫、移民、救济、医疗款物，造成严重后果的；盗窃生产资料，严重影响生产的；造成其他重大损失的。

【难点辨析】

①盗窃罪与诈骗罪。

在一般情况下，盗窃罪与诈骗罪不难进行区分。但由于这两种犯罪都是常见多发犯罪，现实中犯罪分子所用的行为方式万分复杂，在某些情况下很容易出现混淆，需要注意区分：

一是避开财物的所有人或管理人，以欺诈手段欺骗不明真相的人（门卫、邻居等），从而得以顺利取得财物的情形。在这种情况下，行为人虽然使用了欺诈手段，但其欺诈手段只是为了顺利窃取财物，并非使人交付财物，故仍应定盗窃罪。

二是行为人采取欺骗手段，乘人不备，以旧换新，以次换好的情形。例如，甲携带假的金项链到首饰店，假装挑选金项链，乘售货员不备，用其带来的假金项链调换了真金项链。在此类情形中，甲确实使用了一些虚构事实、隐瞒真相的欺诈手段，但对其取得财物起到决定作用的只是秘密换取的手段，而不是欺诈手段，而且售货员也没有因陷入错误而对金项链作出处分，故仍应定盗窃罪。

三是信用卡诈骗犯罪与信用卡盗窃犯罪区分。《刑法》第 196 条第 3 款规定："盗窃信用卡并使用的，依照本法第二百六十四条的规定定罪处罚。"据此，盗窃信用卡并使用的，应定盗窃罪。但需要注意，这里所说的信用卡，是指合法有效的信用卡。如果盗窃了他人已经作废的信用卡或者伪造的信用卡而使用的，应定信用卡诈骗罪，而不能定盗窃罪。①

②盗窃罪与窃取型贪污罪。

贪污罪的行为方式包括"窃取"，以"窃取"方式实施的贪污，称为"窃取型贪污罪"。窃取型贪污罪与盗窃罪在客观方面都具有"窃"的特征，容易混淆，区分两者的标准如下：

首先，犯罪主体不同。盗窃罪的犯罪主体是一般主体；窃取型贪污罪的犯罪主体是特殊主体，即国家工作人员和受国家机关、国有公司、企业、事业单位、人民团体委托管理、经营国有财产的人员。

其次，犯罪客观方面不同。盗窃罪是秘密窃取他人财物，具体方法不限。但窃取型贪污罪必须是行为人利用其职务上的便利，也就是其主管或经手公共财物的职务所形成的方便条件和有利时机，以窃取的方法非法占有公共财物。尽管具有国家工作人员身份，但其窃取财物并非利用职务便利的，仍应定盗窃罪。

2. 诈骗罪

诈骗罪，是指以非法占有为目的，用虚构事实或者隐瞒真相的方法，骗取数额较大的公私财物的行为。

（1）诈骗罪的构成

①本罪侵害的客体是公私财产所有权，对象是公私财物。

②本罪的犯罪客观方面表现为用虚构事实或者隐瞒真相的方法，骗取数额较大的公私财物的行为。

欺骗方法，主要表现为虚构事实和隐瞒事实真相。所谓虚构事实，是指捏造客观上并不存在的事实。至于虚构的是部分事实还是全部事实，不影响认定。所谓隐瞒真相，是指故意掩盖客观上存在的事实，至于掩盖的是部分事实

① 参见王作富主编：《刑法分则实务研究》(中)，中国方正出版社 2010 年版，第 1065 页。

还是全部事实，不影响认定。实践中也经常存在既捏造事实也掩盖事实的情况。由于虚构事实或者隐瞒真相，可使被害人产生错觉、受到蒙蔽，骗取被害人的信任。所以，从表面上看，被害人是“自愿地”将财物交付给行为人的，但这并不是被害人真实意愿的表现，而是受到蒙蔽，产生认识错误的结果。交付财物是当场进行的，或者是事后进行，不影响犯罪的成立。至于欺骗被害人的手段多种多样，可以是口头编造谎言，也可以利用伪造的信件、证件，如为骗取被害人信任而伪造公文、印章，盗窃公文、印章、证件使用，或者假冒国家工作人员身份实施等。如果诈骗的手段行为触犯其他罪名的，为牵连犯，按照牵连犯的原则处理。

③本罪的犯罪主体是已满16周岁具有刑事责任能力的自然人。

④本罪的犯罪主观方面是直接故意，并具有非法占有公私财物的目的。

（2）诈骗罪的认定

①法条竞合问题。

《刑法》第266条规定的诈骗罪属于普通诈骗罪，刑法将某些特别的诈骗行为规定为特别诈骗罪的，应当优先适用特别诈骗罪的规定。如刑法分则第三章第五节规定的各种金融诈骗罪，虽然也同时符合普通诈骗罪的构成要件，但根据刑法规定和法条竞合的原理，应适用金融诈骗罪定罪，不再构成普通诈骗罪。

同时，在实施其他犯罪过程中使用欺诈手段，骗取财物，刑法规定按诈骗罪定罪处罚的，应适用《刑法》第266条规定，以诈骗罪论处。如《刑法》第210条规定，使用欺骗手段骗取增值税专用发票或者可以用于骗取出口退税、抵扣税款的其他发票的，以诈骗罪定罪处罚。又如，《刑法》第300条第3款规定，组织和利用会道门、邪教组织或者利用迷信诈骗财物的，应以诈骗罪定罪处罚。

②诈骗数额的认定。

一是个人诈骗数额的认定。

关于诈骗罪的数额认定，理论和实务上都存在争议。我们主张双重标准说，即诈骗罪的不同犯罪形态的数额认定应适用不同的标准，在诈骗既遂的情况下，诈骗数额是被害人实际交付的财物的数额，在诈骗未遂的情况下，诈骗数额是行为人主观上企图骗取的财物数额。理由在于：诈骗罪的既遂和未遂形态在造成的危害结果上是截然有别的，难以统一标准，只有分别适用不同的标准，才能将行为人主观上的诈骗犯意和客观上的诈骗行为有机统一起来，也便于司法实务上的操作。①

二是共同诈骗数额的认定。

在追究共同诈骗的犯罪分子的刑事责任时，应以共同诈骗的总数额为准，还是以各行为人实际所得的数额或参与的数额为准，这在我国刑法理论界历来存在争议。比较通行的观点是“结合责任说”，即共同诈骗犯罪中的各个成员，按照其个人实际所得的数额，再考虑他在共同犯罪中的地位和作用来确定该行为人的刑事责任。② 也就是说，既要考虑各行为人所得的实际数额，又要考虑他在共同犯罪中的情节、地位、作用，根据这两方面的情况来确定其应当承担的责任。具体而言，诈骗犯罪集团的首要分子，按照该诈骗集团实施的全部数额处罚；在共同犯罪中起组织、策划、指挥作用的主犯，应按照其组织、策划、指挥的全部诈骗数额处罚；其他主犯、从犯、胁从犯，按照其实际参与的诈骗数额处罚。

（3）诈骗罪的处罚

根据《刑法》第 266 条之规定，犯诈骗罪的，处 3 年以下有期徒刑、拘役或者管制，并处或者单处罚金；数额巨大或者有其他严重情节的，处 3 年以上 10 年以下有期徒刑，并处罚金；数额特别巨大或者有其他特别严重情节的，处 10 年以上有期徒刑或者无期徒刑，并处罚金或者没收财产。根据 2011 年 4 月 8 日起施行的最高人民法院、最高人民检察院《关于办理诈骗刑事案件具体应用法律若干问题的解释》第 3 条的规定，诈骗公私财物虽已达到本解释第 1 条规定的数额较大的标准，但具有下列情形之一，且行为人认罪、悔罪的，可以根据《刑法》第 37 条、《刑事诉讼法》第 142 条③的规定不起诉或者免予刑事处罚：①具有法定从宽处罚情节；②一审宣判前全部退赃、退赔的；③没有参与分赃或者获赃较少且不是主犯的；④被害人谅解的；⑤其他情节轻微、危害不大的。根据该解释第 4 条的规定，诈骗近亲属财物，近亲属谅解的，一般可不按犯罪处理。诈骗近亲属的财物，确有追究刑事责任必要的，具体处理也应酌情从宽。

① 参见王作富主编：《刑法分则实务研究》（中），中国方正出版社 2010 年版，第 1090 页。

② 参见赵秉志：《侵犯财产罪》，中国人民公安大学出版社 1999 年版，第 214 页。

③ 现行《刑事诉讼法》第 173 条。

（四）侵占挪用型犯罪

1. 侵占罪

侵占罪，是指以非法占有为目的，将代为保管的他人财物或者将他人的遗忘物、埋藏物非法占为已有，数额较大拒不退还或者拒不交出的行为。

（1）侵占罪的构成

①本罪的犯罪客体是公私财产所有权。本罪的对象是他人的财物。

②本罪在犯罪客观方面表现为将代为保管的他人财物或者将他人的遗忘物、埋藏物非法占有、数额较大拒不退还或拒不交出的行为。

首先，侵占行为的前提在于行为人已经持有他人的财物。这是区别于盗窃、抢劫、诈骗等罪的特征。所谓已经持有他人的财物，有两种情形：一是代为保管他人的财物；二是拾得或发现他人的遗忘物或者挖掘出他人埋藏物而持有。

其次，将他人的财物非法占为已有。有的具体方法，主要有：一是实施处分行为。即将自己持有他人之物，视为自己之物而加以处分。可以是为法律上的处分行为，也可以是事实上的处分行为。前者如抵押、买卖等，后者如消费或送给他人。二是易持有为所有之行为。即使财物的所有人丧失其所有权。

再次，对代管的他人财物拒不退还、对他人的遗忘物、埋藏物拒不交出。所谓拒不退还，是指经权利人要求退还而拒绝退还。所谓拒不交出，是指对他人的遗忘物、埋藏物在明确权利人之后，经有关机关要求交出而拒绝交出。

最后，行为人所侵占财物的数额较大。

③本罪的犯罪主体是已满16周岁具有刑事责任能力的自然人。

④本罪的犯罪主观方面是直接故意，并具有非法占有的目的，动机如何不影响本罪成立。

（2）侵占罪的认定

根据刑法的规定，“拒不退还”、“拒不交出”是构成侵占罪的一个必要条件，行为人退还或交出，即不构成犯罪；反之，拒绝退还或交出，即构成侵占罪既遂。所以，这个条件既是区别罪与非罪的界限，又是确定犯罪既遂的标准。由于该条件形成要么是既遂，要么不构成犯罪，就使得侵占罪几乎不可能形成未遂形态。因此，当行为人非法占有他人财物，经所有权人要求其退还或交出而拒绝退还或交出时，才能构成犯罪，也就是本罪的既遂。

（3）侵占罪的处罚

根据《刑法》第270条之规定，犯侵占罪的，处2年以下有期徒刑、拘役或者罚金；数额巨大的或者有其他严重情节的，处2年以上5年以下有期徒刑，并处罚金。犯本罪的，告诉才处理。本罪属于绝对的亲告罪之类型。

【难点辨析】

侵占罪与职务侵占罪。

职务侵占罪和侵占罪都是以财物为对象的犯罪，都侵犯了他人财物的所有权。主观上都是具有非法占有的目的，客观上都具有变合法持有为非法占有的特点，但两者的区别是明显的。

首先，犯罪主体不同，职务侵占罪的主体只能是公司、企业或其他单位中主管、管理、经手本单位财物的人员，而后者的主体是持有他人财物的人员。

其次，犯罪的客观表现不同，职务侵占罪是利用职务上主管. 管理. 经手本单位财物的便利，行为人只要实施了非法占为己有的行为即可构成犯罪，不以拒不交出或拒不退还为必要条件。而侵占罪无须利用职务上的便利，在实施了非法占为己有的行为后，还必须以拒不退还或拒不交出为犯罪成立的必要要件。

最后，犯罪对象不同。职务侵占罪的犯罪对象只能为单位财物，而侵占罪的犯罪对象则包括行为人代管的他人财物，也包括他人的遗忘物和埋藏物。

2. 挪用资金罪

挪用资金罪，是指公司、企业或者其他单位中的人员，利用职务上的便利，挪用本单位资金归个人使用或者借贷给他人，数额较大、超过3个月未还的，或者数额较大、进行营利活动的，或者进行非法活动的行为。

（1）挪用资金罪的构成。

①本罪的犯罪客体是公司、企业或者其他单位的财产权，即单位对本单位财产的占有、使用、收益权。犯罪对象是行为人所在单位的资金。

②本罪的犯罪客观方面表现为行为人利用职务上的便利，挪用本单位资金归个人使用或者借贷给他人，并符合法定条件的行为。利用职务上的便利，是指利用本人在职务上主管、经管或经手单位资金的方便条件。挪用，是指利用职务上的便利，非法擅自动用单位资金供本人或他人使用，但准备日后退还，而非为占为己有的目的。

③本罪的犯罪主体是特殊主体，即只能是公司、企业或者其他单位中的非国家工作人员。

④本罪的犯罪主观方面是直接故意，犯罪的目的是非法暂时取得本单位资金的使用权，即行为人是准备以后归还的，动机如何不影响本罪成立。

（2）挪用资金罪的认定

既遂与未遂的界定。

本罪的犯罪客观行为方式主要表现为挪用。挪用分为“挪”和“用”两种行为，“挪”即是利用职务便利将本单位资金转移到本人或者他人控制之下。“用”即是将资金用于本人或者他人的某种需要。就挪用资金罪所保护的法益而言，并不要求行为人一定要实现了“挪”和“用”两种行为才构成既遂。只要行为人已经将本单位资金转移占有，单位一旦失去对资金的控制就意味着单位对其资金的占有、使用、收益权利受到侵犯。因此，挪用资金罪应以行为人或者他人对资金的实际控制作为既遂的标准，行为人已经着手实施，因为其意志以外的原因而没有能够控制资金的，只能构成挪用资金罪的未遂。①

（3）挪用资金罪的处罚

根据《刑法》第272条之规定，犯挪用资金罪的，处3年以下有期徒刑或者拘役；挪用本单位资金数额巨大的，或者数额较大不退还的，处3年以上10年以下有期徒刑。“不退还”，是指因客观原因在一审宣判以前不能退还的。

【难点辨析】

①挪用资金罪与挪用特定款物罪。

挪用特定款物罪，是指违反国家财经管理制度，挪用用于救灾、抢险、防汛、优抚、扶贫、移民、救济款物，情节严重，致使国家和人民群众利益遭受重大损害的行为。挪用资金罪与挪用特定款物罪的主要区别是：

一是犯罪客体与对象不同。前者的客体是资金管理制度和使用权，对象必须是单位的资金；后者的客体是公共财物使用权和特定款项的专款专用制度，对象是用于救灾、抢险、防汛、优抚、扶贫、移民和救济款物。

二是用途不同。前者挪用资金限于归个人使用或者借贷给他人；后者所挪用的款物只限于公用。

三是对危害结果的要求不同。前者对过程犯罪结果的危害程度没有明确界定；后者限定为情节严重，致使国家和人民群众利益遭受重大损害的，才构成犯罪。

四是犯罪主体不同。前者的犯罪主体是公司、企业或者其他单位中不具有国家工作人员身份的人；后者的犯罪主体则为掌管、经手救灾、抢险、防汛、

---

① 参见高铭暄、马克昌主编：《刑法学》（第5版），北京大学出版社、高等教育出版社2011年版，第519～520页。

优抚、扶贫、移民、救济款物的直接责任人员。

②挪用资金罪与职务侵占罪。

二罪都是公司、企业或者其他单位的内部人员利用职务上的便利，侵犯本单位财产的行为。二者在行为方式上存在相似之处，在司法实践之中存在交叉，但二者有着明显的区别：首先，二罪的犯罪客体和犯罪对象不同。挪用资金罪的犯罪客体是本单位资金的占有、使用、收益权，犯罪对象是本单位资金；而职务侵占罪的犯罪客体是本单位公私财产的所有权，犯罪对象是本单位包括单位资金在内的公私财产，不限于单位资金。其次，二罪的犯罪主观方面有所不同。虽然二罪的犯罪主观方面均表现为故意，但挪用资金罪的目的是暂时挪用本单位的资金，没有非法占有的目的；而职务侵占罪的目的则是将本单位财物占为己有。在司法实践之中，犯挪用资金罪的犯罪人，有能力退还而携款潜逃的，以职务侵占罪论处。

3. 拒不支付劳动报酬罪

拒不支付劳动报酬罪是指以转移财产、逃匿等方法逃避支付劳动者的劳动报酬或者有能力支付而不支付劳动者的劳动报酬，数额较大，经政府有关部门责令支付仍不支付的行为。本罪是2011年《刑法修正案（八）》新设的犯罪。不支付劳动报酬，本来属于劳动法律调整的范围，但由于一些企业（特别是建筑业）对劳动者（主要是农民工）不支付劳动报酬的现象比较普遍，严重侵犯了劳动者的合法权益，在当前社会背景下容易引发严重社会矛盾，为加大保护劳动者权益的力度，立法机关在刑法中新设本罪，改由刑事法律关系调整。①

（1）拒不支付劳动报酬罪的构成

①拒不支付劳动报酬罪侵害的犯罪客体是劳动者获得劳动报酬的权利。根据有关劳动法律法规，劳动报酬包括计时工资、计件工资、奖金、津贴和补贴、加班加点工资以及特殊情况下支付的工资，但不包括发明创造和技术改进奖、有关劳动保险和职工福利方面的各项费用、有关离休退休人员待遇的各项支出、稿费等其他专门工作报酬、出差伙食补助费、误餐补助、调动工作的旅费和安家费、实行租赁经营单位的承租人的风险性补偿收入、对购买本企业股票和债券的职工所支付的股息（包括股金分红）和利息等费用。

②拒不支付劳动报酬罪的犯罪客观方面包含两个要件。一是以转移财产、

① 参见周道鸾：《析刑法修正案（八）新增、修改的罪名》，载《法律适用》2011年第5期。

逃匿等方法逃避支付劳动者的劳动报酬或者有能力支付而不支付劳动者的劳动报酬，数额较大；二是经政府有关部门责令支付仍不支付。

逃避支付的方法有很多种，刑法列举了转移财产和逃匿这两种最为常见、恶劣的方法，但不限于此。逃避支付的方法一般还包括低于当地最低工资标准支付劳动报酬、违法克扣劳动报酬等。

有能力支付而不支付，是指在具有向劳动者支付劳动报酬的能力的情况下，无正当理由不支付劳动报酬。支付，是指以货币形式足额支付。无故只支付部分劳动报酬的，或以生产的产品抵扣劳动报酬的，均属于“不支付”。

构成拒不支付劳动报酬罪，还必须具备“经政府有关部门责令支付仍不支付”这一要件。政府有关部门，主要是指各级政府劳动行政部门和相关行业主管部门，但不包括劳动争议仲裁委员会。因为“对劳动争议仲裁委员会的仲裁决定不服的，不允许针对劳动争议仲裁委员会提起行政诉讼，而只能以对方当事人为被告提起民事诉讼。这些规定表明劳动争议仲裁委员会不属于政府主管部门”。① 经政府有关部门责令支付仍不支付，是将行政处理程序设定为刑事制裁的前置程序，目的是限制拒不支付劳动报酬罪的成立范围。

③拒不支付劳动报酬罪的犯罪主体是一般主体，可以由具有刑事责任能力的自然人构成，也可以由单位构成。

④拒不支付劳动报酬罪的犯罪主观方面是故意，即行为人明知负有向劳动者支付劳动报酬的义务而不履行，且经政府有关部门责令履行而拒不履行。犯罪动机如何不影响本罪的成立。

（2）拒不支付劳动报酬罪的认定

行为人向劳动者支付了基本工资，因合同内容不明确，在奖金、津贴、补贴的支付方面产生纠纷的，行为人不支付奖金、津贴、补贴的不宜以本罪论处。法院判决或者裁定应当支付，行为人仍不支付的，宜认定为拒不执行判决、裁定罪。行为人不支付劳动报酬，由政府有关部门责令后仍不支付，后来经法院判决支付劳动报酬，行为人仍不执行判决、裁定的，构成本罪与拒不执行判决、裁定罪的想象竞合犯，从一重罪论处。②

（3）拒不支付劳动报酬罪的处罚。

根据《刑法》第276条之一的规定，犯本罪的，处3年以下有期徒刑或

---

① 陈志军：《论〈刑法修正案（八）〉中的拒不支付劳动报酬罪》，载《山东警察学院学报》2011年第4期。

② 参见张明楷主编：《刑法学》（第4版），法律出版社2011年版，第912页。

者拘役，并处或者单处罚金；造成严重后果的，处 3 年以上 7 年以下有期徒刑，并处罚金。已构成本罪，但尚未造成严重后果，在提起公诉前支付劳动者的劳动报酬，并依法承担相应赔偿责任的，可以减轻或者免除处罚。

(五) 毁坏破坏型犯罪

1. 故意毁坏财物罪

故意毁坏财物罪是指故意毁灭或者损坏公私财物，数额较大或者有其他严重情节的行为。

(1) 故意毁坏财物罪的构成

①故意毁坏财物罪侵犯的犯罪客体是公私财物的所有权。犯罪对象可以是各种形式的公私财物，包括生产资料、生活资料；动产、不动产等。但是，如果行为人所故意毁坏的是刑法另有规定的某些特定财物，危害其他客体要件的，应按有关规定处理。例如，破坏交通工具、交通设备、易燃易爆设备、广播电视、电信设施等危害公共安全的，按刑法分则第 2 章的有关罪名论处。

②犯罪客观方面表现为毁灭或者损坏公私财物数额较大或者有其他严重情节的行为。毁灭，是指用焚烧、摔砸等方法使物品全部丧失其价值或使用价值；损坏，是指使物品部分丧失其价值或使用价值。毁坏公私财物的方法，有多种多样。但是，如果行为人使用放火、决水、投毒、爆炸等危险方法破坏公私财物，危害公共安全的，应当以相关的危害公共安全犯罪论处。

故意毁坏公私财物行为，必须达到数额较大或有其他严重情节的才构成犯罪。所谓情节严重，是指毁坏重要物品损失严重的，毁坏手段特别恶劣的；毁坏急需物品引起严重后果的；动机卑鄙企图嫁祸于人的，等等。故意毁坏公私财物，情节较轻的，是一般违反治安管理行为，应按照《治安管理处罚条例》第 23 条规定，处 15 日以下拘留或者警告，可以单处或者并处 200 元以下罚款。同时按该条例第 8 条规定，责令行为人赔偿损失。

③犯罪主体是一般主体，凡达到刑事责任年龄且具备刑事责任能力的自然人均能构成本罪。

④犯罪主观方面表现为故意。犯罪目的不是非法获取财物而是将财物毁坏。这是侵犯财产罪中毁财型犯罪与其他贪利型犯罪的根本区别。犯罪动机各种各样，一般是出于个人报复或妒嫉等心理。除本法特别规定的失火、过失决水、过失爆炸以及过失破坏交通工具、交通设备、易燃易爆设备、广播电视、电信设施等犯罪需按有关条文追究刑事责任外，过失毁坏公私财物的，不构成犯罪，属于民事赔偿问题。

(2) 故意毁坏财物罪的认定

①罪与非罪的界限。

按照本条规定，故意毁坏公私财物数额较大或者情节严重的，才构成犯罪。因此，数额较大或者情节严重，是区分罪与非罪的界限。故意毁坏公私财物，数额较小、情节较轻的，则属一般违法行为，应按照《治安管理处罚法》的规定，给予拘留或警告，单处或并处罚款，责令赔偿损失。所谓“情节严重”，一般是指毁灭或损坏重要物品，损失严重的；毁灭或损坏公私财物的手段特别恶劣的；出于嫁祸于人的动机等。

②故意毁坏财物罪与其他犯罪的界限。

本罪与破坏交通工具罪、破坏交通设备罪、破坏易燃易爆设备罪、破坏通信设备罪等危害公共安全罪以及破坏社会主义经济秩序犯罪中的破坏生产经营罪的区别在于：后者破坏的是特定的财产，侵犯的是其他独立客体，本法对其已单独规定有罪名，只应按本法有关规定定罪处罚。

(3) 故意毁坏财物罪的处罚

根据《刑法》第275条之规定，故意毁坏公私财物，数额较大或者有其他严重情节的，处3年以下有期徒刑、拘役或者罚金；数额巨大或者有其他特别严重情节的，处3年以上7年以下有期徒刑。

2. 破坏生产经营罪

破坏生产经营罪是指由于泄愤报复或者其他个人目的，毁坏机器设备、残害耕畜或者以其他方法破坏生产经营的行为。

(1) 破坏生产经营罪的构成

①本罪所侵害的犯罪客体是生产经营的正常活动。生产经营，就其范围而言，非常广泛，如工业、农业、林业、牧业、渔业、副业等生产经营活动以及与这些产业的生产经营密切相关的建筑业、运输业、第二产业、商业等。就性质而言，既包括国有的，也包括集体的，还包括个体的、私有的、外资的等。只要属于生产经营，不论其属于何种性质，对之加以破坏的，都可构成本罪。

②本罪在犯罪客观方面表现为以毁坏机器设备、残害耕畜或其他方法破坏生产经营的行为。其他方法则多种多样，如切断电源，破坏锅炉、供料线，颠倒冷热供给程序、破坏电脑致使生产指挥、工艺流程产生混乱，以影响工业生产、破坏农业机械、排灌设备、农具，毁坏种子、秧苗、树苗、庄稼、果树、鱼苗等，毁坏农业生产；破坏运输、储存工具，影响商业经营，等等。至于其方式，则既可以表现为积极的作为，如砸碎、烧毁，又可以表现为消极的不作为，如明知有故障而不加排除。但不论方式如何，采用的手段怎样，破坏的对

象都必须与生产经营活动直接相联系，破坏用于生产经营的生产工具、生产工艺、生产对象等。如果是毁坏闲置不用或在仓库备用的机器设备、已经收获并未用于加工生产的粮食、水果，残害已经丧失畜役力的待售肉食牲畜的行为，则由于它们与生产经营活动没有直接联系，因此不能构成本罪。构成犯罪的，应以他罪如故意毁坏财物罪等定罪。

③本罪的犯罪主体是一般主体，凡达到刑事责任年龄且具备刑事责任能力的自然人均可构成本罪。

④本罪在犯罪主观方面表现为直接故意，并且具有泄愤报复或者其他个人目的。其他个人目的，一般是指出于个人恩怨而产生的不正当心理追求，如憎恨、厌恶、不满等。产生的原因多种多样，如因受到领导或他人的批评而产生不满，自己的要求没有得到满足而产生不满，嫉妒他人的成绩而心怀不满，与他人发生冲突而心生不满，以及厌烦工作而产生不满，等等，行为人只要出于泄愤报复或者其他个人目的，故意给生产造成较大破坏的，即构成破坏生产经营罪。本罪是典型的目的犯，“由于泄愤报复或其他个人目的”是构成破坏生产经营罪的必备要件，对于非出于上述目的而故意破坏生产经营的，不能构成破坏生产经营罪。

（2）破坏生产经营罪的认定

①破坏生产经营罪与放火罪、决水罪、爆炸罪、投放危险物质罪。

上述方法也可能被用来破坏生产经营，这时，行为不仅触犯了破坏生产经营罪，同时也触犯了上述危害公共安全罪，对这种同时触犯两种罪名的行为，一般应按照危害公共安全罪论处，不定破坏生产经营罪，因为这种行为危害的主要是公共安全，但是，如果实施上述行为危害的主要是生产经营，而不是公共安全时，则按破坏生产经营罪论处。

②破坏生产经营罪与破坏交通工具、破坏交通设备、破坏电力设备及易燃易爆设备罪。

破坏上述特定对象，往往会直接或者间接地使生产经营遭到破坏，对这种破坏行为定性，主要从犯罪对象和犯罪客体上分析，凡破坏生产过程中的上述工具、设备，危害的主要是生产经营的，定破坏生产经营罪。凡破坏的是用于公共生活的上述工具、设备，危害的主要是公共安全的，分别按破坏交通工具罪、破坏交通设备罪、破坏电力设备罪和破坏易燃易爆设备罪定性。

③破坏生产经营罪与重大责任事故罪。

区别这两种罪，关键要查明行为人主观罪过的内容，首先查明破坏行为是故意实施的，还是过失实施的，其次查明行为人有无泄愤报复等个人目的。过失实施破坏行为，给生产造成重大损失的，构成重大责任事故罪。而出于泄愤报复等个人目的故意实施破坏生产经营行为的，构成破坏生产经营罪。

④破坏生产经营罪与故意损坏财物罪。

两者在行为上有相似之处，因为行为人通过毁坏机器设备、残害耕畜破坏生产经营的同时，必然毁坏公私财物，尽管如此，两者仍有本质区别，应当注意区分：

首先，主观的犯罪目的不同。本罪采用毁坏机器设备、残害耕畜等手段，虽然会造成财物的毁坏，但这不是行为人的目的，行为人的目的是通过上述手段来毁坏生产经营，进而达到自己泄愤报复或者其他个人的不法目的。毁坏机器设备、残害耕畜等仅仅是实现其目的的手段；而后罪其目的就是将公私财物加以毁坏，使其部分甚或全部丧失价值或使用价值。

其次，所侵害的犯罪对象不同。本罪的对象是特定的财物，即与生产经营活动直接相关的已经投入使用的机器设备、服役期间的耕畜等。而正是通过这些直接关系到生产经营活动的财物的毁坏进而实现破坏生产经营的意图。倘若与生产经营无关，如在仓库中备用或闲置不用的财物，即使是机器设备，亦不能成为本罪对象，但可以构成故意破坏财物罪的对象，后者还包括生活资料。

最后，侵害的直接犯罪客体不同。本罪所侵害的是国有的、集体的以及个人的生产经营正常活动；而后者侵害的则是公私财物的所有权。

（3）破坏生产经营罪的处罚

根据《刑法》第276条之规定，犯本罪的，处3年以下有期徒刑、拘役或者管制；情节严重的，处3年以上7年以下有期徒刑。

二、案例分析

【案例一】

被告人肖某至本村村民张某家盗窃财物，当其从张某家西屋衣柜中翻找财物时，将在床上睡觉的张某惊醒，肖某恐事情败露，遂起杀人之念，即上前将张某按到在地上，双手猛掐张某的脖子，致张某昏迷，后肖某将张某拖到东屋，用菜刀切、割张某颈部，致张某大失血死亡。肖某把张某藏匿到床下后逃离现场。

（案例来源：《刑事审判参考》（第62集），法律出版社2008年版，第25～30页。）

【问题聚焦】

1. 在盗窃过程中因被人发现，为灭口而杀害被害人的行为应如何定性？

2. 对于司法解释规定的“对于入户盗窃，因被发现而当场使用暴力或者以暴力相威胁的行为，应当认定为入户抢劫”应当如何理解？

【法律剖析】

（1）在盗窃过程中因被人发现，为灭口而杀害被害人的，应当以故意杀人罪定罪处罚。

《刑法》第 269 条规定，犯盗窃、诈骗、抢夺罪，为窝藏赃物、抗拒抓捕或者毁灭罪证而当场使用暴力或者以暴力相威胁的，依照《刑法》第 263 条的规定定罪处罚，即定抢劫罪。最高人民法院《关于抢劫过程中故意杀人案件如何定罪问题的批复》规定：“行为人为劫取财物而预谋故意杀人，或者在劫取财物过程中，为制服被害人反抗而故意杀人的，以抢劫罪定罪处罚。行为人实施抢劫后，为灭口而故意杀人的，以抢劫罪和故意杀人罪定罪，实行数罪并罚。”

根据《刑法》第 269 条的规定，盗窃过程中实施暴力转化为抢劫的情形，要求行为人的主观目的必须是窝藏赃物、抗拒抓捕或者毁灭罪证。而上述案例中，肖某与被害人熟识，且被害人仅 14 岁并无抓捕被告人的意思和能力，肖某的行为明显是担心被害人将其盗窃的事情说出去而杀人灭口。其实施暴力的主观目的已不是为了强行劫取财物，而是单纯为了剥夺他人的生命，其主观故意是杀人，应以故意杀人罪定罪处刑。此外，本案被告人系在盗窃过程中为灭口而杀人，仅实施了一个暴力行为即杀人行为，此行为已作为故意杀人罪的构成要件进行了评价，不能再作为抢劫罪的根据，不符合最高人民法院《关于抢劫过程中故意杀人案件如何定罪问题的批复》中所规定的情形。因此，本案被告人的行为不能以抢劫罪和故意杀人罪并罚。

（2）2000 年 11 月 28 日起施行的最高人民法院《关于审理抢劫案件具体应用法律若干问题的解释》第 1 条规定：“刑法第二百六十三条第（一）项规定的‘入户抢劫’，是指为实施抢劫行为而进入他人生活的与外界相对隔离的住所，包括封闭的院落、牧民的帐篷、渔民作为家庭生活场所的渔船、为生活租用的房屋等进行抢劫的行为。对于入户盗窃，因被发现而当场使用暴力或者以暴力相威胁的行为，应当认定为入户抢劫。”这一司法解释从字面上理解，是指只要被发现而当场使用了暴力，就应认定为入户抢劫。本案中被告人因被人发现为灭口而将被害人杀死，不应认定被告人的行为属入户抢劫，理由如下：首先，上述“解释”意图要解决的问题是如何理解《刑法》第 263 条规定的加重法定刑的几种情形，第一条主要解决“户”的定义、“入户抢劫”的界定和入户盗窃“能否”转化为入户抢劫的问题，而不是对入户盗窃因被发现而实施暴力行为的定性一刀切。

刑法司法解释必须以刑法条文为依据，忠实与刑法条文的立法原意和精神，坚持主观与客观相统一。《刑法》第269条既已明确转化的前提只能是“窝藏赃物、抗拒抓捕或者毁灭罪证”三种情形，解释的规定自然也不能超出这三种。因此，在适用《关于审理抢劫案件具体应用法律若干问题的解释》时，入户盗窃向入户抢劫的转化仍须符合《刑法》第269条关于转化抢劫的规定。

【法条链接】

《中华人民共和国刑法》

第269条　犯盗窃、诈骗、抢夺罪，为窝藏赃物、抗拒抓捕或者毁灭罪证而当场使用暴力或者以暴力相威胁的，依照本法第二百六十三条的规定定罪处罚。

【案例二】

被告人朱某伙同李某（另案处理）到某村王某家，以驱鬼为由，诱骗王某拿出人民币430元及价值人民币1840元的黄金首饰作为道具，交给被告人“施法驱鬼”。朱某将上述财物用纸包好后，在“施法”过程中，乘被害人王某不备，用事先准备好的相同纸包调换装有财物的纸包，待“施法”完毕，将该假纸包交还被害人，并嘱咐3日后才能打开，随后将被害人的上述财物带离现场。

（案例来源：《刑事审判参考》（第62集），法律出版社2008年版，第44~48页。）

【问题聚焦】

行为人采取欺骗与秘密窃取相互交织的手段，非法占有他人财物的行为，构成盗窃罪还是诈骗罪？

【法律剖析】

判断交互采用欺骗与秘密窃取的手段非法占有他人财物的行为性质，主要是看行为人非法取得他人财物的决定性手段是秘密窃取还是欺骗而得。

诈骗罪与盗窃罪均属于以非法占有为目的的侵犯财产犯罪，二者的区别主要表现在行为特征上：诈骗罪是行为人用虚构事实或者隐瞒真相的方法，骗取数额较大的公私财物的行为。盗窃罪则是行为人秘密窃取公私财物数额较大，或者多处窃取公私财物的行为。二者区分的关键在于被害人是否基于错误认识而处分了财产。如果不存在被害人处分财产的事实，则不可能成立诈骗罪。

就本案而言，首先，本案被害人没有处分财产的意思和行为。诈骗罪中受骗人的处分行为，必须是基于认识错误，而认识错误的产生是由于行为人的欺骗行为，处分意识具有三个特征：（1）处分对象具有明确性，即被害人基于此错误认识产生了处分特定财物的意思；（2）处分外在形式表现为自愿，即被害人在错误认识的指导下“自觉自愿”地处分特定财物；（3）处分结果具有明确性，即被害人明确知道处分特定财物就是转移了财物的控制权。至于受骗人是否已经转移给行为人或第三者占有，一方面要根据社会的一般观念判断，认定受骗人是否已经将财产转移给行为人或第三者进行事实上的支配或控制；另一方面，受骗人是否具有将财产转移给行为人或第三者支配或者控制的意思。而在盗窃罪中，被害人既没有处分财物的意思，也没有处分财物的行为。盗窃行为是秘密进行的。本案中，被害人虽然暂时交付了财物，形式上财物已经交付了被告人，但根据社会的一般观念，被害人只是暂时交付了财物而没有转移财物控制权，财物实际上仍在被害人法律意义上的控制范围内。被告人取得财物的支配与控制完全是后来的掉包行为（秘密窃取行为）所致。

其次，被告人非法取得财物主要是以掉包的秘密窃取手段来实现的。被告人诱使被害人将财物交给被告人的欺诈行为是为后续的秘密窃取行为创造条件。因此，通过欺诈取得对财物的暂时持有只是其实现占有财物目的的辅助手段。相对于前述欺诈行为而言，被告人的“调包”行为属于秘密窃取的性质。其秘密性体现在：（1）主观认识上的秘密性，即被告人主观上不想让被害人知道；（2）手段上的秘密性，即该调包手段不为被害人所知；（3）结果上的秘密性，即调包后被害人并不知道财物实际已经被被告人所控制。可见，正是被告人实施的“调包”这一秘密手法，使得本案财物从被害人手上转移到被告人手上，因而被告人最终通过调包手段取得财物控制的行为符合盗窃罪秘密窃取的行为特征。

【法条链接】

《中华人民共和国刑法》

第264条　盗窃公私财物，数额较大的，或者多次盗窃、入户盗窃、携带凶器盗窃、扒窃的，处3年以下有期徒刑、拘役或者管制，并处或者单处罚金；数额巨大或者有其他严重情节的，处3年以上10年以下有期徒刑，并处罚金；数额特别巨大或者有其他特别严重情节的，处10年以上有期徒刑或者无期徒刑，并处罚金或者没收财产。

第266条　诈骗公私财物，数额较大的，处3年以下有期徒刑、拘役或者管制，并处或者单处罚金；数额巨大或者有其他严重情节的，处3年以上10年以下有期徒刑，并处罚金；数额特别巨大或者有其他特别严重情节的，处10年以上有期徒刑或者无期徒刑，并处罚金或者没收财产。本法另有规定的，依照规定。

三、深度拓展

（一）利用诈骗手段进行盗窃行为的定性

在涉及行为人通过诈骗手段进行盗窃时，行为人是构成盗窃罪还是诈骗罪就显得难以区分。有学者认为：处分行为的有无，划定了诈骗罪与盗窃罪的界限。被害人处分财物时是诈骗罪而不是盗窃罪；被害人没有处分财物时，即行为人夺取财物时是盗窃罪。诈骗罪与盗窃罪处于这样一种相互排斥的关系，不存在同一行为同时成立诈骗罪与盗窃罪，二者属于观念竞合关系的情况。①因此，正确理解和认定“处分行为”，是区分盗窃罪与诈骗罪的关键。

首先，诈骗罪的受骗人的处分行为，必须是基于认识错误，而认识错误的产生或维持是由于行为人的欺骗行为。处分行为意味着将财产转移给行为人或第三者占有，即由行为人或第三者事实上支配财产。至于受骗人是否已经转移给行为人或第三者占有，一方面，要根据社会的一般观念判断，即在当时的情况下，社会的一般观念是否认为受骗人已经将财产转移给行为人或第三者进行事实上的支配或控制；另一方面，受骗人是否具有将财产转移给行为人或第三者支配或控制的意思。

其次，处分行为并不要求受骗人将财物的所有权处分给行为人，所以不要求受骗人具有转移所有权的意思。例如，甲没有返还的意图，却隐瞒真相向乙借用轿车，乙将轿车交付给甲后，甲开车潜逃。乙只有转移占有的意思，但甲的行为依然成立诈骗罪。在财产关系日益复杂的情况下，财产的单纯占有者乃至占有辅助者，都可能处分（交付）财产。例如，丙将自己的财物委托给乙保管，其间，丙给乙打电话，声称第二天派丁取回自己的财产。偷听了电话的

① 参见张明楷：《如何区分盗窃罪和诈骗罪》，载顾军主编：《侵财犯罪的理论与实践》，法律出版社2008年版，第18页。

甲第二天前往乙处，声称自己是丙派去的丁，乙将自己占有而归丙所有的财物交付给甲。处分财产的乙并不享有所有权，只是事实上占有了财产，但这并不影响甲的行为成立诈骗罪。所以，即使不是财产的所有人，也完全可能因为认识错误等原因而处分财产。

再次，在受骗人与被害人为同一人的情况下，受骗人只能处分自己占有的财产，而不可能处分自己没有占有的财产。至于受骗人是否对该财产享有所有权，则不影响诈骗罪的成立。

最后，在受骗人与被害人不是同一人的情况下，只要受骗人事实上具有处分被害人财产的权限，或者处于可以处分被害人财产的地位，对方的行为也成立诈骗罪。一方面，如果受骗人不具有处分财产的权限与地位，就不能认定其转移财产的行为属于诈骗罪的处分行为；另一方面，如果受骗人没有处分财产的权限与地位，行为人的行为便完全符合盗窃罪间接正犯的特征。受骗人是否具有处分被害人财产的权限或地位，成为区分诈骗罪与盗窃罪间接正犯的一个关键。至于受骗人事实上是否具有这种权限或地位，应通过考察受骗人是否被害人财物的辅助占有者，受骗人转移财物的行为（排除被骗的因素）是否得到社会一般观念的认可，受骗人是否经常为被害人转移财产等因素作出判断。

（二）对盗窃数额的认识错误

行为人对盗窃数额的认识存在错误，也就是意图盗窃的数额与实际取得的数额不一致的，应按照主客观相统一的责任主义原则，区分具体情形予以处理：

（1）一般来说，应按行为人实际取得的财物数额认定。此时，行为人的盗窃故意是一种概括故意，无论盗得多少，都包括在行为人的故意之中。

（2）行为人主观上意图窃取数额较大的财物，但因意志以外的原因未能取得数额较大的财物，又不属于“情节显著轻微、危害不大”的，应认定为第 264 条前段盗窃罪的未遂。

（3）行为人主观上明确意图盗窃数额较大的财物，因行为人意志以外的原因分文未得或所得数额较小的，认定为第 264 条前款盗窃罪的未遂；取得财物数额巨大或特别巨大的，按照法定符合说，应在构成要件重合的范围内认定，即认定为第 264 条前款盗窃罪的既遂。

（4）行为人主观上明确意图盗窃数额巨大的财物，因行为人意志之外的原因只取得了数额较大的财物的，应认定为第 264 条中段盗窃罪的未遂。行为人明确意图盗窃数额特别巨大的财物，因行为人意志之外的原因只取得了数额较大或数额巨大的财物的，应认定为第264条后段盗窃罪的未遂。

（三）诉讼诈骗的认定

实践中对行为人伪造单据、合同，并提起诉讼，欺骗法院并借法院之判决而非法占有他人财物的“诉讼诈骗”案件的处理，理论上存在较大争议。因为在诉讼诈骗中，受到蒙蔽并作出财产处分行为的是法院，但法院不是财物的占有人，同时，财物的占有人往往并没有受到蒙蔽，更没有自愿处分自己的财产。这与典型的诈骗罪存在明显的差异。对此，国外刑法理论一般主张构成诈骗罪，即“三角诈骗”的一种，我国也有很多学者主张构成诈骗罪。但是，最高人民检察院2002年9月25日《关于通过伪造证据骗取法院民事裁判占有他人财物的行为如何适用法律问题的答复》中指出，“以非法占有为目的，通过伪造证据骗取法院民事裁判占有他人财物的行为所侵害的主要是人民法院正常的审判活动可以由人民法院依照民事诉讼法的有关规定作出处理，不宜以诈骗罪追究行为人的刑事责任。如果行为人伪造证据时，实施了伪造公司、企业、事业单位、人民团体印章的行为，构成犯罪的，应当依照刑法第二百八十条第二款的规定，以伪造公司、企业、事业单位、人民团体印章罪追究刑事责任；如果行为人有指使他人作伪证行为，构成犯罪的，应当依照刑法第三百零七条第一款的规定，以妨害作证罪追究刑事责任”。按照上述解释，诉讼诈骗行为本身不构成诈骗罪，但为了实施诉讼诈骗而进行的伪造行为和指使他人作伪证的行为，有可能构成相关的伪造犯罪和妨害作证罪。

（四）网络虚拟财产的保护

网络虚拟财产，一般是指网民、游戏玩家在网络游戏账号中积累的“金钱”、“装备”、“宠物”等“财产”，如腾讯Q币、新浪U币等。这些所谓的“财产”，实际上仅是以特定形式表现出来的一组数据，这些数据一旦脱离具体的网络游戏环境，将失去意义。但是，这些虚拟财产往往是玩家投入了时间、金钱、精力积累所得，故在一定程度上可以认为是一种劳动所得。特别是对玩家来说具有使用价值和交换价值，能够转化为现实中的财产。所以，虚拟财产在很大程度上具有商品的一般属性，需要法律予以保护。

近年来，随着互联网用户的激增，一些不法分子利用互联网大肆盗窃、诈骗网络虚拟财产的犯罪，给公私财产造成了很大损失。这些犯罪手段隐蔽、技术性强，不易查获，社会危害性较大，客观上确实需要动用刑法手段予以惩处。2000年全国人大常委会《关于维护互联网安全的决定》第4条明确规定，利用互联网进行盗窃、诈骗、敲诈勒索，构成犯罪的，依照刑法有关规定追究刑事责任。实践中常见的案件，多为行为人通过木马程序或者远程控制的方式盗取玩家账号、密码，利用系统漏洞，在本机植入木马或者远程控制工具进行盗号活动，在网吧等公共上网场所窥探他人的游戏账号和密码并非法利用，欺诈销售网络游戏装备等。

惩治侵害网络虚拟财产的盗窃、诈骗等犯罪，原则上不存在问题，但难点在于虚拟财产数额的计算。财产犯罪多为数额犯，数额的认定对定罪量刑都至关重要。对受到犯罪侵害的虚拟财产，当然也需要进行估价，但由于网络虚拟财产的复杂性，目前尚没有固定可行的价格评估方法。司法实践中的做法，一般是根据法律的司法解释的规定，按虚拟财产在现实生活中对应的实际财产损失的数额来确定犯罪数额。虚拟财产在现实生活中对应的价值数额，可以参考该虚拟财产在现实生活中的实际交易价格来确定。①

① 参见周道鸾、张军主编：《刑法罪名精释》(第3版)，人民法院出版社2007年版，第510页。

第二十章　妨害社会管理秩序罪

【知识结构图】

妨害社会管理秩序罪
- 扰乱公共秩序罪
- 妨害司法罪
- 妨害国（边）境管理罪
- 妨害文物管理罪
- 危害公共卫生罪
- 破坏环境资源保护罪
- 走私、贩卖、运输、制造毒品罪
- 组织、强迫、引诱、容留、介绍卖淫罪
- 制作、贩卖、传播淫秽物品罪

一、知识点精析

（一）妨害社会管理秩序罪概述

1. 妨害社会管理秩序罪的概念

妨害社会管理秩序罪，是指妨害国家正常的社会生活的管理活动，破坏社会秩序，情节严重，依法应当受到刑罚处罚的行为。社会管理秩序涉及公共生活、治安管理、司法活动、文化管理、自然资源和环境保护等各个方面。良好的社会秩序是人们安居乐业、国家健康和谐发展的必要条件。

2. 妨害社会管理秩序罪的构成

妨害社会管理秩序罪的构成特征如下：

（1）本类罪的犯罪客体是国家对社会的管理活动和社会管理秩序。从本质上讲，一切犯罪行为都侵犯了国家对社会的管理秩序，但由于国家对侵害国家安全、社会公共安全、市场经济秩序、公民人身权利、民主权利、财产权利等社会秩序的行为在刑法分则之中作了专门规定，所以本章所规定的本类罪所侵犯的同类客体是国家对社会的日常管理活动和秩序。

(2) 本类罪的犯罪客观方面表现为行为人实施了妨害国家管理社会的活动、破坏社会秩序的行为，情节严重。具体而言，行为人实施的妨害社会管理秩序的行为有以下九类：扰乱公共秩序；妨害司法；妨害国（边）境管理；妨害文物管理；危害公共卫生；破坏环境资源保护；走私、贩卖、运输、制造毒品；组织、强迫、引诱、容留、介绍卖淫；制作、贩卖、传播淫秽物品。

(3) 本类罪的犯罪主体多数为一般主体，少数为特殊主体。虽然年满16周岁具有刑事责任能力的人均可以构成本类罪，但对于贩卖毒品罪而言，已满14周岁不满16周岁具有刑事责任能力的自然人也可以构成本罪。主体多限于自然人，也有少数犯罪可以由单位实施，如非法向外国人出售、赠送珍贵文物罪；个别犯罪将主体限定为单位，如非法出售、私藏文物藏品罪。

(4) 本类罪的犯罪主观方面绝大多数表现为故意，也有少数犯罪的主观方面为过失，如医疗事故罪。在故意犯罪之中，有的犯罪还要求具有特定的犯罪目的，如赌博罪就需要以营利为目的的才能构成犯罪。

(二) 扰乱公共秩序罪

1. 妨害公务罪

妨害公务罪，是指以暴力、威胁的方法，阻碍国家工作人员、人大代表依法执行职务，或者在自然灾害和突发事件中，以暴力、威胁的方法阻碍红十字会工作人员依法执行履行职责，以及故意阻碍国家安全机关、公安机关依法执行国家安全工作任务，虽未使用暴力、威胁方法，但造成严重后果的行为。①

(1) 妨害公务罪的构成

①本罪侵犯的客体是国家机关、人民代表大会、红十字会、国家安全机关以及公安机关履行职责的活动。本罪侵害的对象，是依法正在执行职务的上述四类国家机关工作人员。阻碍非国家机关工作人员从事某种活动的，或者虽是国家机关工作人员，但其超越职权、滥用职权等侵犯国家和群众利益的活动受到阻止的均不构成本罪。

②本罪在犯罪客观方面表现为以下几种情形：一是以暴力或者威胁的方法阻碍国家机关工作人员依法执行职务；二是在自然灾害或者突发事件中，以暴力、威胁方法阻碍红十字会工作人员依法履行职责；三是以暴力、威胁方法阻

① 参见高铭暄、马克昌主编：《刑法学》(第5版)，北京大学出版社、高等教育出版社2011年版，第527页。

碍各级人民代表大会代表执行代表职务；四是虽未使用暴力、威胁的方法，但故意阻碍国家安全机关、公安机关依法执行国家安全工作任务，造成严重后果的行为。如果是以暴力、威胁方法阻碍红十字会工作人员履行职责的，必须是在发生自然灾害或突发事件时。对于故意阻碍国家安全机关、公安机关依法执行国家安全工作任务的，并不要求必须使用暴力、威胁方法作为特定的手段要件，但必须要求造成了严重后果。此外，根据2000年最高人民检察院《关于以暴力威胁方法阻碍事业编制人员依法执行行政执法职务是否可对侵害人以妨害公务罪论处的批复》，对于以暴力、威胁方法阻碍国有事业单位人员依照法律、行政法规的规定执行行政执法职务的，或者以暴力、威胁方法阻碍国家机关中受委托从事行政执法活动的事业编制人员执行行政执法职务的，可以对侵害人以妨害公务罪追究刑事责任。

值得注意的是，2002年全国人大常委会《关于〈中华人民共和国刑法〉第九章渎职罪主体适用问题的解释》指出："在依照法律、法规规定行使国家行政管理职权的组织中从事公务的人员，或者在受国家机关委托代表国家机关行使职权的组织中从事公务的人员，或者虽未列入国家机关人员编制但在国家机关中从事公务的人员，在代表国家机关行使职权时，有渎职行为，构成犯罪的，依照刑法关于渎职罪的规定追究刑事责任。"这一立法解释是对渎职罪主体即国家机关工作人员含义的解释，其出台意味着立法机关通过法定程序对刑法相关条文作出了扩张解释。根据这一立法解释，可以认为受委托从事公务的人员也可以成为本罪的犯罪对象。

③本罪的犯罪主体为一般主体，凡年满16周岁具有刑事责任能力的人均可成为本罪主体。

④本罪在犯罪主观方面表现为故意。即行为人明知对方是正依法执行职务的公务人员，而故意对其实施暴力或者威胁，使其不能执行职务。行为人的动机多种多样，但动机不影响本罪的成立，可作为情节在量刑时考虑。但是，如果行为人不知其侵犯对象的特定身份，或者虽然知道其身份但不知道其正在依法执行职务或者履行职责，或者误认为其依法执行的公务活动不合法而加以阻碍的，不构成本罪。

（2）妨害公务罪的认定

在司法实践之中，要区分妨害公务罪与人民群众同国家机关工作人员等的违法乱纪行为作斗争的行为的界限。前者的行为人是怀有明确反社会的意图而实施阻碍公务的行为，而后者则是基于维护社会正义的立场同违法乱纪行为作斗争，二者有着本质的不同。此外对于司法实践中情节显著轻微、危害不大的妨害公务行为，如果行为手段强制性不明显，或者故意阻碍国家安全机关、公安机关依法执行国家安全工作任务未造成严重后果的，也不应以犯罪论处。

(3) 妨害公务罪的处罚

犯本罪的，处3年以下有期徒刑、拘役、管制或者罚金。

【难点辨析】

①妨害公务罪与故意伤害罪、故意杀人罪。

本罪通常表现为行为人以暴力或威胁的方法实施犯罪，因此易与故意伤害罪、故意杀人罪相混淆。区别在于：本罪行为人的暴力、威胁行为必须发生在前述人员依法执行职务或履行职责期间，而上述两种犯罪则无时间性限制。如果行为人以暴力妨害公务的行为造成了国家机关工作人员或人大代表或红十字会工作人员的重伤或死亡，属于本罪与故意伤害罪或故意杀人罪的想像竞合犯，按照“择一重处断”的原则论处。

②妨害公务罪与聚众阻碍解救被收买的妇女、儿童罪。

《刑法》第242条第1款规定，以暴力、威胁方法阻碍国家机关工作人员解救被收买的妇女、儿童的，依照妨害公务罪进行定罪处罚。该条第2款又规定了聚众阻碍解救妇女、儿童罪。二罪的区别主要在于：首先，犯罪侵犯的主要客体不同。前者系妨害社会管理秩序罪，侵害的主要客体是国家的正常管理活动；后者则属侵犯公民人身权利罪，侵害的主要客体是被拐卖、收买的妇女、儿童的人身自由权。其次，犯罪的客观要件不同。前者通常表现为以暴力、威胁方法阻碍国家机关工作人员依法执行职务或红十字会工作人员依法履行职责的行为；后者则只能是以聚众方式阻碍国家机关工作人员解救被收买的妇女、儿童的行为。再次，犯罪的主体不同。前者的主体是一般主体，任何具备刑事责任能力的自然人均可构成该罪；后者则是特殊主体，只有在聚众阻碍解救被收买的妇女、儿童的活动中起组织、策划、指挥作用的首要分子才能成为其主体。对于其他参与阻碍活动，若未使用暴力、威胁方法的，依法不应认定为犯罪。如使用暴力、威胁方法的，则应根据《刑法》第242条第2款后半段的规定以妨害公务罪论处。最后，公务的范围不同。后者的公务是国家机关工作人员解救被收买的妇女、儿童的行为；前者除此之外还有其他的公务活动。

③妨害公务罪与拒不执行判决、裁定罪。

拒不执行判决、裁定罪，是指对人民法院的判决、裁定有能力执行而拒不执行，情节严重的行为。妨害公务罪与拒不执行判决、裁定罪有一定的相似之处，表现在：其一，两者都有可能是妨害国家机关正常行使职权、发挥职能的行为；其二，二者都是故意犯罪，且都有可能存在对抗国家公务活动的故意；其三，当拒不执行判决、裁定罪表现为行为人以暴力、威胁方法阻碍人民法院的强制执行活动时，其客观行为表现就与妨害公务罪完全相同。

二者相区分的关键在于其犯罪的客观方面、犯罪主体不同：首先，在犯罪的客观方面，妨害公务罪通常必须是以暴力、威胁方法实施，且行为人侵害公务人员的行为必须发生在后者依法执行公务期间；而拒不执行判决、裁定罪则不要求必须使用暴力、威胁的方法，可以是任何能够损害法院裁判约束力、权威性的方法，且拒不执行判决、裁定罪也以发生在人民法院依法执行职务期间为必要。其次，在主体方面，妨害公务罪的主体是一般主体，而拒不执行判决、裁定罪的主体则是特殊主体，即必须具有执行判决、裁定义务的当事人或者依照法律对判决、裁定负有协助执行义务的人。

2. 招摇撞骗罪

招摇撞骗罪，是指为了谋取非法利益，假冒国家机关工作人员或者人民警察，进行招摇撞骗的行为。

（1）招摇撞骗罪的构成

①本罪侵犯的客体是国家机关的正常活动和公务信誉。

②本罪在客观方面表现为行为人实施了冒充国家机关工作人员和人民警察进行招摇撞骗的行为。所谓“招摇撞骗”是指行为人利用人们对国家机关工作人员的信任，以假冒的国家机关工作人员身份到处炫耀，从而骗取财物、爱情、职位、资格、荣誉、待遇等的行为，一般都具有连续性、多次性的特点。本罪通常表现为复杂行为，即冒充国家机关工作人员与进行招摇撞骗两种行为必须同时兼备，否则就不构成本罪。从司法实践来看，本罪具体有以下三种情形：一是非国家机关的工作人员冒充国家机关工作人员；二是国家机关的下级工作人员冒充上级工作人员；三是此部门的国家机关工作人员冒充彼部门的国家机关工作人员。如果行为人冒充的是非国家机关工作人员，可能构成诈骗罪或其他犯罪而非招摇撞骗罪。如果行为人冒充的是军人则属于法条竞合，同时符合招摇撞骗罪和冒充军人招摇撞骗罪，应按后罪论处。

③本罪的犯罪主体为一般主体，即已满16周岁且具有刑事责任能力的自然人。

④本罪在主观方面表现为直接故意，且通常具有骗取某种非法利益的目的。

（2）招摇撞骗罪的认定

①罪与非罪的界限。

本罪在犯罪客观方面包括冒充国家机关工作人员与招摇撞骗两个行为，缺一不可。行为人仅实施其中一个行为不构成本罪。此外，对于情节显著轻微，危害不大，冒充国家机关工作人员进行招摇撞骗的行为也不宜认定为犯罪。

②罪数的界定。

司法实践中，由于行为人犯罪目的不同，所采取的手段或结果往往同时触犯不同罪名。如为了冒充国家机关工作人员招摇撞骗而伪造变造、盗窃国家机关公文、证件、印章的，其方法行为同时触犯伪造、变造、盗窃国家机关公文、证件、印章罪；冒充国家机关工作人员招摇撞骗，又以胁迫手段强奸妇女的，其结果行为同时触犯强奸罪等。这种情况均应以牵连犯"择一重处断"的原则处理。

（3）招摇撞骗罪的处罚

犯本罪的，处3年以下有期徒刑、拘役、管制或者剥夺政治权利；情节严重的，处3年以上10年以下有期徒刑，情节严重，是指手段恶劣或者动机卑鄙的；一贯招摇撞骗或流窜作案，影响极坏的；屡教不改的；犯罪手段特别卑劣的；骗取巨额财物，后果严重，或者具有其他严重情节的等。对于情节严重的司法认定，有赖于最高司法机关的解释予以明确。

冒充人民警察招摇撞骗的，依照上述规定从重处罚。根据《人民警察法》第2条第2款的规定，人民警察是指公安、国家安全、监狱、劳动教养管理机关的人民警察和法院、检察院的司法警察。

【难点辨析】

招摇撞骗罪与诈骗罪。

本罪与诈骗罪在行为的"欺骗性"和主观上的非法获利意图都是一致的，但两者有明显的区别：

一是侵犯的客体不同。本罪侵犯的客体是国家机关的正常活动；诈骗罪侵犯的客体则是公私财产所有权。

二是目的不同。本罪的目的主要是为了获取某种非法利益，既包括财物，也包括非财产性利益；而诈骗罪的目的则是为了非法占有公私财物。

三是犯罪手段不同。本罪的行为方式只能是冒充国家机关工作人员或人民警察行骗；而诈骗罪的行为手段则是多种多样的，不限于冒充有特定身份的人员行骗。

四是成立犯罪的标准不同。本罪是行为犯，没有诈骗所得财物数额的要求，只要行为人实施了冒充国家机关工作人员或人民警察招摇撞骗的行为，原则上便构成犯罪；而诈骗罪是数额犯，诈骗所得财物数额较大的，才构成诈骗罪。

如果行为人冒充国家机关工作人员的身份或职务去实施诈骗犯罪的，属于交叉关系的法条竞合的情况，应当按照法条竞合犯的处罚原则追究刑事责任。

①在冒充国家机关工作人员骗取财物没有达到诈骗罪的数额要求时，不构成诈骗罪，按照招摇撞骗罪进行定罪处罚。

②在冒充国家机关工作人员骗取数额较大财物时，则形成竞合关系。骗取数额较大财物的诈骗罪法定最高刑为3年有期徒刑，而招摇撞骗在具有骗取数额较大财物的法定情节的，其法定最高刑为10年有期徒刑，故按招摇撞骗罪定罪处罚。

③在骗取财物数额巨大或者具有其他严重情节时，从自由刑来看，二者的法定刑是相同的，但是诈骗罪并处罚金，因此诈骗罪之法定刑高于招摇撞骗罪的法定刑，因此按照诈骗罪进行定罪处罚。

④如果骗取财物数额特别巨大或者有其他特别严重情节，这时诈骗罪的法定刑最高为无期徒刑，明显高于招摇撞骗罪的法定刑，此时可按诈骗罪定罪处罚。①

3. 聚众斗殴罪

聚众斗殴罪，是指聚集多人进行斗殴的行为。

(1) 聚众斗殴罪的构成

①本罪的犯罪客体是社会公共秩序。社会公共秩序，是指通过法律法规、风俗习惯来建立和维持有条不紊的状态。公共秩序既包括公共场所秩序，也包括非公共场所秩序。行为人通过聚众斗殴的方式公然藐视法律法规和社会公德，破坏社会公共秩序，是聚众斗殴罪的本质特征。

②本罪在犯罪客观方面表现为行为人实施了聚众斗殴的行为。所谓聚众，是指不特定的多数人同一时间聚集于同一地点。所谓斗殴，是指多人相互攻击对方身体的行为。本罪客观行为要求多人参与斗殴行为，即通常情况下参与一方至少是3人以上才构成聚众斗殴行为。双方斗殴或多方斗殴的情形下，一方3人攻击对方1人的可认定为聚众斗殴，但一方1人另一方2人的则不宜认定为聚众斗殴。人数在3人以下的斗殴，根据《刑法》第292条的规定不能按本罪论处。但如果人数在3人以下的斗殴一方造成了致人重伤、死亡的结果

① 参见李希慧主编：《刑法各论》，武汉大学出版社2009年版，第295页。

时，应以故意伤害罪、故意杀人罪论处；如果没有造成伤亡结果的，应按照《治安管理处罚法》的相关规定给予行政处罚。

③本罪的犯罪主体为一般主体，凡年满16周岁具有刑事责任能力的人都可以成为本罪主体。但根据《刑法》第292条之规定，本罪为聚众型犯罪，只有聚众斗殴的首要分子和其他积极参加者才能成为本罪主体，单位不能构成本罪主体。

④本罪在犯罪主观方面表现为故意，通常情形下为直接故意。在聚众斗殴过程中，行为人对于自己的行为会扰乱社会公共秩序是明知的，且对于危害结果的发生持希望或者放任的心理态度。行为人的目的和动机如何不影响本罪的成立。

(2) 聚众斗殴罪的认定

罪与非罪的界限。

在司法实践中，认定本罪时要注意将本罪与因民事纠纷而引起的一般打群架行为予以区分。对于群众间因日常矛盾激化而引发的多人之间的打斗不宜按本罪处理。其中情节显著轻微，危害不大的，不属于犯罪，应按一般违法行为处理。

(3) 聚众斗殴罪的处罚

犯本罪的，对首要分子和其他积极参加者处3年以下有期徒刑、拘役或者管制；有下列情形之一的，处3年以上10年以下有期徒刑：多次聚众斗殴的；聚众斗殴人数多，规模大，社会影响恶劣的；在公共场所或者交通要道聚众斗殴，造成社会秩序严重混乱的；持械聚众斗殴的。聚众斗殴，致人重伤、死亡的，根据案件具体情况对行为人分别以故意伤害罪、故意杀人罪论处。

【难点辨析】

①聚众斗殴罪与聚众扰乱社会秩序罪。

聚众扰乱社会秩序罪，是指聚众扰乱社会秩序，情节严重，致使工作、生产、营业或教学、科研无法进行，造成严重损失的行为。两罪都是聚众型犯罪，都扰乱了社会公共秩序，且法律将两罪的主体都规定为聚众犯罪的首要分子和其他积极参加者，但二者也存在着明显的区别：

第一，两罪侵犯的直接客体有所不同。聚众斗殴罪所侵犯的直接客体是社会公共秩序，而聚众扰乱社会秩序罪侵害的客体仅限于企事业单位、人民团体的工作、生产、营业和教学、科研秩序。

第二，两罪的犯罪对象不同。聚众斗殴罪的犯罪对象是相互斗殴的对方，而聚众扰乱社会秩序罪的犯罪对象是企业、事业单位、人民团体等。

第三，两罪的犯罪形态不同。聚众斗殴罪是行为犯，原则上只要行为人实施了聚众斗殴的行为就构成本罪，且本罪是必要的共犯，是一种典型的对象犯的行为类型。而聚众扰乱社会秩序罪是结果犯，只有行为人扰乱社会秩序的行为情节严重，致使工作、生产、营业或教学、科研无法进行，造成严重损失的结果，才构成犯罪。

第四，两罪在犯罪客观方面的表现不同。聚众斗殴罪的客观方面表现为行为人实施了聚众斗殴的行为，而聚众扰乱社会秩序罪的客观方面表现为行为人实施了聚众扰乱社会秩序的行为。

②聚众斗殴罪与故意伤害罪、故意杀人罪。

《刑法》第292条第2款规定，聚众斗殴，致人重伤、死亡的，依照故意伤害罪、故意杀人罪的规定定罪处罚。在司法实践中，聚众斗殴行为通常都伴随着致人伤害的后果，但依照法律规定，聚众斗殴罪本身最多只能包含致人轻伤以下的后果，聚众斗殴中致人重伤、死亡的，法律将其拟制为故意伤害和故意杀人罪定罪处罚。但是这里的致人重伤、死亡应理解为对直接致人重伤、死亡的斗殴者和首要分子以故意伤害罪和故意杀人罪定罪论处，无法查明直接斗殴者的，仅对首要分子以故意伤害罪和故意杀人罪定罪处罚。

4. 寻衅滋事罪

寻衅滋事罪，是指肆意挑衅，骚扰破坏社会秩序，情节严重的行为。

(1) 寻衅滋事罪的构成

①本罪侵害的客体是社会公共秩序。虽然寻衅滋事行为往往会侵犯到公民的人身权利或财产权利，但不宜据此认为本罪侵犯的是复杂客体。

②本罪在犯罪客观方面表现为行为人实施了寻衅滋事、破坏公共秩序的行为。修改后的《刑法》第293条将寻衅滋事罪的客观行为方式具体规定为：

第一，随意殴打他人，情节恶劣的。随意殴打他人，是指出于各种不良动机，随意殴打他人。这里的“情节恶劣”，是指随意殴打他人手段残忍的，多次随意殴打他人的，携带或使用凶器殴打他人的，造成严重后果的等。

第二，追逐、拦截、辱骂、恐吓他人，情节恶劣的。追逐、拦截、辱骂、恐吓他人，是指出于取乐、寻求精神刺激等不健康动机，无故无理追赶、拦挡、侮辱、谩骂、恐吓他人的行为。这里的“情节恶劣的”，主要是指经常性追逐、拦截、辱骂、恐吓他人的；追逐、拦截、辱骂、恐吓老人、妇女、儿童、残障人士的；造成恶劣影响或者激起民愤的；造成其他后果的等。需要指出的是，如果行为使用暴力、胁迫或者其他方法强制猥亵或者侮辱妇女的，则构成强制猥亵、侮辱妇女罪。

第三，强拿硬要或者任意损毁、占用公私财物，情节严重的。强拿硬要或者任意损毁、占有公私财物，是指以蛮不讲理的流氓手段，强行索要市场、商店的商品以及他人的财物，或者随心所欲损坏、毁灭、占用公私财物。这里的“情节严重”，是指强拿硬要或者任意损毁、占用的公私财物数量较大的；造成恶劣影响的；多次强拿硬要或者任意损毁、占用公私财物的；造成公私财物遭受严重损失的等。

第四，在公共场所起哄闹事，造成公共场所秩序严重混乱的。在公共场所起哄闹事，是指出于取乐、寻求精神刺激等不健康动机，在公共场所无事生非，制造事端，扰乱公共场所秩序。造成公共场所秩序严重混乱，是指公共场所正常的秩序受到破坏，引起群众惊慌、逃离等严重混乱局面的。

行为人只要有上述四种情形中的任意一种，就构成寻衅滋事罪。此外，根据《办理妨害预防、控制突发传染病疫情等灾害的刑事案件具体应用法律若干问题的解释》第11条，在预防、控制突发传染病疫情等灾害期间，强拿硬要或者任意毁损、占用公私财物情节严重，或者在公共场所起哄闹事，造成公共场所秩序严重混乱的，按照本罪从重处罚。

③本罪的犯罪主体为一般主体。凡年满16周岁、具有刑事责任能力的自然人均可以成为本罪主体。

④本罪的犯罪主观方面为故意。本罪的犯罪动机和目的比较复杂，多是因为精神空虚，寻求精神刺激等，但犯罪动机和目的如何不影响本罪的成立。

（2）寻衅滋事罪的认定

根据刑法的规定，寻衅滋事罪，必须是情节恶劣、情节严重或者造成公共场所秩序严重混乱的，才构成犯罪。对于情节轻微、危害不大的寻衅滋事行为，只能以一般违法行为论处。判断行为人的行为是否构成本罪，应该综合以下几个方面因素进行分析：

第一，行为的方式和手段。行为的方式和手段对危害结果的大小具有决定性作用，对社会心理的伤害程度也有较大影响。因此，在认定情节是否严重时，应该考察行为人是否使用了暴力、威胁等手段，是否采用了公开或者组织的方式等。

第二，行为的直接危害结果和间接不良后果。直接危害结果是行为直接对社会造成损害。间接不良后果是指行为对社会造成的不良影响或间接引起的损害。行为人是否造成被害人自杀，是否引起公私财产重大损失，是否造成公共场所秩序严重混乱等，是认定情节严重与否的重要因素第三，行为的时间和地点。同一行为在不同的时间、不同的地点实施，所造成的社会影响是不同的。比如白天在公共场所的滋事活动的危害性就比晚上在荒郊野外滋事活动的危害性要大。

第四，行为人的一贯表现。行为人的一贯表现表明了行为人主观恶性的大小，决定着行为人接受改造的难易程度。是否多次寻衅滋事、屡教不改，是认定情节严重与否的一个重要因素。

（3）寻衅滋事罪的处罚

犯本罪的，处5年以下有期徒刑、拘役或者管制。纠集他人多次实施寻衅滋事行为，严重破坏社会秩序的，处5年以上10年以下有期徒刑，可以并处罚金。”

【难点辨析】

①寻衅滋事罪与敲诈勒索罪。

两罪在行为方式上，都是行为人以威胁、要挟方式强拿硬要公私财物，二者的区别在于：寻衅滋事行为人勒索的主要目的是为了满足精神上的刺激，弥补空虚，因此犯罪往往是当面地、直截了当地进行；而敲诈勒索行为人索取财物是主要目的，因此他为了逃避法律追究常常以间接的或当面暗示的方式进行，往往采取隐秘的方法。

②寻衅滋事罪与抢劫罪①。

寻衅滋事罪是严重扰乱社会秩序的犯罪，行为人实施寻衅滋事的行为时，客观上也可能表现为强拿硬要公私财物的特征，这种强拿硬要的行为与抢劫罪在外观上可能有所相似，但二罪的区别很明显：在犯罪的主观方面，寻衅滋事罪的行为人主观上还具有逞强好胜和通过强拿硬要来填补其精神空虚等目的，而抢劫罪的行为人一般只有非法占有他人财物的目的；在犯罪的客观方面，寻衅滋事罪的行为人客观上一般不以严重侵犯他人人身权利的方法强拿硬要财物，而抢劫罪行为人通常都以暴力、胁迫等方式作为劫取他人财物的手段。司法实践中，对于未成年人使用或威胁使用轻微暴力强抢少量财物的行为，一般不宜以抢劫罪定罪处罚。其行为符合寻衅滋事罪特征的，可以寻衅滋事罪定罪处罚。

5. 组织、领导、参加黑社会性质组织罪

组织、领导、参加黑社会性质组织罪，是指组织、领导或参加以暴力、威

① 参见2005年6月8日最高人民法院《关于审理抢劫、抢夺刑事案件适用法律若干问题的意见》。

胁或者其他手段，有组织地进行违法犯罪活动，称霸一方，为非作恶，欺压、残害群众，严重破坏经济、社会生活秩序的黑社会性质的组织的行为。

(1) 组织、领导、参加黑社会性质组织罪的构成

①本罪的犯罪客体是复杂客体，既侵犯了经济、社会生活秩序，同时又侵犯了公民的人身、财产权利。

②本罪的犯罪客观方面表现为行为人实施了组织、领导、参加黑社会性质组织的行为。黑社会性质组织是处于一般犯罪集团与黑社会组织之间的一种过渡形态。《刑法修正案（八）》把对黑社会性质组织的特征描述写入了法条。本罪是一个选择性罪名，只要行为人实施了“组织、领导、参加”黑社会性质组织的行为之一，便成立本罪，在确定罪名时，可以根据行为人具体实施的行为来加以确定。现行《刑法》第294条第5款将黑社会性质的组织的特征表述如下：第一，形成较稳定的犯罪组织，人数较多，有明确的组织者、领导者，骨干成员基本固定；第二，有组织地通过违法犯罪活动或者其他手段获取经济利益，具有一定的经济实力，以支持该组织的活动；第三，以暴力、威胁或者其他手段，有组织地多次进行违法犯罪活动，为非作恶，欺压、残害群众；第四，通过实施违法犯罪活动，或者利用国家工作人员的包庇或者纵容，称霸一方，在一定区域或者行业内，形成非法控制或者重大影响，严重破坏经济、社会生活秩序。

司法实践中认定黑社会性质的组织的特征时应注意以下几个问题：第一，目前黑社会性质的组织犯罪出现了一个明显的变化，即组织者、领导者、骨干成员可能并不多，但他们控制着一批社会上的闲散人员，这些人员形成了一个市场，需要实施违法犯罪时，即通过这个市场雇佣打手，形成“一呼即来，一哄而散”的活动方式。对以此种方式存在的组织，只要其基本的组织者、领导者、骨干成员较为固定，就应认定其形成了“较稳定的犯罪组织”。第二，司法实践中，有些黑社会性质组织的头目在具备了一定的经济实力后，往往通过各种手段将财产洗白，合法地进行一些经营活动，以此支撑该组织的活动，这部分资产也应算做该组织的“经济实力”。第三，应正确把握“在一定区域或者行业内，形成非法控制或者重大影响”，无论是合法行业还是非法行业，只要对其实行垄断或者控制，严重影响了当地该行业的正常经营，扰乱了当地百姓的正常生活秩序就应当予以认定。①

---

① 参见人大法工委刑法室编：《〈中华人民共和国刑法修正案（八）〉条文说明、立法理由及相关规定》，北京大学出版社2011年版，第167页。

③本罪的犯罪主体为一般主体，即已满16周岁且具有刑事责任能力的自然人。

④本罪的犯罪主观方面为直接故意，即行为人怀着明确的意图组织或领导黑社会性质组织，或者明知是黑社会性质组织而参加。

（2）组织、领导、参加黑社会性质组织的认定

①罪与非罪的界限。

最高人民法院《关于审理黑社会性质组织犯罪的案件具体应用法律若干问题的解释》第3条规定，对于参加黑社会性质组织，没有实施其他违法犯罪活动的，或者受蒙蔽、胁迫参加黑社会性质组织，情节轻微的，可以不作为犯罪处理。在司法实践中，对于不知该组织为黑社会性质的组织而加入其中，或者受欺骗加入其中的，一般不作为犯罪处理。

②罪数的界定。

根据《刑法》第294条第3款的规定，组织、领导、参加黑社会性质组织罪和入境发展黑社会组织罪，又利用黑社会性质组织实施其他犯罪的应当数罪并罚。

另外，要注意包庇黑社会性质组织罪的行为方式包括通风报信、隐匿、毁灭证据、阻止他人作证或指使他人作伪证，提供财物帮助逃匿、阻挠其他国家机关工作人员依法查禁等。因此需要注意国家工作人员实施上述行为的，不能以包庇罪、妨害作证罪、窝藏罪、帮助犯罪分子逃避处罚罪、妨害公务罪等处理，而不能认定为包庇黑社会性质组织罪。

（3）组织、领导、参加黑社会性质组织的处罚

犯本罪的，处7年以上有期徒刑，并处没收财产；积极参加的，处3年以上7年以下有期徒刑，可以并处罚金或者没收财产；其他参加的，处3年以下有期徒刑、拘役、管制或者剥夺政治权利，可以并处罚金。犯本罪又有其他犯罪行为的，依照数罪并罚的规定处罚。

6. 赌博罪

赌博罪，是指以营利为目的，聚众赌博或者以赌博为业的行为。

（1）赌博罪的构成

①本罪侵犯的客体是国家对社会风尚的管理秩序。本罪的犯罪对象是财物，既包括金钱，也包括有价值的物品及其他财产性利益；既可以是动产，也可以是不动产。

②本罪在犯罪客观方面表现为行为人实施了聚众赌博或者以赌博为业的行为。最高人民法院、最高人民检察院《关于办理赌博刑事案件具体应用法律

若干问题的解释》第 1 条规定：以营利为目的，有下列情形之一的，属于《刑法》第 303 条规定的“聚众赌博”：组织 3 人以上赌博，抽头渔利数额累计达到 5000 元以上的；组织 3 人以上赌博，赌资数额累计达到 5 万元以上的；组织 3 人以上赌博，参赌人数累计达到 20 人以上的；组织中华人民共和国公民 10 人以上赴境外赌博，从中收取回扣、介绍费的。以赌博为业，是指以赌博为常业，即嗜赌成性，以赌博所得为主要生活来源；虽有正当职业，但却把主要精力放在赌博上，长期在业余时间从事赌博，输赢数额巨大的，也视为以赌博为业。此为典型的刑法理论之中所讲的常业犯。本罪为选择性罪名，行为人只要实施了上述两种行为中的一种，就构成本罪。

最高人民法院、最高人民检察院《关于办理赌博刑事案件具体应用法律若干问题的解释》指出，中华人民共和国公民在我国领域外周边地区聚众赌博、开设赌场，以吸引中华人民共和国公民为主要客源，构成赌博罪的，可以依照刑法规定追究刑事责任。明知他人实施赌博犯罪活动，而为其提供资金、计算机网络、通信、费用结算等直接帮助的，以赌博罪的共犯论处。

③本罪的犯罪主体是一般主体，凡年满 16 周岁且具有刑事责任能力的自然人均可以成为本罪主体。

④本罪的犯罪主观方面表现为故意，且以营利为目的。实际营利与否不影响本罪的成立。

（2）赌博罪的认定

①罪与非罪的界限。

最高人民法院、最高人民检察院《关于办理赌博刑事案件具体应用法律若干问题的解释》规定，不以营利为目的，进行带有少量财物输赢的娱乐活动以及提供棋牌室等娱乐场所只收取正常的场所和服务费用的经营行为等，不以赌博论处。

②罪数的界定。

行为人在赌博过程中打架斗殴而致人重伤、死亡或者故意杀人的，应当以赌博罪和故意伤害罪、故意杀人罪实行数罪并罚。因赌博输钱而实施盗窃、贪污、挪用公款等犯罪行为的，也应实行数罪并罚。

③赌博罪之中抢劫行为的认定。

司法实践中，抢劫赌场的行为分为两种情形：一是参加赌博的人抢劫赌场，二是赌博输钱后抢劫赌场。第一种情形只要行为人以暴力或者胁迫手段实施抢劫行为就构成抢劫罪。第二种情形之下，如果行为人仅以自己输掉的赌资为抢劫对象，并没有非法占有他人财物的目的，则不构成抢劫罪，而抢回自己赌资的同时又抢劫他人赌资的情形则构成抢劫罪。

(3) 赌博罪的处罚

犯本罪的，处3年以下有期徒刑、拘役或者管制，并处罚金。实施赌博犯罪，有下列情形之一的，从重处罚：具有国家工作人员身份的；组织国家工作人员赴境外赌博的；组织未成年人参与赌博的。赌博犯罪中用作赌注的款物、换取筹码的款物和通过赌博赢取的款物属于赌资。通过计算机网络实施赌博妇女罪的，赌资数额可以按照在计算机网络上投注或者赢取的点数乘以每一点实际代表的金额认定。赌资应当依法予以追缴；赌博用具、赌博违法所得以及赌博犯罪分子所有的专门用于赌博的资金、交通工具、通信工具等，应当依法予以没收。

【难点辨析】

赌博罪与诈骗罪

赌博罪与诈骗罪的相似之处在于，赌博行为之中往往也伴随着欺骗活动，但这种欺骗活动不同于诈骗罪之中的欺骗活动。行为人设置圈套诱骗他人参赌骗取钱财，属赌博行为，构成犯罪的，应以赌博罪定罪处罚。参赌者识破骗局要求退还所输钱财，设赌者又使用暴力或以暴力相威胁，拒绝退还的，应以赌博罪从重处罚。

（三）妨害司法罪

1. 伪证罪

伪证罪，是指在刑事诉讼中，证人、鉴定人、记录人和翻译人对与案件有重要关系的情节，故意作虚假证明、鉴定、记录、翻译，意图陷害他人或者隐匿罪证的行为。

(1) 伪证罪的构成

①本罪侵犯的客体是公民的人身权利与司法机关的正常活动，是复杂客体。其主要扰乱了司法机关的正常活动，在“意图陷害他人”的场合还侵犯了公民的人身权利。

②本罪在犯罪客观方面表现为在刑事侦查、起诉、审判中，对与案件有重要关系的情节，作虚假的证明、鉴定、记录、翻译的行为，或者隐匿罪证的行为。所谓作虚假的证明、鉴定、记录、翻译，指证人作了虚假的证明，鉴定人作了不符合事实真相的鉴定，记录人作了不真实的记录，翻译人作了歪曲原意的翻译。所谓隐匿罪证，指掩盖歪曲事实真相、毁灭证据，将应该提供的证据

予以隐匿。所谓与案件有重要关系的情节，主要是指对案件是否构成犯罪、犯罪的性质或者对罪行轻重有重大影响的情节。如果伪证的事实无关紧要、对案件的处理影响不大，不能以伪证罪论处。至于伪证行为是否造成了错判，不影响定罪，可作为量刑的情节予以考虑。

③本罪的犯罪主体是特殊主体，即只能是在刑事诉讼中的证人、鉴定人、记录人和翻译人。在刑事诉讼过程中，“证人”，是指根据司法机关的要求，陈述自己所知道的案件情况的人；“鉴定人”，是指司法机关为鉴别案件中某些情节的真伪和事实真相而指派或聘请的、具有专门知识或者特殊技能的人；“记录人”，是指为案件的调查取证，询问证人、被害人或审问犯罪嫌疑人、被告人等作记录的人；“翻译人”，是指司法机关指派或聘请为案件中的外籍、少数民族或聋哑人等诉讼参与人充当翻译的人员，也包括为案件中的法律文书或者证据材料等有关资料作翻译的人员。

④本罪在犯罪主观方面必须是直接故意，即行为人明知其虚假陈述是与案件有重要关系的情节，但为了陷害他人或者隐匿罪证而为之。如果行为人不是出于陷害他人的意图或者隐匿罪证，就不能以本罪论处。如行为人因粗心大意，工作不认真，或者学识、业务能力不高而作出了错误的鉴定结论、记录、翻译，或者因错记、漏记、错译、漏译等而不能反映原意，等等。

（2）伪证罪的认定

罪与非罪的界限。

对于鉴定人、记录人、翻译人工作不负责任，疏忽大意或者业务水平有限而提供不正确的鉴定、记录、翻译的；以及由于对于案件真实情况一知半解，认识不准确，或者道听途说而传闻作证，从而提供了虚假证明的，因不具备伪证的主观故意，不构成伪证罪。对于虽有伪证行为，但情节显著轻微，危害不大的，不应认定为犯罪。依照最高人民检察院 1989 年 11 月 30 日印发的《人民检察院直接受理的侵犯公民民主权利、人身权利和渎职案件立案标准的规定》，具有下列情形之一的，应以伪证罪立案追究刑事责任：伪证行为足以使他人受到刑事处罚或者轻罪重判的；伪证行为足以使犯罪分子逃避刑事处罚或者重罪轻判的；伪证行为造成冤、假、错案的；国家工作人员利用职务之便，为经济犯罪分子销毁罪证或者制造伪证的；出于伪证行为致使他人自杀或精神失常的；伪证行为造成其他严重后果的。

（3）伪证罪的处罚

犯本罪的，处 3 年以下有期徒刑或者拘役；情节严重的，处 3 年以上 7 年以下有期徒刑。

【难点辨析】

①伪证罪与诬告陷害罪。

两罪在犯罪客观方面都有陷害他人、虚构事实或者伪造证据的行为。二者的主要区别在于：首先，侵犯的客体不同。前者侵犯的客体主要是司法机关的正常活动；后罪则主要是公民的人身权利。其次，犯罪客观方面的表现不同。前者必须发生在刑事诉讼中，只限于对案件有重要关系的情节作“伪证”；而后者则发生在立案侦查之前，而且捏造的内容包括整个意图控告的“犯罪事实”。再次，犯罪主体不同。前者是特殊主体，只限于证人、鉴定人、翻译人和记录人；后者则是一般主体。最后，犯罪的意图和对象不同。前者具有陷害他人或者隐匿罪证的意图，并且其意图陷害的对象是进入刑事诉讼程序的犯罪嫌疑人和被告人；后者的意图只能是陷害还没有进入刑事诉讼程序的人。

以上是伪证罪与诬告陷害罪的一般区别，但在某些特殊情况下，两罪的界限值得进一步研究：

一是几人合谋对某人进行陷害，由一人出面控告，其他人则以证人身份作伪证，证明他人有罪。对这种“证人”的行为应当如何界定？我们认为，在这种情况下证人构成诬告陷害罪的共犯。证人与诬告人事前通谋，有共同的犯罪故意并且有共同的犯罪行为即陷害他人，只是在具体分工上有所不同，行为符合共同犯罪的特征。

二是他人捏造犯罪事实并向司法机关告发，司法机关立案侦查后，行为人充当证人作伪证的，对行为人应定何罪？我们认为应定伪证罪而不能定诬告陷害罪。因为，他人捏造犯罪事实向司法机关告发，诬告陷害罪即已成立。此时行为人作伪证的行为，缺乏和他人共同犯罪的故意，他的伪证行为是一种独立的犯罪行为，应单独构成伪证罪。①

②伪证罪与包庇罪、包庇毒品犯罪分子罪。

这三种犯罪的行为人，在作虚假证明，为犯罪分子隐匿罪证方面极为相似，目的都是包庇罪犯。其区别主要在于：

其一，犯罪的主体要件不同。伪证罪是特殊主体；后两种包庇犯罪是一般主体。

其二，实施犯罪的时间不同。伪证罪只能在侦查、审判阶段实施；后两罪则可以在犯罪分子被逮捕、关押前实施，也可以在被逮捕、判刑之后实施。

---

① 参见李希慧主编：《刑法各论》，武汉大学出版社 2009 年版，第 334 页。

其三，犯罪的内容不同。伪证罪掩盖的是与案件有重要关系的犯罪情节；后两罪所掩盖的可以是全部罪行或者重要犯罪事实。

其四，包庇对象的情况不同。伪证罪包庇的是在侦查、审判中，未被逮捕或者未被判决的未决犯罪嫌疑人；后两罪所包庇的可以是未决犯罪嫌疑人，也可以是已决犯人，或者是服刑中逃跑的犯罪分子。

在司法实务中，此三罪有可能发生重合产生一行为触犯三罪名的情况。如果证人、鉴定人、记录人、翻译人在刑事诉讼阶段为了给罪犯隐匿罪证，而对与案件有重要关系的情节作伪证，就不仅符合伪证罪的构成，也符合包庇罪的构成，若对象是毒品犯罪分子，还符合包庇毒品犯罪分子罪的构成。此时行为人一个犯意支配下的一行为触犯多罪名，构成想象竞合犯，应从一重罪处断，即依后两罪处理。

2. 窝藏、包庇罪

窝藏、包庇罪，是指明知是犯罪的人而为其提供隐藏处所、财物，帮助其逃匿或者作假证明进行包庇的行为。

（1）窝藏、包庇罪的构成

①本罪的犯罪客体是司法机关的正常活动。具体言之，就是司法机关对罪犯进行刑事追诉和刑罚执行的正常活动。① 本罪的对象是犯罪的人，包括判决前的未决犯和判决后的已决犯。

②本罪在犯罪客观方面表现为实施了窝藏或包庇犯罪分子这两种行为。“窝藏”包括两种行为方式：一是为犯罪分子提供隐藏处所或财物。二是帮助犯罪人逃匿。“包庇”，是指作假证明，以掩盖犯罪人的罪行或去向，即行为人以非证人的身份向司法机关提供虚假的证明材料为犯罪分子掩盖罪行或者开脱、减轻罪责，如提供虚假的出生证明等。② 以证人身份作假证包庇，构成伪证罪。本罪是行为犯，以法定犯罪行为的完成为犯罪既遂成立的标志。行为人一着手实行行为就构成既遂。

③本罪的犯罪主体是已满16周岁且具有刑事责任能力的自然人。

④本罪在犯罪主观方面表现为故意，即行为人在事前没有通谋的情况下，明知是犯罪的人而予以窝藏、包庇。明知的内容仅以对象可能是犯罪的人为

---

① 参见赵秉志主编：《妨害司法活动罪研究》，中国人民公安大学出版社1994年版，第251～252页。

② 参见刘家琛主编：《新刑法及司法解释适用指南》（下），人民法院出版社2002年版，第1456页。

限，并不要求确知其犯罪的性质和危害程度等。

（2）窝藏、包庇罪的认定

司法实践中，明知犯罪事实或是犯罪人的情况而不向司法机关举报，或者是行为人在司法机关调查取证时单纯不提供证言的行为，虽然属于“知情不报”，违背了《刑事诉讼法》第48条“凡是知道案件情况的人，都有作证的义务”等规定，但由于刑法并未对此作出一般性规定，因而不构成犯罪。但是，行为人明知他人有间谍犯罪行为，在国家安全机关向其调查有关情况、收集有关证据时，拒绝提供、情节严重的，可以构成《刑法》第311条规定的拒绝提供间谍犯罪证据罪。

此外，窝藏、包庇行为是在被窝藏、包庇的人犯罪后实施的，其犯罪故意也是在他人犯罪后产生的，即只有在与犯罪人没有事前通谋的情况下，实施窝藏、包庇行为的，才成立本罪。如果行为人事前与犯罪人通谋，商定待犯罪人实行犯罪后予以窝藏、包庇的，则成立共同犯罪。《刑法》第310条第2款规定，犯窝藏、包庇罪，事前通谋的，以共同犯罪论处。但是，如果只是知道作案人员要去实施犯罪，事后予以窝藏、包庇，或者事先知道作案人员要去实施犯罪，未去报案，犯罪发生后又窝藏、包庇犯罪分子的，都不应以共同犯罪论处，而单独构成窝藏、包庇罪。①

（3）窝藏、包庇罪的处罚

犯本罪的，处3年以下有期徒刑、拘役或者管制；情节严重的，处3年以上10年以下有期徒刑。情节严重，主要指窝藏、包庇多人的；多次实施窝藏、包庇行为的；窝藏、包庇罪行极其严重刑事犯罪分子的等。

此外，根据《刑法》第362条之规定，旅馆业、饮食服务业、文化娱乐业、出租汽车等单位的人员，在公安机关查处卖淫、嫖娼活动时，为违法犯罪分子通风报信，情节严重的，以本罪定罪处罚。

【难点辨析】

①窝藏、包庇罪与伪证罪。

伪证罪中的故意作虚假证明为犯罪人隐匿罪证的行为，与窝藏、包庇罪有相似之处。二者的主要区别在于：

一是本罪为一般主体；而伪证罪是特殊主体，只限于证人、鉴定人、记录

① 参见最高人民法院1986年1月15日发布的《关于窝藏、包庇罪中“事前通谋的，以共同犯罪论处”如何理解的请示答复》。

人与翻译人四类人。

二是本罪发生的时间没有限制；而伪证罪必须发生在刑事诉讼中。

三是本罪是通过使犯罪人逃匿或采取其他庇护方法，使其逃避刑事制裁；伪证罪掩盖的是与案件有重要关系的犯罪情节。

四是窝藏、包庇的对象既可以是未决犯，也可以是已决犯；而伪证罪所包庇的对象只能是未决犯。

②窝藏、包庇罪与徇私枉法罪。

徇私枉法罪中对于明知是有罪的人而故意包庇不使他受追诉的行为与窝藏、包庇罪有相似之处。两罪的区别主要在于：

首先，犯罪主体不同。本罪是一般主体，而后罪的主体则是特殊主体，仅限于司法工作人员。

其次，犯罪客观方面的表现不同。本罪是通过物质帮助使犯罪人逃匿或作假证明包庇，使其逃避刑事制裁；而后罪表现为司法工作人员利用职权对明知有罪的人故意包庇使他受追诉。

（四）妨害国（边）境管理罪

1. 组织他人偷越国（边）境罪

组织他人偷越国（边）境罪，是指违反国家出入境管理法规，非法组织他人偷越国（边）境的行为。

①本罪侵害的客体是指国家对出入国（边）境的管理秩序。这里的国（边）境，既指国境，即我国与外国的疆界，又指边境，即我国内地与港、澳、台地区在行政区划上的交界。

②本罪在犯罪客观方面表现为违反国（边）境管理法规，非法组织他人偷越国（边）境的行为。所谓“组织”，按照2002年最高人民法院关于《审理组织、运送他人偷越国（边）境等刑事案件适用法律若干问题的解释》，是指领导、策划、指挥他人偷越国（边）境或者在首要分子指挥下，实施拉拢、引诱、介绍他人偷越国（边）境等行为。这里的“偷越”，即是指不在出入境口岸、边防站等规定地点出入国（边）境或者使用伪造的出入境证件在规定地点出入国（边）境。这里的“他人”，应指多人的情形。本罪必须以积极作为的方式实施，不作为不构成本罪。

③本罪的犯罪主体是已满16周岁且具有刑事责任能力的自然人。单位不构成本罪。

④本罪在犯罪主观方面表现为直接故意，行为人通常具有营利的目的，但

也有例外。无论出于何种动机、目的，均不影响本罪的成立。

【疑难法条解析】

《刑法》第318条规定：“组织他人偷越国（边）境的，处2年以上7年以下有期徒刑，并处罚金；有下列情形之一的，处7年以上有期徒刑或者无期徒刑，并处罚金或者没收财产：

（一）组织他人偷越国（边）境集团的首要分子；

（二）多次组织他人偷越国（边）境或者组织他人偷越国（边）境人数众多的；

（三）造成被组织人重伤、死亡的；

（四）剥夺或者限制被组织人人身自由的；

（五）以暴力、威胁方法抗拒检查的；

（六）违法所得数额巨大的；

（七）有其他特别严重情节的。

犯前款罪，对被组织人有杀害、伤害、强奸、拐卖等犯罪行为，或者对检查人员有杀害、伤害等犯罪行为的，依照数罪并罚的规定处罚。”

解析：

组织他人偷越国（边）境罪的组织行为通常会包括运送被组织者非法出入国边境的行为，此时直接定组织他人偷越国边境罪即可。在组织他人偷越过边境的过程中，行为人又非法剥夺或者限制被组织者人身自由的，依法作为本罪的情节加重犯处理，而不再定非法拘禁罪。在组织、运送他人偷越国边境的过程中，以暴力、威胁方法抗拒有关部门检查的，依法作为情节加重犯处理，不另定妨害公务罪。在组织、运送他人偷越国边境的过程中，行为人对被组织者有杀害、伤害、强奸、拐卖等犯罪行为，或者对检查人员有杀害、伤害犯罪行为的，应依照数罪并罚的规定处罚，即以本罪与故意杀人或故意伤害或强奸罪或拐卖妇女、儿童罪实行并罚。在组织、运送的过程中，过失造成被组织的人重伤、死亡的，则应依本罪的结果加重犯处理，而不另定过失致人死亡罪、过失致人重伤罪。

（五）走私、贩卖、运输、制造毒品罪

1. 走私、贩卖、运输、制造毒品罪

走私、贩卖、运输、制造毒品罪，是指违反国家毒品管理法规，走私、贩卖、运输、制造毒品的行为。

(1) 走私、贩卖、运输、制造毒品罪的构成

①本罪侵害的客体是国家对毒品的管理制度。《刑法》第 357 条规定，毒品是指鸦片、海洛因、甲基苯丙胺（冰毒）、吗啡、大麻、可卡因以及国家规定管制的其他能够使人形成瘾癖的麻醉药品和精神药品。

②本罪在犯罪客观方面表现为违反国家毒品管理法规，走私、贩卖、运输、制造毒品的行为。

走私毒品，是指违法毒品管理法规和海关管理法规，逃避海关监管，非法运输、携带、邮寄毒品进出国（边）境或者在领海、内海运输、收购、贩卖毒品以及直接向走私毒品的犯罪分子购买毒品等行为。

贩卖毒品，是指有偿转让或以出卖为目的而非法收购毒品的行为。贩卖的毒品可能是自己制造的，也可能是自己购买的，还可能是通过其他方式获得的。获取方式如何不影响该行为的认定。根据《刑法》第 355 条的规定，以下两种情况也属于贩卖毒品的行为：第一，依法从事生产、运输、管理、使用国家管制的麻醉药品、精神药品的单位和人员明知对方是走私、贩卖毒品的犯罪分子，而向其提供国家规定管制的麻醉药品、精神药品的。第二，依法从事生产、运输、管理、使用国家管制的麻醉药品、精神药品的单位和人员，违反国家规定，以牟利为目的，向吸食、注射毒品的人提供国家规定管制的麻醉药品、精神药品的。

运输毒品，是指以携带、邮寄、利用他人或者使用交通工具等方法在我国领域内运送毒品的行为。运输毒品的行为仅限于我国领域内，超越国（边）境运输毒品的行为即构成走私毒品行为。

制造毒品，通常是指对毒品的原材料进行配制、提炼、加工而制作成毒品，或利用化学原料合成毒品的行为。值得注意的是，制造毒品不仅包括非法用毒品原植物直接提炼和用化学方法加工、配制毒品的行为，也包括以改变毒品成分和效用为目的，用混合等物理方法加工、配制毒品的行为，如将甲基苯丙胺或者其他苯丙胺类毒品与其他毒品混合成麻果或者摇头丸。为便于隐蔽运输、销售、使用、欺骗购买者，或者为了增重，对毒品掺杂掺假，添加或者去除其他非毒品物质，不属于制造毒品的行为。

本罪是选择性罪名，凡实施了走私、贩卖、运输、制造毒品行为之一的，即以该行为确定罪名。凡实施了其中两种以上行为并有相应确凿证据的，应当按照其所实施的犯罪行为的性质并列确定罪名，毒品数量不重复计算，不实行数罪并罚。如运输、贩卖毒品，就定为运输、贩卖毒品罪。对同一宗毒品可能实施了两种以上犯罪行为，但相应证据只能认定其中一种或者几种行为，认定

其他行为的证据不够确实充分的，则只能按照依法能够认定的行为的性质定罪。对不同宗毒品分别实施了不同种犯罪行为的，应对不同行为并列确定罪名，累计毒品数量，不实行数罪并罚。运输、贩卖同一宗毒品的，毒品数量不重复计算；不是同一宗毒品的，毒品数量累计计算。居间介绍买卖毒品的，无论是否获利，均以贩卖毒品罪的共犯论处。走私毒品，又走私其他物品构成犯罪的，按走私毒品和构成的其他走私罪分别定罪，实行数罪并罚。

③本罪的犯罪主体既可以是自然人也可以是单位。已满 14 周岁不满 16 周岁具有刑事责任能力的自然人实施贩卖毒品的行为应以贩卖毒品罪论处。走私、运输、制造毒品罪的主体则必须是已满 16 周岁具有刑事责任能力的人。

④本罪在犯罪主观方面表现为故意。行为人在明知犯罪对象是毒品的情形下，而故意实施了走私、贩卖、运输和制造毒品的行为。毒品犯罪中，判断被告人对涉案毒品是否明知，不能仅凭被告人供述，而应当依据被告人实施毒品犯罪行为的过程、方式、毒品被查获时的情形等证据，结合被告人的年龄、阅历、智力等情况，进行综合分析判断。具有下列情形之一，被告人不能作出合理解释的，可以认定其“明知”是毒品，但有证据证明确属被蒙骗的除外：执法人员在口岸、机场、车站、港口和其他检查站点检查时，要求行为人申报为他人携带的物品和其他疑似毒品物，并告知其法律责任，而行为人未如实申报，在其携带的物品中查获毒品的；以伪报、藏匿、伪装等蒙蔽手段，逃避海关、边防等检查，在其携带、运输、邮寄的物品中查获毒品的；执法人员检查时，有逃跑、丢弃携带物品或者逃避、抗拒检查等行为，在其携带或者丢弃的物品中查获毒品的；体内或者贴身隐秘处藏匿毒品的；为获取不同寻常的高额、不等值报酬为他人携带、运输物品，从中查获毒品的；采用高度隐蔽的方式携带、运输物品，从中查获毒品的；采用高度隐蔽的方式交接物品，明显违背合法物品惯常交接方式，从中查获毒品的；行程路线故意绕开检查站点，在其携带、运输的物品中查获毒品的；以虚假身份或者地址办理托运手续，在其托运的物品中查获毒品的；有其他证据足以认定行为人应当知道的。

(2) 走私、贩卖、运输、制造毒品罪的认定

①罪与非罪的界限。

我国对麻醉药品和精神药品实行管制。凡是根据医疗、教学、科研等的需要，经政府有关部门按照该条例特许从事经营、运输、制造麻醉药品和精神药品的是合法行为，只有未经批准而非法买卖、运输、制造毒品的行为才能认定为犯罪。

②共犯的认定。

在司法实践中，审理毒品共同犯罪案件应当注意以下几个方面的问题：

一是要正确区分主犯和从犯。区分主犯和从犯，应当以各共同犯罪人在毒品共同犯罪中的地位和作用为根据。要从犯意提起、具体行为分工、出资和实际分得毒赃多少以及共犯之间相互关系等方面，比较各个共同犯罪人在共同犯罪中的地位和作用。在毒品共同犯罪中，为主出资者、毒品所有者或者起意、策划、纠集、组织、雇佣、指使他人参与犯罪以及其他起主要作用的是主犯；起次要或者辅助作用的是从犯。受雇佣、受指使实施毒品犯罪的，应根据其在犯罪中实际发挥的作用具体认定为主犯或者从犯。对于确有证据证明在共同犯罪中起次要或者辅助作用的，不能因为其他共同犯罪人未到案而不认定为从犯，甚至将其认定为主犯或者按主犯处罚。只要认定为从犯，无论主犯是否到案，均应依照刑法关于从犯的规定从轻、减轻或者免除处罚。

二是要正确认定共同犯罪案件中主犯和从犯的毒品犯罪数量。对于毒品犯罪集团的首要分子，应按集团毒品犯罪的总数量处罚；对一般共同犯罪的主犯，应按其所参与的或者组织、指挥的毒品犯罪数量处罚；对于从犯，应当按照其所参与的毒品犯罪的数量处罚。

三是要根据行为人在共同犯罪中的作用和罪责大小确定刑罚。不同案件不能简单类比，一个案件的从犯参与犯罪的毒品数量可能比另一案件的主犯参与犯罪的毒品数量大，但对这一案件从犯的处罚不是必然重于另一案件的主犯。共同犯罪中能分清主从犯的，不能因为涉案的毒品数量特别巨大，就不分主从犯而一律将被告人认定为主犯或者实际上都按主犯处罚，一律判处重刑甚至死刑。对于共同犯罪中有多个主犯或者共同犯罪人的，处罚上也应做到区别对待。应当全面考察各主犯或者共同犯罪人在共同犯罪中实际发挥作用的差别，主观恶性和人身危险性方面的差异，对罪责或者人身危险性更大的主犯或者共同犯罪人依法判处更重的刑罚。

（3）走私、贩卖、制造、运输毒品罪的处罚

走私、贩卖、制造、运输毒品，有下列情形之一的，处15年有期徒刑、无期徒刑或者死刑，并处没收财产：走私、贩卖、运输、制造鸦片1000克以上、海洛因或者甲基苯丙胺50克以上或者其他毒品数量大的；走私、贩卖、运输、制造毒品集团的首要分子；武装掩护走私、贩卖、运输、制造毒品的；以暴力抗拒检查、拘留、逮捕，情节严重的；参与有组织的国际贩毒活动的。

走私、贩卖、运输、制造鸦片200克以上不满1000克、海洛因或者甲基苯丙胺10克以上不满50克或者其他毒品数量较大的，处7年以上有期徒刑，并处罚金。

走私、贩卖、运输、制造鸦片不满200克、海洛因或者甲基苯丙胺不满10克或者其他少量毒品的，处3年以下有期徒刑、拘役或者管制，并处罚金；情节严重的，处3年以上7年以下有期徒刑，并处罚金。

单位犯第二款、第三款、第四款罪的，对单位判处罚金，并对其直接负责的主管人员和其他直接责任人员，依照各该款的规定处罚。

利用、教唆未成年人走私、贩卖、运输、制造毒品，或者向未成年人出售毒品的，从重处罚。

对多次走私、贩卖、运输、制造毒品，未经处理的，毒品数量累计计算。

【难点辨析】

走私、贩卖、制造、运输毒品罪与诈骗罪。

行为人以骗取他人钱财为目的，制造假毒品出售，或明知是假毒品而冒充真毒品贩卖，数额较大的，应当按诈骗罪论处。但如果行为人将假毒品误认为是真毒品而实施的贩卖牟利行为，应当以贩卖毒品罪（未遂）论处。

2. 非法持有毒品罪

非法持有毒品罪，是指明知是毒品而非法持有且数量较大的行为。

（1）非法持有毒品罪的构成

①本罪的犯罪客体是国家对毒品的管理制度。本罪的犯罪对象是国家禁止个人非法持有而行为人持有，无法查明真实来源和去向的毒品。

②本罪在犯罪客观方面表现为行为人非法持有毒品且数量较大的行为。这里的持有，是一种事实上的支配，行为人与毒品之间存在一种事实上的支配与被支配的关系，具体表现为行为人占有、收藏、携带等可以自由支配毒品的方式。持有是一种持续行为，只有当毒品在一定时间内由行为人支配才构成持有，时间的长短不影响持有的成立。直接持有和间接持有都可以构成本罪的持有行为。

③本罪的犯罪主体为一般主体，凡年满16周岁且具有刑事责任能力的自然人均可以构成本罪。单位不可以构成本罪。

④本罪在犯罪主观方面表现为故意，即行为人明知是毒品而持有，行为人对自己所持有的毒品有明确认识。

（2）非法持有毒品罪的认定

①罪与非罪的界限。

首先，行为人按照国家有关规定合法持有毒品的行为不构成本罪。其次，持有毒品的数量必须达到一定的程度才能构成本罪。如果非法持有毒品鸦片不满 200 克、海洛因或者甲基苯丙胺不满 10 克或者其他少量毒品的，不构成犯罪。

②持有假毒品的行为的定性。

司法实践中对于行为人误将假毒品当作真毒品而持有的情形时有发生。对于此种情形，多数学者认为，此种情形之中行为人主观上具有犯罪的故意，客观上实施了持有毒品的行为，属于事实上的认识错误，不应影响本罪的成立，因此应按照非法持有毒品罪（未遂）定罪处罚。

（3）非法持有毒品罪的处罚

犯本罪，非法持有鸦片 1000 克以上、海洛因或者甲基苯丙胺 50 克以上或者其他毒品数量大的，处 7 年以上有期徒或者无期徒刑，并处罚金；非法持有鸦片 200 克以上不满 1000 克、海洛因或者甲基苯丙胺 10 克以上不满 50 克或者其他毒品数量较大的，处 3 年以下有期徒刑、拘役或者管制，并处罚金；情节严重的，处 3 年以上 7 年以下有期徒刑，并处罚金。

【难点辨析】

非法持有毒品罪与走私、贩卖、运输、制造毒品罪

行为人在走私、贩卖、运输、制造毒品的过程之中必然伴有非法持有毒品的行为，此时非法持有毒品的行为要么属于走私、贩卖、运输、制造行为的必经阶段，构成吸收犯；要么一行为触犯数罪名，从一重罪论处。在司法实践之中，非法持有毒品罪与运输毒品罪是比较容易混淆的两个罪名。通说认为，如果有证据证明行为人非法持有毒品是为了走私、贩卖、运输、制造毒品的，以走私、贩卖、运输、制造毒品罪论处，否则只能认定为非法持有毒品罪。

二、案例分析

【案例一】

某年 9 月，罪犯梅某伙同刘某等人对阳某实施强奸。公安机关将梅某、刘某抓获归案。同年 9 月，梅某的家属聘请被告人肖某作为梅某的辩护人，委托费用为人民币 5000 元。同年 11 月，被告人肖某未经侦查机关许可，两次伙同被告人梅某某（梅某的姐姐）等人与阳某见面，并以支付人民币 3000 元精神补偿费（已支付 1500 元）的手段诱使阳某违背事实作虚假陈述，意图使梅某无罪释放。11 月中，被告人肖某与另一律师对阳某做了一份调查笔录。在该份笔录中，阳某作了虚假陈述，称是自愿和梅某发生性关系。之后，被告人肖某将该笔录提交检察机关，并以此为由向法院申请阳某出庭作证，为梅某作无

罪辩护。被告人阳某在接受法院的询问时，对刘某、梅某强奸的事实作了虚假陈述。后经公安机关补充侦查，查明阳某系在收取梅某家属贿赂的情况下改变陈述。

（案例来源：《刑事审判参考》(总第56集)，法律出版社2007年版，第36~40页。）

【问题聚焦】

1. 辩护人妨害作证罪中的“证人”是否包括被害人？

2. 辩护人妨害作证罪与妨害作证罪有何区别？

【法律剖析】

（1）辩护人、诉讼代理人妨害作证罪中的“证人”应当包括被害人

《刑法》第306条规定：“在刑事诉讼中，辩护人、诉讼代理人毁灭、伪造证据，帮助当事人毁灭、伪造证据，威胁、引诱证人违背事实改变证言或者作伪证的，处3年以下有期徒刑或者拘役；情节严重的，处3年以上7年以下有期徒刑。”对于本条规定中“证人”概念的理解，存在两种不同的意见。一种意见认为，出于法律特定用语的内涵一致性，应对《刑法》第306条中的“证人”概念作体系解释，即与《刑事诉讼法》第48条中规定的“证人”概念相呼应，即除了被害人、鉴定人之外的知道案件情况有作证能力的人；另一种意见认为，《刑法》第306条规定的“证人”与《刑事诉讼法》第48条规定的证人概念不同，应当理解为广义的证人，既包括证人，也包括被害人、鉴定人。

我们认为，上述第二种意见较为合理，理由在于：第一，《刑事诉讼法》第60条在对证人的范围作出规定时并没有把被害人排除在证人范围之外。虽然证人证言与被害人陈述、鉴定结论在刑事诉讼法中被分列为不同的证据种类，但是《刑事诉讼法》第60条明确规定：“凡是知道案件情况的人，都有作证的义务。生理上、精神上有缺陷或者年幼，不能辨别是非、不能正确表达的人，不能成为证人。”按照这一规定，被害人、鉴定人在刑事诉讼中也属于“知道案件情况的人”，除了因生理上、精神上有缺陷或者年幼，不能辨别是非、不能正确表达的人之外，都有作证的义务，可归于广义的“证人”范畴。第二，本罪保护的客体是司法机关的正常活动，威胁、引诱被害人、鉴定人违背事实改变陈述或者作伪证的与威胁、引诱证人违背事实改变证言的行为，同样妨害了刑事诉讼活动的正常秩序，危害了司法机关的正常活动，因而同样应受刑罚处罚。第三，考察《刑法》第306条的立法目的，在于通过刑罚手段

惩治辩护人、诉讼代理人的妨害作证的行为，以规范刑事辩护制度，确保刑事诉讼正常秩序。如果不将威胁、引诱被害人、鉴定人违背事实改变陈述或者作伪证的行为纳入本罪的惩治范围，客观上可能会产生放纵辩护人、诉讼代理人妨害作证的后果，不能有效维护司法机关的正常诉讼活动，保障刑事诉讼正常进行，这显然不符合立法目的。而且，刑法用语有其特定含义，不能机械套用刑事诉讼法的概念，应当针对不同的犯罪类型，结合立法目的、意图、精神来解明其含义。因此，被害人、鉴定人应当认定为《刑法》第306条规定的辩护人、诉讼代理人妨害作证罪中的"证人"。

（2）妨害作证罪，是指以暴力、威胁、贿买等方法阻止证人作证或者指使他人作伪证的行为

辩护人、诉讼代理人妨害作证罪，是指在刑事诉讼中，辩护人、诉讼代理人威胁、引诱证人违背事实改变证言或者作伪证的行为。两罪有不少相同或相似之处：①两罪主观上都是故意，并有妨害作证的意图；②两罪侵犯的客体都是司法机关正常的活动；③客观上都使用了威胁、引诱等手段。但两罪的区别还是比较明显的：①发生的诉讼类型不同。前罪可以发生在刑事诉讼中，也可以发生在民事诉讼、行政诉讼中；而后罪只能发生在刑事诉讼中。②行为发生的时间不同。从时间上看，前罪行为既可以发生在诉讼活动开始之前，也可以发生在诉讼活动开始之后；而后罪行为只能发生在刑事诉讼活动开始之后。③行为表现不尽相同。前罪的行为表现为"以暴力、威胁、贿买等方法阻止证人作证"、"指使他人作伪证"两种；而后罪则为"威胁、引诱证人违背事实改变证言或者作伪证"。前罪的手段行为包括了使用暴力的情形；而后罪的手段行为仅为"威胁、引诱"，不包括使用暴力。④犯罪主体不同。前罪的主体为一般主体，具有刑事责任能力的人均可构成；而后罪的主体为特殊主体，仅限于刑事诉讼中的辩护人、诉讼代理人。

如果辩护人在刑事诉讼中威胁、引诱证人作伪证，则既触犯了妨害作证罪，又触犯了辩护人妨害作证罪，由于行为人只实施了一个行为，而触犯的这两个罪名的法条在内容上存在着包容与被包容的关系，因而属于法条竞合。妨害作证罪的法条是普通法条，辩护人妨害作证罪的法条是特别法条，因此，按照"特别法优于普通法"的处理原则，对这种情况下的行为人应按照辩护人妨害作证罪定罪处罚。①

① 参见《刑事审判参考》(第56集)，法律出版社2007年版，第39~40页。

【法条链接】

《中华人民共和国刑法》

第 306 条　在刑事诉讼中，辩护人、诉讼代理人毁灭、伪造证据，帮助当事人毁灭、伪造证据，威胁、引诱证人违背事实改变证言或者作伪证的，处 3 年以下有期徒刑或者拘役；情节严重的，处 3 年以上 7 年以下有期徒刑。辩护人、诉讼代理人提供、出示、引用的证人证言或者其他证据失实，不是有意伪造的，不属于伪造证据。

第 307 条　以暴力、威胁、贿买等方法阻止证人作证或者指使他人作伪证的，处 3 年以下有期徒刑或者拘役；情节严重的，处 3 年以上 7 年以下有期徒刑。帮助当事人毁灭、伪造证据，情节严重的，处 3 年以下有期徒刑或者拘役。司法工作人员犯前两款罪的，从重处罚。

《中华人民共和国刑事诉讼法》

第 60 条　凡是知道案件情况的人，都有作证的义务。生理上、精神上有缺陷或者年幼，不能辨别是非、不能正确表达的人，不能成为证人。

【案例二】

被告人马某、杨某原系夫妻关系，二人 1997 年开办 A 厂，经营者为杨某，但由马某负责具体经营。1998 年二被告与车某、常某相识并建立了业务关系，至 2000 年二被告共欠车、常二人货款人民币 40 余万元。因多次索要货款未成，常、车分别将马某诉至法院。后法院分别判决马某给付常、车货款 40 余万元。两份判决均已发生法律效力。马、杨为使法院的生效判决无法执行，于 2001 年 12 月协议离婚，约定除电视机、洗衣机、电冰箱归马某所有外，其余财产（包括 A 厂）归杨某所有，债务 40 万元由马某偿还。2002 年 1 月，法院向马某发出执行通知责令其履行法院判决，但其仍不履行。同年 2 月，因马某拒不执行生效判决，法院对马某司法拘留 15 日。后车某向法院提出申请，认为马某、杨某用离婚方式逃避债务，要求追加杨某为被执行人。同年 3 月，杨某参加法院召开的听证会后，认为法院也要让其承担债务，遂将此情况告知马某。马某即关闭 A 厂，将该厂机器设备变卖给他人，而后与杨某共同躲藏到某区居住。2002 年 4 月，法院下达裁定书，认为夫妻共同生活所负的债务，应当共同偿还，裁定马某、杨某负责清偿债务。因马某、杨某外出藏匿，致使人民法院已生效的判决、裁定长期无法执行，后二人被查获归案。

（案例来源：《刑事审判参考》（第 60 集），法律出版社 2008 年版，第 53 ~58 页。）

【问题聚焦】

如何理解相关立法解释规定的“致使判决、裁定无法执行”？

【法律剖析】

区分拒不执行判决裁定罪之罪与非罪的关键，在于如何理解“情节严重”。

我们认为，“致使判决、裁定无法执行”是指债务人逃避或者抗拒执行的行为造成人民法院执行机构无法运用法律规定的执行措施，或者虽运用了法律规定的各种执行措施，但仍无法执行的情况。拒不执行判决、裁定罪属于妨害司法的犯罪，其所侵犯的客体主要是司法秩序和司法权威，而不是债权人的债权。因此，理解“致使判决、裁定无法执行”，应当从人民法院执行工作是否受到影响的角度来考虑，而不能从债权人的债权是否最终实现的角度来考虑。当然，如果被执行人的行为导致债权人权利最终无法实现，也足以表明债务人“拒不执行”行为达到了“情节严重”的程度，但这只是“情节严重”的一种类型，不能将本罪的定罪范围局限于此。相反，如果债务人逃避或者抗拒执行的行为导致人民法院执行机构通过法定执行措施无法继续执行或者根本无法运用法定执行措施，即使债权人通过其他途径最终实现了债权，也仍应认定为“致使判决、裁定无法执行”，可以追究拒不执行判决裁定罪的刑事责任。如果把“致使判决、裁定无法执行”狭隘地理解为债权最终无法实现，则不利于实现刑法规定拒不执行判决、裁定罪以保护司法秩序和司法权威的立法初衷，难以发挥刑罚威慑作用解决“执行难”问题，也不利于通过一般预防以改善人民法院依法开展执行工作的社会环境。

本案自判决生效以及执行通知发出后，被告人马某在A厂正常经营，其至少有能力履行部分债务的情况下，不仅不主动履行判决确定的义务，反而与被告人杨某协议离婚分割财产和债务，最后将A厂机器设备全部卖给他人。被告人马某、杨某的行为从性质上看，已超越“消极拖延履行”的程度，属于“积极对抗执行”了，足以说明马某、杨某二人在主观上是在共同故意逃避债务，符合拒不执行判决、裁定罪的主观要件。客观上，被告人马某、杨某的逃避履行债务对抗执行的行为分为两部分，一是协议离婚分割财产、债务，二是低价转让财产。协议离婚分割财产和债务，其性质虽然也是一种妨害法院执行工作的行为，但该行为并未导致判决无法执行，而是产生了追加被执行人的法律后果。虽然本案中两份民事判决均认定马某一人是债务人，但根据婚姻法相关规定，案件所涉债务系婚姻关系存续期间发生的，属于夫妻共同债务，依法可以追加其夫杨某为被执行人。因此，被告人马某、杨某虽然协议离婚，欲将全部财产归杨某一人、全部债务由马某承担，以逃避债务，但这并不能对抗债务人，也无法阻碍法院强制执行。当马某、杨某二被告人“对人民法院的判决、裁定有能力执行而拒不执行，情节严重”的行为，主要是将机器设备以不合理的低价转让给他人，使被执行财产脱离被执行人的控制时，导致法院无法通过法定措施继续执行该案件。这便符合了上述立法解释规定的“被执行人隐藏、转移、故意毁损财产或者无偿转让，致使判决、裁决无法执行”的情形，构成拒不执行判决、裁定罪所要求的“有能力执行而拒不执行，情节严重”。

值得注意的是，“致使判决、裁定无法执行”并不是刑法规定的拒不执行判决、裁定罪的构成要件。因此，虽然被执行人“致使判决、裁定无法执行”是构成拒不执行判决、裁定罪的常见情形和重要条件，但不是所有的拒不执行判决、裁定案中追究被告人刑事责任的必备条件。上述立法解释第五项以兜底条款的形式留下了余地，即对“其他有能力执行而拒不执行，情节严重的情形”，也应当认定构成本罪。因为拒不执行法院判决、裁定的行为的社会危害性反映在行为的各个方面，如涉及的财产数额、行为的社会影响、行为给债权人造成的财产损失以及行为本身的恶劣程度等，其中某一个方面危害严重的，综合全案情况达到“有能力执行而拒不执行，情节严重的”，也可以依法追究刑事责任。①

【法条链接】

《中华人民共和国刑法》

第313条　对人民法院的判决、裁定有能力执行而拒不执行，情节严重的，处3年以下有期徒刑、拘役或者罚金。

2002年8月29日第九届全国人民代表大会常务委员会第二十九次会议通过的《关于〈中华人民共和国刑法〉第三百一十三条的解释》

刑法第三百一十三条规定的“人民法院的判决、裁定”，是指人民法院依法作出的具有执行内容并已发生法律效力的判决、裁定。人民法院为依法执行支付令、生效的调解书、仲裁裁决、公证债权文书等所作的裁定属于该条规定的裁定。下列情形属于刑法第三百一十三条规定的“有能力执行而拒不执行，情节严重”的情形：

① 参见《刑事审判参考》(第60集)，法律出版社2008年版，第55~58页。

（一）被执行人隐藏、转移、故意毁损财产或者无偿转让财产、以明显不合理的低价转让财产，致使判决、裁定无法执行的；

（二）担保人或者被执行人隐藏、转移、故意毁损或者转让已向人民法院提供担保的财产，致使判决、裁定无法执行的；

（三）协助执行义务人接到人民法院协助执行通知书后，拒不协助执行，致使判决、裁定无法执行的；

（四）被执行人、担保人、协助执行义务人与国家机关工作人员通谋，利用国家机关工作人员的职权妨害执行，致使判决、裁定无法执行的；

（五）其他有能力执行而拒不执行，情节严重的情形。

……

三、深度拓展

（一）关于脱逃罪的主体问题

脱逃罪，是指依法被关押的罪犯、被告人、犯罪嫌疑人脱逃的行为。

本罪的犯罪主体是特殊主体，仅限于依法被关押的罪犯、被告人、犯罪嫌疑人。根据依法被关押的事实和理由，具体包括以下几类：（1）被拘传的犯罪嫌疑人、被告人。（2）被拘留的现行犯或者重大嫌疑分子。（3）被逮捕的犯罪嫌疑人或被告人。（4）被人民法院判决有罪并判处必须通过关押来执行刑罚的罪犯。

司法实践中，对于无罪但被错误关押者能否成为本罪主体的问题，刑法学界对此有两种解释：一种观点认为，司法机关监押活动是依照法律决定进行的。被监押的人如果认为自己无罪，可依法进行申诉或者声辩，但绝不允许采取脱逃的方式。否则，必然会给司法机关监管秩序造成危害。所以，凡从强制监押场所中逃跑的人都构成本罪。另一种观点认为，脱逃主体只能由被强制监押的犯罪分子构成。如果脱逃的人是由于错捕错判而失去人身自由，则只能从执法失误中去寻找问题的症结。在此情况下，即使行为人从监押场所实施了脱逃行为，也不能以脱逃罪论处。否则，不仅与刑法规定相冲突，而且也明显不合情理。显然，前者强调任何脱逃行为都会给司法机关的监管活动和秩序造成危害，后者强调脱逃的主体只能由依法被关押的犯罪分子构成，但从实质而言，两者对依法作出的、但却是错误的刑事决定和判决作出了不同的评价。前者站在国家本位的立场维护法律决定的权威和尊严，后者站在个人本位的立场保护无辜者的人身权利。进言之，两者又与对刑法的对象的认识有着密切的联系，前者基于刑法的对象是犯罪人，后者基于刑法的对象是国家。

我们同意第二种观点，即无罪但被错押者不能成为本罪的主体。首先，从事物发展变化的起因来看，无罪但被错押者脱逃这脱逃中存在两个因果链，一是错捕错判而导致被关押人的脱逃行为，一是被监押人的逃跑行为使正常的监押活动和秩序受到破坏。前一因果链条往往是后一个因果链条的前提，后一个因果链条往往是前一个因果链条的结果。其次，从刑事立法史来看，修订后的《刑法》第316条采用了刑事诉讼法严格区分“犯罪嫌疑人、被告人”和“罪犯”、“犯罪的人”的规定，表明立法者追求公正、民主和文明的坚定信念和决心。在此前提下，更可推知立法者更应保障无辜者的人身权利和自由。再次，从法律的严肃性和权威性角度而言，法律的权威更应从实质公正中获得，而不能仅仅借助于形式公正，在此前提下，首先应该去矫治或纠正执法本身的弊端和问题（无论是徇私枉法还是执法失误），而不是将矛头直指相对于“利维坦”而言如此渺小又软弱的无辜受害者。最后，从犯罪构成系统论的观点来看，脱逃罪要求脱逃行为者主观上具有逃避监押的目的，但是，无辜人实施脱逃的目的并不在于逃避监押或刑罚，而是直接指向执法人员先前作出的刑事决定或判决中的非法和错误性质，无疑表现为对违反裁判或判决失准的一种反抗或声辩，可见，其目的恰恰在于保护和捍卫其自身正当的人身权利和自由。①

（二）英美刑法中的持有型犯罪

英美刑法之中将持有行为规定为犯罪。持有（possession），是指只要行为人实际控制着某种特定物品就构成犯罪。成立持有要求行为人明知其持有的物品是赃物、非法物或法律限制流通物等。《美国刑法示范法》就将持有与作为和不作为并列为犯罪行为的形式。尽管导致持有这种状态或者保持继续持有状态可能包含作为或不作为，但是持有本质上不属于作为或不作为，而只是一种状态。

---

① 参见王作富主编：《刑法分则实务研究》(第4版)，中国方正出版社2010年版，第1374～1375页。

第二十一章　危害国防利益罪

【知识结构图】

危害国防利益罪
- 危害国防利益罪概述
- 平时危害国防利益的犯罪
- 战时危害国防利益的犯罪

一、知识点精析

（一）危害国防利益罪概述

1. 危害国防利益罪的概念

危害国防利益罪，是指干扰或破坏国防活动，严重损害国防利益的行为。

2. 危害国防利益罪的构成

（1）危害国防利益罪的犯罪客体是国防利益。根据《国防法》第2条的规定，国防是指“国家为防备和抵抗侵略，制止武装颠覆，保卫国家的主权、统一、领土完整和安全所进行的军事活动，以及与军事有关的政治、经济、外交、科技、教育等方面的活动”。国防利益，是指满足国防需要的保障条件与利益。国防事关国家生死存亡，国防利益直接影响国家安全，是国家利益的重要组成部分。

（2）危害国防利益罪在犯罪客观方面主要表现为干扰或破坏国防的行为。由于军队直接承担国防任务，所以，危害国防利益罪的行为以破坏装备与军事设施、阻碍军人执行职务、妨害部队管理等行为。其犯罪对象主要是军事人员、军事设施、武器装备和其他军用物品。从犯罪的表现形式上看，有的犯罪表现为作为，也有的表现为不作为。还有的犯罪无需发生危害结果即可构成。此外，本类犯罪中有的犯罪专门规定了以“战时”作为犯罪成立的条件。

（3）危害国防利益罪的犯罪主体多数为一般主体，少数犯罪为特殊主体。

此外，多数犯罪的主体仅限于非军人，少数犯罪的主体既可以是非军人也可以是军人。

（4）危害国防利益罪在犯罪主观方面绝大多数表现为故意，也有的犯罪主观罪过形式是过失。但都不要求有特定的目的。

（二）阻碍军人执行职务罪

阻碍军人执行职务罪，是指以暴力、威胁方法阻碍军人依法执行职务的行为。

1. 阻碍军人执行职务罪的构成

本罪侵犯的客体是军人依法执行职务的活动。所谓军人依法执行职务的活动，是指军人依照上级的命令正在进行的守卫、巡逻、押运、作战等活动。本罪侵害的对象是正在依法执行职务的军人。根据我国《刑法》第450条的规定："本章适用于中国人民解放军的现役军官、文职干部、士兵及具有军籍的学员和中国人民武装警察部队的现役警官、文职干部、士兵及具有军籍的学员以及执行军事任务的预备役人员和其他人员。"其中，其他人员是指在军队和武警部队的机关、部队、院校、医院、基地、仓库等队列单位和事业单位工作的正式职员、工人，以及临时征用或者受委托执行军事任务的地方人员。

本罪在犯罪客观方面表现为以暴力、威胁方法阻碍军人依法执行职务的行为，具体而言，包含以下几点：首先，行为人必须使用了暴力、威胁的方法。所谓"暴力"，是指对正在履行职务的军人的身体实施打击或者强制。实施暴力的结果，不仅使军人无法履行职责，还有可能造成军人的伤亡。所谓"威胁"，是指行为人以暴力相要挟，实行精神强制和心理压制，使军人产生恐惧心理，从而不能或者无法完成职务活动。威胁既可以当面进行，也可以通过电话、短信、邮件或第三人的转告等方式进行。企图加害的对象可以是军人，也可以是与军人具有利害关系的人。总之，行为人阻碍军人执行职务行为的方式必须是以暴力、威胁方法，如果仅是对军人顶撞或者劝诱而阻碍其执行职务，则不构成本罪。其次，行为人的行为必须是阻碍了军人依法执行职务的行为。所谓阻碍，是指通过各种方法使军人不能正常地履行职责。这种阻碍行为，表现为军人停止执行职务，还可表现为军人被迫改变了依法应当执行的公务内容。再次，必须是对依法执行职务的军人实施了暴力、威胁行为。关于军人的范围，前文已经作出了明确的界定。应注意，刑法条文规定本罪妨碍的是"依法执行"的职务活动，则明确了职务行为必须是"合法的"这一前提，因此，如果阻碍军人的非法行为，则不能以本罪论处。

本罪的犯罪主体为一般主体，凡达到刑事责任年龄、具备刑事责任能力的自然人均可成为本罪的主体。

本罪在犯罪主观方面是故意。即行为人明知阻碍军人依法执行职务会发生危害国防利益的危害结果，而希望或放任这一危害结果的发生。现实中，阻碍军人依法执行职务的动机可能是多样的，但是不同的动机并不影响本罪的成立。另外，过失不构成本罪。如果行为人不知道所侵害的对象是军人，或者不知道对方是在依法执行职务，或误认为对方执行的职务不合法而加以阻碍的，不能以本罪论处。

2. 阻碍军人执行职务罪的认定

①罪与非罪的界限。

区分罪与分罪的界限，主要依据两个方面：一是看行为人客观上是否实施了暴力、威胁手段，是否因此导致了军人停止、放弃、变更执行职务或无法执行职务的危害后果。如果行为人虽然实施了暴力、威胁行为，但是军人仍正常执行了职务，或者军人虽出现了停止、放弃、变更执行职务或无法执行职务结果，但不是由行为人的暴力、威胁行为所致，则不能以本罪论处。二是看行为人主观上是否有阻碍军人执行职务的故意。如果行为人仅是对军人一般的嘲讽、辱骂，甚至发生了轻微的顶撞，但是并不希望发生对方停止、放弃、变更执行职务或无法执行职务的结果，则不能以本罪论处。

②罪数的界定。

因使用暴力方法犯本罪而导致军人重伤、死亡的，或者犯本罪是抢夺、抢劫军人枪支及其他武器装备的，应当按照想象竞合犯处理，从一重罪处断。走私人员以暴力、威胁方法阻碍边防军人依法执行缉私职务的，应对行为人按走私罪与阻碍军人执行职务罪数罪并罚。

3. 阻碍军人执行职务罪的处罚

根据《刑法》第 368 条规定，犯本罪的，处 3 年以下有期徒刑、拘役、管制或者罚金。

【难点辨析】

①阻碍军人执行职务罪与妨害公务罪

本罪与妨害公务罪在犯罪的主观方面、客观方面和主体方面都是相同的。其主要区别在于侵害的犯罪客体不同，阻碍军人执行职务罪侵害的客体是军人依法执行职务的活动，侵害的对象是军人；妨害公务罪侵害的客体是社会管理秩序，侵害的对象是国家工作人员。

②阻碍军人执行职务罪与扰乱社会秩序罪

一是侵害的客体不同。阻碍军人执行职务罪侵害的是军人依法执行职务的活动，扰乱社会秩序罪侵害的是社会的管理秩序。

二是侵害的对象不同。阻碍军人执行职务罪侵害的对象是军人，扰乱社会秩序罪侵害的对象是特定的机关单位。

三是犯罪结果不同。阻碍军人执行职务罪不一定造成具体的危害结果，扰乱社会秩序罪则要求情节严重，致使侵犯对象的工作、生产、营业和教学、科研无法进行，造成严重损失。

（三）破坏武器装备、军事设施、军事通信罪

破坏武器装备、军事设施、军事通信罪，是指故意破坏武器装备、军事设施、军事通信的行为。

1. 破坏武器装备、军事设施、军事通信罪的构成

①本罪侵犯的客体是军队战斗力的物质保障，即国家防务及武装部队的战斗力和军事通信能力。① 武器装备、军事设施、军事通信是保卫国家安全利益和领土完整的军事物质保证，体现着军队的物质战斗力。故意破坏武器装备、军事设施、军事通信的行为，不仅违反国防法律规定的公民国防义务，而且会损害部队战斗力，削弱国防能力，从而危害国防安全。本罪侵犯的对象一是武器装备，指武装部队用于实战和保障作战的武器、武器系统和军事技术器材的统称。包括枪械、火炮、火箭、导弹、弹药、爆破器材、坦克及其他装甲战斗车辆、作战飞机、战斗舰艇、雷达、电子对抗设备、通讯指挥器材、军用测绘器材、侦查探测器材等。二是军事设施，指国家直接用于军事目的的建筑、场地和设施，包括指挥机关、地面和地下的指挥工程、作战工程，军用机械、港口、码头、营区、训练场、试验场，军用洞库、仓库，军用公路、铁路专线等。三是军事通信，指军队专用的各种通信手段，为实施指挥和武器控制而进行的信息传递，通常的手段有无线电通信、有线电通信、光通信、运动通信、简易信号通信等。

②本罪在犯罪客观方面表现为使用各种方法破坏武器装备、军事设施、军事通信的行为。破坏，是指使武器装备、军事设施、军事通信全部或部分地丧失其正常功能。其方法可以多种多样，并没有限制。其可以表现为作为，也可以表现为不作为，如故意不履行保管、维修义务而使其受到破坏。也就是说，

---

① 参见马克昌主编：《刑法》(第2版)，高等教育出版社2010年版，第565页。

只要属于本质上的破坏，无论其方法手段如何，都可以构成本罪。

③本罪的犯罪主体是一般主体，凡达到刑事责任年龄、具备刑事责任能力的自然人均可成为本罪的主体。

④本罪在犯罪主观方面表现为故意。即行为人明知是武器装备、军事设施、军事通信，但出于贪利图财、泄愤报仇等目的，仍然进行破坏，对其危害国防利益的后果持希望或放任的态度。过失不构成本罪。

2. 破坏武器装备、军事设施、军事通信罪的认定

①罪与非罪的界限

区分本罪罪与非罪的界限，主要依据两个方面：一是看行为人在主观上是否出于故意，二是看行为人是否实施了破坏武器装备、军事设施、军事通信的行为。

②罪数的界定

用放火、爆炸等危险方法以及采用破坏军用计算机系统功能的方法破坏武器装备、军事设施、军事通信的行为，属于牵连犯，应按照重罪吸收轻罪的原则，从一重罪处断。

明知是军事设施而盗窃其零部件或重要材料，导致军事设施的严重损毁甚至报废的，属于想象竞合犯。应根据想象竞合犯的处罚原则，从一重罪处断。

3. 破坏武器装备、军事设施、军事通信罪的处罚

根据《刑法》第369条规定，犯本罪的，处3年以下有期徒刑、拘役或者管制；破坏重要武器装备、军事设施、军事通信的，处3年以上10年以下有期徒刑；情节特别严重的，处10年以上有期徒刑、无期徒刑或者死刑。战时犯本罪的，从重处罚。

【难点辨析】

①破坏武器装备、军事设施、军事通信罪与破坏交通设施罪、破坏易燃易爆设备罪、破坏广播电视设施、公用电信设施罪

两罪在犯罪的主体、对象、犯罪的手段、犯罪的故意等方面具有相同之处。两罪的主要区别是：一是本罪侵害的犯罪客体是军事利益，而后几种罪侵害的犯罪客体是公共安全；二是本罪破坏的对象是军事设施，后几种罪侵犯对象不限于军事设施。所以，行为人故意破坏军事设施时，即使客观上也危害到了公共安全，仍应以本罪论处。

②破坏武器装备、军事设施、军事通信罪与故意毁坏财物罪

首先，侵犯的犯罪客体不同。本罪侵犯的客体是与武器装备使用能力相关

联的军事利益；毁坏财物罪侵犯的客体是公私财物的所有权。

其次，破坏的对象不同。本罪的破坏对象是特定的，即武器装备、军事设施、军事通信；毁坏财物罪的破坏对象没有限定，是各种公私财物。

（四）冒充军人招摇撞骗罪

冒充军人招摇撞骗罪，是指行为人为谋取非法利益，假冒军人的身份或职称，进行诈骗，损害武装部队的威信及其正常活动的行为。

1. 冒充军人招摇撞骗罪的构成

本罪侵犯的犯罪客体是军队的声誉及其正常活动。① 近年来，假冒军人身份或职称从事违法犯罪活动的情况屡有发生，且有进一步增长的趋势。不法行为人利用人民群众对军队的信任和人民军队享有的崇高声誉，冒充军队单位和现役军人进行招摇撞骗，从事违法犯罪活动以攫取非法利益。这些不法活动，不仅严重危害人民生命财产安全、侵害了群众的利益，扰乱了社会管理秩序和国家经济秩序。由于行为人采用的是冒充军人的手段，致使人民群众以为这些不法行为是军人所为，因而严重损害了军队声誉和军人形象，干扰了军队的正常工作，影响了军政、军民关系。

本罪在犯罪客观方面表现为行为人假冒军人的身份或职称，进行招摇撞骗的行为。具体而言，包含以下几点：一是行为人必须具有冒充军人的身份或者职称的行为。所谓冒充军人，指行为人身穿配有军人专用的衔牌标志的服装，或者持有、使用、携带伪造、变造的证明军人身份的证件，或者自称是某军事单位的军人的行为。假冒军人分为三种情况：一是非军人冒充军人；二是较低级别的军人冒充较高级别军人；三是一般部门军人冒充要害部门军人。根据最高人民法院 2002 年 4 月 10 颁布施行的《最高人民法院关于审理非法生产、买卖武装部队车辆号牌等刑事案件具体应用法律若干问题的解释》第 4 条规定，冒充军人使用伪造、变造、盗窃的武装部队车辆号牌，造成恶劣影响的，以本罪认定处罚。二是行为人必须具有招摇撞骗的行为。即行为人要以假冒军人身份或职称到处招摇炫耀，进行诈骗活动的行为。如冒充军人身份骗取他人爱情，与之结婚或玩弄妇女；打着军人招牌与他人开办企业、签订合同、招兵、招工、招干等诈骗他人钱财；冒充军人骗取组织、单位信任，捞取政治资本，如荣誉、职务等。招摇撞骗行为具有连续性、多次性的特点。如果行为人只有一次这种行为的，原则上不宜以犯罪论处。

---

① 参见马克昌主编：《刑法》(第 2 版)，高等教育出版社 2010 年版，第 567 页。

本罪的犯罪主体为一般主体，即任何达到刑事责任年龄、具备刑事责任能力的自然人都可以成为本罪的犯罪主体。

本罪在犯罪主观方面表现为故意。即行为人明知自己冒充军人招摇撞骗的行为会产生危害社会的结果，并且希望或放任危害结果的发生。其犯罪目的是为了谋取非法利益。这里所说的非法利益，不单指物质利益，也包括各种非物质利益，例如某种政治待遇或者玩弄异性等。如果行为人不是为了谋取非法利益，则不构成本罪。过失不构成本罪。

2. 冒充军人招摇撞骗罪的认定

①罪与非罪的界限

构成冒充军人招摇撞骗罪，行为人既要有冒充军人的行为，又要有招摇撞骗的活动。即行为人必须具有谋取非法利益的目的。如果行为人仅仅为了满足自己的虚荣心而冒充军人，没有进行招摇撞骗的活动，则不构成犯罪。如果行为人进行了招摇撞骗的活动，但谋取的不是非法利益，也不构成本罪。

②罪数的界定

行为人如果是在冒充军人招摇撞骗的过程中，有未冒充军人而骗取了财物的，应视为普通诈骗行为，应与冒充军人招摇撞骗罪实行数罪并罚。

行为人冒充军人骗取非法利益后，又将他人杀死灭口的，应按故意杀人罪与冒充军人招摇撞骗罪实行数罪并罚。

行为人通过伪造公文、证件来冒充军人进行招摇撞骗的，同时触犯了伪造公文、证件罪和冒充军人招摇撞骗罪，此时按牵连犯的处理原则，从一重罪处断。

3. 冒充军人招摇撞骗罪的处罚

根据《刑法》第 372 条规定，犯本罪的，处 3 年以下有期徒刑、拘役、管制或者剥夺政治权利；情节严重的，处 3 年以上 10 年以下有期徒刑。

【难点辨析】

①冒充军人招摇撞骗罪与招摇撞骗罪

两罪主要区别在于：一是侵犯的犯罪客体不同。前者侵犯的犯罪客体为军队的威信及其正常活动，后者侵犯的犯罪客体是国家机关的威信及其正常活动；二是犯罪对象不同。前者的犯罪对象是现役军人，后者的犯罪对象是国家机关工作人员。

②冒充军人招摇撞骗罪与敲诈勒索罪

两者之间的区别在于：一是冒充军人招摇撞骗罪是以“骗”形式，即要求被害人是在受骗后往往是“自愿”交出财物或出让其他合法权益。而敲诈勒索罪，是以“恫吓”被害人为手段，造成其精神上的恐惧而被迫交出财物或出让其他合法权益。二是本罪侵犯的客体是武装力量的威信及其正常的活动；而敲诈勒索罪侵犯的客体只能是公私财产所有权。

（五）战时危害国防利益的犯罪

1. 战时拒绝、逃避征召、军事训练罪

战时拒绝、逃避征召、军事训练罪，是指预备役人员在战时拒绝、逃避征召或者拒绝、逃避军事训练，情节严重的行为。

（1）战时拒绝、逃避征召、军事训练罪的构成

本罪的犯罪客体是战时预备役人员的征召秩序和军事训练管理秩序。我国《宪法》第55条规定：“保卫祖国、抵抗侵略是中华人民共和国每一个公民的神圣职责。依照法律服兵役和参加民兵组织是中华人民共和国公民的光荣义务”；《兵役法》第3条规定，中华人民共和国公民，不分民族、种族、职业、家庭出身、宗教信仰和教育程度，都有义务依照本法的规定服兵役。预备役人员是国家的武装力量之一，有应召、参加军事训练的义务。预备役人员违反国家法律、法规关于其应参加军事训练和响应国家征召的规定，在战时拒绝、逃避征召、军事训练，不仅会影响部队兵员的补充和人员素质的提高，侵犯部队的作战计划和行动，而且严重侵犯国家的兵役管理秩序，危害国家的军事利益。①

本罪在犯罪客观方面表现为在战时拒绝、逃避征召或拒绝、逃避军事训练，情节严重的行为。具体而言，主要有以下表现：首先，行为必须发生在战时。所谓“战时”，根据《刑法》第451条规定，战时是指国家宣布进入战争状态、部队受领作战任务或者遭敌突然袭击时。部队执行戒严任务或者处置突发性暴力事件时，以战时论。根据我国宪法规定，决定战时与否的职权，由全国人民代表大会常务委员会行使；决定武装力量是否处于战时状态的职权，由中华人民共和国中央军事委员会行使。如果拒绝、逃避征召或拒绝、逃避军事训练的行为发生在平时，则不构成本罪。其次，必须具有拒绝、逃避征召或拒绝、逃避军事训练的行为。征召，是指兵役机关依法向预备役人员发出通知，要求其按规定时间和地点报到，准备转服现役的活动。军事训练，是指军事理论教育和作战技能训练的活动。所谓拒绝，是指拒不接受征召或者军事训练的

① 李希慧主编：《刑法各论》，武汉大学出版社2009年版，第431页。

通知，或者接到通知拒不报到的行为。逃避，是指故意躲避，具体表现为以谎报年龄、自伤身体、假装病残、外出藏匿、找人顶替等方法躲避征召、军事训练。行为人只要实施了战时拒绝、逃避征召或者军事训练其中一种行为，就构成本罪；实施了两种行为的，仍为一罪，不实行并罚。再次，行为必须达到“情节严重”。所谓“情节严重”，通常是指多次拒绝、逃避征召或军事训练；以暴力、威胁的方法拒绝征召、携带武器逃避军事训练；组织、煽动他人拒绝、逃避征召或军事训练等。

本罪的犯罪主体是特殊主体，即只能是预备役人员。根据《兵役法》的规定，“预备役人员”是指军队外服兵役的人员，包括编入民兵组织或者经过登记服预备役的人员。预备役人员分为预备役军官和预备役士兵。预备役军官包括退出现役转为预备役的军官和文职干部；确定服军官预备役的退出现役的士兵、高等院校毕业生、专职人武干部、民兵干部、非军事部门的干部和专业技术人员。预备役士兵包括编入基干民兵组织的人员，经过预备役登记的28岁以下退出现役的士兵和经过预备役登记的28岁以下的专业技术人员；编入普通民兵组织的人员和经过预备役登记的29岁至35岁退出现役的士兵，以及其他符合服士兵预备役条件的公民。

本罪的犯罪主观方面表现为故意，即明知在战时，且自己已经被国家征召入伍或者军事训练而故意拒绝或逃避。如果行为人由于客观方面原因没有收到应征服役的通知或不能按时去报到或无法报到的，则不构成犯罪。其目的一般是为了逃避服役，犯罪动机则多为贪生怕死、怕苦怕累等，但是动机如何不影响本罪的构成。

(2) 战时拒绝、逃避征召、军事训练罪的认定

①罪与非罪的界限。

区分本罪的罪与非罪，需要注意以下问题：

首先，本罪构成的时间条件为战时。也就是说发生在平时的拒绝、逃避征召、军事训练罪的行为，即使情节严重，也不构成本罪。

其次，本罪属于情节犯。即预备役人员在战时拒绝、逃避征召或者拒绝、逃避军事训练的，只有达到“情节严重”的，才构成本罪。战时有上述行为，但情节轻微的则不能构成本罪。

再次，本罪的犯罪主体是特殊主体。即只能是预备役人员在战时拒绝、逃避征召或者拒绝、逃避军事训练，才能构成本罪，非预备役人员的普通公民在战时拒绝、逃避征召或者军事训练的，不能以本罪论处。

②犯罪停止形态问题。

本罪属于情节犯，即预备役人员在战时拒绝、逃避征召或者拒绝、逃避军事训练的情节只要达到严重的程度，犯罪就既遂，因此本罪不存在未遂的形态。

③罪数的界定。

行为人战时拒绝、逃避征召或者拒绝、逃避军事训练的行为过程中，实施的手段行为可能会触犯妨害公务罪、故意伤害罪或故意杀人罪，这属于犯罪的牵连问题。应当按照牵连犯的处罚原则，从一重罪处断。

(3) 战时拒绝、逃避征召、军事训练罪的处罚

根据《刑法》第376条规定，犯本罪的，处3年以下有期徒刑或者拘役。

【难点辨析】

①战时拒绝、逃避征召、军事训练罪与逃离部队罪。

两罪的客体要件和主观要件完全相同。其主要区别在于：首先，犯罪的主体不同。本罪的犯罪主体只能是预备役人员，即编入民兵组织或者经过登记服预备役的人员；逃离部队罪的犯罪主体是军人。其次，犯罪客观要件也不相同。本罪有时间条件限制，即在战时发生拒绝、逃避征召或拒绝、逃避军事训练的行为。逃离部队罪的逃离部队行为，不分战时和平时，但战时逃离部队的从重处罚。

②战时拒绝、逃避征召、军事训练罪与战时临阵脱逃罪。

战时临阵脱逃罪，是指战时军人面临战斗而脱离岗位，逃避参加战斗的行为。[①] 战时临阵脱逃罪与本罪的行为人都是逃避自己的兵役义务。两罪的构成都要求是在战时，且主观方面都为故意。两罪也有比较明显的区别：一是逃避军事义务的方式不同，本罪除了逃避之外，还可以是拒绝。二是两罪的犯罪主体不同。本罪的犯罪主体限定为预备役人员，战时临阵脱逃罪的犯罪主体是现役军人。

2. 战时拒绝、故意延误军事订货罪

战时拒绝、故意延误军事订货罪，是指战时有关生产、销售单位无正当理由而拒绝或者故意延误军事订货，情节严重的行为。

(1) 战时拒绝、故意延误军事订货罪的犯罪构成

本罪侵犯的客体是国家的军事订货秩序。军事订货是军事部门根据国防需要，向军工部门科研单位和其他企业依法达成研究、生产、制造武器装备、军

① 参见马克昌主编：《刑法》(第2版)，高等教育出版社2010年版，第622页。

用物资以及其他军用物品供给部队使用的协议。军事订货是保证部队武器装备和军用物资供应、满足国防建设的需要，也是完成作战、训练和其他任务的重要保障。《国防法》第51条规定："企业事业单位应当按照国家的要求承担国防科研生产任务，接受国家军事订货，提供符合质量标准的武器装备或者军用物资。"科研、生产、销售单位无正当理由拒绝或故意延误军事订货，必然会对部队的作战训练等各项任务的完成造成影响，从而危害国防利益。

本罪在犯罪客观方面表现为战时拒绝或故意延误军事订货，情节严重的行为。具体来说包括以下几个方面：首先，拒绝或故意延误军事订货的行为必须发生在战时。如果拒绝或故意延误军事订货的行为发生在平时，其对国防和军队建设造成的危害相对较轻，且有纠正和挽回的可能性。因此，只有战时拒绝或故意延误军事订货情节严重的才构成犯罪，平时即使情节严重，也不构成本罪。其次，必须要有拒绝或故意延误军事订货的行为。所谓拒绝，是指具备完成订货任务的条件，却拒不接受部队向其要求的军事订货，即不愿意从事军事订货的科研、设计、生产、供给、修配、运输、承建等活动。所谓延误，是指虽然接受了军事订货，却违反事先和军事部门签订的军事订货合同的规定，无正当理由延期交货或耽误交货。需要指出的是，拒绝、延误行为必须是无正当理由。行为人如果具有正当理由而拒绝或者延误订货的，不能构成本罪。所谓正当理由，是指客观存在的自己不具备完成军事订货条件的各种理由，如技术过不了关，人手确实不够，遇有自然灾害，发生意外事故致使停工停产等。再次，拒绝、延误军事订货的行为必须达到情节严重的程度。拒绝、延误军事订货的行为如尚未达到情节严重，则不能以本罪论处。根据《最高人民检察院、公安部关于公安机关管辖的刑事案件立案追诉标准的规定（一）》的规定，所谓情节严重是指，拒绝或者故意延误军事订货三次以上的；联络、煽动他人共同拒绝或者故意延误军事订货的；拒绝或者故意延误重要军事订货，影响重要军事任务完成的以及其他情节严重的情形。

本罪的犯罪主体仅限于单位。

本罪在犯罪主观方面表现为故意，过失不构成本罪。如果不是出于故意，而是过失或客观上无法完成订货，没有条件完成军事订货，或是由于不可抗力及一些特殊困难，延误订货的，不构成犯罪。不知是军事订货而拒绝或者延误的，也不构成本罪。犯罪的动机如何不影响本罪的构成。

（2）战时拒绝、故意延误军事订货罪的认定

区分本罪的罪与非罪，需要注意以下问题：

一是本罪构成的时间条件为战时。也就是说发生在平时的拒绝、故意延误

军事订货的行为，即使情节严重，也不构成本罪。

二是本罪属于情节犯。必须要求行为人战时拒绝、故意延误军事订货的行为达到“情节严重”的程度，才构成本罪。战时虽有上述行为，但情节轻微的则不能构成本罪。

三是本罪的犯罪主体是特殊主体。即只能是负有军事订货义务的生产、销售单位才能构成本罪。

（3）战时拒绝、故意延误军事订货罪的处罚

根据《刑法》第380条规定，犯本罪的，对单位判处罚金，并对其直接负责的主管人员和其他直接责任人员，处5年以下有期徒刑或者拘役；造成严重后果的，处5年以上有期徒刑。

【难点辨析】

战时拒绝、故意延误军事订货罪与阻碍军事行动罪

本罪与阻碍军事行动罪具有一些相似之处：即两罪侵犯的客体都是国家的国防利益；犯罪主观方面都表现为故意；犯罪的客观方面都可以用拒绝、故意延误军事订货的方式实施犯罪行为。两罪的区别在于：首先，时间条件不同。本罪以“战时”为犯罪构成的必要条件；阻碍军事行动罪在战时和平时均可构成。其次，犯罪主体不同。本罪的犯罪主体只能是负有军事订货义务的生产、销售单位及其直接负责的主管人员和其他直接责任人员；阻碍军事行动罪的主体限于自然人。再次，犯罪的形态不同。本罪属于情节犯，以情节严重为犯罪构成的必备条件；阻碍军事行动罪属于结果犯，以对作战造成危害为犯罪构成的要件。①

二、案例分析

【案例一】

钟某、郑某等七人发现社会上开假军牌车的人较多，便想出冒充军人查扣军车的方式非法获取他人的财物。2004年12月至2005年月4月期间，钟某等七人身穿军服，佩戴纠察袖章，驾驶一辆假军牌汽车，冒充某军分区警备处纠察队人员，分别到某市的某县和某区等地，先以检查证件为名将挂假军牌的车辆拦停，再由部分同伙将被害人的车开走，另一部分同伙则将被害人叫到他们

① 参见黄林异主编：《危害国防利益罪》，中国人民公安大学出版社1999年版，第297页。

作案用的车上，把被害人载到附近某一地点放下，并开具假的“暂扣车证明”，叫被害人到某军分区接受处理。之后，七人将扣押所得车辆销售并将赃款挥霍。其中，钟某、郑某共参与犯罪 11 次，拦扣车辆 11 辆，价值人民币 190 万元。

（案例来源：初炳东主编：《刑法学各论案例教程》，北京大学出版社 2010 年版，第 266 页。）

【问题聚焦】

冒充军人招摇撞骗与诈骗罪的关系以及被告人钟某、郑某的行为定性。

【法律剖析】

冒充军人招摇撞骗罪，是指行为人为谋取非法利益，假冒军人的身份或职称，进行诈骗的行为。诈骗罪是以非法占有为目的，虚构事实或隐瞒真相骗取他人较大数额财物的行为。两种犯罪都表现为欺骗行为，而且冒充军人招摇撞骗罪也可以是为了谋取一定的财产利益。这一点与诈骗罪相一致。但是，两罪之间也有以下几点区别：

首先，侵害的犯罪客体不同。冒充军人招摇撞骗罪侵犯的客体是军队的威信及其正常活动；而诈骗罪侵犯的客体为公私财产权利。其次，犯罪手段不同。冒充军人招摇撞骗罪的手段只限于冒充军人的身份或职称进行诈骗；诈骗罪的手段并无此限制，其手段外延更广。再次，犯罪的主观目的不同。冒充军人招摇撞骗罪的犯罪目的，是追求非法利益，包括物质利益和非物质利益；诈骗罪的犯罪目的，是希望非法占有公私财物。最后，构成犯罪数额限制的不同。对于诈骗罪，要求诈骗数额较大的公私财物，才可构成犯罪；而对冒充军人招摇撞骗罪的构成并无数额较大的要求，只要行为人实施了该犯罪行为，即构成犯罪。这主要是因为冒充军人招摇撞骗罪未必一定表现为诈骗财物，而有可能是骗取其他非法利益。

需要指出的是，行为人冒充军人的身份或职称去骗取财物的，其一个行为同时触犯了两个罪名，属于想象竞合犯。此种情况应当按照处理想象竞合犯的原则，从一重罪处断。

本案中被告人骗取的财产价值 190 万元，数额属于特别巨大，诈骗罪的法定刑为处 10 年以上有期徒刑或者无期徒刑，并处罚金或者没收财产。而冒充军人招摇撞骗罪在构成上没有数额限制，且最高法定刑为有期徒刑 10 年。因此，本案中的被告人钟某、郑某的行为应当以诈骗罪定罪处罚。

【法条链接】

《中华人民共和国刑法》

第266条　诈骗公私财物，数额较大的，处3年以下有期徒刑、拘役或者管制，并处或者单处罚金；数额巨大或者有其他严重情节的，处3年以上10年以下有期徒刑，并处罚金；数额特别巨大或者有其他特别严重情节的，处10年以上有期徒刑或者无期徒刑，并处罚金或者没收财产。本法另有规定的，依照规定。

第372条　冒充军人招摇撞骗的，处3年以下有期徒刑、拘役、管制或者剥夺政治权利；情节严重的，处3年以上10年以下有期徒刑。

【案例二】

被告人田某某，男，20岁，农民。

在某次反击战前的招兵工作中，田某某本来符合服役条件，应该应征入伍，但是由于其贪生怕死，不但自己没有履行服兵役的义务，而且还鼓动他的朋友张某某等6人别去参军，给当地征兵工作造成困难。

（案例来源：韩玉胜主编：《刑法各论案例分析》，中国人民大学出版社2000年版，第299页。）

【问题聚焦】

战时拒绝、逃避服役罪的认定。

【法律剖析】

战时拒绝、逃避服役罪是指公民战时拒绝、逃避服役，情节严重的行为。

战时拒绝、逃避服役罪侵犯的客体是兵役管理活动。我国宪法规定，依法服兵役，是每个公民的光荣义务。根据兵役法的规定，我国公民不分民族、种族、职业、家庭出身、宗教信仰和教育程度，都有服兵役的义务。战时公民依法服兵役是兵役管理活动的重要组成部分，而战时拒绝、逃避服兵役的行为使我国战时的兵役管理活动直接受到影响，从而严重侵害了国防利益。本罪客观方面表现为行为人在战时拒绝、逃避服兵役。情节严重，主要包括以下几种情形：一是以暴力、威胁方法拒绝服兵役的；二是拒绝、逃避服兵役影响到了作战或者其他重要任务的完成；三是煽动他人拒绝、逃避服兵役，影响恶劣等情况。本罪的犯罪主体为一般主体，凡达到刑事责任年龄、具备刑事责任能力的自然人，均可成为本罪主体。本罪在犯罪主观方面表现为故意，即行为人明知自己已经被征召加入部队，而拒绝、逃避服兵役。犯罪动机则多为贪生怕死、怕苦怕累，但犯罪动机不影响犯罪的成立。本案中，田某某的逃避服兵役以及煽动他人不履行服兵役的行为发生在战时，其行为致使当地征兵任务完成困难，已经达到了情节严重的程度。因此，田某某的行为构成了战时拒绝、逃避服役罪。

【法条链接】

《中华人民共和国刑法》

第 376 条　预备役人员战时拒绝、逃避征召或者军事训练，情节严重的，处 3 年以下有期徒刑或者拘役。公民战时拒绝、逃避服役，情节严重的，处 2 年以下有期徒刑或者拘役。

《中华人民共和国兵役法》

第 66 条　有服兵役义务的公民有下列行为之一的，由县级人民政府责令限期改正；逾期不改的，由县级人民政府强制其履行兵役义务，并可以处以罚款：

（一）拒绝、逃避兵役登记和体格检查的；

（二）应征公民拒绝、逃避征集的；

（三）预备役人员拒绝、逃避参加军事训练、执行军事勤务和征召的。

有前款第二项行为，拒不改正的，不得录用为公务员或者参照公务员法管理的工作人员，两年内不得出国（境）或者升学。

国防生违反培养协议规定，不履行相应义务的，依法承担违约责任，根据情节，由所在学校作退学等处理；毕业后拒绝服现役的，依法承担违约责任，并依照本条第二款的规定处理。

战时有本条第一款第二项、第三项或者第三款行为，构成犯罪的，依法追究刑事责任。

三、深度拓展

战时拒绝、故意延误军事订货罪的犯罪主体问题

1. 外资企业能否成为本罪的犯罪主体

外资企业，是指依照中华人民共和国法律的规定，在中国境内设立的，全部资本由外国投资者投资的企业。根据《外资企业法》的规定，外资企业符合中国法律关于法人条件的规定的，依法取得中国法人资格。取得中国法人资

格的外资企业，具有中国国籍，自然负有接受国家、军队的军事订货的义务。至于未取得中国法人资格的外资企业，能否成为本罪的犯罪主体在理论界尚有争议。有人认为，未取得中国法人资格的外资企业，没有为中国政府的国家行为服务的义务，不能成为战时拒绝、故意延误军事订货罪的犯罪主体。但是实践中一般认为，未取得中国法人资格的外资企业是可以构成本罪的。《外资企业法实施细则》第2条规定："外资企业受中国法律的管辖和保护。外资企业在中国境内从事经营活动，必须遵守中国的法律、法规，不得损害中国的社会公共利益。"因此，在战时情况下，未取得中国法人资格的外资企业在得到国家和军队的军事订货要求时不得无理拒绝。如果外资企业和国家或军队签订了军事订货合同，自然就负有按时交付军事订货的合同义务，故意延误军事订货，情节严重的，可构成本罪。①

2. 自然人能否单独成为本罪的犯罪主体

《刑法》第380条关于本罪的规定中，只把单位规定为本罪的犯罪主体。因为在实践中，承担军事订货任务基本上都是科研、生产、销售等单位，个人一般无法承担。当然不排除个人能够承担军事订货的可能性，如设计一套军用计算机软件。但是，刑法没有把自然人明确规定为本罪主体，根据法无明文规定不为罪的罪刑法定原则，对战时个人拒绝军事订货行为不能以本罪论处。不过需要指出的是，如果是单位的负责人拒绝军事订货，则可认定该单位构成本罪，因为该负责人有权就单位的事项作出决定，因而其个人决定代表单位。②

① 参见赵秉志主编：《中国刑法案例与学理研究》第二卷，法律出版社2004年版，第336～337页。

② 参见赵秉志主编：《中国刑法案例与学理研究》第二卷，法律出版社2004年版，第337页。

第二十二章　贪污贿赂罪

【知识结构图】

- 贪污贿赂罪
  - 贪污贿赂罪概述
  - 贪污犯罪
    - 贪污罪
    - 挪用公款罪
    - 私分国有资产罪
    - 巨额财产来源不明罪
  - 贿赂犯罪
    - 受贿罪
    - 行贿罪
    - 利用影响力受贿罪
    - 介绍贿赂罪

一、知识点精析

（一）贪污贿赂罪概述

1. 贪污贿赂罪的概念

贪污贿赂罪，是指具有特殊身份的自然人或单位，利用职务上或职权上的便利，非法侵占公共财物的，或者具有特殊身份的自然人或者单位非法收受、给予、介绍贿赂的，或者国家工作人员所实施的侵犯国家公务廉洁性的其他行为。①

2. 贪污贿赂罪的构成

（1）本类犯罪侵犯的客体主要是国家公务廉洁性。多数犯罪同时也侵犯了公共财产或者国有资产的所有权，主要为非法占有型的贪污贿赂犯罪；少数犯罪如贿赂犯罪则属于典型的权钱交易型犯罪，行为人侵犯国家公务行为的廉

① 参见李希慧主编：《贪污贿赂罪研究》，知识产权出版社2004年版，第2页。

洁性的同时，也间接侵犯了公共财产或者他人财产所有权。本类犯罪的本质在于以公权谋私利，具有渎职性犯罪与贪利性犯罪的双重特点。

(2) 本类犯罪在犯罪客观方面表现为国家工作人员利用职务上的便利，实施了损害国家公务廉洁性的行为。这些行为或表现为非法占有公共财物，如贪污、私分公共财物或者国有资产的行为；或表现为进行权钱交易，如收受或者索取贿赂等；另有个别犯罪如巨额财产来源不明罪则属于持有型犯罪。本类犯罪属于结果犯，一般要求数额较大或者具有其他较为严重的情节时，才能构成犯罪。

(3) 本类犯罪中主体多数是特殊主体，即必须是国家工作人员。如贪污罪、挪用公款罪、巨额财产来源不明罪等，少数具有对向性或者撮合性的犯罪的主体则是一般主体，如行贿罪、对单位行贿罪和介绍贿赂罪。本类犯罪的大多数犯罪只能由自然人实施，但也有少数犯罪则只能由单位实施，其中行贿罪则既可以由单位实施，也可以由自然人实施。

(4) 本类犯罪主观方面均是故意，并且只能是直接故意。即行为人明知自己的行为会发生侵犯国家公务廉洁性的结果并希望这种结果的发生。行为人一般具有明确的犯罪目的，过失不能构成本罪。

(二) 贪污犯罪

1. 贪污罪

贪污罪，是指国家工作人员利用职务上的便利，侵吞、窃取、骗取或者以其他手段非法占有公共财物的行为以及受国家机关、国有公司、企事业单位、人民团体委托管理、经营国有财产的人员，利用职务上的便利，侵吞、窃取、骗取或者以其他手段非法占有公共财物的行为。

(1) 贪污罪的构成

本罪侵犯的客体是国家工作人员职务行为的廉洁性和公共财产的所有权，但主要侵害了国家工作人员职务行为的廉洁性。职务行为的廉洁性，是指职务活动的内在规定性，它要求国家工作人员依据法律和有关制度规定承担国家赋予的特定义务，正确行使国家赋予的特定权力。① 本罪的犯罪对象主要是公共财产，即国有财产、劳动群众集体所有的财产以及用于扶贫和其他公益事业的社会捐助或专项资金的财产。此外，根据刑法的特别规定，在国有机关、国有公司、企业、事业单位和人民团体管理、使用或者运输中的私人财产，以公共

---

① 参见马克昌主编：《刑法》(第2版)，高等教育出版社2010年版，第575页。

财产论。

本罪在犯罪客观方面表现为行为人利用职务上的便利，侵吞、窃取、骗取或者以其他手段非法占有公共财物的行为。具体而言，主要表现在以下方面：一是行为人必须利用职务上的便利。对于“利用职务上的便利”，是指直接利用本人职务上的权力和职权范围内的方便条件。根据最高人民检察院《关于人民检察院直接受理立案侦查案件立案标准的规定（试行）》(以下简称《立案标准》)，“利用职务上的便利”是指利用职务上主管、管理、经手公共财物的权力及方便条件。所谓“主管”，是指不具体负责经手、管理、经营公共财物，但依职权范围具有审查、批准、调拨、转移和使用等支配公共财物的权力。所谓“管理”，是指行为人对公共财物具有看管、保护、处理的权力。所谓“经手”，是指行为人本身不负责公共财物的主管和管理权，只是根据工作需要而具有领取、支出等经办公共财物的职权，即对公共财物具有临时的控制权。所谓“受委托管理、经营”，是指以承包、租赁等方式管理国有财产或者运用国有资产进行营业活动的职权。二是行为人必须侵吞、窃取、骗取或者以其他手段非法占有公共财物。所谓“侵吞”，是指行为人利用职务上的便利，将公共财物非法转归自己或他人所有的行为。如将自己管理或经手的公共财物加以隐匿、扣留，应上交的不上交，应支付的不支付，应入账的不入账，或是将自己管理、使用或经手的公共财物非法转卖或擅自赠送他人，以及将追缴的赃款赃物或罚没款物私自用掉或非法据为私有等。所谓“窃取”，是指行为人利用职务之便，采取不为人知的方式，将自己管理的公共财物非法占有的行为。如行为人利用管库、守库或经手现金之便，将公共财物直接盗出据为己有等。所谓“骗取”，是指行为人利用职务之便，采取虚构事实或隐瞒真相的方法，非法占有公共财物的行为。如出差人员用涂改或伪造单据的方法虚报或谎报支出冒领公款，收购人员谎报收购物资等级从中骗取公款等。所谓其他手段，是指采取除侵吞、窃取、骗取手段以外的方式，将公共财物非法占有，如挪用公款存入银行攫取利息归己。此外，根据《刑法》第394条的规定，国家工作人员在国内公务活动或者对外交往中接受礼物，依照国家规定应当交公而不交公，数额较大的，以贪污罪论处。

本罪的犯罪主体是特殊主体，即国家工作人员。根据《刑法》第93条规定：“本法所称国家工作人员，是指国家机关中从事公务的人员。国有公司、企业、事业单位、人民团体中从事公务的人员和国家机关、国有公司、企业、事业单位委派到非国有公司、企业、事业单位、社会团体从事公务的人员，以及其他依照法律从事公务的人员，以国家工作人员论。”即包括国家机关中从事公务的人员。

国有公司、企业、事业单位、人民团体中从事公务的人员。

国家机关、国有公司、企业、事业单位委派到非国有公司、企业、事业单位、社会团体中从事公务的人员。

其他依照法律从事公务的人员。即是指依照法律规定选举或者任命产生，从事某项公共事务管理的人员，如人民陪审员、人民检察员、人大代表、政协委员等。

此外，《刑法》第382条第2款规定："受国家机关、国有公司、企业、事业单位、人民团体委托管理、经营国有财产的人员，利用职务上的便利，侵吞、窃取、骗取或者以其他手段非法占有国有财物的，以贪污论。"这类人员是指以承包、租赁等方式，管理、经营其承包、租赁的国有单位的国有财产的人员。

本罪的犯罪主观方面只能是直接故意，且同时有非法占有公共财物的目的，过失不构成犯罪。非法占有公共（国有）财物或非国有单位财物的目的，既可以是行为人企图将公共（国有）财物或非国有单位财物永久地占为己有，也可以是行为人希望将公共（国有）财物或非国有单位财物非法获取后转送他人。另外，贪污罪不以特定的犯罪动机为其主观方面的必备要素，无论行为人出于何种动机，只要其故意实施了利用职务之便非法占有公共（国有）财物或非国有单位财物的行为，均可构成贪污罪。

（2）贪污罪的认定

①罪与非罪的界限。

构成贪污罪的贪污行为，需要具有贪污数额和情节上的要求。因此，认定贪污罪与一般贪污违法行为时，应当从以下几点把握：其一，要看行为人贪污的数额是否达到5000元。其中，贪污的数额按累计方法计算。对于行为人贪污的数额达到5000元的，无论其情节如何，均构成贪污罪；而对于贪污的数额尚未达到5000元的，一般应视为一般贪污违法行为。

其二，要看行为人的贪污情节。其中，贪污情节主要针对贪污数额不满5000元的贪污行为。如果贪污数额不满5000元，但贪污情节较重时，应认定贪污行为构成贪污罪。对于贪污情节较重的认定，应当从以下几方面判断：行为人的一贯表现；行为人贪污行为的动机和目的；行为人所贪污的公共（国有）财物或非国有单位财物的性质、用途；行为人贪污的手段；贪污行为所造成的后果；行为人的悔罪表现等。根据《立案标准》的规定，个人贪污数额不满5000元，但具有贪污救灾、抢险、防汛、防疫、优抚、扶贫、移民、救济款物及募捐款物、赃款赃物、罚没款物、暂扣款物，以及贪污手段恶劣、毁灭证据、转移赃物等情节的，应当予以立案。

其三，应当将贪污罪与错账、错款以及违反财经纪律行为区分开来。错账、错款一般是因为工作疏忽或业务不熟造成的，没有非法占为己有的目的，因此不宜认定为贪污罪。对于现实中有些单位以各种名义滥发奖金、福利补助费的行为，属于违反财经纪律，不宜按犯罪处理。

此外，根据最高人民法院1998年施行的《关于审理挪用公款案件具体应用法律若干问题的解释》第6条的规定，携带挪用的公款潜逃的，应当按照贪污罪的规定定罪处罚。

②既遂与未遂的认定。

根据《全国法院审理经济犯罪案件工作座谈会纪要》的规定，因为贪污罪是一种以非法占有为目的的财产性职务犯罪，应当以行为人是否实际控制财物作为区分贪污罪既遂与未遂的标准。对于行为人利用职务上的便利，实施了虚假平账等贪污行为，但公共财物尚未实际转移，或者尚未被行为人控制就被查获的，应当认定为贪污未遂。行为人控制公共财物后，是否将财物据为己有，不影响贪污既遂的认定。

③共犯的认定。

根据《刑法》第382条第3款的规定，“与前两款所列人员勾结，伙同贪污的，以共犯论处。”即除国家工作人员和受委托管理、经营国有财产的人员之外的普通社会人员与国家工作人员和受委托管理、经营国有财产的人员相互勾结，伙同贪污的，以贪污罪的共犯定罪论处。

最高人民法院《关于审理贪污、职务侵占案件如何认定共同犯罪几个问题的解释》第3条规定，公司、企业或者其他单位中，不具有国家工作人员身份的人与国家工作人员勾结，分别利用各自的职务便利，共同将本单位财物非法占为己有的，按照主犯的犯罪性质定罪。根据这一解释，公司、企业或者其他单位中不具有国家工作人员身份的人与国家工作人员勾结，分别利用各自的职务便利，共同将本单位财物非法占为己有的，如果国家工作人员是主犯，则行为人以贪污犯的共犯论处。

（3）贪污罪的处罚

根据《刑法》第383条规定，犯本罪的，根据情节轻重，分别依照下列规定处罚：

①个人贪污数额在10万元以上的，处10年以上有期徒刑或者无期徒刑，可以并处没收财产；情节特别严重的，处死刑，并处没收财产。

②个人贪污数额在5万元以上不满10万元的，处5年以上有期徒刑，可以并处没收财产；情节特别严重的，处无期徒刑，并处没收财产。

③个人贪污数额在5000元以上不满5万元的，处1年以上7年以下有期徒刑；情节严重的，处7年以上10年以下有期徒刑。个人贪污数额在5000元以上不满1万元，犯罪后有悔改表现、积极退赃的，可以减轻处罚或者免予刑事处罚，由其所在单位或者上级主管机关给予行政处分。

④个人贪污数额不满5000元，情节较重的，处2年以下有期徒刑或者拘役；情节较轻的，由其所在单位或者上级主管机关酌情给予行政处分。

对多次贪污未经处理的，按照累计贪污数额处罚。多次贪污未经处理，是指两次以上的贪污行为，既没有受过刑事处罚，也没有受过行政处理。累计贪污数额应将在追诉时效期限内的贪污数额累计计算，已经超过诉讼时效期限的贪污数额不予计算。

【难点辨析】

①贪污罪与侵占罪、盗窃罪、诈骗罪。

行为人要实施本罪，通常采用侵吞、窃取、骗取的手段，其客观方面的行为表现与侵占罪、盗窃罪、诈骗罪有相同之处。本罪与上述三罪的主要区别表现在：

犯罪主体不同。本罪的主体是特殊主体，即国家工作人员和受委托管理、经营国有财产的人员；而侵占罪、盗窃罪、诈骗罪的主体是一般主体，即任何年满16岁且有刑事责任能力的自然人。

犯罪客体和对象不同。贪污罪的客体是复杂客体，即国家工作人员职务行为的廉洁性和公共财产所有权，对象仅限于公共财物；而侵占罪、盗窃罪和诈骗罪的客体是简单客体，即公私财物所有权，侵占罪的犯罪对象是保管物、遗忘物和埋藏物，盗窃罪和诈骗罪的犯罪对象是公私财物。

犯罪客观方面表现有所不同。本罪实施采用侵吞、窃取、骗取的手段时，是行为人利用职务上的便利进行的；侵占罪、盗窃罪、诈骗罪分别采用侵吞、窃取、骗取手段非法占有公私财物的行为，与行为人的职务及其便利条件无关。

②贪污罪与职务侵占罪。

两罪都表现为利用职务上的便利，以侵吞、窃取、骗取或者其他手段非法占有财物。其主要区别是：

犯罪主体不同。本罪的主体是国家工作人员以及受国家机关、国有公司、企业、事业单位、人民团体委托管理、经营国有资产的人员；职务侵占罪的主体是公司、企业或者其他单位中除国家工作人员以外的其他工作人员。

犯罪客体和犯罪对象不同。本罪侵犯的客体是公务行为的廉洁性和公共财产所有权，犯罪对象仅限于公共财物；职务侵占罪侵犯的客体是公司、企业或者其他单位的财产所有权，犯罪对象可以是公共财产，也可以是私营企业、合资企业、合作企业中的非公有财产。

2. 挪用公款罪

挪用公款罪，是指国家工作人员利用职务上的便利，挪用公款归个人使用，进行非法活动的，或者挪用公款数额较大、进行营利活动的，或者挪用公款数额较大、超过3个月未还的行为。

(1) 挪用公款罪的构成

本罪的客体是复杂客体，即国家工作人员职务行为的廉洁性和对公款的占有、使用收益权。犯罪对象是公款和特定公物。公款包括国家、集体所有钱款以及用于扶贫和其他公益事业的社会捐助或者专项基金的钱款。国家机关、国有公司、企业、集体企业和人民团体管理、使用、运输、汇兑与储存过程中的私人钱款，以公款论。此外，《刑法》第384条第2款的规定，挪用用于救灾、抢险、防汛、优抚、扶贫、移民、救济款物归个人使用的，从重处罚。根据此款规定，本罪的犯罪对象还应包括用于上述目的的特定物。

本罪在犯罪客观方面表现为行为人利用职务上的便利，挪用公款归个人使用，进行非法活动的，或者挪用公款数额较大、进行营利活动的，或者挪用公款数额较大、超过3个月未还的行为。具体而言，主要有以下几点：第一，行为人利用了职务上的便利。所谓利用职务上的便利，是指行为人利用本人职务所形成的主管、管理、经手公款的便利条件，其中既包括利用本人直接经手、管理公款的便利条件，也包括行为人因其职务关系而具有的调拨、支配、使用公款的便利条件。此外，行为人利用自己职务和地位形成的便利让下属单位挪用公款归个人使用的，也应属于利用职务上的便利。第二，挪用公款归个人使用。挪用公款归个人使用，包括挪用公款归本人使用或给他人使用。根据2002年全国人大常委会颁布的《关于〈中华人民共和国刑法〉第三百八十四条第一款的解释》的规定，挪用公款归个人使用的情形，是指将公款供本人、亲友或者其他自然人使用的；以个人名义将公款供其他单位使用的；个人决定以单位名义将公款供其他单位使用，谋取个人利益的。挪用公款归个人使用的行为具体有三种表现形式：

一是挪用公款归个人使用进行非法活动。这里的非法活动，根据最高人民法院1998年颁布的《关于审理挪用公款案件具体应用法律若干问题的解释》，是指进行走私、赌博等。这里的“等”字从适用解释上应指同“赌博、走私”的性质及危害性相当的违法犯罪活动。此种情况定罪，没有要求挪用公款的数额要达到较大，对挪用时间长短也没有限制，从而体现了对此类挪用公款犯罪从严处理的刑事政策。

二是挪用公款进行营利活动，数额较大。所谓营利活动，是指国家法律所允许的经营性活动，如将公款用于扩大生产，将公款用于经营交换环节以促进资金周转，挪用公款存入银行、用于集资、购买股票等。需要强调的是，这里的营利活动本身必须具有合法性，否则，其行为就属“非法活动”的范畴。挪用公款给他人使用，不知道使用人将公款用于营利活动的，不属于挪用公款进行营利活动的行为。如果行为人将挪用的公款用于返还本人或他人在过去的经营活动中所欠的债务，行为人在实际营利活动中是否获利，均应视为挪用公款进行营利活动。这种挪用行为构成犯罪，不受挪用时间和是否归还的限制，但法律明确规定必须挪用数额较大。根据前述《解释》，以挪用公款一万元至三万元为追究刑事责任的数额较大的起点。

三是挪用公款数额较大，超过3个月未还。此种形式的挪用公款，既不是用于非法活动，也没有进行营利活动，而是用于非法活动和营利活动以外的其他用途。即用于自己或者他人的合法生活消费或者其他非经营性支出，如购置家具、修缮房屋、支付医药费等。

本罪的犯罪主体是特殊主体，即国家工作人员。根据《刑法》第93条规定，是指国家机关中从事公务的人员，国有公司、企业、事业单位、人民团体中从事公务的人员和国家机关、国有公司、企业、事业单位委派到非国有公司、企业、事业单位、社会团体从事公务的人员以及其他依照法律从事公务的人员。根据2000年《最高人民法院关于对受委托管理、经营国有财产人员挪用国有资金的行为如何定罪问题的批复》的规定，受国家机关、国有公司、企事业单位、人民团体的委托管理、经营国有财产的人员如果利用职务之便挪用本单位公款归个人使用构成犯罪的，应当按照挪用资金罪定罪处罚。另外，根据1999年12月25日的《刑法修正案》第7条第2款的规定，国有商业银行、证券交易所、期货交易所、证券公司、期货经纪公司、保险公司或者其他国有金融机构的工作人员和国有商业银行、证券交易所、期货交易所、证券公司、期货经纪公司、保险公司或者其他国有金融机构委派到非国有商业银行、证券交易所、期货交易所、证券公司、期货经纪公司、保险公司或者其他非国有金融机构中从事公务的人员，利用职务上的便利，挪用本单位或者客户资金的，以挪用公款罪定罪处罚。

本罪在犯罪主观方面是故意，即明知是公款而有意违反有关规定予以挪用，目的是非法取得公款的使用权，而不具有非法占有的目的。

（2）挪用公款罪的认定

认定挪用公款的行为是否构成本罪，应当从以下几方面进行综合判断：首先，要考虑挪用数额。本罪中三种挪用公款行为类型对构成犯罪都有不同的数额标准，须达到各自的构罪数额起点。其次，要考虑挪用公款的用途和时间。如果是用来进行非法活动，不仅没有挪用时间限制，而且构罪数额起点较低；如果用来进行营利活动，则没有挪用时间限制，但构罪数额起点也较高。如果是用来进行合法的生活消费和其他非经营性活动，数额较大，必须是超过3个月未还，才构成犯罪。再次，还要考虑被挪用公款的使用主体。对于挪归单位使用的，应当属于以个人名义将公款供其他单位使用和个人决定以单位名义将公款供其他单位使用这两种情况。另外，还要考虑行为人的主观因素。认定行为人是挪用公款给他人用来进行营利活动或者非法活动的，须以行为人主观明知为前提。

对于现实中存在的一些借贷行为，是否属于本罪中的挪用，则要根据其行为本质进行区别。如果该行为是由单位集体研究决定，或由法定代表人决定并以单位名义具体实施的，出于为单位谋利的动机，且办理了正当的借贷审批手续的，属于合法借贷。如果是个人决定并出于谋取私利的动机，应认定为挪用。如果是为了单位利益，但系单位负责人违反法定程序擅自决定的，只能属于非法借贷，不能以挪用公款罪论处。①

（3）挪用公款罪的处罚

根据《刑法》第384条规定，犯本罪的，处5年以下有期徒刑或者拘役；情节严重的，处5年以上有期徒刑。挪用公款数额巨大不退还的，处10年以上有期徒刑或者无期徒刑。挪用用于救灾、抢险、防汛、优抚、扶贫、移民、救济款物归个人使用的，从重处罚。

根据《解释》的规定，所谓“情节严重”，是指挪用公款数额巨大，或者虽未达到巨大，但挪用公款手段恶劣；多次挪用公款；因挪用公款严重影响生产、经营，造成严重损失等情形。对于“数额巨大”，挪用公款进行营利活动和挪用公款数额较大3个月未还的，以15万元至20万元作为“数额巨大”的起点；挪用公款进行非法活动的，以5万元至10万元作为“数额巨大”的起

① 参见李希慧主编：《刑法各论》，武汉大学出版社2009年出版，第447页。

点。“挪用公款数额巨大不退还的”，是指挪用公款数额巨大，因客观原因在一审宣判前不能退还的。

【难点辨析】

①挪用公款罪与贪污罪。

本罪与贪污罪在构成特征上有些共同之处。如两罪的犯罪主体都是国家工作人员，犯罪对象都包括公款，犯罪的客观方面都利用了职务之便等。但两罪也有主要不同几点：

首先，犯罪侵犯的客体不完全相同。两罪虽然都侵犯了公款的所有权这一客体，但具体而言，本罪侵犯的是公款所有权中的占有、使用、收益权；贪污罪侵犯的是公款的所有权整体。

其次，犯罪对象的范围不同。本罪的犯罪对象除救灾、抢险、防汛、优抚、扶贫、移民、救济的特定款物外，原则上只限于公款；贪污罪的对象既包括公款，也包括其他公物。

再次，犯罪的行为方式不同。本罪在客观方面表现为，行为人利用职务上的便利，挪用公款归个人使用，进行非法活动的，或者挪用公款数额较大、进行营利活动的，或者挪用公款数额较大、超过3个月未还；贪污罪在客观方面则表现为，利用职务之便，以侵吞、窃取、骗取或者非法手段非法将公共财物占为己有。

最后，犯罪的目的不同。本罪以暂时占有、使用公款为目的；贪污罪则以永久性不法所有为目的。

②挪用公款罪与挪用特定款物罪。

二者在行为方式上表现为挪用，在主观要件、犯罪对象等方面也有许多相同和相似之处。但是两罪在性质上有所不同，具体而言，主要区别如下：

犯罪的对象不同。挪用特定款物罪的犯罪对象只能是救灾、抢险、防汛、优抚、扶贫、移民、救济的特定款物；本罪的犯罪对象一般只能是公款，只有在特定情况下才能是上述特定款物。

挪用的用途和含义不同。本罪的挪用是指行为人公款私用，并且以拟归还为前提，不能归还为意外。挪用特定款物罪的挪用是公款公用，即另作他用，且不问事后是否归还都以挪用特定款物罪论处。

犯罪客观方面表现不同。本罪是行为人利用职务上的便利，实施挪用公款归个人使用的行为；挪用特定款物罪是行为人利用职务或者工作上的便利，实施挪用特定款物，情节严重，致使国家和人民利益遭受重大损失的行为。

犯罪的主体不同。本罪的犯罪主体是国家工作人员、国有公司、企业、事业单位或其他经手、管理国家财物的人员；挪用特定款物罪的犯罪主体主要是经手管理国家救灾、救济款物的财会人员或有权调拨特定项款物的人员。

③挪用公款罪与挪用资金罪。

本罪与挪用资金罪在主观方面都是故意，并且都有使用资金的目的；客观方面都是利用职务上的便利实施挪用行为。但是两罪在犯罪构成的其他方面存在区别：

第一，犯罪的客体和对象不同。本罪侵犯的客体是复杂客体，既侵犯了国家工作人员职务行为的廉洁性，也侵犯了公共财产的所有权，犯罪的对象是公款和特定款物；挪用资金罪的客体是简单客体，即侵犯了单位资金的所有权，犯罪的对象是非国有单位的资金。

第二，犯罪主体不同。本罪的主体只能是国家工作人员，如果是受国有公司、企业或者其他国有单位委派到非国有公司、企业以及其他单位从事公务的人员挪用本单位资金的，以挪用公款罪定罪处罚；挪用资金罪的主体是除国家工作人员以外的公司、企业及其他单位的人员。

第三，犯罪的客观方面不同。前者的行为表现仅限于挪用公款归个人使用；后者不但表现为挪用本单位资金归个人使用，还包括借贷给他人。

3. 私分国有资产罪

私分国有资产罪，是指国家机关、国有公司、企业、事业单位、人民团体，违反国家规定，以单位名义将国有资产私分给个人，数额较大的行为。

(1) 私分国有资产罪的构成

本罪侵犯的客体是复杂客体，既侵犯国家公务的廉洁性，又侵犯国有资产的所有权。犯罪对象是国有资产。根据《人民检察院直接受理立案侦查案件立案标准的规定（试行)》的规定，“国有资产”，是指国家依法取得和认定的，或者国家以各种形式对企业投资和投资收益、国家向行政事业单位拨款等形成的资产。具体包括依法经由国家机关、国有企业、公司、事业单位、人民团体管理、使用或者运输中的国有资产。

本罪在犯罪客观方面表现为违反国家规定，以单位名义将国有资产集体私分给个人，数额较大的行为。具体而言，包括以下几个方面：第一，必须是违反国家规定。所谓违反国家规定，指违反国家对此类单位的国有资产使用、管理和保护等的法律、行政法规。如违背国家关于国有资金与企业资金的分账比例管理制度，擅自将国有资金转为企业资金，进而私分国有资产。第二，必须是以单位名义将国有资产集体私分给个人。所谓以单位名义，是指由单位领导班子集体决策或者由单位负责人决定并由直接责任人员经手实施，将国有资产按人头分配给本单位全部或部分职工。第三，私分数额较大。根据《人民检察院直接受理立案侦查案件立案标准的规定（试行)》的规定，私分国有资产，累计数额在10万元以上的，构成私分国有资产罪。

本罪的犯罪主体是特殊主体。即只能由国家机关、国有公司、企业、事业单位、人民团体等国有单位构成。本罪是纯正的单位犯罪，只是处罚上采用单罚制，仅处罚单位直接负责的主管人员和直接责任人员。

本罪在犯罪主观方面直接故意。即明知是国有资产，仍有意违反国家规定，以单位名义进行私分。至于动机如何不影响本罪的成立。

（2）私分国有资产罪的认定

①犯罪对象的认定。

本罪的犯罪对象是国有资产，国有资产都是公共财产，但公共财产不一定都是国有资产。根据立法解释，公共财产除国有资产外，还包括“劳动群众集体所有的财产”、“用于扶贫和其他公益事业的社会捐助或者专项基金的财产”以及“以公共财产论”的“在国家机关、国有公司、企业、集体企业和人民团体管理、使用或者运输中的私人财产”。其中后三项均非国有资产。因此，认定本罪的财产时，要注意严格把握其性质上的区别，对于属于非国有资产的，应根据其财产性质准确定罪，而不能一概按私分国有资产罪论处。

②罪与非罪的界限。

本罪要求私分国有资产的数额必须达到较大，才能构成犯罪。如果没有达到数额较大的标准，则不能认定为本罪，可由相应的主管部门按照国家有关规定处理。

实践中，有些国有企业因为经济效益不好，发不出工资，即将本单位产品代替工资发给职工。这是亏损企业应付工资支付的一种临时办法，与违反国家规定的私分国有资产性质不同，不应按犯罪处理。

本罪承担刑事责任的对象，只限于直接负责的主管人员和直接责任人员。对于单位的一般职工和没有参与决策未起主要作用的单位负责人，不能追究刑事责任，但是其分得财物因是国有资产，应当退还。

（3）私分国有资产罪的处罚

根据《刑法》第396条规定，单位犯本罪的，对其直接负责的主管人员和其他直接责任人员，处3年以下有期徒刑或者拘役，并处或者单处罚金；数额巨大的，处3年以上7年以下有期徒刑，并处罚金。

【难点辨析】

私分国有资产罪与贪污罪。

两罪主要区别如下：

犯罪主体范围不同。本罪的主体是单位，即国家机关、国有公司、企业、事业单位、人民团体等国有单位；贪污罪的主体是国家工作人员，不仅包括国有单位从事公务的人员，还包括受国家机关、国有公司、企业、事业单位、人民团体委托管理、经营国有财产的人员。

犯罪主观方面不同。本罪作为单位犯罪，虽然形式上是单位直接负责的主管人员或者单位参与决策的领导的共同意志，但实质上是单位的意志，而且是以本单位成员共同分得国有资产为目的；贪污罪中行为人非法占有公共财产是个人意志，即以个人占有为目的。

犯罪对象不同。本罪的犯罪对象仅限于国有资产，贪污罪的犯罪对象是公共财产，不仅包括国有财产，还包括其他公共财产。

犯罪客观方面表现不同。本罪表现为以单位名义私分国有资产，获得财物的人是单位所有员工或者大多数员工，具有一定的公开性；贪污罪是行为人采用窃取、骗取等手段将公共财产据为己有，具有一定的隐蔽性。

承担刑事责任的主体不同。本罪只处罚单位的直接负责人和其他责任人员，对于分得国有资产的一般职工等其他人员，不以本罪的共犯论处。贪污罪中，凡是参与贪污的行为人，都要依法定罪处罚。

4. 巨额资产来源不明罪

巨额财产来源不明罪，是指国家工作人员的财产或者支出明显超过合法收入，且差额巨大，经责令说明来源，本人不能说明其来源合法的行为。

(1) 巨额资产来源不明罪的构成

本罪侵犯的客体是国家工作人员职务行为的廉洁性。犯罪对象是行为人本人不能说明其合法来源的巨额财产。

本罪在犯罪客观方面表现为行为人明知自己的财产或者支出明显超过合法收入，且差额巨大，经责令说明来源，本人不能说明其来源合法的行为。具体来讲，包括两个方面的内容：首先，行为人的财产和支出明显超过合法收入，且差额巨大。这里所说的财产，是行为人实际拥有的财物，包括现金、有价证券以及其他物品。名义上属于别人实质属于行为人拥有的财物，应当属于行为人拥有的财产。这里的支出，是指行为人已经对外支付的款物，包括赠与他人的款物。合法收入，是指按照法律规定应当属于行为人合法占有的财产。至于差额的标准，根据《人民检察院直接受理立案侦查案件立案标准的规定（试行)》规定，为30万元以上。其次，行为人不能说明明显超过其合法收入的巨额财产的合法来源。这里的不能说明，包括以下情况：行为人拒不说明财产来源；行为人无法说明财产的具体来源；行为人所说的财产来源经司法机关查证并不属实；行为人所说的财产来源因线索不具体等原因，司法机关无法查实，但能排除存在来源合法的可能性和合理性。关于差额“非法所得”的计算，《全国法院审理经济犯罪案件工作座谈会纪要》指出，“刑法第三百九十五条规定的‘非法所得’，一般是指行为人的全部财产与能够认定的所有支出的总和减去能够证实的有真实来源的所得。在具体计算时，应注意以下问题：应把国家工作人员个人财产和与其共同生活的家庭成员的财产、支出等一并计算，而且一并减去他们所有的合法收入以及确属与其共同生活的家庭成员个人的非法收入；行为人所有的财产包括房产、家具、生活用品、学习用品及股票、债券、存款等动产和不动产；行为人的支出包括合法支出和不合法的支出，包括日常生活、工作、学习费用、罚款及向他人行贿的财物等；行为人的合法收入包括工资、奖金、稿酬、继承等法律和政策允许的各种收入；为了便于计算犯罪数额，对于行为人的财产和合法收入，一般可以从行为人有比较确定的收入和财产时开始计算。”

本罪的犯罪主体是特殊主体，仅限于国家工作人员。国家工作人员，包括在国家机关、国有公认企业、事业单位、人民团体中从事公务的人员和国家机关、国有公司企业、事业单位委派到非国有公司、企业、事业单位、社会团体从事公务的人员，以及其他依照法律从事公务的人员。

本罪在犯罪主观方面是故意。即行为人明知财产不合法而故意占有，案发后又故意拒不说明财产的真正来源，或者有意编造财产来源的合法途径。

（2）巨额财产来源不明罪的认定

国家工作人员的合法收入，应当包括国家工作人员的工资、奖金、国家发放的各种补贴、本人的其他劳动收入、亲友的馈赠和依法继承的财产。非法所得数额应以国家工作人员的财产或者支出与其合法收入的差额部分计算。计算非法所得时，应将合法收入部分扣除，只计算差额部分。如果行为人能够说明财产的来源是合法的，并经查证属实的，应作为本人的合法收入；如果行为人不能说明财产的来源是合法的，则应减去其合法收入的差额部分，即视为非法所得，其行为构成巨额财产来源不明罪。在认定犯罪的过程中还需注意，如果行为人拥有巨额财产，并且说明了合法来源，不能认定为犯罪。如果行为人说明的是非法来源且经查证属实的，按其行为的性质定罪处罚。如果行为人拥有巨额财产，本人不能说明其合法来源的，司法机关判定成立本罪，但后来司法机关查清了该巨额财产的来源：如果来源是合法的，原来的判决必须坚持，不能更改；如果来源是非法的，则按非法来源的性质再次定罪，也不能推翻原来的判决。①

(3) 巨额财产来源不明罪的处罚

根据《刑法》第 395 条规定，犯本罪的，处 5 年以下有期徒刑或者拘役；差额特别巨大的，处 5 年以上 10 年以下有期徒刑。财产的差额部分予以追缴。

【难点辨析】

巨额财产来源不明罪与贪污罪、受贿罪

本罪与贪污罪、受贿罪的区别主要在于：

犯罪主体范围不同。本罪的主体为国家工作人员，贪污罪和受贿罪犯罪主体的范围要比巨额财产来源不明罪大，除国家机关工作人员外，还包括国有公司、企业、事业单位其他经手管理公共财产的人员和其他依法从事公务的人员。

犯罪的客观方面表现不同。本罪的客观方面表现为行为人明知自己的财产或者支出明显超过合法收入，且差额巨大，经责令说明来源，本人不能说明其来源合法的行为。贪污罪、受贿罪的客观表现为行为人利用职务上的便利，侵吞、窃取、骗取或者以其他手段非法占有公共财物的行为或者索取他人财物，或者非法收受他人财物并为他人谋取利益的行为。本罪只要求行为人拥有超过合法收入的巨额财产，而且行为人不能说明、司法机关又不能查明其来源的即可。也就是说，行为人拥有的来源不明的巨额财产既可能是来自于贪污、受贿，也可能是来自于走私、贩毒、盗窃、诈骗等行为，这些都不影响构成巨额财产来源不明罪。

(三) 贿赂犯罪

1. 受贿罪

受贿罪，是指国家工作人员利用职务上的便利，索取他人财物，或者非法收受他人财物，为他人谋取利益的行为。

(1) 受贿罪的构成

本罪的犯罪客体是国家工作人员职务行为的廉洁性。本罪的犯罪对象是贿赂。贿赂是指行为人索取或者收受的他人财物。刑法将贿赂的内容限定为财

① 张明楷：《刑法学》(第 4 版)，法律出版社 2011 年版，第 1057 页。

物，具体是指具有价值的有体物和无体物。受贿罪是以权换利的交易，财产性利益是可以通过货币计算价值的，因此，将能够转移占有与使用的财产性利益列入本罪财物的范围，符合受贿罪的本质。另外，根据《中华人民共和国反不正当竞争法》第8条规定，经营者不得采用财物或者其他手段进行贿赂以销售或者购买商品。这里的财物以外进行贿赂的其他手段，显然包括超出财物范围的财产性利益和非财产性利益。因此，贿赂应该包括财产性利益和非财产性利益。但由于刑法的限制，司法实践中应严格执行刑法的规定。

本罪在犯罪客观方面表现为利用职务上的便利，索取他人财物，或者非法收受他人财物并为他人谋利益的行为。具体而言包括以下几个方面：

首先，行为人利用职务上的便利。利用职务上的便利，是指利用本人职务范围内的权力，即自己职务上主管、负责或者承办某项公共事务的职权及其所形成的便利条件。本罪当中的利用职务上的便利，主要有以下几种情况：一是行为人以积极实施或将要实施其职务上有权实施且应当实施的行为，为他人谋取利益，索取、约定或收受贿赂；二是行为人以积极实施或将要实施在其职务上能够实施但不应实施的职务行为，为他人谋取利益，索取、约定或收受贿赂；三是行为人以消极地不实施或将不实施自己的职务行为，为他人谋取利益，索取、约定或收受贿赂；四是行为人不是以自己的积极或消极的职务行为，而是以其职务行为所必然产生的特定条件，直接为他人谋取利益，从中索取、约定或收受贿赂。①

其次，行为人实施了收受贿赂的行为。主要有以下几种表现：

其一，索取贿赂。索取贿赂，是指行为人利用职务上的便利，主动向他人索要或勒索并收取财物。索取贿赂的行为具有三个特点：一是行为的主动性，即行为人是主动要求他人给予自己财物，而不是被动地等待他人给予财物；二是行为的勒索性，即行为人是以所掌握的职权为条件，向他人施加压力而迫使他人向其交付财物；三是行为的交易性，即行为人通过明示或暗示的方式，让他人意识到给付财物与获得利益的直接因果关系。可见，行为人主动索取贿赂的行为具有更大的主观恶性和社会危害性。因此，刑法没有将行为人为他人谋取利益作为索取贿赂形式的受贿罪的必备条件。

其二，收受贿赂。收受贿赂，是指行为人利用职务上的便利，非法接受他

① 王作富主编：《刑法分则实务研究》(第4版)，中国方正出版社2010年版，第1749页。

人财物，为他人谋取利益的行为。此种情况下，行贿人主动向行为人提供财物，行为人没有拒绝而予以非法接受，并允诺、着手或已经在公务活动中为行贿人谋取利益。所谓为他人谋取利益，是指受贿人为他人谋求取得某种特定利益。这里所说的利益，可以是合法的利益，也可以是非法的利益；可以是物质性利益，也可以是非物质性利益。一般认为，为他人谋取利益包括四种情况：一是已经许诺为他人谋取利益，但尚未实际进行；二是正在实施为他人谋取利益的行为，但尚未取得结果；三是为他人谋取利益已经取得一定进展，但尚未完全实现；四是为他人谋取利益，已经全部实现了他人的要求。由此可以看出，为他人谋取利益，不能仅限于为他人谋取到了利益，只要许诺为他人谋取利益即可。① 其中，允诺的方式可以是明示的，如在收受贿赂的同时或之后对行贿人明确表示将为其谋取利益，也可以采取默示的方式，如行为人在收受贿赂之后不明确答复行贿人的利益诉求，双方心领神会、心照不宣。允诺可以是直接向行贿人作出，也可以通过第三人转达。总之，只要行为人的行为同时具备“非法接受他人财物”和“为他人谋取利益”两个条件，就构成被动收受贿赂形式的受贿罪。

其三，经济受贿。即在经济往来中，违反国家规定，收受各种名义的回扣、手续费归个人所有。这里的回扣，是指在经济往来中，卖方从卖得的价钱中返还给买方单位或者其委托代理人的款项。所谓手续费，是指经济往来中在买卖双方当事人之间做居间活动的经纪人因付出一定劳动获取的费用。回扣和手续费是经济活动中的一种交易手段，是市场经济的产物。行为人收受回扣、手续费的行为要构成受贿罪，需符合以下两个条件：一是收受行为必须发生在经济往来中。即经济合同的签订、履行，或者其他形式的积极活动以及各种对外经济活动中；二是违反了国家规定。如我国《反不正当竞争法》等相关法律中明确规定，在经营活动中，如果需要给予对方优惠，可以采取明示方式给予对方价格折扣，不能采取账外回扣和各种名义的手续费的方式，给予对方折扣的，必须如实入账。三是收受各种名义的回扣、手续费必须是归个人所有。如果行为人将收受的回扣、手续费交给单位，则不构成本罪。

其四，斡旋受贿。即行为人利用本人职权和地位形成的便利条件，通过其他国家工作人员职务上的行为，为请托人谋取不正当利益，索取或者收受请托人财物的行为。具体而言，斡旋受贿具有以下特点：一是行为人利用本人职权或者地位形成的便利条件。即利用本人的职权或地位而对其他国家工作人员形

① 马克昌主编：《刑法》(第2版)，高等教育出版社2010年版，第586页。

成的上下级之间的隶属关系、同事关系或与其他部门、单位之间的工作关系。不管行为人利用本人职权还是利用本人地位形成的便利条件，都是源于本人的职务。如果行为人利用自己与其他国家工作人员的亲友关系，则不属于斡旋受贿行为。二是行为人为请托人谋取不正当利益。所谓不正当利益，是指根据法律、法规和有关政策不应当得到的利益。利益的正当与否取决于其性质本身，而不决定于取得利益的手段。如果是请托人依法应当或者可能得到，但限于一定的条件而无法得到，或者暂时未能得到的利益，不属于不正当利益。即使采用送钱送物的手段得到了，也不应当视为不正当利益。三是行为人通过其他国家工作人员的职务行为，为请托人谋取不正当利益。如果是通过其他人员的非职务行为，或者通过不具备国家工作人员身份的人员谋取不正当利益的，不能构成斡旋受贿。四是行为人索取或者收受了请托人的财物。在斡旋受贿中，行为人取得贿赂的形式也有两种：索贿和收受，与一般受贿罪不同的是，斡旋受贿中，无论是索取贿赂的形式还是收受贿赂的形式，均以为请托人谋取不正当利益为必要条件。五是被行为人利用的其他国家工作人员，没有与行为人共同受贿的故意和行为。如果被利用人知道行为人受贿的情况而为请托人谋取不当利益，同时又向请托人索取或非法收受贿赂的，应当按照普通受贿罪的共犯论处，而不属于斡旋受贿。

其五，赌博受贿。根据2005年最高人民法院、最高人民检察院《关于办理赌博刑事案件具体应用法律若干问题的解释》第7条的规定，通过赌博形式收受贿赂，或在赌博中接受他人资金，也以受贿罪论处。

本罪的犯罪主体是特殊主体，即国家工作人员。根据《刑法》第93条规定："本法所称国家工作人员，是指国家机关中从事公务的人员。国有公司、企业、事业单位、人民团体中从事公务的人员和国家机关、国有公司、企业、事业单位委派到非国有公司、企业、事业单位、社会团体从事公务的人员，以及其他依照法律从事公务的人员，以国家工作人员论。"另外，根据全国人民代表大会常务委员会《关于〈中华人民共和国刑法〉第93条第2款的解释》规定，村民委员会等村基层组织人员从事法律规定的公务，利用职务上的便利，索取或者非法收受他人财物，构成受贿罪。

本罪在犯罪主观方面表现为故意，而且只能是直接故意，即行为人明知其利用职务上的便利，索取他人财物或者非法收受他人财物并为他人谋取利益的行为会损害国家工作人员职务行为的廉洁性，却希望危害结果的发生。

（2）受贿罪的认定

在认定本罪罪与非罪时，需要注意几个问题：

一是区分本罪与受贿违法行为的界限。区分违法受贿行为是否构成犯罪，最主要的标准是看受贿数额和受贿情节。根据《刑法》第386条的规定，个人受贿的数额满5000元的，构成受贿罪，依法追究刑事责任；个人受贿数额不满5000元，但情节严重的，也构成受贿罪；情节较轻的，不构成犯罪，由其所在单位或者上级主管机关酌情给予行政处分。情节较重，是指犯罪手段狡猾恶劣；行为人既贪赃又枉法；受贿行为给国家造成严重损失；或者是累犯、共犯中的主犯；受贿后又参与、支持其他犯罪活动；订立攻守同盟，销毁罪证，拒不坦白退赃；在对外活动中，向外商索贿受贿等。情节较轻，一般是指为他人谋取的利益没有违反有关规定；行为没有给国家或集体造成严重损失；案发后坦白交待事实经过，并退了赃款；或者有自首、立功表现等。

二是区分本罪与正当馈赠的界限。亲朋好友间的礼尚往来是中国的传统习惯，亲友之间用于联络感情的馈赠礼品，是正当合法的行为。但有时，受贿罪中的收受他人财物与接受亲友馈赠在表面上颇为相似。区分二者之间的关键，就是看行为人是否利用了职务之便为他人谋取了利益。在具体查证时，应从以下几个方面进行综合分析：第一，给予方与接受方是否存在亲友关系。第二，给予方是否要求接受方为其谋取利益，接受方是否许诺、着手或者已为其谋取利益。第三，接受方是否利用了职务上的便利。第四，给予与接收的方式是否具有隐蔽性，第五，接受财物的数额与价值。①

三是区分本罪与取得合法报酬的界限。合法报酬，是公民在法律、政策允许的范围内，利用自己的知识、技术和劳动，为其他单位或个人承揽业务、提供咨询或者进行其他服务，从中获得的劳动报酬。国家工作人员在本职工作以外，利用业余时间为他人提供智力或体力劳动获得报酬的，不能成立受贿罪。即使略有瑕疵，如并非完全利用业余时间，在领取劳动报酬时没有签真名等，也不宜按受贿处理。要区分受贿罪与取得合法报酬的界限，关键要看行为人是否利用职务上的便利为他人谋取利益，同时，要结合分析行为人是否付出了必要的劳动。如果行为人在业余时间利用职务之便为他人谋取利益，或实际并不付出劳务而以兼职名义收取劳务费、辛苦费的，应以受贿罪论处。

（3）受贿罪的处罚

根据《刑法》第386条的规定，犯本罪的，根据受贿所得数额及情节，依照《刑法》第383条的规定处罚。具体处罚标准如下：

① 参见李希慧主编：《刑法各论》，武汉大学出版社2009年版，第457页。

个人受贿数额在10万元以上的，处10年以上有期徒刑或者无期徒刑，可以并处没收财产；情节特别严重的，处死刑，并处没收财产。

个人受贿数额在5万元以上不满10万元的，处5年以上有期徒刑，可以并处没收财产；情节特别严重的，处无期徒刑，并处没收财产。

个人受贿数额在5000元以上不满5万元的，处1年以上7年以下有期徒刑；情节严重的，处7年以上10年以下有期徒刑；个人受贿数额在5000元以上不满1万元，犯罪后有悔改表现、积极退赃的，可以减轻处罚或者免予刑事处罚，由其所在单位或者上级主管机关给予行政处分。

个人受贿数额不满5000元，情节较重的，处2年以下有期徒刑或者拘役；情节较轻的，由其所在单位或者上级主管机关酌情给予行政处分。

对多次受贿未经处理的，按照累计受贿数额处罚。

【难点辨析】

①受贿罪与非国家工作人员受贿罪。

本罪和非国家工作人员受贿罪都是利用职务上的便利，索取或者收受他人财物为他人谋利益的行为，两罪主要的区别是：

犯罪客体不同。本罪侵犯的犯罪客体是国家工作人员职务行为的廉洁性，非国家工作人员侵犯的客体是公司、企业、其他单位人员职务的廉洁性和公司、企业、其他单位的正常管理秩序。

犯罪客观方面表现不同。本罪客观方面表现中的索贿行为不以为他人谋取利益为要件，只有收受贿赂的受贿形式必须以为他人谋取利益为构成犯罪的必备要件；非国家工作人员受贿罪则无论是索取贿赂还是收受贿赂，均以为他人谋取利益为构成犯罪的必备要件。

犯罪主体的不同。本罪的主体是国家工作人员；非国家工作人员受贿罪的主体为即非国家工作人员，即非国有公司、企业、其他单位中没有国家工作人员身份的人员。

②受贿罪与贪污罪。

本罪与贪污罪都是国家工作人员利用职务之便实施的犯罪，都具有渎职性和贪利性的双重特点。两罪的主要区别在于：

第一，犯罪的主体范围不同。本罪的犯罪主体只限于国家工作人员；贪污罪的犯罪主体除了国家工作人员外，还包括非国家工作人员中受国有单位委托管理、经营国有财产的人员。

第二，犯罪目的不同。本罪的犯罪目的在于获取他人的财物；贪污罪的犯罪目的在于非法占有公共财物。

第三，犯罪客体和对象不同。本罪侵犯的犯罪客体是简单客体，即犯罪对象是贿赂，即他人的财物，其中包括私人财物和公共财物；贪污罪侵犯的犯罪客体是复杂客体，即国家工作人员职务行为的廉洁性和公共财物的所有权，犯罪对象仅限于公共财产。

第四，犯罪客观表现形式不同。本罪一般表现为行为人利用职务上的便利，索取他人财物，或者非法收受他人财物并为他人谋取利益的行为；贪污罪表现为行为人利用职务上的便利，使用侵吞、窃取、骗取或者其他手段非法占有公共财物的行为。另外，两罪在利用职务上的便利的含义上也不尽相同。本罪的职务范围较广，既包括直接利用本人的职权，也包括利用与职务有关的便利条件；贪污罪的职务范围较窄，一般仅限于直接利用本人的职权。①

③以索贿方式构成的受贿罪与敲诈勒索罪。

以索贿方式构成的受贿罪中索取他人财物的行为与敲诈勒索罪中的勒索他人财物的行为比较相似，受贿罪中索取他人财物的行为有时甚至包括勒索他人财物的行为，因此，在实践中应当注意区分两罪。两罪的主要区别在于：

首先，犯罪的主体不同。本罪是特殊主体，即仅限于国家工作人员。敲诈勒索罪的主体是一般主体。

其次，侵犯的犯罪客体不同。本罪侵犯的犯罪客体国家工作人员职务行为的廉洁性；敲诈勒索罪侵犯的犯罪客体是他人的财产权利。

再次，犯罪客观方面表现不同。本罪客观方面表现为行为人利用职务上的便利，主动向请托人索要或勒索财物。敲诈勒索罪客观方面表现为行为人单纯使用威胁要挟的手段迫使被害人交付财物。在目前的情况下，国家工作人员使用威胁要挟手段向请托人敲诈勒索财物的，如果符合受贿罪的数额或情节要求，仍然应当按照受贿罪定罪处罚。

2. 利用影响力受贿罪

利用影响力受贿罪，是指国家工作人员的近亲属或者其他与该国家工作人员关系密切的人，通过该国家工作人员职务上的行为，或者利用该国家工作人员职权或者地位形成的便利条件，通过其他国家工作人员职务上的行为，或者离职的国家工作人员或者其近亲属以及其他与其关系密切的人，利用该离职的国家工作人员原职权或者地位形成的便利条件，通过其他国家工作人员职务上

① 马克昌主编：《刑法》(第2版)，高等教育出版社2010年版，第591页。

的行为，为请托人谋取不正当利益，索取请托人财物或者收受请托人财物，数额较大或者有其他较重情节的行为。

（1）利用影响力受贿罪的构成

本罪侵犯的犯罪客体是国家工作人员职务的廉洁性、公正性和社会对国家工作人员职务的信赖。

本罪在犯罪客观方面表现为：国家工作人员的近亲属或者其他与该国家工作人员关系密切的人，通过该国家工作人员职务上的行为，或者利用该国家工作人员职权或者地位形成的便利条件，通过其他国家工作人员职务上的行为，或者离职的国家工作人员或者其近亲属以及其他与其关系密切的人，利用该离职的国家工作人员原职权或者地位形成的便利条件，通过其他国家工作人员职务上的行为，为请托人谋取不正当利益，索取请托人财物或者收受请托人财物，数额较大或者有其他较重情节的行为。具体而言，表现为以下几种行为模式：

一是特定人员通过国家工作人员职务上的行为，为请托人谋取不正当利益，索取请托人财物或者收受请托人财物。

二是特定人员利用国家工作人员职权或者地位形成的便利条件，通过其他国家工作人员职务上的行为，为请托人谋取不正当利益，索取请托人财物或者收受请托人财物。

三是离职的国家工作人员或者其近亲属以及其他与其关系密切的人，利用该离职的国家工作人员原职权或者地位形成的便利条件，通过其他国家工作人员职务上的行为，为请托人谋取不正当利益，索取请托人财物或者收受请托人财物。

以上三种行为模式，都要求行为人索取或收受了财物，才能构成犯罪。具体判断索取或收受了财物，需要注意几个问题：一是索取或收受的时间不限于为请托人谋取不正当利益之前。如果事先约定事后收受贿赂，或事后向请托人索取的，都应认定为利用影响力受贿罪。二是给予财物的实际行为人不限于实际获得不正当利益的人。三是本罪“索取”与“收受”的行为在认定犯罪时的价值相同。相对于受贿罪构成要件中索取与收受的区别，本罪中索取与收受对认定犯罪是否成立，具有相同的作用。①

本罪的犯罪主体为特殊主体。即与国家工作人员关系密切的特定人员、离

① 王作富主编：《刑法分则实务研究》（第4版），中国方正出版社2010年版，第1810页。

职的国家工作人员及与其关系密切的人。具体应当包括：与国家工作人员关系密切的人员。根据实践中的经验，属于与国家工作人员关系密切的人员主要包括国家工作人员的近亲属、情妇（夫）、秘书、司机等。离职的国家工作人员的近亲属以及其他与其关系密切的人员。

本罪在犯罪主观方面表现为故意。

（2）利用影响力受贿罪的认定

认定本罪时需要注意，由于本罪的构成要件中要求必须是为请托人谋取不正当的利益，因此，如果行为人为请托人谋取的是合法的利益，则不能构成本罪。实践中有的特定人员不知国家工作人员利用职权为他人谋取不正当利益，而为其代收他人财物并占有的，由于行为人没有接受请托实施为他人谋取不当利益的行为，因此也不能构成本罪。

（3）利用影响力受贿罪的处罚

根据《刑法》第388条之规定，犯本罪的，处3年以下有期徒刑或者拘役，并处罚金；数额巨大或者有其他严重情节的，处3年以上7年以下有期徒刑，并处罚金；数额特别巨大或者有其他特别严重情节的，处7年以上有期徒刑，并处罚金或者没收财产。

【难点辨析】

利用影响力受贿罪与共同受贿

《全国法院审理经济犯罪案件工作座谈会纪要》中指出，根据刑法关于共同犯罪的规定，非国家工作人员与国家工作人员勾结伙同受贿的，应当以受贿罪的共犯追究刑事责任。非国家工作人员是否构成受贿罪共犯，取决于双方有无共同受贿的故意和行为，国家工作人员的近亲属向国家工作人员代为转达请托事项，收受请托人财物并告知该国家工作人员，或者国家工作人员明知其近亲属收受了他人财物，仍按照近亲属的要求利用职权为他人谋取利益的，对该国家工作人员应认定为受贿罪，其近亲属以受贿罪共犯论处。近亲属以外的其他人与国家工作人员通谋，由国家工作人员利用职务上的便利为请托人谋取利益，收受请托人财物后双方共同占有的，构成受贿罪共犯。国家工作人员利用职务上的便利为他人谋取利益，并指定他人将财物送给其他人，构成犯罪的，应以受贿罪定罪处罚。

3. 行贿罪

行贿罪，是指行为人为谋取不正当利益，给予国家工作人员以财物的行为。

(1) 行贿罪的构成

本罪的犯罪客体是国家工作人员职务行为的廉洁性。犯罪对象仅限于国家工作人员。行贿罪的实质是利用金钱、财物收买国家公务人员的行为，从中谋取不当利益。其行为严重侵害了国家工作人员职务行为廉洁性，损害了国家机关及其工作人员的形象和威信。

本罪在犯罪客观方面表现为行为人给予国家工作人员以财物的行为。具体为：

首先，行为人为谋取不正当利益，主动给予受贿人以财物。所谓谋取不正当利益，根据《关于人民检察院直接受理立案侦查案件立案标准的规定》的规定，是指谋取违反法律、法规、国家政策和国务院各部门规章规定的利益，以及谋取违反法律、法规、国家政策和国务院各部门规章规定的帮助或者方便条件。在这种情况下，无论行贿人意图谋取的不正当利益是否实现，均不影响行贿罪的成立，即使是受贿人实际上并未实施为其谋取不正当利益的行为，也可以构成行贿罪。

其次，行为人被勒索被动地给予受贿人以财物。根据《刑法》第 389 条第 3 款的规定，因被勒索给予国家工作人员以财物，没有获得不正当利益的，不是行贿。只有行为人实际获取了不正当利益，才能构成行贿罪。

再次，在经济往来中，违反国家规定，给予国家工作人员以财物，数额较大的，或者违反国家规定，给予国家工作人员以各种名义的回扣、手续费的，以行贿论处。对于这种行贿，并不要求必须具备以谋取不正当利益为目的，只要实施了以上两种行为，即构成行贿罪。

本罪的犯罪主体是一般主体，凡已满 16 周岁具有刑事责任能力的自然人均可成为本罪的主体。

本罪在犯罪主观方面表现为直接故意，且具有谋取不正当利益的目的。

(2) 行贿罪的认定

①罪与非罪的界限。

认定本罪时，应当将其与馈赠礼品相区分，两者关键的不同在于给予财物的目的和方式。如果是亲友之间为了增进情谊而馈赠礼品，给付财物时也无附加条件的，应当属于正当的馈赠行为，不能认定为行贿罪。此外，虽然刑法条款中没有明确行贿罪构成的数额标准和情节要求，但根据《关于人民检察院直接受理立案侦查案件立案标准的规定》的规定，行贿数额在一万元以上的，或者行贿数额不满一万元，但有以下情形之一的，应当追究刑事责任：为谋取非法利益而行贿的；向 3 人以上行贿的；向党政领导、司法工作人员、行政执法人员行贿的；致使国家或者社会利益遭受重大损失的；因被勒索给予国家工作人员以财物，已获得不正当利益的，以行贿罪追究刑事责任。

②罪数的界定。

实践中，有行为人在实施犯罪之后，为逃脱或减轻刑事责任而给有关国家工作人员财物，或在实施犯罪之前或者在犯罪过程中，为了使犯罪顺利实施而给国家工作人员财物，又构成行贿罪的，应按本罪与行为人实施的其他犯罪实行数罪并罚。

(3) 行贿罪的处罚

根据《刑法》第 390 条的规定，犯本罪的，处 5 年以下有期徒刑或者拘役；因行贿谋取不正当利益，情节严重的，或者使国家利益遭受重大损失的，处 5 年以上 10 年以下有期徒刑；情节特别严重的，处 10 年以上有期徒刑或者无期徒刑，可以并处没收财产。行贿人在被追诉前主动交待行贿行为的，可以减轻处罚或者免除处罚。

4. 介绍贿赂罪

介绍贿赂罪，是指在行贿人与受贿人之间进行引见、沟通、撮合，向国家工作人员介绍贿赂，情节严重的行为。

(1) 介绍贿赂罪的构成

本罪侵犯的客体是国家工作人员职务行为的廉洁性。本罪的犯罪对象只能是国家工作人员。

本罪在犯罪客观方面表现为向国家工作人员介绍贿赂，即在行贿人与国家工作人员之间进行引见、沟通、撮合，促使行贿与受贿得以实现。介绍贿赂通常表现为两种形式：一是受行贿人之托，为其物色行贿对象，疏通行贿渠道，引荐受贿人，转达行贿的信息，为行贿人转交贿赂物，向受贿人转达行贿人的要求等；二是按照受贿人的意图，为其物色行贿人，居间介绍。

本罪的犯罪主体是一般主体，且仅限于自然人，不包括单位。

本罪的犯罪主观方面是故意。至于行为人出于何种动机，是否因介绍贿赂从行贿方或者受贿方得到某种利益，不影响本罪的成立。

(2) 介绍贿赂罪的认定

在认定本罪时，应当注意，行为人必须有介绍贿赂的主观故意。如果行为人是在被蒙蔽的情况下介绍贿赂，其主观上并无介绍贿赂的故意，不能构成介绍贿赂罪。如行为人在经济交往中居间提供信息咨询服务，主观目的是为了正常的业务成交而获得报酬，对于双方是否有钱权交易以及谋取不正当利益并无主观意愿的，不能以本罪论处。另外，行为人只有说情行为，并无介绍贿赂的故意，也不构成介绍贿赂罪。

（3）介绍贿赂罪的处罚

根据《刑法》第392条的规定，犯本罪的，处3年以下有期徒刑或者拘役。介绍贿赂人在被追诉前主动交待介绍贿赂行为的，可以减轻处罚或者免除处罚。

【难点辨析】

介绍贿赂罪与斡旋受贿

斡旋受贿，是国家工作人员利用本人职权或者地位形成的便利条件，通过其他国家工作人员的职务上的行为，为请托人谋取不正当利益，索取请托人财物或者收受请托人财物的行为。斡旋受贿行为没有独立的罪名，它是受贿罪的一种表现形式，应以受贿罪论处。本罪与斡旋受贿型的受贿罪在客观方面有相似之处，但两者也有比较明显的区别：

首先，犯罪主体不同。本罪的犯罪主体是一般主体；斡旋型受贿罪的犯罪主体为特殊主体，即只能是国家工作人员。

其次，犯罪客观方面表现不同。本罪在犯罪客观方面表现为在行贿、受贿双方之间进行沟通、撮合，以促使行、受贿得以实现的行为。斡旋型受贿罪则表现为行为人利用本人的职权或者地位形成的便利条件，通过其他国家工作人员职务上的行为，为请托人谋取不正当的利益，索取请托人财物或者收受请托人财物的行为。斡旋受贿人通过斡旋受贿行为，索取或收受了行贿人的财物，而介绍贿赂人可以收取财物，也可以不收财物。可以收取一方的财物，也可以两方都收取财物。

二、案例分析

【案例一】

1996年11月，某公司的股票准备上市期间，时任该公司主要领导人的被告人江某、马某、何某和程某商议决定将公司未发行完的股票出卖后，每股交回2.2元股本金，把其余的差价款私分，由被告人何某、程某具体经办。尔后，被告人程某从董事会秘书贺某处取出股票共30万股，与何某到C市，以1∶7的价格卖给A公司，获款人民币210万元。2名被告人化名“董一”、“董二”、“董三”、“董四”和“奚一”、“奚二”、“奚三”、“奚四”存入银行，存折由程某保管。同月，4名被告人再次商议出卖股票，程某再次从贺某处取出股票50万股，与何某到C市以1∶8.8的价格卖给A公司，获款人民币440万元。2名被告人将部分赃款以化名“巩”、“龚”、“方”存入银行，部分款存入“董一”、“董二”、“董三”、“董四”的存折上，存折仍由程某保管。同年12月，4名被告人到成都，每人各分得两张存折计67.5万元。

1996年11月，4名被告人考虑到有规定不允许公司董事出卖自己公司的股票，商议与B公司互换股票。被告人何某将自己原在贺某处取出未发行完的20万股票同被告人程某去换回B公司股票20万股，尔后，何某与程某去C市，以1∶13.5的价格卖给B有限公司，获款人民币270万元，二人将此款化名“甲”、“乙”、“丙”存入银行，存折由程某保管。同年12月30日，4名被告人在S市将S公司返给该公司的广告宣传费200万元私分，各分得50万元。4名被告人商议以卖股票的钱款归还后，程某于1997年11月16日将卖股票的存款转出206.935308万元，以贺某的名义存入银行。1998年8月24日，程某将该存单交回本公司。

1996年12月，4名被告人开会决定以奖励股票认购权的方式奖励公司领导和部分中层干部，4名被告人在各得2万元后又商议每人各多分8万股。尔后，4名被告人将各自多分的8万股在证券交易所卖出，江某获利人民币73.5304万元，何某获利人民币92.596万元，马某获利人民币73.9328万元，程某获利人民币69.6904万元。

综上，被告人江、马、何、程利用可以调拨股票的职务之便，先后领出股票132万股，违规出售后，再交回股本认购金，获取巨额差价。被告人江某获利人民币222.1304万元，被告人何某获利人民币241.196万元，被告人马某获利人民币222.5328万元，被告人程某获利人民币218.2904万元。

（案例来源：《中国刑事审判指导案例（贪污贿赂罪·渎职罪·军人违反职责罪）》，法律出版社2009年版，第50页。）

【问题聚焦】

江某等四被告人出售公司股票所获并侵占的差价款是否属于“本单位财物”。

【法律剖析】

本案股票出售的行为，究竟属于被告人的履职行为还是个人行为，或者说属于公司的发行行为还是个人认购后的炒卖行为，直接决定着股票收益的权属，因而是认定本案对象事实时首先需要解决的问题。

本案中，基于以下几点事实和理由，可以认定江某等四人出售公司股票的行为属职务行为，所售股票收益均应归公司所有。第一，对公司股票进行管理、组织发行是江等四被告人的职责所在，这为认定四被告人出售公司股票行为属于代表公司所为的职务行为提供了一个合理的前提。第二，股票是四被告人通过管理、发行股票职务从公司董事会秘书处直接支领的，四被告人在领取股票时并没有支付购买股票所需的相应价款。第三，本案行为在支领、出售直至返回股本金整个过程中，即便在名义上也没有反映出四被告人的个人特征。第四，出售股票后返回股本金，属于事后行为，对于出售行为性质的认定不具有决定性的意义。第五，本案股本金之外的收益归属，根本上决定于出售股票行为是个人行为还是单位行为。在没有明确的规定或者约定的情况下，将职务行为所取得的、公司预期利益之外的收益视为个人收益是不能成立的，凡是应归公司所有而没有归公司的，便是给公司造成了损失。因此，江等四被告人出售公司股票所获并侵占的差价款应当被认定为“本单位财物”。

综上，江某等四被告人利用职务之便，将本单位财物非法占为己有的行为，根据《刑法》第271条第2款的规定，应以贪污罪定罪处罚。至于侵吞的股票发行差价款，只要属于“本单位财物”，是否为“公共财物”，不影响贪污罪的认定。

【法条链接】

《中华人民共和国刑法》

第271条　公司、企业或者其他单位的人员，利用职务上的便利，将本单位财物非法占为己有，数额较大的，处5年以下有期徒刑或者拘役；数额巨大的，处5年以上有期徒刑，可以并处没收财产。

国有公司、企业或者其他国有单位中从事公务的人员和国有公司、企业或者其他国有单位委派到非国有公司、企业以及其他单位从事公务的人员有前款行为的，依照本法第382条、第383条的规定定罪处罚。

第382条　国家工作人员利用职务上的便利，侵吞、窃取、骗取或者以其他手段非法占有公共财物的，是贪污罪。

受国家机关、国有公司、企业、事业单位、人民团体委托管理、经营国有财产的人员，利用职务上的便利，侵吞、窃取、骗取或者以其他手段非法占有国有财物的，以贪污论。

与前两款所列人员勾结，伙同贪污的，以共犯论处。

【案例二】

S市医疗保险事务管理中心（以下称医保管理中心）系S市医疗保险局所属的国有事业单位，经费来源为国家财政全额拨款。被告人张某系医保管理中心主任；被告人夏某系医保管理中心办公室主任。

2001年12月至2003年4月，医保管理中心领导班子经讨论，由张某决定，夏某具体操办，将国家财政专项拨款的邮电通信费和资料速递费结余部分以快递费、速递费、邮寄费等名义，先后套购邮政电子消费卡价值人民币（以下均同）213000元，套取现金97560元并用于购买超市代币券，相应发票予以入账。随后，二被告人将其中价值243800元的邮政电子消费卡和超市代币券以单位福利名义，定期分发给医保管理中心的全体员工，张某及夏某各分得面值14100元和10500元的消费卡及代币券。另外，张某在已经享受单位每月给予180元通信费的前提下，让夏某用邮政电子消费卡为其支付移动电话通信费5800余元。

2002年2月，由张某决定，夏某具体操办，将国家财政专项拨款的业务招待费以会务费名义从本市某宾馆套现1.5万元，以“2001年度特别奖励”的名义发放给医保管理中心部分人员，其中张某分得1000元，夏某分得5000元。

2003年7月，被告人张某、夏某向中共S市卫生局纪委如实交代了上述犯罪事实，并归还全部赃款。

人民法院认为，医保管理中心作为国有事业单位，违反国家财政经费必须专项使用的规定，以虚假名义套取专项经费后以单位名义变相私分，数额达20余万元，其行为已构成犯罪；被告人张某、夏某作为该中心实施上述犯罪直接负责的主管人员和直接责任人员，应当承担私分国有资产罪的刑事责任。张某在已经领取单位通信费且没有向上级领导申请并获得批准的情况下，决定由夏某具体操作，用已经套购并准备分发的邮政电子消费卡报销移动电话通信费，该行为亦属整体的私分国有资产行为的组成部分。张某、夏某以“2001年度特别奖励”的名义把从专项经费中套取的现金分发给部分员工，因系在单位内部的一定范围内分发，同样可以认定私分国有资产的性质，而不仅仅是违反财经纪律，故被告人夏某的辩护人的辩护意见不予采纳。鉴于张某、夏某均有自首情节，且退赔了全部赃款，犯罪情节较轻，均可依法从轻处罚。依照《中华人民共和国刑法》第396条第1款、第67条第1款、第64条之规定，依法判决如下：

1. 被告人张某犯私分国有资产罪，判处罚金人民币二万元；

2. 被告人夏某犯私分国有资产罪，判处罚金人民币一万五千元。

一审宣判后，二被告人未提出上诉，公诉机关亦未抗诉，判决发生法律效力。

（案例来源：《中国刑事审判指导案例（贪污贿赂罪·渎职罪·军人违反职责罪）》，法律出版社 2009 年版，第 206 页。）

【问题聚焦】

如何区分假借奖金、福利等名义变相集体私分国有资产行为与超标、超范围发放奖金、福利等一般财经违纪行为。

【法律剖析】

私分国有资产罪是 1997 年修订刑法规定的一个新罪名。此前，对于以单位名义将国有资产集体私分给单位成员的行为，通常是作为一般财经违纪行为处理的。应当说，私分国有资产犯罪行为首先是一种违反财经纪律的行为，但并不意味着此类违反财经纪律行为都应该作为犯罪处理。在司法实践中，集体私分国有资产行为一般都以单位的名义进行，因此往往是打着合法的幌子，通过发“奖金”、发“补助”、“岗位津贴”、“分红”或者发放福利商品等各种形式公开进行。如何正确区分私分国有资产行为特别是方式方法上表现为发放奖金、津贴、福利补贴等变相私分行为与一般财经违纪行为的界限，在理论和实务上都容易产生分歧。对此，我们认为，正确区分两者的界限，应当依照《刑法》第 396 条第 1 款关于私分国有资产罪的规定，结合是否违反国家规定和数额是否较大两个方面的构成要件来加以理解和把握。在本案中，涉案金额达 20 余万元，参照相关规定，认定数额较大不成问题，那么，能否认为张某、夏某二被告人虚构用途套取专项经费后以福利、奖金等名义分配单位资产的行为违反了国家相关规定，进而认定为私分国有资产行为呢？答案是肯定的。

私分国有资产行为首先是一种违反国家规定的行为。根据《刑法》第 96 条规定，违反国家规定，是指违反全国人民代表大会及其常务委员会制定的法律和决定，国务院制定的行政法规、规定的行政措施、发布的决定和命令。据此，国家机关、国有公司、企业、事业单位、人民团体依照相关国家规定发放奖金、津贴、福利等行为，如国家机关、事业单位、社会团体等依照预算法和有关预算外资金管理法规规定用预算外资金发放奖金、津贴、补贴以及国有公司依照公司法相关规定将所提取的法定公益金用于本公司职工集体福利等，因属合法行为，当然不能认为是变相私分国有资产。鉴于我国国有单位尤其是国有企业在改革、改制过程中出现了一些财务管理不够规范和不够完善的现实状况，在私分国有资产罪中的违反国家规定的具体理解和掌握上，一定要具体情况具体分析，实事求是、合情合理地予以认定。不宜将违反规定超标准、超范围等滥发奖金、福利的财经违纪行为，一概认定为集体私分行为，以避免刑事打击面过大。具体判断方面，可参照单位经营利润情况、单位对所分资产是否具有自主支配、分配权等情况综合分析。对于在单位财力状况允许的范围内以及将单位具有一定自主支配权的钱款违反规定分配给单位成员，未造成严重社会危害后果的行为，一般不宜认定为私分行为。相反，下列情形一般可以认定为私分国有资产行为：第一，在单位没有经营效益甚至经营亏损的情况下，变卖分配国有财产等严重违背国有财产的经营管理职责，妨害国有公司、企业的正常生产、经营活动的；第二，单位将无权自主支配、分配的钱款通过巧立名目、违规做账等手段从财务账上支出，或者将应依法上缴财务入账的正常或者非正常收入予以截留，变造各种栏目进行私分发放等，严重破坏国家财政收支政策的贯彻落实的。

本案张某、夏某二被告人违反了国家财政经费必须专项使用的规定，虚构用途套取专项经费后以福利、奖金等名义予以集体私分的行为，即属上述第二种情形。根据国家有关保险及医疗保险的相关规定，财政专户内的资金应严格开支范围和开支标准，确保专款专用；确需调整经费用途的，应在不突破预算总额的前提下，报相关部门审核批准。张某、夏某二被告人所套用的邮电通信费、资料速递费和业务招待费不仅系国家财政专项经费，而且二被告人明知如需调整用途必须上报审核，医保管理中心对此钱款不具有自主支配、分配权。二被告人故意使用虚假发票违规做账，并假借福利、奖励等名义将专项使用资金在公司内部成员之间进行集体私分，数额较大，其主观恶性和危害后果均已达到应受刑罚处罚的程度，故将之认定为变相私分国有资产的犯罪行为是正确的。

【法条链接】

《中华人民共和国刑法》

第96条　本法所称违反国家规定，是指违反全国人民代表大会及其常务委员会制定的法律和决定，国务院制定的行政法规、规定的行政措施、发布的决定和命令。

第396条　国家机关、国有公司、企业、事业单位、人民团体，违反国家规定，以单位名义将国有资产集体私分给个人，数额较大的，对其直接负责的主管人员和其他直接责任人员，处3年以下有期徒刑或者拘役，并处或者单处罚金；数额巨大的，处3年以上7年以下有期徒刑，并处罚金。

司法机关、行政执法机关违反国家规定，将应当上缴国家的罚没财物，以单位名义集体私分给个人的，依照前款的规定处罚。

三、深度拓展

非国家工作人员受贿罪

非国家工作人员受贿罪，是指公司、企业或者其他单位的工作人员利用职务上的便利，索取他人财物或者非法收受他人财物，为他人谋取利益，数额较大的行为。最高人民法院、最高人民检察院2007年11月5日联合公布刑法确定罪名补充规定，补充、修改了刑法罪名。规定包括取消“公司、企业人员受贿罪”罪名，由“非国家工作人员受贿罪”替代等内容。调整后的新罪名于2007年11月6日起施行。《补充规定》称，取消“公司、企业人员受贿罪”罪名，由“非国家工作人员受贿罪”替代。“对非国家工作人员行贿罪”替代了“对公司、企业人员行贿罪”。

本罪的犯罪构成如下：

（1）侵犯的客体是国家对公司、企业以及非国有事业单位、其他组织的工作人员职务活动的管理制度。

（2）犯罪客观方面表现为利用职务上的便利，索取他人财物或非法收受他人财物，为他人谋取利益，数额较大的行为。该利益是合法还是非法，该利益是否已谋取到，均不影响本罪的成立。数额较大是指接受贿赂即财物的数额较大。接受了数额较大的贿赂，则构成该罪的既遂。《刑法修正案（六）》第7条修改了《刑法》第163条第2款的规定，公司、企业或者其他单位的工作人员在经济往来中，利用职务上的便利，违反国家规定，收受各种名义的回扣、手续费，归个人所有的，以公司、企业、其他单位人员受贿罪处罚。

（3）犯罪主体是特殊主体，即公司、企业或者其他单位的工作人员。“其他单位的工作人员”包括非国有事业单位或者其他组织的工作人员，如教育、科研、医疗、体育、出版等单位的从事组织领导以及履行监督、管理职责的人员。在国有公司、企业、国有其他单位中从事公务的人员和国有公司、企业、国有其他单位委派到非国有公司、企业以及其他单位从事公务的人员利用职务上的便利受贿的，不成立公司、企业、其他单位人员受贿罪，而应依照《刑法》第385条、第386条的受贿罪处罚。

（4）犯罪主观方面表现为故意，即公司、企业、其他单位人员故意利用其职务之便接受或索取贿赂，为他人谋取利益。

根据《刑法》第163条的规定，“公司、企业或者其他单位的工作人员利用职务上的便利，索取他人财物或者非法收受他人财物，为他人谋取利益，数额较大的，处5年以下有期徒刑或者拘役；数额巨大的，处5年以上有期徒刑，可以并处没收财产。

公司、企业或者其他单位的工作人员在经济往来中，利用职务上的便利，违反国家规定，收受各种名义的回扣、手续费，归个人所有的，依照前款的规定处罚。

国有公司、企业或者其他国有单位中从事公务的人员和国有公司、企业或者其他国有单位委派到非国有公司、企业以及其他单位从事公务的人员有前两款行为的，依照本法第385条、第386条的规定定罪处罚。”

第二十三章　渎　职　罪

【知识结构图】

渎职罪
- 渎职罪概述
- 一般国家机关工作人员的渎职犯罪
- 司法工作人员的渎职犯罪
- 特定国家机关工作人员的渎职犯罪

一、知识点精析

（一）渎职罪概述

1. 渎职罪的概念

渎职罪，是指国家机关工作人员，滥用职权、玩忽职守、徇私舞弊，妨害国家机关的正常活动，致使国家和人民利益遭受重大损失的行为。

2. 渎职罪的构成

（1）本罪侵犯的客体是国家机关的正常管理活动。国家机关具有政治、经济、文化等各方面的管理职能。这些职能的正常行使，是实现国家机关各项任务的重要保证。而各项国家职能的发挥，是通过具体的国家机关工作人员实现的。国家工作人员滥用职权、玩忽职守、徇私舞弊的行为，不仅必然妨碍国家机关的正常管理活动，使国家机关的形象和威信受到损害，而且将严重损害国家和人民的利益。

（2）本类犯罪在犯罪客观方面表现为滥用职权、玩忽职守、徇私舞弊的行为，并致使公共财产、国家、人民的利益遭受重大损失。渎职罪的行为可以分为三类，即滥用职权、玩忽职守、徇私舞弊。滥用职权，表现为超越职权和玩弄职权两种形式。玩忽职守，是指疏于职守、不按规章和程序行使管理职权。徇私舞弊，是指为了徇个人之情而违反规章制度，从中弄虚作假。在行为的表现形式上，既可以是作为，如刑事诉讼徇私枉法罪；也可以是不作为，如失职造成珍贵文物损毁、流失罪。无论是作为还是不作为，都必须与职务活动或公务活动相联系。如果行为人的犯罪行为与其职务和公务活动无关，则不能构成本类犯罪。

本类犯罪除了犯罪客观方面必须具备上述行为之外，多数犯罪都要求使公共财产、国家、人民的利益遭受重大损失。公共财产的重大损失，根据最高人民法院《全国法院审理经济犯罪案件工作座谈会纪要》的有关解释，通常是指渎职行为已经造成了重大的经济损失。司法实践中，有以下情节之一的，虽然公共财产作为债权存在，但已无法实现债权的，可以认定为行为人的渎职行为造成了经济损失：债务人已经法定程序被宣告破产的；债务人潜逃，去向不明；因行为人责任，致使超过诉讼时效；有证据证明债权无法实现的其他情况。①

（3）本类犯罪的主体除个别犯罪外，均为特殊主体，即只能是国家机关工作人员。根据2002年《全国人民代表大会常务委员会关于〈中华人民共和国刑法〉第九章渎职罪主体适用问题的解释》规定，在依照法律、法规规定行使国家行政管理职权的组织中从事公务的人员，或者在受国家机关委托代表国家机关行使职权的组织中从事公务的人员，或者虽未列入国家机关人员编制但在国家机关中从事公务的人员，在代表国家机关行使职权时，有渎职行为，构成犯罪的，依照刑法关于渎职罪的规定追究刑事责任。

（4）本类犯罪中多数犯罪在主观方面是故意，少数犯罪的主观方面是过失。需要指出的是，这里的故意或过失，是行为人对其渎职行为造成的损害结果的心理态度，而不是对渎职行为本身的态度。

（二）一般国家机关工作人员的渎职罪

1. 滥用职权罪

滥用职权罪，是指国家机关工作人员超越职权，决定、处理其无权处理的事项，致使公共财产、国家和人民利益遭受重大损失的行为。

（1）滥用职权罪的构成

本罪侵犯的客体是国家机关的正常管理活动，即各级、各类国家机关对于社会生活各领域的管理活动。国家机关工作人员故意逾越职权的行为，会使国家机关的某项具体工作遭到破坏，给国家、集体和人民利益造成严重损害，从

① 参见李希慧主编：《刑法各论》，武汉大学出版社2009年版，第464页。

而危害了国家机关的正常管理活动。本罪侵犯的对象可以是公共财产或者公民的人身及其财产。

本罪在犯罪客观方面表现为滥用职权，致使公共财产、国家利益和人民利益遭受重大损失的行为。具体而言，主要表现为以下两个方面：

首先是行为人实施了滥用权力的行为。其中又分为两种情况：一是滥用职务范围内的权力。滥用职务范围内的权力，是指行为人在法定的职权范围内出于不法目的或是以不法手段实施背离职责宗旨的行为。二是超越职权的行为，即是指行为人实施了自己无权实施的危害社会的行为，擅自决定或处理没有决定、处理权限的事项。

其次是滥用职权的行为，必须致使公共财产、国家和人民利益遭受重大损失。所谓重大损失，是指给国家和人民造成了重大物质性损失和非物质性损失。根据2006年最高人民检察院《关于渎职侵权犯罪案件立案标准的规定》，下列情形应当认为是造成重大损失："1. 造成死亡1人以上，或者重伤2人以上，或者重伤1人、轻伤3人以上，或者轻伤5人以上的；2. 导致10人以上严重中毒的；3. 造成个人财产直接经济损失10万元以上，或者直接经济损失不满10万元，但间接经济损失50万元以上的；4. 造成公共财产或者法人、其他组织财产直接经济损失20万元以上，或者直接经济损失不满20万元，但间接经济损失100万元以上的；5. 虽未达到3、4两项数额标准，但3、4两项合计直接经济损失20万元以上，或者合计直接经济损失不满20万元，但合计间接经济损失100万元以上的；6. 造成公司、企业等单位停业、停产6个月以上，或者破产的；7. 弄虚作假，不报、缓报、谎报或者授意、指使、强令他人不报、缓报、谎报情况，导致重特大事故危害结果继续、扩大，或者致使抢救、调查、处理工作延误的；8. 严重损害国家声誉，或者造成恶劣社会影响的；9. 其他致使公共财产、国家和人民利益遭受重大损失的情形。"根据上述《规定》，其中的"直接经济损失"，是指与行为有直接因果关系而造成的财产损毁、减少的实际价值；"间接经济损失"，是指由直接经济损失引起和牵连的其他损失，包括失去的在正常情况下可以获得的利益和为恢复正常的管理活动或者挽回所造成的损失所支付的各种开支、费用等。直接经济损失和间接经济损失，是指立案时确已造成的经济损失。移送审查起诉前，犯罪嫌疑人及其亲友自行挽回的经济损失，以及由司法机关或者犯罪嫌疑人所在单位及其上级主管部门挽回的经济损失，不予扣减，但可作为对犯罪嫌疑人从轻处理的情节考虑。

本罪的犯罪主体是特殊主体，即具有国家机关工作人员身份的人员。根据

2006年最高人民检察院《关于渎职侵权犯罪案件立案标准的规定》，“国家机关工作人员”，是指在国家机关中从事公务的人员，包括在各级国家权力机关、行政机关、司法机关和军事机关中从事公务的人员。在依照法律、法规规定行使国家行政管理职权的组织中从事公务的人员，或者在受国家机关委托代表国家行使职权的组织中从事公务的人员，或者虽未列入国家机关人员编制但在国家机关中从事公务的人员，在代表国家机关行使职权时，视为国家机关工作人员。在乡（镇）以上中国共产党机关、人民政协机关中从事公务的人员，视为国家机关工作人员。

本罪在犯罪主观方面是故意，即行为人明知道自己滥用职权的行为可能给公共财产、国家和人民利益造成重大损害，并且希望或者放任结果的发生。但从司法实务来看，滥用职权者对危害结果持间接故意的情况比较多。至于行为人滥用职权是为自己利益或他人利益，或者为其他目的，不影响本罪的成立。

（2）滥用职权罪的认定

①罪与非罪的界限。

认定滥用职权罪，首先应当看行为人是否滥用了职权，即是否不正当行使职权或是否超越职权。如果行为人没有滥用职权，完全是在具体的职权范围内合理地处理事项，则不能认定为滥用职权罪。其次，要看滥用职权的行为是否造成重大损失，对于没有造成重大损失的滥用职权行为，不能认定为滥用职权罪。但另一方面，对作为本罪构成要件的“重大损失”，不能单纯理解为有形的损失，而应包括无形的损失。

②罪数的界定。

行为人实施滥用职权行为的同时又实施了受贿行为的而分别构成滥用职权罪和受贿罪的，应当依照数罪并罚的原则实行数罪并罚。行为人接受他人的贿赂后又滥用职权给他人谋取利益并致使公共财产、国家和人民的利益遭受重大损失的，构成牵连犯。此时，滥用职权为他人谋取利益的行为只不过是受贿得以实现的条件，因此，只要能构成受贿罪，滥用职权的行为不再具有独立的意义，对之应以受贿罪从重论处。如果收受的贿赂不大，不能构成受贿罪的，则应依滥用职权罪治罪，而不能不以犯罪论处，从而轻纵犯罪。

（3）滥用职权罪的处罚

根据《刑法》第397条规定，犯本罪的，处3年以下有期徒刑或者拘役；情节特别严重的，处3年以上7年以下有期徒刑。国家机关工作人员徇私舞弊犯本罪的，处5年以下有期徒刑或者拘役；情节特别严重的，处5年以上10年以下有期徒刑。

【难点辨析】

滥用职权罪与其他滥用职权犯罪

在《刑法》分则第九章除规定滥用职权罪的一般条款外，还规定一些滥用职权犯罪的特别条款。本罪与其他滥用职权的犯罪是一般与特别的关系，最高人民检察院《关于渎职侵权犯罪案件立案标准的规定》指出，国家机关工作人员滥用职权，符合《刑法》第九章所规定的特殊渎职罪构成要件的，按照该特殊规定追究刑事责任；主体不符合《刑法》第九章所规定的特殊渎职罪的主体要件，但滥用职权涉嫌前款第1项至第9项规定情形之一的，按照《刑法》第397条的规定以滥用职权罪追究刑事责任。因此，对于《刑法》第397条规定以外的滥用职权犯罪行为，应根据特别法条优于普通法条的原理，应按照特别条款处理。

2. 玩忽职守罪

玩忽职守罪是指国家机关工作人员严重不负责任，不履行或不认真履行职责，致使公共财产、国家和人民利益遭受重大损失的行为。

（1）玩忽职守罪的构成

本罪的犯罪客体是国家机关的正常管理活动，即各级各类国家机关对于社会生活各领域的管理活动。国家机关工作人员对本职工作严重不负责任，违反规章制度，不履行职责义务的行为，会使国家机关的某项具体工作遭到破坏，给国家、集体和人民利益造成严重损害，从而危害了国家机关的正常管理活动。

本罪在犯罪客观方面主要表现为玩忽职守，致使公共财产、国家和人民利益遭受重大损失的行为。具体而言，主要表现为两个方面：

首先，行为人有玩忽职守的行为，具体有以下几种行为模式：一是不履行职责，即行为人有能力且有条件履行自己应尽的职责，而不履行或不正确履行。二是擅离职守，即行为人在执行职务期间，违背其职责义务而擅自离开自己工作岗位的行为。三是未尽职责，即指行为人虽然有其履行职责的行为，但并未完全履行职责的情况。

其次，玩忽职守的行为，必须致使公共财产、国家和人民利益遭受重大损失。依据2006年最高人民检察院《关于渎职侵权犯罪案件立案标准的规定》，下列情形应当认为是造成重大损失：“1. 造成死亡1人以上，或者重伤3人以上，或者重伤2人、轻伤4人以上，或者重伤1人、轻伤7人以上，或者轻伤10人以上的；2. 导致20人以上严重中毒的；3. 造成个人财产直接经济损失

15 万元以上，或者直接经济损失不满 15 万元，但间接经济损失 75 万元以上的；4. 造成公共财产或者法人、其他组织财产直接经济损失 30 万元以上，或者直接经济损失不满 30 万元，但间接经济损失 150 万元以上的；5. 虽未达到 3、4 两项数额标准，但 3、4 两项合计直接经济损失 30 万元以上，或者合计直接经济损失不满 30 万元，但合计间接经济损失 150 万元以上的；6. 造成公司、企业等单位停业、停产 1 年以上，或者破产的；7. 海关、外汇管理部门的工作人员严重不负责任，造成 100 万美元以上外汇被骗购或者逃汇 1000 万美元以上的；8. 严重损害国家声誉，或者造成恶劣社会影响的；9. 其他致使公共财产、国家和人民利益遭受重大损失的情形。”根据上述《规定》，其中的“直接经济损失”，是指与行为有直接因果关系而造成的财产损毁、减少的实际价值；“间接经济损失”，是指由直接经济损失引起和牵连的其他损失，包括失去的在正常情况下可以获得的利益和为恢复正常的管理活动或者挽回所造成的损失所支付的各种开支、费用等。直接经济损失和间接经济损失，是指立案时确已造成的经济损失。移送审查起诉前，犯罪嫌疑人及其亲友自行挽回的经济损失，以及由司法机关或者犯罪嫌疑人所在单位及其上级主管部门挽回的经济损失，不予扣减，但可作为对犯罪嫌疑人从轻处理的情节考虑。

本罪的犯罪主体为特殊主体。一般而言，只有具有国家机关工作人员身份的人才能成为本罪的主体。

本罪在犯罪主观方面为过失，即行为人应当预见到自己玩忽职守的行为可能发生使公共财产、国家和人民利益遭受重大损失的危害结果，但因疏于大意而没有预见，或者已经预见而轻信能够避免的心理态度。

（2）玩忽职守罪的认定

要认定玩忽职守罪，首先应当正确区分本罪与工作失误的界限。工作失误是指行为人因为业务水平和工作能力不足，从而决策不当，导致公共财产、国家和人民利益的损失。其与玩忽职守罪的区别主要在于：①二者的主观心理态度不同。工作失误的行为人主观上存在一定的过错，但在履行职责的过程中，行为人主观上是抱着积极履行职责的心理态度；而玩忽职守罪的行为人，主观具有罪过，即行为人虽然主观上不希望危害结果发生，但却在工作中表现为不尽职守，马虎草率，漫不经心的心理态度。②客观行为特征不同。在工作失误的情况下，行为人是认真履行自己的职责义务，工作失误的原因往往是由于行为人业务素质不高，缺乏工作经验，或因而计划不周，措施不当，以致在履行职责过程中发生错误，造成国家和人民利益遭受损失；而玩忽职守罪则表现为行为人不履行或不认真履行自己的职责义务，在工作中，违反工作纪律和规章要求，严重官僚主义，或借口改革，盲目决策等对工作极端不负责任的行为造成国家和人民利益遭受重大损失。③造成危害结果的主要因素不同。工作失误行为人主观上虽有一定过错，但危害结果的发生，主要是由于其他客观因素的妨碍，或是行为人不能预见的或无力克服的因素所造成，或是其他人的行为引起的。而玩忽职守罪导致严重危害结果的主要原因，是行为人自身主观上的失职、渎职造成的，即行为人玩忽职守的行为对危害结果的发生起着决定性的、直接的作用。

其次，要区分本罪与一般玩忽职守行为的界限。区别二者的关键就在于是否给公共财产、国家和人民利益造成重大损失。如果造成重大损失，则应按玩忽职守罪定罪处刑；未造成重大损失，则不构成玩忽职守罪，但对于行为人可以给予相应的党纪、政纪处分。

（3）玩忽职守罪的处罚

根据《刑法》第397条规定，犯本罪的，处3年以下有期徒刑或者拘役；情节特别严重的，处3年以上7年以下有期徒刑。国家机关工作人员徇私舞弊犯本罪的，处5年以下有期徒刑或者拘役；情节特别严重的，处5年以上10年以下有期徒刑。

【难点辨析】

①玩忽职守罪与滥用职权罪。

滥用职权罪是我国1997年修订刑法时从玩忽职守罪中分离出来而增设的罪名。其与本罪的主要区别在于：

犯罪客观方面表现不同。本罪客观方面的行为方式多为不作为，而滥用职权的行为方式一般是作为。本罪表现为不履行或不正当履行职责的行为，滥用职权主要是过度的或任意超出其正当权限范围。

犯罪主观方面表现不同。本罪的主观方面为过失，而滥用职权罪的主观方面为故意。

②玩忽职守罪与重大责任事故罪。

两罪的主要区别为：

侵犯的客体不同。本罪侵犯的主要是国家机关的正常管理活动；而重大责任事故罪侵犯的则是生产、作业安全，即对劳动者的生命、健康以及重大公私财产安全的侵害，同类犯罪客体是公共安全。犯罪客体的不同，决定了玩忽职守罪是渎职犯罪，而重大责任事故罪属于危害公共安全犯罪。

犯罪客观方面的表现形式不同。本罪客观方面表现为国家机关工作人员玩忽职守"不履行或者不认真履行职责"致使公共财产、国家和人民利益遭受重大损失，其犯罪行为发生在国家机关工作人员的管理活动中；重大劳动安全事故罪客观方面表现为由于不服管理、违反规章制度，或者强令工人违章冒险作业，因而发生伤亡事故或其他严重后果，其犯罪行为发生在生产作业或指挥生产作业的过程中。

犯罪主体不同。本罪的主体限定为国家机关工作人员，重大责任事故的主体是工厂、矿山、林场、建筑企业或者其他企事业单位负责劳动安全设施的直接责任人员，这实际上是把国家机关工作人员排除在外了。

③玩忽职守罪与国有公司、企业、事业单位人员失职罪

本罪与国有公司、企业、事业单位人员失职罪，两者主观上都主要表现为过失，客观上都有不履行或者不认真履行职责的玩忽职守行为，且都致使公私财产、国家和人民的利益遭受重大损失。其区别在于：

侵害的犯罪客体不同。本罪侵害的是国家机关正常的管理活动；国有公司、企业、事业单位人员失职罪侵害的是社会主义市场经济秩序。

犯罪主体不同。本罪的主体仅限于国家机关工作人员；国有公司、企业、事业单位人员失职罪的主体是非国家机关工作人员中的国有公司、企业、事业单位的国家工作人员。

行为发生的场合不完全相同。本罪的玩忽职守行为发生在国家机关的各项职务活动中，而国有公司、企业、事业单位人员失职罪的其玩忽职守行为发生的场合具有较强的专业性、行业性，尽管也属于发生在管理活动中，但其管理活动的性质与玩忽职守罪的管理活动的性质也是不同的。

3. 国家机关工作人员签订、履行合同失职被骗罪

国家机关工作人员签订、履行合同失职被骗罪，是指国家机关工作人员在签订、履行合同过程中，因严重不负责任，不履行或者不认真履行职责被诈骗，致使国家利益遭受重大损失的行为。[1]

(1) 国家机关工作人员签订、履行合同失职被骗罪的构成

本罪侵犯的客体是国家机关对经济活动的正常管理秩序和国有财产的所有权。[2] 签订、履行合同是国家机关工作人员行使经济管理职能的重要手段，国家机关工作人员签订、履行合同必须严格执行有关规定，认真负责，否则势必

---

① 参见高铭暄、马克昌主编：《刑法学》（第5版），北京大学出版社、高等教育出版社2011年版，第654页。

② 参见李希慧主编：《刑法各论》，武汉大学出版社2009年版，第474页。

会给国家利益造成损失，从而破坏国家机关的正常管理活动。

本罪在客观方面表现为国家机关工作人员在签订、履行合同过程中，因严重不负责任被诈骗，致使国家利益遭受重大损失的行为。具体而言，表现为以下几点：

首先，行为必须是发生在签订、履行合同的过程中。所谓签订，是指当事人双方就合同的主要条款经过协商，达成一致。所谓履行，是指合同当事人对于合同中所规定的事项全部并适当地完成。这里的合同，应当既包括书面合同，也包括口头合同。国家机关工作人员在经贸活动中，盲目轻信对方，不认真审查对方当事人的资信情况，甚至不签订书面合同，只经口头协商便盲目履行协议或合同也应属于失职行为，致使国家利益遭受重大损失的，应以本罪论处。①

其次，必须在签订、履行合同的过程中有严重不负责任的行为。严重不负责任的行为，可以表现为作为，如国家机关工作人员在签订、履行合同的过程中不正确履行职责义务的行为；也可以表现为不作为，如有的人员工作马马虎虎，敷衍塞责，对于自己应该履行而且也有条件履行的职责，都不尽自己应尽的职责义务。一般有如下一些表现：粗枝大叶、盲目轻信，不认真审查对方当事人的合同主体资格、资信情况；不认真审查对方的履约能力和货源情况；应当公证或者鉴证的不予公证或鉴证；贪图个人私利，关心的不是产品的质量和价格，而是个人能否得到回扣，能捞取多少。得到好处后，在质量上舍优取劣，在价格上舍低就高，在路途上舍近求远，在供货来源上舍公取私；销售商品时对并非滞销甚至是紧俏的商品，让价出售或赊销，以权谋私，导致被骗；无视规章制度和工作纪律，擅自越权签订或者履行合同；急于推销产品，上当受骗；不辨真假，盲目吸收投资，同假外商签订引资合作等协议；违反规定为他人签订合同提供担保，导致发生纠纷时承担担保责任，等等。

再次，具有因严重不负责被诈骗，致使国家利益造成重大损失的结果。所谓重大损失，是指给国家和人民造成了重大物质性损失和非物质性损失，物质性损失一般是指人身伤亡和公私财物的重大损失，就本罪而言，一般是指重大的经济损失，非物质性损失是指严重损害国家机关的正常活动和声誉等。认定是否重大损失，应根据刑法实践和有关规定，对所造成的物质性和非物质性损失的实际情况，并按直接责任人员的职权范围全面分析，以确定应承担责任的

---

① 参见王作富主编：《刑法分则实务研究》(第4版)，中国方正出版社2010年版，第1943页。

大小。

根据2006年最高人民检察院《关于渎职侵权犯罪案件立案标准的规定》，涉嫌下列情形之一的，应予立案："1. 造成直接经济损失30万元以上，或者直接经济损失不满30万元，但间接经济损失150万元以上的；2. 其他致使国家利益遭受重大损失的情形。"根据上述《规定》，其中的"直接经济损失"，是指与行为有直接因果关系而造成的财产损毁、减少的实际价值；"间接经济损失"，是指由直接经济损失引起和牵连的其他损失，包括失去的在正常情况下可以获得的利益和为恢复正常的管理活动或者挽回所造成的损失所支付的各种开支、费用等。其中，直接经济损失和间接经济损失，是指立案时确已造成的经济损失。移送审查起诉前，犯罪嫌疑人及其亲友自行挽回的经济损失，以及由司法机关或者犯罪嫌疑人所在单位及其上级主管部门挽回的经济损失，不予扣减，但可作为对犯罪嫌疑人从轻处理的情节考虑。《规定》还指出，有下列情形之一的，虽然有债权存在，但已无法实现债权的，可以认定为已经造成了经济损失："（1）债务人已经法定程序被宣告破产，且无法清偿债务；（2）债务人潜逃，去向不明；（3）因行为人责任，致使超过诉讼时效；（4）有证据证明债权无法实现的其他情况。"

本罪的犯罪主体是特殊主体，为国家机关工作人员，即国家各级人大及其常委会、国家各级人民政府及各级人民法院、人民检察院中从事公务的人员，但不包括国有企事业单位从事公务的人员。

本罪在犯罪主观方面只能由过失构成，故意不构成本罪。也就是说，行为人应当知道自己在签订、履行合同过程中的严重不负责任的行为，可能会发生一定的社会危害结果，但是他因疏忽大意而没有预见，或者是虽然已经预见到可能会发生，但他凭借着自己的知识或者经验而轻信可以避免，以致发生了造成严重损失的危害结果。行为人主观上的过失是针对造成重大损失的结果而言，但并不排斥行为人对自己严重不负责任的行为可能是故意的情形。

（2）国家机关工作人员签订、履行合同失职被骗罪的认定

认定国家机关工作人员签订、履行合同失职被骗罪时，首先应当区分本罪与工作失误的界限。因工作失误往往也会给国家和人民的利益造成重大损失，在这一点上与本罪有相同之处，但两者有严格的区别：一是客观行为特征不同。工作失误，行为人是认真履行自己的职责义务；而国家机关工作人员签订、履行合同失职罪则表现为行为人不履行或不正确履行自己的职责义务；二是导致危害结果发生的原因不同。工作失误是由于制度不完善，管理有缺陷，以及由于国家工作人员文化水平不高、业务素质较低、缺乏工作经验等原因以

导致行为人在积极工作中发生错误，造成国家利益遭受重大损失；而本罪则是因违反工作纪律和规章、严重官僚主义、对工作极端不负责任等行为造成国家和人民利益遭受重大损失。

其次，认定本罪时，还需要查清是否造成了国家重大利益损失。因为本罪为结果犯。只有行为人的失职行为给国家利益造成了重大损失，才能构成本罪。否则，即使因行为人的失职行为被诈骗，而没有给国家利益造成法定损失的，也不能以本罪定罪处罚，而应交由有关部门给予行政处分。

另外，认定本罪应当以对方当事人涉嫌诈骗，行为构成犯罪为前提。但司法机关在办理或者审判行为人被指控犯有上述两罪的案件的过程中，不能以对方当事人已经被人民法院判决构成诈骗罪作为认定本案当事人构成国家机关工作人员签订、履行合同失职被骗罪的前提。也就是说，司法机关在办理案件的过程中，只要认定对方当事人的行为已经涉嫌构成诈骗罪，就可以依法认定行为人构成本罪，而不需要搁置或者中止审理，直至对方当事人被人民法院审理并判决构成诈骗犯罪。

（3）国家机关工作人员签订、履行合同失职被骗罪的处罚

根据《刑法》第406条规定，犯本罪的，处3年以下有期徒刑或者拘役；致使国家利益遭受特别重大损失的，处3年以上7年以下有期徒刑。

【难点辨析】

①国家机关工作人员签订、履行合同失职被骗罪与玩忽职守罪。

本罪和玩忽职守罪是特殊与一般的关系，区别主要表现在客观行为特征上：

首先，行为发生领域不同。本罪发生在国家机关工作人员签订、履行合同过程中；而玩忽职守罪则发生于国家机关工作人员的一般工作领域。

其次，行为具体表现不同。本罪是因为国家机关工作人员在签订、履行合同过程中，因严重不负责任，不履行或者不认真履行职责被诈骗，致使国家利益遭受重大损失；玩忽职守罪是其他不履行或不认真履行职责的行为而致使公共财产、国家和人民利益遭受重大损失。

②国家机关工作人员签订、履行合同失职被骗罪与签订、履行合同被骗罪。

签订、履行合同失职被诈骗罪是指国有公司、国有企业、国有事业单位直接负责主管人员在签订、履行合同过程中，因严重不负责任被诈骗，致使国家利益遭受严重损失的行为。本罪与签订、履行合同失职被诈骗罪区别关键在于

犯罪主体不同，本罪的犯罪主体仅限于国家机关工作人员；而后罪的犯罪主体则为国有公司、企业、事业单位中的直接负责的主管人员。一些合同必须经过国家有关机关审查批准时，国有公司、企业、事业单位在签订、履行这些合同过程中如果玩忽职守，而有关主管机关的工作人员在审批过程中亦玩忽职守、严重不负责任，致使国家利益遭受重大损失的，则国有公司、企业、事业单位的主管人员与主管机关的工作人员对此都应承担玩忽职守、严重不负责任行为的刑事责任。但定罪则应根据主体身份的不同特征分别以本罪与签订、履行合同失职被骗罪论处。

4. 招收公务员、学生徇私舞弊罪

招收公务员、学生徇私舞弊罪，是指国家机关工作人员在招收公务员、学生工作中徇私舞弊，情节严重的行为。

(1) 招收公务员、学生徇私舞弊罪的构成

本罪侵犯的客体是国家招录公务员、学生的管理制度。招录公务员、学生的工作关系到招收对象的前途和命运，是一项政策性很强的工作，在招考工作中徇私舞弊的行为，严重妨害了国家对人才的选拔、培养，破坏了国家招录公务员、学生的管理制度。

本罪的客观方面表现为在招收公务员、学生工作中徇私舞弊，情节严重的行为。具体而言，包含以下几个方面：

首先，行为发生在公务员、学生的招录过程中。根据《中华人民共和国公务员法》第2条的规定："本法所称公务员，是指依法履行公职、纳入国家行政编制、由国家财政负担工资福利的工作人员。"具体包括党的机关、权力机关、行政机关、检察机关、审判机关、政治协商会议机关、人民团体中依法履行公职、纳入国家行政编制、由国家财政负担工资的人员。根据2006年最高人民检察院《关于渎职侵权犯罪案件立案标准的规定》的规定，招收学生徇私舞弊的行为是指在省级以上教育行政部门组织招收的学生工作中徇私舞弊。因此，这里所称学生既包括普通高等、中等院校的学生，又包括成人高等、中等院校的学生；既包括脱产进修的学生，又包括在职进修的学生。

其次，行为人有徇私舞弊的行为。所谓徇私舞弊，是指在招收公务员、学生工作中违背法律、法规的规定，弄虚作假，对明知不符合条件的人员予以招收、录用、录取。其具体行为方式是多种多样，可以表现为作为的方式，如伪造、变造人事、户口档案；私改考试分数；伪造加分证明；篡改体检表；毫无根据的淘汰符合条件的高分候选人；明知是伪造、变造的上述材料而予以认可等。也可以表现为不作为的方式，如在考试过程中，不履行监考职责，放任考

生共同作弊，造成极其恶劣的影响，致使考试无效或者其他严重后果等。

再次，徇私舞弊行为的情节严重。根据2006年最高人民检察院《关于渎职侵权犯罪案件立案标准的规定》的规定，情节严重是指具有下列情形之一：①徇私舞弊，利用职务便利，伪造、变造人事、户口档案、考试成绩或者其他影响招收工作的有关资料，或者明知是伪造、变造的上述材料而予以认可的；②徇私舞弊，利用职务便利，帮助5名以上考生作弊的；③徇私舞弊招收不合格的公务员、学生3人次以上的；④因徇私舞弊招收不合格的公务员、学生，导致被排挤的合格人员或者近亲属自杀、自残造成重伤、死亡，或者精神失常的；⑤因徇私舞弊招收公务员、学生，导致该项招收工作重新进行的；⑥其他情节严重的情形。

本罪的犯罪主体是特殊主体，即负有招收公务员、学生职责的国家机关工作人员。具体包括国家机关中主管招收公务员工作的领导人员以及具体负责招收公务员工作的人事部门的工作人员、教育部门中主管招收学生工作的领导人员及具体负责招生工作的工作人员以及其他与招收公务员、学生工作有关的国家机关工作人员。也就是说国家机关如果向社会公开招录公务员，其工作人员如果徇私舞弊，情节严重的，亦可以构成本罪主体。

本罪的主观方面表现为故意，即行为人明知自己的徇私舞弊行为违反有关法律规定的，明知自己行为可能产生严重的后果，而对这种后果的发生持有希望或者放任的态度。过失不能构成本罪。

（2）招收公务员、学生徇私舞弊罪的认定

①罪与非罪的界限。

认定本罪时，首先应当区别本罪与一般招收公务员、学生工作中的徇私舞弊行为。根据《中华人民共和国公务员法》第104条“公务员主管部门的工作人员，违反本法规定，滥用职权、玩忽职守、徇私舞弊，构成犯罪的，依法追究刑事责任；尚不构成犯罪的，给予处分”的规定，招收公务员、学生徇私舞弊罪和一般的招收公务员、学生工作中的舞弊行为的区别关键在于情节严重。如果情节没有达到严重的程度则不构成本罪，只是一般的徇私舞弊的行为，只给予行政处分。

其次，应当区分本罪与工作失误的界限。招收公务员、学生徇私舞弊罪主观方面是故意犯罪，过失不构成本罪。国家机关工作人员在招收公务员、学生过程中，由于自己对工作的马虎草率，不负责任而导致合格的公务员、学生没有被招收，或者招收了不合格的公务员、学生的，其在主观上不是出于故意，且没有寻求一己私利或者私情的目的，如果没有造成重大损失，则是一般的工作失误，不能构成本罪。如果造成重大损失且达到玩忽职守罪的立案标准规定的，则构成玩忽职守罪。

②罪数的界定。

在招收公务员、学生工作中，如果行为人将招考计划、招考试卷、升学试卷等国家机密泄露给参加考试的人员，则其行为既触犯了招收公务员、学生徇私舞弊罪，又触犯了故意泄露国家秘密罪，但是后罪的行为是达到前罪的手段行为，两者存在牵连关系。因此，应该按照牵连犯的从一重处断的原则定罪处罚。

(3) 招收公务员、学生徇私舞弊罪的处罚

根据《刑法》第418条规定，犯本罪的，处3年以下有期徒刑或者拘役。

【难点辨析】

招收公务员、学生徇私舞弊罪与玩忽职守本罪

两罪的不同之处在于：

犯罪客观方面不同。玩忽职守罪在客观方面表现为严重不负责任，致使公共财产、国家和人民利益遭受严重损失的行为；而招收公务员、学生徇私舞弊罪在客观方面表现为国家机关工作人员在招收公务员、学生的过程中，徇私舞弊，情节严重的行为。

犯罪主体不完全相同。两罪的主体虽然都是国家机关工作人员，但具体担负的职责不同。玩忽职守罪的犯罪主体是一般的国家机关工作人员；而招收公务员、学生徇私舞弊罪的主体是负有招收公务员、学生的国家机关工作人员。

犯罪主观方面表现不同。玩忽职守罪主观方面是过失；招收公务员、学生徇私舞弊主观方面是故意。

(三) 司法工作人员的渎职罪

1. 徇私枉法罪

徇私枉法罪是指司法工作人员徇私枉法、徇情枉法，对明知是无罪的人而使他受追诉、对明知是有罪的人而故意包庇不使他受追诉，或者在刑事审判活动中故意违背事实和法律作枉法裁判的行为。

(1) 徇私枉法罪的构成

本罪侵犯的客体是国家司法机关的正常活动和国家的司法公正。司法机关是人民民主专政的重要工具，是国家机构的重要组成部分，具有保护人民、打击敌人，制裁犯罪，保护社会主义经济建设的职能。司法机关工作人员徇私枉

法的行为，会严重破坏国家司法机关的正常活动，损害它在人民群众中的威信，破坏社会主义法制。

本罪在客观方面表现为司法工作人员徇私枉法、徇情枉法，对明知是无罪的人而使他受追诉、对明知是有罪的人而故意包庇不使他受追诉，或者在刑事审判活动中故意违背事实和法律作枉法裁判的行为。具体而言，应当表现在以下三种：

一是使明知无罪的人受到追诉。所谓无罪的人，既包括根本上无违法犯罪事实的人，又包括虽有违法行为，但依法不构成犯罪的人，还包括虽然构成犯罪但根据《刑事诉讼法》第 15 条的规定依法不应追究，如犯罪已过追诉时效期限的，经特赦令免除刑罚的，依照刑法告诉才处理的犯罪没有告诉或者撤回告诉的等。所谓使他受追诉，是指对无罪人本不应该进行侦查、起诉、审判等刑事诉讼活动，但为了徇私徇情，追究其刑事责任而对无罪的人立案侦查、起诉或审判。

二是对明知是有罪的人而故意包庇不使他受追诉。所谓有罪的人，是指构成犯罪且应当依法追究其刑事责任的人。所谓故意包庇使其不受追诉，是指故意包庇使其不受侦查、起诉或者审判，故意包庇不使他受追诉的犯罪事实，既可以是全部的犯罪事实，也可以是部分的犯罪事实和情节。

三是在刑事审判活动中故意违背事实和法律作枉法裁判。前两种行为可以发生在刑事诉讼的立案、侦查、起诉、审判的过程中，侦查人员、检察人员、审判人员都可以成为行为的主体而构成本罪；此种情况则仅发生在刑事审判过程中，只有刑事审判人员才能实施这种行为而构成本罪。违背事实，是指公然地视案件的客观事实而不顾。违背法律，是指不讲法律根据或者适用显然错误的法律根据。枉法裁判，则是指有罪判无罪，多罪判少罪，无罪判有罪，少罪判多罪或者重罪轻判，轻罪重判等。根据 2006 年最高人民检察院《关于渎职侵权犯罪案件立案标准的规定》的规定，涉嫌下列情形之一的，应予立案：①对明知是没有犯罪事实或者其他依法不应当追究刑事责任的人，采取伪造、隐匿、毁灭证据或者其他隐瞒事实、违反法律的手段，以追究刑事责任为目的的立案、侦查、起诉、审判的；②对明知是有犯罪事实需要追究刑事责任的人，采取伪造、隐匿、毁灭证据或者其他隐瞒事实、违反法律的手段，故意包庇使其不受立案、侦查、起诉、审判的；③采取伪造、隐匿、毁灭证据或者其他隐瞒事实、违反法律的手段，故意使罪重的人受较轻的追诉，或者使罪轻的人受较重的追诉的；④在立案后，采取伪造、隐匿、毁灭证据或者其他隐瞒事实、违反法律的手段，应当采取强制措施而不采取强制措施，或者虽然采取强制措施，但中断侦查或者超过法定期限不采取任何措施，实际放任不管，以及违法撤销、变更强制措施，致使犯罪嫌疑人、被告人实际脱离司法机关侦控的；⑤在刑事审判活动中故意违背事实和法律，作出枉法判决、裁定，即有罪判无罪、无罪判有罪，或者重罪轻判、轻罪重判的；⑥其他徇私枉法应予追究刑事责任的情形。

本罪的主体为特殊主体，即司法工作人员。根据《刑法》第 94 条的规定，这里的司法工作人员，是指有侦查、检察、审判、监管职责的工作人员。但根据 1996 年最高人民检察院发布的《关于办理徇私舞弊犯罪案件适用法律若干问题的解释》，司法机关专业技术人员也可以成为本罪的主体。

本罪的主观方面是故意，而且是直接故意。即明知自己的行为会发生使无罪的人受追诉，有罪的人不受追诉，或枉法裁判的结果，并且希望这种结果发生。因过失造成无罪者受追诉或者有罪者不受追诉的情况不构成本罪。

(2) 徇私枉法罪的认定

在认定本罪时，司法工作人员如果不是出于徇私、徇情动机，造成错押、错捕当事人的，一般不构成本罪，但应根据不同情节，区别对待。对于出于严重官僚主义，极端不负责，草率从事，造成严重后果的，可按玩忽职守罪论处；对于情节严重，造成一定后果，可由所在单位酌情给予行政处分；对于因缺乏经验，思想方法主观片面，或因任务紧，案件多而粗枝大叶，调查研究不深入细致，事实证据不清，或因政策水平低，缺乏专业能力等原因而造成的，则应作为一般工作错误，给予批评教育，使其总结经验教训，提高政策水平和业务能力，改进工作，必要时可予以纪律处分。

(3) 徇私枉法罪的处罚

根据《刑法》第 399 条规定，犯本罪的，处 5 年以下有期徒刑或者拘役；情节严重的，处 5 年以上 10 年以下有期徒刑；情节特别严重的，处 10 年以上有期徒刑。

【难点辨析】

①徇私枉法罪与窝藏、包庇罪、妨害作证罪、帮助毁灭、伪造证据罪。

由于徇私枉法罪中的行为也可能伪造、隐匿、毁灭证据、篡改有罪之人的有罪供述，这与窝藏罪、包庇罪、妨害作证罪，帮助毁灭、伪造证据罪等有相似之处。但二者存在以下区别：

首先，侵犯的客体不同。本罪侵犯的客体为司法机关的正常活动与司法公正；后三罪的客体均为妨害社会管理秩序中的司法秩序。

其次，犯罪的客观方面表现不同。本罪中，行为人实施的行为与职务有关；后三罪的行为与行为人职务无关。如果司法机关的工作人员在职务活动以外实施了帮助毁灭、伪造证据及窝藏、包庇行为的，则不再按徇私枉法罪处理，而应按妨害作证罪，帮助毁灭、伪造证据罪处理。如果司法工作人员在职务活动中实施了毁灭、伪造证据或窝藏、包庇行为的，属于一行为触犯数个罪名，应从一重罪处断。

再次，犯罪主体不同。本罪的主体为特殊主体，只有司法工作人员才能构成本罪；后三罪的主体为一般主体。①

②徇私枉法罪与诬告陷害罪。

本罪与诬告陷害罪在主观方面都是出于故意，客观方面本罪也有捏造虚假事实的行为，诬告陷害罪的主体也可以是司法工作人员。虽然两罪之间存在以上相似之处，但二者存在着关键的区别：

犯罪客体不同。本罪侵犯的客体是司法机关的正常活动与司法公正，而诬告陷害罪侵犯的客体是公民的人身权利。

犯罪客观方面表现不同。本罪是行为人利用职权实施的徇私枉法，徇情枉法行为；而诬告陷害罪表现为行为人捏造他人犯罪事实而向司法机关告发，意图使他人受到刑事追究的行为，其行为时不需要利用职权。

犯罪主体不同。本罪主体为司法机关工作人员；诬告陷害罪的主体为一般主体，只要是具有责任能力的人都可以成为诬告陷害罪的主体。

③徇私枉法罪与民事、行政枉法裁判罪。

本罪与民事、行政枉法裁判罪的主体都是司法工作人员，两罪在主观方面都表现为故意，客观方面都有违背事实和法律而枉法裁判的行为，这是二者相似之处。二者的区别关键在于：

首先，发生的审判领域不同。本罪的枉法裁判是发生在刑事审判的过程中；民事、行政枉法裁判罪的枉法裁判行为发生在民事、行政审判领域。

其次，构成犯罪的情节要求不同。本罪构成不要求行为人的枉法裁判行为情节严重；民事、行政枉法裁判罪则要求情节严重，才以犯罪论处。

2. 执行判决、裁定失职罪

执行判决、裁定失职罪，是指司法人员在执行已经发生效力的判决、裁定活动中，严重不负责任，不依法采取诉讼保全措施、不履行法定执行职责，致使当事人或者其他人的利益遭受重大损失的行为。

---

① 参见马克昌主编：《刑法》(第2版)，高等教育出版社2010年版，第606页。

(1) 执行判决、裁定失职罪的构成

本罪侵犯的客体是国家司法机关的正常活动和国家的司法公正。

本罪的客观方面表现为司法人员在执行已经发生效力的判决、裁定活动中，严重不负责任，不依法采取诉讼保全措施、不履行法定执行职责，致使当事人或者其他人的利益遭受重大损失的行为。具体而言，主要表现为以下几方面：

首先，行为发生在执行判决、裁定的活动中。

其次，行为人有严重不负责任，不依法采取诉讼保全措施、不履行法定执行职责的行为。严重不负责任的行为，不仅包括司法工作人员对依法应当采取诉讼保全措施或强制执行措施的而不采取，不履行法定执行职责的情形，还包括司法工作人员在执行判决、裁定的过程中不认真履行职责，违反法律规定的程序和条件而盲目采取诉讼保全措施和强制执行措施的情形。

再次，致使当事人或者其他人的利益遭受重大损失。所谓当事人，是指有关案件的原告、被告和第三人。其他人是指前述当事人以外的与案件的判决、裁定有利益关系的人。根据2006年最高人民检察院《关于渎职侵权犯罪案件立案标准的规定》的规定，重大损失是指涉嫌下列情形之一的：“1. 致使当事人或者其近亲属自杀、自残造成重伤、死亡，或者精神失常的；2. 造成个人财产直接经济损失15万元以上，或者直接经济损失不满15万元，但间接经济损失75万元以上的；3. 造成法人或者其他组织财产直接经济损失30万元以上，或者直接经济损失不满30万元，但间接经济损失150万元以上的；4. 造成公司、企业等单位停业、停产1年以上，或者破产的；5. 其他致使当事人或者其他人的利益遭受重大损失的情形。”

本罪的主体是特殊主体，即只能是人民法院工作人员，包括审判人员、执行人员以及主管领导。①

本罪的主观方面表现为过失，即行为人应当预见自己在执行已经发生效力的判决、裁定中严重不负责任的行为可能会造成当事人或者其他人的利益遭受重大损失，但是由于疏忽大意而没有预见，或者虽已预见但轻信能够避免的心理态度。

(2) 执行判决、裁定失职罪的认定

认定本罪时，关键要看行为人严重不负责任的行为是否造成了当事人或者

① 王作富主编：《刑法分则实务研究》(第4版)，中国方正出版社2010年版，第1904页。

其他人的利益的重大损失，如果是没有造成重大损失，或者虽然造成损失但是还没有达到重大的程度，不能以本罪论处，但可以给予行为人一定的行政处分。

(3) 执行判决、裁定失职罪的处罚

根据《刑法》第399条规定，犯本罪的，处5年以下有期徒刑或者拘役；致使当事人或者其他人的利益遭受特别重大损失的，处5年以上10年以下有期徒刑。

【难点辨析】

①执行判决、裁定失职罪与拒不执行判决、裁定罪。

拒不执行判决、裁定罪，是指对人民法院已经发生法律效力的判决、裁定有能力执行而拒不执行，情节严重的行为。本罪和拒不执行判决、裁定罪客体上大体相同，都侵犯了国家司法机关的正常活动和司法公正。两者区别如下：

第一，犯罪主体不同。两者均为特殊主体，但拒不执行判决裁定罪的主体是负有执行人民法院的判决、裁定义务且已满16周岁且具有刑事责任能力的诉讼当事人；而本罪的主体主要是负有执行民事、行政判决、裁定职责的特定司法工作人员。

第二，犯罪客观方面表现不同。拒不执行判决裁定罪客观方面主要表现为诉讼当事人对人民法院发生法律效力的判决、裁定有能力执行而拒不执行的行为；本罪客观方面主要表现为行为人严重不负责任，不依法采取诉讼保全措施、不履行法定执行职责的行为。

第三，犯罪主观方面不同。拒不执行判决、裁定罪主观方面为直接故意，即行为人明知是人民法院已经生效的判决、裁定而拒不执行，目的是逃避人民法院判决、裁定所规定的执行义务；本罪主观方面只能为过失，包括过于自信的过失和疏忽大意的过失。

第四，拒不执行判决、裁定罪是情节犯；而本罪是结果犯。

②执行判决、裁定失职罪与徇私舞弊不移交刑事案件罪。

徇私舞弊不移交刑事案件罪，是指行政执法人员徇私舞弊，对依法应当移交司法机关追究刑事责任的而不移交，且情节严重的行为。本罪与徇私舞弊不移交刑事案件罪的主要区别在于：

一是犯罪主体不同。本罪的主体是执行民事、行政判决、裁定的特定司法工作人员；徇私舞弊不移交刑事案件罪的主体是行政执法人员。

二是犯罪客观方面表现不同。本罪的客观方面主要表现为行为人严重不负责任，不依法采取诉讼保全措施、不履行法定执行职责的行为；徇私舞弊不移交刑事案件罪的客观方面主要表现为行政执法人员徇私舞弊，对依法应当移交司法机关追究刑事责任的而不移交的行为。本罪是结果犯，要求有致使当事人或者其他人利益遭受重大损失的结果发生；徇私舞弊不移交刑事案件罪则是情节犯，要求情节严重。

三是犯罪的对象不同。本罪犯罪的对象是民事、行政诉讼的当事人；徇私舞弊不移交刑事案件罪犯罪的对象是应当依法移交司法机关追究刑事责任的案件。

四是犯罪主观方面不同。本罪的主观方面只能是过失，包括疏忽大意的过失和过于自信的过失；徇私舞弊不移交刑事案件罪的主观方面是故意。

3. 私放在押人员罪

私放在押人员罪是指司法工作人员私放在押的犯罪嫌疑人、被告人或者罪犯的行为。

(1) 私放在押人员罪的构成

本罪侵犯的客体是司法机关对犯罪嫌疑人、被告人或者罪犯的监管制度。监管机关关押罪犯的目的，是为了惩罚和改造他们以消除其继续犯罪的条件，私放罪犯，使其逃脱关押，不仅使其有继续犯罪的可能，而且破坏了监管机关的监管制度。本罪的犯罪对象是被关押的犯罪嫌疑人、被告人或者罪犯。犯罪嫌疑人，是指在人民检察院向人民法院提起公诉以前，将正处在侦查、起诉阶段的涉嫌犯罪的人称为犯罪嫌疑人；当人民检察院将犯罪嫌疑人起诉到人民法院以后，便称做被告人。前两者都不是罪犯。根据《刑事诉讼法》第 12 条之规定，未经人民法院依法判决，对任何人都不得确定有罪。因此，罪犯是已决犯，即被人民法院定罪判刑的人。①

本罪在客观方面表现为私放在押的犯罪嫌疑人、被告人或者罪犯的行为。具体而言，包括以下几个方面：

一是行为人利用了职务上的便利。即利用自己管教、看守、押解、拘留、逮捕、提审或者主管等职权或职责范围内的便利条件。

二是行为人有私放在押的犯罪嫌疑人、被告人或者罪犯的行为。私放行为既可以表现为作为，如主动利用职务上的便利将犯罪嫌疑人、被告人或者罪犯予以释放；也可以表现为不作为，如行为人发现在押人员正在逃离羁押场所或者在羁押途中逃脱，而不采取措施加以制止。其中羁押的场所包括监狱、看守

① 参见马克昌主编：《刑法》(第 2 版)，高等教育出版社 2010 年版，第 609 页。

所、拘留所，押解途中，狱外作业场所等。根据2006年最高人民检察院《关于渎职侵权犯罪案件立案标准的规定》的规定，具有下列情节之一的私放在押人员的行为构成犯罪：（a）私自将在押的犯罪嫌疑人、被告人、罪犯放走，或者授意、指使、强迫他人将在押的犯罪嫌疑人、被告人、罪犯放走的；（b）伪造、变造有关法律文书、证明材料，以使在押的犯罪嫌疑人、被告人、罪犯逃跑或者被释放的；（c）为私放在押的犯罪嫌疑人、被告人、罪犯，故意向其通风报信、提供条件，致使该在押的犯罪嫌疑人、被告人、罪犯脱逃的；（d）其他私放在押的犯罪嫌疑人、被告人、罪犯应予追究刑事责任的情形。

本罪的主体为特殊主体，即负有监管在押人员职责的司法工作人员。除公安机关、国家安全机关、检察机关、审判机关和监狱管理机关的正式工作人员以外，还包括参加案件侦查的单位保卫人员、治安联防人员，公安、监狱管理机关聘用的从事侦查、监狱管理的人员和法院聘用的工作人员以及在监管改造场所担负警戒执勤任务的武装警察部队人员。根据2001年最高人民检察院《关于工人等非监管机关在编监管人员私放在押人员行为和失职致使在押人员脱逃行为适用法律问题的解释》，工人等非监管机关在编监管人员在被监关机关聘用受委托履行监管职责过程中，私放在押人员的，应按本罪处理。因此，只要是具有侦查、检察、审判、监管职责的人员，不管其身份是干部还是工人，都可以成为本罪的主体。

本罪的主观方面为故意，即明知是在押的犯罪嫌疑人、被告人或罪犯予以释放，并希望或放任其逃脱结果的发生。

（2）私放在押人员罪的认定

司法实践中，有的司法工作人员在监管工作中，由于警惕性不高、警戒不严、管理松懈或对有关法律文书审查不细而致使犯罪嫌疑人、被告人、罪犯脱逃的，一般不以犯罪论处，而应认定为一般私放行为；但若情节严重的，则可构成玩忽职守罪。若由于工作粗心大意、疏忽而错放了犯罪嫌疑人、被告人、罪犯的，这种情况也属于职务活动中的一种过失行为。行为人主观上完全没有将犯罪嫌疑人、被告人或罪犯非法、私自放走的故意，因此不符合私放在押人员罪中主观要求故意的要件，不构成私放在押人员罪。但如果是司法工作人员由于严重不负责任而错放犯罪嫌疑人、被告人或罪犯，造成严重后果的，应以失职致使在押人员脱逃罪追究刑事责任。

（3）私放在押人员罪的处罚

根据《刑法》第400条规定，犯本罪的，处5年以下有期徒刑或者拘役；情节严重的，处5年以上10年以下有期徒刑；情节特别严重的，处10年以上有期徒刑。

【难点辨析】

①私放在押人员罪与脱逃罪共犯。

脱逃罪是指依法被关押的罪犯、被告人、犯罪嫌疑人脱逃的行为。由于脱逃罪的共犯的确可能与私放在押人员罪有同样的表现形式，有时存在不易认定的情形。但一般来说，二罪还是有着比较明显的区别，主要表现在以下几个方面：

犯罪客观方面的表现不同。本罪的行为人需要利用自己职务上的便利；而脱逃罪的共犯一般不利用职务上的便利。当然，司法工作人员不利用自己职务上的便利帮助在押人犯脱逃的，同样可以构成脱逃罪的共犯。

犯罪主体不同。本罪的犯罪主体主要是负有监管在押犯罪嫌疑人、被告人和罪犯职责的司法工作人员；而脱逃罪的共犯为一般主体，只要是具有刑事责任能力的人都可以构成。

犯罪主观方面不同。虽然二罪在主观上都表现为故意，但本罪中的故意既包括直接故意，又包括间接故意；而脱逃罪共犯在主观方面只能是直接故意。

②私放在押人员罪与徇私枉法罪。

本罪与徇私枉法罪都发生在司法活动过程中，犯罪主体都是司法工作人员，主观上都是故意，行为人的行为都有可能使犯罪嫌疑人、被告人或者罪犯逃避法律的追究。但是二者之间仍有着重要的差别：

犯罪对象的范围不同。本罪犯罪对象是在押的犯罪嫌疑人、被告人或者罪犯；而徇私枉法罪的犯罪对象不仅包括在押的犯罪嫌疑人、被告人和罪犯，还包括未被关押的犯罪嫌疑人、被告人、罪犯以及没有犯罪事实或者其他依法不应当追究刑事责任的人。

犯罪客观方面行为方式不同。本罪表现为利用职务之便擅自将在押的犯罪嫌疑人、被告人或罪犯放走。其行为方式可以是作为，如伪造、变造有关法律文书、证明材料将在押人员释放；也可以是不作为，如明知在押犯罪嫌疑人、被告人或罪犯脱逃而故意不阻拦、不通报、不追捕。而徇私枉法罪的行为方式表现为三种形式：一是对明知是无罪的人而使其受刑事追诉；二是对明知是有罪的人而故意使其不受追诉；三是故意违背事实和法律作枉法裁判。

犯罪主体不完全相同。本罪的犯罪主体主要是负有监管在押犯罪嫌疑人、被告人和罪犯职责的司法工作人员；而徇私枉法罪的犯罪主体则是指有侦查、检察、审判、监管职责的司法工作人员。

犯罪目的不完全相同。本罪的犯罪目的主要是为了通过私放行为使在押的犯罪嫌疑人、被告人或者罪犯逃避刑事追究和法律制裁；而徇私枉法罪的犯罪目的不仅包括对明知有罪的人故意包庇不使他受追诉，或者减轻刑事责任，重罪轻判，还包括对明知是无罪的人而使他受追诉，或者加重其刑事责任，轻罪重判。

（四）特定国家机关工作人员的渎职犯罪

1. 食品监管渎职罪

食品监管渎职罪是《刑法修正案（八）》新增的罪名，它是指负有食品安全监督管理的国家机关工作人员，严重不负责任，不履行或者不认真履行食品安全监督管理职责，或者超越食品安全监督管理职权，违法决定、处理其无权决定、处理的事项，或者违反规定处理食品安全监督管理公务，导致发生重大食品安全事故或者造成其他严重后果的行为。

（1）食品监管渎职罪的构成

本罪侵犯的是双重客体，即国家机关对食品安全的正常监管活动和公民的生命健康权。

本罪在客观方面表现行为人玩忽职守或者滥用职权，致使公共财产、国家和人民利益遭受重大损失的行为。具体而言，应包含以下方面：

一是行为人实施了渎职行为。其渎职行为可分为玩忽职守和滥用职权两种行为类型。

食品安全监管机关工作人员滥用职权的行为，是指不依法行使食品安全监管职务上的权力的行为，既包括非法地行使本人职务范围内的权力，也包括超越本人职权范围而实施的有关行为。滥用职务范围内的权力，是指行为人在法定的职权范围内处于不法目的或是以不法手段实施背离职责宗旨的行为。超越职权的行为，是指行为人实施了自己无权实施的危害社会的行为，擅自决定或处理没有决定、处理权限的事项。

食品安全监管玩忽职守的行为，是指严重不负责任，不履行职责或者不正确履行职责的行为。不履行职责，是指行为人有能力且有条件履行自己应尽的职责，而不履行或不正确履行。擅离职守，是指行为人在执行职务期间，违背其职责义务而擅自离开自己工作岗位的行为。未尽职责，是指行为人虽然有其履行职责的行为，但并未完全履行职责的情况。

二是发生了重大食品安全事故或者造成其他严重后果。本罪是结果犯，只有行为人在食品监管工作中的渎职行为，致发生重大食品安全事故或者造成其他严重后果，才构成本罪。根据《食品安全法》第99条规定，“食品，指各种供人食用或者饮用的成品和原料以及按照传统既是食品又是药品的物品，但是不包括以治疗为目的的物品。食品安全，指食品无毒、无害，符合应当有的营养要求，对人体健康不造成任何急性、亚急性或者慢性危害。……食品安全事故，指食物中毒、食源性疾病、食品污染等源于食品，对人体健康有危害或者可能有危害的事故。”因此，从字面上理解重大食品安全事故应是指，重大的食物中毒、食源性疾病、食品污染等源于食品、对人体健康有危害或者可能有危害的事故。至于“重大食品安全事故”，以及“其他严重后果和特别严重后果”的统一界定，则应由司法解释尽快予以明确规定。

本罪的主体为特殊主体，即负有食品安全监督管理职责的国家机关工作人员。具体而言，包括食品药品监管、卫生行政、质量监督、工商行政管理、农业行政等部门工作人员，以及县级以上政府有关工作人员，商务、海关、环境保护、教育行政等部门工作人员也会涉及。根据《全国人民代表大会常务委员会关于〈中华人民共和国刑法〉第九章渎职罪主体适用问题的解释》，隶属于上述部门的按照事业、企业性质管理的单位，如果依照法律、法规规定行使食品安全监管职权，其中从事公务的人员，或者虽未列入上述部门人员编制，但在其中从事食品监管公务的人员，在代表国家机关行使食品监管职权时，有渎职行为，构成犯罪的，也应依照《刑法》关于渎职罪的规定追究刑事责任。

本罪的主观方面根据行为人渎职行为类型而不同，玩忽职守型的渎职行为，其主观方面表现为过失；滥用职权型的渎职行为，其主观方面表现为故意。

（2）食品监管渎职罪的认定

认定本罪时应当注意，本罪是结果犯，构成犯罪需要行为人的渎职行为导致发生重大食品安全事故或者造成其他严重后果这一前提条件。因此，对于行为人在履行食品监管职责的过程中一般的滥用职权或玩忽职守行为，如果没有造成上述危害结果，不能以本罪论处。

（3）食品监管渎职罪的处罚

根据《刑法》第408条之一的规定，犯本罪的，处5年以下有期徒刑或者拘役；造成特别严重后果的，处5年以上10年以下有期徒刑。徇私舞弊犯本罪的，从重处罚。

【难点辨析】

食品监管渎职罪与放纵制售伪劣商品犯罪行为罪

放纵制售伪劣商品犯罪行为罪，是指对生产、销售伪劣商品犯罪行为负有追究责任的国家机关工作人员，徇私舞弊，不履行法律规定的追究职责，情节严重的行为。食品监管渎职罪与放纵制售伪劣商品犯罪行为罪犯罪主体相同，均为国家机关的工作人员。但两者也有明显的不同：

首先，犯罪领域不同，本罪为食品安全领域，放纵制售伪劣商品犯罪行为罪为所有商品领域。

其次，犯罪客观方面也不尽相同。放纵制售伪劣商品犯罪行为罪放纵的必须是刑事案件；本罪渎职行为的前案既可以是犯罪行为，也可以是一般食品安全违法违规行为。

因此，本罪与放纵制售伪劣商品犯罪行为罪存在着一定的交叉，形成竞合关系，应适用“特殊条款优先”的规则，食品监管渎职罪是特殊法条，放纵制售伪劣产品犯罪行为罪是一般法条。

二、案例分析

【案例一】

2000年8月21日，被告人于某接受马某之妻朱某的委托，担任马某涉嫌贪污犯罪一案的辩护人。2001年11月1日，人民检察院以马某犯贪污罪向人民法院提起公诉，并移送该案主要证据的复印件6本，计421页。11月3日，马某之妻朱某得知该案已到法院，即与于某联系。当日下午，于某安排本所助理律师卢某前往该地。下午2时左右，卢某与朱某、马某某（马某之子）、马一（马某之弟）一同来到人民法院立案庭，卢在向法院递交辩护函后，将公诉机关移送到法院的马某贪污案的主要证据材料借出，并到复印部复印。复印结束后朱某向卢提出要看所复印的材料，卢没同意，并答复要看须请示于律师同意。马一听后用手机拨通于某的电话，并向于某提出看卷意图，于某表示同意，并在电话中交待卢把复印材料留给朱某等人。当晚朱某、马某某、马一详细翻阅了马某一案的有关起诉材料、证据，并进行了研究。朱某根据卷宗材料与所涉及的证人逐一进行了联系，并做了相应的工作。11月8日、10日，于某来该市调查取证时，马某贪污一案卷宗材料所涉及的证人张、吕、侯等人均向其出具了相应的虚假证明。

2001年11月11日中午，于某从该市调查取证返回时，因卷宗材料所涉及的证人王某的证明未能取到，又将卢某复印的卷宗材料卷6留下给朱某。朱某拿卷宗材料卷6于11月13日找到王某，王某据马某的供述出具了一份虚假证明。

2001 年 11 月 15 日，马某贪污一案公开开庭审理，庭审期间，于某出具了有关证人出具的虚假证言及证明材料后，公诉机关两次提出延期审理的建议，决定补充侦查。

经国家保密局鉴定，于某让马某家属所看的马某贪污一案的卷宗材料均属机密级国家秘密。

×市人民法院认为：被告人于某为国家机关工作人员，在接受被告人家属委托担任辩护人期间，利用其律师特有身份、职权，在知悉有关追查刑事犯罪的秘密材料后，将知悉的国家秘密泄露给不该知悉的被告人家属，造成刑事被告人的家属主动找证人做假证的严重后果，严重扰乱了正常的诉讼活动，情节严重，其行为已构成故意泄露国家秘密罪。依照《中华人民共和国刑法》第 398 条第 1 款规定，以被告人于某犯故意泄露国家秘密罪，判处有期徒刑 1 年。

一审宣判后，被告人于某不服，以其没有让卢某把卷宗复印材料交给当事人亲属，也没有将卷 6 交给朱某；卢某所复印的卷宗材料既没有标明系国家秘密，也没有任何人以任何形式告知其上述卷宗材料是国家秘密为由，向人民法院提出上诉，认为事后关于该卷材料属机密级国家秘密的鉴定结论不能作为证据使用，原审判决认定事实不清，证据不足，适用法律错误，其不构成犯罪，请求撤销原判，改判其无罪。

人民法院经审理后认为，被告人于某在担任辩护人期间将在法院复制的案件证据材料让当事人亲属查阅的行为不构成故意泄露国家秘密罪。于某及其辩护人辩称不构成犯罪的理由成立，予以采纳。原判认定的基本事实清楚，审判程序合法，但适用法律错误，应予改判上诉人（原审被告人）于某无罪。

（案例来源：《中国刑事审判指导案例（贪污贿赂罪·渎职罪·军人违反职责罪）》，法律出版社 2009 年版，第 556 页。）

【问题聚焦】

辩护律师将在法院复制的案件证据材料让被告人亲属查阅的行为，是否构成故意泄露国家秘密罪？

【法律剖析】

故意泄露国家秘密罪是指国家机关工作人员或者非国家机关工作人员违反保守国家秘密法，故意使国家秘密被不应知悉者知悉，或者故意使国家秘密超出了限定的接触范围，情节严重的行为。其犯罪构成为：

(1) 本罪侵犯的客体是国家的保密制度。本罪的犯罪对象是国家秘密。国家秘密，根据《保守国家秘密法》第8条，主要包括：①国家事务的重大决策中的秘密事项；②国防建设和武装力量活动中的秘密事项；③外交和外事活动中的秘密事项以及对外承担保密义务的事项；④国民经济和社会发展中的秘密事项；⑤科学技术中的秘密事项；⑥维护国家安全活动和追查刑事犯罪中的秘密事项；⑦其他经国家保密工作部门确定应当保守的国家秘密事项。另外，政党的秘密事项符合国家秘密性质的，也属于国家秘密。至于具体的保密范围，则由各机关、各单位根据上述规定具体划定，并且根据该法第9条规定的秘密程度分类。依照《保守国家秘密法》第9条的规定，国家秘密的密级分为"绝密"、"机密"、"秘密"三级。"绝密"是最重要的国家秘密，泄露会使国家的安全和利益遭受特别严重的损害；"机密"是重要的国家秘密，泄露会使国家的安全和利益遭受严重的损害；"秘密"是一般的国家秘密，泄露会使国家的安全和利益遭受损害，作为本罪对象的秘密，则只要是国家的秘密级的秘密即可。

(2) 本罪在客观方面表现为行为人具有违反国家保密法的规定，故意泄露国家秘密，情节严重的行为。所谓国家保密法，主要是《中华人民共和国保守国家秘密法》以及《中华人民共和国保守国家秘密法实施办法》。各个有关的国家机关，依据国家保密法所规定的保密范围、保密制度和职责、要求结合本部门、本单位的实际情况所作的具体保密规定，都是国家保密法的具体实施规定，违反了这些具体实施规定的，必然违反保密法规，所以在审判实践中都认为属于违反国家保密法的行为。所谓泄露，就是行为人把自己掌管的或者知道的国家秘密让不应该知道的人知道。泄露行为的方式可以是多种多样的，可以是口头泄露，也可以是书面泄露；可以是用交实物的方法泄露，也可以是用密写、影印、拍摄、复制等方法泄露。泄露的不同方式，不影响泄露国家秘密罪的成立。但是，如果是敌人或他人以盗窃、侦察、破译、遥测等方式获取了秘密，因而造成的泄露，而本人没有违反保密法规定，不属于泄露国家秘密罪的行为，不能据此而追究主管、经管该项秘密的人员或其他有关人员的泄密责任。按照本条规定，泄露国家秘密，必须是情节严重的，才构成犯罪。根据1999年9月16日最高人民检察院发布施行的《关于人民检察院直接受理立案侦查案件立案标准的规定》(试行) 的规定，国家机关工作人员涉嫌故意泄露国家秘密行为，具有下列情形之一的，应予立案：①泄露绝密级或机密级国家秘密的；②泄露秘密级国家秘密3项以上的；③向公众散布、传播国家秘密的；④泄露国家秘密已造成严重危害后果的；⑤利用职权指使或者强迫他人违反国家保守秘密法的规定泄露国家秘密的；⑥以牟取私利为目的泄露国家秘密的；⑦其他情节严重的情形。非国家机关工作人员涉嫌故意泄露国家秘密犯罪行为的立案标准参照上述标准执行。

(3) 本罪的主体一般情况下为特殊主体，只有国家机关工作人员才能构成本罪，因为通常情况只有国家机关工作人员才能掌握、了解国家秘密，非国家机关工作人员也可构成本罪，但性质上不属于渎职罪，为方便起见本法在条文中作统一规定予以定罪处罚。

(4) 本罪在主观方面表现为故意，过失不能构成本罪。其动机则多种多样，如为了显示自己消息灵通而加以炫耀；为了贪图私利而加以出售；因贪恋女色或碍于情面而泄露；被威胁利诱而提供等。

本案中，于某是刑事被告人的辩护律师，并非国家机关工作人员，也不属于可能知悉或掌握国家秘密的非国家机关工作人员，故不能成为本罪的犯罪主体。辩护律师通过合法手续获得的案件材料，虽属于“机密级国家秘密”，但检察机关没有标明密级，也无人告知案件材料中涉及国家秘密，不得泄露给他人，律师便没有将案件材料当作国家秘密加以保护的义务，对于案件材料内容泄露的行为亦不存在主观上的故意。因案件材料内容的泄露导致诉讼活动的扰乱，也未达到情节严重的程度。那么，刑事被告人的辩护律师，通过合法手续获得涉密的案件材料，提供给当事人亲属查阅的行为，不构成故意泄露国家秘密罪。

【法条链接】

《中华人民共和国刑法》

第 398 条 国家机关工作人员违反保守国家秘密法的规定，故意或者过失泄露国家秘密，情节严重的，处 3 年以下有期徒刑或者拘役；情节特别严重的，处 3 年以上 7 年以下有期徒刑。

非国家机关工作人员犯前款罪的，依照前款的规定酌情处罚。

【案例二】

被告人丁某，2001 年 11 月 7 日因涉嫌犯徇私舞弊不移交刑事案件罪被监视居住，同年 11 月 8 日被取保候审。

2001 年 2 月，W 市多管局接到群众关于 A 村滥伐林木的举报后，即指派该局林政处副处长顾某到 A 村进行初查。4 月 17 日，经该市信访局、农工部等单位共同协调，确定将该案交由该市林副业局负责查处。4 月 18 日上午，被告人丁某和顾某等人受指派到 A 村彻查该村滥伐林木情况，并按分工由丁某审查A村1999年和2000年的销售林木账。丁某经审查并初步测算后，已知A村两年间涉嫌滥伐林木共约600立方米。同日下午，丁某有事离开上坝村，由顾某等人继续对群众举报滥伐的其中3块林地进行了实地勘查，并画了3份现场图。事后顾某将上述3份现场图交给了丁某。丁根据现场图测算，确定上述3块林地的滥伐数量应为17.9888立方米。同月20日，丁在向镇领导通报上坝村滥伐林木案查处情况时，表示A村滥伐林木数量巨大，情节严重，已涉嫌构成滥伐林木罪，应移送司法机关立案查处，追究有关人员的刑事责任。在镇领导"不要抓人"、不要移送司法机关的说情下，丁某擅自承诺将认定的滥伐林木数量降至20立方米以下，以行政处罚结案，并要镇领导根据其行政处罚确定的滥伐林木数对A村的销售林木账作技术处理（指改账）。之后，丁隐瞒了自己在审账中已知的A村滥伐林木约600立方米的情况，仅以顾某等人实地勘查形成的现场图所测算出的滥伐数即17.9888立方米作为调查结果向本局领导及顾某汇报。由于丁的隐瞒不报，导致该市林副业局于同月27日仅对A村作出了林业行政处罚决定。本案一审期间，A村涉嫌犯滥伐林木罪一案，已由公安局侦查终结，并由人民检察院提起公诉。起诉书指控A村涉嫌犯滥伐林木数量为500余立方米。

人民法院经审理后认为：被告人丁某身为行政执法工作人员，在查办行政违法案件过程中，明知A村两年内累计滥伐林木数额巨大，已涉嫌构成滥伐林木罪，依法需要追究刑事责任，本应如实报请本机关负责人作出批准向司法机关移送案件的决定，却徇私舞弊，故意隐瞒真相，导致仅由行政机关对A村和有关责任人员作出行政处罚，其行为已构成徇私舞弊不移交刑事案件罪。根据被告人丁某的犯罪情节和悔罪表现，适用缓刑不致再危害社会，可以宣告缓刑。依照《中华人民共和国刑法》第402条，第72条第1款，第73条第2款、第3款的规定，于2002年4月8日判决如下：

被告人丁某犯徇私舞弊不移交刑事案件罪，判处其有期徒刑一年，缓刑一年六个月。

一审宣判后，丁某不服，以其不符合构成徇私舞弊不移交刑事案件罪主体，无徇私舞弊的故意及行为不构成犯罪为由，向人民法院提起上诉。

本案二审期间，A村滥伐林木案，已由法院一审作出有罪判决，一审认定的滥伐林木数为542.712立方米。

人民法院认为：上诉人丁某作为该市林副业局林政科科长兼林政稽查大队大队长，在林业行政执法中，发现需要追究刑事责任的案件，应移交司法机关处理，但其在查办A村滥伐林木案的过程中，明知该村滥伐林木数额巨大，应受刑事处罚，却徇私舞弊，隐瞒真相，作出行政处罚，不移送司法机关，放纵犯罪，情节严重，其行为已构成徇私舞弊不移交刑事案件罪。根据被告人丁某的犯罪情节和悔罪表现，适用缓刑不致再危害社会，可以宣告缓刑。原审法院认定上诉人丁某犯徇私舞弊不移交刑事案件罪的基本事实清楚，证据确凿、充分，适用法律正确，量刑适当，诉讼程序合法。裁定驳回上诉，维持原判。

（案例来源：《中国刑事审判指导案例（贪污贿赂罪·渎职罪·军人违反职责罪）》，法律出版社 2009 年版，第 574 页。）

【问题聚焦】

如何认定徇私舞弊不移交刑事案件罪？

【法律剖析】

根据《刑法》第 402 条的规定，徇私舞弊不移交刑事案件罪是指行政执法人员徇私舞弊，对依法应当移交司法机关追究刑事责任的案件不移交，情节严重的行为。

本罪主体是特殊主体，只能是行政执法人员。所谓行政执法人员，根据行政处罚法的有关规定以及国务院《行政执法机关移送涉嫌犯罪案件的规定》第 2 条的规定，具体是指具有行政处罚权的行政机关或者法律、法规授权的具有管理公共事务职能，在法定授权范围内实施行政处罚的组织的工作人员。实践中，该罪的主体一般为负责查处某种行政违法案件的行政机关或部门负责人及案件承办人员。

本罪的客观方面表现为行为人在行政执法过程中，发现自己查处的行政违法人（或单位）的行为已构成犯罪，依据有关法律规定应当移交司法机关追究刑事责任，但从中予以舞弊，不移交司法机关，情节严重的行为。最高人民检察院发布的《人民检察院直接受理立案侦查案件立案标准的规定（试行）》（以下简称《高检试行规定》）中规定，所谓“舞弊”，是指“伪造材料，隐瞒情况，弄虚作假”；所谓“情节严重”，主要是指具有以下情形之一：对依法可能判处 3 年以上有期徒刑、无期徒刑、死刑的案件不移交的；三次以上不移交的犯罪案件，或者一次不移交涉及 3 名以上犯罪嫌疑人的；司法机关发现并提出意见后，无正当理由仍然不予移交的；以罚代刑，放纵犯罪嫌疑人，致使犯罪嫌疑人继续进行违法犯罪活动的；行政执法部门主管领导阻止移交的；隐瞒、毁灭证据，伪造材料，改变刑事案件性质的；直接负责的主管人员和其他直接责任人员为牟取本单位私利而不移交刑事案件，情节严重的；其他情节严重的情形。

本罪在主观上应当是出于故意，即明知行政违法人（或单位）的行为已构成犯罪，应当移交司法机关而故意不移交，并且具有“徇私”的动机。所谓“徇私”，参照《高检试行规定》，具体是指“徇私情、私利”。综上，构成本罪的核心是：(1)“依法应当移交”而未予移交；(2)未予移交是因为行为人从中实施了徇私舞弊的行为。徇私舞弊不移交刑事案件罪的客观构成行为是一种复合行为，包含作为与不作为。行为人在客观上既实施了“伪造材料、隐瞒情况、弄虚作假”的以作为形式表现的“舞弊”行为，又具有“依法应当移交”而“不移交”的不作为行为。但更主要的是不作为。虽有“伪造材料、隐瞒情况、弄虚作假”的行为，但无“不移交”的行为，仍不能按本罪论处，可能构成其他犯罪。可见“依法应当移交”这一要素，是认定行为人能否构成徇私舞弊不移交刑事案件罪的一个关键要素。

对于认定“依法应当移交”，根据国务院2001年颁布的《行政执法机关移送涉嫌犯罪案件的规定》第3条“行政执法机关在依法查处违法行为过程中，发现违法事实涉及的金额、违法事实的情节、违法事实造成的后果等，根据刑法关于破坏社会主义市场经济秩序罪、妨害社会管理秩序罪等罪的司法解释以及最高人民检察院、公安部关于经济犯罪案件的追诉标准等规定，涉嫌构成犯罪，依法需要追究刑事责任的，必须依照本规定向公安机关移送”的规定，判断是否“依法应当移交”的标准，只能是依照上述刑事实体法律规范的要求，涉案行为的性质必须符合犯罪构成要件的规定。其中，“移交”应当是从行政执法机关向刑事侦查机关移交，而不是向被害人或者其他诉讼主体移交。因此，如果根据有关程序法律的规定，某种案件虽然涉嫌触犯了刑律，但法律规定不是必须经由公诉程序追究行为人刑事责任的，行政执法人员未向公安机关或检察机关移交案件的，就不应认为其实施了“依法应当移交”而不移交的不作为行为。例如，《最高人民法院关于执行〈中华人民共和国刑事诉讼法〉若干问题的解释》第1条第2项规定，生产、销售伪劣商品案、侵犯知识产权案等案件，除严重危害社会秩序和国家利益的之外，被害人可以自诉。根据上述规定，行政执法人员在查处涉及生产、销售伪劣商品的案件或者侵犯知识产权的案件时，除对严重危害社会秩序和国家利益的案件，才“应当移送公安机关立案侦查”外，对于涉嫌犯罪情节一般的案件，则既可以通过公诉程序，也可以通过自诉程序启动诉讼，即属于“两可”案件。从法理上分析，“两可”与“应当”是不同的。“两可”是一种授权性规范，行为主体是有一定的选择权的；而“应当”是一种强制性规范，行为主体只能遵循和执行，是没有选择权的。因此，当行政执法人员对此类“两可”的案件作了行政处罚而未予以移送公安机关作刑事立案查处的，是不应追究有关责任人员不移送刑事案件的刑事责任的。

就本案而言，被告人丁某在审查A村销售林木账后，已大体得知A村涉嫌的滥伐林木数量约为600立方米。这一数量已远远超出最高人民法院2000年颁布的《关于审理破坏森林资源刑事案件具体应用法律若干问题的解释》第6条规定的“滥伐林木数量较大，以十至二十立方米或幼树五百至一千株为起点；滥伐林木数量巨大，以五十至一百立方米或者幼树二千五百至五千株为起点”的滥伐林木罪的定罪数量标准，显然涉嫌构成犯罪，应当依法移送公安机关立案侦查以追究有关单位及其责任人的刑事责任。之后，丁某在向A村的上级机关镇领导汇报时，也明确声称“有关人员要受刑事处罚”。可见，丁某对A村滥伐林木行为应当受刑事处罚是明知的。但丁却迁就镇领导的情面，接受说情，并要求将A村销售林木账作技术处理，明知A村采伐林木的情况只有销售账才能全面反映，却仅将顾某对部分滥伐现场的勘查结果作为认定滥伐数，伪造材料、弄虚作假，向本单位领导隐瞒真实情况，最终导致本单位据此对A村滥伐林木案仅作出行政处罚了事，而未能作出移送司法机关进行刑事立案侦查以追究刑事责任的正确决定。被告人丁某在其中实施了为徇私情故意舞弊的行为。因此，认定丁某构成徇私舞弊不移交刑事案件罪是有充分事实根据的。

【法条链接】

《中华人民共和国刑法》

第402条　行政执法人员徇私舞弊，对依法应当移交司法机关追究刑事责任的不移交，情节严重的，处3年以下有期徒刑或者拘役；造成严重后果的，处3年以上7年以下有期徒刑。

三、深度拓展

（一）认定徇私舞弊不移交刑事案件罪是否以未移交的犯罪嫌疑人已被生效判决确定有罪为前提？

徇私舞弊不移交刑事案件罪对“应当移交而不移交的刑事案件”中的“刑事案件”，要求的仅是进行实体上的预断，即是否涉嫌构成犯罪，而并未要求必须对此做出有罪的生效判决为前提。根据《行政执法机关移送涉嫌犯罪案件的规定》第3条，只能由行政执法机关按照已发现的违法事实所涉及的金额、违法事实的情节、违法事实造成的后果等，根据刑法关于破坏社会主义市场经济秩序罪、妨害社会管理秩序罪等的规定和最高人民法院、最高人民检察院关于破坏社会主义市场经济秩序罪、妨害社会管理秩序罪等的司法解释以及最高人民检察院、公安部关于经济犯罪案件的追诉标准等实体规范，进行预断，看是否涉嫌构成犯罪。如果涉嫌构成犯罪，该行政执法机关及其执法人员就负有应当移送的义务。如徇私舞弊不履行该义务的，即应当承担徇私舞弊不移交刑事案件的责任。那种将“涉嫌构成犯罪”理解为必须是已作出有罪的生效判决，对犯徇私舞弊不移交刑事案件罪行为人的侦查、起诉、审判要在其“未移交的刑事案件”审结后才能进行的理解，显然违背了立法原意。否则，如果出现犯罪嫌疑人因未移交而逃匿或死亡等情况时，则会出现对徇私舞弊不移交刑事案件的行为人无法追究刑事责任情况。

另外，对行政执法人员徇私舞弊未予移交的刑事案件中的犯罪嫌疑人“可能判处3年以上有期徒刑”也应当理解为是指该犯罪嫌疑人所涉嫌的犯罪依法应当适用的法定刑档次，而不是指实际判处的刑罚。如果该犯罪嫌疑人所涉嫌的犯罪应当适用的量刑档次在有期徒刑3年以上，但因其具有自首、立功等情况减轻处罚致实际判处的刑罚低于3年有期徒刑，不影响徇私舞弊不移交刑事案件罪的构成。

（二）特定渎职犯罪的前案研究①

在司法实践中，查处诸如徇私枉法罪、徇私舞弊不移交刑事案件罪、放纵走私罪、放纵制售伪劣商品犯罪行为罪、帮助犯罪分子逃避处罚罪等，都存在着一个作为特定渎职犯罪“案中案”的前案问题，由于前案与特定渎职犯罪有着千丝万缕的关系，因此，只有准确定位前案，厘清前案和特定渎职犯罪之间的复杂关系，方能准确把握特定渎职犯罪的范围，从而及时准确地查处此类犯罪并加以有效预防。

1. 特定渎职犯罪“前案”的界定

对于“前案”的界定表述，学界观点不一，有的称其为“前提罪或原

① 参见康均心：《特定渎职犯罪的前案研究》，载《甘肃政法学院学报》2012年1月号，第91~100页。

案"①，有的称其为"原罪"②，有的则称其为"前罪"③，也有的称其为"本犯"④，还有的称其为"前案"⑤，等等。对于上述种种界定表述，笔者以为，"前案"说较能准确阐释"前案"的内涵。理由如下：

首先，"原案"的提法容易让人混淆渎职犯罪与前案的性质，让人误以为渎职犯罪本案与前案是同一案，而渎职犯罪本案则是前案的延续。事实上，徇私枉法罪的犯罪主体与"有罪的人"并非同一主体，徇私枉法罪与"有罪的人"所实施的犯罪也并非同一案件，徇私舞弊不移交刑事案件罪与未移交的刑事案件亦非同一案，而且放纵走私罪与导致该罪成立的一般走私行为或相应的走私犯罪行为、放纵制售伪劣商品罪与制售伪劣商品的犯罪行为以及帮助犯罪分子逃避处罚罪与犯罪分子实施的犯罪之间均非同一案。

其次，"前提罪"说、"原罪"说以及"前罪"说均存在定性不当的地方。第一，以上提法容易让人对"前案"的定性产生误解，即让人认为"前案"需经人民法院判决为有罪，而事实上，基于有效打击犯罪及更好实现检察机关检察监督职能的考虑，"前案"只需在实体上构成犯罪即可，即有证据证明有犯罪事实且需要追究刑事责任，并不要求在程序上构成犯罪。第二，外延过窄。在放纵走私罪中，该罪的前提"走私"并不限于走私罪，该"前案"既包括一般的走私行为，也包括相应的走私犯罪行为，所以，以上提法外延过窄，不足以准确界定该罪的"前案"的性质。

其三，"本犯"说一般是指影响渎职犯罪成立的其他罪犯，这一提法是针对犯罪人而非针对案件而言的，显然无法解释徇私舞弊不移交刑事案件罪中的"刑事案件"、放纵制售伪劣商品罪中的"制售伪劣商品的犯罪行为"以及放纵走私罪中的"走私（犯罪）行为"，因此，"本犯"说也是不可取的。⑥

综上所述，笔者认为"前案"说更为合理，因此，所谓特定渎职罪的

---

① 参见赵秉志、肖中华：《渎职罪认定中的共性问题（中）》，载《检察日报》2001年12月25日。

② 参见刘海斌：《查办徇私舞弊罪的法律难点》，载《人民检察》1998年第5期。

③ 参见张杰：《渎职犯罪构成中的前罪后罪问题》，载《中国刑法杂志》2001年第1期。

④ 参见张明楷、黎宏：《刑法新问题探究》，清华大学出版社2003年版，第395页。

⑤ 参见贾济东：《渎职行为中的"前案"问题探究》，载《湖北社会科学》2007年第12期。

⑥ 参见贾济东：《渎职行为中的"前案"问题探究》，载《湖北社会科学》2007年第12期。

“前案”，是指导致特定渎职行为成立犯罪的案件或某些行为。该提法既能够明确区分渎职罪本罪与前案，不致使两者发生混淆，而且能纠正“前提罪”说、“原罪”说以及“前罪”说之定性不当，以及弥补“本犯”说将“前案”仅限定于犯罪人的不足，既涵盖了涉案人员，也包括了有关案件。

2. 特定渎职犯罪前案的性质

关于前案的性质，不能一概而论，而应当根据相关罪名的具体规定予以判定，具体可以分为三种：①前案不构成犯罪。例如在徇私枉法罪中规定的“对明知是无罪的人而使他受追诉”，“无罪的人”就是要求前案须不构成犯罪。②前案只须构成一般的违法行为即可。如在放纵走私罪中，该罪就只要求前案是非刑事案件的一般走私行为即可。③前案须在实质上构成犯罪。如在徇私枉法罪中规定的“对明知是有罪的人而故意包庇不使他受追诉”，“有罪的人”即是要求前案必须构成犯罪，除此之外，徇私舞弊不移交刑事案件罪、放纵制售伪劣商品犯罪行为罪以及帮助犯罪分子逃避处罚罪也是分别将前案定性为“刑事案件”、“制售伪劣商品的犯罪行为”以及“犯罪分子”，即均须构成犯罪。

对于前两种情况的前案性质的认定，学界的观点已经趋于一致，没有争议。而对于第三种情况中法律规定要求前案有罪的，学界一般认为必须以前案最终构成犯罪为前提，但是也有学者提出反对意见，认为此类案件前案无须构成犯罪，渎职罪本罪的构成也可以成立，其理由主要在于：第一，徇私舞弊渎职罪侵犯的客体是复杂客体……在前案最终实质不构成犯罪的情况下，如果执法、司法人员在前面任何一个阶段徇私舞弊，都同样侵犯了国家司法机关的正常活动；第二，从其犯罪的客观方面来讲，徇私舞弊型渎职罪真正的犯罪行为是特殊主体不依法履行法定职责的行为，而在同一犯罪构成中不可能有两个犯罪行为，故前案在性质上不可能是犯罪行为；第三，渎职罪的危害结果是渎职行为侵害犯罪客体的危害结果，是发生在渎职行为之后而决不可能发生在渎职行为之前，而前案在渎职行为之前就早已客观存在，因此，前案在性质上不可能是危害后果，只能是犯罪对象。①

对于该观点，笔者不敢苟同，首先，立法机关之所以将这种徇私舞弊的渎职行为规定为犯罪，是因为其情节严重，具有较大的社会危害性。而其情节严重与否的重要决定因素就在于前案是否构成犯罪，倘若前案实质上构成犯罪，

① 参见简绍恒：《渎职罪中“前案”的理解与认定》，载《中国检察官》2008年第4期。

那么该徇私舞弊的渎职行为亦构成犯罪，反之，倘若前案仅构成一般的违法行为，那么同样该行为也不能被认定为犯罪。这实际上是一种立法价值衡量的问题，即法律打击的是较为严重的构成犯罪的渎职行为。譬如在放纵制售伪劣商品犯罪行为罪中，法律即规定前案为“生产销售伪劣商品的犯罪行为”，若前案中行为人生产销售伪劣商品的行为仅属于一般的违法行为，则国家机关工作人员放纵该行为的徇私舞弊行为虽然在客观上也侵犯了国家司法机关的正常活动，但由于情节较为轻微，不宜以犯罪论处，其社会危害性程度显然不能和放纵制售伪劣商品犯罪行为罪同一而论。其次，前述观点认为如果将前案的性质认定为犯罪行为，则会在同一犯罪构成中出现两个犯罪行为的尴尬局面，因此，前案不可能是犯罪行为。对此，笔者不以为然，第一，在同一犯罪构成中出现两个犯罪行为在刑法分则中是存在的。认定具体犯罪构成要件危害行为的单复，应当根据刑法所要求的观念来决定，即按照法定的行为内容和形式，支配行为的罪过形式，行为指向的直接客体性质或对象三者有机的统一，来决定行为的单复。根据这个标准，可以将构成要件的危害行为分为单一危害行为和复杂危害行为。所谓单一危害行为指的是构成某种具体犯罪法律只要求具备一个实行行为。所谓复杂危害行为，指构成某种具体犯罪必须具备的复数实行行为。① 在我国刑法规定的数百个具体罪名之中，有的犯罪只要求实行一个危害行为，有的犯罪则需要具备两个或两个以上的危害行为，譬如，招摇撞骗罪中，如果行为人仅仅实施了假冒国家机关工作人员或人民警察的行为，而未实施诈骗的行为，又或者行为人仅仅实施了诈骗的行为而未实施冒充国家机关工作人员或人民警察的行为，则均不能认为该单一行为是该罪的犯罪行为。第二，在徇私舞弊的渎职犯罪中，只存在一个犯罪行为即渎职的犯罪行为，前案不属于渎职犯罪构成中犯罪客观方面的犯罪行为。譬如在帮助犯罪分子逃避处罚罪中，该罪的犯罪构成中的犯罪行为表现为“向犯罪分子通风报信、提供便利”，而前案中犯罪分子所实施的犯罪行为显然不能同时成为该罪客观方面所表现出来的犯罪行为。

因此，笔者主张，对于法律规定要求前案构成犯罪的，前案须构成犯罪方能导致后罪的成立。

3. 特定渎职犯罪前案的范围

对于前案的存在范围，学界有不同的观点：第一种观点认为渎职犯罪中涉及前案的罪名有五种，即徇私枉法罪、徇私舞弊不移交刑事案件罪、放纵走私

---

① 参见马克昌主编：《犯罪通论》，武汉大学出版社 2006 年版，第 188 页。

罪、放纵制售伪劣商品犯罪行为罪以及帮助犯罪分子逃避处罚罪。① 第二种则认为渎职犯罪的前案除了存在于以上五种犯罪之中以外，还应当涉及国家机关工作人员签订、履行合同失职被骗罪，因为在该罪中“被诈骗”是必备条件。②

要弄清前案的存在范围，就得弄清哪些渎职犯罪中存在案中案。纵观渎职犯罪的三十六个罪名，存在案中案的主要有六个罪名，即徇私枉法罪、徇私舞弊不移交刑事案件罪、放纵走私罪、放纵制售伪劣商品犯罪行为罪、帮助犯罪分子逃避处罚罪以及国家机关工作人员签订、履行合同失职被骗罪，而在该六个罪名中，基于前案本身的特定性质，其范围还得进一步缩小。对此，笔者赞同第一种观点，即在国家机关工作人员签订、履行合同失职被骗罪中不存在前案问题。正如上文所言，前案是指导致渎职行为成立犯罪的案件，前案是渎职犯罪成立的前提条件和基础，而渎职犯罪的成立则是前案必然导致的结果，即前案作为原因条件须发生在作为结果的渎职犯罪之前，而国家机关工作人员签订、履行合同失职被骗罪中国家机关工作人员之所以“被诈骗”，是因其“严重不负责任”的失职行为所导致的，可见，在该罪中，国家机关工作人员“被诈骗”是其“严重不负责任”所导致的结果，而非导致该行为成立犯罪的前提条件，可见该罪中的诈骗行为并不符合前案的内涵，因此，前案只存在于徇私枉法罪、徇私舞弊不移交刑事案件罪、放纵走私罪、放纵制售伪劣商品罪以及帮助犯罪分子逃避处罚罪之中。

4. 特定渎职犯罪前案的标准

如何确立前案标准，学界及司法界都存在较大的争议，归纳起来大致有以下六种观点③：

第一，法院判决说。该学说认为前案是否构成犯罪应当以司法的最终裁判为准，前案只有经过人民法院依法审判，被判决为有罪方能被认定为罪案。

第二，立案侦查说。该学说认为前案只要被司法机关立案侦查，进入实质性刑事追究程序即可认为该前案属刑事罪案，不必以最终司法裁判确定。

---

① 参见简绍恒：《渎职罪中“前案”的理解与认定》，载《中国检察官》，2008 年第 4 期。

② 参见赵秉志、肖中华：《渎职罪认定中的共性问题（中）》，载《检察日报》2001 年 12 月 25 日。

③ 转引自贾济东：《渎职行为中的“前案”问题探究》，载《湖北社会科学》2007 年第 12 期。

第三，刑事受案说。该学说认为前案只要经有管辖权的司法机关以刑事案件正式受理，就国家公务人员一般的分辨能力、认识水准就能判明该前案为刑事犯罪案，应依法追究刑事责任即可，不一定要经立案程序或以最终司法裁判为准。

第四，材料反映说。该学说认为只要有报案、举报、自首及其他材料，司法机关便可以据以认定前案构成犯罪。

第五，充足证据证明说。该学说认为前案的认定以“有证据证明有犯罪事实”为标准，即前案只要有充足的证据加以印证，无需法院判决便可认定，本案便可据此立案。如徇私枉法罪的构成，只要求有证据证明前案犯罪人嫌疑人涉嫌犯罪，而作为司法工作人员的行为人又明知这种事实，却故意予以包庇即可，如果非得前案经法院判决确定有罪之后才对渎职罪进行查处，只会徒增诉讼成本。

第六，刑事规范符合说。该学说认为某一行为是否犯罪行为，应以刑法总则相关条文及分则规定的具体犯罪构成来衡量，符合刑法总则及分则具体犯罪构成的行为就是犯罪行为，反之就不是犯罪行为。

对于第一种观点“法院判决说”，笔者以为不妥，主要存在两个方面的缺陷：第一，与刑法的立法精神不符。刑法对前案只是规定为“有罪的人”、“犯罪分子”、“生产销售伪劣商品的犯罪行为”以及“刑事案件”，并没有明文规定必须经人民法院依法判决确定其为“有罪的人”、“犯罪分子”抑或通过收集证据将其定性为“生产销售伪劣产品的犯罪行为”或者是“刑事案件”。在这种情况下，倘若前案中涉案人员犯罪事实清楚、证据确实充分，而司法工作人员故意包庇不使其受追诉或者徇私舞弊不移交刑事案件或者放纵制售伪劣商品的犯罪行为或者为犯罪分子通风报信、提供便利帮助其逃避处罚的，亦完全符合刑法对相应徇私舞弊渎职犯罪行为的构成规定。第二，容易导致放纵犯罪。假如司法机关在追诉前案的过程中，由于前案的犯罪分子潜逃或者下落不明而导致前案迟迟无法结案，那么司法机关岂不是一直无法追究相应渎职犯罪行为人的刑事责任，而枉法者亦总可以逍遥法外，又或者由于前案的犯罪已过追诉时效而导致法院根本不可能作出相应判决时，在这种情况下，面对渎职犯罪行为人，司法机关手握充分证据却无法追究其刑事责任，岂不是对公权力的极大讽刺？对司法公正的极大亵渎？

至于“立案侦查说”与“刑事受案说”两者观点大同小异，本质上都是以对司法程序的评价为处罚点，但亦存在颇多不足之处。首先，将前案限定为须经司法机关立案侦查或以刑事案件受理方能被认定为刑事案件，逻辑上站不住脚。依此观点，前案须经相应的司法程序方能被认定为刑事案件，反之，如果没有经过相应司法程序则不能被认定为刑事案件，对此，笔者认为不妥，认定某一事物的本质属性，应当关注其实体特征而非其他，因此，某案件是否应被认定为刑事案件，应当结合犯罪的两个特征即刑事违法性与严重的社会危害性予以判定，倘若采纳此观点，则只有经司法机关立案侦查或以刑事案件受理的案件才能被认定为刑事案件，而没有经过相应程序的则永远不能被界定为刑事案件，这显然是极其荒谬的。其次，倘若前案已过追诉时效期限，依照刑事诉讼法的相关规定，司法机关须撤销前案或者对前案不予起诉，如此一来，前案便永远不可能进入相应的司法程序，是否刑事案件也无从谈起。可见，该学说同法院判决说一样同样无法追究渎职犯罪行为人的刑事责任。

至于“材料反映说”，笔者认为范围过于宽泛，毕竟自首、报案以及举报的材料有真实的，也有伪造的，亦有部分言过其实的，倘若不经侦查而直接认定前案为犯罪，不仅会导致司法权力的滥用，破坏法律的严谨性，而且还会扩大法律打击的范围，与宽严相济的刑事政策不相符合。

对于“充分证据证明说”，笔者认为其主张的“有充分证据证明有犯罪事实”之说颇有可取之处，可以在认定前案罪案性质的基础上及时追究渎职犯罪行为人的刑事责任，体现出了法律诉讼的经济性。但是却忽略了刑事诉讼法规定的而不被追究刑事责任的六种情形，即情节显著轻微、危害不大、不认为是犯罪的；犯罪已过追诉时效期限的；经特赦令免除刑罚的；依照刑法告诉才处理的犯罪，没有告诉或者撤回告诉的；犯罪嫌疑人、被告人死亡的；其他法律规定免予追究刑事责任的。因此，充分证据证明说与材料反映说一样，都有扩大法律打击范围之嫌，与宽严相济的刑事政策不相符合。

至于“刑事规范符合说”，笔者认为该观点犯了循环定义的逻辑错误，循环定义的错误有两种：一是定义项直接包括了被定义项，如麻醉就是麻醉剂所起的作用；二是定义项间接包括了被定义项，如原因就是引起结果的事件，结果就是原因引起的事件。① 该说认为符合刑法总则规定及分则具体犯罪构成的行为即犯罪行为，简言之，即一切成立犯罪的行为都是符合犯罪构成的行为，并且一切符合犯罪构成的行为都是成立犯罪的行为。这岂不是用犯罪构成衡量犯罪的同时又用犯罪衡量犯罪构成？显然无法树立一个界定犯罪成立与否的明确标准。

纵览上述观点，笔者认为，其争议的根本点在于没有厘清实体有罪与程序

① 参见马克昌主编：《犯罪通论》，武汉大学出版社2006年版，第17页。

有罪之间的差异与联系。实体有罪，又称为实体法意义上的犯罪，指的是符合刑法分则具体构成要件的具有严重社会危害性的行为，而程序有罪，又称为程序法意义上的犯罪，指的是以实体有罪为基础，通过刑事诉讼法的各种程序，最终经人民法院判决为有罪的行为。实体有罪是程序有罪的前提和基础，程序有罪是实体有罪的法律表现形式，一般情况下，两者是一致的，而前案的界定标准之所以发生争议，就是因为在实体有罪与程序有罪发生分离的时候，没有把握住两者之间的差异，如果说实体有罪是对某一行为严重社会危害性的定性，那么程序有罪则是藉以认定该犯罪行为刑事责任的司法程序，因此，在两者之间因客观原因阻碍而不能两全时，出于及时查处渎职犯罪本案的考虑，应当从实体法的角度出发来认定犯罪成立与否。

通过以上分析，笔者主张"实质构罪说"，即渎职犯罪中的前案，并不需要以法院判决或者经过其他的刑事司法程序为前提，只要有证据证明前案中有犯罪事实存在且需要追究刑事责任即可。

5. 五种特定渎职犯罪前案的范围

(1) 徇私枉法罪中的前案

关于徇私枉法罪的前案主要有四种：

第一，是对明知是无罪的人而使他受追诉。首先，对无罪的人的理解，可以从实体法和程序法两方面加以认定。从实体法的角度而言，是指没有实施严重危害社会并且需要追究刑事责任的犯罪行为，或者是虽然实施了危害社会的行为，但是情节显著轻微危害不大，因而不认为是犯罪。如刑法第 16 条规定："行为在客观上虽然造成了损害结果，但是不是出于故意或者过失，而是由于不能抗拒或不能预见的原因所引起的，不是犯罪。"从程序法的角度来讲，是指行为人虽然实施了犯罪行为，但具有刑事诉讼法第 15 条规定情形之一的，如：情节显著轻微、危害不大、不认为是犯罪的；犯罪已过追诉时效期限的；经特赦令免除刑罚的；依照刑法告诉才处理的犯罪，没有告诉或者撤回告诉的；犯罪嫌疑人、被告人死亡的；其他法律规定免予追究刑事责任的，不追究刑事责任，已经追究的，撤销案件，或者不起诉，或者终止审理，或者宣告无罪。在认定徇私枉法罪的此类前案时，不仅要从实体法上收集证据证明其无罪，也要注重犯罪嫌疑人在程序法上的权利，摒除重实体轻程序的法律思维，切实保护当事人的合法权益。其次，使无罪之人受刑事追诉，指的是司法工作人员对明知是没有犯罪事实或者其他依法不应当追究刑事责任的人，采取伪造、隐匿、毁灭证据或者其他隐瞒事实、违反法律的手段，以追究刑事责任为目的而采取立案、侦查、起诉、审判等司法行为。这类前案在司法实践和刑法理论中争议不大。

第二，是对明知是有罪的人而故意包庇不使他受追诉。首先，对于有罪的人的理解，即有证据证明有犯罪事实且需要追究刑事责任的人。最高检《关于渎职侵权犯罪案件立案标准的规定》第2条也作出了明确的规定，有罪的人是指“有犯罪事实需要追究刑事责任的人”。因此，对于有罪的人，应当将其界定为有犯罪事实需要追究刑事责任的人。其次，包庇不使他受追诉，意思指的是司法工作人员对明知是有犯罪事实需要追究刑事责任的人，采取伪造、隐匿、毁灭证据或者其他隐瞒事实、违反法律的手段，故意包庇不使其受立案、侦查、起诉、审判。其中，所谓包庇，既指行为人采取不正当的手段伪造、隐匿、毁灭有罪之人的犯罪证据、篡改有罪之人的有罪供诉、威逼证人改变证词，为即将受到刑事诉讼的有罪之人通风报信使其逃避刑罚的行为，也包括行为人处于一己之私而对有罪之人的犯罪行为不进行刑事追诉，还包括对犯罪嫌疑人违法变更或取消强制措施而使犯罪嫌疑人逃避刑事裁判等①。笔者认为该说法归纳得较为全面，对此，最高检《关于渎职侵权犯罪案件立案标准的规定》第4条明确规定，“在立案后，采取伪造、隐匿、毁灭证据或者其他隐瞒事实、违反法律的手段，应当采取强制措施而不采取强制措施，或者虽然采取强制措施，但中断侦查或者超过法定期限不采取任何措施，实际放任不管，以及违法撤销、变更强制措施，致使犯罪嫌疑人、被告人实际脱离司法机关侦控的”。

第三，是在刑事审判活动中故意违背事实和法律作枉法裁判。首先，违背事实和法律指的是司法工作人员不以检察机关收集到的证据为依据，亦不以刑法和刑诉法的相应规定为准绳来对犯罪嫌疑人的行为予以定性。其次，枉法裁判指的是司法工作人员故意违背事实和法律作出错误裁判的行为，如将有罪判无罪、将无罪判有罪，或将重罪轻判、将轻罪重判。

第四，是使罪重的人受较轻的追诉，或者使罪轻的人受较重的追诉。对此，最高检《关于渎职侵权犯罪案件立案标准的规定》明确规定，涉嫌下列情形之一的，应予立案，“……采取伪造、隐匿、毁灭证据或其他隐瞒事实、违反法律的手段，故意使罪重的人受较轻的追诉，或者使罪轻的人受较重的追诉。”

（2）徇私舞弊不移交刑事案件罪中的前案

关于徇私舞弊不移交刑事案件罪的前案主要有两种：

第一，是行政执法人员徇私舞弊不移交犯罪嫌疑人已经确定的刑事案件。

---

① 阎二鹏：《徇私枉法罪疑难问题释疑》，载《长春工程学院学报》2007年第4期。

第二，是行政执法人员徇私舞弊不移交犯罪嫌疑人尚未确定的刑事案件。对于第一种前案，理论界一般认为该罪的前案为刑事案件，没有太大争议。对于第二种案件，理论界有人认为本罪的犯罪对象只能是犯罪嫌疑人，没有犯罪嫌疑人的案件不是本罪对象，犯罪嫌疑人尚未确定时不存在徇私舞弊。①

笔者认为，本罪的前案应是刑事案件。理由在于：其一，根据我国刑事诉讼法的规定，有犯罪事实需要追究刑事责任，就应当立案。在立案阶段行政机关只是移送案件，此时移交司法机关处理的犯罪嫌疑人可能还未明确。因此，符合了立案标准，司法机关就应当进行立案，否则不符合刑事诉讼法的规定。其二，刑事案件在侦查过程中，即使犯罪嫌疑人没有到案，但不能说没有犯罪嫌疑人，只是尚未具体确定和抓获而已。因此，行政执法人员对刑事案件的不移交，实质上也是对犯罪嫌疑人的不移交。

（3）放纵走私罪中的前案

放纵走私罪的前案既可以是走私犯罪行为也可以是一般走私违法行为。对于一般走私违法行为构成前案，必须综合考虑违法行为的情节因素，根据最高检《关于渎职侵权犯罪案件立案标准的规定》中的相关规定，放纵走私罪是指海关工作人员徇私舞弊，放纵走私，情节严重的行为。涉嫌下列情形的，应予立案：放纵走私犯罪行为的；因放纵走私致使国家应收税额损失累计达10万元以上的；放纵走私行为3次以上的；放纵走私行为，具有索取或者收受贿赂情节的；其他情节严重的情形。由此可见，一般走私违法行为成为本罪的前案，需要同时考虑海关工作人员是否具备因放纵走私给国家造成较大的损失；多次放纵走私行为；同时具有索取或收受贿赂等严重情节。

（4）放纵制售伪劣商品犯罪行为罪中的前案

放纵制售伪劣商品犯罪行为罪的前案不仅包括构成犯罪的制售伪劣商品的行为，还包括尚未构成犯罪的一般违法行为，但一般违法行为构成前案需要同时具备国家工作人员的放纵行为造成了重大损失，或者多次实施放纵行为等严重情节。对此，最高院、最高检《关于办理生产、销售伪劣商品刑事案件具体应用法律若干问题的解释》第8条规定，情节严重是指具有下列情形之一的：①放纵生产、销售假药或者有毒、有害食品犯罪行为的；②放纵依法可能判处2年有期徒刑以上刑罚的生产、销售伪劣商品犯罪行为的；③对三个以上有生产、销售伪劣商品犯罪行为的单位或者个人不履行追究职责的；④致使国

① 参见张建国：《浅议徇私舞弊不移交刑事案件罪的犯罪对象》，载《中国刑法学》2004年第11期。

家和人民利益遭受重大损失或者造成恶劣影响的。具体而言，根据最高检《关于渎职侵权犯罪案件立案标准的规定》，本罪的第一类前案不仅应当包括可能判处三年有期徒刑以上刑罚的生产销售普通伪劣商品犯罪行为，而且还包括生产销售假药或者有毒、有害食品犯罪行为，还包括了生产、销售伪劣农药、兽药、化肥、种子的犯罪行为。由于《立案标准》对生产、销售不符合安全标准的产品罪，生产、销售不符合标准的医用器材罪，生产、销售不符合卫生标准的化妆品罪，生产、销售不符合安全标准的食品罪作出了明确的规定，故有人认为放纵以上四种行为不构成犯罪，实施该四种行为也不构成前案问题。笔者认为，该说法不妥，首先，根据刑法第149条的规定，生产、销售本节第141条至第148条所列产品，不构成各该条规定的犯罪，但是销售金额在5万元以上的，依照本节第140条的规定定罪处罚。生产、销售本节第141条至第148条所列产品，构成各该条规定的犯罪，同时又构成本节第140条规定之罪的，依照处罚较重的规定定罪处罚。因此，如果犯罪行为人实施了以上四种违法行为同时销售金额在5万元以上的，可以定性为生产、销售伪劣商品罪，所以，上述四种行为可以构成前案。其次，生产、销售伪劣商品罪与以上四种犯罪行为之间是法条竞合的关系，即上述四种犯罪行为是生产、销售伪劣商品犯罪的特殊表现形式。所以，放纵制售伪劣商品犯罪行为罪的前案理所当然应当包括以上四种犯罪行为。

（5）帮助犯罪分子逃避处罚罪中的前案

帮助犯罪分子逃避处罚罪前案的焦点主要集中在对犯罪分子的理解上。对于犯罪分子的范围，理论上有广义和狭义之争。广义说认为："此处的犯罪分子应理解为广义的犯罪嫌疑人，即根据当时的情形，有证据表明其实施了一定犯罪行为的人，当然包括犯罪嫌疑人、被告人和已决犯"。理由在于："我国刑事诉讼法中只有经过法院判决才能认定为有罪的规定是从保障犯罪嫌疑人权利的角度考虑的，也就是说，在未经法院判决有罪之前犯罪嫌疑人应当享有与无罪者相同的权利，任何司法机关不能据此而剥夺或限制犯罪嫌疑人的权利。但是这不能成为阻碍公安机关、检察机关对犯罪嫌疑人侦查和追诉的理由，如果将此处的"犯罪分子"作只有经过法院判决为有罪的人的狭义理解，势必会造成妨碍侦查机关对案件的侦查，从而导致放纵罪犯的后果。"① 狭义说认

---

① 参见赵秉志：《刑法相邻相近罪名界定与适用》（下册），吉林人民出版社2000年版，第1477～1488页。

为："犯罪分子是指实施了犯罪行为，但尚未受到追诉的犯罪嫌疑人。"① 详言之，"犯罪分子主要是指在国家机关工作人员通风报信、提供便利时尚未受到追诉而实际犯有罪行的人或尚未经人民法院审判的犯罪嫌疑人或刑事被告人等"。②

犯罪分子一词在刑法条文中出现的频率较高，据粗略统计，涉及犯罪分子的大约有40个法律条文，其中，总则占36个条文，分则占4个。研究本罪中犯罪分子的应有含义时，不仅应当把握其共性，也应分析其个性。狭义说认为犯罪分子包括犯罪嫌疑人和被告人，从凸显个性的角度来看，该说固然值得肯定，但是却缺乏对立法旨意的深入分析以及对犯罪分子应有含义的全面考虑，有失片面。因此，广义说较为妥当合理，但理由尚显单薄，需要进一步深入。具体而言，应当着重把握以下几个方面：

其一，本罪中的犯罪分子主要是指尚未经过人民法院审理的犯罪嫌疑人或刑事被告人。犯罪分子并不是一个严格的刑法术语，它的含义比较广泛也比较模糊，主要包括了犯罪嫌疑人、刑事被告人和犯罪人。其中，实施了犯罪行为、准备或已经开始被追诉但尚未被人民法院依法审判并被确定构成犯罪的人，叫做犯罪嫌疑人或刑事被告人，经过人民法院依法审判并被确定构成犯罪的人叫做犯罪人或已决犯。具体到本罪而言，本罪中的犯罪分子主要是指在国家机关工作人员通风报信、提供便利时尚未受到追诉而当时有证据证明犯有罪行的人或尚未经人民法院审判的犯罪嫌疑人或刑事被告人。

其二，本罪中的犯罪分子也包括了已决犯，即经过人民法院依法审判并被确定为有罪的人。有观点认为，在犯罪分子被宣判为有罪之后，由于刑事司法程序已经结束，国家机关工作人员向犯罪分子通风报信、提供便利，在羁押场所或羁押途中私放在押的罪犯，应当构成私放在押人员罪而不是本罪，因此，犯罪分子不可能包括已决犯。对此，笔者有两点异议，首先，刑罚种类多种多样，除了死刑、徒刑等五种主刑之外，还有罚金、剥夺政治权利、没收财产三种附加刑。倘若行为人帮助犯罪分子逃避科处罚金、剥夺政治权利和没收财产三种附加刑，那么此处就应当以帮助犯罪分子逃避处罚罪定罪量刑。其次，倘若已决犯在刑罚的执行过程中脱逃而重新成为被追捕的对象，而行为人此时又向犯罪分子泄露有关部门追捕犯罪人的部署、人员、措施、时间以及地点等情

① 参见苏惠渔：《刑法学》，中国政法大学出版社1999年版，第930页。

② 参见孙力：《公务活动中犯罪界限的司法认定》，中国检察出版社2000年版，第345页。

况，或向犯罪分子提供财物、交通工具、通信设备、隐藏处所等便利条件，此时应当构成本罪而不是私放在押人员罪。

其三，本罪中的犯罪分子不以最终被人民法院判决为有罪为要件，只要在查禁犯罪活动的过程中，有足够证据证明行为人实施的行为构成犯罪即可。首先，从司法实践的角度来看，确定上述标准有助于有效查处本罪，倘若规定本罪的成立必须以被帮助的行为人最终被人民法院确定为有罪为前提，诉讼时效如何解决姑且不论，单是本罪审理过程的独立性能否得到保证就值得严重怀疑。其次，从立法者的角度来看，本罪的客体是司法机关的正常活动，可见立法者旨在促使有查禁犯罪活动职责的国家机关工作人员恪守职责，正确履行国家赋予的职权，从而保障司法机关的正常活动。如果国家机关工作人员依据已经收集到的证据，足以确信行为人已经在实质上构成犯罪，但是依然为犯罪分子通风报信、提供便利，帮助其逃避处罚，很明显是侵犯了司法机关的正常活动，理应追究其刑事责任。

综上所述，本罪中的犯罪分子是指有足够证据证明实施了犯罪行为的犯罪嫌疑人、被告人和已决犯。

第二十四章 军人违反职责罪

【知识结构图】

军人违反职责罪
- 军人违反职责罪概述
- 危害作战利益的犯罪
- 违反部队管理制度的犯罪
- 危害军事秘密的犯罪
- 危害部队物资保障的犯罪
- 侵犯相关人员利益的犯罪

一、知识点精析

（一）军人违反职责罪概述

1. 军人违反职责罪的概念

军人违反职责罪，是指中国人民解放军、中国人民武装警察部队的现役军人、战时预备役人员以及其他军内在编职工违反职责，危害国家军事利益，依照法律应当受刑罚处罚的行为。

2. 军人违反职责罪的构成

（1）本类犯罪侵犯的客体是国家的军事利益。国家的军事利益，是指国家的军事设施、军事装备、国防建设、武装斗争、军事后勤供给、军事技术研究等方面的利益。军事利益直接关系着国家安危和人民幸福，是国家的最基本的利益。如果国家的军事利益受到侵害，则失去了实现国家和人民的其他利益的前提，因此应当受到特殊保护。

（2）本类犯罪在客观方面表现为行为人实施了违反军人职责、危害国家军事利益的行为。违反军人职责，是指行为人不遵守国家有关军事法规命令、条例等所规定的职责。这些职责又包括一般职责和具体职责。一般职责是针对每个军人的、普遍性的职责，如《中华人民共和国兵役法》第7条规定：“现役军人必须遵守军队的命令和条例，忠于职守，随时为保卫祖国而战斗。”具体职责是针对军队中各种不同人员作出的具体规定，如《战斗条令》、《舰艇条令》、《飞行条令》等。军人违反职责的行为，既可以表现为作为，也可以表现为不作为，前者如逃离部队罪、阻碍执行职务罪，后者如遗弃伤员罪、玩忽职守罪。本类犯罪有的既可以由作为构成，也可以由不作为构成，如战时违抗作战命令罪，逃避、拒绝军事义务罪。法定的时间、地点是本类犯罪中某些犯罪构成的必要客观条件，如“战时”、“战场”是某些犯罪构成必须具备的因素。

（3）本类犯罪的主体为特殊主体，即只有军人才能成为本类犯罪的主体。具体而言包括两类：一类是现役军人，包括中国人民解放军的现役军官、文职干部、士兵及具有军籍的学员和中国人民武装警察部队的现役警官、文职干部、士兵及具有军籍的学员。中国人民武装警察部队是我国武装力量的一部分，也采取兵役制，武警部队的官兵在服役期间享有军籍，履行军职。“现役军人”的资格从公民被兵役机关正式批准入伍之日起始，至其为部队批准退役、退休、离休或被除名、开除之日为止。在军人服役期间犯军职罪，而在退役、离役之后才发现的，在没有超过追诉时效的情况下，仍应按本类犯罪处理。第二类人员是执行军事任务的预备役人员和其他人员。根据《兵役法》的规定，预备役人员在战时拒绝、逃避征召或者军事训练，情节严重的，也可成为本类犯罪的主体。其他人员是指军内在编职工等，主要是指执行军事任务的其他军内人员。

（4）本类犯罪的主观方面主要为故意犯罪，少数可以由过失构成，有些犯罪还要求特定的目的，如战时自伤罪，必须以逃避作战义务为目的。

（二）危害作战利益的犯罪

1. 战时违抗命令罪

战时违抗命令罪，是指部属人员战时故意违背并抗拒执行上级的命令，对作战造成危害的行为。

（1）战时违抗命令罪的构成

本罪侵犯的客体是作战指挥秩序。所谓作战指挥秩序，是指战时部队在上级指挥下有条不紊地各司其职，相互配合，顺利完成战斗的状况。① 作战指挥

① 参见李希慧主编：《刑法各论》，武汉大学出版社2009年版，第505页。

秩序要求全体参战人员必须服从命令，听从指挥，坚决做到有令必行，有禁必止。一切行动听指挥，坚决执行命令，是部队克敌制胜、完成各项任务的重要保证。尤其是在现代战争条件下诸兵种协同作战，参战人员众多，武器装备繁杂，战机千变万化，更要求每一名参战人员务必严格执行命令。战时违抗命令的行为，使得首长的指挥意图无法实现，导致作战指挥失灵，妨害部队的统一行为，将给作战造成严重危害。

本罪在客观方面表现为战时违抗命令，对作战造成危害的行为。具体而言，主要有以下三点：首先，违抗命令的行为必须发生在战时。根据《刑法》第451条的规定，战时，是指国家宣布进入战争状态、部队受领作战任务或者遭敌突然袭击时；部队执行戒严任务或处置突发性暴力事件时，以战时论。其次，必须有违抗作战命令的行为。其形式可以是拒不执行作战命令、拖延或迟缓执行作战命令，或者实施不符合作战命令的行为。再次，必须对作战造成危害的结果，如扰乱了作战部署、贻误战机、影响作战任务的完成，使部队遭受较大损失等。

本罪的主体是军人，即应接受命令或指示的部属人员。其中不仅包括参加战斗的人员，也包括为战斗服务的救护人员、勤务人员等。

本罪的主观方面是故意，即明知是上级的命令而予以违抗，拒不执行。本罪的动机可能多种多样，但动机不影响犯罪的成立。

(2) 战时违抗命令罪的认定

行为人必须有违抗命令的行为，其行为必须是在战时实施的，并且对作战造成了危害的结果。以上三个条件必须全部符合，才构成本罪。需要注意的是，不是故意违抗作战命令，而是由于客观条件限制行为人不能完成战斗任务的，或是执行错误命令而导致战斗失利的，或者违抗的是上级与作战无关的指示的，不构成违抗作战命令罪。

(3) 战时违抗命令罪的处罚

根据《刑法》第421条的规定，犯本罪的，处3年以上10年以下有期徒刑；致使战斗、战役遭受重大损失的，处10年以上有期徒刑、无期徒刑或者死刑。

【难点辨析】

战时违抗命令罪与战时临阵脱逃罪

战时临阵脱逃罪，是指军人在战斗中或者在接受作战任务后，因贪生怕死、畏惧战斗，擅自逃离战斗岗位的行为。军人在接受作战任务后临阵脱逃的，从广义上讲就是一种严重的违抗作战命令行为。但两者有以下几点主要区别：

一是侵犯的犯罪客体不同。本罪侵害的是作战指挥秩序，而战时临阵脱逃罪侵害的是军人参战秩序。

二是犯罪客观方面表现不同。本罪在客观方面表现为违背并抗拒执行命令，其行为一般发生在接受上级命令时，行为人公然抗拒执行上级的命令，但并不需要采取脱离岗位的方式；而战时临阵脱逃罪的客观表现为脱离岗位逃避参加作战，其行为一般发生在已受领了具体的作战任务后，而且必须表现为脱离岗位。

三是犯罪的目的不同。本罪是为了达到不执行命令的目的；而战时临阵脱逃罪是为了达到不参加作战的目的。

在具体案件中，可能出现战时违抗命令的行为与战时临阵脱逃的行为犯罪竞合的现象，即以临阵脱逃的方式抗拒执行上级的命令。此时应按想象竞合犯的处罚原则从一重罪处断，即按战时违抗命令罪论处。

2. 战时临阵脱逃罪

战时临阵脱逃罪，是指军人在战场上或战斗状态中或者在接受作战任务后，因贪生怕死、畏惧战斗，擅自逃离战斗岗位的行为。

（1）战时临阵脱逃罪的构成

本罪侵犯的客体是军人的作战义务。国家招募和培养武装力量，就是为了抗御外敌，保卫国家安全。军人的直接使命就是在战斗、战役中为国效命疆场。在战斗、战役来临之时，如果军人临阵脱逃，就严重违背军人使命，也严重地侵犯了军人的战斗义务。①

本罪在犯罪客观方面表现为行为人临阵擅自逃离战斗岗位的行为。临阵，所指的是在战场上或战斗中，或是指部队虽然尚未进入战斗，但已受领战斗任务，正待命出击的场合下。临阵的地区范围既包括陆地战区，也包括海上、空中战区。擅自逃离战斗岗位，是指行为人在没有得到指挥人员的命令或许可的情况下，擅自离开作战岗位的。无论行为人是完全离开部队或只是躲避在无危险之处，永远逃避兵役或只是临时逃避战斗，以及在战斗岗位外逗留多长时间，均不影响本罪客观方面的成立。临阵脱逃可以是作为，也可以是不作为。不论临阵脱逃的具体表现形式如何，最终都是逃避参加作战，这是战时临阵脱

① 参见高铭暄、马克昌主编：《刑法学》(第5版)，北京大学出版社、高等教育出版社2011年版，第665页。

逃罪的本质特征。临阵脱逃只是行为人为了逃避参加作战而离开岗位，通常并没有彻底地逃离部队。

本罪的犯罪主体是参战的军职人员。参战的军职人员，不仅包括参加战役、战斗或者接受参加作战指示或命令的直接战斗人员，参战的后勤、医疗、通讯人员等非直接战斗人员，只要是在临阵状态下逃跑的，也构成本罪。

本罪在犯罪主观方面表现为故意。即行为人明知自己逃避参加战斗将会对作战造成危害结果，却希望或者放任这种危害结果的发生。临阵脱逃的动机，多是贪生怕死、畏惧战斗。行为人只要不是出于积极的战术目的，如在攻防作战中有组织地退却，诱敌深入，或者在追遇战中为完成其他任务不与敌人恋战，而有意回避作战等，都应认定有临阵脱逃的主观故意。如果行为人是由于过失而在临阵状态下脱离部队，或因受伤、遭遇敌人阻截等原因而脱离部队的，不能构成本罪。

(2) 战时临阵脱逃罪的认定

本罪的成立有“战时临阵”这一时间地点条件限制，即军人只有在战斗中或待命出击情况下逃离部队，才存在临阵脱逃问题。如果在平时逃离部队，情节严重，需追究刑事责任的，则应按逃离部队罪处理。

(3) 战时临阵脱逃罪的处罚

根据《刑法》第424条规定，犯本罪的，处3年以下有期徒刑；情节严重的，处3年以上10年以下有期徒刑；致使战斗、战役遭受重大损失的，处10年以上有期徒刑、无期徒刑或者死刑。

【难点辨析】

①战时临阵脱逃罪与擅离军事职守罪。

两罪主要区别在于：

一是本罪是战时犯罪，行为人只要有逃避参加作战的行为，就成立犯罪，并不要求造成具体的危害后果。擅离军事职守罪的成立，要求行为人不履行指挥人员和值班、值勤人员的特定职责，而且必须造成严重后果。擅离军事职守罪平时、战时都可以构成，战时犯罪则是加重处罚的条件。

二是本罪的主体是所有军人，属于军人违反职责罪的一般主体。擅离军事职守罪的主体是指挥人员和值班、值勤人员，属于军人违反职责罪中的特殊主体。

三是本罪是故意犯罪，擅离军事职守罪是过失犯罪。

②战时临阵脱逃罪与违令作战消极罪。

本罪与违令作战消极罪的犯罪动机可能都是出于贪生怕死，畏惧战斗，而且都是在面临作战任务的情况下，客观环境很相似，在定罪上可能发生混淆。两罪主要区别在于，本罪表现为行为人已脱离岗位，没有继续参加作战。违令作战消极罪表现为行为人虽仍在作战岗位上，但临阵畏缩，行动消极，以致造成了严重后果。如在我方阵地遭到敌人攻击时，行为人躲在掩体内不敢积极还击，或者在进攻敌人阵地时怕敌人反扑不敢大胆逼近敌人等，都不属临阵脱逃的行为，而是作战消极的行为。

（三）违反部队管理制度的犯罪

1. 擅离、玩忽军事职守罪

擅离、玩忽军事职守罪，是指指挥人员或者值班、值勤人员，擅离职守或者玩忽职守，造成严重后果的行为。

（1）擅离、玩忽军事职守罪的构成

本罪侵犯的客体是军职人员的岗位责任管理秩序。军队的指挥工作和值班、值勤制度是保障部队自身安全，维护部队正常秩序，充分发挥军队职能作用的重要保障。指挥人员和值班、值勤人员疏于职守，将直接破坏指挥和值班、值勤秩序，对国防和军队建设造成严重的危害。

本罪在犯罪客观方面表现为擅离职守或者玩忽职守，造成严重后果的行为。擅离职守是指行为人擅自离开正在履行职责的岗位。玩忽职守是指行为人在履行职责的岗位上，严重不负责任，不履行或者不正确履行职责。擅离职守或者玩忽职守的行为只有造成了严重后果，才能构成本罪。所谓严重后果，通常是指贻误战机，影响部队完成重要任务，造成人员重伤死亡，造成武器装备、军事设施、军用物资或者其他财产严重毁损，发生其他严重责任事故等后果。

本罪的犯罪主体为特殊主体，是军队中的指挥人员和值班、值勤人员。指挥人员是指在部队中对作战、训练、施工、抢险救灾等活动及日常行政管理实施组织领导的人员，通常是各级首长或者部门主管人员。值班人员是指在规定时间内轮流担任某项工作的人员，如作战值班人员、通信值班人员、节假日值班人员等。值勤人员指正在执行轮流担任某项勤务的人员，如在边防、海防担任守卫、巡逻勤务的人员，在机关、部队和重要目标担任警戒勤务的人员，在城市担任维护军容风纪和协助地方维护社会治安勤务的人员等。

本罪在犯罪主观方面由过失构成。行为人对违反指挥和值班、值勤规章制度，擅离岗位的行为都是明知的，但对可能造成的危害后果却抱有侥幸心理，以为不会发生，所以属于过于轻信的过失犯罪。

（2）擅离、玩忽军事职守罪的认定

本罪是结果犯，要求行为人的行为必须导致严重结果发生才构成犯罪。应当注意的是，严重后果的发生应和指挥人员和值班、值勤人员违反其指挥和值班、值勤的特殊职责具有内在的因果关系。如果所造成的严重后果并不是指挥人员和值班、值勤人员正确履行其特殊职责所应当避免的，则不能以本罪论处。

（3）擅离、玩忽军事职守罪的处罚

根据《刑法》第425条规定，犯本罪的，处3年以下有期徒刑或者拘役；造成特别严重后果的，处3年以上7年以下有期徒刑。战时犯本罪的，处5年以上有期徒刑。

【难点辨析】

擅离军事职守罪与逃离部队罪

擅离军事职守罪与逃离部队罪都有擅自离职的表现，两罪主要区别在于：

擅离军事职守罪侵害的是军职人员的岗位责任管理秩序，行为人所违反的是指挥和值班、值勤人员的特殊职责要求，逃离部队罪侵害的是兵役秩序，行为人所违反的是现役军人依法服兵役的职责要求。

擅离军事职守罪只能发生在指挥和值班、值勤过程中，行为人离开了特定的岗位，而且造成了严重后果，但并不要求行为人离开了部队，而逃避部队罪可以发生在任何时候，行为人必须离开部队，但并不要求客观上造成了严重后果。

擅离军事职守罪的犯罪主体是指挥人员和值班、值勤人员，逃离部队罪的主体是任何现役军人。

擅离军事职守罪是过失犯罪，而逃离部队罪是故意犯罪。

行为人在担负指挥工作或者在值班、值勤时逃离部队的，实际上先实施了擅离职守的行为，后又实施了逃离部队的行为。因此，其前后两个行为如果分别构成擅离军事职守罪和逃离部队罪的，则应实行数罪并罚。

2. 逃离部队罪

逃离部队罪，是指违反兵役法规，逃离部队，情节严重的行为。

（1）逃离部队罪的构成

本罪侵犯的客体是国家的兵役管理秩序。《兵役法》明确要求现役军人必须遵守军队的条令条例，忠于职守，随时为保卫祖国而战斗。依照法律服兵役者，应当严格遵守兵役法规，履行军人职责。行为人如果违反规定而逃离部队，将严重侵害国家法律规定的兵役管理秩序，损害国防利益。

本罪在犯罪客观方面表现为行为人违反兵役法规，实施了逃离部队，情节严重的行为。违反兵役法规，是指违反《宪法》、《国防法》和《兵役法》及其他军事法规要求现役军人必须切实履行兵役义务的规定。逃离部队，是指为逃避服役而脱离部队。逃离部队的行为可以表现为作为和不作为两种方式。前者如行为人原在部队，未经批准就擅自离开部队。后者指行为人经批准已离开部队，但逾期拒不归队。如有的行为人请假探家期满后不归队，有的生病住院痊愈出院后不归队，有的工作调动或者学员分配离开原单位后拒不到新单位报到等。逃离部队的行为，必须达到情节严重的程度，才构成本罪。所谓情节严重，一般是指指挥人员或者其他担负重要职责的人员逃离部队的；策动多人或者胁迫他人逃离部队的；在部队执行重要任务期间逃离部队的；因逃离部队受纪律处分仍不悔改再次逃离部队的；逃离部队持续时间较长，经教育拒不归队的；逃离部队后在社会上从事违法活动的；逃离部队后私自出境的等。

本罪的犯罪主体为特殊主体，即现役军人。军人一旦退出现役，就和其他非军人一样，不构成该罪的主体。

本罪的犯罪主观方面表现为故意，且只能由直接故意构成。即行为人明知自己的行为会侵害到国家的兵役制度，并希望这种结果的发生。行为人逃离部队的主观目的多种多样，如想借此摆脱军营紧张艰苦的生活，或是受到批评，不满而以逃离部队相对抗等。不管行为人的动机如何，都不影响本罪的构成。

（2）逃离部队罪的认定

①罪与非罪的界限。

认定本罪的一个关键，要看行为人逃离部队的行为情节是否严重。并非所有的逃离部队的行为都构成犯罪。对于情节轻微的逃离部队的行为，应采取说服教育、欢迎归队的政策，必要时予以军纪处分，不能作为犯罪处理。①

②罪数的界定。

军人逃离部队时或者逃离部队后又实施其他犯罪行为的，应当区分对待。如果军人逃离部队的行为情节严重已构成逃离部队罪，又实施其他犯罪行为的，应当进行数罪并罚；如果其行为本身没有严重的情节，可将逃离部队作为其他犯罪行为从重处罚的情节，不再定逃离部队罪。

（3）逃离部队罪的处罚

① 参见李希慧主编：《刑法各论》，武汉大学出版社2009年版，第512页。

根据《刑法》第435条规定，犯本罪的，处3年以下有期徒刑或者拘役。战时犯本罪的，处3年以上7年以下有期徒刑。

【难点辨析】

逃离部队罪与投敌叛变罪

两罪也有比较明显的区别：一是犯罪主体不同。本罪的主体为特殊主体，只能是现役军人；而投敌叛变罪的主体为一般主体，既可以是中国军人也可以是其他中国公民。二是犯罪主观方面的犯罪目的不同。投敌叛变罪要求行为人必须是以危害国家安全为目的，实施了投敌叛变的行为；本罪只表现为逃离部队，而无投敌叛变的行为。如果军人逃离部队以后，又以危害国家安全为目的投敌叛变的，就构成逃离部队罪同时也触犯投敌叛变罪，应择一个重罪即投敌叛变罪判刑。

（四）危害军事秘密的犯罪

1. 故意泄露军事秘密罪

故意泄露军事秘密罪，是指违反保守国家秘密法规，故意泄露国家军事秘密，情节严重的行为。

（1）故意泄露军事秘密罪的构成

本罪侵犯的客体是军事秘密的管理秩序。军队的条令条例中明确了军人必须遵守的保密守则，如保密十条等。故意泄露军事秘密的行为，严重违反了保密规定，使军事秘密被无关人员知悉，危及军事秘密的安全，对国防和军队安全与利益造成严重危害。《刑法》本已经设置了故意泄露国家秘密罪，但为了加强对军事秘密的特别保护，所以又专门规定了故意泄露军事秘密罪。

本罪在犯罪客观方面表现为违反保守国家秘密法规，故意泄露国家军事秘密的行为。违反保守国家秘密法规，是指违反《保守国家秘密法》及其施行办法、《中国人民解放军保密条例》以及解放军各总部和各军、兵种制定的保密规章等。故意泄露军事秘密的行为表现方式多样，可以是口头陈述而泄密，或是高技术条件下的计算机网络泄密。不管以什么样的形式泄密，只要行为人故意使不应知悉者知悉国家军事秘密的，或者使军事秘密超出了限定的接触范围而不能证明未被不应知悉者知悉的，均属故意泄露军事秘密的行为。故意泄露军事秘密的行为，必须达到情节严重的程度才构成犯罪。所谓情节严重，主要是指机要、保密人员或者其他负有特殊保密义务的人员泄密的；出于恶劣的个人动机或者为达到非法目的泄密的；战时泄密的；泄露重要或者大量军事秘密的；利用职权强迫他人违反保密规定造成泄密的；因泄露军事秘密造成严重后果的；泄密后隐情不报或者未及时采取补救措施的等。

本罪的犯罪主体是现役军人。既包括对军事秘密负有特殊保密义务的军人，如机要、通信、保密人员等，同时包括了解军事秘密的普通军人，其知晓秘密的方式和渠道，不影响犯罪的成立。

本罪在犯罪主观方面表现为故意。即行为人明知自己的行为违反保密法规，会造成泄露军事秘密的危害结果，却希望或者放任这种危害结果的发生。故意泄露军事秘密的动机多种多样，不论其犯罪动机如何，都不影响构成泄露军事秘密的主观故意。

(2) 故意泄露军事秘密罪的认定

《刑法》将故意泄露军事秘密罪和过失泄露军事秘密罪规定在同一条文中，且设定了相同的法定刑，因此在具体认定时需要加以注意。区分的关键，在于行为人在实施犯罪行为时，其主观方面是故意还是过失，如果，行为人明知自己的行为违反保密法规会造成危害后果而实施的，构成本罪。

(3) 故意泄露军事秘密罪的处罚

根据《刑法》第432条规定，犯本罪的，处5年以下有期徒刑或者拘役；情节特别严重的，处5年以上10年以下有期徒刑。战时犯本罪的，处5年以上10年以下有期徒刑；情节特别严重的，处10年以上有期徒刑或者无期徒刑。

(五) 违反部队物资保障的犯罪

1. 武器装备肇事罪

武器装备肇事罪，是指违反武器装备使用规定，情节严重，因而发生责任事故，致人重伤、死亡或者造成其他严重后果的行为。

(1) 武器装备肇事罪的构成

本罪侵犯的客体是武器装备的管理和使用秩序。武器装备，指武装部队用于实战和保障作战的武器、武器系统和军事技术器材的统称。包括枪械、火炮、火箭、导弹、弹药、爆破器材、坦克及其他装甲战斗车辆、作战飞机、战斗舰艇、雷达、电子对抗设备、通讯指挥器材、军用测绘器材、侦查探测器材等。武器装备是我军巩固国防、抵抗侵略、保卫祖国、保卫人民和平劳动的主要工具，是军队战斗力的主要物质基础。武器装备肇事的犯罪行为，造成人员伤亡、武器装备的毁损或者其他严重后果，破坏了武器装备的使用秩序，直接侵害了武器装备的管理和使用秩序，妨碍了武器装备正常地发挥效能。

本罪在犯罪客观方面表现为违反武器装备使用规定，情节严重，因而发生责任事故，致人重伤、死亡或者造成其他严重后果的行为。概括起来，包括三个方面：

一是行为人实施了违反武器装备的使用规定。武器装备的使用规定，是指军队部门制定和颁发的，关于武器装备的管理和日常维护保养、保管、检查及使用的规定，以及武器装备的操作规程和安全规范等。违规行为的表现方式多种多样，主要表现为作为和不作为两种形式，前者如随意摆弄武器装备，后者如对武器装备不维护、不保管，听任其损坏等。

二是行为人违规行为情节严重。情节严重，一般是指行为人没有使用武器装备的任务，却违反规定，擅自动用装备而发生责任事故的；平时经常用武器装备开玩笑、耍威风，严重不负责任，且屡次不听劝阻和批评的，肇事后不积极抢救人员、装备，挽回损失或自首投案，而是无动于衷，推卸责任，嫁祸于人，伪造现场，欺骗他人等。

三是违规行为造成重大事故，致人重伤、死亡或者造成其他严重后果。责任事故是指因行为人违反规章制度的失职行为而造成严重后果的事故。其后果是致人重伤、死亡或者其他严重后果。其他严重后果泛指因武器装备肇事而引起爆炸、火灾、大面积污染或者其他重大损失等。

本罪的犯罪主体为军人。从司法实践看，主要是武器装备的操作使用人员。

本罪在犯罪主观方面表现为过失。这里的"过失"是针对发生的责任事故，造成的严重后果而言的。即行为人应当预见发生责任事故，造成严重后果，但因疏忽大意而没有预见，或者虽已预见但轻信能够避免。而对违规操作行为，行为人往往是故意实施。

(2) 武器装备肇事罪的认定

认定本罪要注意和一般的违反武器装备使用规定的行为相区别。只有行为人的违规行为情节严重，并造成人员重伤、死亡或其他严重后果的，才能构成本罪。如果行为人虽有违反武器装备使用规定的行为，但是行为情节不严重，也未造成人员重伤、死亡或其他严重后果的，只能按违反武器装备使用规定的违纪行为处理。

(3) 武器装备肇事罪的处罚

根据《刑法》第436条规定，犯本罪的，处3年以下有期徒刑或者拘役；后果特别严重的，处3年以上7年以下有期徒刑。所谓的后果特别严重，一般是指造成多人重伤、死亡或者毁坏重要军事装备等情况。

【难点辨析】

①武器装备肇事罪与意外事件、技术事故

构成本罪情况下，行为人在主观上存在过失。意外事件是由不能预见或不能控制的自然条件发生变化而引起的，行为人不存在过失。如果行为人在使用武器装备进行操作的过程中，并没有违反使用规定，而是由于机械故障等不可预见的原因，造成了客观上的严重后果的，因行为人主观上不存在过失，因而不能以本罪论处。

②武器装备肇事罪与交通肇事罪

军人驾驶军用装备车辆肇事的，是以本罪定罪还是以交通肇事罪论处，要根据行为人是否违反武器装备使用规定的操作规程来判断。行为人违反武器装备使用操作规程，情节严重，因而发生责任事故，致人重伤、死亡或者造成其他严重后果的，应根据特别法优于普通法的原则，以本罪论处。如果行为人因违反交通运输规章管理秩序而发生重大事故，致人重伤、死亡以及使公私财产遭受重大损失的，应以交通肇事罪定罪处罚。①

2. 擅自出卖、转让军队房地产罪

擅自出卖、转让军队房地产罪，是指违反规定，擅自出卖、转让军队房地产，情节严重的行为。

(1) 擅自出卖、转让军队房地产罪的构成

①本罪侵犯的客体是军队房地产管理制度。所谓军队房地产，是指由军队管理、使用的土地、房屋及附属设施、设备，以及林木等。军队房地产是国家财产的重要组成部分，也是国有资产不可缺少的有机整体。军队房地产权属由国家依法授予中央军委、总部所持有，任何人员、组织和部队不得擅自出卖、转让。擅自出卖、转让军队房地产行为，不仅侵害了国防资产的产权，破坏了军队房地产集中统一的管理秩序，还导致军事设施被毁坏，军事秘密被泄露，国防资产流失等严重后果，从而对国防和军队建设造成严重危害。

②本罪在犯罪客观方面表现为违反规定，擅自出卖、转让房地产，情节严重的行为。出卖和转让军队房地产是两种主要的处理军队房地产的方式。这两种方式都改变了军队房地产的产权关系，如果军队房地产仅是临时出租或出借给他人使用，到期收回，不改变产权关系的，不属于出卖或者转让。擅自出卖、转让军队房地产行为，只有情节严重的，才能构成犯罪。情节严重是指出卖、转让军队房地产数量较大的，出卖、转让重要房地产的，出

① 参见李希慧主编：《刑法各论》，武汉大学出版社 2009 年版，第 517 页。

卖、转让给境外的机构、组织、人员的，因出卖、转让军队房地产造成严重后果的，严重影响部队正常训练、工作和生活的，以及事后弄虚作假欺骗上级的等。

本罪的犯罪主体是军职人员。本罪只规定追究直接责任人员的刑事责任，但由于房地产的不动产属性，决定了出卖、转让军队房地产的行为只能由对房地产负有管理职权的人员实施。因此，一般而言，本罪的主体应当是指军队各单位的主管人员和负有房地产管理职责的人员。

本罪在犯罪主观方面表现为故意，即明知军队房地产出卖、转让必须经过合法批准，未经批准而擅自出卖、转让。

(2) 擅自出卖、转让军队房地产罪的认定

擅自出卖、转让军队房地产罪与非法转让、倒卖土地使用权罪和非法低价出让国有土地使用权罪的区别。

这三种犯罪的对象都涉及房地产，在定罪上可能发生混淆，应注意正确区分其界限。

一是犯罪侵害的客体不同。本罪侵害的是军队房地产的管理秩序，非法转让、倒卖土地使用权罪和非法低价出让国有土地使用权罪侵害的都是国有土地管理秩序。

二是犯罪的客观方面不同。本罪的客观方面表现为出卖、转让军队房地产的产权关系的行为；非法转让、倒卖土地使用权罪客观方面表现为转让、倒卖一般土地使用权的行为；非法低价出让国有土地使用权罪的客观方面表现为非法低价出让国有土地使用权的行为。

三是犯罪主体不同。本罪的主体是军人；非法转让、倒卖土地使用权罪的主体是一般公民，非法低价出让国有土地使用权罪的主体是国家机关工作人员。

(3) 擅自出卖、转让军队房地产罪的处罚

根据《刑法》第442条的规定，犯本罪的，对直接责任人员，处3年以下有期徒刑或者拘役；情节特别严重的，处3年以上10年以下有期徒刑。

(六) 侵犯相关人员利益的犯罪

1. 虐待部属罪

虐待部属罪，是指滥用职权，虐待部属，情节恶劣，致人重伤或者造成其他严重后果的行为。

(1) 虐待部属罪的构成

本罪侵害的客体是部属的人身权利。官兵一致、尊干爱兵是人民军队的光荣传统，虐待部属的行为违反了军队政治工作的原则，损害了部队的内部团结，而且严重侵害了部属的基本的人身权利。

本罪在犯罪客观方面表现为军职人员滥用职权，对部属进行虐待，情节恶劣，因而致人重伤或造成其他严重后果的行为。滥用职权是指超越职责范围，不公正的使用手中权力对部属恣意妄为。虐待部属，是指对部属刁难、摧残、折磨，包括给部属施加精神上的不正当的压力和使其感受肉体上的痛苦。其方式多种式样，如经常殴打、冻饿、体罚、恫吓、侮辱人格等。致人重伤或者造成其他严重后果是构成本罪的必要条件。一般的辱骂、斥责及管理方式简单生硬，没有致部属重伤或者造成其他严重后果的，不应视为属于情节恶劣。致人重伤或者死亡，是指因虐待行为直接导致被害人伤亡，如殴打致伤致死，有病不让治疗致使病情恶化而死亡。虐待部属造成其他严重后果的情况，是指受虐待的部属因不堪忍受而自杀的；被害人身心健康受到摧残，甚至患精神病的；因虐待部属造成部队行政管理工作混乱，影响部队正常训练、工作的；战时虐待部属致使部队战斗力下降，造成战斗失利的；因虐待部属造成恶劣影响，败坏军队声誉的等。

③本罪的犯罪主体为特殊主体，指处于领导岗位的军职人员。即行为人与被害人之间存着职务上的隶属关系。隶属关系的确定应以《中国人民解放军现役军官服役条例》所规定的任免权限为准。行为人与被害人之间的隶属关系，是本罪成立一个决定条件。在职务上没有隶属关系的军人对其他军人迫害的行为，不能以虐待部属罪论处。如果构成犯罪，应以其他犯罪定罪处罚。

④本罪在犯罪主观方面表现为故意。即行为人有意识地使被害人在相当长的时间里遭受肉体上或精神上的痛苦。至于动机则可能多种多样，但其动机的不同，不影响本罪的成立。

（2）虐待部属罪的认定

①虐待部属罪与故意伤害罪。

认定本罪时，应当注意其与故意伤害罪的区别。首先，两罪的犯罪主体要件不同。本罪的主体是特殊主体，即必须是与被害人构成隶属关系的上级领导。故意伤害罪为一般主体，军职人员和一般公民均可构成，而且不要求行为人与被害人之间有特定关系。其次，两罪在犯罪客观方面表现不同。本罪是一般表现为经常打骂、冻饿等方法对被害人进行肉体或者精神的摧残、折磨，其结果不仅可能引起伤害，还可能引起其他严重后果。而故意伤害罪一般表现为以暴力或其他手段直接伤害他人的身体，其结果是造成被害人身体的组织完整性或者器官的正常功能遭到破坏。因此，处于领导地位的军人对自己的部属没有使用上述虐待手段，而是以伤害他人身体为目的采用枪击、刀刺等暴力手段，直接造成他人身体伤害的，应以故意伤害罪定罪处罚，而不能以虐待部属罪论处。

②虐待部属罪同非法拘禁罪。

非法拘禁罪是指以拘留、禁闭或其他强制方法，非法剥夺他人人身自由的行为，属于侵犯人身权利罪范围。军职人员虐待部属的手段多种多样，其中也包括实施禁闭。因此，行为人在虐待部属的过程中，间或有非法拘禁行为的，仍应以虐待部属罪论处，不定非法拘禁罪。如果行为人不是出于虐待部属的目的，也没有经常虐待、迫害部属的事实，而是由于其他原因或目的对部属实施非法拘禁的，应当以非法拘禁罪论处。

③虐待部属罪与侮辱罪。

两罪的区别在于：首先，犯罪客体不同。本罪侵害的是部属的人身权利；侮辱罪侵害的是公民的人格和名誉权。其次，犯罪客观方面表现不同。本罪的客观方面表现为实施了直接折磨、摧残部属的肉体和精神的行为，并且致人重伤或者造成其他严重后果；侮辱罪客观方面表现为实施了直接损害部属的人格和名誉的行为，但并不要求必须造成严重后果。再次，犯罪主体不同。本罪的行为人是有权指挥他人的军人，属于特殊主体；侮辱罪的行为人与被害人之间没有特殊关系，其主体属于一般主体。

另外需要指出的是，如果行为人在虐待部属的过程中，间或有侮辱部属的行为的，应定虐待部属罪，而将侮辱行为作为从重处罚的情节。如果行为人只有单纯侮辱部属人格和名誉的行为，则只能以侮辱罪定罪处罚。

(3) 虐待部属罪的处罚

根据《刑法》第443条的规定，犯本罪的，处5年以下有期徒刑或者拘役；致人死亡的，处5年以上有期徒刑。

2. 战时拒不救治伤病军人罪

战时拒不救治伤病军人罪，是指战时在救护治疗职位上的军职人员，有条件救治而拒不救治危重伤病军人的行为。

(1) 战时拒不救治伤病军人罪的构成

本罪的犯罪客体是部队的作战秩序和军人的生命健康权。在战场上尽最大可能抢救每一个伤病员是医务人员的神圣职责。在战时有条件救治而拒不救治危害伤病军人的行为，直接侵害了伤病军人的生命健康权，还因此会伤害官兵感情，削弱部队战斗意志，从而损害部队的战斗力。

本罪在犯罪客观方面表现为战时在救护治疗职位上，有条件救治而拒不救治危重伤病军人的行为。具体而言，主要有以下几个方面：

首先，拒不救治的对象，必须是我方的伤病军人。如果是受伤的敌方军人，则不构成本罪。伤病军人不仅包括在战斗中受伤的伤员，还应包括因作战而患病的病员。危重，是指伤病军人的伤势或者病情严重而处于危险的情形，且不及时救治，将导致其死亡的后果发生。拒不救治是指对有条件救治的伤员弃置不顾不予抢救，一般表现为不作为的形式。

其次，必须是有条件救治而不予救治。是否具备救治伤病军人的条件，应根据伤病军人的伤情、病情，结合救护人员的技术水平、医疗单位的医疗条件及当时的客观环境来综合判断。

再次，拒不救治行为必须发生在战时。即国家宣布进入战争状态，部队受领作战任务或者遭敌突然袭击之时，以及部队执行戒严任务或者处置突发性暴力事件时。

最后，行为人必须在救护治疗职位上。即是指军队医务人员在执行战场救护任务过程，正在本职工作岗位上执行任务或者临时执行救护治疗任务。

本罪的犯罪主体是特殊主体，一般是负有救护治疗职责的军职人员。其包含两方面的含义，一是从身份上看，行为人应是医务人员，包括临时被委派从事医务工作的人员；二是从时间上看，这些医务工作人员正在岗位上履行救护治疗职责。如果行为人不是医务工作人员，或者不是正在履行救护治疗职责，而是在下班以后、休假之中或者从事其他工作时，则不能成为本罪的犯罪主体。

本罪在犯罪主观方面表现为故意。即行为人明知存在危重伤病军人，且有条件救治，却不予救治。

（2）战时拒不救治伤病军人罪的认定

①战时拒不救治伤病军人罪与医疗事故罪。

本罪与医疗事故罪的主要区别在于：一是犯罪客观方面表现不同。本罪属于行为犯，不要求造成危重伤病军人伤残或者死亡等严重后果，犯罪行为主要表现为不作为；医疗事故罪则属于结果犯，必须造成伤病人员死亡或者身体健康严重损害的后果才构成犯罪，犯罪行为即可以是不作为的，也可以是作为。二是犯罪对象不同。本罪的犯罪对象必须是军人，医疗事故罪的犯罪对象可以是军人，也可以是非军人。三是犯罪的主观方面不同。本罪在主观方面是故意，即行为人对可能造成的危害后果主观上抱着希望或者放任的态度；医疗事故罪的主观方面是过失，即行为人对可能造成的危害后果主观上出于疏忽或者轻信的态度。

②战时拒不救治伤病军人罪与遗弃伤病军人罪。

本罪与遗弃伤病军人罪都侵害了战时救护秩序，犯罪的对象都是我军的伤病军人，主观上又都是故意犯罪，犯罪主体也有相同之处，在定罪上界限不易划清。其主要区别在于犯罪的客观方面表现有所不同。遗弃伤病军人罪是将伤病军人丢弃，使其不仅得不到救护治疗，而且还面临脱离部队的更大危险。而战时拒不救治伤病军人罪则仅是使伤病军人在医疗救护单位得不到救治，不存在伤病军人脱离部队和医疗救护单位的危险。

(3) 战时拒不救治伤病军人罪的处罚

根据《刑法》第445条的规定，犯本罪的，处5年以下有期徒刑或者拘役；造成伤病军人重残、死亡或者有其他严重情节的，处5年以上10年以下有期徒刑。

二、案例分析

【案例一】

王某某（男，20岁，某部三连战士），平时对连长就有意见，在一次平叛中，王某某所在班担任打埋伏，从早晨卧伏到晚上，战士都有些不耐心了。王某某趁机造谣说："哪有什么敌人，早晨我听连长说，要考验我们，他不知到哪儿喝酒去了。"有个战士听此言，立即从地上站起来，结果暴露了目标，敌人开枪射击，一战士受重伤，匪徒逃跑。

（案例来源：刘家琛主编：《刑法及司法解释案例评析（上）》，人民法院出版社2009年版，第1505页。）

【问题聚焦】

王某某是否构成战时造谣惑众罪？

【法律剖析】

战时造谣惑众罪，是指军职人员在战时情况下，制造谣言，迷惑群众，动摇军心的行为。其犯罪构成如下：

(1) 本罪的犯罪客体是战时作战利益。军人战时造谣惑众的行为，必然会造成官兵思想混乱，情绪动荡，士气低落，斗志涣散，最终将导致军心动摇，对作战造成严重危害。

(2) 本罪在犯罪客观方面表现为行为人在战时情况下，造谣惑众、动摇军心的行为。造谣惑众、动摇军心是指行为人自己编造虚假的情况，在部队中散布，煽动怯战、厌战或者恐怖情绪，蛊惑官兵，造成部队情绪恐慌，士气不振，军心涣散。行为人所散布的内容必须是虚假的，而且是与作战有直接关系的，如夸大敌人的兵力和装备优势，虚构敌方的战绩和对我方不利的战况等。动摇军心是造谣惑众的内容已经或者可能造成的危害后果。只要行为人制造并散布的谣言足以动摇军心，不论是否已经产生了动摇军心的实际后果，如引起部队混乱、指挥失控，人员逃亡等，均应属于造谣惑众，动摇军心。行为人散布谣言的方式，可以是在公开场合散布，也可以是私下传播；可以是口头散布，也可以通过文字、图像或其他途径散布。只要是将谣言让他人知道，均属于散布谣言。

(3) 本罪的犯罪主体为特殊主体，即主体是所有参加作战的军人。

(4) 本罪在犯罪主观方面表现为直接故意。即行为人明知自己说的都是假的，会扰乱军心、瓦解斗志，仍加以宣扬、扩散。其动机，有的是怯战、厌战，通过造谣惑众，达到躲避战斗的目的；有的是因受批评、处分，或未能评功受奖，通过造谣惑众，达到泄愤、报复。

本案中，王某某已达法定刑事责任年龄，具备刑事责任能力，且为参战军人，由于平时对连长不满，故意编造谣言蛊惑人心，导致军心动摇，并造成人员伤亡和匪徒逃跑的严重后果，严重侵害了部队的作战利益。因此，王某某的行为符合战时造谣惑众罪的各方面要件，应当以战时造谣惑众罪论处。

【法条链接】

《中华人民共和国刑法》

第433条　战时造谣惑众，动摇军心的，处3年以下有期徒刑；情节严重的，处3年以上10年以下有期徒刑。

勾结敌人造谣惑众，动摇军心的，处10年以上有期徒刑或者无期徒刑；情节特别严重的，可以判处死刑。

【案例二】

被告人赵某，男，45岁，某部团长。

1997年11月，赵某擅自批准一架执行飞行训练任务的军用直升机飞往某地，为当地一个商场开业庆典撒广告传单，结果飞机撞在楼顶上，造成机毁人亡的严重事故。

（案例来源：韩玉胜主编，《刑法各论案例分析》，中国人民大学出版社2000年版，第345页。）

【问题聚焦】

擅自改变武器装备编配用途罪的认定

【法律剖析】

擅自改变武器装备编配用途罪，是指违反武器装备管理规定，擅自改变武器装备的编配用途，造成严重后果的行为。其犯罪构成如下：

(1) 本罪的犯罪客体是武器装备的管理秩序。擅自改变武器装备编配用途的行为，使武器装备管理失控，严重影响正常使用，甚至造成武器装备的毁损、丢失或者其他严重后果，造成武器装备的管理秩序混乱，危害武器装备的安全。

(2) 本罪在犯罪客观方面表现为违反武器装备管理规定，擅自改变武器装备的编配用途，因而造成严重后果的行为。首先，行为人实施了违反武器装备管理规定的行为。武器装备的管理规定主要是指涉及武器装备的动用权限、编配用途、使用范围等管理内容的规定。其次，违反武器装备管理规定的行为必须是擅自改变武器装备的编配用途，主要指在管理、使用、操作武器装备的过程中，故意违反规定或操作规程，不按上级下发的编配范围、用途、管理权限、使用程序等规定，擅自改变武器装备固定的使用方法等。最后，行为要造成严重后果。造成严重后果，是指挪用重要武器装备的；因挪用行为造成武器装备严重毁损、被盗、丢失的；挪用的武器装备被他人用来实施犯罪活动的；因挪用武器装备而贻误战机，严重影响部队执行战备、作战任务的；因挪用武器装备导致人员重伤、死亡等严重后果；因挪用武器装备行为严重败坏军队形象，毁坏军队声誉等。

(3) 本罪的犯罪主体为现役军职人员。一般是指武器装备的保管者、使用者和看护者。

(4) 本罪在犯罪主观方面是过失。这里的过失，是针对行为人对其行为造成的严重后果所持的心理态度而言，其擅自改变武器装备编配用途则是故意。

本案中，赵光擅自批准执行飞行训练任务的军用直升飞机为商场撒广告传单，造成机毁人亡的严重事故，其行为符合擅自改变武器装备编配用途罪的犯罪构成，应当以擅自改变武器装备编配用途罪定罪处罚。

【法条链接】

《中华人民共和国刑法》

第437条　违反武器装备管理规定，擅自改变武器装备的编配用途，造成严重后果的，处3年以下有期徒刑或者拘役；造成特别严重后果的，处3年以上7年以下有期徒刑。

三、深度拓展

（一）“军人”的认定

军人是指中国人民解放军的现役军官、文职干部、士兵及具有军籍的学员，中国人民武装警察部队的现役警官、文职干部、士兵及具有军籍的学员，以及执行军事任务的预备役人员和其他人员。其中，“预备役人员”，是指编入民兵组织或者经过登记服预备役的公民。“其他人员”，是指在军队和武警部队的机关、部队、院校、医院、基地、仓库等队列单位和事业单位工作的正式职员、工人，以及临时征用或者受委托执行军事任务的地方人员。

除以上范围之外的其他人员不能成为军人违反职责罪的主体，也不能适用军人违反职责罪一章的规定。应当注意的是，如果上述人员在服役期间犯了军人违反职责罪，而在退役之后才被发现的，只要未过法律规定的追究其刑事责任的时效，仍应当按照军人违反职责罪追究刑事责任。如果上述人员在服役之前犯罪，而在服役期间被发现，不应当按照军人违反职责罪追究刑事责任，而应当按照刑法其他规定追究刑事责任。

（二）战时缓刑制度

根据《刑法》第449条的规定，战时缓刑是指在战时，对被判处3年以下有期徒刑没有现实危险宣告缓刑的犯罪军人，允许其戴罪立功，确有立功表现时，可以撤销原判刑罚，不以犯罪论处的制度。

被宣告战时缓刑的犯罪军人，在缓刑期间确有立功表现的，可以撤销原判刑罚，不以犯罪论处，这就是战时缓刑的法律后果，这也是战时缓刑与一般缓刑的根本区别之所在。一般缓刑，如果缓刑考验期间不具备缓刑撤销条件，则原判刑罚不再执行，而原判所认定的犯罪仍然存在。而在战时缓刑的情况下，如果确有立功表现，则不仅原判刑罚不再执行，而且不以犯罪论处，即原判认定的犯罪也不复存在。由此可见，战时缓刑的法律后果更为宽大，以作为对戴罪立功的犯罪军人的一种奖励。

后　记

本书是全国法律硕士专业学位研究生教育综合改革试点规划教材系列之一。2010年早春，武汉大学出版社与我商谈2008年出版的创新思维法学教材《刑法总论》、《刑法各论》的修订事宜时，恰逢武汉大学喜获全国法律硕士专业学位研究生教育综合改革试点的殊荣。武大出版社张琼女士力邀我编写一本适合于法律硕士专业学位研究生的教材，我应允接受。

本书在遵循传统刑法学教材编写体例的基础上，根据法律硕士研究生培养目标、培养环节、培养过程的特点，在体例上力求简洁与务实，在内容上注重学以致用，抛弃面面俱到，遵循从基础理论到法律文本到案例实践再回到刑法理论的基本思路，每一章由知识点精析、案例分析、深度拓展三个部分组成，努力实现刑法理论、刑法条文、刑事案例的贯通与融合。在知识点精析上，注重基础与前沿、常态与热点相结合，吸收最新研究成果。在案例分析上，注重刑事案例研究的功能性，选取的案例主要来自于最高人民法院公开颁布的案例库，这些案例多属真实的疑难案例，具有代表性。在深度拓展上，注重介绍与本章节内容有关的国内外理论研究的重点、难点、创新点，开阔视野，拓宽思路，以期满足受众的接受广度和深度。

本书的写作分工如下：康均心撰写第一章至第八章；王敏敏撰写第九章至第十五章；孙光骏、刘猛撰写第十六章至第十八章；王晨、郑佳撰写第十九章至第二十章；尹露撰写第二十一章至第二十二章；杨剑波撰写第二十三章至第二十四章。尹露、郑佳、秦继红参加了部分校对工作，全书由主编统稿、定稿。

感谢武汉大学研究生院、武汉大学法学院、武汉大学法学院研究生办公室、武汉大学法律硕士教育中心、武汉大学刑法学科、武汉大学出版社张琼女士。欢迎读者批评指正！

编著者

2012年6月

图书在版编目(CIP)数据

刑法学:制度·学说·案例/康均心主编.—武汉：武汉大学出版社，2012.11
全国法律硕士专业学位教育综合改革试点规划教材
ISBN 978-7-307-10162-3

Ⅰ.刑…　Ⅱ.康…　Ⅲ.刑法—中国—研究生—教材　Ⅳ.D924

中国版本图书馆 CIP 数据核字(2012)第 236151 号

责任编辑:张　琼　钱　静　　责任校对:刘　欣　　版式设计:马　佳

出版发行：武汉大学出版社　(430072　武昌　珞珈山)
(电子邮件：cbs22@ whu. edu. cn　网址：www. wdp. com. cn)
印刷:荆州市鸿盛印务有限公司
开本：720×1000　1/16　印张:37.5　字数:670 千字　插页:1
版次:2012 年 12 月第 1 版　2012 年 12 月第 1 次印刷
ISBN 978-7-307-10162-3/D·1191　定价:58.00 元